MW01007941

DICCIONARIO
DE
SINONIMOS
E IDEAS AFINES
Y DE
LA RIMA

JOAQUIM HORTA MASSANES

DICCIONARIO DE SINONIMOS E IDEAS AFINES Y DE LA RIMA

CUARTA EDICION

1991

Impreso en España
Printed in Spain

ISBN: 84-283-0317-7

Depósito legal: M. 11363—1991

editorial Paraninfo sa Magallanes, 25 - 28015 MADRID (03319/44/62)

Artes Gráficas BENZAL, S.A., Virtudes, 7 - 28010 MADRID

PROLOGO

Reunimos en un solo tomo un DICCIONARIO DE SINONIMOS E IDEAS AFINES y otro de la RIMA. La fusión de ambos diccionarios no obedece al capricho, sino al absoluto convencimiento de ofrecer una obra que sea la más útil, completa y racional de consulta y de trabajo a que haya podido aspirar cualquier poeta o versificador. Es preciso destacar que el diccionario de sinónimos, habiendo sido redactado según al más amplio concepto, se caracteriza por su facilísimo manejo, pues sin necesidad de recurrir a envíos a otros artículos o secciones agrupa, encabezadas por el vocablo más significativo, una serie de voces que son equivalentes o afines. Así constituye una ayuda imprescindible y rápida para quien intente componer escritos de ambición literaria y también para quien tenga que redactar un escrito comercial en el que se pretenda hallar la palabra justa y precisa. No es necesario remarcar la utilidad de un diccionario de la rima como el presente, en el que se ha vaciado todo el caudal léxico del idioma. Quienes han manejado diccionarios de la rima, aun los más completos y perfectos, han caído con harta frecuencia en el defecto de dejarse arrastrar por la consonancia, apartándose de la idea que proyectaba expresar en sus versos. En efecto: al versificar se busca rimas que consonen con unos versos iniciales que pueden a veces desviarle de los conceptos que se propuso expresar. En este momento, el versificador lo que necesita no es un diccionario de la rima, o sea de las palabras que consuenan con lo que ya tiene escrito, sino uno en el que pueda hallar el vocablo adecuado, tanto desde el punto de vista interno, o sea conceptual, como desde el punto de vista externo, o sea de la rima. Unos ejemplos harán comprensible lo hasta ahora expuesto y la utilidad de los diccionarios aquí agrupados. Imaginémonos que un poeta—clasista, naturalmente—quiere describir su particular estado de ánimo, según el cual, el día, con su estallido de luz y color, le apesadumbra y le entristece. El poeta escribe los dos primeros versos:

Nace la aurora, y el hermoso día
brilla de rojas nubes coronado;

Para continuar la idea, tendría que escribir lo siguiente: "para mi pecho, lleno de penas, la luz sonrosada es noche oscura". Intenta hallar los vocablos que precisa, rimando en *ado* y en *ía,* pero no se le ocurren. Lo ideal sería escribir:

En mi pecho, de penas lleno
la sonrosada luz es noche oscura.

Así, es necesario sustituir los vocablos *lleno* y *oscura* por otros que, significando lo mismo, acaben en *ado* y en *ía*. Consulta el diccionario de sinónimos: en la palabra

Lleno, halla los siguientes términos: "*Colmado,* henchido, *.impregnado,* pletórico, repleto, *saturado, ocupado, abarrotado, atiborrado, preñado,* relleno, *cuajado*". Todas las palabras que van en cursiva le solucionan la rima del verso; entre ellas hay dos que encajan perfectamente en su idea y en su estilo: *colmado* y *saturado.* El tercer verso de la poesía ya está hecho:

En mi pecho, de penas *saturado*

O bien:

En mi pecho, de penas tan *colmado.*

Ahora es preciso hacer acabar en *ía* el cuarto verso. El versificador busca la palabra *Oscuro* en el diccionario de sinónimos, y halla: "Confuso, *sombrío,* tenebroso, caliginoso, ininteligible, humilde, bajo, fusco, fosco, negro, lóbrego, opaco". Entre ellos *sombrío* parece el más adecuado; pero si escribe "La sonrosada luz es noche *sombría*", al verso le sobrará una sílaba. Nuestro poeta vuelve a echar mano del diccionario de sinónimos y en el vocablo *Sombrío* halla lo que buscaba: *umbrío.* Ya tiene un cuarto verso perfecto:

la sonrosada luz es noche *umbría.*

Pero nuestro poeta es ambicioso: su proyecto es componer un soneto, del que ya ha acabado, con éxito, el primer cuarteto. En el segundo cuarteto desea expresar lo siguiente: "El dulce canto de los pájaros me parece graznido infeliz, y el blando ruido de la fuente fría me parece estruendo ronco y son confuso".

Nuestro poeta ensaya los dos primeros versos:

De las aves el dulce *canto*
es para mí graznido *infeliz.*

Es preciso que el primer verso acabe en *ía* y el segundo en *ado.* Echa mano del diccionario de sinónimos y busca la palabra *Canto,* donde halla: "Copla, canción, cantar, cántico, *melodía,* voz, cante, borde, orilla... Ya tiene la solución:

De las aves la dulce *melodía.*

Para el segundo verso busca la palabra *Infeliz,* donde encuentra: "*Infortunado, desgraciado, apocado, desventurado, desdichado, desafortunado,* pobre, infelice, *cuitado, malhadado,* malandante, mísero, *malaventurado,* miserable, *lacerado,* pobreto, miserando"; diez palabras—las que van en cursiva—le solucionan el problema. El poeta escribe.

es para mí graznido *malhadado.*

Los otros dos versos de este cuarteto se presentan así:

Y estruendo ronco y son *confuso*
el blando ruido de la fuente fría.

La rima del segundo es perfecta; sólo es preciso sustituir la palabra *confuso.* En la palabra *confundir* nuestro poeta halla: "Involucrar, mezclar, desordenar, trastrocar, revolver, trastocar, desconcertar..." Esta última palabra da la solución:

Y estruendo ronco y son *desconcertado.*

Así, el poeta ya ha llegado felizmente a los dos tercetos. Compone el primero:

Brotan rosas el soto y la ribera;
para mí solo, triste y dolorido,
espinas guarda el floreciente mayo.

A continuación quiere expresar: "Esta es tu ley primordial, niño dios (=Cupido); no hay mal para el amor remunerado, ni hay bien que no sea mal para el que está ausente." Nuestro poeta busca el vocablo *Primordial* en el diccionario de sinónimos, que le ofrece: "Fundamental, primitivo, *primero,* primordio, principal, originario..." Lo más acertado es escribir:

Que ésta es, oh niño dios, tu ley *primera.*

Para el segundo verso consulta *Remunerar;* el diccionario le ofrece: "Retribuir, premiar, recompensar, gratificar, galardonar..." Sin ningún género de vacilación nuestro poeta escribe:

No hay mal para el amor *correspondido.*

El último verso se le presenta perfecto en esta forma:

Ni hay bien que no sea mal para el *ausente.*

La dificultad reside en el hecho de verse obligado a hacerlo rimar en *ayo.* Pero el presunto poeta, satisfecho de este último verso, está dispuesto a no sacrificarlo. Entonces se decide a invertir dos palabras del último del primer terceto:

Espinas guarda el mayo *floreciente.*

El soneto, pues, queda establecido en los siguientes términos:

Nace la aurora y el hermoso día
brilla de rojas nubes coronado;
en mi pecho, de penas saturado,
la sonrosada luz es noche umbría.
De las aves la dulce melodía
es para mí graznido malhadado,
y estruendo ronco y son desconcertado
el blando ruido de la fuente fría.
Brotan rosas el soto y la ribera;
para mí solo, triste y dolorido
espinas guarda el mayo floreciente.
Que ésta es, oh niño dios, tu ley primera;
no hay mal para el amor correspondido,
ni hay bien que no sea mal para el ausente.

Así como a través del diccionario de sinónimos el versificador puede hallar una serie de vocablos que encajen perfectamente en el esquema métrico a que se somete, a través del Diccionario de la Rima se le ofrecen las terminaciones que puede precisar en un momento dado. La utilidad de este Diccionario es mayor de la que generalmente se supone. Una simple ojeada a cualquiera de sus columnas sugiere una serie de posibilidades poéticas perfectamente aplicables, y, al propio tiempo, da idea de lo reducido y restringido de ciertas rimas, a las cuales a veces sólo corresponden dos o tres palabras. Más aún, existe un gran número de vocablos que no tienen rima consonante, a los cuales los tratadistas llamaron "voces fénix", pues del mismo modo que se creía antiguamente que el ave fénix era única en el mundo, únicas son las rimas de estas palabras: el mismo vocablo *fénix* lo es, como *ónix, Venus,* etc.

El primer Diccionario de la Rima hecho en la Península Ibérica data del año 1361, y es obra del poeta catalán Jaime March, tío del gran poeta Ausiàs March. En lengua castellana el más notable de todos es el de Rengifo, publicado en 1592, reeditado numerosas veces y ampliado, con poca fortuna, por el barcelonés José Vicens. El Rengifo gozó de extraordinaria popularidad, hasta el punto de que fue blanco de sátiras y burlas, como aquellas frases de Moratín: "¿Qué es la poesía? El arte de hacer coplas. ¿Y cómo se hacen coplas? Comprando un *Rengifo* por tres pesetas."

En el presente diccionario de la rima se ofrecen las rimas consonantes de las voces llanas y agudas y las consonantes y asonantes de las esdrújulas. El que quiera buscar asonantes de las primeras no tiene más que seguir los grupos de las consonantes y guiarse por la asonancia de las vocales que los integran. Así, si desea asonantes en *ao,* le basta recorrer los grupos *abio, ablo, abo, abro, aceo, acio, aco,* etc.

Se han incluido formas verbales que pueden ser utilizadas como rimas consonantes; cuando estas formas verbales son numerosas, al final de cada grupo se indican las personas, tiempos, modos, terminaciones o conjugaciones de los verbos que riman con las palabras anteriormente catalogadas. Se han incorporado, además, algunos nombres propios que pueden ser útiles al poeta, principalmente los de divinidades y personajes de la mitología greco-latina.

EL EDITOR

ABABOL.—amapola, abribollo.
ABACA.—banano, cabuya.
ABACERO.—tendero, pulpero, comerciante, lonjista, abarrotero.
ABACO.—capitel, chapitel, contadero, artesa.
ABADA.—rinoceronte.
ABADEJO.—bacalao, cantárida, reyezuelo, carraleja.
ABADÍA.—abadengo, abadiato, abadiado.
ABAJADERO.—pendiente, cuesta, bajada, declive, costanilla, costezuela, costana, rampa, pecho, declividad, declinación, arrastre, caída, repecho.
ABAJAMIENTO.—abatimiento, humillación.
ABAJO.—debajo, bajo.
ABALADO.—fofo, esponjoso, ahuecado.
ABALANZAR.—arrojar, impeler, despedir, jitar, alanzar, dispersar, proyectar, expulsar, lanzar.
ABALANZARSE.—precipitarse, nivelar, promediar, empatar, rasar, equiparar, aparear, lanzarse, arrojarse, echarse, bolearse, fulminarse.
ABALAR.—conmover, vibrar, blandir, mover, zarandear, revolver, sacudir, expulsar, lanzar, arrojar.
ABALDONAR.—agraviar, humillar, infamar, atropellar, herir, injuriar, ofender, zaherir.
ABANDONADO.—desvalido, desatendido, solo, desamparado, descuidado, perezoso, negligente, dejado, desidioso, apático, desaseado, desaliñado, adán, sucio, desasistido, desmadrado, derrelicto.
ABANDONAR.—desamparar, renunciar, dejar, desistir, ceder, descuidar, desatender, desmantelar, deshabitar, desasistir, plantar.
ABANDONARSE.—dejarse, descuidarse, rendirse, entregarse.
ABANDONO.—cesión, renuncia, desamparo, defección, desaliño, descuido, dejadez, desidia, incuria, negligencia, desaseo, desgobierno, indefensión, abandonamiento, aislamiento, desánimo, tornillo.
ABANICO.—abano, abanillo, ventalle, soplador, flabelo, soplillo, pauca, aventador, perantón.
ABANTO.—tamañito, atolondrado, bombo, tolo, achicado, receloso, toro, espantadizo.
ABARCA.—almadreña, zueco.
ABARCAR.—ceñir, abrazar, rodear, agregar, aunar, añadir, comprender, contener, englobar, incluir, juntar, incorporar, ocupar, cubrir, encerrar, enzurronar, acopiar, envolver, circunscribir.
ABARCUZAR.—saciar, apetecer, engolosinar, aspirar, codiciar, ambicionar, pretender. (Véase **Abarcar.**)
ABARLOAR.—atracar, acercar, arrimar, barloar.
ABARRAGANAMIENTO.—contubernio, concubinato, amasiato, lío, amancebamiento.
ABARRAGANARSE.—amancebarse, amontonarse, juntarse, entenderse, liarse, arreglarse, arrimarse.
ABARRANCAR.—encallar, varar, embarrancar.
ABARRER.—barrer, escobar, escobillar, barrisquear.
ABARROTAR.—atestar, colmar, llenar, cargar, embutir, saturar, empipar, encolmar, atiborrar.
ABASTARDAR.—bastardear, degenerar, decaer, menguar, descaer.
ABASTECER.—avituallar, surtir, suministrar, proveer, distribuir, vituallar, aprovisionar.
ABASTECIMIENTO.—avituallamiento, aprovisionamiento, municionamiento, proveimiento, suministración.
ABATANADO.—perito, diestro, curtido, experimentado, práctico, experto, ducho, corrido, versado, batido, golpeado, apelado, maltratado, vapuleado, palmeado, peloteado, magullado.
ABATIDO.—decaído, desanimado, postrado, desalentado, lánguido, aplanado, agotado, extenuado, humillado, derribado, ruin, tumbado, despreciable, bajo, vil, abyecto, envilecido, consternado, apesadumbrado, amilanado, descorazonado.
ABATIMIENTO.—humillación, debilidad, impotencia, postración, marasmo, languidez, enflaquecimiento, desaliento, extenuación, aniquilamiento, aplanamiento, agobio, apocamiento, cansancio, descaecimiento, decaimiento, amilanamiento, acoquinamiento, encogimiento, anonadamiento.
ABATIR.—rebajar, humillar, derribar, tumbar, hundir, envilecer, desbaratar, desanimar, desalentar, caer, recaer, aniquilar, derrumbar, despeñar, anonadar, menguar, perder, acostar, echar.
ABATIRSE.—desanimarse, desalentarse, de-

bilitarse, extenuarse, postrarse, aplanarse, decaer, agotarse, aniquilarse, acobardarse, deprimirse, apocarse.

ABDICACIÓN.—dimisión, renunciación, abandono, dejación, cesión, renuncia, dejo, resignación, renunciamiento, remoción, resigna.

ABDICAR.—renunciar, resignar, dimitir, ceder, abandonar, deponer, repudiar, apartar, remitir, declinar.

ABDOMEN.—vientre, panza, tripa, barriga, andorga, bandullo, ventrón, pancho, panzón, timba.

ABECEDARIO.—alfabeto, abecé.

ABEJAR.—colmenar, abejera.

ABELLACADO.—ruin, pervertido, perverso, zascandil, pendón, rufián, canalla, granuja, calandrajo.

ABELLACARSE.—envilecerse, rebajarse, encanallarse, embellaquecerse, embellacarse, degradarse, apicararse, abribonarse, avillanarse.

ABENUZ.—ébano.

ABERRACIÓN.—descarrío, extravío, desvío, error, ofuscación, equivocación, absurdo, engaño, desviación, desavío.

ABERTURA.—agujero, boquete, brecha, desgarrón, hendedura, grieta, hendidura, rendija, raja, resquicio, quebradura, resquebrajadura, resquebradura, apertura, desolladura, destapadura, dehiscencia, aprensión, franqueza, lisura, sencillez, ingenuidad, campechanía, sinceridad.

ABIERTAMENTE.—francamente, manifiestamente, claramente, sinceramente, paladinamente, patentemente, campechanamente, lisamente, destapadamente, explícitamente.

ABIERTO.—quebrado, agrietado, cuarteado, rajado, hendido, resquebrajado, llano, raso, libre, desembarazado, desganado, horadado, enteulado, destapado, franco, claro, ingenuo, sincero, campechano, sencillo, llano, llanote.

ABIGARRADO.—confuso, mezclado, estridente, violento, extremado, chillón, charro, complicado, enredado, alterado, embrollado.

ABIGARRAMIENTO. — confusión, embrollo, enredo, desconcierto, alteración, desorganización, disparate, trastorno, desaliñado, estridencia, mezcla, complicación.

ABIGARRAR.—desarreglar, confundir, turbar, intrincar, trastornar, descomponer, desconcertar, enmarañar.

ABISMADO.—sumido, absorto, sumergido, meditabundo, abatido, ensimismado, arruinado, hundido, reservado, callado, profundo, silencioso, hondo, recóndito, escondido.

ABISMAR.—sumergir, hundir, sumir, ensimismar, confundir, abatir, ocultar, cubrir, esconder, naufragar.

ABISMO.—barranco, precipicio, sima, profundidad, piélago, infierno, despeñadero, averno, orco, tártaro, antenora.

ABITAQUE.—cuartón.

ABJURACIÓN.—retractación, apostasía, renunciación, relapso, dejación.

ABJURAR.—abandonar, dejar, renegar, renunciar, apostatar, desdecir, retractar.

ABLACIÓN.—extirpación, supresión, mutilación, separación, escisión, abscisión, amputación, corte, cisura.

ABLANDAR.—suavizar, emolir, ablandecer, molificar, dulcificar, laxar, mitigar, templar, desenfadar, desenojar, desencolerizar, conmover, enternecer, dulcificar, aplacar, moderar.

ABLANEDO.—avellanedo, avellaneda, avellanar.

ABLEGAR.—despachar, despedir, enviar, desterrar, echar, condenar, arrojar, expulsar, exiliar.

ABLUCIÓN.—lavatorio, baño, purificación, lavado, lavada.

ABNEGACIÓN.—altruismo, generosidad, sacrificio, desinterés, renuncia, renunciamiento, filantropía, celo.

ABOBAR.—atontar, entontecer, enajenar, embobar, obsesionar, alelar, perturbar, arrocinar.

ABOCADEAR.—morder, masticar.

ABOCAR.—agarrar, aproximar, asir, acercar, aportar, transvasar, apropincuar, escanciar.

ABOCARSE.—avistarse, conferenciar, hablarse, aproximarse, acercarse, apropincuarse.

ABOCETAR. — bosquejar, esbozar, diseñar, apuntar.

ABOCHORNADO.—avergonzado, corrido, ruborizado, sonrojado.

ABOCHORNAR.—avergonzar, ruborizar, sofocar, sonrojar, correr, herir.

ABOGADO.—letrado, jurista, legista, jurisconsulto, consejero, intercesor, defensor, consejero, picapleitos, medianero.

ABOGAR.—interceder, defender, auxiliar, representar, asesorar, proteger, mediar.

ABOLENGO.—origen, estirpe, linaje, alcurnia, ascendencia, prosapia, abolongo.

ABOLICIÓN.—derogación, supresión, anulación, cancelación, extinción.

ABOLIDO.—suprimido, anulado, revocado, derogado, extinguido, borrado, prohibido, desaparecido, destruido, deshecho, arruinado, cancelado, nulo.

ABOLIR.—anular, suprimir, derogar, abrogar, revocar, quitar, borrar, prohibir, extinguir, retirar, destruir, arruinar, deshacer, cancelar, invalidar.

ABOLONGO.—(V. **Abolengo.**)

ABOMBAR. — aturdir, desvanecer, asordar, turbar, ensordecer, emborracharse.

ABOMINABLE.—detestable, aborrecible, execrable, odioso, repugnante, incalificable, atroz, ominoso.

ABOMINACION. — anatematización, execración, aborrecimiento, odio, aversión, rencor.

ABOMINAR.—maldecir, aborrecer, condenar, detestar, execrar, odiar, desaprobar, tildar, reprobar.

ABONANZAR.—abrir, aclarar, calmar, encalmar, suavizar, despejar, mejorar, serenar.

ABONAR.—asegurar, mejorar, acreditar, pagar, fertilizar, abonanzar, asentar, responder, confirmar, ratificar, inscribir, suscribir.

ABONICO.—quedamente.

ABONO.—fianza, suscripción, abonamiento.

ABORDAR.—chocar, aportar, atracar, interpelar, emprender, acercar, plantear.

ABORIGEN.—autóctono, indígena, natural, originario, nativo, vernáculo, oriundo.

ABORRASCARSE.—encapotarse, oscurecerse, cubrirse, nublarse, cargarse, entenebrecerse, exaltarse.

ABORRECER. — detestar, abominar, odiar, execrar, aburrir, fastidiar, desamar, enterriar.

ABORRECIBLE.—detestable, abominable, execrable, despreciable, odioso.

ABORRECIMIENTO.—aversión, odio, rencor, desprecio, abominación, execración, hincha, ojeriza.

ABORTAR.—malparir, frustrar, fracasar, malograr.

ABORTÍN.—abortón.

ABORTO.—abortamiento, fracaso, malogro, frustración, monstruo.

ABOTAGADO.—hinchado, abuhado, abotargado, inflamado.

ABOTAGAMIENTO.—embrutecimiento, entontecimiento, inflamación, hinchazón, abotargamiento.

ABOTAGARSE.—inflarse, hincharse, abotargarse, abobarse, alelarse, entontecerse, atontarse.

ABRA.—abertura, ensenada, bahía, puerto, rada.

ABRASADO.—agostado, quemado, marchito, seco, inflamado, ardido.

ABRASAR.—incendiar, inflamar, tostar, quemar, caldear, agostar, marchitar, secar, consumir, malgastar, arder, avergonzar, aburar.

ABRAZAR.—rodear, estrechar, ceñir, enlazar, admitir, contener, aceptar, comprender, abarcar, atar, abrahonar.

ABREVAR.—beber, remojar, trasegar, mojar, regar, humedecer.

ABREVIAMIENTO.—abreviación, compendio.

ABREVIAR.—acortar, reducir, compendiar, resumir, apresurar, aligerar, acelerar, apurar, despabilar, despachar.

ABRIGAR.—arropar, cobijar, tapar, proteger, cubrir, resguardar.

ABRIGO.—amparo, hospitalidad, sostén, asilo, salvaguarda, tutela, agarradero, refugio, protección, auxilio, cobijo, resguardo, seguridad, patrocinio, defensa, sobretodo, paletó, pardesú, gabán. (V. **Abra.**)

ÁBRIGO.—ábrego.

ABRILLANTAR.—pulir, bruñir, pulimentar, iluminar, labrar, enaltecer.

ABRIR.—rasgar, horadar, hender, agrietar, cuartear, cascar, desplegar, rajar, hendir, entreabrir, separar, extender, destapar, descubrir, desencerrar, franquear, inaugurar, comenzar, abonanzar, serenar, despejar, aclarar, empezar, principiar.

ABROGAR.—revocar, abolir, anular, disminuir, derogar, cancelar.

ABROJO.—cardo, tríbulo, escollo, detienebuey, abreojo, riscos.

ABRONCAR.—aburrir, fastidiar, molestar, enfadar, enojar, disgustar, abochornar, avergonzar, desazonar, amohinar, agrazar.

ABROTANTE.—arbotante.

ABRUMADO.—agobiado, aplanado, alicaído, aliquebrado, molestado, oprimido, acongojado, apesadumbrado, fatigado, cansado, hastiado, aburrido, molesto.

ABRUMAR.—cansar, molestar, incomodar, atosigar, aburrir, hastiar, agobiar, oprimir, apesadumbrar, obscurecer, confundir, ensombrecer, nublar, acongojar, fatigar.

ABRUPTO.—breñoso, cerril, intratable, escarpado, áspero, fragoso, intrincado, escabroso, quebrado.

ABSCESO.—tumor, postema, apostema, úlcera, llaga, flemón, grano.

ABSCISIÓN.—(V. **Ablación.**)

ÁBSIDE.—áspide.

ABSINTIO.—ajenjo.

ABSOLUCIÓN.—perdón, indulto, remisión, emancipación, liberación, reivindicación, liberación, redención, condenación, gracia.

ABSOLUTISMO.—autocracia, cesarismo, tiranía, despotismo, totalitarismo, dictadura, oligarquía, arbitrariedad.

ABSOLUTO.—ilimitado, imperioso, único, solo, voluntarioso, arbitrario, despótico, tiránico, dominante, autoritario, independiente, terminante.

ABSOLVER.—perdonar, remitir, eximir, libertar, condonar, cumplir.

ABSORBER.—cautivar, embeber, atraer, aspirar, empapar, tragar, recibir, captar, cautivar, chupar, consumir, gastar, dilapidar.

ABSORTAR.—suspender, enajenar, admirar.

ABSORTO.—pasmado, admirado, asombrado, maravillado, cautivado, embelesado, abstraído, abismado, ensimismado, atónito, pensativo, estupefacto, encantado, suspenso, estático, meditabundo, concentrado, preocupado, enajenado.

ABSTEMIO.—enófobo, sobrio.

ABSTENERSE.—privarse, contenerse, callarse, renunciar, enajenarse.

ABSTINENCIA.—privación, moderación, sobriedad, evicción, exacción, desposeimiento, desentrañamiento, ayuno, dieta.

ABSTINENTE.—moderado, templado, ayunante, comedido, sobrio, ayunador, hereje.

ABSTRACCIÓN.—ensimismamiento, contemplación, éxtasis, meditación, adoración.

ABSTRACTO.—complejo, neutro, vago, genérico, indeterminado.

ABSTRAER.—enajenar, separar, ensimismar, sumir.

ABSTRAERSE. — reconcentrarse, embeberse, enfrascarse, concentrarse, abobarse, sumirse.

ABSTRAÍDO. — meditabundo, ensimismado, preocupado, reconcentrado, distraído, abobado, babieca.

ABSTRUSO.—oculto, obscuro, recóndito, incomprensible, profundo, difícil.

ABSUELTO.—perdonado, remitido, redimido, libre.

ABSURDO.—disparatado, ilógico, desatinado, irracional, desrazonable, falso, disparate, desatino, irrazonable, falsedad, absurdidad.

ABUELO.—ascendiente, anciano, tolano, vilano, yayo.

ABUHADO.—hinchado (V. **Abotagado.**)

ABULTADO.—exagerado, voluminoso, grande, grueso, topocho, túrgido, turgente.

ABULTAR.—aumentar, amplificar, encarecer, exagerar, acrecentar, agrandar, dilatar, ensanchar, ponderar, hinchar.

ABUNDANCIA.—exuberancia, profusión, copia, prodigalidad, riqueza, fertilidad, fecundidad, frondosidad, abundamiento, cantidad.

ABUNDANTE.—copioso, abundoso, exuberante, fecundo, fértil, frondoso, pingüe, prolífico, ópimo, fructuoso, rico, pródigo, cuantioso, cumplido, profuso.

ABUNDAR.—pulular, rebosar, plagar, verbenear, bastar.

ABURAR.—(V. **Abrasar.**)

ABURELADO.—buriado.

ABURO.—cermeña.

ABURRIDO.—hastiado, cansado, malhumorado, harto, fastidiado, disgustado, aborrecido.

ABURRIMIENTO.—aversión, desgana, disgusto, hastío, fastidio, cansancio, aburrición, tedio.

ABURRIR.—molestar, hastiar, fastidiar, cansar, disgustar, hartar, abrumar, importunar, gastar, aborrecer.

ABUSAR.—atropellar, forzar, violar, excederse.

ABUSIÓN.—abuso, superstición, cataverio.

ABUSO.—atropello, injusticia, exceso, incontinencia, extralimitación, abusión.

ABYECCIÓN.—abatimiento, bajeza, envilecimiento, humillación, servilismo, vileza, desaliento.

ABYECTO.—bajo, vil, ignominioso, rastrero, despreciable, servil, degenerado, prostituido, humillado, envilecido, desalentado.

ACABACIÓN. — acabamiento, gasto, ruina,

consumación, término, terminación, fin, desaliento, acabo.
ACABADO.—consumado, rematado, terminado, concluido, consumido, agotado, usado, viejo, arruinado, fenecido, cumplido.
ACABALAR.—completar, terminar, llenar, cumplir.
ACABAMIENTO.—(V. **Acabación.**)
ACABAR.—concluir, terminar, rematar, finalizar, completar, fenecer, morir, pulir, perfeccionar, apurar, agotar, consumir, destruir, gastar, exterminar, aniquilar, arruinar, cumplir.
ACABARSE.—extinguirse, terminarse, concluirse, arruinarse, morirse, aniquilarse, agotarse.
ACABILDAR.—congregar, juntar, reunir, unir, conciliar.
ACAECER.—acontecer, suceder, pasar, ocurrir, sobrevenir, mediar, venir, devenir.
ACAECIMIENTO.—acontecimiento, caso, hecho, suceso, advenimiento, ocurrencia, sucedido, evento, circunstancia.
ACALÍA.—malvavisco.
ACALORADO.—fatigado, agitado, entusiasmado, encendido, enardecido, avivado, violento, animado, exaltado, descompuesto, arrebatado, excitado, apasionado.
ACALORAMIENTO.—entusiasmo, ardor, vehemencia, acaloro, exaltación, excitación, apasionamiento.
ACALORAR.—fomentar, promover, violentar, excitar, avivar, encender, fatigar.
ACALORARSE.—apasionarse, entusiasmarse, exaltarse, agitarse, avivarse, enardecerse, encenderse, fatigarse, excitarse.
ACALORO.—sofocación. (V. **Acaloramiento.**)
ACALLAR.—aplacar, calmar, contener, convencer, sosegar, aquietar, tranquilizar, acallantar, apagar.
ACAMPO.—dehesa, erial.
ACANALLADO.—envilecido, abyecto, despreciable, ruin, abellacado, pícaro.
ACANTILADO.—escarpadura, cantil, declive, declividad, declivio.
ACAÑONEAR.—cañonear.
ACAPARAMIENTO.—estanco, acopio, monopolio, monopolización, trust, privilegio.
ACAPARAR.—estancar, abarcar, acumular, acopiar, almacenar, retener, monopolizar.
ACAPONADO.—castrado, castrón, afeminado, eunuco, marica, capado.
ACARAMBANADO.—carambanado.
ACARAMELADO.—azucarado, dulce, melifluo, solícito, obsequioso, tierno, galante, empalagoso, rendido.
ACARAR.—acarear, carear, arrostrar.
ACARICIAR.—halagar, mimar, arrullar, rozar.
ACARREAR.—conducir, transportar, llevar, portar, portear, ocasionar, proporcionar, producir.
ACARREO. — transporte, traslado, conducción, traslación, extraño.
ACARTONARSE.—momificarse, apergaminarse, avellanarse, acecinarse.
ACASO.—casualidad, azar, eventualidad, ventura, quizá, tal vez.
ACATAMIENTO.—sumisión, veneración, obediencia, respeto, pleitesía, acato, observancia, consideración, rendibú, respetuosidad, deferencia.
ACATAR.—obedecer, respetar, aceptar, reverenciar, aceptar, venerar, deferir, rendir, honestar.
ACAUDALADO.—rico, poderoso, adinerado, opulento, pudiente.
ACAUDALAR.—atesorar.
ACAUDILLAR.—conducir, encabezar, dirigir, mandar, capitanear, guiar.
ACCEDER.—aceptar, aprobar, conformarse, convenir, consentir, plegarse, transigir, ceder, condescender, asentar, admitir.
ACCESIBLE.—comprensible, sencillo, inteligible, franco, llano, asequible, alcanzable, propenso, afable, permisible.
ACCESIÓN.—consentimiento, ayuntamiento.
ACCESO.—entraña, camino, ataque, acometimiento, ayuntamiento, arrebatamiento.
ACCESORIO.—secundario, accidental, complementario, prescindible, supletorio, episódico.
ACCIDENTADO.—perturbado, borrascoso.
ACCIDENTAL.—casual, fortuito, impensado, interino, contingente, eventual, provisional, adventicio, incidental, accidentario.
ACCIDENTARSE. — desvanecerse, insultarse, desmayarse.
ACCIDENTE.—vértigo, desmayo, congoja, patatús, indisposición, síncope, percance, peripecia, contratiempo, atropello, choque, golpe, catástrofe, signo, síntoma, incidencia, impropiedad.
ACCIÓN.—acto, hecho, obra, fechoría, batalla, maniobra, combate, escaramuza, movimiento, operación, postura, ademán, actitud.
ACEBAL.—acebeda, acebedo.
ACEBUCHAL.—acebuchero, acebuchera.
ACECINADO. — apergaminado, avellanado. acartonado, amojamado, momificado.
ACECINAR.—secar, curar, salar, ahumar.
ACECHANZA. — asechanza, atisbo, acechamiento, aguaitamiento, garlito.
ACECHAR.—atisbar, espiar, celar, vigilar, mirar, observar, esperar, aguardar, asechar, avizorar.
ACEDAR.—acidular, disgustar, agriar, enfadar, molestar, importunar.
ACEDO.—ácido, agrio, acidulado, áspero. avinagrado, ceñudo, desapacible, desabrido.
ACELERAR.—apurar, apresurar, activar, aligerar, avivar, precipitar, apremiar, aviar, despabilar.
ACENDRADO.—puro, inmaculado, depurado, delicado, purificado, exquisito, entrañable, limpio, impoluto, genuino, incólume, intacto.
ACENDRAR.—depurar, purificar, limpiar.
ACENTO.—tono, tonillo, dejo, entonación, deje, pronunciación.
ACENTUAR.—marcar, recalcar, resaltar, insistir, subrayar, apoyar, aumentar.
ACEPCIÓN.—sentido, significado, significación, preferencia, parcialidad.
ACEPTABLE.—pasable, tolerable, pasadero, admisible, plausible.
ACEPTACIÓN.—beneplácito, aplauso, plácet, boga, aprobación, admisión, tolerancia, aplauso.
ACEPTAR.—admitir, recibir, reconocer, tomar, aprobar, tolerar, aplaudir, sancionar, autorizar, consentir, ratificar, abonar.
ACEPTO.—agradable, encantador, amable, bueno.
ACERADO.—agudo, punzante, afilado, duro, resistente, incisivo.
ACERBAMENTE.—amargamente, cruelmente, ásperamente, dolorosamente, dolosamente, desapaciblemente, tristemente.
ACERBO.—amargo, desagradable, áspero, desapacible, cruel, doloroso, riguroso, ácido, acre.
ACERCAR.—aproximar, avecinar, arrimar, juntar, unir, apropincuar.
ACERICO.—acerillo, alfiletero, almohadilla.
ACERO.—valor, ánimo, resolución, espada, tizona, hoja.

ACÉRRIMO.—acre, ácido, fuerte, decidido, obstinado.
ACERTAR.—adivinar, descifrar, atinar, encontrar, dar, averiguar, hallar, topar.
ACERTIJO.—adivinanza, quisicosa, enigma, charada, jeroglífico, rompecabezas, acertajo.
ACERVO.—aglomeración, cúmulo, montón, pila, masa.
ACEZO.—hipo, jadeo, estertor.
ACIAGO.—nefasto, infausto, infeliz, malhadado, infortunado, funesto, triste, desgraciado, desdichado, desventurado, adverso, negro, azaroso, duro.
ACIBARAR.—amargar, apenar, entristecer, atormentar, mortificar.
ACIBERAR.—moler, pulverizar, desmenuzar.
ACICALADO.—pulido, bruñido, terso, limpio, aseado, pulcro, atildado, relamido, perfilado, compuesto, atusado, peripuesto, adornado, ataviado, afeitado, emperejilado, afilado, pulimentado.
ACICALAR.—pulir, bruñir, limpiar, alisar, adornar, componer, ataviar, emperejilar, aderezar, arreglar, aguzar, afinar, pulimentar, afeitar.
ACICALARSE.—ataviarse, emperejilarse, endomingarse, componerse, arreglarse, adornarse, afeitarse.
ACICATE.—estímulo, aguijón, incentivo, aliciente, ánimo, inducción, pincho, púa, espuela.
ACIDIA.—flojedad, galbana, pereza, desidia, gandulería, negligencia, laxitud, vagancia.
ÁCIDO.—acre, agrio, acídulo, acidulado, acedo, avinagrado, acérrimo.
ACIERTO.—cordura, discreción, prudencia, tacto, tino, tiento, puntería, habilidad, destreza, suerte, fortuna, éxito, adivinación, maestría, primor.
ACIGUATADO.—ciguato, pálido, amarillento.
ACLAMAR.—vitorear, glorificar, aplaudir, loar, magnificar, condecorar, encumbrar, ensalzar, alabar, exaltar, engrandecer.
ACLARACIÓN.—sentencia, clasificación, esclarecimiento, dilucidación, determinación, descaro.
ACLARAR.—clarificar, despejar, disipar, serenar, abonanzar, sentar, mejorar, escampar, explicar, dilucidar, espaciar, desembrollar, desenmascarar, desenredar, descubrir, descarar, aclarecer, clarar.
ACLIMATAR.—connaturalizar, arraigar, habituar, acostumbrar, adaptar, acomodar, curtir, avezar, actuar.
ACLIMATARSE.—acostumbrarse, arraigarse, habituarse, adaptarse, acomodarse, connaturalizarse, familiarizarse, arregostarse, amalvezarse, regostarse.
ACLOCAR.—encloar, avellanarse.
ACOBARDAR.—acoquinar, atemorizar, amedrentar, espantar, amilanar, intimidar, acollonar, arredrar, desalentar, desanimar, abatir, cobardear, desmayar, desfallecer.
ACOCHINAR.—acoquinar, acobardar, matar.
ACODAR.—doblar, acodalar.
ACOGER.—admitir, asilar, amparar, recibir, proteger, socorrer, favorecer, refugiar, cobijar, guarecer, asentir, receptar, amadrigar, atender.
ACOGIDA.—hospitalidad, amparo, escudaño, acogeta, calor, recibimiento, admisión, refugio, protección, acogimiento.
ACOGOTAR.—acacharrar, acocotar.
ACOLCHADO.—almohadillado, enguantado, corchado, acolchonado, tapizado, blando.
ACÓLITO.—asistente, monacillo, ayudante, compinche, compañero, colega, a látere, clérigo, sacristán, monaguillo.
ACOLLONAR.—acobardar, amedrentar, espantar, acoquinar, arredrar, intimidar, asustar, amilanar, desfallecer, desmayar.
ACOMETEDOR.—agresivo, impetuoso, pendenciero, violento, arrojado, decidido, emprendedor, dinámico, acometiente, arremetedor, agresor.
ACOMETER.—atacar, asaltar, agredir, embestir, arremeter, cerrar, emprender, intentar, empalmar, irrumpir, saltear.
ACOMETIDA.—embestida, ataque, arremetida, asalto, agresión, acometimiento, empalme, rebato.
ACOMETIVIDAD.—agresividad, ofensividad, ofensiva.
ACOMODADO. — rico, pudiente, adecuado, arreglado, apropiado, conveniente, oportuno, colocado, conciliado.
ACOMODAMIENTO.—convenio, ajuste, conciliación, acuerdo, arreglo, maridaje, unión, conexión, simpatía, adaptación, mimetismo, comodidad, transacción, conveniencia.
ACOMODAR.—aplicar, adaptar, adecuar, ordenar, componer, ajustar, concertar, arreglar, conciliar, apropiar, atemperar, transigir, armonizar, hermanar.
ACOMODARSE.—conformarse, avenirse, resignarse, adaptarse, concertarse, amoldarse, colocarse, alterarse, atemperarse, someterse.
ACOMODATICIO.—dúctil, sociable, elástico, acomodadizo, complaciente, conformista, contemporizador, transigente, adaptante.
ACOMODO.—colocación, destino, empleo, ocupación, cargo, puesto, plaza, ración, sinecura.
ACOMPAÑAMIENTO.—cortejo, escolta, comitiva, compañía, comparse, convoy, séquito, satélite, rodrigón, cálifa, acólito, guión, apéndice.
ACOMPAÑAR.—escoltar, proteger, guardar, conducir, seguir, agregar, juntar, asistir, escoltar, seguir, cortejar, añadir.
ACOMPASADO.—regular, medido, mesurado, compasado, rítmico, isócrono, lento.
ACONDICIONADO. — preparado, dispuesto, característico.
ACONGOJADO.—contristado, apenado, entristecido, atribulado, desconsolado, atristado, afligido, congojoso, apesadumbrado, apesarado, quebrantado, contristado.
ACONGOJAR.—acorar, afligir, angustiar, apesarar, amustiar, entristecer, apenar, contristar, atribular, desconsolar, apesadumbrar, oprimir, fatigar, molestar, acuitar.
ACONGOJARSE.—amurriarse, encultarse, entristecerse, dolerse, atribularse, apesadumbrarse.
ACONSEJAR.—amonestar, exhortar, advertir, avisar, indicar, sugerir, predicar, recomendar, enseñar, asesorar, guiar, comentar, interpretar.
ACONTECER.—suceder, ocurrir, acaecer, pasar, advenir, devenir.
ACONTECIMIENTO.—suceso, caso, acaecimiento, ocurrencia, hecho, sucedido, evento, peripecia.
ACOPIAR.—reunir, juntar, amontonar, recolectar, arrobiñar, atesorar, tesaurizar, aglomerar, acumular, allegar, almacenar, acaparar, apañar.
ACOPIO.—provisión, depósito, almacenamiento, aglomeración, acaparamiento, allegamiento, cosecha, apaño, apañadura, acoplamiento, stock, recogida, colecta.
ACOPLAMIENTO.—unión, enlace, ajuste, ensambladura, enlazamiento, engazo, acopladura, conexión, compenetración.

ACOQUINAR.—acobardar, amedrentar, intimidar, amilanar, atemorizar, abatir, desanimar, asustar, desalentar.
ACORAZAR.—blindar, proteger, reforzar, endurecer, revestir.
ACORDAR.—concordar, conformar, convenir, resolver, decidir, determinar, afinar, pactar, quedar, recordar, conciliar.
ACORDE.—conforme, concorde, armónico.
ACORDONAR.—cercar, encerrar, envolver, rodear, ceñir, ajustar.
ACORNEAR.—acornar, cornear, empitonar.
ACORRALAR.—encorralar, amajadar, atemorizar, encerrar, intimidar, acobardar, aislar, arrinconar, perseguir, circunscribir.
ACORRER.—socorrer, amparar, recurrir, asilar, acudir.
ACORRIMIENTO.—socorro, amparo, asilo, refugio, acorro.
ACORROCARSE.—acurrucarse, encogerse.
ACORTAR.—minorar, aminorar, abreviar, reducir, simplificar, encoger, disminuir, mermar, achicar, cortar, truncar, mutilar, acorzar.
ACOSAR.—perseguir, hostigar, fatigar, estrechar, molestar, importunar, apurar, vejar, acosijar, acorralar.
ACOSTAR.—tender, echar, tumbar, animar, acercar, aproximar, apropincuar, partir, inclinar.
ACOSTARSE.—tenderse, echarse, tumbarse, arrimarse, aproximarse, ladearse, inclinarse, apropincuarse, acercarse.
ACOSTUMBRADO.—avezado, habituado, hecho, habitual, normal, usual, actuado, corriente, aclimatado, connaturalizado.
ACOSTUMBRAR.—avezar, habituar, inclinar, educar, preparar, enseñar, familiarizar, aclimatar, connaturalizar.
ACOTAR.—amojonar, fijar, aceptar, admitir, asegurar, afirmar, atestiguar, certificar, elegir, señalar, destinar, podar, anotar, acordonar, determinar.
ACRE.—áspero, irritante, desabrido, picante, acerbo, ácido, acedo.
ACRECER.—acrecentar, aumentar, mejorar, añadir, desarrollar, agrandar, dilatar, engrandecer, ensanchar, engrosar, extender.
ACRECIMIENTO.—aumento, acrecencia, desarrollo, crecimiento.
ACREDITADO.—afamado, celebrado, renombrado, conocido, reputado, famoso, célebre.
ACREDITAR.—abonar, asegurar, afamar, probar, justificar, contextuar, certificar, atestiguar.
ACREEDOR.—digno, merecedor, aceptilador, inglés, síndico.
ACREMENTE. — ásperamente, ácidamente, acedamente, agriamente, amargamente, duramente.
ACRIMONIA.—acritud, aspereza, irritación, mordacidad, sarcasmo, ironía.
ACRISOLAR.—depurar, purificar, acosijar, acorralar, refinar, aquilatar, probar, aclarar.
ACRITUD.—acrimonia, mordacidad, aspereza, desabrimiento, brusquedad, irritación, sarcasmo.
ACRÓBATA.—equilibrista, gimnasta, maromero, volatinero, volatín, volteador, titerero, titerista, funámbulo.
ACTITUD.—posición, postura, gesto, continente, talante, porte, aire, compostura, disposición, presencia, aspecto, acción.
ACTIVAR.—avivar excitar, aligerar, mover, acelerar, apurar, apresurar, precipitar, diligenciar.
ACTIVIDAD.—diligencia, eficacia, presteza, prontitud, rapidez, velocidad, dinamismo, solicitud, acción, movimiento, acucia, celo, esmero.
ACTIVO.—diligente, eficaz, pronto, rápido, dinámico, presuroso, veloz, ágil, vivo, ligero, enérgico, poderoso, solícito, acucioso, hacendoso, vivo, actuoso, listo, rayo, hacendero, solícito, ubicuo, largo.
ACTO.—hecho, acción, función.
ACTOR.—comediante, histrión, cómico, intérprete, ejecutante, artista, demandante, querellante, causante.
ACTUACIÓN.—diligencia, intervención, conducta, acción, ejercicio, maniobra.
ACTUAL.—existente, presente, contemporáneo, activo, corriente, flagrante.
ACTUALIDAD.—presente, ahora, oportunidad, coyuntura, razón, circunstancia, fecha, moda, boga, hogaño.
ACTUAR.—ejercer, intervenir, representar, ejecutar, proceder, hacer, efectuar, funcionar, trabajar, elaborar, ministrar, operar.
ACUARTELAR.—alojar, distribuir, localizar.
ACUÁTICO.—acuátil.
ACUCIA.—solicitud, prisa, apremio, diligencia, deseo, anhelo.
ACUCIAR.—apurar, estimular, excitar, apremiar, incitar, apresurar, aguijonear, espolear, pinchar, desear, anhelar.
ACUCIOSO.—solícito, presuroso, afanoso, diligente, vehemente, premioso.
ACUDIR.—recurrir, apelar, asistir, acorrer, auxiliar, socorrer, ayudar, ir, llegar, obedecer.
ACUERDO.—resolución, determinación, opinión, armonía, convenio, consentimiento, conformidad, consejo, dictamen, parecer, recuerdo, reflexión, memoria, madurez, decisión, conocimiento.
ACUILMARSE.—afligirse, apenarse, atribularse.
ACUITAR.—afligir, apenar, atribular, dificultar, apurar, estrechar, entristecer.
ACUMULAR.—acopiar, aglomerar, amontonar, hacinar, allegar, reunir, juntar, achocar, almacenar, imputar, achacar, aumentar, acrecentar, añadir, atesorar, acrecer.
ACUNAR.—mecer, brizar, cunear.
ACUÑAR.—amonedar, estampar, sellar, grabar, troquelar.
ACUOSO.—jugoso, zumoso.
ACURE.—acutí, conejillo.
ACUSACIÓN.—inculpación, delación, denuncia, imputación, tacha, tilde.
ACUSADO.—procesado, reo, inculpado, concusado, tildado, delatado.
ACUSADOR.—delator, denunciador, acusón, acusica, denunciante, chivato, acusante, delatante, acusete, soplón, fiscal.
ACUSAR.—imputar, achacar, incriminar, soplar, chivatar, buhar, atribuir, reprochar, acriminar, recriminar, denunciar, delatar, inculpar, tachar, revelar, manifestar, tildar.
ACHACOSO.—enclenque, indispuesto, enfermizo, valetudinario, vejestorio, doliente, enfermo, achaquiento.
ACHANTADO.—disimulado, agazapado, escondido, ocultado, achicado.
ACHANTARSE.—esconderse, aguantarse, disimularse, agazaparse, ocultarse.
ACHAPARRADO.—rechoncho, regordete.
ACHAQUE.—indisposición, dolencia, alifafe, preñez, acusación, denuncia, embarazo, menstruo, pretexto, disculpa, excusa, defecto, vicio, asunto, tema, materia, multa.
ACHARAR.—azarar, turbar, confundir, encelar, agorar, avergonzar.
ACHICADO.—aniñado, apocado, intimidado,

temeroso, empequeñecido, acoquinado, atemorizado, amilanado, acobardado, achantado.

ACHICAR.—humillar, acobardar, apocar, amilanar, arredrar, aminorar, limar, acoquinar, intimidar, atemorizar, acortar, achiquitar, encoger, disminuir, menguar, mermar, reducir, rebajar.

ACHICHARRAR.—quemar, fastidiar, chamuscar, tostar, molestar, importunar.

ACHISPARSE.—alegrarse, alumbrarse.

ACHOTE.—bija, achiote.

ACHUCHAR. — aplastar, estrujar, empujar, azuzar, achucharrar, impulsar.

ADAGIO.—sentencia, proverbio, refrán, apotegma, máxima.

ADALID.—caudillo, jefe, paladín.

ADAMADO.—afeminado, amadamado, amaricado, amariconado.

ADAMISMO.—adanismo.

ADÁN.—abandonado, desaliñado, descuidado, desaseado, desarreglado, harapiento, indiferente, haraposo, sucio.

ADAPTAR.—ajustar, acomodar, proporcionar, concertar, hermanar, adecuar, concertar, conformar, arreglar, acoplar, apropiar, aplicar.

ADARGAR.—proteger, amparar, defender.

ADARME.—insignificancia, migaja, mezquindad, pequeñez, parvedad, poco, poquedad.

ADATAR.—datar.

ADECUADO.—acomodado, apropiado, proporcionado, ajustado, oportuno, conveniente, apto, conforme.

ADECUAR.—igualar, proporcionar. (V. **Adaptar.**)

ADEFESIO.—disparate, despropósito, ridículo, extravagante, esperpento, espantajo, estantigua, loro.

ADEFINA.—adafina, olla.

ADELANTADO.—precoz, aventajado, atrevido, excelente, osado, audaz, imprudente, desconsiderado, irrespetuoso, magistrado, gobernador.

ADELANTAR.—aventajar, exceder, sobrepasar, rebasar, anticipar, progresar, acelerar, añadir, inventar, aumentar, avanzar, medrar, mejorar, perfeccionar.

ADELANTARSE. — anticiparse, excederse, apresurarse, sobrepasarse.

ADELANTO. — anticipo, avance, adelantamiento, desarrollo, progreso, medra, medro, mejora, mejoramiento, perfección.

ADELGAZAR.—enflaquecer, purificar, depurar, sutilizar, alambicar, quintaesenciar.

ADEMÁN.—gesto, actitud, contorsión, aspaviento, porte, garambaina, ceremonia, mímica.

ADEMÁS.—asimismo, también, demás, ainda, amén, igualmente, aindamáis, allende, ultra, sobre, otrosí, así, sino.

ADENTELLAR.—morder, masticar.

ADEREZAR. — adornar, componer, ataviar, acicalar, hermosear, arreglar, remendar, apañar, reparar, preparar, restaurar, disponer, prevenir, aprestar, guisar, condimentar, exornar, guiar, aliñar, enderezar, sazonar, dirigir, encaminar.

ADEREZO.—atavío, adorno, ornamento, joya, condimento, guisado, alhaja, arreo, adobo.

ADHERENCIA.—conexión, unión, enlace, adhesión, cohesión, afinidad, parentesco.

ADHERENTE.—anexo, anejo, pegado, adjunto, unido.

ADHERIR.—unir, aglutinar, soldar, consolidar, pegar, conglutinar, fijar.

ADHERIRSE.—aceptar, aprobar, consentir, unirse.

ADHESIÓN.—afecto, afección, amistad, devoción, apego, fidelidad, unión, adhesividad, adherencia, consentimiento, aglutinación, soldadura, aceptación, aprobación.

ADICIÓN.—añadidura, suma, aumento, agregación, aditamento, nota, reparo, apéndice, epílogo, añadido.

ADICIONAR.—añadir, agregar, sumar, aumentar, acrecer.

ADICTO.—dedicado, devoto, incondicional, fiel, simpatizante, partidario, adepto, afecto, afiliado, apegado, propenso, iniciado, secuaz, amigo, agregado, unido, asociado, aficionado.

ADIESTRAR.—enseñar, instruir, aleccionar, amaestrar, guiar, ejercitar, encaminar, enderezar, dirigir, conducir.

ADITAMENTO. — complemento, añadidura, adición, apéndice, añadido.

ADIVINACIÓN.—adivinanza, augurio, predicción, pronóstico, vaticinio, sortilegio, acierto, premonición.

ADIVINANZA.—acertijo, adivinaja, adivinalla, adivinación, adivinamiento.

ADIVINAR.—acertar, atinar, predecir, antedecir, pronosticar, augurar, prenunciar, descifrar, agorar, presentir, presagiar, descubrir, resolver.

ADIVINO.—adivinador, vidente, augur, clarividente, aurúspice, arúspice, aeromántico, oneiromántico, piromántico, lecanomántico, nigromántico, quiromántico, rabdomántico, vaticinador, agorero, provicero, brujo, hechicero, mago, astrólogo, oráculo, iluminado.

ADJETIVO.—adjetival, calificativo, epíteto.

ADJUDICAR.—entregar, distribuir, dar.

ADMINISTRAR. — gobernar, dirigir, regir, cuidar, proveer, suministrar, propinar, conferir, aplicar, servir, ejercer.

ADMIRABLE.—notable, pasmoso, asombroso, excelente, estupendo, sorprendente, mirífico, maravilloso, considerable, magnífico, prodigioso.

ADMIRACIÓN.—sorpresa, asombro, encandilamiento, estupor, pasmo, estupefacción, éxtasis, deslumbramiento, maravilla, encanto, fascinación.

ADMIRAR.—sorprender, asombrar, encandilar, extasiar, maravillar, encantar, pasmar, suspender, aturdir, extrañar, embobar, aprobar, elogiar, loar, ensalzar.

ADMITIR.—aceptar, recibir, tomar, adoptar, prohijar, recoger, abrazar, andar, acoger, asentir, consentir, permitir, sufrir, tolerar, conceder, suponer, reconocer.

ADMONICIÓN.—advertencia, amonestación, aviso, regaño, reconvención, exhortación, reprimenda, apercibimiento, consejo, recriminación, notificación, reproche.

ADOBAR.—condimentar, sazonar, guisar, aderezar, aliñar, componer, remendar, arreglar, apañar, atarragar, curtir.

ADOBE.—ladrillo, prisiones.

ADOBO.—condimento, salsa, aderezo, aliño, afeite, compostura, adorno.

ADOCENADO.—vulgar, ramplón, trivial, común, ordinario, zafio.

ADOLESCENCIA.—juventud, pubertad, virilidad, mocedad, pubescencia, mancebez, nubilidad, abril, abriles, insevescencia.

ADOPTAR.—prohijar, amparar, acoger, proteger, favorecer, ayudar, admitir, elegir, aprobar, seguir, abrazar, acordar, recoger, aceptar.

ADOQUÍN.—torpe, rudo, ignorante, cabezón, cebollino, tolete.

ADOQUINAR.—pavimentar, empedrar.

ADORACIÓN.—cariño, amor, pasión, devoción, epifanía, idolatría, fanatismo

ADORAR.—querer, amar, idolatrar, reverenciar, venerar, orar, rezar, adamar.

ADORMECER.—acallar, calmar, mitigar, sosegar, entretener, amodorrar, tranquilizar, aplacar, adormir, aletargar.

ADORMECERSE.—amodorrarse, aletargarse, entumecerse, entorpecerse, adormirse, aplacarse.

ADORNAR.—engalanar, ornar, ataviar, acicalar, componer, aderezar, hermosear, embellecer, decorar, adobar, exornar, afirolar.

ADORNO.—aderezo, atavío, compostura, ornato, decorado, adobo, vestido.

ADOSAR.—apoyar, pegar, juntar.

ADQUIRIDOR.—adquiriente, comprador.

ADQUIRIR.—alcanzar, conseguir, comprar, contraer, lograr, alcanzar, obtener, marcar.

ADREDE.—deliberadamente, aposta, ex profeso, intencionadamente, a propósito, de propósito, de intento, a sabiendas, a posta, adredemente, expresamente.

ADUCIR.—alegar, argumentar, razonar, añadir, agregar, sumar.

ADUEÑARSE. — apropiarse, enseñorearse, apoderarse.

ADULA.—dula, ador, trigo.

ADULACIÓN.—lisonja, halago, zalamería, carantoña, candonga, zanguanga, cirigaña, garatusa, jabón, lagotería.

ADULADOR.—zalamero, mimoso, lisonjero, tiralevitas, lameculos, lisonjeador, lagotero, adulón.

ADULAR.—halagar, mimar, lisonjear, envanecer, camelar, roncear, incensar, requebrar.

ADULTERAR.—sofisticar, falsificar, falsear, paralogizar, ilegitimar, mixtificar, viciar, corromper, pervertir, estropear.

ADULTERIO.—amancebamiento, infidelidad.

ADÚLTERO.—viciado, corrompido, adulterino, faverino.

ADULZAR.—dulcificar, endulzar, adulzorar, dulzorar, dulzurar, almibarar.

ADUNAR.—juntar, unir, congregar, unificar, concertar, acordar.

ADUNCO.—combado, curvo, corvo, torcido, curvado, encorvado.

ADUSTO.—austero, rígido, severo, arisco, hosco, huraño, retraído, esquivo, seco, desabrido, serio, áspero, agrio.

ADVENEDIZO.—extranjero, intruso, forastero, entremetido, pegadizo, foráneo, importuno.

ADVENIMIENTO.—acaecimiento, aparición, llegada, arriba, venida, arribada.

ADVENIR.—llegar, venir, ocurrir, suceder, avenir, acaecer.

ADVENTICIO.—extraño, accidental, casual.

ADVERSARIO. — antagonista, contendiente, enemigo, competidor, rival, contrincante.

ADVERSIDAD.—contrariedad, desgracia, infortunio, desventura, desdicha, fatalidad, infelicidad.

ADVERSO.—contrario, desfavorable, contrapuesto, hostil, azaroso, aciago.

ADVERTENCIA.—aviso, consejo, prevención, amonestación, admonición, nota, indicación, observación, apercibimiento, toque, precaución, monición.

ADVERTIDO.—despierto, avisado, listo, despabilado, espabilado, experto, capaz.

ADVERTIR.—atender, ver, observar, reparar, notar, percatarse, aconsejar, amonestar, sentir, averiguar, reprender, prevenir, informar, avisar, fijar, experimentar.

ADYACENTE.—contiguo, junto, adosado, inmediato, próximo, vecino, cercano, yuxtapuesto, anejo, anexo, próximo.

AEROLITO.—meteorito, bólido.

AFABILIDAD.—amabilidad, cordialidad, cortesía, afecto, urbanidad, benevolencia, sencillez, dulzura, ternura, bondad, atención.

AFABLE.—afectuoso, cariñoso, amable, tierno, bondadoso, cordial, agradable, tratable, benóvolo, sociable, cortés, atento, sencillo, placentero, accesible, dulce.

AFAMADO.—acreditado, conocido, célebre, famoso, renombrado, reputado, popular, glorioso, ilustre.

AFÁN.—deseo, anhelo, avidez, ansia, actividad, aspiración, vehemencia.

AFANAR.—hurtar, robar.

AFANTASMADO.—vanidoso, orgulloso, altivo, rígido, envarado.

AFEAR.—censurar, reprender, vituperar, tachar, reprochar, deformar.

AFECCIÓN.—simpatía, inclinación, aprecio, cariño, afecto, ternura, enfermedad, dolencia, estimación, amor.

AFECTACIÓN.—fingimiento, disimulo, hipocresía, doblez, presunción, estudio, disimulación, simulación.

AFECTADO.—estudiado, forzado, fingido, rebuscado, amanerado, aparente, aquejado, molestado, afligido, sentido, triste.

AFECTAR.—fingir, disimular, aparentar, simular, anexar, agregar, apropiar, impresionar, afligir, entristecer, apetecer, procurar.

AFECTO.—apego, inclinación, apasionamiento, cariño, rendimiento, amor, amistad, cordialidad, afición, devoción, adoración, estimación.

AFECTUOSO.—cariñoso, amoroso, amable, afable, devoto, aficionado, cordial, amistoso.

AFEITAR.—raer, rasurar, rapar, apurar, rozar, adornar, afirolar, recortar.

AFEITE.—cosmético, aderezo, compostura, adorno, embellecimiento, ornato.

AFEMINADO.—amujerado, amadamado, marica, adamado, marimarica, amaricado, mariquita.

AFERRAR.—asir, agarrar, afianzar, asegurar, coger, atrapar, insistir.

AFIANZAR.—afirmar, consolidar, apuntalar, asegurar, amarrar, aferrar, asir, coger, agarrar.

AFICIÓN.—inclinación, propensión, amor, devoción, afecto, cariño, apego, gusto, empeño, afán, ahinco, eficacia.

AFICIONARSE.—enamorarse, prendarse, encariñarse, engolosinarse, enamoriscarse.

AFILAR.—amolar, adelgazar, aguzar.

AFILIADO.—adepto, correligionario, adicto, iniciado, partidario, adherido, asociado.

AFILIAR.—admitir, iniciar, asociar, adherir, juntar, prohijar.

AFILIGRANADO.—pulido, delicado, adornado, fino, hermoseado.

AFILIGRANAR.—pulir, hermosear, perfeccionar, adornar, embellecer.

AFÍN.—pariente, allegado, familiar, deudo, contiguo, próximo, adyacente, lindante, análogo, relacionado, similar, semejante.

AFINAR.—pulir, perfeccionar, templar, purificar, acordar, amolar, aguzar, precisar.

AFINCARSE.—fijarse, establecerse, fincarse.

AFINIDAD.—consaguinidad, relación, parentesco, analogía, semejanza, similitud, parecido, atracción, simpatía.

AFIRMACIÓN.—aserción, aseveración, aserto, asentimiento.

AFIRMAR.—consolidar, asegurar, afianzar, apuntalar, sostener, reforzar, fortalecer, fortificar, apoyar, estribar, aseverar, atestiguar, ratificar, testificar, confirmar, certificar, garantizar, asentir.

AFIROLAR.—adornar, componer, adobar.
AFLATO.—soplo, inspiración.
AFLICCIÓN.—afligimiento, mesticia, pena, dolor, tristeza, tribulación, amargura, sentimiento, pesar, sinsabor, desconsuelo, pesadumbre, tormento, desolación, congoja, angustia, mortificación, contrariedad, abatimiento, tósigo, tribulación.
AFLIGIR.—apenar, tribular, desolar, entristecer, amargar, acongojar, atormentar, desconsolar, angustiar, atristar, contristar, apesadumbrar, apesarar, contrariar, mortificar, abatir.
AFLOJAR.—amainar, ceder, desapretar, flaquear, debilitar, relajar, lazar, remitir.
AFLORADO.—floreado.
AFLUENCIA.—abundancia, copia, abundamiento, profusión, aglomeración, concurrencia, muchedumbre, facundia, aflujo, desagüe.
AFOGAR.—asurar, abrasar, requemar intranquilizar, desasosegar.
AFOGARARSE.—requemarse, irritarse, abrasarse, desasosegarse, intranquilizarse.
AFONDAR.—hundir, sumir, zahondar.
AFORAR.—justipreciar, estimar, tasar, apreciar, valuar, reconocer fueros, foros, derechos.
AFORISMO.—precepto, sentencia, axioma, proverbio, máxima, regla, símbolo, apotegma, refrán, dicho.
AFORTUNADAMENTE.—felizmente, dichosamente, bienaventuradamente, venturosamente, favorablemente.
AFORTUNADO.—dichoso, feliz, venturoso, bienhadado, venturero, venturado, fausto.
AFRENTA.—insulto, injuria, ofensa, ultraje, oprobio, agravio, vilipendio, ignominia, ludibrio, deshonra, deshonor, vergüenza, bochorno, baldón, insolencia, escarnio, desprecio, mofa, burla.
AFRENTAR.—ultrajar, injuriar, agraviar, insultar, vilipendiar, ofender, deshonrar, aprobiar, avergonzar, despreciar, ignominiar.
ÁFRICO.—ábrego, viento.
AFRODISÍACO.—enervante, estimulante, excitante.
AFRONTAR.—desafiar, resistir, arrostrar, carear, confrontar, contraponer, enfrentar.
AFUERAS.—inmediaciones, cercanías, alrededores, contornos, proximidades.
AFUFAR.—huir, abandonar, desertar, partir, escapar, fugarse.
AGACHADA.—maña, habilidad, astucia.
AGACHARSE.—acurrucarse, bajarse, encogerse, agazaparse, humillarse, ocultarse, retirarse.
AGALBANADO.—galbanoso.
AGALLAS.—redaños, ánimo, esfuerzo, valor, valentía, audacia.
AGARBARSE.—agacharse, acurrucarse, doblarse, encorvarse, inclinarse, encogerse.
AGARENO.—sarraceno, musulmán, islamita, mahometano, ismaelita, moro, árabe.
AGARRADA.—riña, pelea, altercado, pendencia, disputa, contienda, porfía, lío, reyerta, camorra.
AGARRADERO.—asidero, mango, asa, astil, cogedero, empuñadura, amparo, protección, recurso.
AGARRADO.—avaro, interesado, tacaño, miserable, mezquino, usurero, cutre, cicatero, roñoso, apretado, avariento, sórdido.
AGARRAR.—asir, pillar, atrapar, coger, sujetar, aferrar, hacer presa, lograr, conseguir, empuñar.
AGARROTAR.—apretar, oprimir, ajustar, sujetar, atar.
AGASAJAR.—regalar, obsequiar, festejar, halagar, mimar, lisonjear, atender.
AGASAJO.—regalo, halago, mimo, atención, obsequio, presente.
AGENCIAR.—solicitar, buscar, intentar, lograr, procurar, conseguir, alcanzar, adquirir, obtener, tomar, atrapar, recabar.
AGENTE.—corredor, comisionista, delegado, encargado, intermediario, factótum, negociante, viajante.
AGIGANTADO.—grande, sobresaliente, excesivo.
ÁGIL.—ligero, veloz, pronto, expedito, rápido, desembarazado, diligente, vivo, activo, listo, raudo, resuelto, agudo, impetuoso.
AGILIDAD.—actividad, diligencia, ligereza, viveza, velocidad, prontitud, desembarazo, impetuosidad.
AGIOTAJE.—agrio, especulación.
AGITACIÓN.—intranquilidad, inquietud, turbación, conmoción, perturbación, revuelo, desasosiego, bullicio, zangoloteo, temblor.
AGITADO.—intranquilo, desasosegado, trémulo, convulso, tembloroso, inquieto, conmovido, bullicioso, turbado.
AGITADOR.—perturbador, revolucionario, bullidor, propagandista, bullicioso, travieso.
AGITAR.—sacudir, conmover, remover, turbar, perturbar, alborotar, intranquilizar, inquietar, zarandear, zalear, solmenar, zangolotear.
AGITARSE.—alterarse, excitarse, inquietarse, conmoverse, intranquilizarse, removerse, violentarse, bullir, turbarse, zarandearse.
AGLOMERACIÓN.—acumulación, amontonamiento, acopio, hacinamiento, agolpamiento, reunión.
AGLOMERAR.—acumular, acopiar, hacinar, amontonar, juntar, reunir, cumular, apilar.
AGNADO.—pariente, familiar, deudo.
AGNOSIA.—desconocimiento, ignorancia.
AGOBIAR.—abrumar, oprimir, sofocar, fatigar, angustiar, cansar, rendir, abatir, molestar, fastidiar, hastiar, aburrir, enfadar, inclinar, encorvar.
AGOBIO.—angustia, sofocación, fatiga, molestia, pesadumbre, pena, sufrimiento, abatimiento, opresión, ahogo, sofoco, anhelo.
AGOLPAR. — amontonar, hacinar, mezclar, juntar, reunir, acumular, apilar.
AGONÍA.—congoja, aflicción, angustia, ansia, pena, anhelo, desconsuelo, amargura, tribulación, tormento.
AGORERO.—agorador, adivino, zahorí, nabí, vaticinante.
AGOSTAR.—secar, marchitar, asurar, abrasar, consumir, acabar, extinguir, esterilizar.
AGOTADO.—apurado, extenuado, consumido, exhausto, cansado, gastado, flaco, vacío, desgastado, empobrecido, arruinado.
AGOTAR.—consumir, apurar, gastar, desgastar, acabar, extinguir, debilitar, extenuar, enflaquecer, arruinar.
AGRACEÑO.—agrio.
AGRACIADO.—favorecido, guapo, bello, distinguido, hermoseado, embellecido, premiado, laureado, gracioso, donairoso.
AGRACIAR.—hermosear, embellecer, distinguir, favorecer, premiar, laurear.
AGRADABLE.—afable, atrayente, afectuoso, complaciente, delicioso, encantador, interesante, cautivante, placible, risueño, simpático, seductor, tratable, grato, deleitoso, lisonjero, placentero, apacible, sabroso, bueno, cómodo, ameno, gayo, dulce.
AGRADAR.—complacer, contentar, satisfacer, gustar, deleitar, placer, alegrar, lisonjear, cautivar, atraer.
AGRADECIDO.—reconocido, obligado.

AGRADECIMIENTO. — gratitud, reconocimiento.

AGRADO.—gusto, placer, satisfacción, contentamiento, complacencia, gracia, afabilidad, amabilidad, voluntad, simpatía, deleite, seducción.

AGRANDAR.—ampliar, aumentar, acrecentar, extender, engrandecer, acrecer, ensanchar, desarrollar, expandir, dilatar, engrandar, agigantar.

AGRAVACIÓN.—agravamiento.

AGRAVAR.—empeorar, oprimir, gravar, recargar, cargar, encarecer.

AGRAVIAR.—ofender, afrentar, injuriar, vilipendiar, oprobiar, insultar, ultrajar, deshonrar, calumniar, denostar, perjudicar, dañar.

AGRAVIO.—ofensa, ultraje, injuria, afrenta, denuesto, insulto, calumnia, deshonra, deshonor, perjuicio, daño, injusticia, sinrazón, baldón, vilipendio.

AGRAZ.—amargura, sinsabor, desazón, disgusto, agrazada, precocidad, enfado.

AGRAZÓN.—enfado, enojo, disgusto, desazón.

AGREDIR.—acometer, atacar, arremeter, cerrar, combatir, opugnar, irrumpir, ofender, asaltar, embestir.

AGREGADO.—añadido, yuxtapuesto, afecto, anexo, anejo, pegado.

AGREGAR.—adicionar, añadir, sumar, anexar, unir, aumentar, asociar, juntar.

AGRESIÓN.—ataque, acometimiento, acometida, asalto, atraco, golpe, ofensa, embestida.

AGRESIVO. — mordaz, cáustico, punzante, ofensivo, provocador, acometedor.

AGRESOR.—ofensor, atracador, acometedor, pendenciero.

AGRESTE.—abrupto, salvaje, inculto, áspero, silvestre, rudo, tosco, cerril, grosero, rústico, campesino, incivil, ineducado, zafio, selvático.

AGRIAR.—acidular, acedar, exasperar, irritar, exacerbar, excitar.

AGRIETAR.—rajar, hender, abrir, cuartear.

AGRILLA.—acedera.

AGRIO.—ácido, acidulado, acedo, acre, abinagrado, desabrido, áspero, acerbo, frágil, quebradizo, escabroso.

AGRISADO.—gríseo.

AGRUPAR.—reunir, juntar, congregar, apiñar, arrancimar, cazapear, convocar.

AGUACERO.—chubasco, nubada, chaparrón, andalocio, chaparrada, nubarrada, argavieso.

AGUAITAR.—acechar, observar, esperar.

AGUANTABLE.—tolerable, pasadero, llevadero, soportable, sufrible, resistible.

AGUANTAR.—soportar, sufrir, tolerar, sobrellevar, resistir, pasar, sostener, detener, callarse.

AGUANTARSE.—reprimirse, callarse, comprimirse, refrenarse, contenerse, vencerse, conformarse, resignarse.

AGUANTE.—sufrimiento, tolerancia, paciencia, resistencia, duración, entereza, conformación.

AGUAR.—turbar, interrumpir, perturbar, entorpecer, frustrar, molestar, importunar, estropear, trastornar, enturbiar.

AGUARDAR. — esperar, acechar, aguaitar, atender.

AGUAZAR.—encharcar, enaguachar.

AGUDEZA.—ingenio, perspicacia, sagacidad, vivacidad, viveza, penetración, sutileza, delgadez, gracia, ocurrencia, ligereza, presteza, velocidad, prontitud, donaire.

AGUDO.—aguzado, puntiagudo, sutil, delgado, perspicaz, penetrante, sagaz, ocurrente, ingenioso, gracioso, oportuno, vivo, ligero, presto, veloz.

AGÜERO.—presagio, pronóstico, augurio, indicio, anuncio, señal, signo, aviso, predicción, auspicio.

AGUERRIDO.—veterano, fogueado, ducho, avezado, acostumbrado, ejercitado, experimentado.

AGUIJAR.—estimular, incitar, animar, avivar, excitar, aguijonear, espolear, picar, pinchar, punzar, inducir, apremiar, impeler, aguzar, aguizgar.

AGUIJÓN.—acicate, estímulo, incentivo, incitación, apremio, estro, incitativo, aliciente, púa, dardo, puya, pincho.

AGUIJONEAR.—estimular, animar, incitar, avivar, espolear, aguijar, punzar, pinchar, picar, inducir, impeler.

AGUINALDO.—gratificación, propina, presente, óbolo, recompensa, regalo, dádiva.

AGUJA.—minutero, manecilla, saetilla, agujuela, punterol, almarada.

AGUJERAR.—agujerear.

AGUJEREAR.—horadar, perforar, taladrar, barrenar, abrir, calar.

AGUJERO.—portillo, abertura, horado, alfiletero, orificio, horaco.

AGUZANIEVE.—pezpita, cuadatrémula, chirivía, andarríos, nevatilla, nevereta, alpispa.

AGUZAR.—afilar, estimular, aguijar, arrear, espolear, picar, ahondar, avivar, excitar, incitar.

AHERROJAR.—oprimir, esclavizar, encadenar, sojuzgar, tiranizar, despotizar, subyugar, avasallar.

AHERRUMBRAR.—enmohecer, herrumbrar, oxidar, ensoñar, amohecer.

AHIGADADO.—valiente, valeroso, temerario.

AHIJADO.—apadrinado, adoptado, protegido.

AHIJAR.—adoptar, acoger, imputar, procrear, prohijar, afilar, arrogar, engendrar, retoñar.

AHÍNCO.—ansia, ardor, apresuramiento, diligencia, entusiasmo, fervor, empeño, decisión, tesón, firmeza, esfuerzo.

AHITARSE.—hartarse, atracarse, atiborrarse, apiparse, saciarse, empacharse, hastiarse.

AHÍTO.—harto, repleto, apipado, lleno, saciado, empachado, hastiado, cansado, atracado, atiborrado.

AHOBACHONADO.—apoltronado.

AHOGADO.—asfixiado, ahorcado, sofocado, estrangulado, apurado, apretado, apagado.

AHOGAR.—apagar, sofocar, extinguir, oprimir, asfixiar, acongojar, afligir, fatigar, apurar, estofar, rehogar, anegar, estrangular, ahorcar.

AHOGO.—aprieto, apuro, congoja, opresión, estrechez, aflicción, penuria, pobreza, necesidad, ahoguío, anhelo, sofocación, sofoco.

AHOMBRADO.—hombruno.

AHONDAR.—profundizar, penetrar, escarbar, cavar, investigar, escudriñar, fiscalizar, sondear, sondar, excavar.

AHORA.—ora, actualmente, hoy.

AHORCAR.—colgar, estrangular, ajusticiar, guindar.

AHORRAR.—economizar, reservar, guardar, evitar, excusar, manumitir, escatimar, enguerar, ahuchar.

AHUCIAR.—esperanzar.

AHUECAR.—ensanchar, mullir, inflar, hinchar, enhuecar, hispir.

AHUECARSE.—hincharse, engreírse, envanecerse, ensoberbecerse.

AHUYENTAR.—espantar, sacudir, desechar, zalear, ahuchar, zacear.

AHUYENTARSE.—ausentarse, fugarse, escaparse, huir, espantarse.
AÍNA.—presto, pronto, rápido, fácilmente.
AIRADO.—enojado, irritado, furioso, encolerizado, rabioso, iracundo, ardoroso, agitado. depravado, violento, perverso, indignado, colérico.
AIRE.—viento, gentileza, gracia, apostura, gallardía, garbo, brío, porte, talante, apariencia, respeto, físico, exterior.
AIREAR.—ventilar, orear, aireo, aireación, aventar, ventear, desavahar.
AIRÓN.—penacho, pluma, adorno.
AIROSO.—garboso, gallardo, esbelto, arrogante, galán, apuesto, gentil, gracioso, elegante, lúcido, brillante, franco, arriscado, alegre, cimbreante, lozano.
AISLADO.—solo, solitario, desierto, retirado, apartado, abandonado, incomunicado, recogido, retraído, soledoso.
AISLAMIENTO.—soledad, retiro, retraimiento, incomunicación, desamparo, reclusión, recogimiento, recolección.
AISLAR.—incomunicar, arrinconar, confinar, apartar, recluir, recoger, retirar.
AISLARSE.—retraerse, apartarse, retirarse, recogerse, recluirse, incomunicarse, arrinconarse.
AJAR.—marchitar, deslucir, estropear, deteriorar, humillar, maltratar, abochornar, sobar, desmejorar, sobajar, chafar, desfigurar.
AJENO.—impropio, extraño, diverso, distinto, diferente, distante, libre, lejano, exento.
AJO.—palabrota, taco.
AJORCA.—argolla, brazalete, joya, pulsera, pionía, manilla, esclava.
AJUAR.—menaje, mobiliario, moblaje, equipo, canastilla, enseres, bártulos.
AJUMARSE.—achisparse, alegrarse, embriagarse, alumbrarse, emborracharse, encurdarse, encandilarse, amonarse, ahumarse.
AJUSTADO.—justo, recto, estrecho, ceñido.
AJUSTAR.—acomodar, acoplar, encajar, arreglar, enderezar, convenir, concertar, concordar, pactar, contratar, capitular, reconciliar, avenir, estrechar, ceñir.
AJUSTARSE.—amoldarse, conformarse, sujetarse, avenirse, ceñirse, limitarse.
AJUSTICIAR.—matar, fusilar, ahorcar, ejecutar.
ALA.—hilera, fila, flanco, alero, aleta, cortina, vela.
ALABANZA.—encomio, elogio, celebración, loa, encarecimiento, alabamiento, lauro, asteísmo, enaltecimiento, aprobación, panegírico, apología.
ALABAR.—elogiar, ensalzar, encomiar, trasloar, honorar, exaltar, loar, enaltecer, encumbrar, recomendar, preconizar, celebrar, encarecer, aprobar, aplaudir.
ALABARSE.—gloriarse, jactarse, preciarse, loarse, ensalzarse, aplaudirse, vanagloriarse, alardear.
ÁLABE.—rama, teja.
ALAMBICAR.—destilar, examinar, aquilatar, sutilizar, cohobar, sublimar.
ALAMBIQUE.—destiladera, destilador, alquitara, alcatara.
ALAMBRADO.—alambrada, alambrera, obstáculo.
ALAMPAR.—desear, anhelar.
ALARDE.—ostentación, jactancia, gala, inmodestia, fatuidad, presunción.
ALARDEAR.—jactarse, alabarse, vanagloriarse, preciarse, gloriarse.
ALARGAR.—prolongar, estirar, dilatar, diferir, alongar, retardar.
ALARGARSE.—alejarse, apartarse, desviarse, extenderse, mudarse.
ALARMA.—inquietud, susto, sobresalto, intranquilidad, desasosiego, temor, aviso, señal, rebato.
ALARMAR.—asustar, intranquilizar, atemorizar, sobresaltar, inquietar, amedrentar, espantar, desasosegar, estremecer.
ALAUDA.—alondra.
ALBA.—aurora, amanecer, madrugada, alborada, albor, orto.
ALBACEA.—testamentario, cabezalero, fiduciario, albaceazgo.
ALBANEGA.—cofia, red, redecilla.
ALBAÑAL.—alcantarilla, cloaca, colector, caño, sumidero, desagüe, vertedero, arbollón, arbellón, escorredero.
ALBARCA.—abarca.
ALBARDÁN.—bufón, histrión.
ALBAREJO.—candeal, albarico, albarigo.
ALBEAR.—blanquear, enjalbegar.
ALBEDRÍO.—arbitrio, voluntad, gana.
ALBERCA.—balsa, estanque, charca, pozo, tanque, albuhera, cisterna, aljibe, alchub.
ALBERGUE.—hospedaje, cotarro, mesón, hospedería, posada, venta, refugio, cueva, madriguera, guarida, hostal, cobijo, fonda, parador.
ALBORADA.—amanecer, alba, aurora, orto, albada, albor.
ALBOROTADO.—irreflexivo, ligero, atolondrado, precipitado, bullicioso, alborotadizo, bolinero.
ALBOROTAR.—gritar, trastornar, perturbar, excitar, farrear, zahorar, embullar.
ALBOROTO.—motín, asonada, tumulto, sedición, perturbación, confusión, desorden, vocerío, estrépito, algarabía, gritería, algazara, escándalo, bulla, bullicio, tropel, ruido, zambra, tiberio, batahola, barahúnda, bolinche, zipizape, rifirrafe, tremolina, trapatiesta, disputa, riña, pendencia, albórbola, jarana.
ALBOROZO.—placer, regocijo, alegría, gozo, júbilo, satisfacción, contento, algazara, titiritaina, alacridad, exultación.
ALBUR.—contingencia, riesgo, suerte.
ALCABALA.—tributo, gabela, impuesto, contribución, canon, carga.
ALCADUZ.—arcaduz, cangilón.
ALCAHUETA. — celestina, encubridora, tercera, proxeneta, chismosa, enredadora, soplona, comadre, cobertera, cobejera.
ALCAIDE. — carcelero, guardián, cancerbero, castellano, yurón, alfaneque.
ALCALLER.—alfarero, ceramista, alfaharero.
ALCANCES. — talento, inteligencia, capacidad, listeza.
ALCÁNDORA.—alcándara, percha.
ALCANTARILLA. — puentecillo, cloaca, alcantarillado, imbornal, atarjea, canalón, colector, desagüe.
ALCANZADO.—empeñado, adeudado, endeudado, entrampado, extenuado, debiente, atrasado, maula.
ALCANZAR.—conseguir, obtener, sacar, lograr, recabar, llegar, saber, entender, comprender, descubrir, tocar, averiguar, emparejar, bastar, arribar.
ALCARTAZ.—alcatraz, cucurucho.
ALCAZABA.—castillo, ciudadela, fortín, alcázar, fortaleza.
ALCOBA. — aposento, dormitorio, cubículo, cámara.
ALCOCARRA.—gesto, coco, mueca, momo, mofa, neuma, mohín, visaje, guiño, jeribeque.

ALCONCILLA.—afeite, adobo.
ALCOR.—colina, otero, collado, loma, altozano, cerro, alcudia.
ALCORNOQUE. — encina, ignorante, torpe, iletrado, cretino, bodoque, zoquete, cebollino.
ALCORZAR.—asear, pulir, adornar, hermosear, embellecer, adobar, almibarar.
ALCREBITE.—azufre.
ALCURNIA. — ascendencia, linaje, estirpe, prosapia, casta, cepa, ralea.
ALDEA.—lugar, lugarejo, aldehuela, villorrio, aldeorrio.
ALDEANO.—rústico, labriego, campesino, zafio, paleto, lugareño, aldeaniego.
ALEBRARSE.—alebrestarse, acobardarse, atemorizarse.
ALECCIONAR. — adiestrar, amaestrar, enseñar, instruir, ejercitar, ilustrar, iniciar, meldar.
ALECHIGARSE.—acostarse, tumbarse.
ALEDAÑO.—confluente, lindante, colindante, limítrofe, adyacente, rayano, inmediato, fronterizo, contiguo, próximo, vecino, accesorio, anexo, límite, término, confín.
ALEGAR.—aducir, citar, invocar, acreditar.
ALEGORÍA.—apólogo, parábola, ficción, metáfora, símbolo, emblema, imagen, figura.
ALEGRAR. — alborotar, divertir, regocijar, deleitar, recrear, solazar, agradar, placer, complacer, satisfacer, holgar, gozar, refocilar, letificar, desmelancolizar.
ALEGRE.—divertido, jovial, festivo, gracioso, bromista, entretenido, gracioso, chistoso, jocoso, contento, regocijado, satisfecho, gozoso, alborozado, achispado, ajumado, alumbrado, letífico, gayo, despenador.
ALEGRÍA.—regocijo, gozo, alborozo, satisfacción, júbilo, contento, placer, contentamiento, gusto, buen humor, alacridad, hilaridad, jovialidad, jaleo, algazara, risa, diversión, aleluya, titiritaina, exultación.
ALEJAR.—apartar, desviar, retirar, separar, alueñar, alongar, huir, posponer.
ALELADO.—atontado, aturdido, pasmado, turulato, embobado, extático.
ALELUYA.—alegría, júbilo, regocijo, gozo, algazara, pareado, flaco, dulce.
ALENTADO.—animoso, esforzado, valiente, bizarro, valeroso, brioso, bravo, estrenuo, ardido, atrevido, arrestado.
ALENTAR.—animar, excitar, reanimar, confortar, incitar, exhortar, respirar, consolar, enfervorizar, esforzar.
ALETARGAR.—amodorrar, adormecer, insensibilizar, embeleñar, desmayar.
ALEVE.—alevoso, traidor, traicionero, pérfido, desleal, infiel, felón.
ALEVOSÍA.—deslealtad, felonía, infidelidad, defección, prodición, disimulo, perfidia, traición.
ALEVOSO.—traidor, pérfido, desleal, renegado, falso, desertor, infiel, felón, aleve.
ALFABETO.—abecedario, abecé.
ALFAJÍA.—atrio, pórtico.
ALFANJE.—cimitarra, sable.
ALFAQUE.—banco.
ALFARNATE.—pícaro, tuno, vivo.
ALFAYATE.—sastre.
ALFEÑIQUE. — enclenque, delicado, raquítico, delgado, débil, flojo, flaco, afeite, adobo.
ALGARABÍA.—gritería, vocería, bulla, albórbola, vocerío, bullicio, confusión, algazara, ruido, estrépito, estruendo.
ALGARADA.—motín, asonada, revuelta, rebumbo, tumulto, alboroto, correría, incursión, zambra, zahora.
ALGAZARA.—algarabía, gritería, albórbola, bulla, bullicio, gresca, vocerío.
ÁLGIDO.—culminante, supremo, glacial, definitivo, algente, frígido, congelado.
ALHAJA.—joya, presea, joyel, prenda, adorno,
ALHÓNDIGA.—pósito, lonja, mercado, recova, zoco.
ALIANZA.—unión, liga, confederación, coalición, acuerdo, pacto, asociación, convenio, federación.
ALIARSE.—unirse, confederarse, ligarse, coligarse, emparentar, asociarse, conjurarse.
ALICAÍDO. — triste, atristado, entristecido, desanimado, melancólico, débil, decaído, desalentado, deprimido, tronado, arruinado, apagado, displicente.
ALICIENTE.—atractivo, incentivo, estímulo, aguijón, iniciativa, acicate.
ALIENABLE.—enajenable, vendible, liquidable.
ALIENADO.—enajenado, loco, demente, orate, vesánico, ido, chiflado, guillado, chalado, neurótico.
ALIENTO.—hálito, resuello, esfuerzo, respiración, esfuerzo, valor, ánimo, vigor, denuedo, bizarría, vaho, anhélito, resoplo.
ALIFAFE.—achaque, lacra, dolencia, indisposición, afección, dolamas, aje, desazón.
ALIGERAR.—abreviar, aliviar, reducir, descargar, activar, acelerar, avivar, apresurar, apurar, suavizar, atenuar, templar, moderar, desgravar.
ALIJAR.—alisar, pulir, lijar.
ALIMENTAR. — nutrir, sustentar, mantener, fortalecer, fomentar, sostener, suministrar, avivar, proveer, cebar, apaniguar.
ALIMENTICIO.—substancioso, nutritivo, alimentoso, sustentante, alimentador.
ALIMENTO.—manutención, sutento, sostén, fomento, pábulo, muquición.
ALINEACIÓN.—alineamiento, formación.
ALIÑAR. — condimentar, sazonar, aderezar, adobar, componer, arreglar, adornar.
ALIÑO.—aderezo, condimento, adobo, aseo, limpieza, pulcritud, arreglo, compostura.
ALISAR.—aliseda, alisal, aplanar, allanar, enrasar, suavizar, lenificar.
ALISTAR.—preparar, aprontar, prevenir, aparejar, disponer, matricular, apuntar, inscribir, registrar, listar.
ALIVIAR.—moderar, templar, aligerar, mitigar, disminuir, alivianar, robar, hurtar.
ALIVIARSE.—mejorar, mejorarse, reponerse, sanar, curarse, desahogarse, calmarse, alivianarse.
ALIVIO.—mejoría, consuelo, descanso, mitigación, convalecencia, aliviamiento, aplacamiento, confortación.
ALJABA.—carcaj.
ALJIBE.—cisterna, depósito.
ALMA. — espíritu, esencia, ánimo, aliento, energía, individuo, habitante, hueco, vehemencia.
ALMACÉN.—depósito, tienda, taller, arsenal, factoría, establecimiento.
ALMACENAR.—guardar, reunir, juntar, recolectar, acumular, allegar, acaparar, amontonar, apiñar, acopiar, aglomerar.
ALMÁDANA.—almádena, almádina, almadaneta, almadeneta.
ALMADÍA.—armadía, balsa.
ALMAGRE.—almánguena.
ALMANAQUE.—calendario.
ALMÁSTIGA. — almaste, almástec, almáciga, resina.

ALMIBARADO. — meloso, melifluo, dulzón, empalagoso, blando, suave, dulce, azucarado, efusivo.
ALMINAR.—torre, torreón.
ALMO.—criador, alimentador, vivificador, benéfico, venerable, santo, excelente.
ALMOFARIZ.—almirez, mortero.
ALMOHADA.—almohadón, almohadilla, cojín, cabecera, cabezal, almadraque.
ALMONEDA.—subasta, licitación, puja, encante, remate, compraventa.
ALMUDENA.—alhóndiga, almudí, almudín.
ALMUNIA.—huerta, almuña, cigarral, navazo, granja.
ALOCUCIÓN.—discurso, arenga, peroración, perorata, razonamiento.
ALOJAMIENTO.—posada, aposento, hospedaje, albergue, refugio, asilo.
ALOJAR.—hospedar, aposentar, asilar, albergar.
ALQUERÍA.—cortijo, quintería, caserío, masía, masada, masa, granja.
ALQUILER.—arriendo, arrendamiento, alquilamiento, renta, alquiler.
ALREDEDORES.—inmediaciones, contornos, cercanías, afueras, proximidades, extramuros.
ALTANERÍA.—arrogancia, orgullo, soberbia, altivez, ufanía, desdén, envanecimiento, imperio, altura.
ALTANERO.—altivo, orgulloso, soberbio, imperioso, desdeñoso, despreciativo, despectivo, marcial, gallardo, arrogante, insolente, lominhiesto.
ALTAR.—ara, retablo, capilla, árulo.
ALTEA.—malvavisco.
ALTERACIÓN. — conmoción, perturbación, excitación, trastorno, cambio, variación, mudanza, modificación, enojo, desasosiego, inquietud.
ALTERADO.—revuelto, trastrocado, perturbado, trastornado, enfadado, descompuesto, desasosegado, enojoso, conmovido, inquieto.
ALTERAR.—trastornar, perturbar, turbar, alborotar, conturbar, conmover, variar, mudar, cambiar, modificar, irritar, enfadar, desasosegar, enojar, inquietar.
ALTERCADO. — discusión, porfía, querella, reyerta, pendencia, riña, agarrada, cisco, gresca, escándalo, pelotera, quimera, disputa, diferencia, desavenencia, debate, contienda, altercación, bronca, zipizape.
ALTERCAR.—porfiar, disputar, reñir, discutir, escandalizar, abroncar.
ALTERNAR.—codear, rozar, turnar, permutar, suceder, tratar, frecuentar.
ALTEZA.—altura, elevación, sublimidad, excelencia, eminencia, magnificencia.
ALTISONANTE.—altísono, pomposo, enfático, campanudo, rimbombante, engolado, hueco, hinchado, ampuloso, gerundiano.
ALTIVEZ.—altanería, orgullo, soberbia, imperio, arrogancia, desdén, desprecio, envanecimiento, altiveza, engreimiento, marcialidad, gallardía.
ALTIVO.—arrogante, altanero, soberbio, orgulloso, imperioso, despreciativo, despectivo, soberbio, desdeñoso, gallardo, marcial.
ALTO.—parada, crecido, descanso, alteza, espigado, elevado, prominente, levantado, eminente, encumbrado, altura, altón, eminencia, elevación, altozano, collado, loma, cerro, meseta, montículo, pináculo, promontorio, cima, cúspide, cresta, cumbre, arduo, difícil, superior, excelente, caro (subido de precio), el cielo.
ALTRUISMO.—piedad, caridad, filantropía, generosidad.
ALUCINACIÓN. — ofuscación, ofuscamiento, ceguera, ceguedad, deslumbramiento, alucinamiento, engaño, onirismo, obnubilación, confusión.
ALUCINAR.—deslumbrar, ofuscar, cegar, engañar, embaucar, seducir, obnubilar, traslumbrar.
ALUD.—argayo, lurte, avalancha.
ALUDIR.—citar, mencionar, mentar, contraer, ocupar, referir, personalizar, personificar.
ALUMBRAR. — iluminar, ilustrar, encender, enseñar, instruir, pegar (dar golpes), avivar.
ALUMNO. — discípulo, colegial, estudiante, escolar, becario.
ALUSIÓN.—cita, referencia, mención, indicación, indirecta, insinuación.
ALUSTRAR.—lustrar, abrillantar, bruñir.
ÁLVEO.—lecho, madre, cauce, calcebadén.
ALVÉOLO.—celdilla, cavidad, hueco.
ALZA.—aumento, encarecimiento, elevación, carestía, sobreprecio, ascenso, cuña, mira.
ALZADA.—recurso, apelación, protesta, querella, casación, revisión.
ALZAMIENTO.—levantamiento, insurrección, rebelión, motín, sedición, sublevación, alzadura, puja, quiebra, tumulto, revuelta, asonada, protesta, pronunciamiento.
ALZAPIÉ.—banqueta, banquillo, cascabel, taburete, lazo.
ALZAPRIMA.—palanca, cuña.
ALZAR.—elevar, izar, erguir, levantar, aupar, encumbar, ensalzar, engrandecer, ascender, erigir, construir, edificar, instituir, subir, sublevar, rebelar.
ALZARSE.—levantarse, elevarse, encumbrarse, engarriarse, sobresalir, envanecerse, engreírse, rebelarse, quebrar fraudulentamente, subirse, remontarse.
ALLANAR.—aplanar, alisar, planchar, nivelar, explanar, igualar, zanjar, resolver, derribar, pacificar, abatir, aquietar, sujetar.
ALLANARSE.—avenirse, amoldarse, igualarse, conformarse, prestarse, resignarse, sujetarse, someterse, aplanarse.
ALLEGADO.—pariente, deudo, familiar, cognado, parcial, partidario, secuaz, próximo, cercano, afín, agnado.
ALLEGAR.—acopiar, almacenar, juntar, recoger, reunir, arrimar, acercar, aproximar, añadir, agregar.
ALLENDE.—allá, además.
AMA.—señora, patrona, dueña, propietaria, criada, nodriza.
AMABILIDAD. — afabilidad, cordialidad, urbanidad, dulzura, blandura, gracia, cortesía, sencillez, afecto, atención, agrado, benevolencia.
AMABLE. — afable, complaciente, afectuoso, cariñoso, cordial, atento, urbano, cortés, agradable, benévolo, sencillo, campechano, acogedor, dulce, gracioso, sociable, tratable.
AMADAMADO.—afeminado, adamado, cominero, amujerado, amaricado, mariquita, acaponado.
AMADAMARSE.—adamarse, afeminarse, cominear, amujerarse, acaponarse, amaricarse.
AMADO.—adorado, caro, idolatrado, querido, estimado, dilecto, bienquisto, carillo.
AMADOR.—galán, amante, enamorado, cortejador, bienqueriente, endevotado, tórtolo.
AMAESTRAR.—adiestrar, ejercitar, enseñar, aleccionar, instruir, amansar, ilustrar.
AMAGAR.—amenazar, conminar, intimidar, dar, gallear, bravear.

AMAGARSE.—agacharse, ocultarse, esconderse, hurtarse, achantarse.

AMAGO.—amenaza, síntoma, gallería, intimidación, conminación.

AMAINAR.—aflojar, ceder, calmar, moderar, disminuir, flaquear, escampar, blandear.

AMAITINAR. — acechar, espiar, observar, atisbar, aguaitar, aciguatar.

AMALGAMA.—amalgamación.

AMALGAMAR. — unir, combinar, revolver, mezclar, amasar, aunar, mixturar, misturar.

AMALVEZARSE. — arregostarse, habituarse, acostumbrarse.

AMAMANTAR.—criar, alimentar, nutrir, tetar, lactar, atetar.

AMANCEBAMIENTO.—barraganería, concubinato, amontonamiento, abarraganamiento, lío, arreglo.

AMANCEBARSE. — amigarse, amontonarse, amachinarse, abarraganarse, liarse.

AMANCILLAR.—deslucir, manchar, empañar, afear, ajar, deslustrar, desacreditar, caer, gastar.

AMANECER. — alborear, alborecer, clarear, aurora, alba, orto, alborada, amanecida, albor, madrugada.

AMANERADO.—afectado, forzado, estudiado, rebuscado, remilgado.

AMANERAMIENTO.—rebuscamiento, afectación.

AMANSAR.—apaciguar, aplacar, tranquilizar, calmar, sosegar, aquietar, domar, desembravecer, domesticar, mitigar, dulcificar, desbravar, amaestrar.

AMANTAR.—cubrir, abrigar, arropar, tapar, enmantar, encubertar.

AMANTE.—querido, galán, enamorado, querida, amador, manceba, concubina, coima, barragana, tórtolo.

AMANUENSE. — copista, escribiente, memorialista, pendolista, secretario, plumista.

AMAÑO.—astucia, ardid, artificio, treta, traza, habilidad, trampa, triquiñuela, componenda, arreglo, combinación, estratagema, solercia, arteria, camándula.

AMAPOLA.—ababol, abribollo.

AMAR. — estimar, querer, adorar, apreciar, idolatrar, bienquerer, adamar.

AMARGAR. — acibarar, atristar, entristecer, contristar, apenar, atormentar, afligir, disgustar, apesadumbrar, desconsolar, apesarar.

AMARGO.—acerbo, amarescente, acibarado, amargoso, desabrido, áspero, doloroso, desagradable, aflictivo.

AMARGOR. — amargura, aflicción, disgusto, pena, rebeleo.

AMARGURA.—amargor, amaritud, disgusto, aflicción, sinsabor, pena, mesticia, traspaso, rebeleo, tristeza, dolor, sufrimiento, tribulación, desconsuelo, tormento, pesadumbre, pesar.

AMARICADO. — adamado, amujerado, amadamado, afeminado, marimarica.

AMARRAR.—atar, sujetar, ligar, unir, enlazar, trincar, asegurar, encadenar, afianzar, empalmar, acordelar, agarrotar, envilortar, ensogar.

AMARRIDO.—melancólico, triste, congojoso.

AMARTELADO. — enamorado, acaramelado, derretido, encelado, enamoriscado.

AMARTELAR.—galantear, cortejar, enamorar, amar, adamar, encelar, enamoriscar.

AMARTILLAR.—montar, armar, martillar.

AMARULENCIA. — resentimiento, disgusto, enfado.

AMASIJO.—amasadijo, amasamiento, amasadura.

AMAZONA.—cazadora, guerrera, hombruna, varonil.

AMBAGES.—circunloquios, rodeos, perífrasis, sutilezas, ambigüedades, equívocos, dilogías.

AMBICIÓN.—codicia, avaricia, apetencia, anhelo, ansia, esperanza, glotonería, afán, deseo, aspiración, vehemencia.

AMBICIONAR. — ansiar, anhelar, codiciar, apetecer, avariciar, querer, desear, aspirar.

AMBICIOSO.—avaricioso, codicioso, anheloso, ansioso, egoísta, envidioso, intrigante, deseoso, afanoso.

AMBIGÜEDAD.—anfibología, obscuridad, dilogía, confusión, equívoco, rodeo, calambur, obscuridad.

AMBIGUO.—indeterminado, equívoco, obscuro, confuso, turbio, incierto.

AMBLEO.—cirio, amblehuelo, candelero.

AMBUESTA.—almorzada.

AMEDRENTAR.—atemorizar, acobardar, intimidar, acoquinar, amilanar, asustar, acollonar, abatir, arredrar, apocar.

AMENAZA.—conminación, advertencia, intimación, amago, reto, ultimátum, finta, bravata.

AMENAZAR.—amagar, conminar, intimidar.

AMENGUAR. — deshonrar, baldonar, afrentar, infamar, disminuir, menoscabar, mermar, restar, dividir, reducir, amenorar, aminorar.

AMENIDAD.—gracia, deleite, encanto, ingenio, atractivo, placimiento, delicia.

AMENO.—grato, agradable, encantador, deleitable, placentero, delicioso, gracioso, jarifo, deleitoso.

AMIGA.—favorita, querida, barragana, manceba, concubina, coima, amante, amasia.

AMIGAR.—amistar, reconciliar, unir, amancebar.

AMIGARSE.—amancebarse, liarse, arreglarse.

AMIGO. — aficionado, camarada, inclinado, encariñado, apegado, partidario, aliado, devoto, afecto, adicto, amante, querido, amigacho, amigote, amigazo, amistoso, amancebado.

AMILANAR. — acobardar, abatir, acoquinar, amedrentar, arredrar, atemorizar, intimidar, apocar, achicar, acollonar, desalentar, desanimar, acochinar.

AMINORAR. — minorar, achicar, amenorar, restar, acortar, disminuir, reducir, mermar, amortiguar, atenuar, paliar, mitigar, apocar.

AMISTAD.—afecto, inclinación, cariño, afición, apego, devoción, aprecio, ternura, alianza, adhesión, intimidad, hermandad, confraternidad, valimiento, afectuosidad, amancebamiento.

AMO.—dueño, poseedor, posesor, señor, propietario, principal, patrón, jefe, patrono, encomendero, coime.

AMOCHARSE.—fastidiarse, resignarse.

AMODORRAMIENTO.—coma, sopor, letargo, aletargamiento, somnolencia, soñolencia, modorra, adormecimiento.

AMODORRARSE. — adormercerse, dormirse, azorrarse, aletargarse, amorrongarse, adormirse, adormitarse.

AMOJAMAMIENTO.—delgadez, sequedad, enflaquecimiento.

AMOJONAMIENTO. — delimitación, señalamiento, limitación.

AMOLADOR. — afilador, vaciador, amolanchín, importuno, modesto.

AMOLAR.—fastidiar, aburrir, cansar, molestar, incomodar, hastiar, enojar, afilar, vaciar, aguzar, encocorar.

AMOLDAR. — ajustar, conformar, adaptar, acomodar, moldar, moldear, ahormar.

AMOLDARSE. — acomodarse, allanarse, avenirse, adaptarse, conformarse, sujetarse, someterse, reducirse.

AMOLLAR.—ceder, flaquear.

AMONESTACIÓN.—advertencia, aviso, regaño, reprimenda, reprensión, admonición, regañina, exhortación.

AMONESTAR. — exhortar, advertir, regañar, avisar, reprender, informar.

AMONTAR.—ahuyentar.

AMONTONAR.—apilar, acumular, aglomerar, acopiar, hacinar, mezclar, allegar, reunir, juntar, recoger, guardar, almacenar, conservar, conglobar, centonar.

AMONTONARSE.—enfadarse, irritarse, encolerizarse, amoscarse, amostazarse, enojarse, amancebarse, reunirse.

AMOR.—cariño, querer, ternura, afecto, inclinación, afición, voluntad, cariño, piedad, caridad, afectuosidad, querencia, bienquerer, predilección, apego, devoción, adoración, idolatría, estimación, dilección, celo.

AMORATADO. — violáceo, cárdeno, lívido, morado, tumefacto.

AMORFO.—informe, disforme, deforme, teratológico.

AMORÍO.—enamoramiento, devaneo, noviazgo, galanteo, cortejo, idilio, amores, camarico.

AMOROSAMENTE. — tiernamente, cordialmente, entrañablemente, amarteladamente, cariñosamente, afectuosamente.

AMOROSO.—cariñoso, afectuoso, tierno, suave, apacible, blando, afectivo, filantrópico, cordial, amatorio, erótico.

AMORTIGUAR.—aminorar, moderar, paliar, amenguar, atenuar, mitigar, templar, debilitar, suavizar, atemperar, amortecer.

AMORTIZAR. — liquidar, redimir, vincular, recobrar, suprimir.

AMOSCARSE.—enfadarse, amontonarse, turbarse, aturdirse, encolerizarse, irritarse, amostazarse, enojarse, picarse, mosquearse.

AMOTINAR.—sublevar, levantar, insurreccionar, alzar, turbar, perturbar, conturbar, inquietar, concitar, alborotar, solevar.

AMOVER.—remover, mover, destituir, absortar.

AMPARADOR.—bienhechor, favorecedor, padrino, abogado, defensor, protector, auxiliador, patrocinador.

AMPARAR.—patrocinar, abogar, proteger, defender, apoyar, favorecer, acoger, blindar, guardar, apadrinar.

AMPARARSE.—abrigarse, cobijarse, guarecerse, defenderse, resguardarse, arrimarse, escorrerse, protegerse.

AMPARO.—abrigo, refugio, defensa, apoyo, protección, arrimo, asilo, cobijo, égida, reparo, favor, auxilio, ayuda, socorro, patrocinio, chispa, letrado, procurador.

AMPLIACIÓN.—amplificación, desarrollo, ensanchamiento, aumento, engrandecimiento, dilatación.

AMPLIAMENTE.—largamente, extensamente, cumplidamente, dilatadamente, abundantemente, generosamente, espaciosamente, grandemente.

AMPLIAR.—amplificar, dilatar, desarrollar, extender, aumentar, ensanchar, agrandar, engrandecer.

AMPLIFICACIÓN. — ampliación, desarrollo, aumento, dilatación.

AMPLIFICAR.—ampliar, desarrollar, aumentar, extender, engrandecer.

AMPLIO.—dilatado, extenso, vasto, capaz, espacioso, ancho, anchuroso, grande.

AMPLITUD. dilatación, extensión, anchura, vastedad, espaciosidad, desarrollo.

AMPOLLA.—burbuja, ampolluela, ampolleta, sudamina, vejiga, vesícula, bolsa.

AMPOLLETA.—frasco, ampolla, reloj.

AMPÓN.—amplio, ancho, ahuecado, hueco.

AMPULOSO.—hinchado, pomposo, exagerado, enfático, grave, redundante.

AMPUTAR.—cercenar, separar, segar, cortar, guillotinar, descabezar, decapitar, guadañar, mutilar.

AMUFAR.—cornear, amurcar, empitonar.

AMULETO.—talismán, mascota, grisgrís, fetiche.

AMURALLAR.—murar, cercar, fortificar.

ANACORETA.—penitente, ermitaño, solitario, eremita, cenobita, asceta, anacorita.

ÁNADE.—pato, ganso, anadeja, anadino, ánsar, anadón, ansarón, gansarón.

ANALFABETO.—inculto, ignorante, iletrado.

ANÁLISIS.—estudio, examen, método, descomposición, psicoanálisis.

ANALIZAR.—examinar, descomponer, estudiar.

ANALOGÍA.—parecido, semejanza, relación, similitud, correspondencia, afinidad, sinonimia.

ANÁLOGO. — semejante, parecido, similar, equivalente, sinónimo, analógico.

ANATEMA.—condenación, maldición, excomunión, execración, reprobación, imprecación, estigma, anatematismo.

ANATEMATIZAR. — reprobar, excomulgar, maldecir, estigmatizar, execrar, condenar.

ANCA.—grupa, cuarto trasero, nalga.

ANCIANIDAD.—senectud, vetustez, vejez, decrepitud, agerasia, caduquez.

ANCIANO.—viejo, grandevo, añoso, antiguo, vejestorio, vejete, cellenco, carcamal, achacoso, chocho.

ANCLA.—razón, rizón, ferro.

ANCLADERO.—surgidero, anclaje, fondeadero, dársena, tenedero.

ANCLADO.—fondeado, fondable, hondable, surto.

ANCLAR.—fondear, ancorar, bornear, surgir, entalingar, anclar.

ANCÓN.—ensenada, rincón.

ANCHETA.—mercadería, provecho, pacotilla, ventaja, ganancia, beneficio.

ANCHO.—anchuroso, espacioso, amplio, desparramado, difuso, abierto, vasto, dilatado, extenso, holgado, sobrado, desahogado, satisfecho, orondo, ufano, anchura.

ANCHURA.—desahogo, holgura, libertad, ancheza, desenvoltura, soltura, latitud, extensión, ancho.

ANDADO.—frecuentado, conocido, pasajero, común, vulgar, trivial, usado, desgastado, trillado, transcurrido.

ANDADOR.—andariego, andarín, avisador, caminante, andaderas, pollera.

ANDALOCIO.—aguacero, chubasco, chaparrón.

ANDAMIADA.—andamiaje, guindola.

ANDAMIO.—tablado, armazón, maderamen, castillejo, guardafuego.

ANDANADA.—reprimenda, reprensión, reconvención, regaño, increpación, reproche.

ANDAR.—caminar, marchar, circular, estar, sentirse, tener, tocar, hurgar, revolver, avanzar, recorrer, funcionar, moverse.

ANDARÍN.—andariego, andador, caminante, caminador, viandante, trotamundos, andorrero, andón.

ANDAS.—parihuelas, angarillas, camilla, árganas, caltrizas, palanquín.

ANDÉN.—vasar, anaquel, acera, apeadero, corredor, muelle.

ANDORINA.—andarina, golondrina, andolina.

ANDORRERA.—calleja, andariega, andadora, entremetida, caminante, pindonga.

ANDRAJO.—harapo, pingajo, guiñapo, jirón, argamandel, pingo, mangajo.

ANDRAJOSO. — descamisado, zarrapastroso, derrotado, desastrado, harapiento, roto, desharrapado, guiñapiento, gualdrapero, pingajoso.

ANDRÓMINA.—argucia, embuste, impostura, falsedad, patraña, trama, enredo, engaño, mentira, fullería, superchería, chisme, embrollo.

ANÉCDOTA.—cuento, relación, historieta, leyenda, suceso, chascarrillo, hecho, acontecimiento, acaecimiento, relato, narración.

AÑEGAR.—bañar, encharcar, inundar, rebalsar, sumergir, naufragar, ahogar.

ANEGARSE.—zozobrar, ahogarse, naufragar, sumergirse, inundarse.

ANEJO.—agregado, anexo, accesorio, dependiente, unido, afecto, adyacente, vecino, próximo, aledaño, asociado, conexo, adjunto.

ANESTESIA.—narcosis, hipnosis, letargo, insensibilidad, adormecimiento, carosis, catalepxia.

ANEXAR.—unir, agregar, anexionar, adjuntar, asociar.

ANEXIÓN.—agregación, unión, aproximación, asociación.

ANFIBOLOGÍA.—ambigüedad, doble sentido, equívoco, obscuridad, confusión, dilogía.

ANFITRIÓN.—invitante, invitador, convidador, donillero, convidante.

ANGARILLAS.—aguaderas, andas, parihuelas, camilla, árganas, caltrizas, palanquín.

ÁNGARO.—almenara, hoguera, fogaje, alcandora.

ANGELICAL.—candoroso, tierno, angélico, puro, seráfico.

ANGOSTO.—reducido, escaso, estrecho, justo, ceñido.

ANGOSTURA.—estrechura, apretura, estrechez.

ANGUSTIA.—congoja, aflicción, apuro, ansiedad, mesticia, desplacer, inquietud, tristeza, pena, desconsuelo, tormento, zozobra, vértigo, ansias, opresión, malestar, náuseas, arcadas, vómito, mancuerda.

ANGUSTIOSO.—penoso, triste, acongojado, congojoso, desconsolado, lloroso, afligido, inquieto, apremiante.

ANHELADO.—apetecido, codiciado, suspirado, ambicionado, querido, ansiado, esperado, deseado.

ANHELAR. — ambicionar, ansiar, codiciar, apetecer, desear, aspirar, suspirar, pretender, querer.

ANHELO.—ansia, ambición, codicia, afán, apetencia, esperanza, pretensión, anhélito, respiración, aspiración, deseo.

ANIDAR.—habitar, morar, abrigar, acoger, nidificar.

ANILLO.—aro, argolla, sortija, collarino, armilla.

ÁNIMA.—alma, psiquis, espíritu, aliento, ánimo.

ANIMACIÓN.—agitación, movimiento, excitación, actividad, calor, ruido, bullicio, viveza, alegría, holgorio.

ANIMADO.—concurrido, movido, divertido, agitado, alegre, reanimado, confortado, alentado, excitado, agitado, acalorado, decidido, resuelto, valiente, esforzado.

ANIMADVERSIÓN.—enemistad, rencor, antipatía, ojeriza, inquina, enemiga, desapego, hostilidad, malquerencia, tirria, desafecto, prevención, animosidad.

ANIMAL.—bruto, caballería, inepto, tosco, ineducado, bestia, torpe, ignorante, grosero.

ANIMAR.—alentar, exhortar, confortar, reanimar, esforzar, incitar, mover, excitar, aguijonear, azuzar.

ÁNIMO.—brío, aliento, energía, denuedo, ardimiento, valor, esfuerzo, intención, voluntad, propósito, designio, pensamiento, alma, espíritu, resolución, decisión.

ANIMOSIDAD.—inquina, malquerencia, desafecto, antipatía, ojeriza, tirria, animadversión, ánimo, valor, energía, esfuerzo, hostilidad, enemiga, despego.

ANIMOSO.—valiente, esforzado, denodado enérgico, alentado, resuelto, valeroso, decidido, ardido.

ANIQUILAR.—anonadar, abatir, apocar, devorar, arruinar, consumir, destruir, derruir, arrasar, demoler, devastar, acotolar, desbarastar, asolar, desolar.

ANOCHECER.—atardecer, obscurecer, ocaso, crepúsculo, lobreguecer.

ANODINO.—calmante, sedante, insípido, insubstancial, insignificante, soso, ineficaz, neutro.

ANOMALÍA.—anormalidad, rareza, singularidad, irregularidad, extrañeza, extrañez, raridad.

ANÓMALO. — extraño, irregular, singular, raro, informal, sobrenatural, inconcebible.

ANONADAR.—aniquilar, exterminar, destruir, arruinar, desbaratar, apocar, disminuir, humillar, abatir, asolar, desolar, hundir.

ANÓNIMO.—desconocido, ignorado, incógnito.

ANORMAL.—morboso, deforme, defectuoso, irregular, ilógico, raro.

ANOTAR.—apuntar, asentar, comentar, glosar, acotar.

ANSIA.—angustia, congoja, zozobra, inquietud, fatiga, aflicción, pena, desazón, anhelo, ansiedad, afán, deseo, codicia, anhelito, apetencia, ambición, aspiración.

ANSIAR.—anhelar, apetecer, codiciar, desear, aspirar, ambicionar, suspirar, querer, pretender.

ANSIEDAD.—impaciencia, inquietud, intranquilidad, agitación, angustia, ansia, congoja, zozobra.

ANTAGONISTA. — contrario, rival, émulo, competidor, adversario, enemigo, contrincante, contradictor, opositor, opugnador.

ANTAÑO.—antiguamente, antañazo, anteantaño.

ANTECÁMARA.—antesala, recibimiento, recibidor.

ANTECESOR.—predecesor, anterior, antepasado, ascendiente, progenitor, mayor, abuelo.

ANTECO.—anticio, antípoda, antiscio, perieco, ascio, asciano, anfiscio, heteroscio, periscio.

ANTEDILUVIANO.—antidiluvial, remoto, prehistórico, primitivo, antiguo, antiquísimo, antehistórico.

ANTELACIÓN. — anticipación, precedencia, anterioridad, adelantamiento.

ANTEPASADO.—antecesor, ascendiente, progenitor, mayor, abuelo, predecesor.

ANTERIOR.—delante, primero, antecedente, proal, precedente.

ANTES. — anteriormente, antecedentemente, precedentemente, primitivamente, primeramente, primero.

ANTICIPO. — adelanto, avance, precocidad, anticipación, antelación.

ANTÍDOTO.—contraveneno, triaca, teriaca, mitridato, antifármaco.

ANTIGUO.—viejo, vetusto, añejo, añoso, arcaico, remoto, pretérito, pasado, anterior, veterano, decano, lejano.

ANTIPARRAS.—anteojos, gafas, lentes, quevedos.

ANTIPATÍA. — enemistad, oposición, repulsión, odio, desagrado, aversión, repugnancia, menosprecio, tirria, animosidad, aborrecimiento, disconformidad.

ANTISEPSIA.—desinfección, asepsia, esterilización, abstersión.

ANTÍTESIS.—oposición, contraste, contraposición, antilogía, contrariedad, antinomia.

ANTOJADIZO.—caprichoso, caprichudo, arbitrario, mudable, veleidoso, versátil, voluble, voluntarioso, temoso.

ANTOJO.—capricho, humorada, deseo, fantasía, mancha, estigma.

ANTOLOGÍA.—florilegio, centón, colección, espicilegio, poliantea, miscelánea, selección.

ANTORCHA.—hacha, hachón, tea, hacho.

ANTRO.—caverna, cueva, gruta, guarida, espelunca, covacha, mazmorra, gova.

ANTROPÓFAGO.—caníbal, carnicero, carnívoro.

ANTROPOIDE.—antropoideo, antropomorfo, antropopiteco, pitecántropo, cuadrumano.

ANTUVIAR.—anticipar, adelantar, avanzar.

ANUBARRADO.—anublado, encapotado, nublado, nuboso, obscurecido, empañado, anubado, añublado.

ANUBLAR. — empañar, obscurecer, ocultar, anublar, añublar, nublar, amortiguar.

ANUDAR.—atar, enlazar, amarrar, juntar, unir, añudar.

ANUENCIA.—asentimiento, adhesión, consentimiento, aquiescencia, autorizamiento, complacencia, condescendencia, tolerancia, permiso, venia, autorización, licencia.

ANULAR.—abrogar, revocar, abolir, infirmar, derogar, abrogar, cancelar, suprimir, invalidar, deshacer, inutilizar, incapacitar, borrar, desautorizar, inhabilitar, contrarrestar, neutralizar.

ANUNCIAR.—noticiar, participar, informar, revelar, mostrar, divulgar, notificar, comunicar, avisar, predecir, pronosticar, presagiar, insertar, publicar.

ANZUELO.—arponcillo, atractivo, arpón, incentivo, aliciente, hamo.

AÑA.—nodriza, ama.

AÑADIDURA.—aditamento, adición, complemento, agregación, ampliación, acrecentamiento, añadido.

AÑADIR.—acrecentar, adicionar, aumentar, agregar, sumar, incorporar, juntar, unir, ampliar, añadir, albergar, encimar, sobrecoger.

AÑAGAZA.—artificio, astucia, treta, ardid, artimaña, cebo, cepo, engaño, trampa, señuelo, reclamo, espejuelo, ratimago, trapacera, trapaza, camama, engañifa.

AÑEJO.—antiguo, rancio, vetusto, viejo, arcaico, remoto, pretérito, veterano.

AÑICOS.—fragmentos, pedazos, trizas, trozos, tiestos, rotura, repelón.

AÑORANZA. — morriña, nostalgia, soledad, absentismo.

AÑOSO.—longevo, arcaico, senil, viejo, antiguo, vetusto, veterano, pretérito.

AÑUSGARSE.—añuscarse, atragantarse, disgustarse, enfadarse, enojarse, atarugarse, atorarse.

APABULLAR.—estrujar, aplastar, chafar, despachurrar, apachurrar, cachifollar.

APACIBLE. — agradable, afable, placentero, manso, sosegado, tranquilo, reposado, dulce, suave, bonachón, bonazo, bondadoso, benigno, plácido.

APACIGUAR.—contentar, desenojar, pacificar, mitigar, serenar, calmar, contener, sosegar, aquietar, aplacar, tranquilizar, dulcificar, amansar.

APADRINAR.—amparar, acoger, proteger, cobijar, legalizar, legitimar, prohijar, patrocinar, compadrar, adoptar.

APAGADO.—mortecino, bajo, amortiguado, tenuel, débil, extinto, extinguido.

APAGAR.—aplacar, amortiguar, matar, extinguir, sofocar, reprimir, rebajar, disipar.

APAGAVELAS.—apagador, matacandelas, cortafuego, matafuego.

APALEAR.—golpear, sacudir, varear, palear, aventar, vapulear, zurriagar, verguear.

APANDAR.—atrapar, pillar, hurtar, garrapiñar, gafar, carrascar.

APANDILLAR. — agrupar, reunir, reclutar, apiñar, allegar.

APAÑADO.—diestro, hábil, mañoso, aderezado, arreglado, ataviado, compuesto, adecuado, remendado, habilidoso, capaz, competente.

APAÑAR.—aderezar, adobar, robar, hurtar, arreglar, ataviar, componer, remendar, recoger, asir, guardar, coger, agarrar, asear, adornar, arreglar, abrigar, arropar.

APAÑO.—robo, alijo, matute, hurto, arreglo, adobo, aderezo, compostura, atavío, lío, remiendo.

APARADOR.—trinchero, estantería, escaparate, taller, obrador, vasar.

APARATO.—prevención, pompa, apresto, solemnidad, ostentación, fausto, ponderación, exageración, instrumento, máquina, provisión, mecanismo.

APAREAR.—igualar, ajustar, puntar, disponer, emparejar, unir, ayuntar, aparar, hermanar.

APARECER.—surgir, parecer, brotar, salir, mostrar, manifestarse, aparir.

APAREJAR. — preparar, prevenir, disponer, aprestar, arreglar, prever.

APARENTAR.—simular, disimular, disfrazar, representar, fingir.

APARICIÓN.—fantasma, presentación, espectro, visión, aparecido, vista.

APARIENCIA.—aspecto, figura, forma, parecido, semejanza, viso, traza, verosimilitud, probabilidad.

APARTADO.—retirado, distante, lejos, remoto, lejano, alejado, desviado, escogido, separado, escondido, oculto, encubierto, arrinconado, relegado.

APARTAR.—separar, desunir, dividir, alejar, retirar, desarrimar, quitar, disuadir, desaconsejar, elegir, escoger, desatraer, evitar, rehuir.

APASIONADO.—fanático, vehemente, entusiasta, enamorado, ardiente, violento, impulsivo.

APATÍA.—indiferencia, dejadez, insensibilidad, desgana, impasibilidad, indolencia, abandono, desidia, displicencia, descuido.

APÁTICO. — indiferente, indolente, dejado, desidioso, impasible, displicente, descuidado, desganado.

APATUSCO.—adorno, adobe, aderezo, aliño, arreo.

APEARSE.—bajarse, descender, desmontar.

APECHUGAR.—apencar, apechar, cargar.

APEDAZAR.—remendar, despedazar, apañar, componer, arreglar, destrozar.

APEDREAR.—lapidar, cantear, acantear.

APEGO.—afección, afecto, afición, amistad,

cariño, adhesión, solidaridad, inclinación, interés.

APELAR.—acudir, alzarse, interponer, recurrir.

APELDAR.—reunirse, unirse, juntarse.

APELMAZADO.—compacto, pesado, amazacotado, duro, recargado.

APELLIDAR.—llamar, convocar, aclamar, reunir, proclamar, denominar, nombrar, apelar, titular, intitular, apodar.

APENAR.—abatir, afligir, amargar, apesarar, angustiar, afectar, congojar, acovar, atormentar, atribular, desolar, acongojar, entristecer, desconsolar, desesperar, apesadumbrar, contristar, contrariar, mortificar.

APENAS.—escasamente, penosamente, tristemente, acongojadamente.

APÉNDICE.—cola, prolongación, rabo, extremidad, tentáculo, suplemento, agregado, adición, añadido, añadidura, aditamento.

APERADOR.—encargado, capataz.

APERCIBIMIENTO.—aviso, amonestación, advertencia, admonición, consejo, recordatorio.

APERCIBIR. — advertir, avisar, amonestar, prevenir, aprestar, disponer, preparar, requerir, aparejar, aconsejar, recordar, recomendar.

APERGAMINADO.—seco, enjuto, pergaminoso, acecinado, amojamado, momificado, acartonado, avellanado.

APERGAMINARSE.—amojamarse, acartonarse, acecinarse, momificarse, secarse, avellanarse.

APEROS.—instrumentos, trebejos, herramientas, enseres, avíos, pertrechos, aparejos, útiles.

APERREADO.—molesto, arrastrado, trabajoso, duro.

APERREAR.—molestar, cansar, fatigar, azuzar, rendir, ajetrear.

APERTURA.—inauguración, estreno, aperción, abrimiento.

APESADUMBRAR.—apesarar, entristecer, afligir, amargar, atribular, desolar, desesperar, acongojar, desconsolar, contristar, angustiar, mortificar, contrariar, abatir, atormentar, abrumar, disgustar, apenar, acorar, congojar, afectar.

APESGAR.—agobiar, fatigar, incordiar, molestar, cansar, fastidiar, encocorar.

APESTAR.—molestar, heder, fastidiar, pervertir, hastiar, cansar, viciar, corromper.

APESTOSO.—corrompido, fétido, hediondo, insoportable, maloliente, enfadoso, molesto, insufrible.

APETECER.—gustar, querer, desear, ambicionar, codiciar, ansiar, anhelar.

APETITO.—necesidad, hambre, deseo, gana, concupiscencia.

APETITOSO. — delicado, regalado, gustoso, rico, sabroso, caprichoso.

APIADARSE.—condolerse, compadecerse, dolerse, lastimarse.

ÁPICE.—cima, cumbre, vértice, punta, fracción, nonada, pequeñez, apículo, apíceo, apical, apicicular, apicilar, insignificancia.

APILAR.—amontonar, allegar, reunir, juntar, acumular, acopiar, aglomerar, hacinar, mezclar, almacenar.

APIÑAR.—amontonar, juntar, reunir, agrupar, apretar, arrimar, acercar, estrechar, aproximar, acumular.

APIOLAR.—atar, prender, coger, detener, matar.

APISONAR.—aplastar, apretar, pisonear.

APITAR.—azuzar, empujar, impulsar, gritar.

APLACAR.—amansar, acalmar, amortiguar, calmar, mitigar, sosegar, pacificar, moderar, suavizar, aquietar, acallar, tranquilizar.

APLACER. — satisfacer, agradar, contentar, complacer, gustar, deleitar, atalantar, acontentar.

APLACIBLE.—agradable, deleitoso, ameno, aplaciente, delicado, gustoso, delicioso, grato, placentero.

APLANAMIENTO.—abatimiento, extenuación, descaecimiento, postración, aniquilamiento, desaliento, debilitamiento, debilitación, allanamiento, aplastamiento.

APLANAR.—allanar, igualar, explanar, abatir, postrar, debilitar, extenuar, aplastar, aniquilar, deslentar.

APLASTAR.—despachurrar, chafar, apabullar, aplanar, machacar, hundir, prensar, laminar, apisonar, comprimir, deformar, confundir, avergonzar, humillar, abatir, achicar, abrumar, pulverizar, moler, triturar, pisar, turbar, conturbar.

APLAUDIR.—aprobar, alabar, elogiar, ponderar, encomiar, loar, celebrar, felicitar, aclamar, estimular, animar, palmotear, palmear.

APLAUSO.—aprobación, alabanza, elogio, encomio, ponderación, loa, loanza, felicitación.

APLAZAMIENTO.—retardo, dilación, suspensión, demora, retraso, tardanza, prórroga.

APLAZAR.—demorar, diferir, prorrogar, retardar, suspender, retrasar, posponer, convocar.

APLICACIÓN.—adaptación, esmero, superposición, cuidado, atención, perseverancia, estudio, diligencia, afán, asiduidad, ornamentación.

APLICADO.—superpuesto, sobrepuesto, esmerado, adaptado, cuidadoso, atento, perseverante, estudioso, diligente, asiduo, ornamentado.

APLICAR.—sobreponer, colocar, poner, superponer, adaptar, acomodar, apropiar, atribuir, imputar, achacar, asignar, destinar, emplear, adjudicar, arrimar, imponer, infligir, ornamentar.

APLOMADO.—ajustado, recto, perezoso, pesado, tardo, prudente, juicioso, sesudo, cuerdo, gris, grisáceo, plomizo, ceniciento, plúmbeo.

APLOMO.—serenidad, gravedad, circunspección, mesura, plomada, seriedad, prudencia.

ÁPOCA.—recibo.

APOCADO.—pusilánime, encogido, tímido, corto, cobarde, timorato.

APOCAMIENTO.—timidez, pusilanimidad, cobardía, cortedad, encogimiento, abatimiento, desaliento, vileza.

APOCAR.—minorar, aminorar, mermar, reducir, acortar, achicar, amenguar, rebajar, limitar, estrechar, disminuir, humillar.

APOCARSE.—achicarse, acobardarse, acoquinarse, amedrentarse, rebajarse, humillarse, abatirse, deprimirse, asustarse, amilanarse, atemorizarse, acollonarse, encogerse, cortarse.

APÓCOPE.—supresión, apócopa, metaplasmo.

APÓCRIFO.—fabuloso, supuesto, falso, fingido, quimérico, mentiroso, falsificado, falseado, mentido.

APODERADO. — administrador, mandatario, encargado, procurador, representante, tutor, gerente, delegado.

APODERAR.—delegar, dominar, usurpar, coger.

APODERARSE. — apropiarse, enseñorearse, adueñarse, quedarse.

APODÍCTICO.—demostrativo, convincente, decisivo.

APODO.—mote, seudónimo, sobrenombre, remoquete, alias, apodamiento, sobrehúsa.

APOGEO.—auge, esplendor.

APOLO.—Febo, Sol.

APOLOGÍA.—defensa, alabanza, elogio, enco-

mio, justificación, loa, panegírico, ensalzamiento, bombo.
APÓLOGO.—alegoría, ficción, fábula, parábola, apológico, cuento, relato, narración.
APORREADO.—golpeado, apaleado, zurrado, arrastrado, guisado, trabajado.
APORREAR.—golpear, aporracear, abatanar, trabajar, pegar, apelar, zurrar.
APORREO.—aporreadura, aporreamiento.
APORTAR.—arribar, llegar, llevar, aducir, contribuir, causar, originar, ocasionar, añadir, agregar.
APOSENTAR. — alojar, hospedar, albergar, acomodar, colocar, asilar.
APOSENTO. — habitación, pieza, estancia, cuarto, hospedaje, posada, casa, alojamiento, vivienda, morada, domicilio, aposentamiento, cobijo, palco, alcoba.
APOSTA.—adrede, de intento, intencionadamente, deliberadamente, ex profeso, apostadamente, de propósito, intencionalmente, adredemente.
APOSTAR.—situar, colocar, poner, emboscar, casar, apuntar, competir, rivalizar.
APOSTASÍA.—abjuración, repudio, deslealtad, irreligión, retractación, deserción, renuncia, abandono.
APÓSTATA.—renegado, perjuro, relapso, libelático, negado, elche, muladí.
APOSTEMA.—absceso, postema, tumor.
APOSTILA.—anotación, comento, acotación, comentario, glosa, nota, adición, posdata, postdata.
APÓSTOL.—apostolizador, misionero, propagandista, catequista.
APOSTOLICAL.—sacerdote, eclesiástico.
APOSTOLIZAR.—evangelizar, convertir.
APOSTURA.—gallardía, gentileza, elegancia, aire, airosidad, galanura, galanía, donaire, garbo.
APOTEGMA.—aforismo, sentencia, axioma, agudeza, máxima, proverbio, epifonema, moraleja, adagio, refrán, dicho.
APOYAR.—gravitar, descansar, reclinar, cargar, estribar, descargar, favorecer, proteger, amparar, sostener, ayudar, asentar, basar, afirmar, reafirmar, apuntalar, recostar, adosar, auxiliar, secundar, patrocinar, defender, confirmar, corroborar, probar.
APOYO.—sostén, soporte, sustentáculo, favor, ayuda, amparo, protección, auxilio, defensa, apoyadura, arbotante, apoyadero, sustento, puntal, escora.
APRECIACIÓN.—tasación, evaluación, calificación, juicio, opinión, dictamen, estimación, aprecio, valúa, valoría.
APRECIAR.—calificar, estimar, tasar, valuar, valorar, evaluar, justipreciar, considerar, graduar, preciar, reputar.
APRECIO.—cariño, afecto, estima, estimación, apreciación, consideración, tasación, precio, amor, monta.
APREHENDER.—coger, asir, prender, captar, atrapar, apresar, concebir, percibir, agarrar.
APREMIANTE.—perentorio, urgente.
APREMIAR.—apurar, apretar, urgir, oprimir, compeler, obligar, estrechar, apresurar, acelerar.
APREMIO.—necesidad, urgencia, premura, apresuramiento, perentoriedad, mandamiento.
APRENDER.—conjeturar, estudiar.
APRENSAR.—angustiar, prensar, oprimir, agobiar, afligir.
APRENSIÓN.—aprehensión, recelo, temor, escrúpulo, miedo, repugnancia, delicadeza, prejuicio, vergüenza.
APRENSIVO.—escrupuloso, receloso, preocupado, tímido, temeroso, miedoso, delicado, vergonzoso.
APRESAR.—coger, aprisionar, asir, capturar, cautivar, prender, atrapar, agarrar.
APRESTAR. — arreglar, disponer, aparejar, preparar, prevenir, aderezar.
APRESTO.—preparación, preparativo, prevención, almidón, cola.
APRESURAMIENTO.—premura, aceleramiento, prisa, prontitud, presteza, velocidad, ligereza, rapidez, apresuración.
APRESURAR.—acelerar, aligerar, activar, avivar, apremiar.
APRETADERO.—apretativo, apretadizo, braguero.
APRETADO.—arduo, apurado, peligroso, difícil, agarrado, cicatero, mezquino, miserable, roñoso, ruin, tacaño, avaro, avaricioso, jubón.
APRETAR.—apretujar, acosar, abrazar, incitar, afligir, apremiar, apurar, comprimir, estrechar, agarrotar, estrangular, estrujar, instar, prensar, angustiar, arreciar.
APRETÓN.—apretura, ahogo, conflicto, apretadura, dificultad.
APRIETO.—ahogo, apuro, compromiso, urgencia, conflicto, necesidad, apretura, opresión, apretamiento, dificultad.
APRISA.—de prisa, aceleradamente, prontamente, rápidamente, velozmente.
APRISIONAR.—sujetar, atar, encormar, retener, arrestar, cautivar, enrejar, encarcelar, detener, prender.
APROBACIÓN.—aquiescencia, asenso, asentimiento, conformidad, consentimiento, aplauso, beneplácito, probación, aceptación, acogimiento, prueba, plácet.
APROBAR. — consentir, asentir, aplaudir, acreditar, abonar.
APRONTAR.—preparar, prevenir, disponer, entregar.
APROPIADO.—a propósito, oportuno, proporcionado, conveniente, acomodado, propio, adecuado, ad hoc, apto.
APROPIARSE.—adueñarse, apoderarse, adjudicarse, asimilarse, incautarse, pringarse, atribuirse, arrogarse.
APROVECHABLE.—servible, útil, utilizable, valedero, explotable.
APROVECHADO.—diligente, estudioso, proficiente, aplicado, laborioso, listo.
APROVECHAR.—utilizar, servir, valer, adelantar.
APROXIMAR.—acercar, arrimar, juntar.
APTITUD.—capacidad, suficiencia, disposición, competencia, habilidad, idoneidad, apteza.
APTO.—capaz, competente, hábil, dispuesto, idóneo, perito, suficiente.
APUESTO.—garboso, airoso, arrogante, bizarro, gallardo, galán, gentil, adornado, ataviado, marcial.
APUNTAR.—asentar, anotar, asestar, aguzar, proponer, señalar, insinuar, indicar, soplar, sugerir, apostar, bocetar, abocetar, bosquejar, diseñar.
APUNTARSE.—acedarse, torcerse, avinagrarse, agriarse, achisparse, ajumarse.
APUNTE.—esbozo, croquis, tanteo, nota, boceto, bosquejo, apuntamiento, apuntador, punto, puesta, perillán.
APUÑAR.—apuñadar, apuñear, apuñetear.
APURADO.—arduo, difícil, apretado, exacto, peligroso, afligido, atribulado, acongojado, escaso, pobre, necesitado, dificultoso, angustioso.

APURAR.—purificar, limpiar, concluir, rematar, depurar, consumir, acabar, agotar, activar, apresurar, acelerar, aligerar, atribular, acongojar, molestar, impacientar, afligir, apremiar, apretar, urgir, averiguar, indagar, investigar.

APURO.—aprieto, compromiso, conflicto, escasez, necesidad, aflicción, dificultad, tristeza.

APURRIR.—alargar.

AQUEJAR.—afligir, acongojar, fatigar, entristecer.

AQUELARRE.—conciliábulo, sábado, confusión, ruido, batahola, bulla.

AQUETA.—cigarra.

AQUIESCENCIA.—consentimiento, asenso, venia, permiso, autorización, asentimiento, conformidad, aprobación, anuencia, beneplácito, tolerancia.

AQUIETAR.—apaciguar, calmar, pacificar, serenar, sosegar, tranquilizar, reposar, encalmar.

AQUILATAR.—contrastar, apreciar, comprobar, examinar, graduar, analizar, verificar, apurar.

ARÁBIGO.—árabe, arabesco, arabío, arábico.

ARAMBEL.—andrajo, harapo, guiñapo, colgante, arrapo, colgadura.

ARANA.—tarifa.

ARANDELA.—anillo, cuello, golondrina, candelabro.

ARANERO.—embustero, tramposo, estafador, petardista, engañador, enredador, mentiroso, falso.

ARAÑA.—arañuela, lámpara, ramera, arrebatiña, meretriz.

ARAÑAZO.—arañamiento, araño, rasguño, zarpazo, garfada, arañada.

ARAR.—labrar, roturar, alerce.

ARATOSO.—pesado, importuno, molesto.

ARBITRAJE.—juicio, dictamen, laudo, arbitración, arbitramiento.

ARBITRARIEDAD.—injusticia, sinrazón, tiranía, despotismo, ilegalidad, iniquidad, exigencia, pretensión.

ARBITRARIO.—tiránico, despótico, injusto, inicuo, abusivo, ilegal, arbitral, arbitrativo, caprichoso, veleidoso.

ARBITRIOS.—derechos, cargas, gabelas, impuestos, exacciones, tributos.

ÁRBITRO.—juez, mediador, regulador, dictaminador, tercero, perito, arbitrante.

ARBOLAR.—enarbolar, izar, mastear.

ARCA.—baúl, arquilla, arcón, caja, arqueta, cofre, horno, molusco.

ARCACIL.—alcacil, alcaci, alcaucil, alcauci, alcachofa.

ARCADUZ.—conducto, caño, cangilón, tubo, medio, procedimiento.

ARCAICO.—desusado, anticuado, viejo, venerable, antiguo, añoso, vetusto.

ARCANO.—secreto, misterio, oculto, reservado, recóndito, impenetrable, incógnito.

ARCE.—azcanio, azre.

ARCÉN.—margen, orilla, brocal, borde.

ARCILLA.—argila, argilla.

ARCHIDIÁCONO.—arcediano.

ARCHIVERO.—archivista.

ARDENTÍA.—pirosis, ardor, fosforescencia.

ARDER.—quemar, abrasar, encender, incendiar, prender, inflamar.

ARDID.—añagaza, maña, treta, trecha, falacia, hábil, astuto, amaño, artificio, astucia, artimaña, trampa, engaño, emboscada.

ARDIENTE.—ardoroso, fogoso, fervoroso, quemante, ardiondo, férvido, vehemente, activo, eficaz, bullicioso, vivo, enérgico.

ARDIMIENTO.—ardor, denuedo, brío, vigor, valor, intrepidez, audacia, osadía, valentía, entusiasmo.

ARDITE.—maravedí, bledo, comino, pito, insignificancia, jeme, pequeñez.

ARDOR.—viveza, ardentía, eficacia, entusiasmo, calor, vehemencia, pasión, ansia, anhelo, fogosidad, valor, arrojo, ardimiento, denuedo, brío, valentía.

ARDOROSO.—ardiente, ardiondo, fervoroso, eficaz, vigoroso, impetuoso, vehemente, quemante.

ARDUO.—penoso, difícil, apretado, apurado, peligroso, espinoso, elevado, escarpado, fragoso.

ARENA.—palenque, liza, campo, ruedo, redondel, coso, plaza, arenilla.

ARENAL.—arenalejo.

ARENGA.—alocución, discurso, proclama.

ARENILLERO.—salvadera.

ARETE.—arracada, pendiente, zarcillo, arillo, perendengue, aro.

ARGADIJO.—argadillo, devanadera, entremetido, alegre, divertido, cesto, cestillo.

ARGADO.—enredo, disparate, travesura, galimatías, dislate.

ARGENTADA.—plateada, afeite.

ARGENTO.—plata, argente, azogue, solimán.

ARGOLLA.—aro, anillo, argolleta, argollón, condena, gargantilla, collar.

ARGUCIA.—sofisma, sutileza, tergiversación.

ARGUENAS.—angarillas, alforjas, árganas, árgueñas.

ARGÜIR.—argumentar, replicar, contradecir, objetar, impugnar, refutar, discutir, indicar, razonar, mostrar, disputar, inferir, deducir, revelar, descubrir, probar, acusar, oponer.

ARGUMENTO.—indicio, señal, prueba, razonamiento, asunto, trama, perioca, argumentación, resumen.

ARGUMENTOSO.—solícito, ingenioso, sutil.

ÁRIDO.—seco, estéril, infecundo, yermo, aburrido, fastidoso, cansado, molesto.

ARISCO.—esquivo, indócil, cerril, brusco, áspero, bravío, agreste, montaraz, hosco, huraño, intratable, insociable, indómito.

ARISNEGRO.—arisprieto.

ARLOTE.—holgazán, perezoso, descuidado, desaliñado.

ARLOTERÍA.—pereza, bribonería, perversidad, picardía.

ARMADA.—escuadra, flota, marina.

ARMADIJO.—emboscada, cepo, trampa, lazo, red.

ARMADURA.—armazón, esqueleto, maderamen, tablazón, arnés, defensa.

ARMAR.—montar, amartillar, mover, promover, disponer. fraguar, formar, aviar.

ARMAZÓN.—armadura, esqueleto, entramado, bastidor, tablazón, montura, maderamen.

ARMÍGERO.—armífero, belicoso, guerrero.

ARMISTICIO.—reconciliación, tregua, inducia, pacto, convenio.

ARMONÍA.—consonancia, conformidad, eufonía, ritmo, euritmia, concordancia, concordia, acuerdo, paz, amistad, simetría, cadencia.

ARO.—cerco, anillo, sortija, argolla, collar, arete, abrazadera.

AROMA.—fragancia, perfume, olor.

AROMATIZAR.—perfumar, embalsamar, perfumear, salmonar, aromar.

ARPADURA.—arañazo, rasguño, araño, arañada, aruñazo, uñada.

ARPÍA.—harpía, bruja, basilisco, furia, esperpento, estantigua.

ARQUEAR.—doblar, medir, encorvar, enarcar, combar, alabear, curvar.
ARQUEO.—balance, recuento.
ARQUETIPO.—ejemplar, dechado, modelo, prototipo, ideal, tipo.
ARRACADA.—pendiente, zarcillo, arete, caravana, candonga, criollas.
ARRAIGAR.—establecer, acepar, prender, encepar, agarrar, aclimatar, enraizar, radicar.
ARRAMBLAR.—arrastrar, apañar, gargar, apandar, despojar, juntar, saquear.
ARRANCAR.—desarraigar, descepar, extirpar, quitar, separar, sacar, tarrascar, desencajar, destroncar, despegar, extraer, descuajar, desclavar, comenzar, arrebatar, iniciar.
ARRANQUE.—impulso, ímpetu, arrebato, pronto, rapto, ocurrencia, salida, pujanza, brío, embrague, principio.
ARRAPIEZO.—harapo, andrajo, arrapo, rapacejo, mocosuelo, chaval, chavea, arambel, guiñapo, chico, muchacho, mocoso, rapaz, pequeño, chicuelo.
ARRAS.—señal, prenda, garantía, dote, acidaque, caparra.
ARRASAR.—allanar, aplanar, derruir, destruir, arruinar, asolar, talar, devastar, rasar, igualar, nivelar, hundir, achatar, alisar.
ARRASTRADO.—pobre, aperreado, desastrado, duro, pícaro, bribón, tunante, pillo, aporreado, menesteroso, descamisado.
ARRASTRAR.—transportar, remolcar, conducir, acarrear, tirar, impeler, atraer, obligar, persuadir, zalear, halar, atoar, toar.
ARRASTRARSE.—humillarse, rebajarse, envilecerse, revolcarse, prostituirse, encanallarse.
ARRASTRE.—conducción, acarreo, transporte, arrastramiento, zaleo, remolque, tracción.
ARREAR.—aguijar, activar, animar, acelerar, fustigar, estimular, ataviar, adornar, engalanar.
ARREBAÑAR.—recoger, rebañar, arrebatar, apañar, apandar, arramblar.
ARREBATADO.—impetuoso, violento, precipitado, inconsiderado, enfurecido, furibundo, iracundo, colérico, admirado, enajenado, extasiado, encendido, colorado, arrebolado, veloz, impulsivo, vehemente, brioso.
ARREBATAR.—arrancar, quitar, tomar, admirar, conquistar, agostar, atraer, cautivar, suspender, maravillar, extasiar, encantar, despojar, apandar, apañar.
ARREBATARSE.—irritarse, enfurecerse, indignarse, exaltarse, encolerizarse, desbocarse, violentarse, precipitarse.
ARREBATO.—rapto, arranque, pronto, arrebatamiento, furor, éxtasis, precipitación, vehemencia, ira.
ARREBUJARSE.—cubrirse, abrigarse, envolverse, taparse, embozarse, arroparse, reburujarse, rebujarse, liarse.
ARRECIAR.—aumentar, apretar, crecer, redoblar, entesar, agravar.
ARRECIFE.—calzada, banco, camino, bajo, escollo, bajío.
ARRECHUCHO.—arranque, pronto, alifafe, aje, dolama.
ARREDRAR.—separar, retraer, apartar, intimidar, amedrentar, atemorizar, acobardar, amilanar, acoquinar, asustar, acollonar, imponer.
ARREGLADO.—ordenado, moderado, metódico, cuidadoso, aderezado, apañado, compuesto, templado, comedido, modoso.
ARREGLAR.—acomodar, ordenar, disponer, regular, ajustar, concertar, componer, conciliar, aderezar, apañar, reformar, modificar, aviar, organizar, disponer.
ARREGLO.—orden, regla, coordinación, conciliación, avenencia, convenio, transacción, concierto, acomodo, compostura, componenda, ajuste, trato, pacto, avío, organización.
ARREMETER.—acometer, atacar, embestir, agredir, cerrar, arrojar, abalanzar, combatir, entrar.
ARRENDAMIENTO.—arriendo, arrendación, locación, alquiler, alquilamiento.
ARREO.—adorno, atavío, aderezo, gala, ornamento, presea, guarnición, compostura.
ARREPENTIDO.—compungido, apesadumbrado, pesaroso, arrepiso, atrito, contrito, sentido, afligido.
ARREQUIVES.—adornos, atavíos, galas, ornamentos.
ARRESTADO.—intrépido, audaz, valeroso, arrojado, atrevido, osado, valiente.
ARRESTAR.—prender, apresar, cautivar, detener.
ARRESTO.—detención, reclusión, encierro, encarcelamiento, aprisionamiento, captura.
ARRESTOS.—osadía, audacia, arrojo, atrevimiento, intrepidez, coraje, resolución, bizarría, valor, valentía, decisión, ánimo, ímpetu, brío.
ARREZAGAR.—alzar, arremangar, levantar.
ARRIA.—recua, reata, harria.
ARRIBADA. — recalada, llegada, arribaje, arribo, bordada, arribanza, arribante.
ARRIBAR.—venir, llegar, convalecer.
ARRIERO.—trajinante, chalán, yegüero, harriero, alhamel, trajinero.
ARRIESGAR.—aventurar, exponer, arriscar.
ARRIESGARSE.—atreverse, exponerse, aventurarse, decidirse, resolverse, lanzarse, osar, arriscarse.
ARRIMAR.—aproximar, acercar, juntar, pegar, avecinar, adosar, arrinconar, dar, aplicar, asestar, atizar, añadir, agregar.
ARRIMARSE.—acogerse, apoyarse, guarecerse, acercarse, aproximarse, agregarse, acompañarse, juntarse, unirse, amontonarse, arrinconarse, avecinarse, adosarse, apropincuarse.
ARRIMO.—favor, protección, amparo, ayuda, apoyo, patrocinio, báculo, lío, arreglo, contubernio, arreglito.
ARRINCONADO.—apartado, desdeñado, desatendido, menospreciado, aislado, olvidado, despreciado, postergado, retirado, arrimado, abandonado, destituido.
ARRINCONAR.—acorralar, desechar, estrechar, desatender, postergar, arrimar, destituir, abandonar.
ARRINCONARSE.—retirarse, retraerse, recogerse, aislarse, arrimarse, apartarse.
ARRISCADO.—atrevido, arriesgado, resuelto, osado, arrojado, audaz, temerario, ágil, gallardo, listo, dispuesto, despabilado, desenvuelto, intrépido, bizarro, decidido.
ARRISCARSE.—envanecerse, engreírse, despeñarse, resolverse, aventurarse.
ARROBAMIENTO.—éxtasis, embeleso, arrobo, enajenamiento, enajenación, encantamiento, embebecimiento.
ARROBARSE.—enajenarse, elevarse, embelesarse, extasiarse, embeberse, encantarse.
ARROCINARSE.—embrutecerse, aborricarse, anieblarse, aneciarse.
ARRODILLARSE. — humillarse, posternarse, postrarse.
ARROGANCIA.—altivez, altanería, orgullo, imperio, soberbia, desprecio, desdén, valor, valentía, aliento, brío, bizarría, gallardía, apostura, intrepidez.
ARROGANTE.—altivo, soberbio, orgulloso, altanero, despectivo, despreciativo, desdeñoso,

imperioso, gallardo, apuesto, airoso, valiente, alentado, brioso, intrépido, bizarro.

ARROGARSE.—atribuirse, apropiarse, adjudicarse, asimilarse.

ARROJADO.—valiente, arriscado, intrépido, arriesgado, osado, audaz, atrevido, imprudente, temerario, resuelto, decidido, bizarro.

ARROJAR.—lanzar, proyectar, echar, tirar, impeler, despeñar, precipitar, disparar, despedir, expulsar, expeler, exhalar, brotar, devolver, vomitar, provocar, abalanzar, arronjar, sacudir.

ARROJO.—osadía, intrepidez, audacia, arresto, denuedo, resolución, atrevimiento, valor, valentía, coraje, decisión, bravura, bizarría.

ARROLLAR.—vencer, enrollar, derrotar, batir, destrozar, asolar, aniquilar, destruir, desbaratar, atropellar, acunar, brizar, mecer, cunear, pisotear, ultrajar, confundir, avergonzar.

ARROPAR.—cubrir, abrigar, amantar, enmantar, tapar, acuchar.

ARROSTRAR.—retar, desafiar, afrontar, enfrentar, enfrontar, resistir, aguantar, contrarrestar, contrastar, rechazar.

ARROYO.—calzada, riachuelo, regato, regajo, cañada.

ARRUFAR.—encoger, arquear, incitar, instigar, azuzar.

ARRUGARSE.—encogerse, envejecer, contraerse, deslucirse, rugarse, fruncirse, encarrujarse.

ARRUINADO.—empobrecido, arrancado, tronado, mísero, aniquilado, hundido, caduco, agotado, derruido.

ARRUINAR.—devastar, hundir, talar, asolar, aniquilar, arrasar, destruir, abatir, derruir, derrocar, demoler.

ARRUINARSE.—aniquilarse, destruirse, anularse, abolirse, empobrecerse, derruirse, demolerse, derrocarse.

ARRULLAR.—enamorar, adormecer, cantalear, adormir, arrollar, arrear.

ARTE.—artificio, habilidad, industria, aptitud, maestría, destreza, ingenio, cautela, maña, traza, primor, disposición, astucia, red, virtud, poder, eficacia.

ARTERÍA.—falsía, astucia, amaño, engaño, traición, picardía, cuquería, marrullería, artimaña, adrolla.

ARTERO.—sagaz, astuto, taimado, bellaco, falso, traidor, artificioso, mañoso, cuco, pícaro, marrullero, ladino, tortuoso, bellaco, truchimán.

ARTESANO.—trabajador, artífice, menestral.

ÁRTICO.—boreal, septentrional, norteño, hiperbóreo, bóreo.

ARTICULACIÓN.—junta, juntura, coyuntura,

ARTICULAR.—unir, enlazar, pronunciar, jugar, modular.

ARTÍFICE.—artesano, artista, creador, autor.

ARTIFICIAL.—postizo, fingido, imitado, simulado, aparente, falsificado, engañoso, falso, ficticio, contrahecho, disimulado, ilusorio, convencional, quimérico, artificioso.

ARTIFICIO.—artimaña, astucia, cautela, engaño, amaño, disimulo, habilidad, truco, treta, ardid, artería, asechanza, argucia, tergiversación, simulación.

ARTIFICIOSO.—cauteloso, taimado, engañoso, disimulado, astuto, artero, truquista, hábil.

ARTIMAÑA. (V. **Artificio.**)

ARTISTA.—artífice.

ARUÑAR.—arañar.

ARVEJA.—algarroba, arvejana, arvejona, arvejo, afaca.

ASACAR.—sacar, inventar, extraer, fingir, atribuir, imputar.

ASADURA.—entrañas, bofes, hígados, sosería, cuajo, vísceras, pachorra, lentitud.

ASAETEAR.—importunar, disgustar, molestar.

ASALTAR.—acometer, atacar, atracar, agredir, sorprender, sobrevenir, acudir.

ASAMBLEA.—reunión, congreso, junta, consejo.

ÁSARO.—asarabácara, asáraca.

ASAZ.—bastante, harto, muy, suficiente, mucho.

ASCENDENCIA.—cuna, linaje, estirpe, nacimiento, alcurnia, predominio, subida, crecimiento, prosapia.

ASCENDER.—subir, progresar, elevar, adelantar, mejorar, promover, levantar, importar.

ASCENDENTE.—autoridad, crédito, imperio, influencia, poder, predominio, prestigio, valimiento.

ASCENDIENTES.—abuelos, antecesores, antepasados, mayores, padres.

ASCENSIÓN.—elevación, subida, levantamiento, exaltación, ascenso.

ASCENSO.—distinción, subida, mejora, adelantamiento, elevación, adelanto, promoción, recompensa, premio, ascensión, escalafón.

ASCETA.—ermitaño, anacoreta, eremita, solitario, cendista.

ASCO.—aversión, repugnancia, repulsión, temor, náuseas, miedo, ascosidad, ascoso.

ASEADO.—ataviado, aliñado, compuesto, engalanado, pulcro, cuidadoso, curioso, limpio, pulido.

ASEAR.—componer, adornar, limpiar, lavar, cuidar, ataviar, aliñar.

ASEBIA.—irreligión, impiedad, profanidad.

ASECHANZA.—engaño, artificio, conspiración, traición, perfidia, insidia, trampa, emboscada, cepo, asecho, asechamiento.

ASEDIO.—cerco, bloqueo, sitio, importunidad, molestia.

ASEGURAR.—afirmar, ratificar, confirmar, aseverar, cerciorar, consolidar, afianzar, apuntalar, fijar, preservar, resguardar, garantizar, apresar, tranquilizar, proteger.

ASENDEREADO.—cansado, fatigado, molesto, maltratado, perseguido, recorrido, agobiado, encocorado, abrumado.

ASENSO.—asentimiento, aprobación, afirmación, consentimiento, creencia, fe.

ASENTADERAS.—posaderas, nalgas, culo, trasero, ancas.

ASENTADO.—sentado, juicioso, reflexivo, estable, permanente.

ASENTAR.—alisar, aplanar, apisonar, sentar, anotar, afirmar, asegurar, situar, fundar, establecer, convenir, pactar, ajustar, presuponer, fundamentar, basar, golpear, afilar, suponer, apuntar.

ASENTARSE.—sentarse, posarse, establecerse.

ASENTIMIENTO.—aprobación, asenso, permiso, consentimiento, venia, conformación.

ASENTIR.—aprobar, consentir, afirmar, convenir, conformar, aceptar.

ASEO.—pulcritud, curiosidad, limpieza, aliño, cuidado, compostura, mundicia, pureza, policía.

ASEQUIBLE.—accesible, hacedero, exequible, alcanzadizo, conquistable, granjeable.

ASERCIÓN.—aseveración, aserto, afirmación.

ASESINO.—matador, criminal, homicida.

ASESOR.—letrado, consejero, abogado, tutor.

ASESTAR. — apuntar, descargar, sacudir, golpear.
ASEVERAR.—asegurar, afirmar, confirmar, ratificar, asentar, certificar.
ASFIXIA.—ahogo, sofoco, sofocación, ahogamiento.
ASÍ.—asín, asina.
ASIDERO.—agarradero, mango, manija, pendedero, cigüeña, puño, asilla, enarma, empuñadura, pomo, asa, ocasión, pretexto.
ASIMIENTO.—cogedura, agarro, presa, abarcadura, prendimiento, prensión, enganche, enganchadura.
ASIDUO.—acostumbrado, habitual, consuetudinario, constante, perseverante, continuo, parroquiano, puntual, contertulio, aplicado, inclinado, afecto, frecuente.
ASIENTO.—residencia, sede, domicilio, sitio, lugar, escaño, poso, sitial, sedimento, cordura, sensatez, madurez, prudencia, juicio, anotación, indigestión, estabilidad, contrato, apuntamiento, permanencia, asentaderas, posaderas, nalgas, convenio.
ASIGNAR.—dar, conceder, destinar, pensionar, señalar, fijar, distribuir.
ASILADO.—acogido, albergado, recogido, amparado, protegido.
ASILO.—retiro, recepto, albergue, refugio, orfanato, protección, amparo.
ASILLA.—islilla, clavícula, asidero, ocasión, pretexto.
ASIMIENTO.—adhesión, afecto, cariño.
ASIMILAR.—asemejar, semejar, comparar.
ASIR.—agarrar, prender, coger, atrapar, pillar, detener, aprehender, aprisionar, enganchar, empuñar.
ASISTENCIA.—auxilio, socorro, favor, apoyo, ayuda, cooperación, amparo.
ASISTENTES.—presentes, circunstantes, espectadores, concurrentes.
ASISTIR.—amparar, acompañar, frecuentar, socorrer, ayudar, auxiliar, favorecer, contribuir, cooperar, coadyuvar, secundar, cuidar, servir, concurrir, presenciar.
ASNADA.—necedad, asnería, tontería, memez.
ASNAL.—asnino, asnejón, brutal, bestial.
ASNO.—borrico, buche, burro, jumento, pollino, rucio, rucho, garañón, blas, piñón, onagro, hechor, liviano, ignorante, necio.
ASOCIAR.—juntar, aliar, unir, reunir, incorporar, coligar, federar, interesar, conchabar, agremiar, relacionar, sindicar, confederar.
ASOLAR.—destruir, arrasar, arruinar, asolanar, secar, marchitar, devastar, talar, agostar, desolar.
ASOLEADA.—insolación, asoleamiento.
ASOMBRO.—sorpresa, pasmo, admiración, estupefacción, aturdimiento, maravilla, desconcierto, susto, espanto, portento, prodigio.
ASOMBROSO.—pasmoso, admirable, estupendo, sorprendente, portentoso, prodigioso, maravilloso, extraordinario, fenomenal, desconcertante, estupefaciente.
ASOMAR. — presumir, indiciar, sospechar, imaginar, opinar, prever.
ASOMO.—indicio, amago, presunción, señal, sospecha, conjetura, calandrajo, atisbo, vislumbre.
ASONADA.—tumulto, motín, revuelta, sublevación, alboroto, sedición, bullanga, perturbación, desorden, monote, amotinamiento, disturbio, polvareda.
ASPECTO.—semblante, apariencia, presencia, porte, facha, aire, catadura, cariz, talante, orientación, forma, físico, fisonomía, exterior, aire, coranvobis.
ASPEREZA.—brusquedad, fragosidad, rigidez, austeridad, dureza, rigor, rudeza, desabrimiento, espesura, escabrosidad.
ASPERGES.—aspersión, rociadura, aspersorio, hisopo, rociamiento.
ÁSPERO.—escarpado, escabroso, quebrado, rugoso, duro, rígido, riguroso, austero, rudo, arduo, enojoso, aspro, aspérrimo, desabrido, insuave, rasposo, desapacible.
ÁSPID.—áspide, víbora, culebra.
ASPIRACIÓN.—anhelo, pretensión, ambición, deseo, espacio.
ASPIRAR. — pretender, ambicionar, desear, anhelar, querer.
ASQUEROSO.—nauseabundo, sucio, repugnante, repulsivo, puerco, delicado, melindroso.
ASTENIA.—flojedad, decaimiento, lasitud, debilidad, cansancio.
ASTRINGIR.—contraer, constreñir, astreñir, estrechar, apretar, astriñir, compeler.
ASTROSO.—harapiento, andrajoso, zarrapastroso, desaliñado, desastrado, desaseado, sucio, ruin, vil, despreciable, miserable.
ASTUCIA.—sagacidad, cautela, picardía, sutileza, artimaña, habilidad, treta, ardid, artificio, engaño.
ASUNTO.—tema, materia, argumento, cuestión, particular, negocio, tesis, proyecto, texto, programa, trama, cosa, hecho, expediente, contenido, perístasis.
ASUSTADIZO.—espantadizo, miedoso, asombradizo, cobarde, temeroso, impresionable, huidizo, pusilánime, medroso, temiente.
ASUSTAR.—intimidar, atemorizar, amedrentar, acobardar, sobresaltar, espantar, impresionar, amilanar, acoquinar.
ATABAL.—tamboril, timbal, tambor, tamborcillo, atabalero, atabalejo, atabalete.
ATACADO.—irresoluto, encogido, tímido, tacaño, mezquino, miserable, ruin, avaricioso, avaro.
ATACAR.—embestir, acometer, asaltar, arremeter, cerrar, estrechar, abrochar, atar, ceñir, importunar.
ATADERO. — sujeción, atadura, esclavitud, embarazo, estorbo, gancho, anillo, liga, cenojil, impedimento.
ATADURA.—vínculo, conexión, enlace, ligadura, unión.
ATAFAGAR.—aturdir, aturrullar, conturbar, atontar, sofocar, importunar, molestar.
ATAFEA.—ahíto, hartazgo, saciedad.
ATAJAR.—contener, detener, cortar, parar, interceptar, truncar, interrumpir, paralizar, impedir, abreviar.
ATALAJE.—arreos, menaje, efectos, enseres, jaeces, ajuar, equipo.
ATALAYA.—eminencia, torre, vigía, centinela, altura, talayote.
ATALAYAR.—vigilar, avizorar, espiar, observar, acechar, celar, alertar.
ATAMIENTO.—atadura, timidez, cortedad, impedimento, obstáculo.
ATAÑER.—incumbir, pertenecer, tocar, importar, corresponder, concernir, referirse.
ATAQUE.—embestida, agresión, arremetida, insulto, embestidura, acometida, embate, asalto, atraco, pendencia, disputa, altercado.
ATAR.—amarrar, ligar, encadenar, sujetar, unir, liar, acordelar.
ATARANTAR.—confundir, azorar, aturrullar, atontar, aturdir.
ATARAZANA.—arsenal, astillero.

ATARUGAR. — atracar, atestar, atragantar, conturbar, azorar, aturrullar, henchir.

ATASCADERO.—estorbo, atolladero, embarazo, impedimento, obstáculo, atranco.

ATASCAR.—atrancar, atorar, obstruir, cegar, impedir, obstaculizar, embarazar, tapar, cerrar.

ATASCO.—atranco, atanco, obstáculo, estorbo, impedimento, embarazo, obstrucción, atascamiento, atolladero, atascadero.

ATAÚD.—caja, féretro.

ATAVIAR.—adornar, engalanar, componer, ornar, acicalar, aderezar, emperifollar, emperejilar, adobar.

ATAVÍO.—gala, adorno, dije, compostura, acicalamiento, aderezo, arreo, ornamento, ornato.

ATEMORIZAR.—acobardar, amedrentar, intimidar, acollonar, amilanar, acochinar, arredrar, acoquinar, asustar, espantar.

ATEMPERAR.—templar, moderar, ablandar, mesurar, amortiguar, morigerar, aliviar, dulcificar, acomodar, ajustar, amoldar.

ATENCIÓN.—cuidado, miramiento, esmero, curiosidad, circunspección, examen, consideración, vigilancia, solicitud, cortesanía, urbanidad, cortesía, obsequio.

ATENCIONES.—negocios, quehaceres, ocupaciones, obligaciones, trabajos, obsequios, miramientos, consideraciones, deferencias.

ATENDER.—vigilar, cuidar, escuchar, oír, advertir, contemplar, considerar.

ATENERSE.—ajustarse, sujetarse, remitirse, amoldarse, ceñirse, reducirse, acomodarse, limitarse.

ATENTO.—cortés, afable, comedido, observador, cuidadoso, concienzudo, galante, obsequioso, fino, urbano, solícito, considerado, respetuoso.

ATENUAR.—minorar, mitigar, aminorar, paliar, amortiguar, disminuir, debilitar, sutilizar, adelgazar, aliviar, moderar, dulcificar.

ATERIRSE.—helarse, enfriarse, atercerarse, atericiarse, atiriciarse.

ATERRAR.—aterrorizar, espantar, horripilar, horrorizar, derribar, cubrir, aterrizar, acollonar, aterrerar, arredrar, amilanar.

ATESORAR.—reunir, acumular, allegar, ahorrar, guardar, acopiar, juntar, acaparar.

ATESTADO.—repleto, lleno, henchido, atiborrado, abarrotado, testarudo, cabezudo, terco, porfiado, obstinado.

ATESTAR. — atestiguar, testificar, henchir, abarrotar, atiborrar, llenar, atracar, hartar, introducir, rellenar, testimoniar.

ATESTIGUAR.—declarar, deponer, testificar, atestar, testimoniar, afirmar, certificar, refrendar, adverar.

ATIBORRAR.—atracar, llenar, atestar, hartar, apipar, abarrótar, henchir, rellenar.

ATICISMO.—delicadeza, elegancia, galanura, floridez.

ATILDADO.—acicalado, adornado, arreglado, curioso, aseado, pulcro, compuesto, peripuesto, hermoseado, ornado, exornado.

ATILDAR.—notar, tildar, censurar, asear, componer, ataviar, adornar, pulir, ornar, exornar.

ATINAR.—adivinar, acertar.

ATINENTE.—tocante, relativo, perteneciente.

ATISBAR.—espiar, acechar, observar, vigilar, mirar, asechar, aguaitar, avizorar.

ATISBO.—atisbadura, barrunto, indicio, señal, atisbamiento, aguaitamiento, asechanza.

ATIZAR.—despabilar, avivar, fomentar, activar, estimular, dar, propinar, aplicar, arrimar, espolear, excitar.

ATLETA.—luchador, hombracho, combatiente, púgil, gladiador, jayán, mozallón.

ATOLONDRADO.—aturdido, precipitado, tolo, tolondro, atarantado, irreflexivo, imprudente, ligero, distraído, botarate.

ATOLONDRAMIENTO. — irreflexión, aturdimiento, atarugamiento, atarantamiento, atoramiento, precipitación, distracción, atontamiento, atortolamiento.

ATOLLADERO.—dificultad, atranco, embarazo, tolladar, atascadero, pantano, atolladal, estacada, atasco.

ATÓNITO.—estupefacto, cariacontecido, admirado, enajenado, pasmado, triste, asombrado, turulato, maravillado, espantado.

ATONTAMIENTO.—atolondramiento, aturdidimiento, atarugamiento, atoramiento, atortolamiento.

ATONTAR. — atortolar, aturdir, atolondrar, atorar, atarantar, atarugar.

ATORARSE.—atarugarse, atarantarse, atragantarse.

ATORMENTAR.—afligir, inquietar, martirizar, torturar, atribular, apenar, disgustar, molestar, acongojar, enojar, congojar, entristecer.

ATORTOLAR.—aturdir, atontar, acobardar, acoquinar, amedrentar, confundir, atarantar, atarugar, atorar.

ATOSIGAR.—envenenar, intoxicar, cansar, acuciar, tosigar, apremir, fatigar, apremiar.

ATRABILIARIO.—atrabilioso, adusto, avinagrado, acre, amargo, vinagroso, irritable, irascible, colérico, melancólico.

ATRACAR.—asaltar, saltear, saciar, atacar, agredir, hartar, atiborrar.

ATRACARSE.—atiborrarse, hartarse, saciarse, apiparse, llenarse, hincharse.

ATRACÓN.—panzada, hartazgo, comilona, repleción, hartazón, atracada.

ATRACTIVO.—gracia, donaire, seducción, atrayente, atractriz, atraíble, encanto, hechizo, magia, gachonería, aliciente, incentivo, cebo.

ATRAER.—cautivar, encantar, seducir, absorber, arrebatar, captar, provocar, obstruirse, cortarse, turbarse.

ATRAMUZ.—altramuz, chocho.

ATRANCAR.—atascar, atollar, obstruir, trancar.

ATRAPAR.—coger, agarrar, lograr, conseguir, pillar, engañar, engatusar, apresar, aprisionar.

ATRASADO.—empeñado, alcanzado, entrampado, redrojo, pospuesto, retrasado, postergado.

ATRASO.—alcance, débito, deuda, retardo, atrasamiento, rezago, retraso, demora, dilación.

ATRAVESADO.—cruzado, malo, avieso, trasfijo, transfijo, esquinado.

ATRAVESAR.—cruzar, traspasar, transponer, perforar, agujerear, horadar, penetrar, apostar, travesar, pasar, ensartar, calar.

ATRAVESARSE.—cruzarse, entrometerse, entremeterse, ensartarse, calarse.

ATREVERSE.—aventurarse, arriesgarse, decidirse, arriscarse, arrestarse, resolverse, lanzarse.

ATREVIDO.—audaz, osado, arrojado, arriscado, temerario, arriesgado, descarado, insolente, fresco, desvergonzado, descocado, bragado, imprudente, arrestado.

ATREVIMIENTO.—audacia, arrojo, osadía, temeridad, avilantez, descaro, desfachatez, desvergüenza, descoco, frescura, insolencia, tupé, intrepidez, determinación, empuje.

ATRIBUCIÓN. — asignación, señalamiento, aplicación, atributo, imputación, acusación, suposición.

ATRIBUIR.—achacar, aplicar, imputar, asignar, señalar, tribuir, suponer, asacar, aplicar.

ATRIBUIRSE.—arrogarse, apropiarse, imputarse, suponerse.

ATRIBULAR. — afligir, acongojar, apenar, apesadumbrar, apesarar, atormentar, angustiar, desesperar, desconsolar, entristecer, congojar, atormentar, contristar, acuitar, tarazar.

ATRIBUTO.—cualidad, símbolo, señal, signo, naturaleza, condición, propiedad.

ATRISTAR.—entristecer, congojar, acongojar, apenar, apesadumbrar, acuitar.

ATROCIDAD.—crueldad, barbaridad, enormidad, inhumanidad, exceso, demasía, necedad, temeridad.

ATROFIA.—distrofia, consunción, raquitismo.

ATRONADO.—aturdido, alocado, precipitado, atolondrado, irreflexivo, atorado, atarugado, atarantado.

ATRONAR.—acordar, aturdir, atontar, descabellar, azorar, atarugar, atortolar.

ATROPELLADO.—aturdido, atolondrado, distraído, ligero, irreflexivo, precipitado, atortolado, atarantado.

ATROPELLAR.—derribar, empujar, ultrajar, vejar, ofender, violar, conculcar, abusar, asaltar, agraviar, maltratar, menospreciar.

ATROZ.—fiero, cruel, bárbaro, enorme, inhumano, descomunal, desmedido, desmesurado, grave, horrible, acerbo, sañudo.

ATUENDO. — aparato, ostentación, pompa, atavío, atruendo.

ATUFARSE.—disgustarse, incomodarse, irritarse, enojarse, avinagrarse, enfadarse, encolerizarse.

ATURDIDO.—precipitado, irreflexivo, atolondrado, ligero, atropellado, botarate, imprudente, atarandado, atorado, aturrullado.

ATURDIMIENTO.—atontamiento, azaramiento, aturullamiento, atolondramiento, atropellamiento, precipitación, distracción, turbación, irreflexión, torpeza, atoramiento, atarantamiento.

ATURDIR.—turbar, adarvar, pasmar, atortolar, atontar, admirar, atolondrar, sorprender, asombrar, azarar, consternar.

ATURRULLAR. — confundir, desconcertar, aturullar, turbar, aturdir.

ATUSAR.—recortar, igualar.

AUDACIA.—atrevimiento, intrepidez, osadía, valor, arrojo, valentía, coraje, temeridad, imprudencia, descaro, avilantez, desvergüenza, arriscamiento.

AUDAZ.—osado, atrevido, intrépido, arriesgado, valiente, arrojado, desvergonzado, descarado, valeroso.

AUDITORIO.—oyentes, público, concurrencia, concurso, auditivo, oyones.

AUGUR.—agorero, sacerdote, adivino.

AUGURAR.—agorar, pronosticar, predecir, profetizar, presagiar, vaticinar, adivinar, prenotar.

AUGURIO.—presagio, predicción, pronóstico, adivinación, vaticinio, profecía, agüero.

AUGUSTO.—venerable, respetable, honorable, majestuoso, magnífico.

ÁULICO.—cortesano, palaciego.

AUMENTAR.—sumar, añadir, agregar, recrecer, desarrollar, extender, acrecentar, agrandar, ampliar, elevar, crecer, acrecer, adicionar.

AUMENTO.—acrecentamiento, avance, acrecencia, mejoramiento, ascenso, incremento, adición, extensión, ampliación, adelantamiento, mejora, medra, engrandecimiento.

AUNAR.—unificar, confederar, aliar, coligar, concertar, incorporar, mezclar, ligar, unir, juntar, combinar, asociar.

AUÑAR.—robar, hurtar, apezuñar.

AURA.—brisa, airecillo, céfiro, favor, aplauso, renombre, popularidad, aprobación, fama.

ÁUREO.—aurífico, aurífero, aurifluo, aurígero, áurico, dorado, brillante, resplandeciente, amarillo.

AURORA.—amanecer, principio, comienzo, orto.

AUSCULTAR.—observar, reconocer, escuchar.

AUSENCIA.—reparación, alejamiento, deserción, expatriación, aislamiento, partida, eclipse.

AUSPICIO.—agüero, protección, presagio, favor, amparo, ayuda, apoyo.

AUSTERIDAD.—rigor, rigidez, severidad, seriedad, dureza, sobriedad, acritud, aspereza.

AUSTERO.—rígido, severo, puritano, riguroso, duro, retirado, sobrio, penitente, serio, acedo, agrio, astringente, áspero, acrisolado, ácido.

AUTÉNTICO.—verdadero, cierto, fidedigno, genuino, real, positivo, puro, legítimo, seguro, autorizado, legalizado, verídico.

AUTOBÚS.—ómnibus.

AUTÓCRATA.—autarca, dictador.

AUTÓCTONO.—aborigen, indígena, originario, natural oriundo, nativo.

AUTOR.—inventor, padre, creador, artista, escritor, factor, causante, literato, poeta, dramaturgo, comediógrafo, novelista.

AUTORIDAD.—poder, mando, dominio, imperio, facultad, jurisdicción, potestad, magistratura, ascendiente, influjo, ostentación, fausto, pompa, representante, crédito, fama, celebridad.

AUTORITARIO.—arbitrario, imperioso, imperativo, despótico, autoritativo.

AUTORIZACIÓN.—consentimiento, permiso, venia, aprobación, autorizamiento.

AUTORIZAR.—acreditar, apoderar, capacitar, conceder, comisionar, facultar, homologar, legalizar, confirmar, legitimar, aprobar, comprobar, calificar, permitir, consentir, enaltecer, acceder.

AUXILIAR.—socorrer, ayudar, apoyar, favorecer, amparar, secundar, proteger, ayudante, agregado, complementario.

AUXILIO.—ayuda, socorro, favor, amparo, protección, concurso.

AVAL.—garantía, fianza, evicción, indemnidad.

AVALORAR.—avaluar, valorar, evaluar, mejorar, justipreciar, preciar.

AVANCE.—adelanto, anticipo, marcha, progreso, ventaja, anticipación, antelación, adelantamiento.

AVANZAR.—progresar, adelantar, prosperar, acometer, embestir, marchar.

AVARICIA.—tacañería, sordidez, codicia, avidez, mezquindad, ruindad, cicatería, usura, miseria, ambición, civilidad, parsimonia.

AVARO.—codicioso, avariento, tacaño, ruin, avaricioso, miserable, roñoso, mezquino, sórdido, cutre, cicatero, agarrado, aurívoro, interesado, manicorto, usurero, matatías, rapaz, ávido, codiciante, judío, buitre, interesal.

AVASALLAR.—someter, dominar, señorear, sojuzgar, rendir, atropellar, esclavizar, enseñorear, tiranizar, domeñar.

AVECINAR.—acercar, aproximar, avecindar, apropincuar.

AVECINDARSE. — avecinarse, aproximarse, domiciliarse, acercarse, establecerse, residir, apropincuarse.

AVENA.—egílope, ballueca, morisco.

AVEJENTAR.—envejecer, aviejar.

AVEJENTARSE.—envejecerse, enviejarse, ajarse, marchitarse, avellanarse.

AVENENCIA.—convenio, acuerdo, concierto,

arreglo, conformidad, unión, amistad, pacto, concordia.

AVENIDA.—inundación, desbordamiento, venido, arregamiento, arriada, arroyada, arrecil, crecida, riada, afluencia, concurrencia.

AVENIRSE.—entenderse, conformarse, pactarse, arreglarse, prestarse, allanarse, resignarse, amoldarse, concertarse.

AVENTAJAR.—superar, sobrepujar, preferir, pasar, exceder, requintar, adelantar, anteponerse.

AVENTAR.—orear, airear, ventear, impeler, huir, echar, expeler, expulsar.

AVENTURA.—lance, suceso, ocurrencia, episodio, contingencia, acaecimiento, evento, casualidad, riesgo, accidente, coyuntura, azar, correría, hecho, hazaña, andanza, peligro.

AVENTURADO.—peligroso, arriesgado, azaroso, comprometido, temible, expuesto.

AVENTURAR.—arriesgar, arriscar, apeligrar, exponer.

AVENTURARSE.—atreverse, exponerse, decidirse, arriesgarse, lanzarse.

AVERGONZAR.—afrentar, confundir, humillar, azarar, atorar, sonrojar, abochornar, sofocar, correr, ruborizar, azorar.

AVERÍA.—deterioro, desperfecto, daño, desmejora, ajamiento, detrimento, menoscabo, azar, accidente, perjuicio, percance.

AVERIGUACIÓN.—pesquisa, perquisición, investigación, busca, búsqueda.

AVERIGUAR.—inquirir, indagar, investigar, buscar, perquirir, sondear, explorar, rastrear, inquirir.

AVERNO.—infierno, huerco, antenora, tártaro, orco.

AVERSIÓN.—oposición, animosidad, repugnancia, enemistad, odio, enemiga, resistencia, repulsión, desapego, antipatía, inquina, aborrecimiento.

AVEZADO.—habituado, acostumbrado, inveterado, experimentado, baqueteado, ducho, hecho, aclimatado.

AVEZAR.—baquetear, habituar, acostumbrar, experimentar, inclinar, aclimatar.

AVIAR.—disponer, arreglar, preparar, ordenar, acelerar, proveer, alistar, avivar, prevenir, aprestar, despachar.

AVIDEZ.—ansia, codicia, ambición, voracidad, civilidad, avaricia.

ÁVIDO.—codicioso, ansioso, voraz, insaciable, avaricioso, codiciante, deseoso, hambriento.

AVIEJAR.—avejentar, revejecer, vejecer.

AVIESO.—malo, siniestro, torcido, perverso, atravesado, desviado, esquinado, tortuoso.

AVILANTEZ.—osadía, audacia, imprudencia, atrevimiento, insolencia, descaro, desfachatez, desvergüenza, bajeza, vileza, intrepidez, descoco, determinación.

AVINAGRADO.—acre, acedo, áspero, agrio, torcido, vinagroso, atrabiliario, adusto.

AVINAGRARSE.—acedarse, agriarse, torcerse, encolerizarse, enfurecerse.

AVÍO.—apresto, prevención, provisión, bastimento, bagaje, equipaje, menester, bártulo, utensilio, aviamiento, preparación.

AVÍOS.—trastos, trebejos, utensilios, menesteres, víveres, recado, bártulos, enseres, chismes.

AVISADO.—sagaz, astuto, listo, despierto, circunspecto, prudente, discreto, previsor, advertido, solerte, ladino, candongo, socarrón.

AVISAR.—notificar, prevenir, noticiar, indicar, participar, anunciar, comunicar, informar, advertir, aconsejar, amonestar, prevenir, revelar, denunciar.

AVISO.—amonestación, consejo, observación, advertencia, prevención, noticia, intimación, indicación, comunicación, participación.

AVISPADO.—despierto, vivo, agudo, listo, astuto, sutil, sagaz, avisado, advertido, ladino, socarrón, solerte, astuto.

AVISPAR.—avivar, aguijar, estimular, incitar, arrear, aguijonear, excitar, inquietar, acuciar, impulsar.

AVISTAR.—percibir, ver, alcanzar, avizorar, divisar, descubrir, atisbar, otear, ojear.

AVIVAR.—acelerar, apresurar, animar, reanimar, vivificar, atizar, encender, acalorar, excitar, enardecer, activar, instigar, exacerbar, exaltar.

AVIZORAR.—atisbar, escudriñar, espiar, ver, acechar, avistar, descubrir, ojear, percibir, divisar.

AXIOMA.—aforismo, sentencia, apotegma, máxima, principio, proverbio, verdad, proposición.

AXIOMÁTICO.—evidente, irrebatible, indiscutible, palmario, positivo, indudable, incuestionable.

AYO.—instructor, preceptor, maestro, mentor, profesor, institutor, dómine, pedagogo, guía, educador, consejero.

AYUDA.—auxilio, apoyo, socorro, mediación, reciprocidad, sufragio, opitulación, cooperación, contribución, subvención, asistencia, favor, amparo, refuerzo, lavativa, clíster.

AYUDANTE.—auxiliar, coadjutor, coadyutor, agregado, asistente, edecán, coadyuvante, colaborador, ayudador, coagente, cooperario, cooperante.

AYUDAR.—auxiliar, apoyar, amparar, socorrer, proteger, favorecer, cooperar, subvencionar, coadyuvar, secundar, contribuir, asistir, acorrer, animar, consolar, sostener, adminicular, conllevar, concomitar.

AYUNO.—dieta, inedia, inanición, abstinencia, penitencia, mortificación, ignorante

AYUNTAMIENTO.—Municipio, Concejo, Municipalidad, consistorio, principalía, céndea, alcaldía, cabildo, junta, asamblea, congreso, reunión, cópula, coito.

AYUSO.—bajo, debajo, abajo, so.

AZADA.—azadón, cavadera, jada, batidera.

AZAR.—casualidad, acaso.

AZARAR.—confundir, turbar, aturdir, azorar, conturbar, sobresaltar.

AZARARSE.—alarmarse, sobresaltarse, conturbarse, aturdirse, confundirse, malograrse, azarearse, irritarse, enfadarse, azararse, turbarse, ruborizarse.

AZAROLLA.—acerola, serbal, serba, acerolo, azarollo.

AZAROSO.—arriesgado, expuesto, peligroso, desgraciado, aventurado.

AZEMAR.—sentar, alisar.

AZNACHO.—aznallo, gatuña.

AZORAR.—sobresaltar, conturbar, aturdir, asustar, espantar, desconcertar, azarar, turbar, conturbar, encender, irritar.

AZOTAR. — castigar, golpear, mosquear, palmear, hostigar, acanelonar, fustigar, flagelar, sacudir, pegar, vapulear, vapular, verberar, zurrar, latiguear, disciplinar.

AZOTE.—látigo, plaga, epidemia, flagelo, corbacho, penca, tocino, canelón, calamidad, nalgada, aflicción.

AZOTEA.—terraza, terrado, solana, terrero, aljarafe, plataforma.

AZUCARADO.—dulce, acaramelado, almibarado, meloso, blando, afable, melado, sacarificado, careado, enmelado.

AZUCARAR.—endulzar, suavizar, moler, sacrificar.

AZOTAINA.—azotina, tollina, paliza.

AZUDA.—azud, noria, azut.

AZUFAIFO.—azofaifo, jinjoero, gringo.

AZUZAR.—excitar, animar, enardecer, incitar, aguijonear, aguijar, pinchar, instigar, espolear, estimular, irritar, avivar, impulsar, impeler, encizañar.

AZUZÓN.—enredador, embrollador, embrollón, instigador, chismoso, intrigante, cizañero, cotilla.

B

BABADERO.—babador, babero, babera, baberol.

BABEAR.—babosear, galantear, piropear.

BABEL.—confusión, desorden, barahúnda, galimatías, lío, caos, mare mágnum, barullo, perplejidad, perturbación.

BABIECA.—bobo, simplón, necio, tonto, papanatas, pazguato, simple, tontaina.

BACALAO.—bacallao, abadejo, bacalada.

BACANAL. — holgorio, francachela, orgía, juerga, jolgorio.

BACILO.—microbio, bacteria.

BACINADA.—villanía, ruindad, canallada.

BACTERIA.—bacilo, microbio.

BÁCULO.—cayado, bastón, palo, confortación, mitigación, consolación, regazo, amparo, ánimo, consuelo, ayuda, arrimo, alivio.

BACHATA.—diversión, holgorio.

BADA.—abada, rinoceronte.

BADAJADA.—despropósito, disparate, impertinencia, inoportunidad, zanganada, sandez, necedad.

BADULAQUE.—afeite, adobo, necio, informal, bobo, tonto, papanatas, simple.

BAFEA.—bascosidad, desecho, desperdicio, suciedad, inmundicia, despojo.

BAGASA.—barragana, prostituta, ramera, meretriz, grofa, gamberra, puta.

BAGATELA.—nadería, nimiedad, frivolidad, friolera, futilidad, futesa, fruslería, necedad, nonada, pamplina, chuchería, baratija, insignificancia, puerilidad, tontería, minucia, menudencia.

BAHÍA.—ensenada, abra, cala, rada, refugio, abrigo, broa, fiordo, anconada.

BAILAR.—danzar, retozar, hurtar, robar, voltear.

BAILÍA.—bailiazgo, territorio, bailiaje, baile, bailío.

BAJA.—disminución, depreciación, pérdida, quebranto, descenso, falta, exclusión, cese.

BAJAMANO. — bajamanero, ladrón, baile, caco.

BAJAR.—descender, menguar, disminuir, decrecer, aminorar, decaer, rebajar, reducir, abaratar, humillar, abatir, apear.

BAJEL.—buque, barco, navío; embarcación, nave, nao.

BAJEZA.—vileza, ruindad, indignidad, avilantez, deshonor, abyección, infamia.

BAJO.—pequeño, corto, chico, vulgar, vil, plebeyo, indigno, despreciable, ruin, rastrero, descolorido, apagado, mortecino, humilde, abatido, arrecifes, bancos, bajero, bajete, bajuelo.

BALA.—proyectil, fardo, paca, bulto.

BALADA.—balata, composición.

BALADÍ.—superficial, insignificante, insubstancial, pueril, trivial.

BALADRÓN.—fanfarrón, charlatán, jactancioso, bravucón, matón, cobardón.

BALADRONADA. — fanfarronada, bravata, bravuconada, fanfarronería, fanfarria.

BALANCEAR.—igualar, equilibrar, columpiar, mecer, dudar, titubear, oscilar, vacilar.

BALANCEO.—contoneo, vaivén, mecida, oscilación.

BALANCÍN.—contrapeso, palanca, volante, peso, travesaño, mecedora, balanza.

BALAR.—balatinar, balitear.

BALAUSTRADA. — baranda, barandilla, barandal.

BALBUCIR.—mascullar, barbotar, tartajear, mamullar, barbullar, farfullar.

BALDADO.—impedido, tullido, paralítico, lisiado, inválido.

BALDÍO.—yermo, inculto, ayermado, vagabundo, infundado, vano.

BALDÓN.—injuria, oprobio, afrenta, agravio, ofensa, provocación, ultraje, deshonor, deshonra, borrón, estigma, mancha, degradación.

BALDOSA.—ladrillo, azulejo, baldosín, baldosón.

BALEAR.—baleárico, abalear, tirotear, baleario.

BALNEARIO.—baños, casa de baños.

BALSA.—lagunajo, charca, charcal, charco, estanque, alberca, almadía, jangada, tranquilidad, quietud, sosiego, calma.

BALUARTE.—bastión, amparo, defensa, protección, fortificación.

BAMBARRIA.—tonto, tolete, bambarrión, atontado, atortolado, atarugada, bamba.

BAMBOLEAR.—bambonear, bambalear, oscilar, cabecear, vacilar, balancear.

BAMBOLLA.—fausto, apariencia, ostentación, boato, aparato, hinchazón, pompa, vanidad.

BANANA.—banano, plátano, cambur.

BANASTA.—cesto, banasto, canasta, cuévano, canasto, canastillo, mimbres.

BANCO.—asiento, mesa, cárcel, sotabanco, faja, tira, porción, parcialidad, bandada, lado, costado, banquillo.

BANDA.—cinta, faja, lista, venda, distintivo, cincha, llanta, condecoración, cuadrilla, pandilla, partida, partidarios, lado, costado.

BANDERA.—distintivo, divisa, emblema, pabellón, pendón, insignia, oriflama.

BANDERÍA.—bando, pandilla, partido, facción, banco, parcialidad.

BANDERILLA.—rehilete, garapullo, palos, repullo, palitroque, arponcillo, señal, signo, muestra, alarde, indicio, aviso.

BANDERIZO.—fogoso, alborotado, apandillado, vehemente.

BANDIDO.—bandolero, malhechor, salteador, ladrón, perverso.

BANDO.—facción, partido, bandería, parcialidad, edicto, banco, mandato.

BANDOLERO.—bandido, malhechor, salteador, ladrón, caballista, cuatrero, perverso.

BANDULLO.—barriga, tripa, mondongo, vientre, panza, andorga, pancha, panchón, bandujo.

BANQUETA.—banco, banquillo, taburete, asiento, alzapiés, escabel.

BANQUETE.—festín, comilona, convite, gaudeamus, simposia, banco, ágape, banquillo.

BAÑAR.—humedecer, sumergir, mojar, lavar, remojar, inundar, cubrir.

BAPTISTERIO.—bautisterio, pila.

BAQUETEADO.—habituado, avezado, experimentado, acostumbrado, ducho, experto, cursado.

BAQUETEAR.—castigar, golpear, incomodar, traquetear, molestar, fastidiar, incordiar, encocorar.

BARAJADORA.—baraja.

BARANDA.—barandilla, barandal, barandaje, barandado, pasamanos, antepecho.

BARATA.—baratura, cambio, trueque, baratín, permuta, mohatra, barato.

BARATIJA.—fruslería, bagatela, friolera, nonada, bujería.

BARATILLERO.—ropavejero, prendero, tendero, saldista.

BÁRATRO.—averno, infierno, orco, huerco, antenora.

BARAÚNDA.—barahúnda, batahola, confusión, ruido, desorden, algarabía.

BARBARIDAD.—necedad, desatino, desbarro, disparate, atrocidad, enormidad, ciempiés, bestialidad, temeridad, brutalidad, ferocidad, inhumanidad, crueldad, salvajada, dislate, burrada, necedad, exceso, descomedimiento, badomía.

BARBARIE.—rusticidad, incultura, fiereza, crueldad, zafiedad, tosquedad.

BARBARIZAR.—desbarrar, desatinar, disparatar.

BÁRBARO.—fiero, cruel, inhumano, salvaje, feroz, bruto, atroz, esforzado, pedestre, cerrero, alarbe, cortezudo, temerario, arrojado, grosero, tosco, barbarote, inculto.

BARBILINDO.—afeminado, adamado, petimetre, amariconado, pisaverde, guapo, barbilucio.

BARBO.—salmonete.

BARBÓN.—barbudo, lego, barbado, cabrón.

BARBOTAR.—mascullar, farfullar, balbucir, barbullar, barbullir, musitar, mistar, murmujear, marmotear.

BARCA.—bote, lancha, batel, chalana, bongo, chalupa, canoa, yola, barcaza, lanchón, lasca, barga.

BARCAZA.—barcazo, lanchón, barón, gabarra, gabarrón.

BARDAL.—seto, algorza, barda, guincha, bardiza, vallado, sebe, barreda.

BARÍ.—baril, excelente, espléndido, estupendo.

BARITEL.—malacate, cabrestante.

BARQUINAZO. — batacazo, tumbo, vuelco, costalazo, costalada, tabalada, tumba, porrazo, golpe, ruina, quiebra, fracaso.

BARRABASADA.—barbaridad, travesura, diablura, trastada, barraganada, despropósito, atropellamiento, desatino.

BARRACA.—choza, chabola, borda, casilla, barracón, buhío, bohía, bajareque.

BARRAGANA.—manceba, concubina, coima, querida, amante, fulana.

BARRANCO.—barranca, quebrada, barco, barranquera, torrentera, dificultad, embarazo, robadizo.

BARRAR.—cercar, fortificar, afianzar, barretear, tachar, barrear.

BARRENAR.—agujerear, horadar, taladrar, desbaratar, hollar, conculcar, infringir, enlodar, cohetear.

BARRER.—desembarazar, arrollar, dispersar, barrisquear, escobar, escobillar, expulsar, purgar, limpiar, arrastrar.

BARRERA.—valla, vallado, cerca, muro, barda, barreda, algorza, empalizada, estacada, parapeto, antepecho, obstáculo, impedimento.

BARRICA.—barril, tonel, cuba, pipa, tonelete, pipote, anclote, carral, bocoy, bota.

BARRIGA.—tripa, mondongo, panza, vientre, abdomen, bandullo, andorga, barrigón, panchón.

BARRIO.—cafería, zaferia, arrabal.

BARRIZAL.—tremedal, tembladal, ciénaga, lodazal, fangal, fangar.

BARRO.—lodo, fango, cieno, légamo, gacha, rebeño, enruna, pecina, limo, cazcarria, nonada, insignificancia, terracota.

BARRUNTAR.—conjeturar, presumir, presentir, prever, sospechar, inducir, suponer, inferir, olfatear, imaginar, adivinar, oler.

BARRUNTO.—indicio, señal, anuncio, noticia, barrunte, conjetura, presunción, sospecha, presentimiento, suposición, inducción, atisbo.

BÁRTULOS.—ajuar, enseres, equipaje, objetos, efectos, chismes, trebejos, utensilios, tarecos, avíos, trastos.

BARULLO.—ruido, confusión, alboroto, tumulto, desorden, mezcla, revoltijo, revoltillo, barahúnda, boruca, frangollo.

BASAR.—fundar, asentar, apoyar, fundamentar, cimentar, sustentar, soportar, mantener.

BASCA.—náusea, arcada, arqueada, ansia.

BASE.—asiento, basamento, cimiento, apoyo, pie, soporte, peana, pedestal, sostén, zócalo, basa, contrato, proyecto, origen, raíz, fundamento, ley, sustentáculo, peana, poino, plataforma.

BASTANTE. — asaz, abundante, suficiente, conveniente, sobrado, harto, proporcionado, congruo, saturado.

BASTARDO.—espurio, ilegítimo, natural.

BASTIÓN.—baluarte.

BASTO.—aparejo, grosero, rústico, tosco, burdo, ordinario, zafio, brozno, chabacano, tocho.

BATACAZO.—porrazo, trastazo, costalada, costalazo, tabalada, golpe, fracaso, ruina, quiebra, barquinazo.

BATAHOLA.—alboroto, bulla, escándalo, bullicio, tumulto, ruido, jaleo, jarana, barahúnda, cisco, boruca.

BATALLA.—combate, pelea, lid, lucha, contienda, acción, escaramuza, justa, encuentro, torneo, lidia, naumaquia.

BATALLADOR.—guerrero, campeador, belicoso, pendenciero, esgrimidor, guerreador, beligerante, combatidor.

BATALLAR.—pelear, guerrear, disputar, luchar, lidiar, contender, pugnar, reñir, porfiar, altercar, vacilar, fluctuar, guerrillear, escaramucear, escaramuzar.

BATEA.—bandeja, azafate, artesa, vagón, barquichuelo, salvilla, salva, balay, bilao.

BATEL.—lancha, bote, barca, barquichuelo, barquito.

BATEO.—bautizo, cristianismo.

BATIDA. — reconocimiento, rebusca, ojeo, montería, sacata, cacería, cazata.

BATIDO.—trillado, conocido, frecuentado, transitado, vencido, derrotado, deshecho.

BATIR.—golpear, explorar, percutir, reconocer, registrar, derrotar, vencer, arrollar, deshacer, arruinar, derribar, destruir, derrocar, agitar, peinar, triunfar.

BATO.—tonto, tosco, cerril, cerrero, rústico, zafio.

BATURRILLO.—mezcla, desorden, revoltillo, confusión, galimatías, batiburrillo, batiborrillo, revoltijo, batahola, mezcolanza.

BAÚL.—cofre, arca, vientre.

BAUTIZAR.—cristianar, aguar, motejar, batear, crismar.

BAZOFIA.—heces, desechos, zurrapa, morcas, zupia, sobras, desperdicios.

BAZUCAR.—bazuquear, menear, traquear, batucar, revolver, batojar, batuquear, traquetear, agitar.

BEATITUD.—bienestar, felicidad, placidez, satisfacción, contento.

BEATO.—piadoso, mojigato, bienaventurado, virtuoso, fervoroso, beatuco, santurrón, gazmoño, beatón.

BEBEDERO.—abrevadero, pilón, pila, pilar, pilarejo, pileta.

BEBEDIZO.—pócima, cocimiento, brebaje, zumaque, tósigo, filtro, narcótico.

BEBER.—libar, beborrotear, escanciar, pimplar, potar, trincar, refrescar, adaguar.

BEBIDO.—beodo, borracho, embriagado, piorno, peneque, mamado, ajumado, achispado, abrio, chispo, alegre, calamocano.

BEDEL.—ordenanza, vigilante, celador, portero.

BEFA.—burla, escarnio, mofa, irrisión, baldón, desprecio, insulto, ludibrio.

BEFAR.—burlar, insultar, baldonar, mofar, escarnecer.

BEHETRÍA.—confusión, desorden, barullo, mezcolanza, galimatías, revoltillo, batiburrillo.

BEJUQUEDA.—paliza, tunda, tollina.

BELCEBÚ.—Satanás, Lucifer, Satán.

BELDAD.—belleza, hermosura, guapura, lindeza, lindura.

BELÉN.—confusión, desorden, alboroto, bulla, enredo, embrollo, lío, batahola, batiburrillo, galimatías.

BELICOSO. — guerrero, batallador, marcial, combatiente, pendenciero, guerreador, beligerante, combatidor.

BELITRE.—pillo, granuja, pícaro, travieso, bellaco, astuto, taimado, ruin, bergante, villano, tunante, ludio, maco, tuno.

BELLACO.—astuto, agudo, sagaz, bábil, malo, ruin, bajo, despreciable, perverso, rufián, villano, pillo, belitre, tuno, taimado, tunante, bergante, pícaro, chambre.

BELLEZA.—beldad, hermosura, lindeza, perfección, lindura, guapura, primor.

BELLO.—bonito, hermoso, lindo, precioso, guapo, bellido.

BENDECIR.—alabar, ensalzar, engrandecer, celebrar, invocar, consagrar, encomiar, honorar, loar.

BENDICIÓN.—prosperidad, abundancia, baraca, signo, consagración.

BENDITO.—santo, bienaventurado, dichoso, sencillo, feliz, consagrado, santificado, bendecido.

BENEFICIAR.—favorecer, utilizar, aprovechar, mejorar, bonificar, cultivar, servir, bendecir, conceder, otorgar.

BENEFICIO.—favor, gracia, servicio, merced, bien, utilidad, provecho, ganancia, fruto, rendimiento, producto, privilegio, mejora, servicio, atención, halago, protección.

BENEFICIOSO.—útil, provechoso, lucrativo, fructuoso, favorable, benéfico, productivo, ganancioso.

BENEPLÁCITO.—consentimiento, aprobación, asentimiento, permiso, venia, autorización, permisión, aceptación, conformidad.

BENÉVOLO.—afectuoso, clemente, benigno, indulgente, complaciente, bondadoso, generoso, magnánimo, liberal, afable, piadoso, templado, suave, apacible, propicio, pío, servicial, amable.

BEOCIO.—estúpido, tonto, necio, tolete, cebollino.

BEODO.—embriagado, borracho, ebrio, bebido, chispo, ajumado, achispado, calamocano, caneco, acocullado, piorno.

BERENJENAL.—enredo, lío, maraña, barullo, galimatías, confusión, revoltillo, batiburrillo.

BERGANTE.—bribón, chambre, tuno, granuja, pícaro, bellaco, sinvergüenza, tunante, belitre.

BERNARDINA.—mentira, baladronada, fanfarronería.

BERREAR.—revelar, descubrir, graznar, relinchar, declarar, confesar, gritar, chillar.

BERRENCHÍN.—berrinche, rabieta, coraje, entripado, rebufe, sofión, estufido, perra, petera, enojo, disgusto, enfado, sofocación.

BESO.—ósculo, fuz.

BESTIA.—animal, bruto, bárbaro, irracional, idiota, ignorante, simple, tonto, tolete, modrego, sandio, incivil, inculto, rústico, zafio, zopenco, rudo, bestón, bestezuela, bestionazo, bestiaje, bestial.

BESTIAL.—brutal, feroz, bárbaro, irracional, rudo.

BESTIALIDAD. — brutalidad, irracionalidad, ferocidad, barbaridad, animalada, burrada.

BESUCÓN.—besucador.

BICOCA.—casilla, futilidad, nonada, garita, bagatela, pequeñez, nadería, fruslería, insignificancia.

BICOQUETE.—bicoquín, papalina.

BIEN.—utilidad, provecho, beneficio, favor, merced.

BIENANDANTE.—dichoso, afortunado, feliz, boyante, bienhadado.

BIENANDANZA.—felicidad, riqueza, suerte, dicha, fortuna, comodidad.

BIENAVENTURADO.—feliz, dichoso, sencillo, afortunado, cándido, bonachón, sencillote, inocentón, incauto, ingenuo, tímido, bondadoso.

BIENAVENTURANZA.—prosperidad, venturanza, dicha, fortuna, felicidad, bienandanza, auge, bonanza.

BIENES.—fortuna, riqueza, hacienda, caudal, acervo, capital.

BIENESTAR.—comodidad, regalo, satisfacción, conveniencia, bienandanza, ventura, dicha, fortuna, suerte, riqueza, venturanza, prosperidad.

BIENHECHOR.—benefactor, filántropo, protector, amparador, favorecedor, altruista.

BIENMANDADO.—sumiso, dócil, obediente, manejable, obedecible, obsecuente.

BIENOLIENTE.—fragante, aromático, aromoso.

BIENQUISTO.—apreciado, querido, estimado, considerado, respetado, dilecto, caro, carillo.

BIFURCACIÓN.—desvío, división, derivación, dicotomía, ramificación.

BIFURCARSE.—dividirse, ramificarse, desviarse.

BIGARDÍA.—burla, fingimiento, disimulo, burlería, chacota, camama, carena.

BIGARDO.—desenvuelto, licencioso, vago, holgazán, vicioso, holgón, tumbón, roncero.

BILIS.—hiel, amargura, aspereza, desabrimiento, acritud, irascibilidad.

BIMBRE.—junco, mimbre.

BIOMBO.—mampara, bastidor, pantalla, antipara, alaroz, iconostacio.

BIRLAR.—derribar, matar, quitar, desposeer, robar, hurtar, afanar, apandar.

BISBISAR.—bisbisear, mascullar, refunfuñar, barbotar, farfullar, balbucir, musitar, marmotear, mistar.

BISOJO.—bizco, estrábico.

BISOÑO.—novato, nuevo, novicio, inexperto, soldado, aprendiz, novel, novatada, bisoñada, bisoñería, principiante, pipiolo.

BIZARRÍA.—gallardía, valor, esfuerzo, generosidad, esplendidez, esplendor, arriscamiento, valentía, animosidad, intrepidez.

BIZARRO.—bravo, valiente, denodado, valeroso, esforzado, intrépido, galán, gallardo, arrogante, apuesto, animoso, generoso, arriscado.

BIZBIRONDO.—alegre, vivaracho, jovial.

BIZCO.—estrábico, bisojo.

BLANDAMENTE.—suavemente, mansamente, amablemente, dulcemente, apaciblemente.

BLANCO.—albo, albeado, níveo, cobarde, intermedio.

BLANDICIA.—adulación, molicie, delicadeza.

BLANDO.—suave, tierno, muelle, dulce, agradable, benigno, cobarde, apacible, flojo, afeminado, bemolado, blanducho, blandujo, maleable, blanduzco, blandengue, dócil, bonancible, afable, amadamado, holgazán, vago.

BLANDÓN.—hacha, hachón, candelero, vela.

BLANDURA.—dulzura, afabilidad, benignidad, suavidad, templanza, regalo, deleite, delicadeza, debilidad, lenidad, mansedumbre, blanquete.

BLANQUEAR.—blanquecer, emblanquecer, albear, enlucir, enjalbegar.

BLANQUEO.—albeo, enjalbegado, blanqueadura, blanqueación, blanquición, blanquecimiento.

BLASFEMAR.—jurar, maldecir, renegar, votar.

BLASFEMIA.—reniego, taco, juramento, voto, venablo, palabrota, maldición, irreverencia.

BLASFEMO.—blasfemador, malhablado, irreverente.

BLASÓN.—honor, gloria, fama, divisa, heráldica, timbre.

BLASONAR.—presumir, vanagloriar, jactar, baladronar, pavonear, baladronear, fanfarronear, chulear.

BLOCAO.—caseta, barracón, reducto, fortín, defensa, fuerte.

BLOQUEAR.—asediar, sitiar, incomunicar, cercar.

BOALAR.—dula, dehesa.

BOATO.—lujo, ostentación, fausto, pompa, rumbo, fastuosidad, postín.

BOBADA.—bobería, necedad, tontería, tontada, tontuna, majadería, simpleza, bobedad, bobera, memez.

BOBO.—majadero, lelo, bodoque, babieca, tonto, memo, bolo, bolino, tontaina, cándido, necio, zote, pazguato, pasmado, simple, pasmón, pasmarote, estafermo, bobalicón, bobalias, bausán, bobatel, bambarria, bobazo, bobarrón, bobote, mona.

BOCADO.—mordisco, freno, mordedura.

BOCEL.—moldura, bocelete, bocelón.

BOCETO.—bosquejo, esquema, esbozo, croquis, apunte, borrón, mancha, nota, proyecto.

BOCÓN.—fanfarrón, farfantón, hablador.

BOCHINCHE.—tumulto, alboroto, perturbación, batahola.

BOCHORNO.—sonrojo, vergüenza, desaire, rubor, desazón, sofocamiento, sofocación, calor, vulturno.

BODA.—matrimonio, casamiento, desposorio, unión, enlace, himeneo, bodorrio, bodijo.

BODEGÓN.—bodega, bodego, figón, taberna, cuadro, tasca, garito.

BODIGO.—panecillo, ofrenda.

BODOQUE.—zoquete, simple, bobo, estúpido, torpe, holonio, ignorante, inepto, tonto, alcornoque, bolo, modrego, burujo, chicón, abultamiento, hinchazón, imperfección.

BODRIO.—guisote, bazofia, comistrajo, brodio, brodete.

BOFE.—pulmón, asadura.

BOFETADA.—guantada, guantazo, bofetón, cachete, sopapo, golpe, soplamocos, revés.

BOGA.—fama, reputación, aceptación, moda, cuchillo.

BOL.—ponchera, tazón, redada, jábega, bolo, arcilla.

BOLA.—embuste, engaño, mentira, esfera, paparrucha, pelota, farsa, argolla, feria, mercado, trola.

BOLEAR.—mentir, enredar, caer.

BOLETA.—libranza, cédula, entrada, papeleta, boleto, boletín, billete.

BOLICHE.—bolín, bolo, jábega.

BOLINA.—ruido, alboroto, bulla, escándalo, pendencia, ronda.

BOLONIO.—ignorante, necio, tonto, majadero, tontaina, lelo, bodoque, memo, bobo, babieca, babián, bolo, alelado, boje.

BOLSA.—bolsillo, escarcela, bolso, saquillo, taleguilla, faltriquera, folgo, funda, arruga, bolsada, barjuleta, caudal, gato, dinero, Lonja.

BOMBEO.—comba, convexidad, pandeo.

BOMBÍN.—bomba, hongo.

BONACHÓN.—amable, dócil, bondadoso, crédulo, pacífico, sencillo, apacible, Juan Lanas, calzones, calzonazos, bragazas, cándido, confiado, bonazo.

BONDAD.—tolerancia, misericordia, piedad, generosidad, caridad, magnanimidad, altruismo, filantropía, abnegación.

BONDADOSO.—indulgente, humano, sensible, benigno, benévolo, clemente, dulce, misericordioso, afable, caritativo, bueno, generoso, filántropo, bondadoso, magnánimo, altruista.

BONIATO.—buniato, moniato.

BONIFICACIÓN.—beneficio, abono, mejora, rebaja, ventaja.

BONIJO.—herraj, orujo, erraj, herraje.

BONITO.—agraciado, delicado, lindo, bello, gracioso, fino, mono, gentil, precioso, proporcionado, hermoso, primoroso, perfecto, airoso, bueno, bonítalo.

BOQUE.—buco, cabrón.

BOQUETE.—agujero, brecha, orificio, abertura.

BORBOLLAR.—borbollear, borbollonear, borbotar, brollar, hervir, herventar.

BORBOLLÓN.—borbotón, surtidor, borborito, borbor.

BORDE.—orilla, extremo, margen, canto, costado, borcellar.

BORDONEAR.—tentar, apelar, bastonear, vagabundear.
BORNEAR.—revolver, torcer, combar, ladear, curvar, labrar, volver.
BORRACHERA.—embriaguez, jumera, turca, chispa, mona, curda, pítima, papalina, tajada, merluza, tablón, tormenta, borrachez, talanquera, ebriedad, cogorza, manta, melopea, filoxera, trúpita, borrachada, llorona, chalina, sacrămenta, borrasca, moña, mordaguera.
BORRACHO.—curda, beodo, bebido, ajumado, achispado, embriagado, alumbrado, alegre, azorrado, chispo, enófilo, ebrio, trompa, encacarinado.
BORRAR.—tachar, desvanecer, raspar, quitar, deshacer, desfigurar, esfumar, evaporar, desaparecer.
BORRASCA.—tormenta, tempestad, temporal, riesgo, peligro, contratiempo, orgía.
BORRASCOSO. — tempestuoso, tormentoso, proceloso, ruidoso, turbulento, desordenado, libertino, desenfrenado, licencioso, depravado, airado.
BORRICO.—burro, asno, pollino, rucio, necio, torpe, ignorante, tonto, zopenco.
BORRUFALLA.—hojarasca, fruslería, chuchería, bagatela, nonada.
BORUCA.—algazara, bulla, bullicio, alboroto, cisco.
BOSQUEJO.—boceto, esbozo, croquis, esquema, apunte, borrón, nota.
BOSTEZAR.—badallar.
BOTAR.—saltar, brincar, arrojar, echar, tirar, despedir, lanzar.
BOTARATE.—aturdido, alborotado, irreflexivo, atolondrado, precipitado, ligero, alocado, informal.
BOTE.—lancha, barca, pote, batel, boche, botequín, vasija, brinco, salto, rebote.
BOTELLA. — ampolla, ampolleta, botellón, frasco, botellín, casco, garrafa, garrafón, damajuana.
BOTEZ.—torpeza, necedad, tontería, idiotez.
BOTIJO.—cántaro, botijuela, botija, alcarraza, boteja, porrón, isidro.
BOTIJUELA.—botija, alboroque, agujeta, gratificación, propina, botifuera.
BOTÓN.—yema, gema, capullo, brote, renuevo, insignia, condecoración.
BOYANTE.—afortunado, feliz, próspero, rico, flotante.
BOZAL.—bisoño, inexperto, recio, cerril, indómito, bozalejo, cabestro.
BRACERO.—peón, trabajador, jornalero, obrero, bracete, brazo.
BRAGADO.—animoso, enérgico, valiente, entero, resuelto, malintencionado, falso, perverso.
BRAMANTE.—guita, cordón, cordel, cuerda.
BRAVAMENTE.—perfectamente, valientemente, gallardamente, abundantemente, cruelmente, audazmente, heroicamente.
BRAVATA.—baladronada, jactancia, fanfarronada, bravuconada, amenaza.
BRAVEZA.—fiereza, valentía, bravura, rusticidad, ímpetu, valor, tosquedad.
BRAVÍO.—indómito, feroz, cerril, salvaje, arisco, cerrero, silvestre, áspero, rústico, inculto, fragoso, tosco.
BRAVO.—valiente, animoso, bizarro, esforzado, valeroso, impetuoso, bueno, escabroso, desabrido, juez, excelente, suntuoso, espléndido, soberbio, magnífico, áspero, inculto, fragoso, fiero, indómito.
BRAVUCÓN.—valentón, fanfarrón, matasiete, baladrón, jactancioso, jaque, bravote, matón, pincho, braveador, bravato, guapo, bravonel, perdonavidas, espadachín, guapetón, rajabroquetes, jácaro, matachín, pendenciero, chulo.
BRAZALETE.—pulsera, aro, argolla, brazal, embrazadura.
BREAR.—maltratar, molestar, zumbar, embrear, burlar, chasquear.
BRECA.—breque, albur.
BRECHA.—rotura, abertura, boquete, orificio, grieta, dado.
BREGA.—riña, pendencia, forcejeo, contienda, chasco, burla, vaya, zumba, burlería, bregadura, briega.
BREGAR.—luchar, batallar, lidiar, reñir, contender, forcejear, ajetrear, trabajar, amasar.
BREÑAL.—breñar.
BRETE.—prisión, cejo, breque, calabozo, aprieto, dificultad.
BREVA.—higo, bellota, puro, ventaja, baya.
BREVE.—sucinto, conciso, limitado, reducido, corto, lacónico, somero.
BREVEDAD.—concisión, laconismo, prontitud, limitación, ligereza, reducción.
BRIBA.—vagancia, holgazanería, vagabundeo.
BRIBÓN.—rufián, pícaro, bellaco, tuno, pillo, canalla, tunante, granuja, bribonazo, bribonzuelo, haragán.
BRIBONADA.—bellaquería, picardía, tunantada, pillada, canallada, granujada, granujería, villanía.
BRILLANTE.—resplandeciente, radiante, esplendoroso, rutilante, fulgurante, reluciente, esplendoroso, chispeante, coruscante, corusco, fulgente, fúlgido, lúcido, lustroso, admirable, sobresaliente, lucido, espléndido, brillador, titilante, cintilante.
BRILLAR. — chispear, flamear, fosforescer, fulgurar, relucir, lucir, resplandecer, iluminar, alumbrar, relampaguear, irradiar, deslumbrar, centellear, tornasolar, cabrillear, rielar, espejear, refulgir, rutilar, relumbrar, coruscar, sobresalir, descollar, figurar, cintilar, titilar.
BRILLO.—lustre, resplandor, centelleo, refulgencia, brillantez, fosforescencia, corusquez, chispeo, lucimiento, realce, fama, gloria.
BRINCO.—salto, bote, cabriola, joyel, brinquillo, brinquiño.
BRINDAR.—invitar, ofrecer, convidar, prometer, saludar, atraer.
BRÍO.—valor, pujanza, ánimo, aliento, espíritu, fuerza, decisión, esfuerzo, ímpetu, empuje, arranque, resolución, garbo, gallardía, gentileza, atrevimiento, arriscamiento.
BRISA.—aura, airecillo, céfiro.
BROMA.—algazara, diversión, chanza, burla, bulla, guasa, vaya, bromazo, burlería.
BRONCA.—riña, pelotera, contienda, altercado, porfía, querella, disputa, trifulca, zipizape, pendencia, alboroto, jarana, zaragata, chamusquina, gresca, pelazga, quimera, bronquina, camorra, zapatiesta, batahola.
BRONCO.—áspero, brusco, tosco, basto, quebradizo, desabrido, brozno, broquelete.
BROQUEL.—defensa, escudo, amparo.
BRÓQUIL.—brécol, brócul, bróculi, coliflor.
BROTAR.—surtir, surgir, nacer, salir, germinar, emerger, manar, levantarse, manifestarse, aparecer, abrotoñar.
BROTE.—yema, renuevo, botón, pimpollo, vástago, migaja, porción.
BROZA.—despojo, maleza, desecho, espesura, rastrojos, restos, hojarasca, bruza.
BRUJA.—hechicera, arenilla, lechuza.
BRUJULEAR.—descubrir, adivinar, conjeturar, inquirir, investigar.
BRUMA.—niebla, neblina, brumazón, calina, calígine, boira.

BRUMOSO.—nebuloso, obscuro, confuso, incomprensible.
BRUNO.—negro, obscuro, moreno, ciruela, ciruelo.
BRUÑIR.—pulir, gratar, aluciar, lustrar, abrillantar, acicalar, afeitar.
BRUSCO.—áspero, desagradable, desabrido, destemplado, desapacible, rudo, violento, descortés, grosero.
BRUTALIDAD.—bruteza, tosquedad, bruticie, incapacidad, torpeza, grosería, rudeza, necedad, crueldad, desenfreno, liviandad, bestialidad, irracionalidad, animalada.
BRUTO.—necio, incapaz, tosco, torpe, rústico, rudo, bestia, grosero, irracional, selvático, animal, brutal, mostrenco, zafio.
BUCANEROS.—corsarios, filibusteros, piratas.
BUCLE.—rizo, tirabuzón.
BUENO.—benévolo, bondadoso, indulgente, caritativo, misericordioso, virtuoso, afable, provechoso, útil, servible, utilizable, grande, sano, robusto, cándido, conveniente, curado, saludable, divertido, agradable, gustoso, sabroso, óptimo, aprobación, conformidad, contentamiento, sorpresa, basta, bastante, suficiente.
BUFA.—broma, chocarrería, chanza, burla, bufonada, burlería.
BUFO.—bufón, grotesco, chocarrero, divertido, bufonesco, ridículo, cómico, burlesco, risible, gracioso.
BUFÓN.—chocarrero, gracioso, juglar, bromista, truhán, hazmerreír, farsante, bobo, buhonero.
BUHARDILLA.—buharda, desván, bohardilla, guardilla, sotabanco, tabuco.
BUHONERO.—gorgotero, quincallero, bufón, cajero.
BULTO.—cuerpo, balumbo, sombra, volumen, tumor, tamaño, hinchazón, fardo, paca, bala, prominencia, busto, estatuta, maleta, tareco, paquete, funda.
BULLA.—algazara, galantería, vocerío, ruido, zambra, bullicio, confusión, escándalo, algarabía, bullaje, alboroto, concurrencia.
BULLANGA.—asonada, alboroto, tumulto, desorden, motín, algarada, revuelta, rebujina, zipizape, jaleo, rebullicio, zapatiesta, pendencia, trifulca, zaragata, chamusquina, gresca.
BULLICIO.—ruido, alboroto, zambra, rumor, tumulto, algazara, zoruca.
BULLICIOSO.—ruidoso, inquieto, estrepitoso, desasosegado, vivo, juguetón, alegre, animado, alborotador, bullebulle, revoltoso, sedicioso, jaranero.
BUNGA.—orquesta, embuste, mentira, trola.
BURDEL.—prostíbulo, fornicio, lupanar, mancebía, lujurioso, vicioso, libidinoso, ramería, manflota.
BURDO.—tosco, rústico, basto, grosero, torpe, incapaz, zafio.
BUREO.—entretenimiento,, esparcimiento, diversión, broma, solaz, distracción, juzgado.
BURGO.—aldea, aldehuela.
BURLA.—burlería, broma, chunga, mofa, zumba, chanza, fisga, escarnio, engaño, burleta.
BURLADOR.—libertino, tenorio, seductor.
BURLAR.—chasquear, candonguear, iludir, chancear, desairar, zumbar, engañar, frustrar.
BURLARSE.—mofarse, reírse, chancearse, guasearse, chulearse, pitorrearse, engañar, fisgar, fisgonear.
BURLERÍA.—engaño, mengua, burla, burleta, zumba, chirigota, irrisión, ficción, mofa.
BURLESCO.—jocoso, chancero, festivo, bromista, zumbón.
BURRADA.—necedad, tontería, disparate, sandez, arracacha, estupidez, desatino.
BURRO.—asno, pollino, borrico, jumento, rucio, rucho, solípedo, buche, torpe, negado, necio, mentecato, memo, lerdo, porro, ignorante, zote, tonto, rudo.
BUSCA.—búsqueda, rebusca, investigación, perquisición, buscada, pesquisa, buscamiento, exploración.
BUSCANIGUAS.—buscapiés, buscapiques.
BUSCAR.—investigar, inquirir, averiguar, rebuscar, indagar, pesquisar, perquirir, farabustear, escudriñar, explorar.
BUSCARRUIDOS.—alborotador, provocador, pendenciero, busca pleitos, picapleitos.
BUSCAVIDAS. — entrometido, entremetido, fisgón, curioso, diligente, activo, cotilla, hurón, sacatrapos.
BUSILIS.—dificultad, secreto, toque, quid, ápice, hueso.
BUZONERA.—sumidero.

C

CABAL.—ajustado, completo, acabado, acomodado, perfecto, proporcionado, concertado, entero, íntegro, exacto, justo, recto, honrado, integérrimo, consumado, clásico.

CÁBALA.—cálulo, negociación, intriga.

CABALGADA.—tropa, tributo, botín, correría.

CABALMENTE.—precisamente, perfectamente, exactamente, justamente.

CABALLERETE.—mozalbete, pisaverde, lechuguino, petimetre, currutaco, gomoso.

CABALLERÍA.—montura, cabalgadura, caballo, corcel, palafrén, bridón, bestia, cuartago, mulo, borrico, potro, jaco.

CABALLERO.—hidalgo, noble, distinguido, generoso, leal, caballeroso, desinteresado, respetable, señor, baile, digno, adalid, jinete.

CABALLEROSIDAD. — nobleza, generosidad, hidalguía, lealtad, dignidad, respetabilidad.

CABALLETE.—asnilla, caballón, quilla, atiple, roca.

CABECERA.—principio, preferencia, testero, cabezal, cabezalejo, cabezuela, almohada, capital.

CABESTRO.—ramal, cuerda, ronzal, cabestrillo, cornudo, consentido.

CABEZA.—entendimiento, sensatez, capacidad, chirumen, inteligencia, cacumen, talento, juicio, caletre, testa, principio, extremo, extremidad, persona, res, capital, cachola, calamorra, cholla, origen, jefe.

CABEZO.—cerro, montecillo, cumbre, colina, cima, alcor, peñasco.

CABEZOTA.—cabezón, cabezudo, testarudo, terco, obstinado.

CABILDADA.—arbitrariedad, abuso, principada, atropello, tropelía, veleidad, pretensión, exigencia.

CABO.—punta, extremo, extremidad, fin, término, remate, hilo, hebra, mango, cable, promontorio, residuo, terminación, párrafo, división, capítulo, cuerda, capataz, capitán, jefe, parte, lugar, sitio.

CABREAR.—juguetear, saltar, retozar.

CABRIOLA.—pirueta, voltereta, brinco, salto.

CABRÓN.—bode, cabro, consentido, cabronzuelo, cornudo, rufián.

CACAHUETE.—cacahué, cacahuey, maní.

CACIPLERO.—entremetido, chismoso, curioso.

CACO.—ladrón, tímido, ratero, cleptómano, pillador, ladrillo, ganzúa, capeador, levador, cachuchero, cobarde, apocado, irresoluto, indeciso.

CACORRO.—afeminado, amadamado.

CACUMEN.—pesquis, agudeza, perspicacia, ingenio, penetración, talento, cabeza, caletre, chirumen, inteligencia, trastienda, viveza, vivacidad, magín.

CACHAZA.—lentitud, flema, calma, pachorra, parsimonia, sosiego, tranquilidad, sangre gorda, cachonería, aguardiente.

CACHAZUDO.—flemático, lento, calmoso, parsimonioso, tardo, tranquilo.

CACHETE.—bofetada, carrillo, mejilla, cachetero, puñal, amura.

CACHICÁN.—astuto, hábil, diestro.

CACHIFOLLAR.—chasquear, abatir, deslucir, confundir, embromar, humillar.

CACHIPORRA.—porra, clava.

CACHIRULO.—vasija, embarcación, adorno, cortejo, amante, querido.

CACHIVACHE.—trasto, trebejo, artilugio, utensilio, bártulo, ridículo, embustero, inútil, vasija, chisme.

CACHO.—pedazo, fragmento, parte, trozo, gacho, pez, cuerna, aliara.

CACHUCHO.—bote, lanchilla, alfiletero, cachucha, vasija, oro, pez.

CADALSO.—patíbulo, tablado.

CADAÑAL.—anual, cadañero, cadañego.

CADENA.—esclavitud, dependencia, sujeción, serie, sucesión, continuación, tiradera, madrastra, leontina.

CADENTE.—cadencioso.

CADETADA.—inconstancia, ligereza, irreflexión, volubilidad, chiquillada, travesura.

CADUCAR.—chochear, prescribir, acabarse, caduquear, arruinarse, finalizar, extinguir, arruinar.

CADUCO.—decrépito, viejo, anciano, pasajero, precario, perecedero, achacoso, consumido, caducante, caduquez, fugaz, caducidad.

CAER.—incurrir, bajar, coincidir, venir, entender, desaparecer, descender, rodar, rendirse, sucumbir, morir, perecer, quedar.

CAERSE.—desprenderse, inclinarse, desplomarse, derrumbarse, disminuirse, debilitarse, cumplirse, desconsolarse, afligirse.

CÁFILA.—multitud, banda, tropel, cuadrilla, conjunto, amontonamiento, muchedumbre, montón, hacinamiento.

CAFRE.—bárbaro, zafio, cruel, rústico, grosero.
CAÍDA.—falta, culpa, desliz, derrumbe, desplome, declinación, colgante, declive, declivio, caimiento, descenso, bajada, talegada, decadencia, fracaso, ruina.
CAÍDO.—desfallecido, flojo, débil, desmazalado, dejado, desmadejado, macilento, laso, abatido, postrado, agotado, amilanado, vencido, rendido, cansado, derrumbado, derrengado, acobardado, fracasado.
CAIMIENTO.—caída, desfallecimiento, debilidad, desaliento.
CAJA.—ataúd, féretro, tambor, hueco, cajero, cajilla, bujeta.
CALA.—ensenada, abra, caleta, ancón, refugio, abrigo, sonda, mecha.
CALABRIAR.—mezclar, confundir.
CALADIZO.—ingenioso, listo, vivaz, vivaracho, inteligente.
CALAMIDAD.—infortunio, desgracia, desastre, infelicidad, adversidad, desdicha, catástrofe, cataclismo, siniestro, hecatombe.
CALAMITOSO.—perjudicial, funesto, aciago, desastroso, desgraciado, infeliz, infortunado.
CALANDRAJO.—jirón, pingajo, colgajo, ridículo, despreciable, pronóstico, suposición, conjetura.
CALAÑA.—muestra, modelo, especie, forma, patrón, calidad, naturaleza, índole, categoría, abanico.
CALAR.—penetrar, horadar, atravesar, sumergir, perforar, adivinar, conocer, descubrir, comprender, arriar, agujerear.
CALAVERA.—cráneo, vicioso, perdido, mujeriego, alocado, sinvergonzón.
CALCAR.—copiar, imitar, reproducir, estarcir.
CALCULAR.—suponer, deducir, creer, valuar, conjeturar, computar, suputar, numerar, contar, tantear, presuponer, ajustar, finiquitar.
CÁLCULO.—cómputo, suposición, conjetura, cuenta, concreción, presupuesto, suputación.
CALCHONA.—fantasma, espectro, bruja, diligencia, coche, vieja.
CALDERA.—caldero, caldereta, calderón, negrota, negra, acetre.
CALENTAR.—caldear, recalentar, rescoldar, templar, calecer, azotar, golpear, pegar, apalizar.
CALENTARSE.—acalorarse, enfadarse, excitarse, irritarse, recalentarse, encelarse.
CALENTURA.—fiebre, hipertermia, causón, pirexia, destemplanza, calenturón, calenturilla.
CALENTURIENTO.—calenturoso, tísico, febril.
CALETRE.—discernimiento, tino, capacidad, magín, talento, ingenio, viveza, vivacidad, pesquis, chirumen, cabeza, cacumen, inteligencia, agudeza, juicio.
CALIDAD.—jaez, índole, calaña, laya, ley, tenor, cualidad, pelaje, propiedad, clase, calidez, carácter genio, estofa, casta, ralea, linaje, lustre, nobleza, importancia, condición.
CÁLIDO.—caliente, ardiente, caluroso, ígneo, candente, tórrido, tropical, calinoso, calimoso.
CALIENTE.—caluroso, acalorado, cálido, fogoso, urente, febril, calenturiento, calenturoso.
CALIFICAR.—bautizar, considerar, llamar, ennoblecer, acreditar, ilustrar, calentar, enaltecer, afamar.
CALIFICATIVO.—adjetivo, nombre, epiteto, título, dictado, epígrafe.
CALIGINOSO.—nebuloso, brumoso, nuboso, calimoso, neblinoso, abrumado, calinoso, denso, obscuro, tenebroso.
CALILLA.—molestia, contratiempo, importuno.
CALINA.—calima, bruma, niebla, cejo, dorondón, bonina, boira, calorina.
CALMA.—lentitud, sosiego, tranquilidad, serenidad, bonanza, placidez, reposo, paz, cachaza, parsimonia, flema, pachorra, indolencia, pereza, impasibilidad, blandura, jacio.
CALMAR.—sosegar, tranquilizar, apaciguar, pacificar, serenar, adormecer, acallar, dulcificar, aclarar, templar, moderar, aplacar, escampar, abonanzar.
CALMO.—yermo, páramo, erial, erio, liego, escajo, eriazo, soledad, aridez.
CALMOSO.—parsimonioso, indolente, cachazudo, flemático, tardo, lento, apático, perezoso, posma.
CALÓ.—jerga, germanía.
CALOÑA.—reprobación, censura.
CALOR.—ardor, ardimiento, viveza, actividad, energía, entusiasmo, fuego, calórico, caloría, calidez, fervor, quemazón, fogaje, calura, calórico.
CALPUL.—reunión, confabulación, conciliábulo, complot, montículo.
CALUMNIA. — mentira, impostura, imputación, falsedad, difamación.
CALUMNIADOR.—difamador, impostor, infamador, mentiroso, sicofante, testimoniero.
CALUMNIAR.—infamar, difamar, deshonrar, desacreditar, malsinar, imputar, ahijar.
CALUMNIOSO.—infamante, infamatorio, sicofante, murmurador, matavivos.
CALVERO.—gredal, calvijar, calvitar.
CALZA.—calzo, cuña, calce, cáscaras, calcilla, estribera, calzón, bragas, calzacalzón.
CALZONAZOS. — condescendiente, complaciente, débil, abúlico, pusilánime, Juan Lanas, calzones, maridazo, gurrumino, bragazas, calzorras.
CALLADO.—silencioso, reservado, taciturno, mudo, discreto, secreto, disimulado, tácito, sigiloso, insonoro, omiso.
CALLAR.—enmudecer, omitir, silenciar, sigilar, amorrar, callantar, acallar, atarugar, atajar, amordazar.
CALLE.—rúa, arteria, camino, calzada, avenida, paseo, bulevar, callizo, callejuela, callejón, calleja.
CALLEJERA.—andadera, pindonga.
CAMA.—lecho, yacija, tálamo, camastro, catre, triclinio, camilla, tongada, camada, pina.
CAMAL.—cabestrón, cabezón, rama, matadero.
CAMAMA.—chasco, engaño, burla, broma, burlería.
CAMÁNDULA.—embustería, bellaquería, fingimiento, hipocresía, trastienda, camáldula, rosario, astucia, chisme.
CAMANDULERÍA.—gazmoñería, gazmoñada, fingimiento, afectación.
CAMANDULERO.—embustero, astuto, hipócrita, camastrón, bellaco, disimulado.
CÁMARA.—aposento, habitación, cuarto, sala, cilla, Parlamento, Senado, morterete, deposición, camareta.
CAMARADA. — acompañante, compañero, amigo.
CAMARANCHÓN.—desván, sotabanco, buhardilla, guardilla, tabuco, caramanchón.
CAMARÓN.—cámaro, gratificación, propina.
CAMASTRA.—astucia, disimulo, fingimiento, hipocresía.
CAMASTRÓN.—embustero, hipócrita, camandulero, astuto, bellaco.
CAMBAR.—combar, encorvar, curvar, torcer.

CAMBIAMIENTO.—mutación, variedad, cambio, permuta.

CAMBIAR.—permutar, trocar, mudar, virar, canjear, reemplazar, metamorfosear, transformar, evolucionar, transfigurar, reformar, modificar, variar, innovar, volver, enmendar, renovar, rectificar, deformar, corregir, alterar, transmutar, equivocar, barajar, revolver, disfrazar, conmutar, sustituir.

CAMBUCHO.—cambucha, cometa, cucurucho, tugurio, chiribitil.

CAMELAR.—galantear, seducir, requebrar, engañar, engatusar, adular, enamorar, enamoriscar.

CAMELO.—chasco, decepción, mofa, burla, galanteo, burlería.

CAMINANTE.—viajero, pasajero, viandante, caminador, espolique, andador, andarín, andadero, andariego, andolotero, andón, andante.

CAMINAR.—andar, marchar, recorrer, andadura, deambular, viajar.

CAMINO.—vía, pista, carretera, senda, sendero, paso, ruta, vereda, trocha, cañada, cabañal, vericueto, viaje, atajo.

CAMORRA.—pendencia, refriega, disputa, riña, pelotera, pelea, rebujina, bronca, zipizape, zaragata.

CAMORRISTA.—pendenciero, reñidor, camorrero, matón, perdonavidas, chulo.

CAMOTE.—batata, bulbo, enamoramiento, camelo, enamoriscamiento.

CAMPANA.—esquila, esquilón, campanilla, cencerro, campano, campanillo, carillón, iglesia, campaneta, parroquia, bronce, sonería.

CAMPANADA.—campanazo, sorpresa, escándalo.

CAMPANO.—cencerro, campanillo, esquila.

CAMPANTE.—satisfecho, ufano, contento, alegre, tranquilo, feliz.

CAMPANUDO.—hinchado, retumbante, altisonante, rimbombante, prosopopéyico.

CAMPAR.—sobresalir, destacar, acampar.

CAMPEAR.—verdear, pacer, campar, sobresalir.

CAMPECHANA.—franca, bromista, dadivosa, simpática, agradable, llana, sencilla, alegre, enjaretado, hamaca, ramera.

CAMPEÓN.—héroe, jefe, defensor, caudillo, adalid, sostenedor, paladín.

CAMPESINO.—paleto, aldeano, lugareño, labrador, agricultor, labriego, segador, aperador, cultivador, rústico, hortelano, villano.

CAMPILLO.—ejido, campiello, campichuelo.

CAMPO.—prado, campiña, pradera, pradal, pradería, pradejón, cultivos, sembrados, pastos, huerta, término.

CAMUESO.—necio, manzano, alcornoque, ignorante, bodoque, torpe, tolete, tonto, modrego.

CANAL.—canalón, cauce, canalizo, reguera, acequia, zanja, cacera, caz, álveo, canaleja, canalera, canaleta, bocana, estría, camellón, artesa, faringe.

CANALLA.—ruin, bajo, despreciable, bandido, pillo, pícaro, bribón, vil, sinvergüenza.

CANASTA.—cesta, cesto, comporta, banasta, canastro, canasto, canastrón, canastillo, masa.

CANCÁN.—baile, molestia, fastidio, loro.

CANCANEAR.—vagar, pasear, divagar, errar, tartajear, tartamudear.

CANCELAR.—abolir, anular, derogar, liquidar.

CANCERAR.—consumir, enflaquecer, gastar, satirizar, amonestar, reprender, mortificar, debilitar, zaherir.

CANCIÓN.—tonada, tonadilla, canzoneta, concioneta, cantar, copla, coplón, cantilena, cantiga, trova, tono.

CANDADO.—cerradura, arete, pendiente, perilla.

CANDELA.—vela, lumbre.

CANDIDATO.—pretendiente, aspirante, solicitante, postulante.

CANDIDEZ.—candor, sencillez, simplicidad, parvulez, inocencia, inocentada, inexperiencia, sinceridad.

CÁNDIDO.—sencillo, crédulo, ingenuo, incauto, simple, inocente, blanco, inexperto, párvulo.

CANDONGA.—chasco, burla, cancamusa, broma, mula, arracada, zalamera, arete, aduladora, perezosa, vaga, holgazana, remolona.

CANDONGO. — zalamero, remolón, astuto, adulador, perezoso.

CANDOR.—blancura, ingenuidad, inocencia, simplicidad, candidez, pureza, sencillez, sinceridad, franqueza.

CANECA.—alcarraza, borracha, caneco.

CANGALLA.—andrajo, harapo, flaco, desmedrado, cobarde, aparejo.

CANÍBAL.—caríbal, antropófago, inhumano, feroz, cruel, sanguinario.

CANIJO.—enclenque, enfermizo, enteco, débil, escuchimizado, raquítico, encanijado.

CANJE.—cambio, trueque, canja, permuta, intercambio, concambio.

CANO.—canoso, encanecido, entrecano, sucio, pelicano, escabechado, blanco, anciano, antiguo.

CANON.—regla, precepto, catálogo, renta, lista, impuesto, decisión.

CANONIZAR.—santificar, aplaudir, aprobar, alabar, encomiar, ensalzar, enaltecer.

CANONJÍA.—prebenda, breva, beneficio, provecho, canonicato.

CANORO.—armonioso, melodioso, sonoro, grato.

CANSADO.—canso, debilitado, decaído, fatigado, aburrido, agobiado, cansino, cansío.

CANSANCIO.—fatiga, molestia, hastío, fastidio, aburrimiento, lasitud, desfallecimiento, pesadez, fatigación, agobio, agotamiento, cansera, candinga, aperreo.

CANSAR.—incomodar, molestar, importunar, fastidiar, fatigar, aburrir, hastiar, hartar, enfadar, enojar.

CANSERA.—molestia, fatiga, importunación, cansancio, fastidio, tedio.

CANTALETA.—cencerrada, broma, chasco, zumba, vaya, burlería.

CANTAR.—tararear, canturrear, gorjear, canturriar, gorgorear, vocalizar, modular, coplear, berrear, salmodiar, salmear, cantiña, alabar, loar, encomiar, glorificar, denunciar, entonar, descubrir, chirriar, rechinar, confesar, cantarcico, cantarcillo.

CANTIDAD.—número, cuantidad, cuantía, medida, abundancia, unidad, porción, cuota, dosis, cupo.

CANTO.—copla, canción, cantar, cántico, melodía, voz, cante, borde, orilla, margen, cantal, pedrusco, guijarro, piedra.

CANTÓN.—esquina, país, región, territorio, cantillo, acantonamiento, limatón.

CAÑAHEJA.—cañaherla, cañiherla, cañahierla, cañajelga, cañareja, cañerla.

CAÑAL.—cañaveral, cañaliega, cañar, cañedo, cañizal, cañizar.

CAÑO.—tubo, canuto, cloaca, albañal, vivar, chorro, canalizo.

CAÑUTAZO.—chisme, soplo.

CAÑUTERO.—alfiletero, cañuto.

CAOS.—desconcierto, confusión, lío, enredo, embrollo, desorden, laberinto.

CAPA.—pañosa, capeja, capote, manteo, baño, mano, pretexto, máscara, velo, envoltura, caudal, hacienda, bienes, estrato, revestimiento, cubierta, pelaje, paca, encubridor, aguadera, prebendado, papagayo.

CAPACIDAD.—cabida, extensión, talento, espacio, competencia, disposición, inteligencia, aptitud, suficiencia, oportunidad.

CAPACHO.—espuerta, sera, seroncillo, serón, capacha, zumaya, esportilla, carpancho, capaza, capazo.

CAPAR.—emascular, disminuir, castrar, recortar, restringir, aminorar, cercenar, extirpar.

CAPAZ.—amplio, espacioso, grande, extenso, inteligente, vasto, idóneo, experimentado, perito, competente, experto, conocedor, hábil, conforme, proporcionado, instruido, diestro, apto, avezado, práctico, capacitado, suficiente.

CAPCIÓN.—captación, captura, detención, arresto, apresamiento, carcelería.

CAPCIOSO.—artificioso, sofístico, falso, engañador, engañoso, insidioso.

CAPEAR.—entretener, engañar, torear, sortear, evadir, capotear.

CAPELLÁN.—clérigo, eclesiástico, sacerdote.

CAPIGORRÓN. — capigorrista, vagabundo, ocioso, capigorra, clérigo.

CAPILLO.—capillejo, capucha, capirote, rocadero, capullo, capacete.

CAPIROTE.—cucurucho, caperuza, capirucho, muceta, cubierta, capota, beca, capirotazo.

CAPITAL.—caudal, dinero, fortuna, esencial, principal, fundamental, bienes, hacienda.

CAPITANEAR.—comandar, mandar, guiar, conducir, dirigir, acaudillar.

CAPITULAR.—pactar, concertar, ajustar, ceder, convenir, transigir, capitulante, rendir.

CAPOTEAR.—capear, torear, entretener, evadir, sortear.

CAPRICHO.—humorada, fantasía, gusto, antojo, travesura, deseo, arranque, nonada, tontería, voluntad, extravagancia, manera, moda, guisa, afán, anhelo.

CAPRICHOSO.—variable, voluble, caprichudo, antojadizo, voluntarioso, tornadizo, inconstante, mudable, veleidoso, veleta.

CAPTAR.—atraer, adquirir, lograr, conseguir, granjear, alcanzar, despertar, recoger, coger.

CAPTARSE.—granjearse, atraerse, conquistarse, alcanzarse, obtenerse, conseguirse.

CAPTURA. — presa, aprehensión, detención, caza, apresamiento, arresto, capción.

CAPTURAR.—prender, detener, apresar, aprehender, arrestar.

CAPUCHA.—capilla, capucho, capuchón.

CARA.—rostro, semblante, faz, fisonomía, aspecto, efigie, fachada, frente, superficie, anverso, descaro, osadía, desvergüenza, hacia, presencia, plano.

CARABA.—charla, conversación, broma, diversión, holgorio.

CARÁCTER.—natural, índole, genio, condición, firmeza, entereza, energía, severidad, rigidez, originalidad, naturaleza, marca, caracterismo, idiosincrasia, estilo.

CARACTERÍSTICO.—peculiar, propio, típico, actor.

CARACTERIZADO.—distinguido, acreditado, conocido.

CARAMANCHEL.—figón, cantina, tasca, tugurio, cobertizo.

CARAMILLO.—caramilla, flauta, revoltijo, cuento, chisme, enredo, embuste, lío, carambillo, zampoña.

CARANTOÑA.—carantamaula, máscara, carátula, gatería, zalamería, lagotería, caroca, embeleco, lisonja.

CARÁOTA.—alubia, judía.

CARÁTULA.—careta, máscara, carantamaula, mascarilla, histrión, farsa.

CARBUNCLO.—carbúnculo, carbunco, cocuyo, ántrax, rubí.

CARCAJ.—aljaba, carcax, carcaza.

CARCAMAL.—achacoso, vejestorio, viejo, carraco, matusalén, vejarrón, cotarrón.

CÁRCAVA.—zanja, fosa, hoya, carcavón, foso, carcavuezo.

CÁRCEL.—chirona, prisión, gayola, caponera, calabozo, celda, correccional, penitenciaría, trena.

CARDIMUELLE.—cardinche, cerraja.

CARDINAL.—principal, fundamental, primero, esencial.

CAREAR.—cotejar, confrontar, encarar, enfrentar, ahuyentar, espantar, pacer, pastar.

CAREO.—pasto, charla, conversación.

CARESTÍA.—escasez, falta, penuria, privación, careza, encarecimiento.

CARETA.—antifaz, máscara, mascarilla, carátula, carantamaula, hipocresía, falsedad.

CARGA.—impuesto, tributo, imposición, arbitrio, pecho, contribución, gravamen, censo, gabela, obligación, cuidado, peso, acometida, arremetida, embestida, ataque, cargo, servidumbre, pesadumbre, aflicción.

CARGANTE.—pesado, molesto, chinchoso, fastidioso, chinchorrero, impertinente, chinche, irritante, enojoso, cargoso.

CARGAR.—acometer, arremeter, fastidiar, embestir, atacar, molestar, encocorar, incordiar, importunar, irritar, incomodar, enojar, achacar, imputar, atribuir, estribar, apoyar, gravitar, apechugar, aumentar, agravar, imponer, gravar.

CARGAREME.—resguardo, recibo.

CARGAZÓN.—pesadez, cargamento, carga, aglomeración.

CARGO.—carga, dignidad, peso, oficio, empleo, plaza, comisión, destino, puesto, cuidado, dirección, mando, obligación, gobierno, falta, dintel, cargadero.

CARIACEDO.—desapacible, enojado, desagradable, desabrido.

CARIACONTECIDO.—triste, turbado, sobresaltado, afligido.

CARICIA.—halago, cariño, mimo, agasajo, lisonja, zalamería.

CARIDAD.—socorro, auxilio, limosna, compasión, filantropía, misericordia, altruismo, generosidad.

CARILLA.—careta, máscara, antifaz.

CARIÑO.—afecto, voluntad, amor, caricia, halago, mimo, afición, apego, inclinación, ternura, amistad, benevolencia, dilección, bienquerencia, estimación, querer.

CARIÑOSO.—afectuoso, amoroso, tierno, benévolo, mimoso, halagador, afectivo, caricioso, entrañable, cordial.

CARITATIVO.—humano, filantrópico, compasivo, desprendido, liberal, humanitario, bondadoso, desinteresado.

CARIZ.—aspecto, traza, facha, aire, actitud.

CARLANCA.—picardía, roña, maula, astucia, molestia, inoportunidad.

CARLANGA.—andrajo, harapo, jirón.

CARMELITA.—carmelitano.

CARMEN.—quinta, huerto, jardín.

CARMENADOR.—batidor, peine, escarpidor, jaquero, peinilla.

CARNAVAL.—carnestolendas, antruejo, entruejo, carnal.

CARNICERÍA.—mortandad, destrozo, mortalidad, degollina, matanza, matadero.
CARNICERO.—carnívoro, cruel, sanguinario, inhumano, sanguinoso, sádico, sangriento.
CARO.—amado, querido, adorado, idolatrado, costoso, estimado, apreciado, dispendioso, carillo, insume, precioso, inapreciable, dilecto.
CAROCA.—arrumaco, carantoña, gatería, lagotería, zalamería, mimo, lisonja, candonga, zanguanga.
CARONCHO.—caronjo, carcoma.
CARPANTA.—pereza, flojera, dejadez, galbana, holgazanería.
CARPETA.—cubierta, cartapacio, vade, sobre, cortina.
CARRACA.—matraca, zumba, burla, vejestorio, carcamal, embarcación, astillero, trasto, carraco, carral.
CARRAL.—tonel, pipa, barril, bocoy, barrica, tonelete, pipote, cuba.
CARRASQUEÑO.—bronco, duro, áspero, carraspeño, hoscoso, aspérrimo, basto, riguroso.
CARRERA.—estado, profesión, curso, recorrido, camino, trayecto, hilera, crencha.
CARRETILLA.—carreta, buscapiés, pintadera, quijada, mandíbula.
CARRIL.—huella, surco, riel, raíl, releje, carrilera, camino, rastro, estela, ceriballo, carrilada.
CARRILLO.—moflete, mejilla, mollete, cachete, buchete.
CARROÑO.—podrido, carroña, corrompido, carroñoso, pútrido, putrefacto, carro, caronchoso.
CARRUAJE.—coche, vehículo, carricoche, carruco.
CARTA.—misiva, epístola, mapa, naipe, mensaje, escrito.
CARTILLA.—catón, abecedario, cuaderno, libreta, añalejo, abecé.
CASA.—residencia, domicilio, hogar, mansión, morada, vivienda, habitación, descendencia, linaje, lar, solar.
CASAMIENTO.—boda, enlace, unión, matrimonio, nupcias, esponsales, connubio, coyungio, coyunda, vínculo.
CASAR.—unir, juntar, enmaridar, desposar, enlazar.
CASCAR.—rajar, agrietar, hender, abrir, zurrar, pegar, golpear, quebrantar, cascamajar, charlar, romper, machacar, escachar, partir, majar.
CASCARRÓN.—desapacible, bronco, áspero, desabrido, esquinado, huraño, carrañón, acre.
CASCO.—cráneo, pipa, tonel, botella, talento, cabeza, juicio, cuba, vasija, barrica, barril.
CASERO.—doméstico, familiar, dueño, propietario, arrendador, administrador, arrendatario, inquilino.
CASINO.—círculo, centro, club, sociedad.
CASO.—acontecimiento, ocurrencia, suceso, incidente, peripecia, sucedido, evento, hecho, lance, ocasión, coyuntura, circunstancia, asunto, acaso, casualidad.
CASQUETADA.—calaverada, travesura, barrabasada, trastada.
CASQUIVANO.—alocado, ligero, aturdido, casquiveleto, casquilucio.
CASTA.—generación, especie, raza, linaje, alcurnia, ralea, clase, calidad, extracción, cuna, prosapia, origen.
CASTAÑETAZO.—chasquido, estallido, golpe, castañetada, golpazo, zambombazo.
CASTAÑUELAS.—castañetas, crótalos, palillos.
CASTIDAD.—pureza, honestidad, virginidad, inocencia, limpieza, decencia, incorrupción, virtud.
CASTIGAR.—mortificar, afligir, corregir, enmendar, escarmentar, penar, apenar.
CASTIGO.—escarmiento, condena, punición, mortificación, aflicción, corrección, reprensión, castigación, catalán.
CASTILLO.—fortaleza, fuerte, alcazaba, castillete, ciudadela, alcázar, almodóvar, propugnáculo, albacara.
CASTIZO.—puro, correcto.
CASTO.—honesto, puro, virtuoso, inocente, decente, virgen.
CASUAL.—fortuito, contingente, imprevisto, impensado, eventual, accidental, incidental, ocasional.
CASUALIDAD.—azar, acaso, eventualidad, casualismo, ocasión.
CATACLISMO.—catástrofe, desastre, trastorno, trastornamiento, trastornadura, convulsión.
CATADURA.—aspecto, facha, traza, semblante, gesto, continente, rostro, cara.
CATAFALCO.—túmulo.
CATÁLOGO.—inventario, lista, nomenclátor, nomenclador, nómina, nomenclatura, serie, relación.
CATAR.—probar, gustar, saborear, ver, registrar, examinar, apreciar, juzgar, inquirir, buscar, mirar, paladear, tastar, catear.
CATARRO.—resfriado, resfrío, constipado, constipación, romadizo, coriza, mormera.
CATÁSTROFE.—cataclismo, desastre, trastorno, convulsión, trastornamiento, trastornadura.
CATATAR.—hechizar, seducir, arrebatar.
CÁTEDRA.—asiento, aula, púlpito.
CATEGORÍA.—condición, esfera, clase, jerarquía, calidad, posición, clase, estado.
CATEGÓRICO.—absoluto, claro, concluyente, decisivo, terminante, preciso, imperioso, explícito, definitivo.
CATEQUIZAR.—atraer, instruir, persuadir, convencer, iniciar, conquistar, impresionar, seducir, fascinar.
CATERVA.—multitud, muchedumbre, banda, cáfila, sinnúmero, infinidad, tropel, cardumen, porrada, revoltijo.
CATETO.—paleto, lugareño, rústico, palurdo, bobalicón, inocente, aldeano, zambombo, zamarro.
CATOCHE.—mal humor, desagrado, irritabilidad.
CAUCE.—álveo, lecho, madre, calce, barranco, rehoyo arroyo.
CAUCIÓN.—prevención, precaución, cautela, previsión, prudencia, reserva.
CAUDAL.—dinero, capital, fortuna, hacienda, abundancia, cantidad, copia, bienes, patrimonio, aprecio, estima, acervo, haber, peculio, tesoro.
CAUDILLO.—jefe, director, presidente, cabeza, adalid, guía, líder, paladín, rector, ductor, caporal, arráez.
CAUQUE.—astuto, sagaz, torpe, inhábil.
CAUSA.—motivo, origen, principio, móvil, fuente, fundamento, manantial, razón, génesis, base, agente, cimiento, circunstancia, hecho, proceso, pleito, causal, causalidad, título, moción.
CAUSAR.—producir, originar, ocasionar, provocar, determinar, crear, irrogar, crear, suscitar, hacer, originar, motivar.
CÁUSTICO.—punzante, corrosivo, satírico, agresivo, mordaz, irónico, incisivo, acre, corroyente, mordicante, epispástico.
CAUTELA.—precaución, astucia, reserva, ma-

ña, sutileza, habilidad, circunspección, recato, caución, previsión, moderación.

CAUTELAR.—prevenir, precaver, precautelar caucionar, soslayar.

CAUTIVAR.—apresar, prender, aprisionar, atraer, capturar, seducir, captar, aprehender, ganar, encadenar, esclavizar, detener.

CAUTIVERIO.—cautividad, esclavitud, encarcelamiento, prisión, arresto, encierro.

CAUTIVO.—aprisionado, sujeto, encadenado, apresado, esclavizado, prisionero, preso, esclavo, sometido, confinado.

CAUTO.—circunspecto, previsor, precavido, astuto, prudente, sagaz, cauque.

CAVAR.—ahondar, penetrar, pensar, meditar, profundizar, excavar.

CAVERNA.—antro, gruta, cueva, concavidad, cavernidad, cavernosidad.

CAVERNOSO. — bronco, profundo, sordo, opaco.

CAVIA.—alcorque, excavación, cavidad, conejillo.

CAVILAR.—pensar, reflexionar, discurrir, meditar, razonar, profundizar.

CAYADO.—bastón, tranca, cachava.

CAZURRO.—callado, silencioso, receloso, reservado, cauteloso, astuto, cerrado, chiticalla, malo, perverso, vicioso.

CEBAR.—alimentar, fomentar, engrasar, penetrar, engordar.

CEBARSE.—ensañarse, encarnizarse.

CEBO.—carnada, carnaza, güeldo, cebique, cebadura, señuelo, atractivo, aliciente, incentivo, explosivo, pábulo, cefo.

CEDER.—transferir, traspasar, dar, trasladar, conceder, endosar, transmitir, acceder, transigir, consentir, asentir, condescender, pactar, flaquear, cejar, aflojar, capitular, claudicar, cedacear, rendir, retirarse, someter, doblegar, inclinar, mitigar, aminorar.

CEGAMA.—cegato, cegarra, miope, cegajoso, cegatoso, cegarrita.

CEGAR.—ofuscar, obscurecer, obnubilar, deslumbrar, alucinar, cerrar, tapar, macizar, impedir, embarazar, taponar, obstruir, entapujar, atarugar, condenar, aturar, colmar, rellenar.

CEGARSE.—obcecarse, exasperarse, chiflarse, ofuscarse.

CEGUEDAD.—ceguera, ablepsia, amaurosis, secagrafia, alucinación, ofuscación, ofuscamiento, obcecación, exasperación, turbación.

CEJAR.—ceder, flaquear, recular, aflojar, abandonar, retroceder, transigir, recejar, consentir.

CEJIJUNTO.—ceñudo, cejunto.

CELADA.—emboscada, fraude, engaño, trampa, acechanza, asechanza, astucia, manganilla, zalagarda.

CELAJE.—ventana, claraboya, presagio, anuncio, celajería.

CELAR.—velar, observar, acechar, cuidar, asechar, atisbar, espiar, vigilar, encubrir, tapar, ocultar, disimular, grabar, esculpir, atender.

CELDA.—conventos, aposento, cárceles, colmenas.

CELDILLA.—nicho, célula.

CELEBRAR.—elogiar, conmemorar, encomiar, alabar, ensalzar, cantar, encarecer, glorificar, aplaudir, enaltecer, solemnizar, festejar, venerar, verificar.

CÉLEBRE.—famoso, renombrado, ilustre, respetado, memorable, distinguido, glorioso, notable, chistoso, gracioso, ingenioso, divertido, celebérrimo.

CELEBRIDAD.—fama, renombre, aplauso, reputación.

CÉLERE.—pronto, rápido, veloz, alípede, alígero, impígero, acucioso.

CELERIDAD.—rapidez, velocidad, prontitud, diligencia, presteza, actividad, vivacidad, alacridad, ligereza, prisa, presura, festinación, instantaneidad.

CELESTIAL.—celeste, célico, paradisíaco, divino, encantador, perfecto, delicioso, agradable, empíreo, olímpico, glorioso, sobrecelestial, excelente, bobo, tonto, inepto.

CELESTINA.—alcahueta, encubridora, tercera, comadre, trotaconventos, encandiladora, cobertera, corredera, lena, cobejera, encandiladera.

CELO.—actividad, cuidado, ardor, entusiasmo, diligencia, asiduidad, eficacia, sospecha, duda, emulación, afán, ahínco, envidia, rivalidad, apetito, deseo, recelo, celotipia, celosía.

CELOSÍA.—celos, enrejado, persiana, reja, rejilla, rejuela, alambrera, verja, cancela.

CÉMBALO.—clavicordio, clave, clavicímbano, clavicímbalo, clavicémbalo.

CEMENTERIO.—campo santo, necrópolis.

CENACHO.—espuerta, capacho, cesto, capaza, capazo, cebero, sera, serón.

CENADOR.—emparrado, glorieta, quiosco, galería, pérgola, templete, marquesina.

CENAGAL.—barrizal, fangal, lodazal, lodazar, lenagal, atolladero, barrero.

CENCELLADA.—rocío, escarcha, escarche, sereno, cencío.

CENCEÑO.—enjuto, delgado, flaco, magro, carniseco, cimbreño.

CENCERRO.—cencerra, zumba, changarra, bozal, changarro.

CENOBITA.—anacoreta, eremita, monje, solitario, ermitaño.

CENSO.—padrón, tributo, gravamen, carga, impuesto, contribución, capitación, obligación, pensión, contrato, censal, canon.

CENSOR.—magistrado, murmurador, crítico, criticón, corrector, dictaminador, examinador, censurador, censurante, censorino.

CENSURA.—examen, juicio, reprobación, crítica, corrección, nota, vilipendio, murmuración, detracción, reproche, reparo, caloña.

CENSURAR.—corregir, criticar, vituperar, reprobar, murmurar, juzgar, atildar, tachar, borrar, notar, profazar, tildar, reconvenir.

CENTELLA.—chispa, rayo, exhalación, fucilazo, fusilazo, chiribita, charamusca, centalla.

CENTELLEAR.—brillar, chispear, relumbrar, resplandecer, relucir, centellar, fulminar, fulgurar, relampaguear, chisporrotear.

CENTELLEO.—chispeo, brillo, chisporroteo, relampagueo.

CENTINELA.—escucha, vela, guaita, vigía, rondín.

CEÑIR.—apretar, comprimir, estrechar, rodear, oprimir, cercar, ajustar, cerrar, abreviar, reducir, compendiar, fajar, receñir, enzunchar, envolver, abarcar, abarcuzar.

CEÑIRSE.—circunscribirse, amoldarse, moderarse, ajustarse, atemperarse, reducirse, concretarse, limitarse, atenerse, sujetarse, fajarse, enzuncharse, envolverse.

CEÑUDO.—ceñoso, capotudo, turnio.

CEPA.—origen, raíz, nacimiento, principio, linaje, tronco, raza, arranque, partida.

CEPO.—trampa, lazo, celada, emboscada, añagaza, asechanza, encerrona, sorpresa, ardid, cefo, losilla, orzuelo, cebo.

CEPORRO.—torpe, rudo, porro, tardo, topo, monote.

CERASTA.—víbora, cerastas, ceraste.

CERCA.—valla, seto, tapia, estacada, vallado, empalizada, barrera, palizada, muro, próximo, cercano, inmediato, limítrofe, junto, vecino, contiguo, adyacente, cercado, talanquera.

CERCANÍA.—inmediación, proximidad, alrededor, contorno, aledaño, vecindad, propincuidad.

CERCAR.—tapiar, vallar, murar, circunvalar, circuir, circundar, sitiar, asediar, acorralar, ceñir, rodear, valladear.

CERCENAR.—cortar, suprimir, acortar, abreviar, reducir, disminuir, amputar, talar, sajar, podar.

CERCIORAR.—asegurar, certificar, corroborar, afirmar, acreditar, convalidar, apoyar, revalidar.

CERCO.—sitio, asedio, marco, aureola, círculo, corro, aro, corrillo, ceño, anillo.

CERCHA.—cimbra, cerchón.

CERDO.—verraco, verriondo, verrón, guarro, marrano, cochino, puerco, sucio, desaseado, gorrino, gocho, cocho, tunco, chancho.

CERECEDA.—cerezal, cerezo.

CEREMONIA.—pompa, aparato, solemnidad, ceremonial, gala, celebración.

CERIBALLO.—rastro, huella, vestigio.

CERNER.—observar, examinar, purificar, afinar.

CERNÍCALO.—ignorante, rudo, tosco, porro, topo, monote, tardo.

CERONDO.—maduro, cerollo, zorollo, ceriondo, seruendo, camuliano, hecho.

CEROTE.—miedo, temor, perturbación, espanto, pavor, canguelo, canguis, jindama.

CERRADO.—incomprensible, oculto, obscuro, torpe, incapaz, obtuso, intransigente, negado, silencioso, disimulado, nublado, cubierto, encapotado, nuboso, cercado, hermético, porro, topo, monete, tardo.

CERRAR.—acometer, arremeter. embestir, cicatrizar, atacar, tapar, cegar, obturar, obstruir, clausurar, atrancar, incomunicar, ocluir, obliterar, sellar.

CERRIL.—montaraz, cerrero, bravío, arisco, huraño, rústico, grosero, escabroso, áspero, indomado, tosco, tocho, bronco, charro, agreste.

CERRO.—montículo, montecillo, cota, altozano, espinazo, alcor, loma, cerrazón, altillo, otero, collado, colina.

CERTAMEN.—concurso, justa, suiza.

CERTERO.—diestro, acertado, seguro, sabedor, cierto, noticioso, incontrastable, axiomático, palpable.

CERTEZA.—certidumbre, evidencia, convicción, seguridad, convencimiento, verdad, autenticidad, exactitud, certinidad, certitud, indefectibilidad.

CERTIFICAR.—adverar, asegurar, afirmar, aseverar, confirmar, afianzar, responder, atestar, autentificar, refrenar, cerciorar.

CERVAL.—cervuno, cervario.

CERVIZ.—cogote, nuca, morrillo, cuello, pestorejo, cocote, cerviguillo, tozuelo, occipucio, tozo.

CESAR.—acabar, finalizar, terminar, concluir, suspender, interrumpir, cejar, ceder, dejar, ciar, vacar.

CESIÓN.—renuncia, abandono, entrega, donación, dejación, traspaso, traspasación, transmisión.

CESPITAR.—vacilar, titubear, dudar, titubar, oscilar, fluctuar.

CESTA.—cesto, cestaño, canastilla, cestilla.

CIBIACA.—parihuela, angarillas, andas.

CICATERO.—ruin, miserable, tacaño, mezquino, roñoso, avaro, agarrado, cutre, manicorto, estíptico.

CICATRIZ.—huella, señal, chirlo, botana, escara, costurón.

CICATRIZADO.—calmado, olvidado, suavizado, curado, cerrado.

CICERONE.—acompañante, guía, intérprete, guiador, baquiano, espolique, lazarillo.

CICLÓN.—huracán, torbellino, vendaval, tornado, galerna, tifón, hurivari.

CIEGO.—ofuscado, alucinado, obstruido, morcón, anublado, añublado, cegarra, cegato.

CIEMPIÉS.—barbaridad, desatino, disparate, dislate, desvarío, burrada, insensatez, desbarro, cientopiés.

CIÉNAGA.—barrizal, fangal, cenagal, lodazal, pantano, lodazar, barrero, marjal.

CIENCIA.—erudición, sabiduría, habilidad, maestría, omnisciencia, conocimiento, disciplina, facultad.

CIENO.—lodo, barro, fango.

CIERTO.—indudable, seguro, verdadero, efectivo, palmario, real, claro, manifiesto, indubitable, palpable, evidente, histórico, positivo, auténtico, incuestionable, indefectible, infalible, irrefutable, innegable, indiscutible, incontrastable, axiomático.

CIFRA.—guarismo, número, abreviatura, cantidad, monograma, suma, emblema, alguarismo.

CIFRAR. — reducir, compendiar, resumir, abreviar, limitar.

CIGALA.—cigalo, cigallo.

CILANCO.—charco, charca, aguachar, chilanco, charcal.

CIMA.—cumbre, cúspide, vértice, fin, término, terminación, culmen, corona.

CIMBORRIO.—cúpula.

CIMENTAR.—fundar, edificar, establecer, instituir, fundamentar.

CIMIENTO.—principio, raíz, origen, fundamento, base, nacimiento, partida, arranque.

CINCHAR.—ceñir, fajar, envolver, rodear, circundar.

CINCELAR.—labrar, grabar, esculpir, budear.

CÍNICO.—procaz, impúdico, descarado, sucio, desvergonzado, desaseado, desaliñado, inverecundo, descocado, desfachatado, fresco.

CINISMO.—procacidad, impudicia, impudicicia, impudencia, desvergüenza, descaro, desfachatez, contumelia, impudor, inverecundia.

CINTA.—balduque, cintilla, trencilla, galón, sardineta, orla, filete, película, tira, banda, encaje, ribete.

CINTURÓN.—cinto, correa, pretina, ceñidor, tirador, cincha, tahalí.

CIPARISO.—ciprés.

CIRCUIR.—rodear, cercar, circunvalar, circundar, valladear, envolver.

CIRCUITO.—contorno, recinto, dintorno, corona.

CIRCULAR.—pasar, transitar, andar, pasear, deambular, caminar, discurrir, zarcear, pernear, amblar.

CÍRCULO.—casino, sociedad, centro, club, circunferencia, circuito, cerro, cerco, redondel, redondón, rolde, aro, anillo.

CIRCUNLOQUIO.—rodeo, ambages, paráfrasis, circunlocución, perisología.

CIRCUNSCRIBIR.—limitar, restringir, concretar, ceñir, amoldar, ajustar, reducir, confinar, circundar, cercar, circunferir, delimitar.

CIRCUNSCRIPCIÓN.—demarcación, división, distrito, barrio, zona, restricción, acotación.

CIRCUNSPECCIÓN. — prudencia, seriedad, cordura, decoro, mesura, gravedad, cautela, reserva, discreción, atención, sensatez, juicio, formalidad, eutrapelia, comedimiento, compostura.

CIRCUNSPECTO.—grave, reservado, serio,

prudente, discreto, cauteloso, cuerdo, mesurado, moderado, eutrapélico, comedido, parco.

CIRCUNSTANCIA.—calidad, requisito, accidente, causa, particularidad, medio, ambiente, detalle, pormenor.

CIRCUNSTANTE. — presente, concurrente, asistente, espectador, testigo, ubicuo, presencial.

CIRCUNVALAR.—circundar, cercar, rodear, circuir, ceñir, envolver, sitiar.

CIRCUNVECINO.—próximo, contiguo, inmediato, cercano, vecino, propincuo, adyacente, citerior.

CISCO.—alboroto, pelotera, altercado, pendencia, riña, zambra, zipizape, bullicio, reyerta, jarana, disputa, batahola, batiburrillo, zapatiesta.

CISMA.—desavenencia, discordia, escisión, rompimiento, división, disensión, separación.

CISTERNA.—depósito, cacimba, aljibe.

CISURA.—incisión, cisión, corte, separación, rotura, hendidura.

CITAR.—emplazar, avisar, convocar, aludir, apalabrar, nombrar, mencionar, anotar, transcribir, enumerar, chistar, chitar, muñir.

CITISO.—codeso.

CITOTE.—intimación, orden, mandato, imposición, compelimiento, coerción, apremio.

CIUDAD.—población, capital, localidad, urbe, emporio.

CIUDADANO.—vecino, habitante, residente, quirite, cívico.

CÍVICO.—civil, ciudadano, patriótico, doméstico, casero, domiciliario, urbano.

CIVIL.—ciudadano, cívico, urbano, político, sociable, cortés, atento, afable, seglar, laico, conciudadano, metropolitano.

CIVILIDAD.—sociabilidad, cortesía, urbanidad, afabilidad, atención.

CIVILIZACIÓN.—progreso, ilustración, estudio, instrucción, cultura, educación, adelanto, mejora.

CIVILIZARSE.—ilustrarse, refinarse.

CIZAÑA.—discordia, enemistad, disensión, desavenencia, desconcordia, disenso, divergencia.

CLAMAR.—llamar, gritar, invocar, pedir, reclamar, implorar, rogar, suplicar, gemir, exclamar, ayear, gimotear, murmurar.

CLAMOR.—lamentación, grito, queja, gemido, lamento, plañido, querella, gimoteo, cojijo, clamoreada.

CLAN.—tribu, familia.

CLANDESTINO.—oculto, secreto, subrepticio, ilegal, prohibido, encubridizo, encubierto.

CLARAMENTE. — abiertamente, manifiestamente, notoriamente, patentemente, paladinamente, públicamente, palmariamente, rotundamente, descarnadamente, exentamente.

CLAREAR.—amanecer, alborear, alborecer, translucir, clarecer, transparentarse, albear, aclarecer, clarar, desentrañar.

CLARIDAD.—franqueza, luz, sinceridad, lisura, clareza, lucidez, perspicuidad, claror.

CLARIFICAR.—iluminar, alumbrar, aclarar, limpiar, purgar, esclarecer, abrillantar, clarear.

CLARO.—cristalino, limpio, transparente, diáfano, terso, puro, cierto, indubitable, evidente, palpable, patente, manifiesto, visible, inteligible, comprensible, legible, agudo, despierto, perspicaz, vivo, despejado, sereno, insigne, ilustre, espacio, hueco, intermedio, intervalo, alumbrado, iluminado, claroscuro.

CLASE.—categoría, condición, género, tipo, variedad, grado, calidad, lección, cátedra, aula, índole, naturaleza, cualidad.

CLASIFICAR.—ordenar, separar, catalogar, individuar.

CLAUDICAR.—transigir, someterse, cojear, flaquear, ceder.

CLÁUSULA.—disposición, artículo, condición, período.

CLAUSURA.—encierro, cierre, terminación, aislamiento, incomunicación.

CLAVA.—porra, cachiporra, maza, tranca, carlanca, trangallo.

CLAVADO.—puntual, exacto, fijo, adecuado, proporcionado, pintiparado.

CLAVAR.—fijar, poner, parar, introducir, hincar, plantar, hundir, engastar, asegurar, engañar, enclavar, clavetear.

CLAVE.—cifra, secreto, quid, compendio, emblema, elucidario, dilucidario.

CLEMENCIA.—piedad, indulgencia, misericordia, benignidad, endolencia, condescendencia, compasión.

CLEMENTE.—piadoso, benigno, misericordioso, indulgente, condescendiente, compasivo.

CLERIZÓN.—monacillo, monaguillo, acólito.

CLIENTE.—parroquiano, comprador, feligrés.

CLISTER.—crister, ayuda, lavativa.

CLOACA.—sumidero, alcantarilla, albañal, arbollón, arbellón, gavia, despidida.

CLUB.—sociedad, casino, círculo, asociación, junta, asamblea, agrupación.

COACCIÓN.—coerción, compulsión, apremio, constreñimiento.

COADJUTOR.—ayudante, vicario, coadyutor, coadyuvante, cooperador, colaborador, cooperario.

COADUNAR.—unir, mezclar, aunar, incorporar, conglomerar, agregar, anexar.

COADYUVAR.—contribuir, asistir, cooperar, ayudar, secundar, auxiliar, conllevar, concomitar.

COAGULAR.—cuajar, espesar, solidificar, espesar, solidar, macizar, aterronar.

COÁGULO.—cuajarón, grumo, terrón, masa.

COALICIÓN. — confederación, unión, liga, alianza, federación, asociación, consorcio.

COALICIONARSE.—coligarse, unirse, federarse, juntarse, aliarse, confederarse, asociarse, ligarse.

COAPTAR.—adaptar, acomodar, adecuar, conformar.

COARTAR.—limitar, restringir, sujetar, contener, refrenar, reprimir, cohibir, coercer, tasar, acotar, circunscribir, circunferir.

COAUTOR.—colaborador, cómplice, cooperario.

COBARDE.—collón, miedoso, tímido, pusilánime, apocado, medroso, encogido, irresoluto, gallina, temeroso, timorato, temiente, asustadizo.

COBARDÍA.—miedo, apocamiento, timidez, pusilanimidad, irresolución, temor, collonería, cerote, jindama, canguelo, canguis.

COBERTERA.—cubierta, cobertura, alcahueta, celestina, tercera.

COBERTIZO.—tejado, tinglado, tapadizo, tejavana, porche, soportal.

COBERTOR. — colcha, cobertura, frazada, manta, tamba, edredón, vellida, alhamar.

COBIJAR.—albergar, cubrir, tapar, amparar, cubijar, encobijar, enmantar.

COBIJARSE.—guarecerse, albergarse, ampararse, refugiarse, cubrirse, tapujarse, arroparse.

COBIJO.—hospedaje, albergue, cobijamiento, amparo, protección, asilo, hospedamiento, cobija.

COBRAR.—recaudar, recibir, percibir, adquirir, recuperar, embolsar, recoger, colectar, exigir, montazgar, portazgar, amontazgar.

COCCÍNEO.—purpúreo, purpurino, carmíneo.

COCIDO.—pote, olla, puchero, ajiaco, puchera.

COCO.—cuco, bu, camuñas, estantigua, adefesio.

CÓCORA.—impertinente, importuno, molesto, fastidioso, majadero, cargante, chinchoso, cargoso, cochambrero, sórdido, inmundo.

COCHAMBROSO.—sucio, maloliente.

COCHE.—vehículo, carruaje, carricoche.

COCHINERÍA.—suciedad, porquería, guarrería, inmundicia, grosería, cochinada, marranada, gorrinería.

COCHINO.—adán, sucio, desaseado, descuidado, desaliñado, puerco, gorrino, marrano, cerdo, guarro, verraco, lechón, verrón, mugriento, sórdido, chancho, merdoso, jifero.

COCHIQUERA.—cochitril, pocilga, establo.

CODEARSE.—relacionarse, tratarse, rozarse, familiarizarse.

CODICIA.—avaricia, avidez, ambición, ansia, apetencia, egoísmo, mezquindad, ausión, anhelación, afán.

CODICIAR.—ambicionar, anhelar, ansiar, desear, apetecer, querer, envidiar, abarcuzar.

CODICIOSO.—hacendoso, laborioso, trabajador, afanoso, avariento, ávido, avaro, avaricioso, ansioso, codiciador, codiciante, miserable, mezquino.

COERCER.—sujetar, reprimir, contener, cohibir, coartar, limitar, refrenar, restringir, dominar, comprimir, domar.

COETÁNEO.—contemporáneo, coevo, coexistente.

COFAINA.—jofaina, ajofaina, aljofaina, aljáfana, lavamanos, aguamanil, palangana.

COFRADÍA.—hermandad, gremio, compañía, asociación, congregación, sacramental, refugio.

COFRE.—arca, baúl, caja, escriño, arqueta, arquetón, arquimesa.

COGER.—agarrar, asir, sujetar, atrapar, pillar, pescar, prender, capturar, tomar, empuñar, sorprender, sobrevenir, ocupar, caber, recoger, recolectar, hallar, encontrar, captar, aprehender, agafar, atarazar, apañar.

COGITABUNDO. — meditabundo, pensativo, reflexivo, ensimismado, abstraído, cogitativo, contemplativo.

COGNACIÓN. — parentesco, consanguinidad, agnación.

COGOLLO.—renuevo, brote, brota, raijo, vástago, pimpollo.

COHECHAR.—sobornar, comprar, corromper, untar, dadivar.

COHÉN.—hechicero, agorero, adivino, alcahuete, agorador, zahorí, nigromante, augur.

COHERENCIA.—conexión, cohesión, enlace, unión, relación, conformidad, adaptación, analogía, ilación, afinidad, correspondencia, armonía.

COHERENTE.—adaptado, conforme, aferente, conexo, atinente.

COHESIÓN.—adherencia, unión, enlace, conexión, consistencia, adaptación, relación, coherencia.

COHIBIR.—refrenar, reprimir, contener, sujetar, coartar, restringir, comprimir, dominar.

COHONESTAR.—encubrir, disimular, disculpar, disfrazar, desfigurar, embozar.

COIMA.—manceba, concubina, barragana.

COINCIDIR.—concordar, convenir, cuadrar, acordar, casar, ajustar.

COINQUINAR.—manchar, ensuciar, macular, emporcar, pringar, enmugrar.

COINQUINARSE. — ensuciarse, deslustrarse, mancillarse, mancharse, emporcarse, pringarse.

COJIJO.—bicho, sabandija, desazón, queja, disgusto, sabandijuela, bicharraco, inquietud.

COJO.—perniquebrado, caudín, rengo, renco, paticojo, cojitranco.

COLA.—rabo, extremidad, apéndice, hopo.

COLABORAR.—ayudar, participar, cooperar, contribuir, concurrir, coadyuvar, auxiliar, secundar, apoyar, conllevar.

COLACIÓN. — refacción, cotejo, confrontación, refección, collación, refrigerio.

COLAR.—filtrar, pasar, destilar, cribar, purificar.

COLECCIÓN.—serie, surtido, grupo, conjunto, depósito, compilación, selección, antología, florilegio, crestomatía, excerta, excerpta, floresta, espicilegio.

COLECCIONAR.—seleccionar, reunir, conjuntar, compilar, agrupar, acopiar, copilar, colegir.

COLECTA.—cuestación, colectación, recaudación suscripción, recaudamiento, colectación, recolección.

COLECTOR. — coleccionista, coleccionador, cobrador, recaudador, perceptor, caño, canal, compilador, copilador, recopilador.

COLEGIR.—inferir, juzgar, deducir, juntar, reunir, recoger, educir, concluir.

CÓLERA.—bilis, ira, enojo, enfado, irritación, exasperación, rabia, saña, furor, furia, coraje, indignación, iracundia.

COLÉRICO.—iracundo, encolerizado, rabioso, irritado, enfurecido, furioso, enfadado, excitado, exasperado, indignado, enojado, sañudo, violento, irritable, irascible, corajudo, furibundo, enfierecido.

COLGADO.—suspendido, burlado, pendiente, frustrado, chasqueado, suspenso.

COLGANTE.—colgandero, pendiente, colgadizo, colgante, suspenso.

COLGAR.—ahorcar, pender, suspender, tender, achacar, imputar, atribuir.

COLIGACIÓN.—unión, trabazón, ligazón, enlace, coligadura, coligamiento, coalición, asociación, alianza, confederación.

COLIGADO.—unido, confederado, aliado, asociado, ligado, confiado, federado.

COLIGARSE.—aliarse, asociarse, confederarse, ligarse, unirse, juntarse, federarse.

COLINA.—collado, otero, loma, cota, altozano, elevación, alcor, cerro, altura, eminencia, altillo, cerrejón, promontorio, alcudia.

COLINDANTE.—contiguo, lindante, confinante, vecino, inmediato, adyacente, limítrofe, medianero, coso.

COLISEO.—circo, teatro.

COLISIÓN. — choque, rozadura, oposición, pugna, luha, conflicto, combate, encuentro, encontronazo, topetazo, golpe.

COLMAR.—exceder, sobresalir, rebosar, satisfacer, llenar, atestar, abarrotar, atiborrar, saturar.

COLMO.—complemento, plenitud, exceso, remate, punta, acertijo, conclusión, límite, perfección.

COLOCACIÓN. — acomodo, empleo, ocupación, cargo, destino, puesto, plaza, postura, posición, estado.

COLOCAR.—situar, poner, emplear, ocupar, destinar, encasillar, disponer, ubicar, acomodar, adaptar, instalar.

COLOCHO.—viruta, rizo, tirabuzón, bucle.

COLONO.—arrendatario, inquilino, cultivador, labrador, inmigrante, colonizador, inmigrado.

COLOQUIO. — plática, conferencia, diálogo, conversación, charla, garla, palique.

COLOSAL.—extraordinario, inmenso, estupendo, enorme, gigantesco, grandioso, piramidal, titánico, formidable, descomunal, fenomenal, ingente.

COLUMBRAR.—vislumbrar, divisar, percibir, distinguir, entrever, sospechar, rastrear, conjeturar, adivinar, avistar, descubrir, alufrar.

COLUMNA.—pilastra, pilar, coluna, balaustre.

COLUMPIAR.—balancear, mecer.

COLLADO.—cerro, colina, alcor, otero, eminencia, loma, altozano, cota, altillo, cerrejón, aicudia, promontorio.

COLLAR.—gargantilla, collarín, collera, carlanca, collarejo, insignia, condecoración, torques, torce, cuello.

COLLÓN. — cobarde, pusilánime, medroso, miedoso, apocado, timorato, acollonado, temeroso.

COMADRE.—comadrona, partera, matrona, celestina, alcahueta, vecina, amiga, confidente, tercera, cobertera, cobejera, corredera.

COMADREAR.—murmurar, chismear, alcahuetear, enredar, cotillear, echacorvear, rufianear.

COMADRERO.—chismoso, holgazán, entrometido, cotilla, correvedile, cohen.

COMARCANO.—cercano, próximo, circunvecino, confinante, inmediato, contiguo, vecino, limítrofe, adyacente, lindante.

COMBAR.—torcer, alabear, arquear, curvar, encorvar, acorvar, incurvar, acombar.

COMBATE.—batalla, pelea, lucha, duelo, querella, pugilato, colisión, liza, lidia, refriega, acción, riña, justa, torneo, lid.

COMBATIENTE. — contendiente, batallador, soldado, duelista, luchador, púgil, lidiador, guerrero, guerreador, beligerante, combatidor.

COMBATIR.—luchar, pelear, reñir, acometer, batir, embestir, lidiar, guerrear, batallar, impugnar, refutar, contradecir, contender, atacar, justar, tornear.

COMBINAR.—componer, mezclar, reunir, hermanar, unir, juntar, disponer, arreglar, organizar, ajustar, compaginar.

COMBUSTIÓN.—incendio, incineración, ignición, inflamación.

COMBUSTO.—quemado, abrasado, ardido, incendiado, incinerado.

COMEDERO.—comedor, pesebre, dornajo, refectorio, tineto.

COMEDIANTE.—actor, artista, cómico, histrión, farsante, pantomimo, representante.

COMEDIAR.—promediar, igualar.

COMEDIDO.—atento, cortés, circunspecto, discreto, prudente, mesurado, urbano, moderado, eutrapélico, templado, contenido, modoso.

COMEDIMIENTO.—cortesía, urbanidad, política, cortesanía, moderación, discreción, circunspección, mesura, prudencia, eutrapelia, compostura, morigeración.

COMENSAL.—huésped, invitado.

COMENTAR.—glosar, explicar, interpretar, escoliar, apostillar, postillar.

COMENTARIO.—comento, explicación, interpretación, glosa, escolio, apostilla, postilla.

COMENZAR.—principiar, empezar, emprender, entablar, inaugurar, estrenar, iniciar, encabezar, fundar, promover.

COMER.—yantar, tragar, devorar, engullir, ingurgitar, manducar, consumir, gastar, dilapidar, derrochar, acabar, disipar, corroer, jalar, jamar.

COMERCIABLE.—negociable, sociable, afable, tratable, accesible, cordial, campechano.

COMERCIAR.—traficar, especular, negociar, tratar, comprar, vender, trafagar, mercadear, contratar.

COMERCIO.—tráfico, negociación, negocio, especulación, tienda, establecimiento, bazar, almacén, depósito, trato, traficación, transacción.

COMETIDO.—comisión, encargo, encomienda, obligación, misión, mandado, encomendamiento, servicio.

COMETIMIENTO.—acometimiento, acometida, embate, arremetimiento.

COMEZÓN.—picazón, prurito, desazón, picor, quemazón, escocimiento, hormiguillo, concomio.

COMICIOS. — asamblea, reunión, conclave, concilio.

CÓMICO.—divertido, risible, gracioso, festivo, jocoso, comediante, bufo, actor, artista, histrión, farsante, representante.

COMIDA.—pitanza, alimento, condumio, bodrio, manducatoria, manduca, bucólica, sustento, subsistencia, yantar.

COMIENZO.—principio, nacimiento, origen, raíz, partida, entrada, preludio, prólogo, preámbulo, introducción, arranque, apertura, iniciación, inauguración, base, estreno, fundación.

COMINILLO.—desasosiego, inquietud, desazón.

COMISIÓN.—cometido, mandato, encargo, encomienda, mensaje, poder, delegación, embajada, diputación, corretaje, estipendio, correduría, junta, comité, encomendamiento, servicio, mandado, misión.

COMITIVA.—séquito, corte, acompañamiento, cortejo.

COMODIDAD.—bienestar, desahogo, regalo, conveniencia, ventaja, coyuntura, ocasión, utilidad, provecho, interés, facilidad, acomodamiento, oportunidad, prosperidad.

CÓMODO.—conveniente, favorable, oportuno, fácil, agradable, útil, provechoso, proporcionado, confortable, descansado, acomodado.

COMPACTO.—tupido, sólido, trabado, firme, denso, apretado, macizo, espeso, amazacotado, impenetrable.

COMPADECERSE.—condolerse, dolerse, apiadarse, armonizarse, compaginarse, contristarse, compungirse, ablandarse.

COMPAGINAR.—ajustar, ordenar, proporcionar, armonizar, disponer, arreglar, componer.

COMPAÑERO.—camarada, amigo, compinche, condiscípulo, colega, socio, acompañante, compadre, cómplice, convoyante, acompañador.

COMPAÑÓN.—teste, testículo, dídimo, turma, criadilla.

COMPARACIÓN. — comparanza, confrontación, parangón, cortejo, colación, compulsa, paragón. paralelo.

COMPARAR.—cotejar, parangonar, confrontar, paragonar, parcar, paralelar.

COMPARSA.—estudiantina, acompañamiento, tuna.

COMPARTIR.—repartir, dividir, partir, distribuir, dosificar, impartir, alijarar.

COMPÁS.—medida, norma, regla, pauta, ritmo, brújula, aguja, territorio, atrio, resorte, tamaño.

COMPASADO.—arreglado, cuerdo, ajustado, proporcionado.

COMPASAR.—medir, arreglar, ajustar, disponer, proporcionar, acordar.

COMPASIÓN.—lástima, piedad, misericordia, conmiseración, miseración, clemencia, condolencia.

COMPATIBLE.—coexistente, coincidente.
COMPATRIOTA.—compatricio, paisano, conterráneo, conciudadano, coterráneo, connacional.
COMPELER.—impulsar, forzar, impeler, estimular, excitar, obligar, coartar, compelir, constreñir.
COMPENDIAR.—abreviar, resumir, reducir, recapitular, compendizar, aligerar, concretar, epilogar, sincopar, simbolizar, substanciar, condensar.
COMPENDIO.—resumen, recopilación, reducción, recapitulación, epítome, prontuario, manual, sumario, vademécum, venimécum, perioca, epilogación, excerpta, sinopsis, fundamentos, elementos, rudimentos.
COMPENDIOSO.—conciso, breve, lacónico, reducido, sucinto, abreviado, preciso, concreto, somero, restricto, lacón, resumido.
COMPENSACIÓN.—equivalencia, indemnización, sarcimiento, equilibrio, correspondencia, rescuentro, contrapeso, contrarresto.
COMPENSAR.—indemnizar, resarcir, equivaler, igualar, equilibrar, nivelar, restablecer, contrabalancear, contrarrestar, reservar.
COMPETENCIA.—obligación, jurisdicción, suficiencia, incumbencia, idoneidad, disposición, aptitud, habilidad, capacidad, disputa, discusión, elegibilidad, personería, oposición, rivalidad, lucha, contienda, autoridad, concurrencia.
COMPETENTE.—capaz, apto, dispuesto, entendido, idóneo, hábil, docto, calificado, habilitador, aparejado, suficiente, proporcionado, adecuado, oportuno, convincente, bastante, debido.
COMPETER.—pertenecer, incumbir, concernir, tocar, corresponder.
COMPETICIÓN.—lucha, competencia, pugna, emolución, rivalidad, contienda, oposición, antagonismo, contención.
COMPETIDOR.—rival, émulo, contrario, adversario, contendiente, enemigo, antagonista, contrincante, emulador.
COMPETIR.—contender, rivalizar, luchar, disputar, emular.
COMPILACIÓN.—colección, antología, florilegio, floresta, centón, recolección, acopio, reunión, agrupación, agrupamiento, recopilación, epicilegio, silva, excerta, repertorio.
COMPILAR.—allegar, coleccionar, recoger, reunir, juntar, acopiar, agrupar, copilar, recopilar, colegir, enlegajar.
COMPINCHE.—amigo, camarada, compadre, compañero, compañón, acompañante, cómplice.
COMPLACENCIA.—alegría, satisfacción, contento, placer, gusto, agrado, gozo, contentamiento.
COMPLACER.—acceder, satisfacer, condescender, contentar, deferir.
COMPLACIDO.—contento, alegre, satisfecho, gustoso, gozoso, contentado.
COMPLEJIDAD. — involucración, complicación.
COMPLEJO.—complicado, complexo, difícil, dificultoso, enredado, embarazoso, espinoso, intrincado, múltiple, conjunto.
COMPLEMENTO. — suplemento, perfección, continuación, remate, colmo, aditamento, adición.
COMPLETAR.—integrar, componer, llenar, acabalar, colmar, suplir.
COMPLETIVO. — complementario, sinóptico, adicional, accesorio.
COMPLETO.—perfecto, cabal, entero, íntegro, acabado, exacto, justo, indemne, enterizo, integérrimo, consumado, cumplido.
COMPLEXIÓN.—constitución, temperamento, naturaleza, estructura.
COMPLICACIÓN.—dificultad, obstáculo, tropiezo, entorpecimiento, enredo, lío, embarazo, laberinto, confusión, embrollo, mezcla, concurrencia, galimatías, ciempiés, barahúnda, intriga. (V. **Complejidad.**)
COMPLICADO.—difícil, complejo, dificultoso, enredado, embarazoso, enredoso, enrevesado, obscuro, escabroso, embrollado.
COMPLICAR.—enredar, dificultar, entorpecer, embrollar, enmarañar, mezclar, empeorar, agravar, obstaculizar, liar.
COMPLICARSE.—comprometerse, enzarzarse, enredarse, liarse.
CÓMPLICE.—encubridor, coautor, colaborador, compinche.
COMPLICIDAD.—confabulación, connivencia, encubrimiento, complot, aconchabamiento, conchabanza.
COMPLOT.—trama, confabulación, intriga, conjuración, conspiración, maquinación, gatuperio.
COMPONEDOR.—combinador, armador, compositor.
COMPONENDA.—arreglo, compadrazgo, remiendo, compostura, chanchullo, enjuague.
COMPONER.—arreglar, remendar, reparar, rehacer, aderezar, acomodar, ataviar, engalanar, adornar, embellecer, acicalar, constituir, asear, formar, reconciliar, concordar, ordenar, concertar, moderar, templar, corregir, reforzar, restaurar, restablecer, sumar, confeccionar, compaginar, integrar.
COMPORTABLE.—tolerable, soportable, llevadero.
COMPORTAMIENTO.—comporte, proceder, conducta, porte.
COMPORTAR. — soportar, sufrir, tolerar, aguantar.
COMPORTARSE.—conducirse, portarse.
COMPOSTURA.—arreglo, remiendo, reparación, reparo, restauración, aseo, aliño, adorno, atavío, modestia, moderación, mesura, decoro, prudencia, decencia, recato, circunspección, ajuste, convenio, trato, pacto, transacción, compaginación, textura, contextura, artificio.
COMPRAR.—mercar, adquirir, feriar, sobornar, corromper.
COMPRENDER.—entender, alcanzar, conocer, aprehender, percibir, penetrar, contener, incluir, encerrar, abrazar, ceñir, rodear, abarcar, entrañar, concebir, adivinar, integrar.
COMPRENSIÓN.—inteligencia, agudeza, penetración, perspicacia, alcances, talento, condescendencia, intelección, criticismo, apercepción.
COMPRIMIR.—apretar, oprimir, prensar, estrujar, apisonar, aplastar, apretujar, aprensar, constreñir, astriñir, reprimir, refrenar, contener, frenar.
COMPRIMIRSE.—reprimirse, sujetarse, refrenarse, dominarse, frenarse.
COMPROBACIÓN.—cotejo, verificación, compulsación, examen, careo, probación, prueba, argumento.
COMPROBAR.—patentizar, verificar, manifestar, evidenciar, confirmar, compulsar, cotejar, probar, acreditar.
COMPROMISO.—conflicto, delegación, ofrecimiento, riesgo, dificultad, apuro, aprieto, deber, embarazo, empeño, obligación, pacto, convenio.
COMPUESTO.—doble, mixto, mezclado, agre-

gado, composición, mezcla, mixtura, mezcolanza, arreglado, emperejilado, ataviado, engalanado, endomingado, aseado, aliñado, mesurado, circunspecto.

COMPULSAR.—comparar, cotejar, confrontar.

COMPUNCIÓN.—sentimiento, compasión, lástima, piedad, pesar, dolor, contrición, atrición, arrepentimiento.

COMPUNGIDO.—arrepentido, atribulado, afligido, contrito, lloroso, triste, pesaroso, quejumbroso, triste, cariacontecido, dolorido, dolido, apenado.

COMPUTAR.—comprobar, calcular, contar.

CÓMPUTO.—computación, cálculo, cuenta, totalidad, total.

COMÚN.—exotérico, corriente, vulgar, ordinario, general, colectivo, sabido, conocido, sobado, frecuente, usual, trillado, habitual, trivial, bajo, despreciable, retrete, excusado, vecindario, comunal.

COMUNERO.—popular, franco, campechano, llano, afable.

COMUNICABLE.—sociable, tratable, comunicativo.

COMUNICACIÓN.—comunicado, escrito, oficio, trato, relación, correspondencia, unión, paso, contacto.

COMUNICAR.—avisar, anunciar, manifestar, notificar, participar, noticiar, conversar, tratar, consultar, pegar, contagiar, contaminar, transmitir, informar, propagar, difundir, contar.

COMUNICATIVO.—sociable, afable, tratable, expansivo, accesible, accesivo, comunicable.

COMUNIDAD. — congregación, corporación, asociación, entidad, vecindario.

COMUNIÓN.—congregación, trato, sacramento, participación, unión, Eucaristía.

COMÚNMENTE.—corrientemente, ordinariamente, frecuentemente, a menudo, con frecuencia, por lo general.

CONATO.—intento, empeño, intención, esfuerzo, tentativa, amago, propósito, tendencia, propensión, inclinación, designio, diligencia.

CÓNCAVO.—concavidad, cóncava.

CONCEBIR.—entender, comprender, crear, imaginar, pensar, proyectar, idear, inventar.

CONCEDER.—asentir, otorgar, dar, conferir, acordar, convenir, admitir, ceder, entregar.

CONCEJO.—Ayuntamiento.

CONCEPTO.—idea, pensamiento, sentencia, agudeza, ingeniosidad, noción, conocimiento, juicio, opinión, crédito, fama, reputación.

CONCERNIENTE.—relativo, referente, tocante, respecto, perteneciente, correlativo, aferente, atañedero, condicionado.

CONCERNIR.—pertenecer, tocar, atañer, corresponder, compeler, respetar, connotar.

CONCERTAR.—ordenar, componer, arreglar, tratar, convenir, conciliar, concordar, pactar, acordar, ajustar, cotejar, apalabrar, contratar, afinar.

CONCESIÓN.—licencia, gracia, permiso, privilegio, cesión, exclusiva, beneficio, otorgamiento, favor.

CONCIENCIA. — personalidad, apercepción, persona, alma, interior.

CONCIERTO.—pacto, ajuste, acuerdo, trato, convenio, inteligencia, orden, armonía.

CONCILIÁBULO.—concilio, junta, conversación, complot, conjuración, conspiración, maquinación, intriga, asamblea.

CONCILIACIÓN.—conformidad, ajuste, protección.

CONCILIAR.—armonizar, ajustar, bienquistar, amistar, concertar, alvar, reconciliar, concordar, granjear, aprelado, padre, legado.

CONCILIARSE.—avenirse, granjearse, reconciliarse, amistarse, bienquistarse, atraerse, ganarse, armonizarse, conformarse.

CONCILIO.—congreso, junta, sínodo, esquema, canon, indicción, asamblea, dogma.

CONCISIÓN.—precisión, laconismo, abreviatura.

CONCISO.—breve, corto, compendioso, lacónico, sobrio, sucinto, somero, abreviado.

CONCITAR.—excitar, instigar, provocar, incitar, hostigar.

CONCIUDADANO. — compatriota, paisano, compatricio.

CONCLUIR.—acabar, terminar, finalizar, determinar, rematar, decidir, resolver, agotar, consumir, apurar, gastar, inferir, deducir, persuadir, convencer, vencer.

CONCLUSIÓN.—final, fin, término, resultado, consecuencia, decisión, deducción, resolución, proposición.

CONCLUYENTE.—decisivo, convincente, irrebatible, terminante, aplastante, indiscutible, categórico, definitivo.

CONCORDANCIA.—conformidad, correspondencia, proporción, armonía, acuerdo concierto, ajuste, afinación.

CONCORDIA.—paz, unión, armonía, inteligencia, conformidad, arreglo, ajuste, convenio, acuerdo, concierto.

CONCRETAR.—resumir, abreviar, combinar, concordar, compendiar.

CONCRETARSE.—limitarse, ceñirse, reducirse, atenerse.

CONCUBINA.—amiga, manceba, coima, querindanga, amante, querida, mantenida, barragana, combleza, amasia, daifa.

CONCUBINATO.—concubinismo, amancebamiento, amontonamiento, barraganería, apaño, arreglo, lío, amasiato, germanía.

CONCULCAR.—hollar, atropellar, despreciar, pisotear, infringir, vulnerar, herir.

CONCUPISCENCIA.—avidez, codicia, avaricia, apetito, lujuria, apetencia, incontinencia, liviandad, sensualidad.

CONCUPISCENTE. — incontinente, sensual, concupiscible, anheloso, ávido.

CONCURRENCIA.—espectadores, concurso, auditorio, asistentes, público, competencia, rivalidad, asistencia, ayuda, apoyo, multitud, muchedumbre, allegamiento, conjunto, tropa, turba, agolpamiento, gentío, jubileo, senado, hormiguero.

CONCURRENTE. — asistente, espectador, oyente.

CONCURRIR.—presenciar, asistir, coincidir, converger, contribuir, confluir, ayudar, cooperar, reunir, juntar, acudir, frecuentar.

CONCURSO.—asistencia, auxilio, ayuda, intervención, cooperación, apoyo, oposición, certamen. (V. **Concurrente.**)

CONCUSIÓN.—sacudida, delito.

CONCHABAR.—unir, juntar, asociar, mezclar, contratar, confabular.

CONCHUDO.—sagaz, avispado, astuto, cauteloso, conchado, concoideo, conquiforme.

CONDECENTE.—conveniente, acomodado.

CONDENA.—sentencia, reprobación, desaprobación, castigo, censura, sentención.

CONDENAR.—sentenciar, reprobar, desaprobar, castigar, fulminar, ejecutorizar, censurar, cerrar, tabicar, tapar, tapiar.

CONDENSAR.—reducir, resumir, disminuir, compendiar, espesar, concentrar, adensar.

CONDESAR.—economizar, ahorrar.

CONDESCENDENCIA.—aquiescencia, consentimiento, anuencia, beneplácito, transigencia, avenencia, complacencia, benevolencia, tolerancia, bondad, indulgencia, contemporización, buidad, permisión, blandura, delicadez, deferencia.

CONDESCENDER.—deferir, contemporizar, temporizar, transigir, conceder, ceder, acceder.

CONDICIÓN.—índole, carácter, genio, natural, propiedad, naturaleza, estado, clase, categoría, situación, posición, cualidad, calidad, cláusula, regla, requisito, obligación, estipulación, restricción, disposición, circunstancia, particularidad, formalidad, requilorio, condicionalidad, arrequives, adimplemento.

CONDICIONADO.—acondicionado, condicional.

CONDIMENTAR.—guisar, sazonar, aderezar, adobar, cocinar, cundir, aliñar, salpimentar, especiar, azafranar, escabechar, salar.

CONDONAR.—perdonar, remitir.

CONDUCENTE.—conveniente, útil, procedente.

CONDUCIR.—llevar, transportar trasladar, transferir, transbordar, acarrear, dirigir, guiar, acompañar, encaminar, administrar, gobernar, regir, ajustar, concertar, convenir.

CONDUCIRSE.—comportarse, manejarse, portarse, gobernarse.

CONDUCTA.—proceder, comportamiento, porte, gobierno, mando, dirección, ajuste, convenio. iguala, conducción, comporte, vida, credo, táctica.

CONDUCTIBILIDAD.—conductividad.

CONDUCTOR.—guía, cabestro, mentor, lazarillo, auriga, cochero, carretero, carrero, piloro, maquinista, timonel.

CONEJERA.—conejar, conejal, vivar.

CONEXIÓN.—relación, enlace, vínculo, ligazón, coherencia, unión, soldadura, pegadura, atadura, trabazón, encadenamiento, conexidad.

CONFABULACIÓN.—conspiración, complot, maquinación, trama, intriga, conjuración, calpul, contubernio, conchabanza, aconchabamiento, connivencia.

CONFABULARSE.—conchabarse.

CONFALÓN.—estandarte, bandera, pendón, guión, gonfalón, flámula.

CONFECCIONAR.—hacer, acabar, componer, preparar, fabricar, elaborar, formar.

CONFECTOR.—luchador, gladiador.

CONFEDERACIÓN.—alianza, coalición, liga, federación, unión, asociación, confederamiento, reunión, conjunto, convenio.

CONFEDERARSE.—unirse, ligarse, aliarse, federarse, coligarse.

CONFERENCIAR.—platicar, disertar, conversar, deliberar.

CONFERIR.—dar, conceder, otorgar, discutir, cotejar, comparar, tratar, conferenciar.

CONFESAR.—aceptar, admitir, convenir, manifestar, declarar, reconocer, decir.

CONFESO.—donado, lego.

CONFESONARIO.—confesorio.

CONFIADO.—cándido, bonachón, ingenuo, sencillo, crédulo, incauto, fiado, esperanzado, seguro, tranquilo, presumido, satisfecho, descuidado, impulsor, orgulloso, confianzudo.

CONFIANZA.—esperanza, seguridad, fe, tranquilidad, familiaridad, hoto, franqueza, llaneza, libertad, ánimo, esfuerzo, aliento, presunción, fatuidad, ánimo, entereza, vanidad, pacto, confabulación, confidencia.

CONFIAR.—esperar, encargar, encomendar, fiar, entregar, dar, dejar, depositar.

CONFIDENCIA.—confianza, revelación, comunicación, secreto.

CONFIDENTE.—espía, seguro, fiel, leal, canapé.

CONFIGURACIÓN.—forma, figura, conformación, textura, contextura, estructura, aspecto.

CONFÍN.—término, frontera, límite, divisoria, linde, lindero.

CONFINADO.—desterrado, extrañado, exiliado.

CONFINANTE.—lindante, limítrofe, colindante, fronterizo, contiguo, terminal.

CONFIRMACIÓN. — ratificación, corroboración, prueba, crédito.

CONFIRMAR.—convalidar, corroborar, revalidar, ratificar, aseverar, asegurar, probar, sancionar, afirmar, fortalecer, refirmar, nantener, acreditar.

CONFISCAR.—incautarse, decomisar, quitar, desposeer.

CONFITADO.—almibarado, amerengado, alcorzado, acaramelado, satisfecho, persuadido.

CONFITAR.—endulzar, suavizar, caramelizar, garapiñar, zarandar, amelcochar, escarchar, azucarar, almibarar.

CONFLAGRACIÓN.—incendio, perturbación, trastorno.

CONFLAGRAR.—abrasar, incendiar.

CONFLÁTIL.—fusible.

CONFLICTO.—compromiso, aprieto, dificultad, peligro, apuro, desasosiego, choque, lucha, antagonismo, conflagración.

CONFLUIR.—concurrir, acudir, converger, unir, juntar, convergir, desembocar.

CONFORMACIÓN.—forma, figura, distribución, disposición. (V. **Configuración.**)

CONFORMARSE.—avenirse, allanarse, acomodarse, prestarse, resignarse, reducirse, plegarse, someterse, amoldarse, adaptarse.

CONFORME.—igual, proporcionado, acorde, correspondiente, ajustado, simétrico, resignado, coincidente, concordado, concordante.

CONFORMIDAD. — resignación, paciencia, concordia, acuerdo, armonía, univocación, congruencia, simetría, proporción, semejanza, parecido, igualdad, correspondencia, consentimiento, aprobación, aquiescencia, asonancia, afinidad, puntualidad, conveniencia.

CONFORTAR.—animar, vivificar, aliviar, reconfortar, fortalecer, esperanzar, alentar, consolar.

CONFORTE.—confortación, confortativo, confortamiento.

CONFRONTACIÓN.—careo, cotejo, comparación, comprobación, verificación.

CONFRONTAR.—cotejar, carear, comprobar, comparar, identificar, verificar, lindar, enfrentar, alindar, confinar, congeniar.

CONFUNDIR.—involucrar, mezclar, desordenar, trastrocar, revolver, trastocar, desconcertar, desbaratar, equivocar, trabucar, perturbar, avergonzar, atontar, embobalicar, vencer, abatir, conturbar, anonadar, abochornar, turbar, humillar, aturullar.

CONFUSIÓN.—desorden, mezcla, indistinción, obscuridad, ciempiés, fárrago, babel, promiscuidad, galimatías, zuriburri, guirigay, ambigüedad, caos, mezcolanza, perturbación, revoltillo, baturrillo, revoltijo, batiborrillo, barahúnda, lío, embrollo, enredo, maraña, perplejidad, duda, desasosiego, vacilación, turbación, vergüenza, bochorno, humillación, afrenta, ignominia, abatimiento.

CONFUSO.—mezclado, revuelto, obscuro, incomprensible, dudoso, borroso, impreciso, ambiguo, complicado, denso, nebuloso, embolismático, caótico, turbio, turbado, temeroso, perplejo, indeciso, azorado, avergonzado, abochornaao, humillado.

CONFUTAR. — impugnar, rebatir, refutar, opugnar, argüir, redargüir, objetar.

CONGELACIÓN.—congelamiento, helamiento, heladura.

CONGELAR.—cuajar, helar, coagular, solidificar, garapiñar.

CONGERIE.—montón, cúmulo, acervo, hacinamiento.

CONGLOBAR.—unir, juntar.

CONGLOMERAR.—aglomerar, reunir, juntar.

CONGLUTINAR.—unir, pegar, adherir, aglutinar, encolar, soldar.

CONGOJA.—desmayo, aflicción, desvanecimiento, síncope, fatiga, inquietud, pena, desmir, conjeturar, notar, observar.

CONOCIDO.—acreditado, distinguido, bienhechor, bienquisto, popular, señalado, famoso, ilustre, reputado, renombrado, afamado, celebrado, amigo, tratado.

CONOCIMIENTO.—entendimiento, inteligencia, conocido, sentido.

CONQUISTAR.—adquirir, ganar, seducir, enamorar, persuadir, convencer, catequizar, tomar, expugnar, forzar, invadir, desencastillar.

CONSAGRACIÓN. — dedicación, bendición, ofrecimiento, entrega.

CONSAGRAR.—deificar, divinizar, ofrecer, sancionar, dedicar, bendecir, santificar, inhalar.

CONSECUCIÓN.—logro, obtención, alcance, conseguimiento, adquisición.

CONSECUENCIA.—deducción, resultado, conclusión, efecto, derivación, influencia.

CONSEGUIR.—lograr, obtener, alcanzar, sacar, adquirir, agenciar, aseguir, captar, tomar.

CONSEJA.—patraña, cuento, fábula, apólogo, relato, historieta.

CONSEJERO.—asesor, guía, mentor, magistrado, maestro, consiliario, tutor.

CONSEJO.—indicación, advertencia, monición, toque, apercibimiento, lección, acuerdo, aviso, admonición, exhortación, parecer, dictamen, excitación, instigación, inspiración, deliberación, sugerencia, discusión, reunión, asamblea, junta.

CONSENTIDO.—mimado, malcriado, cornudo, tolerante.

CONSENTIMIENTO.—permiso, autorización, permisión, aprobación, asentimiento, licencia, aquiescencia, asenso, anuencia, venia, tolerancia, autorizamiento, beneplácito, condescendencia, mimo.

CONSENTIR. — permitir, autorizar, tolerar, aguantar, sufrir, admitir, autorizar, facultar, conceder, condescender, acceder, ceder, creer, mimar, malcriar.

CONSERVACIÓN. — guarda, custodia, criamiento, manutención, protección.

CONSERVAR.—mantener, cuidar, entretener, cultivar, custodiar, retener, guardar, embalsamar, preservar, disecar.

CONSIDERABLE.—cuantioso, grande, numeroso, importante, respetable.

CONSIDERACIÓN.—aprecio, estima, estimación, afecto, cortesía, deferencia, miramiento, respeto, urbanidad, cortesanía.

CONSIDERADO.—apreciado, estimado, juzgado, respetado, respetuoso, atento, mirado, deferente, reflexivo, comedido, pensado, reflexionado.

CONSIDERAR.—pensar, reflexionar, meditar, examinar, contemplar, mirar, pesar, estimar, conceptuar, reputar, atender, aprender, imaginar.

CONSIGNAR.—destinar, designar, entregar, expedir, enviar, depositar, señalar.

CONSISTENCIA.—firmeza, duración, estabilidad, solidez, coherencia, trabazón, densidad, espesura, dureza, firmeza, cohesión, resistencia.

CONSISTIR.—estribar.

CONSISTORIO.—consejo, junta, Ayuntamiento, corporación, concejo, cabildo, Municipio.

CONSOLAR. — animar, confortar, alentar, reanimar, aliviar, calmar, endulzar, tranquilizar, alivianar, desahogar, mitigar, reconfortar, moderar.

CONSOLIDAR.—asegurar, afianzar, afirmar, fijar, solidar, fortalecer.

CÓNSONE.—cónsono, acorde, consonante.

CONSORCIO.—unión, asociación, sociedad, compañía, condominio, participación, matrimonio, casamiento.

CONSPICUO.—sobresaliente, insigne, notable, ilustre, distinguido, visible, famoso, glorioso, relevante.

CONSPIRACIÓN. — confabulación, complot, consuelo, zozobra, ansia, anhelo, angustia, tortura, tormento, tristeza, angustiamiento, amargura.

CONGRATULACIÓN.—parabién, felicitación, pláceme, enhorabuena, norabuena.

CONGRATULAR. — felicitar, cumplimentar, congraciar, compartir.

CONGRATULARSE. — felicitarse, alegrarse, congraciarse.

CONGREGACIÓN.—cofradía, comunidad, hermandad, junta, asamblea, reunión.

CONGREGAR.—juntar, unir, reunir, acabildar, convocar, agrupar.

CONGRESO. — junta, reunión, asamblea, Ayuntamiento, parlamento.

CONGRUENCIA.—conveniencia, oportunidad, congruidad, conformidad.

CONGRUENTE.—conveniente, oportuno, congruo, conforme.

CÓNICO.—coniforme, conoideo, conoidal.

CONJETURA.—suposición, hipótesis, presunción, indicio, cálculo, probabilidad, sospecha, deducción, calandrajo, asomo, atisbo, vislumbre, presunción.

CONJETURAR.—suponer, deducir, calcular, presumir, opinar, inferir, sospechar, vislumbrar, predecir, imaginar, indicar.

CONJUNCIÓN.—junta, unión, reunión.

CONJUNTAMENTE.—juntamente, simultáneamente, colectivamente, abarrisco.

CONJUNTO.—incorporado, mezclado, aliado, agregado, ligado, reunión, conglomerado, conglobación, cúmulo, panetada, agrupación, agrupamiento, conglomeración, compuesto, fusión, combinación, unido, junto, contiguo, suma, total, totalidad, montón, acervo, copia.

CONJURACIÓN. — complot, confabulación, conjura, maquinación, connivencia, juramentación, conciliábulo, intriga, conspiración, acuerdo.

CONJURAR.—tramar, conspirar, maquinar, complotar, fraguar, juramentar, convivir, coaligar, tramar, coluir, exorcizar, rogar, implorar, suplicar, pedir, impedir, evitar, alejar, remediar.

CONJURO.—imprecación, súplica, invocación, ruego, evocación, sortilegio, exorcismo.

CONLLEVAR.—sobrellevar, soportar, ayudar, resistir, aguantar, tolerar, sufrir.

CONMEMORACIÓN.—memoria, recuerdo, recordación, rememoración, remembranza.

CONMINAR.—apercibir, intimidar, amenazar, ordenar, intimar.

CONMISERACIÓN.—compasión, misericordia, piedad, lástima, miseración, caridad, clemencia.

CONMOCIÓN. — perturbación, sacudimiento, sacudida, trastorno, tumulto, movimiento, agitación, emoción, disturbio, levantamiento, motín, alteración, asonada, revolución.

CONMOVEDOR.—emocionante, patético, sentimental, enternecedor.

CONMOVER.—emocionar, impresionar, inquietar, perturbar, turbar, trastornar, sacudir, alterar, mover, agitar, conturbar, enternecer.

CONMUTACIÓN.—cambio, permuta, trueque, retruécano.

CONMUTAR.—cambiar, trocar, permutar.

CONNACIONAL.—paisano, compatriota.

CONNIVENCIA.—conspiración, disimulo, colusión, maquinación, confabulación, complot, trama, intriga, tolerancia, condescendencia, disimulación.

CONNUBIO.—matrimonio, enlace, reunión, casamiento, boda.

CONOCEDOR.—avezado, experimentado, experto, práctico, perito, versado, ducho, sabedor, informado, sabiente, consabidor, enterado, noticioso.

CONOCER.—advertir, entender, resaber, saber, percibir, distinguir, tratar, prever, presutrama, conjuración, maquinación, intriga, contubernio, conciliábulo, aconchabamiento, conchabanza.

CONSPIRADOR. — confabulador, conjurado, conjurador, colusor, estruchón.

CONSPIRAR.—complotar, maquinar, intrigar, coludir, connivir.

CONSTANCIA.—perseverancia, fidelidad, firmeza, persistencia, tesón, testarudez, tenacidad, invariabilidad, asiduidad, entereza, longanimidad, insistencia.

CONSTANTE.—persistente, tenaz, fiel, consecuente, entero, sistemático, inmoble, asiduo, perseverante, incesante, continuo, firme.

CONSTAR.—constituir, componerse.

CONSTERNAR.—abatir, afligir, conturbar, apenar, turbar, entristecer, amargar, aterrar, desolar, atribular, desconsolar, acongojar, apesadumbrar, angustiar, contristar.

CONSTITUCIÓN.—naturaleza, temperamento, regla, régimen, estatuto, organización.

CONSTITUIR.—formar, componer, integrar, hacer, acoplar, establecer, ordenar, fundar, organizar, instituir, estatuir.

CONSTREÑIR.—obligar, impeler, compeler, forzar, impulsar, contraer, cerrar.

CONSTRICCIÓN. — encogimiento, acurrucamiento.

CONSTRUIR.—edificar, fabricar, erigir, levantar, obrar, elevar, ordenar, reconstruir, reedificar.

CONSTRUPADOR.—estrupador.

CONSUELO.—gozo, alegría, júbilo, confortación, desahogo, mitigación, alivio, descanso, calmante.

CONSUETA.—apuntador, añalejo, calendario.

CONSUETUDINARIO. — común, frecuente, acostumbrado, ordinario, habitual, consuetudinal.

CONSULTA. — dictamen, parecer, opinión, conferencia, consultación.

CONSULTAR.—estudiar, examinar, comunicar.

CONSUMAR.—acabar, realizar, concluir, hacer, terminar, ejecutar, finalizar.

CONSUMICIÓN. — consumo, gasto, consunción, consumimiento.

CONSUMIDO.—extenuado, flaco, debilitado, afligido, apurado, tímido, timorato, apocado, acabado, magro.

CONSUMIDOR.—cliente, parroquiano.

CONSUMIR.—agotar, acabar, agostar, desgastar, gastar, destruir, disipar, extinguir, derrochar, malgastar, dilapidar, afligir, apurar, desazonar, impacientarse, exasperarse.

CONSUNCIÓN.—consumimiento, extenuación, enflaquecimiento, adelgazamiento, agotamiento, extinción, contabescencia.

CONTADO.—escaso, raro, exótico, determinado, señalado.

CONTAGIAR.—inficionar, contaminar, infestar, infectar, comunicar, pegar, transmitir, viciar, corromper, enviciar, pervertir, manchar, ensuciar, macular.

CONTAGIO.—transmisión, contaminación, inficionamiento, contagión, corrupción, perversión, comunicación, infección, propagación, infestación.

CONTAR.—numerar, enumerar, narrar, referir, relatar, incluir, computar, suputar, presuponer, tantear, finiquitar.

CONTEMPLADOR.—contemplativo, condescendiente, complaciente.

CONTEMPLAR.—examinar, mirar, considerar, admirar, meditar, complacer, mimar, condescender.

CONTEMPORÁNEO.—actual, coexistente, coetáneo, simultáneo, coevo, coincidente, concomitante.

CONTEMPORIZAR.—condescender, atemperar.

CONTENCIÓN.—emulación, contienda, rivalidad, pleito, disputa, disensión.

CONTENDER.—pelear, reñir, regañar, bregar, lidiar, fuñar, pelotear, roñar, reluchar, rifar, pendenciar, luchar, batallar, combatir, pugnar, disputar, debatir, altercar, discutir, rivalizar, pleitar, competir.

CONTENER.—moderar, sujetar, dominar, reprimir, refrenar, vencer, detener, coercer, reducir, comprender, abrazar, abarcar, encerrar, ensolver, encuadrar, tener, englobar, incluir, contar, poseer.

CONTENTA.—agasajo, regalo, dádiva, presente, obsequio.

CONTENTAMIENTO.—alegría, contento, júbilo, satisfacción, placer, alborozo, regocijo, gozo, agrado, recontento.

CONTENTAR.—agradar, complacer, satisfacer.

CONTENTIBLE.—despreciable, bajo, vil, ruin.

CONTENTO.—alegre, satisfecho, gozoso, complacido, encantado, contentado, ufano, radiante, ledo, alborozado, jubiloso, placentero, regocijado, alegramiento, alborozamiento, agrado, alegría, satisfacción, júbilo, contentamiento, regocijo, placer, alborozo, gozo.

CONTERA.—remate, término, fin, acabamiento, extremo, aditamento, añadido, añadidura, estribillo, cascabel.

CONTESTACIÓN.—respuesta, réplica, dúplica, tríplica, reconvención, impugnación, alteración, disputa, debate, controversia.

CONTESTAR.—replicar, responder, retrucar, acudir, rebatir, contradecir, atestiguar, confirmar, declarar, corroborar, convenir, comprobar.

CONTESTÓN.—respondón, retobado, replicón, rezongón.

CONTEXTO.—enredo, maraña, lío, galimatías, ciempiés, argumento, encadenamiento, enlace, trabazón, texto, contextura.

CONTIENDA.—disputa, riña, altercación, altercado, pelea, lucha, pendencia, zipizape, zaragata.

CONTIGÜIDAD.—inmediación, cercanía, vecindad, adyacencia, medianería, contacto, osculación.

CONTIGUO.—cercano, adyacente, próximo, junto, inmediato, vecino, fronterizo, lindante, colindante, anexo, anejo, paredaño, limítrofe, asurcano, allegado, rayano, confinante, confín.

CONTINENTE.—recipiente, conteniente, comprensivo, contenedor, contentivo, porte.

CONTINGENCIA.—riesgo, peligro, posibilidad, evento, eventualidad, probabilidad, verosimilitud.

CONTINGIBLE.—posible, acaecedero, verosímil, probable, factible.

CONTINUACIÓN.—prosecución, prolongación, proseguimiento, seguimiento, seguida, prorrogación, secuencia, persistencia, permanencia.

CONTINUAR.—proseguir, seguir, perseverar, persistir, durar, permanecer, prolongar, prorrogar, reanudar, anudar.

CONTINUO.—constante, incesante, perseverante, perenne, perpetuo, ininterrumpido, incesable, continuado, homogéneo, continuativo, seguido.

CONTONEARSE.—pavonearse.

CONTORNEAR.—contornar, rodear, perfilar, galibar, ceñir, cercar, circunscribir.

CONTORNO.—silueta, perfil, periferia, perímetro, circuito, recinto, dintorno, ruedo, contorneo, circuición, retortero, alrededores, inmediaciones, proximidades, cercanías, afueras, extramuros, arrabales, aledaños.

CONTORSIÓN.—contracción, convulsión, gesticulación, retorcimiento, mueca, contorción, gesto.

CONTRA.—oposición, obstáculo, dificultad, inconveniente, contrariedad, antinomia, opugnación, antilogía, enfrente.

CONTRABALANCEAR.—equilibrar, nivelar, compensar, contrarrestar.

CONTRABALANZA.—contrapeso, contraposición.

CONTRACAMBIO. — trueque, compensación, permuta.

CONTRACCIÓN. — astringencia, corrugación, crispamiento, crispadura, constricción, astricción, contractura.

CONTRADECIR.—rebatir, impugnar, argüir, redargüir, combatir, refutar, objetar, negar, desmentir.

CONTRADICCIÓN. — oposición, opugnación, negación, rebatimiento, computación, pateadura, refutación, impugnación, antinomia, contrariedad, incompatibilidad, antítesis, paradoja, mentís, desmentida, desnegamiento.

CONTRAER.—estrechar, limitar, reducir, encoger, condensar, juntar, adquirir, retraer, astringir, crispar, restringir.

CONTRAERSE.—encogerse, crisparse, atenerse, circunscribirse, limitarse, reducirse, consumirse.

CONTRAHACEDOR.—imitador, mona, remedador, gregario, imitante, arrendajo.

CONTRAHACER.—imitar, remedar, falsificar, copiar, fingir, emular, simular.

CONTRAHECHO.—jorobado, corcovado, giboso, jorobeta, chepa, deforme, malhecho, artificial, artificioso.

CONTRAMURALLA.—contramuro, falsabraga.

CONTRAPESO.—añadidura, aditamento, adición, balancín, compensación, desasosiego, inquietud, zozobra, cuidado.

CONTRAPIÉ.—zancadilla, tranquilla.

CONTRAPONER.—comparar, cotejar, enfrentar, oponer, adosar, enfrontar, acarar, encarar.

CONTRAPOSICIÓN.—antagonismo, oposición, rivalidad, resistencia, encaramiento, confrontación.

CONTRAPUERTA.—portón, antepuerta.

CONTRARIAR.—contradecir, oponerse, dificultar, obstaculizar, entorpecer, estorbar, incomodar, fastidiar, mortificar, molestar, repugnar, resistir, amolar, chinchar.

CONTRARIEDAD.—dificultad, contratiempo, obstáculo, decepción, disgusto, tropiezo, oposición, implicación, impedimento, desconformidad.

CONTRARIO.—opuesto, encontrado, impedimento, refractario, rebelde, diferente, desfavorable, distinto, adverso, hostil, desacorde, discrepante, nocivo, antitético, antinómico, adversativo, dañoso, dañino, contradictorio, antípoda, rival, antónimo, adversario, contrincante, antagonista, enemigo, competidor, contendiente, reverso, inverso, viceversa, pugnante.

CONTRARRESTAR.—resistir, oponer, soportar, arrostrar, aguantar, enfrontar.

CONTRARRESTO. — oposición, resistencia, afrontamiento, aguante.

CONTRASEÑA.—contramarca, consigna, seña.

CONTRASTAR.—resistir, arrostrar, comprobar, aguantar, enfrontar, contrarrestar.

CONTRASTE.—diferencia, oposición, disparidad, desemejanza, comprobación, desigualdad, verificación, almotacén, combate, contienda, lid, almotazaf.

CONTRATAR.—estipular, ajustar, convenir, acordar, pactar, comerciar, traficar, negociar, concertar, lograr.

CONTRATIEMPO.—accidente, contrariedad, dificultad, percance, peripecia, revés, perjuicio.

CONTRATISTA.—empresario, destajista, asentista, contratante, estipulante.

CONTRATO.—pacto, convención, convenio, ajuste, acuerdo, compromiso, trato, contrata, inteligencia, avenencia, arreglo, concordato, estipulación, tratado, acomodamiento, transacción, concierto.

CONTRAVENENO.—antídoto, antitóxico, triaca, teriaca, antifármaco.

CONTRAVENIR.—desobedecer, incumplir, infringir, quebrantar, violar, vulnerar, transgredir, conculcar, atropellar, atentar.

CONTRECHO.—baldado, tullido, impedido, imposibilitado, lisiado.

CONTRIBUCIÓN.—cuota, impuesto, gabela, diezmo, alcabala, arbitrio, portazgo, pecho, censo, subsidio, carga arancel, tributación, emolumentos, canon, gravamen.

CONTRIBUIR.—pagar, concurrir, cooperar, asistir, ayudar, auxiliar, coadyuvar, colaborar, participar, tributar, pechar.

CONTRICIÓN.—aflicción, afligimiento, desconsuelo, desconsolación, arrepentimiento.

CONTRINCANTE. — opositor, competidor, émulo, rival, emulador, contrario, adversario.

CONTRISTAR.—apenar, afligir, apesadumbrar, apesarar, desconsolar, entristecer, afectar, acongojar, congojar, angustiar, acuitar.

CONTRITO.—arrepentido, compungido, pesaroso, afligido, triste, cuitado, congojoso, angustiado, desmarrido.

CONTROVERSIA.—polémica, disputa, debate, discusión, desacuerdo, altercado, logomaquia.

CONTUBERNIO.—amancebamiento, barraganería, amasiato, confabulación.

CONTUMAZ.—rebelde, porfiado, tenaz, obstinado, pertinaz, terco, cabezudo.

CONTUMELIA. — injuria, ofensa, aprobio, afrenta, ultraje, agravio, baldón, insulto, ofensión.

CONTUNDENTE.—convincente, concluyente, decisivo, terminante, resolutorio, irrevocable, incontrastable.

CONTUNDIR.—golpear, magullar, tundir, lesionar, golpear, contusionar.

CONTURBACIÓN.—turbación, inquietud, desasosiego, confusión, intranquilidad.

CONTURBADO.—inquieto, turbulento, turbado, conmovido, perturbado, alterado, confuso, revuelto, desasosegado, intranquilo, agitado.

CONTURBAR.—alterar, inquietar, conmover, perturbar, turbar, desasosegar, intranquilizar, confundir.

CONTUSIÓN.—magullamiento, lesión, magulladura.

CONVALIDAR.—confirmar, corroborar, ratificar, revalidar, roborar.

CONVECINO.—cercano, inmediato, contiguo, próximo, vecino, propincuo, adyacente, rayano.

CONVENCER.—persuadir, catequizar, impresionar, vencer.

CONVENCIMIENTO. — certeza, convicción, persuasión, conformidad.

CONVENCIÓN.—conformidad, conveniencia, ajuste, pacto, trato, convenio, asamblea.

CONVENIBLE.—conveniente, dócil, obediente.

CONVENIENCIA.—beneficio, fruto, provecho, utilidad, comodidad, conformidad decencia, rendimiento, producto, ganancia.

CONVENIENTE.—beneficioso, ventajoso, provechoso, útil, oportuno, adecuado, fructuoso, conforme, propio, proporcionado, decente, productivo, concorde, acorde.

CONVENIO.—ajuste, acuerdo, contrato, arreglo, compromiso, tratado, acto, trato, concierto, alianza, inteligencia, acomodo, convención, transacción, pacto, estipulación, negociación, concordato.

CONVENIR.—ajustar, acordar, quedar, concordar, contratar, admitir, confesar, reconocer, importar, coincidir, encajar, cuadrar, acomodar, satisfacer, agradar, corresponder, pertenecer, apalabrar, asentar, negociar.

CONVENTÍCULA. — conventículo, confabulación, aconchabamiento, conchabanza.

CONVERGER.—convergir, concurrir, coincidir, tender, dirigirse, confluir, desembocar.

CONVERSABLE.—comunicable, tratable, sociable, agradable, afable, gentil, llano.

CONVERSACIÓN.—diálogo, plática, coloquio, conferencia, entrevista, conversa, charla, conciliábulo, palique, cháchara, picoteo, garla, garlo, interlocución.

CONVERSIÓN.—mutación, mudanza, transmutación, metamorfosis, transformación, abjuración, apostasía, enmienda, retractación.

CONVICCIÓN.—certeza, convencimiento, seguridad, persuasión.

CONVIDAR.—mover, excitar, incitar, invitar, brindar, atraer, inducir, llamar, embridar, ofrecer.

CONVINCENTE. — concluyente, contundente, terminante, decisivo, persuasivo, axiomático, incontrastable.

CONVITE.—ágape, pipiripao, banquete, invitación, alifara, lifara, agasajo, convidada.

CONVOCAR.—reunir, citar, llamar, avisar, aclamar, congregar, cayapear, agrupar, apiñar, muñir.

CONVOCATORIA.—convocación, cita, llamada, edicto, decreto, anuncio, orden, aviso, llamamiento, apelación, citación.

CONVULSIÓN.—agitación, contracción, temblor, síncope, palpitación, contorsión, estremecimiento.

CONVULSO.—agitado, tembloroso, trémulo, convulsionario, coreico.

CÓNYUGES.—consortes, esposos.

COOPERAR.—colaborar, contribuir, coadyuvar, participar, ayudar, auxiliar, socorrer, concomitar, conllevar, secundar.

COORDINAR.—ordenar, metodizar, organizar, arreglar, regular, regularizar, disponer, acomodar, concertar, metodizar, reorganizar, ajustar.

COPAR.—sorprender, envolver, rodear, aprisionar, apresar, aprehender, capturar.

COPETE.—penacho, colmo, cumbre, cima, mechón, copa, altanería, presunción, moño, remate, atrevimiento, orgullo.

COPETUDA.—alondra, alhoja, aloa, calandria, cogujada, totovía, vejeta.

COPIA. — imitación, remedo, reproducción, calco, ejemplar, abundancia, multitud, muchedumbre, profusión, riqueza, plagio, trasunto, traslado, facsímil.

COPIAR.—imitar, reproducir, remedar, calcar, contrahacer, plagiar, transcribir, trasuntar, trasladar, fusilar.

COPIOSO.—abundante, considerable, numeroso, cuantioso, ópimo, pingüe, rico, abundoso, ubérrimo, nutrido.

CÓPULA. — atadura, trabazón, ligamento, unión, coito, enlace, apareamiento, ayuntamiento, fornicio, fornicación, concúbito, cubrición.

COQUETA.—casquivana, vanidosa, frívola, casquiveleta, veleta.

COQUETEO.—coquetería, coquetismo, galanteo, martelo.

CORAJE.—ira, cólera, furia, enojo, rabia, enfado, irritación, corajina, valor, arrojo, esfuerzo, ánimo, ímpetu, arriscamiento, ardidez, osadía.

CORAJOSIDAD.—aborrecimiento, rencor, despego.

CORAZONADA.—presentimiento, inspiración, presagio, prenoción, precognición, anuncio.

CORCA.—carcoma, desasosiego, inquietud, preocupación.

CORCOVA.—joroba, bulto, giba, chepa, renga, cifosis, lordosis.

CORCOVADO.—giboso, contrahecho, jorobado, jorobeta, corcoveta, gibado, cifótico, lordótico.

CORCOVO.—respingo, salto, sacudida, desigualdad, torcimiento, curvatura, pirueta, cabriola, chozpo.

CORCHE.—chancho, alcorque.

CORDATO.—prudente, juicioso, sensato, cuerdo, circunspecto, mirado.

CORDIAL.—amable, afectuoso, afable, franco, llano, sencillo, sincero, confortante, confortativo, tratable, sociable, civil, urbano, amigable.

CORDIALIDAD.—franqueza, afabilidad, afecto, amabilidad, sencillez, sinceridad, llaneza, civilidad, sociabilidad, naturalidad.

CORDURA.—juicio, prudencia, formalidad, circunspección, gravedad, seso, sabiduría, sensatez, miramiento.

CORITO.—encogido, desnudo, tímido, pusilánime, medroso, acollonado, temeroso, timorato, apocado.

CORONA.—aureola, diadema, halo, tonsura, tiara, láureo, lauréola, pancarpia.

CORPORACIÓN.—gremio, comunidad, institución, asociación, entidad, sociedad, academia, cuerpo, instituto, cenáculo, organismo, areópago, colectividad, compañía.

CORPULENTO. — gordo, enorme, grueso, fuerte, grande, robusto, corporiento, corpudo, fornido.

CORPÚSCULO.—partícula, fragmento, pizca, ápice.

CORRAL.—cortil, corraliza, corraleta, corralón, corralillo, aprisco, redil, encerradero.

CORRECCIÓN.—reprensión, penitencia, pena, censura, castigo, correctivo, enmienda, tachadura, rectificación, alteración, enmendación, enmendadura.

CORRECCIONAL.—internado, presidio, penal, cárcel, prisión, reformatorio, asilo, penitenciaría, prevención, ergástula.

CORRECTO. — culto, conforme, comedido, castizo, cabal, exacto, justo, fiel, puro, cortés, perfecto, cortesano, urbano, atento, civil.

CORREDERA.—alcahueta, tercera, celestina.

CORREDOR.—agente, intermediario, viajante, galería, pasillo, pasadizo, chismoso, alcahuete, tercero, correvedile, pasaje.

CORREDURÍA.—comisión, corretaje, estipendio, multa.

CORREGIR.—modificar, enmendar, reformar, retocar, rectificar, salvar, subsanar, templar, atemperar, moderar, reprender, disminuir, advertir, amonestar, castigar, penar, tachar, censurar, achicar.

CORRELIGIONARIO.—afín, compañero, partidario, prosélito, secuaz, allegado.

CORRENTÍO.—ligero, corriente, suelto, desembarazado, desenvuelto, desenfadado, desparejado, gallote, claro.

CORRENTÓN.—festivo, chancero, bromista, bullanguero, jacarero, esparcido, alborozado, risueño, jovial, gayo, festivo.

CORRER.—pasar, transcurrir, perseguir, huir, acosar, escapar, andar, recorrer, viajar, echar, extender, deslizarse, resbalar, fluir, refluir, avergonzar, brotar, confundir, calcorrear, volar.

CORRERÍA.—incursión, excursión, jornada.

CORRESPONDENCIA.—correo, carteo, reciprocidad, proporción, conformidad, relación, trato, comercio, amistad.

CORRESPONDER.—pertenecer, incumbir, atañer, caber, tocar, escribir, pagar, recompensar, agradecer, indemnizar, devolver.

CORRESPONDIENTE. — conveniente, proporcionado, corresponsal, oportuno, congruente, tempestivo, pertinente.

CORRETAJE.—comisión, diligencia, retribución, asignación, salario.

CORREVEDILE. — correveidile, cuentista, cuentero, chismoso, entrometido, entremetido, murmurador, alcahuete, tercero, comadrero, cacipiero, chismero, chirlero.

CORRIDO.—avergonzado, abochornado, ruborizado, confundido, sofocado, cortado, experimentado, astuto, ducho, avezado, acholado, sonrojado, encendido.

CORRIENTE.—vulgar, ordinario, natural, común, habitual, acostumbrado, conocido, sabido, usual, cierto, admitido, fácil, llano, curso, conforme, exacto, endémico, sólito, general.

CORRILLERO.—vagabundo, andorrero, callejero.

CORRIMIENTO.—vergüenza, rubor, empacho, sonrojo, bochorno, confusión, verecundia.

CORRO.—corrillo, cerco, círculo, reunión, peña, corrincho, rueda, coro.

CORROBORAR.—vivificar, fortalecer, restablecer, robustecer, confirmar, probar, aprobar, apoyar, roborar, ratificar, convalidar, revalidar.

CORROBRA.—robra, alboroque, agasajo.

CORROER.—excoriar, carcomer, socavar, desgastar, gastar, adelgazar, consumir, comer.

CORROMPER.—viciar, descomponer, dañar, pudrir, alterar, podrir, estragar, depravar, pervertir, seducir, sobornar, cohechar, incomodar, fastidiar, irritar, empodrecer, repudrir, empeorar, malignar.

CORROMPIDO.—descompuesto, corrupto, podrido, putrefacto, depravado, estragado, pervertido, vicioso, pútrido, carro, caronchoso, carroño.

CORRUGACIÓN.—contracción, encogimiento, astricción, crispamiento, construcción.

CORRUMPENTE.—fastidioso, molesto, impertiente, corruptivo, corruptor, enojoso, pegajoso, pesado, cargante.

CORRUPCIÓN. — descomposición, putrefacción, podredumbre, abuso, corruptela, depravación, perversión, vicio, pudrición, pudrimento, podrecimiento.

CORRUSCO.—mendrugo, churrusco, codorno, carolo.

CORSARIO.—filibustero, pirata, raquero.

CORTABOLSAS.—ladrón, ratero, descuidero, desvalijador, despojador, saqueador, atracador.

CORTADO.—proporcionado, ajustado, indeciso, parado, turbado, desconcertado, conveniente, acholado.

CORTADURA.—grieta, abertura, recorte, hendidura, desperdicio, recortadura, separación, división, parapeto, cisión, sección, incisión, cisura.

CORTAPISA.—restricción, condición, limitación, coto, traba, inconveniente, dificultad, tasa, coartación.

CORTAR.—separar, dividir, hender, escindir, partir, truncar, tajar, sajar, segar, recortar, guadañar, talar, podar, desmochar, cercenar, seccionar, rebanar, mutilar, rebanear, amputar, decapitar, descabezar, guillotinar, destroncar, mondar, pelear, rapar, esquilar, trasquilar, suspender, detener, interrumpir, atajar, zanjar, atravesar, tallar, trozar, atorar, encintar.

CORTARSE.—aturdirse, abochornarse, azorarse, desconcertarse, confundirse, correrse, encogerse, turbarse, conturbarse, acholarse, encenderse, sofocarse.

CORTE.—incisión, filo, sección, cuchillada, jabeque, chirlo, cortadura, brecha, herida, división, séquito, comitiva, corral, establo, aprisco, disección, cisión, cisura, cesura.

CORTEDAD.—poquedad, timidez, pusilanimidad, apocamiento, encogimiento, pequeñez, escasez, penuria, modestia, empacho, vergüenza, embarazo, verecundia, mezquindad.

CORTEJAR.—obsequiar, galantear, enamorar, requebrar, festejar, acompañar, camelar, namorar.

CORTEJO.—séquito, comitiva, acompañamiento, fineza, obsequio, agasajo, galán, enamorado, comparsa, corte, pompa.

CORTÉS.—comedido, atento, afable, obsequioso, culto, cortesano, urbano, amable, fino, cumplido, civil, tratable, considerado.

CORTESANA. — hetera, hetaira, prostituta, ramera, palaciega, puta, amasia, meretriz.

CORTESANO. — palaciego, cortés, amable, afable, atento, fino, urbano, civil, palatino, áulico.

CORTESÍA.—urbanidad, cortesanía, educación, amabilidad, finura, atención, civilidad, regalo, cumplimiento, obsequio, gracia, merced, tratamiento, título, gentileza, atención, civilidad.

CORTEZA. — cáscara, envoltura, cubierta, apariencia, exterioridad, superficie, rusticidad, costra, cústrula, cortezuela, toba.

CORTEZUDO.—rústico, inculto, cortezoso, plebeyo, palurdo, patán, zafio, cerrero, alarbe.

CORTIJO.—finca, alquería, granja, quintería.

CORTIL.—corral, redil, encerradero, corraliza.

CORTINA.—cortinaje, colgadura, tapiz, cortinón, cortinilla, visillo, telón, velo, antepuerta, guardapuerta, albenda.

CORTO.—tímido, encogido, apocado, corito, pusilánime, vergonzoso, escaso, pequeño, chico, miserable, mezquino, pobre, raquítico, insuficiente, exiguo, conciso, breve, lacónico, efímero, fugaz, curto.

CORVO.—arqueado, combado, alabeado, curvo, curvado, garfio, corvina.

COSARIO.—cursado, frecuentado, concurrido, mensajero, propio, demandadero, trajinero, ordinario, recadero, mandadero, cazador.

COSCÓN.—socarrón, cuco, ladino, astuto, disimulado, hábil, avisado, habilidoso.

COSECHA.—recolección.

COSER.—perpuntear, pespuntear, unir, juntar, pegar, remendar, zurcir, hilvanar, apuntar, embastar, guitar, bastar, dobladillar.

COSMOS.—mundo, universo.

COSQUILLOSO.—cojijoso, quisquilloso, puntilloso, delicado, suspicaz, susceptible.

COSTA.—marina, litoral, playa, precio, gasto, coste, margen, orilla, lado, costera, ribera.

COSTADO.—banda, lado, babor, estribor.

COSTAL.—saco, saca, talego, talega, costalejo.

COSTALADA.—batacazo, trastazo, costalazo, porrazo.

COSTALERO.—faquín, mozo, ganapán, soguilla.

COSTAR.—importar, valer, desasosegar, inquietar.

COSTE.—costo, costa, valor, precio, gasto.

COSTOSO.—dispendioso, caro, gravoso, valioso, dañoso, perjudicial, trabajoso, penoso.

COSTRA.—cubierta, corteza, postilla, moco.

COSTUMBRE.—práctica, manía, hábito, rutina, uso, moda, tradición consuetud, menstruo, regla, mes.

COSTURA.—cosido, encosadura, recosido, remiendo, zurcidura, hilván, basta, baste.

COSTURERA.—modista, sastra, alfayata, zurcidora, labrandera, chalequera, pantalonera.

COTARRERA.—chismosa, comadre, cotilla, correvedile.

COTARRO.—albergue, ladera, cotarra.

COTEJAR.—confrontar, comparar, parangonar, compulsar.

COTEJO.—parangón, comparación, confrontación.

COTIDIANO.—diario.

COTILLA.—ajustador, justillo, corpiño, corsé. (V. **Cotarrera.**)

COTO.—término, límite, tasa, mojón, expósito, bocio.

COTUFA.—chufa, cuca, golosina, gollería.

COYUNDA.—correa, soga, sujeción, dominio, opresión.

COYUNTURA.—articulación, junta, unión, juntura, oportunidad, ocasión, tempestividad, pertinencia, congruencia, sazón.

COZ.—patada, injuria, grosería, culata.

CRÁPULA.—vicio, libertinaje, disipación, desenfreno, depravación, crapulosidad, borrachera, embriaguez, papalina, trúpita.

CRASO.—gordo, grueso, espeso, denso, crasitud, gordura.

CREADOR.—hacedor, autor, inventor, padre, artista, productor, Dios, criador, almo.

CREAR.—instituir, fundar, criar, establecer, hacer, formar, inventar, elaborar, producir, engendrar, componer, nombrar, elegir.

CRECER.—aumentar, progresar, subir, envaronar.

CRECIDA.—aumento, crecimiento, incremento, estirón, avenida, riada, inundación.

CRECIDO.—desarrollado, alto, numeroso, espigado.

CRECIMIENTO.—desarrollo, aumento, elevación, recrecimiento.

CRÉDITO.—reputación, fama, celebridad, autoridad, renombre, favor, prestigio, influencia, consideración, asenso, solvencia, abono, privilegio, confirmación, comprobación.

CREDO.—creencia, convicción.

CRÉDULO.—bonachón, creedor, ingenuo, bonazo, cándido, confiado, sencillo, creederas.

CREENCIA.—fe, crédito, convicción, credulidad, credibilidad, creederas, convencimiento, confianza, opinión, credo, religión, secta.

CREER.—juzgar, pensar, sospechar, imaginar, presumir, entender, suponer, conjeturar, sostener pretender, opinar, afirmar, prestar, fe, considerar, estimar, reputar, profesar.

CREÍBLE.—posible, probable, creedero, verosímil.

CREÍBLEMENTE.—probablemente, verosímilmente, posiblemente.

CREMACIÓN.—quema, incineración.

CREMENTO.—incremento, aumento.

CREPÚSCULO.—entreluces, rosicler, quietud, aurora, amanecer, anochecer, orto, ocaso, véspero.

CRESPO.—alterado, irritado, rizado, rizoso, ensortijado, rizo, obscuro, artificioso, irritado, alterado.

CRESTA.—penacho, copete, cima, moño, cumbre.

CRESTUDO.—orgulloso, altivo, pedante.

CRETINO.—idiota, estulto, estúpido, tonto, imbécil, estólido, necio.

CRETENSE.—crético, anfímacro.

CRIADO.—sirviente, servidor, mozo, fámulo, suzarro, mucano, mercenario, doméstico, lacayo, camarero.

CRIANZA.—urbanidad, cortesía, civilidad, distinción, afinamiento, atención, amabilidad, afabilidad, finura, lactancia.

CRIAR.—lactar, amamantar, sustentar, alimentar, nutrir, cebar, producir, crear, originar, ocasionar, engendrar, encaminar, educar, dirigir, enseñar, instruir.

CRIATURA.—chico, chiquillo, niño, infante, crío, hombre, feto, hechura.

CRIBA.—arnero, cribo, zaranda, cedazo, cernedor, tamiz, cándara, maritata.

CRIBAR.—acribar, garbillar, cerner, cernir, ahechar, tamizar, acribillar.

CRICA.—hendidura, zanja.

CRIMINAL.—delincuente, reo, culpable, malhechor, malvado, homicida, infractor, cometedor, agresor, asesino, criminoso.

CRIMINAR.—acriminar, acusar, imputar, achacar.

CRISIS.—riesgo, peligro, alarma, angustia, malestar, miseria, cambio, juicio.

CRISPADO.—actricto, contracto, contraído.

CRISPADURA.—crispamiento, crispatura, contracción, convulsión, encogimiento, corrugación, trismo.

CRISPAR.—contraer, convulsionar, encoger, retraer, constreñir.

CRISTALINO.—claro, diáfano, transparente.

CRITERIO.—norma, pauta, regla, juicio, discernimiento, parecer, convencimiento.

CRÍTICA.—apreciación, opinión, análisis, juicio, estimación, censura, sátira, burla, vituperio, murmuración, criticismo.

CRITICABLE.—reprensible, censurable, motejable, reprochable.

CRITICAR.—censurar, amonestar, critiquizar, juzgar, motejar, notar, reprochar, vituperar, murmurar, chismorrear, comadrear.
CRÍTICO.—censor, juez, criticón, aristarco, zoilo, escalpelo, criticador, censorio.
CRITICÓN.—reparón, motejador.
CROCITAR.—croajar, crascitar, graznar, criscitar.
CRÓNICA.—historia, cronicón, cómputo, crónico, computación, cronología, cronografía, artículo.
CRÓNICO.—habitual, acostumbrado. (V. **Crónica.**)
CROQUIS.—boceto, bosquejo, esbozo, tanteo, diseño, dibujo.
CRUCERO.—encrucijada, arco, vigueta, crucilabrio, crucífero, crucígero, cruz, vigueta.
CRUCIFICAR.—sacrificar.
CRUDEZA.—aspereza, rigor, rigidez, rudeza, dureza, desabrimiento, fanfarronería, galleo, chulería, matonismo.
CRUDO.—verde, cruel, áspero, frío, destemplado, bravucón, valentón, desapiadado, matón, fanfarrón, farfantón, farfante, chulo.
CRUEL.—inhumano, brutal, feroz, salvaje, despiadado, bárbaro, inclemente, fiero, atroz, sanguinario, cruento, encarnizado, doloroso, angustioso, duro, excesivo, riguroso, insufrible, crudo, violento, acerbo, sadista.
CRUENTO.—sangriento.
CRUZ.—patíbulo, reverso, trenca.
CRUZAR.—atravesar, pasar, navegar, binar.
CRUZARSE.—atravesarse, interponerse.
CUADERNILLO.—añalejo, consueta.
CUADRILLA.—gavilla, pandilla, partida, parcialidad, banda.
CUADRO.—lienzo, pintura, tela, descripción, marco, cuadrado, rectángulo.
CUAJADO.—inmóvil, extasiado, extático, asombrado, estupefacto, paralizado, dormido.
CUAJAR.—coagular, solidificar, espesar, trabar, recargar, suceder, ocurrir, acontecer, acaecer, cuajo.
CUAJARSE.—llenarse, poblarse, abarrotarse.
CUAJO.—cuajar, pachorra, lentitud, cachaza, roncería, asadura, posma, paciencia, aguante.
CUALQUIERA. — cualesquier, cualesquiera, cualquier.
CUANTIAR.—apreciar, tasar, justipreciar, valuar, valorar.
CUANTIOSO.—abundante, considerable, grande, copioso, numeroso, grandioso, enorme.
CUARTAGO.—rocino, rocín, matalón, rocinante, jaca, cuatropeo.
CUARTEARSE.—agrietarse, rajarse, henderse, cascarse, abrirse, grietarse, consentirse.
CUARTEO.—grieta, esguince, hendidura, abertura, quebraja, quebradura, resquebrajo, quiebra, rendija, resquebrajadura.
CUARTERÓN.—medida, postigo, cuatrato.
CUARTO.—departamento, aposento, habitación, recinto, pieza, cámara, estancia.
CUARTOS.—dinero, mosca, guita, monedas, parnés, plata, monises, capital, pecunia, hacienda, fortuna, caudal, peculio, cumquibus, morusa, porqué, gato.
CUBA.—tonel, pipa, barrica, bocoy, barril, pipote, candiota, cuñete.
CUBIERTA.—tapa, tapadera, cobertura, techumbre, cobertizo, cobertura, cubierto, techado, caparazón, sobre, pretexto, disculpa, disimulación, simulación.
CUBIL.—cueva, madriguera, guarida, escondrijo, huronera, cado, cubilar.
CUBILLA.—cubillo, carraleja, cantárida, abadejo.
CUBO.—balde, herrada, cubeta, mechero.
CUBRIR.—tapar, ocultar, disimular, esconder, disfrazar, velar, llenar, fecundar, defender, techar, pagar, satisfacer.
CUCARACHA.—curiana, corredera, cochinilla.
CUCARSE.—burlarse, mofarse, reírse, chotearse.
CUCO.—socarrón, hábil, coscón, astuto, ladino, sagaz, taimado, listo, tahúr, lindo, pulido, bonito, mono, delicado, cuchillo, malcontento.
CUCHICHEAR.—cuchuchear, murmurar, susurrar, bisbisear, chismorrear, criticar, comadrear.
CUCHILLADA.—corte, chirlo, tajo, mandoble, pendencia, riña, reyerta, **contienda,** pelea.
CUCHIPANDA.—comilona, **comilitona,** francachela, huelga, comida, banquete.
CUCHITRIL.—tabuco, cochitril, zaquizamí, chiribitil, pocilga, zahúrda, garigolo, caramanchel, mechinal, chamizo.
CUCHUFLETA.—zumba, dicho, chanza, broma, chanzoneta, bufonada, burla, vaya, burlería, chufla, chufleta, chilindrina.
CUENCA.—oquedad, concavidad, cavidad, órbita, cuenco, escudilla, vasija, criadero, valle, cóncava, cóncavo.
CUENTA.—explicación, satisfacción, cuidado, razón, incumbencia, obligación, cargo, problema, cálculo, cómputo, cuento, computación, enumeración.
CUENTO.—fábula, historieta, conseja, relato, anécdota, fabliella, parábola, chascarrillo, chisme, hablilla, historia, enredo, lío, habladuría, patraña, quimera, disgusto, desazón, contera, regatón, puntal, millón.
CUERDA.—cordel, cable, cabestro, coyunda, guita, soga, maroma, amarra, amantillo, calabrote, guindaleta, reinal, bramante, estrenque, cabo, orinque, bolina, driza, amura, tirante, tomiza, obenque, escota, mecha, tendón.
CUERDO.—juicioso, cordato, prudente, reflexivo, sesudo, sensato, sabio, formal, mesurado, cabal, meolludo.
CUERO.—pellejo, correa, odre, tegumento, piel, suela.
CUERPO.—cadáver, volumen, libro, comunidad, colectividad, asociación, corporación, dimensión, tamaño.
CUESTA.—rampa, pendiente, declive, declividad, declivio, costana, subida, repecho, costanera, cuestecilla, cuestecita, cuestezuela, costanilla, cuestación, colecta, petición, petitoria.
CUESTIÓN.—pendencia, riña, reyerta, discusión, disputa, gresca, contienda, desacuerdo, problema, pregunta.
CUESTIONABLE.—dudoso, discutible, problemático, dudable, contestable, dubitativo, dubitable.
CUESTIONAR.—discutir, debatir, disputar, controvertir, reñir, polemizar, controvertir, contender.
CUEVA.—caverna, guarida, antro, sótano, subterráneo, gruta, madriguera, bodega, concavidad, espelunca, cavidad, silo, cubil, cado, huronera, cubilar.
CUIDADO.—solicitud, atención, diligencia, asistencia, vigilancia, carga, negocio, miedo, temor, recelo, inquietud, sobresalto, cuita, zozobra, esmero, prolijidad, pulcritud, tiento, cautela, prudencia, precaución, cuido, escrupulosidad, procuración, aviso, celo, esmero, mimo, ¡ojo!
CUIDADOSO.—solícito, diligente, vigilante, atento, esmerado, pulcro, escrupuloso, metódi-

co, concienzudo, meticuloso, minucioso, cuidante, cuidador, próvido, extremado.

CUIDAR.—atender, asistir, conservar, velar, guardar, vigilar, ordenar, mimar.

CUITA.—congoja, angustia, zozobra, aflicción, cuidado, trabajo, desventura, desgracia, pena.

CUITADO.—desgraciado, infeliz, infortunado, desventurado, apenado, entristecido, angustiado, acongojado, afligido, apocado, pusilánime, tímido, humilde, corto, corito, timorato.

CUITAMIENTO.—cortedad, apocamiento, pusilanimidad, timidez, encogimiento, poquedad, atamiento.

CULEBRAZO.—vaya, bromazo, rechifla, culebra, chasco, broma.

CULEBRÓN.—astuto, taimado, sagaz, cuco, listo, camastrón, intrigante.

CULERO.—perezoso, pañal, tardo, rezagado, calmoso, granillo.

CULMINANTE.—dominante, elevado, superior, prominente, sobresaliente, principal, cimero, prócer, alto.

CULO.—asentaderas, trasero, nalgas, posaderas, tafanario, nalgatorio, traspontín, ano, traspuntín, salvohonor, aposentaderas, traste.

CULPA.—delito, falta, pecado, infracción, yerro, omisión.

CULPABLE.—criminal, delincuente, reo, incurso, culpado.

CULPAR.—acusar, imputar, atribuir, inculpar, cargar.

CULTIVAR.—laborar, labrar, laborear, estudiar, practicar, ejercitar, culturar, beneficiar.

CULTIVO.—cultura, labores, labranza, culto, cultivación.

CULTO.—cultivado, ilustrado, estudioso, civilizado, erudito, instruido, sabio, correcto, purista.

CULTURA.—cultivo, instrucción, civilización, ilustración, erudición, saber, progreso, perfección, mejoramiento.

CUMBRE.—cima, elevación, cúspide, vértice, ápice, altura, cumbrera, pico, cimera, eminencia, prominencia.

CUMPLIDAMENTE. — generosamente, largamente, ampliamente, anchamente, abundantemente, cabalmente, enteramente, perfectamente.

CUMPLIDO.—ancho, abundante, amplio, largo, completo, grande, cabal, estimable, fino, cortés, correcto, atento, obsequioso, urbano, cumplimiento, obsequio, cortesía, civil, considerado, cortesano.

CUMPLIDOR.—exacto, diligente, puntual, celoso, guardador.

CUMPLIMENTAR.—saludar, felicitar, ejecutar, efectuar, cumplir.

CUMPLIMIENTO.—cumplido, obsequio, cortesía, complemento, perfección, galantería, atención.

CUMPLIR.—ejecutar, efectuar, realizar, acatar, convenir, importar, expirar, caducar, cumplimentar, licenciarse, observar, guardar.

CUMPLIRSE.—verificarse, realizarse, acabarse, ejecutarse, efectuarse, proveerse, consumarse, perpetrarse.

CÚMULO.—montón, congerie, suma, cantidad, multitud, conjunto, rimero, sinnúmero, aglomeración, infinidad, acervo, abundancia, abastanza, numerosidad, plétora.

CUNA.—estirpe, patria, linaje, origen, principio, inclusa, lecho, cama, puente, basada, camarote.

CUNAR.—cunear, mecer, brizar.

CUNEO.—mecedura, balanceo, oscilación.

CUODLIBETO.—discusión, disertación, mordacidad.

CÚPULA.—bóveda, torrecilla, domo, involucro.

CUQUERÍA.—taimería, picardía, astucia, bellaquería.

CURA.—sacerdote, eclesiástico, clérigo, curación, párroco, alivio, curativa.

CURADILLO.—bacalao, abadejo.

CURAR.—medicinar, sanar, cuidar, atender, remediar, acecinar, curtir.

CURCUSILLA.—rabadilla, cóccix, hueso, palomo.

CURDA.—borrachera, embriaguez, mona, turca, chispa, pítima, jumera, tajada, melopea, borracho, beodo.

CURIOSEAR.—rebuscar, investigar, buscar, averiguar, espiar, husmear, gulusmear, oler, olisquear, interrogar, preguntar, fisgonear, candiletear.

CURIOSO.—aseado, limpio, pulcro, cuidadoso, esmerado, primoroso, investigador, observador, preguntón, indiscreto, espía, raro, chocante, extraordinario.

CURRO.—majo, pato.

CURRUTACO.—lechuguino, pisaverde, gomoso, petimetre, paquete, figurín, afectado, presumido, pinturero, relamido, engolillado, tieso.

CURSADO.—acostumbrado, práctico, versado, avezado, experimentado.

CURSO.—carrera, dirección, recorrido, corriente, enseñanza, tratado, serie, continuación, diarrea, marcha, paso, circulación, publicidad, difusión.

CURTIDO.—avezado, acostumbrado, habituado, cursado, práctico, versado, perito, ejercitado, diestro, hábil, endurecido, tostado, cuero, apergaminado, casca.

CURTIR.—adobar, preparar, aderezar, endurecer, avezar, acostumbrar, aguerrir, apergaminar, tostar, vezar, habituar, familiarizar.

CURTO.—corto, rabón.

CURUCA.—lechuza, curuja.

CURVADO.—gurvio, gurbio, corvo, arqueado, bombeado, alabeado, combado, curvo.

CÚSPIDE.—cumbre, vértice, cima, remate, ápice, pico.

CUSTODIA.—escolta, guardia, salvaguardia, resguardo, reserva, protección, vigilancia, cuidado, tabernáculo, sagrario, conversación, defensa, velación.

CUSTODIAR.—guardar, defender, escoltar, convoyar, proteger, conservar, velar, vigilar.

CUTRE.—miserable, ruin, tacaño, avaro, roñoso, cicatero, mezquino, avaricioso.

CH

CHABACANO.—descuidado, despreciable, vulgar, grosero, ridículo, inelegante, tosco, insubstancial.

CHÁCARA.—chacra, alquería, granja.

CHACOTA.—bulla, alegría, algazara, jolgorio, broma, burla, regocijo, bullicio, holgorio, zumba, chanza, vaya.

CHACOTERO.—chancero, bromista, burlón, zumbón.

CHACHA.—doncella, criada, nodriza, niñera, chachalaca, hablador.

CHÁCHARA.—garla, charla, palabrería, palique, charlatanería, charlería, verborrea, locuacidad.

CHACHAREAR.—garlar, charlar, parlar.

CHACHARERO.—hablador, parlanchín, charlatán, chacharón, chachalaca.

CHAFALDITA.—pulla, cuchufleta, vaya, chanza, broma, ironía.

CHAFALDITERO.—chancero, bromista, pullista, embromador.

CHAFALLAR.—chapucear, frangollar, reparar.

CHAFALLO.—frangollo, chapuz, chapucero, remiendo.

CHAFALLÓN.—chapucero, frangollón, charanguero, embustero, mentiroso.

CHAFANDÍN.—vanidoso, pedante, informal.

CHAFAR.—arrugar, aplastar, deslucir, apabullar, ajar, abollar, deteriorar, menoscabar, marchitar, empeorar, tender, arrugar, deslucir, vencer, derrotar.

CHAFAROTE.—alfanje, sable, machete, espada.

CHAFARRINADA.—mancha, borrón, chafarrinón, mácula, tiznajo, churrete, tiznón, taca, tacha.

CHAFARRINAR.—deslucir, deslustrar, emborronar, manchar, macular, pringar.

CHAFLÁN.—ángulo, esquina, bisel, ochava, achaflanadura, filo, lado, borde.

CHAJUÁN.—bochorno, vulturno, calor.

CHAL.—manteleta, pañuelo, mantón.

CHALADO.—abobado, alelado, falto, tonto, guillado, ido, bobo, enamoradísimo.

CHALÁN.—tratante, negociante, traficante, picador.

CHALANEAR.—cambalachear, traficar, negociar, adiestrar.

CHALARSE.—enamorarse, alelarse, chiflarse.

CHAMAGOSO.—sucio, desaliñado, astroso, vulgar, despreciable, chancho.

CHAMARILERO.—trapero, ropavejero, prendero, chamarillero, tahúr.

CHAMBA.—chiripa, suerte, casualidad, acaso, azar, ventaja, ganga.

CHAMBÓN.—inhábil, cerrado, tarugo, chapucero, chanfla, torpe, chafallón, chamarillón.

CHAMBONADA.—torpeza, pifia, desacierto, chapucería, despropósito, chamba.

CHAMIZA.—chamarrasca, leña, charamusca.

CHAMORRO.—esquilado, trasquilado, pelón.

CHAMUCHINA.—populacho, plebe.

CHAMUSQUINA.—riña, pelea, pendencia, zipizape, trifulca, zaragata, contienda, camorra, pelotera, chamuscadura, chamuscación, chamusco.

CHANADA.—chasco, broma, chirigota, chilindrina, changüí, candonga, superchería, engaño, trampa, pillada, picardía, tunantada, charranada, truhanería.

CHANCEARSE.—burlarse, divertirse, pitorrearse, cachondearse, imponerse, mofarse, guasearse.

CHANCHO.—sucio, desarreglado, astroso, desaliñado, cerdo.

CHANCHULLO.—pastel, trampa, enjuague, intriga, trapicheo, tejemaneje.

CHANGARRO.—changarra, cencerro.

CHANGÜÍ.—engaño, chasco, burla, vaya, befa, broma, chirigota, candonga.

CHANZA.—gracia, burla, broma, chiste, chanzoneta, chirigota, chilindrina, changüí, guasa.

CHAPALEAR.—chapotear, chacolotear, chapar.

CHAPAR. — chapear, placar, contraplacar, asentar, encajar, molestar.

CHAPARRÓN.—aguacero, nubada, chubasco, andalacio, chapetón, chaparrada.

CHAPATAL.—lodazal, barrizal, fangal, pantano, ciénaga.

CHAPODAR.—podar, cercenar.

CHAPÓN.—borrón, manchón.

CHAPOTEAR.—chapalear, chacolotear, salpicar, humedecer, chapar.

CHAPUCERÍA. — tosquedad, imperfección, chafallo, frangollo, chapuz, remiendo, chapuza, embuste, mentira, falsedad, trapacería.

CHAPUCERO. — charanganero, chafallón, chambón, frangollón, embustero, trapacero, mentiroso, falso, tosco, imperfecto, grosero.

CHAPURRAR.—mezclar, chapurrear.

CHAPUZAR.—sumergir, zambullir.

CHAQUIRA.—abalorio, cuenta, alfójar.

CHARADA.—acertijo, enigma, incógnita, quisicosa, pasatiempo, llamarada.

CHARLA.—palabrería, cháchara, parla, charloteo, parloteo, garla, locuacidad, charlatanería, conversación, diálogo, conferencia, plática, cagaaceite.

CHARLAR.—conversar, hablar, platicar, charlatanear, garlar, chacharear, dialogar, charlotear, parlotear.

CHARLATÁN.—garlador, hablador, gárrulo, locuaz, parlanchín, charlador, parlero, parlador, parleruelo, parolero, palabrero, palabrista, sacamuelas, embaidor, embaucador, embustero, farsante, impostor.

CHARLATANERÍA.—charlatanismo, locuacidad, garrulidad, palabrería, parlería, parla.

CHARNELA.—bisagra, gozne, charneta.

CHARRÁN.—tunante, pícaro, pillo, granuja, bribón, sinvergüenza, pillastre, truchimán, trujimán, trojamán.

CHARRANADA.—bribonada, charrada, picardía, tunantada, pillada, truhanada.

CHARRO.—basto, rústico, chillón, chabacano, inelegante, emperifollado, charrería.

CHASCARRILO.—anécdota, cuento, historieta, equívoco, chilindrina, chiste, ocurrencia.

CHASCO.—plancha, error, desaire, decepción, desilusión, desencanto, sorpresa, desengaño, broma, burla, engaño.

CHASQUEAR.—crujir, estallar, restallar, engañar, burlar, zumbar, chascar, incumplir, malograr.

CHASQUIDO.—crujido, estallido, ruido, sonido.

CHATRE.—embellecido, adornado, enjoyado, exornado, hermoseado.

CHAVAL.—joven, muchacho, chico, pequeño, chicorro, chicote.

CHECHE.—fanfarrón, jaque, perdonavidas, valentón, majo, guapo, farfantón.

CHEPA.—corcova, joroba, giba, renga, cifosis, lordosis.

CHICO.—pequeño, niño, muchacho, chaval, chavea, criatura, bajo, corto, reducido.

CHICOLEAR.—piropear, requebrar, enamorar, galantear, florear.

CHICOLEO.—dicho, donaire, galantería, piropo, requiebro, flor, arremuesco, terneza, arrumaco.

CHICHISBEAR.—galantear, cortejar, piñonear, engorgoritar, festejar, obsequiar, enamorar.

CHIFLADURA.—capricho, fantasía, locura, ofuscación, manía, guilladura, alejamiento.

CHIFLAR.—silbar, mofar, burlar, escarnecer, ofuscar, enloquecer, adelgazar.

CHIFLARSE.—alelarse, guillarse, irse, enamorarse, ofuscarse.

CHIJETADA. — chisguete, trago, chorro, chispo.

CHILINDRINA.—bagatela, equívoco, anécdota, chascarrillo, ocurrencia, historieta, chiste, chirigota, chafaldita, broma, dicho, nonada.

CHILINDRINERO.—dicharachero, bromista, chirigotero, embromador, ocurrente.

CHILLAR.—gritar, rechinar, chirriar, escandalizar.

CHINCHAR.—importunar, molestar, incomodar, fastidiar, encocorar, chinchorrear.

CHINCHORRERÍA.—impertinencia, importunación, importunidad, molestia, pesadez, enredo, cuento, chisme, historia, patraña, mentira, embuste, falsedad, comadrería, chismería.

CHINCHORRERO. — cargante, chinchoso, chinche, chismoso, fastidioso, importuno, impertinente, molesto, pesado, comadrero, cotilla.

CHINCHORRO.—hamaca, red, jábega, embarcación.

CHINERO.—armario, vitrina, alacena.

CHIPÉN.—vida, bullicio, alegría, bondad, verdad, chipé.

CHIPICHIPI.—llovizna, calabobos, orballo, sirimiri, chispeo.

CHIQUERO.—zahúrda, pocilga, choza, toril.

CHIQUILICUATRO.—chisgarabís, mequetrefe, muñeco, danzante, trasto, entretenido, bullicioso, jaranero, pequeñano, pequeñajo.

CHIQUILLADA.—niñada, niñería, travesura, muchachada, pillería, mataperrería, perrería.

CHIQUILLO.—niño, criatura, nene, chico, muchacho, chicuelo, chiquilín, chiquitín, chiquirritín, chiquito, mocoso.

CHIRIBITIL.—desván, rincón, cuartucho, zaquizamí, zahúrda, tabuco, tugurio, cuchitril, escondrijo.

CHIRIGOTA.—cuchufleta, chanza, burlería, chasco, pulla, broma, chiste, chanzoneta, burleta, chuzonería, zumba, vaya, chunga.

CHIRIMBOLO.—utensilio, vasija, cachivache, trebejo, chisme, trasto, bártulo, tareco, tarantín, tiliche.

CHIRINOLA.—friolera, bagatela, nimiedad, futesa, fruslería, nonada.

CHIRIPA.—timba, garito.

CHIRLA.—almeja.

CHIRLE.—insípido, insubstancial, soso, insulso, sirle.

CHIRLERO.—chismoso, cuentero, cuentista, correvedile, cotilla.

CHIRLO.—corte, cuchillada, tajo, herida, cicatriz.

CHIRONA.—encierro, cárcel, calabozo, prisión, trena.

CHIRRIAR.—rechinar, crujir, cerdear, chillar, desentonar, chirrear.

CHIRRICHOTE.—necio, tonto, estúpido, estólido, tolete.

CHIRUMEN.—tino, caletre, discernimiento, cacumen, juicio, capacidad, magín, pesquis, cabeza, talento, seso, inteligencia, churumen.

CHISME.—historia, cuento, murmuración, chismería, habladuría, chinchorrería, enredo, lío, embuste, mentira, falsedad, invención, patraña, trasto, cachivache, trebejo, tarceo, chirimbolo, tarantín.

CHISMOSO.—enredador, cuentero, lioso, chismero, maldiciente, murmurador, cizañero, cotilla, correvedile.

CHISPA.—centella, rayo, charamusca, borrachera, curda, embriaguez, jumera, turca, agudeza, gracia, ingenio, penetración, vivacidad, viveza, partícula, pedacito, migaja, donaire.

CHISPAZO.—cuento, chisme, hablilla, habladuría, soplo, acusación.

CHISPEANTE.—ingenioso, agudo, gracioso, penetrante, expresivo, ocurrente, decidor, divertido, entretenido.

CHISPERO.—chapucero, herrero.

CHISPO.—achispado, bebido, beodo, embriagado, curda, borracho, ajumado, chisquete, trago.

CHISTE.—agudeza, donaire, ocurrencia, gracia, chuscada, cuchufleta, chilindrina, chirigota, burla, broma, chanza, burlería, chafaldita, vaya.

CHISTOSO.—agudo, gracioso, donoso, decidor, chusco, ocurrente, humorístico, bufo.

CHIVO.—cabrito, cabritillo, chivato, chivetero.

CHOBA.—bola, mentira, falsedad.

CHOCANTE.—extraño, extraordinario, original, raro, singular, sorprendente, ridículo, particular.

CHOCAR.—tropezar, topar, encontrarse, sorprender, extrañar, admirar, irritar, pelear, reñir, luchar, combatir, disputar, provocar, enfadar, disgustar, desconvenir, desentonar, enojar.

CHOCARRERÍA.—bufonada, procacidad, obscenidad.

CHOCHEZ.—chochera, vejez, ancianidad.

CHOCHO.—calamocano, lelo, altramuz.

CHOQUE.—encuentro, topetazo, estrellón, colisión, trompicón, tropiezo, recuentro, trompilladura, encontronazo, combate, pelea, reyerta, disputa, riña, pendencia, contienda, oposición, disgusto.

CHOQUEZUELA.—rótula.

CHORTAL.—lagunilla, fuentecilla, manantial, charca, charco.

CHOZ.—novedad, extrañeza.

CHOZA.—cabaña, chozo, chamizo.

CHÚCARO.—arisco, bravío, indómito.

CHUCHERÍA.—fruslería, golosina, bocadillo, bagatela, baratijo, nadería, nonada.

CHUECO.—estevado, patituerto, cojo.

CHULO.—pícaro, bribón, pillastre, chulapón, jaquetón, chulapo, rufián.

CHUNGA.—burla, zumba, guasa, chanza, broma, vaya, burlería.

CHUNGUERO.—chistoso, divertido, bromista, zaragatero, zumbón, guasón, burlón.

CHUPADO.—delgado, consumido, extenuado, flaco, magro, delgaducho, angosto, estrecho.

CHUPAR.—succionar, mamar, extraer, tragar, absorber, embeber, sorber, empapar, consumir, explotar, chupetear, sacar, aspirar.

CHUQUISA.—ramera, meretriz, barragana, amasia, churriana.

CHURDÓN.—frambueso, frambuesa, jarabe.

CHURRULLERO. — hablador, chacharero, charlatán, parlanchín, parlero, parleruelo, parlador.

CHURUMO.—substancia, jugo.

CHUSCADA.—agudeza, chiste, donaire, ocurrencia, ingeniosidad, sutileza, picardía.

CHUSCO.—agudo, chistoso, gracioso, donoso, ocurrente, bromista, picaresco, ingenioso, sutil, pícaro.

CHUSMA.—gentuza, chusmaje.

CHUZÓN.—astuto, taimado, recatado, gracioso, burlón, zuizón, burleta.

CHUZONERÍA.—remedo, burleta, contrahechura, burla, broma.

D

DABLE.—hacedero, posible, factible, probable.

DACÍO.—tributo, impuesto.

DÁDIVA.—don, obsequio, presente, regalo, contenta.

DADIVADO.—sobornado, cohechado, comprado.

DADIVOSAMENTE.—generosamente, espléndidamente, liberalmente, desinteresadamente, desprendidamente, pródigamente, lentamente, derramadamente.

DADIVOSO.—desprendido, desinteresado, espléndido, liberal, generoso, enriqueño, munífico, pródigo, rumboso.

DADOR.—comisionado, propio, portador, delegado, librador.

DAIFA.—manceba, querida, amante, amiga, concubina, barragana, amasia, lío.

DALLE.—guadaña.

DAMASINA.—damasquillo, albaricoque.

DAMASQUINAR.—incrustar, embutir, taracear, adornar, exornar, embellecer.

DAMISELA.—damita, doncella, cortesana, mundana.

DAMNIFICAR.—dañar, perjudicar, lesionar, maltratar.

DANZA.—chanchullo, baile, jollín, intriga, gresca, trapatiesta, danzado, habanera, riña, contienda.

DANZANTE.—danzador, bailarín, bailador, danzarín, astuto, activo, mañoso, diligente, botarate, chafandín, revisalsero, chisgarabís, mequetrefe, trasto, zascandil, necio, ligero, informal, entremetido.

DANZAR.—valsar, bailar, bullir, intervenir.

DAÑABLE.—perjudicial, dañoso, perjudicable, dañino, gravoso, condenable.

DAÑADO.—malvado, malo, cruel, perverso, pervertido, condenado.

DAÑAR.—deteriorar, estropear, menoscabar, perjudicar, maltratar, lastimar, malear, pervertir, condenar, sentenciar, corromper.

DAÑINO.—dañoso, malo, perjudicial, nocivo, pernicioso, gravoso.

DAÑO.—deterioro, detrimento, menoscabo, extorsión, perjuicio, lesión, mal, dolor.

DAÑOSO.—dañino, perjudicial, perjudiciable, gravoso, nocivo, pernicioso.

DAR.—regalar, donar, ceder, conferir, otorgar, entregar, dotar, conceder, distribuir, gratificar, remunerar, facilitar, redituar, rentar, producir, rendir, caer, incurrir, aplicar, adivinar, atinar, acertar, prestar, comunicar, suministrar, proporcionar, proveer, surtir, administrar, propinar, copiar, transcribir, presentar, indicar, señalar, convenir, asentir, sujetar, soltar, causar, ocasionar, presagiar, predecir, anunciar, suponer, considerar, juzgar, suceder, existir.

DARDO.—aguijón, venablo, jáculo, azagaya, albur, pulla, ironía.

DATAR.—fechar.

DATO.—noticia, nota, detalle, particular, documento, testimonio, apunte, antecedente, fundamento.

DAUCO.—zanahoria, biznaga.

DAVALAR.—devalar, derivar.

DEBATE.—controversia, réplica, alteración, lucha, contienda, combate, discusión, disputa, polémica, alteración, altercado, porfía.

DEBATIR.—altercar, controvertir, discutir, luchar, disputar, contender, combatir, pelear, guerrear, cuestionar, porfiar.

DEBELADOR.—vencedor, conquistador, ganador, campeón.

DEBELAR. — rendir, conquistar, señorear, vencer, ganar, derrotar.

DEBER.—adeudar, obligación, deuda, cometido, compromiso, incumbir, tocar, competer.

DEBIDAMENTE.—justamente, cumplidamente, estrictamente, exactamente, pésimamente.

DÉBIL.—enclenque, endeble, raquítico, enfermizo, delicado, canijo, emaciado, escuálido, magro, anémico, decaído, desfallecido, desmayado, debilitado, blando, flojo, desmirriado, esmirriado, escuchimizado, desmedrado, agotado, extenuado, enervado, endeble, flaco.

DEBILIDAD.—anemia, descaecimiento, endeblez, desfallecimiento, flaqueza, flojera, languideza, lango, flojedad, raquitismo, debilitación, desmayo, languidez, extenuación, agotamiento, laxitud, lasitud, adinamia, debilitamiento, aflojamiento, decaimiento.

DEBILITARSE.—consumirse, extenuarse, agotarse, encanijarse, emaciarse, esmirriarse.

DÉBITO.—deuda, obligación.

DEBROCAR.—ladear, inclinar, torcer.

DECADENCIA.—declinación, ocaso, declinamiento, descenso, degeneración, caducidad, decaimiento, vejez, debilidad, ruina, arruinamiento, debilitamiento, quebranto.

DECAER.—desmedrar, menoscabar, desmejorar, flaquear, desfallecer, declinar, menguar, disminuir, envejecer, enervar, abatir, marchitar,

DECALVAR.—pelar, rasurar, afeitar.

DECANTAR.—verter, trasegar, transvasar, alabar, celebrar, elogiar, ponderar, exaltar, ensalzar, ponderar, engrandecer, inclinar, ladear, torcer, debrocar.

DECAPITAR.—guillotinar, segar, cortar, descabezar.

DECENCIA.—compostura, aseo, decoro, dignidad, modestia, honestidad, recato, adorno, moderación.

DECENTE.—justo, honesto, correspondiente, conforme, adornado, compuesto, decoroso.

DECEPCIÓN.—chasco, desengaño, desencanto, fracaso, engaño, desilusión.

DECIDERAS.—explicaderas.

DECIDIDO.—resuelto, determinado, firme, denodado, valiente, intrépido, valeroso, atrevido, heroico, dispuesto.

DECIDIR.—resolver, enjuiciar, determinar, declarar, disponer, tallar, persuadir, enjuiciar.

DECIDOR.—dicharachero, chistoso, gracioso, donoso, ocurrente, agudo, divertido, ingenioso, chirigotero.

DECIR.—hablar, referir, explicar, contar, recitar, informar, manifestar, dictar, aseverar, afirmar, sostener, asegurar, opinar, declarar, expresar, indicar, mencionar, reiterar, observar, denotar, desarrollar, contener, detallar, anunciar, especificar, confesar, estimar, someter, señalar, significar, exponer, alegar, aducir, enumerar, reconocer, nombrar, articular, proferir, exclamar, rebosar, prorrumpir, notificar, endilgar, exclamar.

DECISIÓN.—determinación, partido, resolución, sentencia, fallo, acuerdo, firmeza, entereza, energía.

DECISIVO.—concluyente, definitivo, perentorio, terminante, acabador, acabable, conclusivo, concluso.

DECLAMAR.—recitar, perorar, discursear, hablar, decir, entonar, discantar.

DECLARACIÓN.—explicación, manifestación, enunciación, exposición, deposición, noticia, revelación.

DECLARAR.—manifestar, enunciar, exponer, explicar, deponer, testificar, atestiguar, testimoniar, confesar, noticiar, revelar.

DECLINACIÓN.—descenso, declivio, bajada, caída, decadencia, terminación, postrimería, ocaso, menoscabo, declinamiento, declive, declividad.

DECLINAR. — menguar, decaer, disminuir, descender, decrecer, inclinarse, transformarse, renunciar, rehusar, recusar, envejecer, caer, cambiar, rechazar.

DECLIVE.—declividad, vertiente, declivio, cuesta, inclinación, pendiente, depresión, desnivel, rampa, escarpa, releje, capialzo, ribazo, repecho.

DECOLORACIÓN. — descoloramiento, palor, palidez, descolorimiento.

DECOLORAR.—descolorar, desteñir, despintar, palidecer, descolorir, empalidecer.

DECORACIÓN.—pompa, ornato, embellecimiento, decorado, adorno.

DECORAR.—hermosear, adornar, ornar, condecorar, embellecer, exornar.

DECORO. — respeto, honor, respetabilidad, pundonor, dignidad, seriedad, circunspección, conveniencia, gravedad, recato, honestidad, decencia, reverencia, honra, puntillo.

DECRECER.—disminuir, menguar, diminuir, aminorar, minorar, amenguar, decaer, bajar, declinar.

DECRECIMIENTO.—disminución, decremento, decadencia, minoramiento, aminoramiento, mengua.

DECRÉPITO.—viejo, anciano, caduco, calamocano, chocho, decaído.

DECRETAR.—resolver, determinar, dictar, decidir, ordenar, fallar, declarar, establecer.

DECRETO.—edicto, bando, resolución, decisión, orden, facultad, ucase, dahír, firmán.

DECHADO.—muestra, ejemplar, modelo, prototipo, arquetipo, ejemplo, labor.

DÉDALO.—lío, laberinto, maraña, confusión, enredo, complicación.

DEDICACIÓN. — dedicatoria, consagración, conmemoración.

DEDICAR.—dirigir, destinar, emplear, consagrar, aplicar, referir, ofrecer, ocupar, asignar, destinar.

DEDUCCIÓN.—consecuencia, derivación, descuento, rebaja, disminución, mengua, amengua, minoración.

DEDUCIR.—derivar, inferir, suponer, colegir, alegar, aducir, discurrir, sacar, seguir, rebajar, descontar, disminuir, restar, menguar, aminorar, amenguar.

DEFECCIÓN.—abandono, deserción, huida, deslealtad, traición, separación, arredramiento.

DEFECTO.—imperfección, tacha, falta, vicio, desarreglo, deformidad, deficiencia, torpeza, incorrección, nulidad, lacra, mancamiento.

DEFECTUOSO.—imperfecto, defectivo, deforme, informe, incorrecto, falto, tachoso, chanflón, chapucero, semiforme, imperfecto.

DEFENDER. — propugnar, apoyar, abogar, preservar, resguardar, amparar, proteger, librar, sostener, mantener, patrocinar, salvaguardar, escudar, ayudar, auxiliar, abogar, esculpar, conservar, disculpar, excusar, justificar, sincerar, alegar, vedar, prohibir, guarecer, cobijar.

DEFENDERSE. — sostenerse, mantenerse, aguantarse, disculparse, preservarse, escudarse, ayudarse.

DEFENSA.—amparo, protección, auxilio, apoyo, reparo, abrigo, resguardo, socorro, resistencia, abrigadero, socaire, ayuda, muralla, bastión, parapeto, baluarte, arma, defensión, abrigaño, intercesión, mediación, tutela, defensoria.

DEFERENCIA.—cortesía, adhesión, consideración, respeto, miramiento, atención, condescendencia, asentimiento, contemplación, delicadez, delicadeza.

DEFERENTE.—atento, considerado, respetuoso, mirado, complaciente, condescendiente.

DEFICIENCIA.—falta, defecto, imperfección, anomalía, alteración, desfiguración.

DEFICIENTE.—defectuoso, incompleto, insuficiente, falto, imperfecto, anómalo, alterado.

DEFINIR.—fijar, precisar, aclarar, explicar, exponer, razonar, concluir, terminar, resolver, acabar.

DEFINITIVO.—resolutivo, decisivo, concluso, conclusible, acabador, concluyente, terminante.

DEFORMACIÓN. — alteración, deformidad, monstruosidad, fealdad, aberración, imperfección.

DEFORME.—imperfecto, monstruoso, disforme, malhecho, molso, amorfo, desfigurado, feo, desproporcionado, contrahecho, informe.

DEFORMIDAD.—imperfección, fealdad, degeneración, monstruosidad, aberración, teratología, anomalía, amorfia, error, desorden, delito.

DEFRAUDACIÓN.—hurto, usurpación, estorbo, impedimento, latrocinio.

DEFRAUDAR.—usurpar, robar, quitar, turbar, frustrar, embarazar, malograr, impedir, estorbar.

DEFUNCIÓN.—muerte, fallecimiento, óbito.

DEGENERACIÓN.—descaecimiento, declinación, derivación, decadencia, alteración, perversión, declinamiento, corrupción, bastardía.

DEGENERAR.—caer, decaer, perder, declinar, desdecir, bastardear, descaer, empeorar, descaecer.

DEGLUCIÓN.—ingestión, engullimiento, ingurgitación, tragantona.

DEGOLLADURA.—escote, degollado, degolladero, garganta, llaga.

DEGOLLINA.—matanza, mortandad, carnicería, desaguisado, escabechina.

DEGRADANTE.—depresivo, bajo, humillante, ruin, vil.

DEGRADAR.—deponer, deshonrar, humillar, rebajar, envilecer, abatir, destituir, exonerar, disminuir.

DEGRESIÓN.—decrecimiento, aminoramiento, minoramiento, mengua, disminución, regresión.

DEHESA.—coto, redonda, acampo, prado, pasto.

DEIFICAR.—alabar, ensalzar, penderar, divinizar.

DEÍFICO.—celeste, celestial, divino.

DEJACIÓN.—cesión, desistimiento, abdicación, resignación, desapropio, renuncia, abandono, abdicación, dimisión, dejo, deserción, defección, dejada, dejamiento.

DEJADEZ.—abandono, descuido, incuria, desidia, negligencia, pereza, dejamiento, desaplicación, desatención, indolencia, desaliño, inaplicación.

DEJADO.—abandonado, adán, descuidado, negligente, desidioso, perezoso, flojo, desatentado, abatido, holgazán, vago, pigre, desaplicado, desaliñado.

DEJAMIENTO.—dejación, dejadez, despego, decaimiento, laxitud, flojedad, desasimiento, desgana, apatía, morosidad.

DEJAR.—abandonar, desamparar, repudiar, soltar, rechazar, partir, huir, salir, faltar, consentir, tolerar, permitir, omitir, olvidar, producir, rentar, redituar, valer, encargar, confiar, nombrar, encomendar, designar, cesar, renunciar, resignar, desertar, abdicar, declinar, transmitir, arrinconar, arrimar, desistir, abjurar, legar, disponer, ordenar, emigrar, aplazar.

DEJILLO.—deje, dejo, acento, gusto.

DELACIÓN. — acusación, denunciación, denuncia, soplo, chivatada, denunciamiento, llamamiento.

DELANTAL. — mandil, devantal, escusalá, mantelo, faldas.

DELANTE.—frente, enfrente.

DELATAR.—acusar, denunciar, descubrir, revelar, chivatar.

DELATOR.—denunciador, acusador, soplón, confidente, chivato.

DELE.—deleátur.

DELECTACIÓN.—deleitación, deleite, agrado, gozo, placer, goce, disfrute, complacencia.

DELEGACIÓN.—representación, comisión, encomienda, sucursal, filial, apoderamiento, agencia.

DELEGADO. — comisionado, representante, subalterno, encargado, apoderado, agente.

DELEGAR.—encomendar, encargar, transmitir, comisionar, conferir, facultar, deferir.

DELEITABLE.—ameno, agradable, delicioso, apacible, deleitoso, regalado, amenoso, placible, cómodo, encantador, primoroso.

DELEITAR.—agradar, encantar, complacer, regalar, satisfacer, acontentar, amenizar.

DELEITE.—goce, placer, delicia, gozo, encanto, complacencia, regalo, gusto, satisfacción, delectación, deleitación, placimiento, regosto, agrado.

DELEITOSO.—agradable, ameno, delicioso, apacible, deleitable, delectable, grato, gustoso.

DELETÉREO.—mortífero, venenoso, mortal, destructor.

DELETREAR.—comprender, interpretar, aclarar.

DELEZNABLE.—delicado, frágil, inestable, breve, fugaz, débil, clástico, inconsistente, flaco, perecedero, quebradizo.

DELGADAMENTE.—delicadamente, sutilmente, ingeniosamente, discretamente, agudamente, conceptuosamente, perspicazmente, despiertamente.

DELGADEZ.—flaqueza, flacura, demacración, depauperación, desnutrición, esbeltez, delicadeza, finura, sutileza, consunción, adelgazamiento.

DELGADO.—cenceño, flaco, enjuto, seco, enteco, ahilado, demacrado, carniseco, pilongo, entelerido, pauperado, descarnado, escuchimizado, esquelético, desmirriado, esmirriado, escurrido, famélico, desnutrido, desmejorado, desmedrado, argüellado, buido, afilado, fino, esbelto, agudo, lambrija, lombriz, anguila.

DELIBERADAMENTE.—adrede, premeditadamente, aposta, intencionadamente, deliberativamente, cavilosamente, preconcebidamente, acordadamente.

DELIBERAR.—considerar, examinar, discutir, debatir, meditar, pensar, recapacitar.

DELICADAMENTE. — melifluamente, primorosamente, pulidamente, suavemente, finamente, cortésmente, galantemente, remilgadamente, muellemente, regaladamente, cumplidamente.

DELICADEZ.—debilidad, flojedad, flaqueza, indolencia, nimiedad, escrupulosidad, suspicacia, delicadeza, melindrería, gazmoñería, remilgo.

DELICADEZA.—ternura, finura, atención, suavidad, miramiento, primor, sutileza, sensibilidad, escrupulosidad, afeminación, ñoñez, chinchorrería.

DELICADO.—deleznable, frágil, quebradizo, inconsistente, enfermizo, enclenque, débil, suave, fino, tierno, mirado, atento, sensible, gustoso, sabroso, apetitoso, regalado, exquisito, pamplinoso, alcorzado, superferolítico, sibarita, esquilimoso, caramilloso, rico, suspicaz, quisquilloso, difícil, descontentadizo, escrupuloso, sutil, ingenioso, agudo, primoroso, agraciado, gachón, plácido, fascinador, embriagador, desenojoso.

DELICIA.—placer, deleite, encanto, goce, complacencia, regalo, agrado, hechizo, seducción.

DELICIOSO.—deleitable, ameno, agradable, apacible, encantador, deleitoso, primoroso, atrayente, gracioso, fascinador, deleitante, sabroso, gustoso, adorable.

DELIMITAR.—amojonar, deslindar, fijar límites, aclarar, depurar.

DELINCUENTE.—criminal, reo, malhechor, indiciado, transgresor, forajido, facineroso, bandolero.

DELINEAR.—dibujar, diseñar, esbozar.

DELIQUIO.—desmayo, desfallecimiento, éxtasis, desvanecimiento, vahído, vértigo, soponcio, patatús.

DELIRAR.—desvariar, desbarrar, disparatar, soñar, fantasear, devanear, disparar, desbaratar.

DELIRIO.—crimen, culpa, falta, contravención, infracción, atentado, demasía.

DELUDIR.—mofar, escarnecer, alucinar, engañar, burlar, chasquear, frustrar, trufar, embaucar.

DEMACRACIÓN.—magrura, delgadez, escualidez, magrez, emaciación.
DEMANDA.—petición, pregunta, ruego, solicitación, solicitud, empresa, intento, empeño, pedimento, pedidura, rogación, súplica.
DEMANDADERO.—recadero, mandadero, cosario, encomendero, vocero, mensajero.
DEMANDADOR. — pretendiente, solicitante, peticionario, cuestor, mendigo, limosnero.
DEMANDAR.—pedir, rogar, suplicar, solicitar, apetecer, desear, exigir, pordiosear, impetrar, implorar.
DEMARCAR.—delinear, señalar, delimitar, marcar, determinar.
DEMASÍA.—atrevimiento, exceso, insolencia, descortesía, desafuero, delito, descomedimiento, descaro, desvergüenza, maldad.
DEMASIADO.—exorbitante, excesivo, sobrado, excedente, harto.
DEMEDIAR.—mediar, dimidiar, comediar, promediar.
DEMENCIA.—trastorno, locura, vesania, insensatez, folía, alienación, amencia, chifladura.
DEMENTE.—loco, vesánico, orate, insensato, ido, lunático, mochales, chalado, anormal, perenne.
DEMISIÓN.—sumisión, abatimiento, sujeción, desaliento, desesperanza, acatamiento.
DEMOLER.—derribar, arruinar, deshacer, desbaratar, destruir, arrasar, asolar, desolar, derrocar, derruir.
DEMONIO.—travieso, turbulento, perverso, demonche, diablo, demontre, diantre.
DEMORA.—tardanza, dilación, remisión, retraso, retardo, espera, plazo, detención, aplazamiento, prórroga, mora.
DEMORAR.—dilatar, diferir, retrasar, retardar, aplazar, detenerse, rezagar, pausar, prorrogar.
DEMOSTRACION.—señalamiento, manifestación, comprobación, indicación, mostración, ostentación, exteriorización, exhibición.
DEMOSTRAR.—manifestar, señalar, evidenciar, declarar, probar, enseñar, mostrar, justificar, patentizar, indicar, solidar, persuadir, ostentar, exteriorizar.
DEMUDAR.—variar, mudar, alterar, desfigurar, disfrazar, modificar, trastrocar, deformar.
DENEGACIÓN.—negativa, repulsa, nugación, neguilla.
DENEGRIDO.—ennegrecido, negruzco, renegrido, negreado, oscuro, obscuro, atezado, endrino, tostado.
DENGOSO.—melindroso, delicado, afectado, remilgado, esquilimoso, melindrero, pamplinero, pamplinoso, denguero.
DENGUE. — melindre, afectación, remilgo, trancazo, gripe, capotillo, esclavina, ñoñez, momería, gazmoñería.
DENIGRANTE.—afrentoso, calumnioso, deshonroso, infamante, humillante, injurioso, vergonzoso, calumniador, maldiciente, denigrativo, afrentoso, inflamatorio, difamatorio.
DENIGRAR.—infamar, mancillar, agraviar, injuriar, calumniar, ultrajar, deshonrar, desacreditar, desprestigiar, empañar, deslustrar, manchar, maldecir, baldonar, detractar, amancillar, oprobiar, vituperar.
DENODADO.—intrépido, atrevido, valiente, esforzado, audaz, animoso, resuelto, arrojado, valeroso, arriscado, osado, temerario.
DENOMINACIÓN.—nombre, título, renombre, prenombre, gracia, cognomento.
DENOMINAR.—señalar, nombrar, distinguir, designar, intitular, nominar, titular, motejar.
DENOSTADOR. — injuriador, agraviador, afrentador, infamador, ofensor, insultador, difamador, deshonrador, difamador.
DENOSTAR.—injuriar, infamar, ofender, agraviar, insultar, baldonar, amancillar oprobiar, vituperar.
DENOTAR.—indicar, anunciar, significar, advertir, marcar, señalar, apuntar, avisar, sopuntar.
DENSO.—compacto, apretado, comprimido, apiñado, unido, craso, espeso, obscuro, confuso, tupido, consistente, amazacotado.
DENUDAR.—desnudar, despojar, desvestir, desataviar, descobijar.
DENUEDO.—brío, esfuerzo, intrepidez, arrojo, valor, ánimo, valentía, arriscamiento, osadía, audacia.
DENUESTO.—injuria, afrenta, ofensa, insulto, agravio, oprobio, vituperio, baldón, calumnia.
DENUNCIA.—delación, soplo, confidencia, acusación, denunciación, advertencia, aviso, comunicación.
DENUNCIAR.—acusar, delatar, revelar, pronosticar, descubrir, predecir, vaticinar, publicar, promulgar, noticiar, avisar, informar, comunicar, exhibir.
DEPARTAMENTO.—compartimiento, división, cantón, distrito.
DEPARTIR.—conversar, hablar, platicar, dividir, separar, patullar, dialogar, conferenciar, charlar.
DEPAUPERAR.—empobrecer, debilitar, extenuar, enflaquecer, postrar, caducar, marchitar.
DEPENDENCIA.—subordinación, sujeción, encargo, negocio, agencia, oficina, sucursal, filial, supeditación, sumisión.
DEPLORABLE.—lamentable, triste, sensible, lastimoso, miserable, desdichado, infeliz, desventurado, desgraciado, desafortunado, malaventurado.
DEPLORAR.—sentir, lamentar, llorar.
DEPONER.—separar, dejar, destituir, degradar, afirmar, atestiguar, testificar, declarar, evacuar, defecar, cagar, ensuciarse, exonerar, despedir, revelar.
DEPORTACIÓN.—extrañamiento, destierro, confinamiento, ostracismo, expatriación, extrañación, proscripción, confinación, relegación.
DEPORTE.—recreación, diversión, pasatiempo, juego.
DEPOSICIÓN.—exposición, declaración, degradación, explicación, destitución, evacuación, defección, despido, exoneración, relevo.
DEPOSITAR.—confiar, guardar, colocar, poner, entregar, fiar, dar, ceder.
DEPÓSITO.—poso, sedimento, precipitado, pósito, almacén, receptáculo, custodia, garantía, resguardo.
DEPRAVACIÓN.—desenfreno, corrupción, envilecimiento, libertinaje, licencia, perversión, pervertimiento, inmoralidad.
DEPRAVADO.—pervertido, licencioso, vicioso, libertino, envilecido, corrompido, perverso, inmoral, prevaricador.
DEPRAVADOR.—corruptor, envilecedor, desmoralizador, prevaricador, pervertidor, escandalizador.
DEPRAVAR.—corromper, viciar, pervertir, envilecer, malear, viciar, enviciar, prostituir.
DEPRECACIÓN.—súplica, ruego, petición, pedidura, demanda, pedimento, póstula.
DEPRECAR.—pedir, rogar, suplicar, demandar, impetrar, implorar.
DEPRECATIVO. — suplicante, deprecatorio, impetrante, demandante, demandador, rogador, rogante.

DEPRECIACION.—depreciar, desvalorizar, rebaja, baja, baratía, abaratamiento.

DEPREDACION.—pillaje, devastación, malversación, exacción, abuso, saqueo, despojo, merodeo, robo.

DEPREDAR.—saquear, robar, devastar, despojar, pillar, latrocinar, apandar, desvalijar, rapiñar.

DEPRESIVO.—degradante, humillante, vergonzoso, deprimente.

DEPRIMIR.—humillar, rebajar, abatir, desalentar, degradar, disminuir, confundir, anonadar, postrar, achicar.

DEPURACIÓN.—purificación, limpieza, puridad, incorrupción.

DEPURAR.—purificar, purgar, limpiar, mundificar, acendrar, acrisolar, encendrar.

DERECHAMENTE.—directamente, rectamente, francamente, sinceramente, exactamente.

DERECHO.—directo, seguido, recto, enhiesto, erguido, tieso, levantado, plantado, justo, legítimo, razonable, acuerdado, seguido, normal.

DERELICCIÓN.—abandono, desamparo, desarrimo, desabrigo, desvalimiento, desatención.

DERIVAR.—proceder, emanar, nacer, encaminar, conducir, arrancar, dimanar, promanar, provenir.

DERIVARSE.—originarse, deducirse seguirse, amanarse, conducirse.

DERIVO.—origen, procedencia, nacimiento.

DEROGAR.—abolir, anular, destruir, reformar, modificar, suprimir, revocar, abrogar, cancelar, invalidar.

DERRAMA.—repartimiento, contribución, impuesto, tributo, gravamen, subsidio, canon.

DERRAMAR.—verter, esparcir, desbordar, rebosar, desparramar, desaguar, divulgar, extender, publicar, propalar, volcar, difundir, efundir, evacuar.

DERREDOR.—circuito, contorno, alrededor, ámbito, perímetro, alrededores, rededor.

DERRELINQUIR. — abandonar, desamparar, desabrigar, desatender, desarrimar.

DERRENEGAR.—aborrecer, odiar, renegar, abominar, enterriar.

DERRENGAR.—desriñonar, descaderar, torcer, deslomar, inclinar, desviar, lastimar, subintrar, baldar, tullir, tullecer.

DERRETIR.—licuar, fundir, disolver, disipar, gastar, consumir, colicuar, refundir, licuefacer, descoagular.

DERRETIRSE.—deshacerse, consumirse, impacientarse, enardecerse, refundirse, deshelarse, descoagularse, disiparse.

DERRIBAR.—derruir, demoler, desmontar, abatir, derrumbar, tumbar, hundir, derrocar, desbaratar, trastornar, deponer, arruinar, humillar, postrar, desencumbrar, desendiosar, descimentar, devastar, asolar, desolar.

DERROCADERO.—despeñadero, derrumbadero, precipicio, sima, precipitadero, desgalgadero, derrumbo, tajo.

DERROCAR.—despeñar, precipitar, derribar, demoler, arruinar, enervar, tirar, abatir, tumbar, asolar, descimentar.

DERROCHAR.—malgastar, malrotar, desaprovechar, dilapidar, despilfarrar, malbaratar, prodigar.

DERROCHE.—despilfarro, profusión, dilapidación, desperdicio, dispendio, prodigalidad, liberalidad.

DERROTA.—camino, vereda, senda, rumbo, derrotero, dirección, rota, vencimiento, vericueto, ceja.

DERROTADO.—pobre, andrajoso, roto, destrozado, harapiento, vencido, batido.

DERROTAR.—batir, vencer, desbaratar, romper, disipar, malgastar, malrotar, derrochar, prodigar, destrozar.

DERROTERO.—derrota, rumbo, dirección, camino, ruta, itinerario, trayectoria, recorrido.

DERRUIR.—derribar, destruir, arruinar, demoler, desbaratar, destrozar, deshacer, asolar, desolar, devastar, abatir.

DERRUMBAR.—precipitar, despeñar, derrocar, desplomar, derribar, hundir, destruir, abatir, tumbar, tirar, descimentar.

DESABARRANCAR.—liberar, desatollar, desatascar.

DESABOR.—desabrimiento, insipidez, insulsez, sosería, sosera, zoncera, zoncería.

DESABORIDO.—indiferente, soso, insípido, insubstancial, insulso, desabrido, zonzo, chulo, janto, jando.

DESABRIDO.—soso, insulso, insípido, áspero, desapacible, desagradable, huraño, displicente, destemplado, duro, intratable, zonzo, chirle, janto, jando.

DESABRIGAR.—desarropar, destapar, desmantelar.

DESABRIGO.—desamparo, abandono, desvalimiento, defección, abandonamiento.

DESABRIMIENTO. — displicencia, aspereza, destemplanza, dureza, disgusto, desazón, insulsez, acedia, desapacibilidad, brusquedad.

DESABROCHAR.—desabotonar, abrir, descoger, desplegar, soltar, desanudar, desceñir, desfajar.

DESACATADOR.—irrespetuoso, irreverente, desconsiderado, malconsiderado.

DESACATAR.—irrespetar, irreverenciar, desconsiderar.

DESACATO. — irreverencia, irrespetuosidad, desatención, descomedimiento, insubordinación, desacatamiento, irrespeto, desconsideración, descaro.

DESACERBAR.—templar, endulzar, calmar, apaciguar, dulcificar, azucarar, edulcorar, adulzar.

DESACERTAR.—disparatar, errar, desatinar, equivocarse, fallar.

DESACIERTO.—torpeza, equivocación, error, desatino, disparate, dislate, descuido, deslumbramiento, coladura, cagada.

DESACOMODADO.—apurado, ahogado, parado, desocupado, desempleado, incómodo, molesto, inconveniente, pobre, menesteroso, mendigo.

DESACOPLAR.—separar, desencajar, desunir.

DESACORDE. — disconforme, desconforme, desunido, destemplado, desavenido, desafinado, desacordado, disonante, discordante, impertinente, discrepante, chocante, incongruente.

DESACREDITAR.—infamar, deslucir, calumniar, deshonrar, disminuir, menoscabar, desopinar, desautorizar, detractar, amancillar, tildar.

DESACUERDO.—discordia, desconformidad, desacierto, disconformidad, olvido, error, desavenencia, enajenamiento, equivocación, desunión, discordancia, discrepancia, incongruencia.

DESADEREZAR.—desaliñar, ajar, descomponer, deslucir, amancillar, apañuscar, desflorar.

DESAFECTO. — malquerencia, animosidad, aversión, enemiga, desafección, opuesto, contrario, desinterés, desapego, despego, desafección.

DESAFERRAR.—desasir, soltar, disuadir,

apartar, destrabar, desatar, desaprisionar, desamarrar.

DESAFIAR.—retar, provocar, contender, competir, arrostrar, afrontar, rivalizar, emular.

DESAFINAR.—desentonar, desacordar, destemplar.

DESAFÍO.—provocación, reto, duelo, encuentro, querella, rivalidad, competencia, antagonismo, oposición, pugna.

DESAFORADAMENTE. — desordenadamente, atropelladamente, excesivamente, desmedidamente, osadamente, atrevidamente, descomunalmente, enormemente, grandemente, desatentadamente, furiosamente, descomedidamente.

DESAFORADO.—desatentado, furioso, desmedido, enorme, descomunal, grande, imponente, grandioso.

DESAFORAR.—privar, quebrantar, atropellar, infringir, insolentar.

DESAFORTUNADAMENTE. — desventuradamente, infortunadamente, miserablemente, desdichadamente, infelizmente, desgraciadamente, infaustamente, calamitosamente, funestamente, infelizmente, desastrosamente.

DESAFORTUNADO. — desgraciado, infeliz, desdichado, miserable, mísero, infortunado, desventurado, infausto, ominoso, aciago, azaroso, miserando, misérrimo, infelice.

DESAGARRAR.—soltar, desasir, libertar.

DESAGRACIADO.—soso, zonzo, ñoño, insípido, desaborido, desabrido, anodino, afeado, deslucido, deslustrado, ajado.

DESAGRADABLE.—enojoso, enfadoso, pesado, fastidioso, molesto, insoportable, antipático, odioso, penoso, aburrido, desabrido, desapacible, incómodo, aguafiestas, displaciente, malo.

DESAGRADAR.—disgustar, descontentar, enfadar, enojar, fastidiar, molestar, displacer, desazonar, desplacer, amohinar, desabrir, resquemar, acedar.

DESAGRADECIDO.—ingrato, olvidadizo, descastado, desnaturalizado, olvidado.

DESAGRADO.—disgusto, descontento, enojo, fastidio, molestia, amarulencia, desazón, resquemor, descontentamiento, importunación.

DESAGRAVIAR.—reparar, compensar, corregir, remediar, subsanar.

DESAGUAR.—extraer, desasear, vaciar, disipar, consumir, desembocar, derramar, achicar, desaguazar, derrochar, evacuar.

DESAGÜE.—desaguadero, desahogo, salida, desembocadura, avenamiento, palería, drenaje.

DESAGUISADO.—agravio, querella, denuesto, torpeza, injusticia, desacierto, desatino, disparate, barbaridad, destrozo, desbarajuste, tropelía, ofensa, descomedimiento.

DESAHIJAR.—apartar, separar, enjambrar, jabardear.

DESAHOGADO.—atrevido, descarado, libre, descocado, desvergonzado, precoz, desenfadado, fresco, desenvuelto, desembarazado, despejado, amplio, desempeñado, desentrampado, desocupado, descansado, aliviado.

DESAHOGAR.—aliviar, ayudar, despejar, desembarazar, tranquilizar.

DESAHOGARSE.—confiarse, franquearse, descansarse, aliviarse, espontanearse, descararse, desembarazarse, desempeñarse, desentramparse, reposarse.

DESAHOGO.—alivio, dilatación, ensanche, bienestar, esparcimiento, expansión, comodidad, desembarazo, libertad, descanso, reposo, tranquilidad, descoco, descaro, atrevimiento, desvergüenza, desenvoltura, distracción, desenfado, despejo, frescura.

DESAHUCIAR.—desafuciar, desengañar, desesperar, desesperanzar.

DESAIRADO.—desgarbado, desgalichado, colgado, burlado, chasqueado, desatendido, desestimado, despreciado, desdeñado, desvaído, desgarbilado, desmadejado, aspado.

DESAIRAR.—deslucir, desestimar, despreciar, desdeñar, desatender, chasquear.

DESAIRE.—descortesía, desatención, desprecio, grosería, disfavor, desgaire, desaliño, inelegancia.

DESALADO.—presuroso, acelerado, ansioso, anhelante, anheloso, afanoso.

DESALAR.—afanar, apresurar, acelerar, ansiar, anhelar.

DESAJUSTAR.—desacoplar, desunir, abatir, acoquinar, desanimar, postrar, acochinar, descorazonar, consternar, apocar, desmayar.

DESALIENTO.—abatimiento, descaecimiento, desánimo, postración, acoquinamiento, desanimación, descorazonamiento, desfallecimiento.

DESALIÑAR.—descomponer, ajar, desarreglar, desbaratar, estropear, deslucir, apañuscar, amancillar.

DESALIÑO.—desaseo, negligencia, descuido, abandono, desidia, descompostura, deslustre, indiligencia, dejadez, dejamiento.

DESALMADO.—cruel, inhumano, monstruo, bárbaro, salvaje, perverso, despiadado, desapiadado, inhumanitario, deshumano, inclemente, impiadoso.

DESALMAMIENTO.—crueldad, inhumanidad, perversidad, inmisericordia, inclemencia, impiedad.

DESALOJAR.—echar, expulsar, lanzar, desahuciar, desplazar, desaposentar, sacar, desalquilar, expeler, excluir, eliminar, desechar, desencastillar.

DESALTERAR.—calmar, aliviar, sosegar, apaciguar, tranquilizar, aquietar, quietar, asosegar, serenar.

DESAMAR.—aborrecer, odiar, malquerer, detestar, derrengar, abominar.

DESAMARRAR.—desatar, desasir, soltar, apartar, desviar, destrabar, descinchar, desaprisionar.

DESAMIGADO.—enemistado, indispuesto, reñido, disgustado, esturado, inimicísimo.

DESAMISTARSE.—enemistarse, indisponerse, distanciarse, repuntarse, disgustarse, reñir, romper, desavenirse, desgraciarse.

DESAMOR.—aborrecimiento, enemistad, odio, desafecto, aversión, malquerencia, animosidad, tirria, ojeriza, encono, animadversión, fila.

DESAMPARADO. — abandonado, desvalido, solo, huérfano, solitario, desierto, imbele, derrelicto, mostrenco.

DESAMPARO.—desarrimo, abandono, ausencia, desabrigo, orfandad, desistimiento, abandonamiento.

DESANGRAR.—arruinar, empobrecer, agotar, descongestionar, desaguar, gastar.

DESANIMAR.—desalentar, acobardar, acoquinar, amilanar, abatir, postrar, descorazonar, acochinar, abismar, apocar.

DESÁNIMO.—desaliento, abatimiento, postración, descaecimiento, amilanamiento, caimiento, acabación, anonadación, acabamiento, aplanamiento, amilanamiento, acoquinamiento, agobio.

DESAPACIBLE.—duro, áspero, desagradable, destemplado, desabrido, fastidioso, enfadoso, escolimoso, cariacedo, esquinado.

DESAPARECER.—ocultarse, escondese, perderse, eclipsarse, traslumbrarse.

DESAPEGO.—despego, desvío, frialdad, desafecto, alejamiento, indiferencia, despegamiento, alejamiento.

DESAPERCIBIDO.—descuidado, desprevenido, desprovisto, impróvido, seguro, confiado.

DESAPERCIBIMIENTO.—desprevención, imprevisión, inadvertencia, descuido, indeliberación, irreflexión, mancamiento.

DESAPIADADO.—despiadado, impío, inhumano, cruel, bárbaro monstruo, salvaje.

DESAPLICADO.—gandul, ocioso, holgazán, perezoso, remolón, novillero, descuidado, negligente.

DESAPODERADO. — precipitado, violento, desenfrenado, impetuoso, furioso, animoso, incontenible.

DESAPRECIAR.—desestimar, desarmar, aborrecer, menospreciar.

DESAPROBACIÓN.—reprobación, disconformidad, reproche, disentimiento, censura, reconvención, desautorización, reprensión, amonestación, reprimenda, admonición, reparo, distingo, diatriba, motejo, crítica, desalabanza, vituperio.

DESAPROBAR.—reprobar, censurar, condenar, disentir, oponerse, denegar, desalabar, criticar, motejar, vituperar, desapadrinar, tildar, improbar, atildar.

DESAPROVECHAMIENTO.—atraso, rezago, desmedro, desperdicio, atrasamiento, retardación, invalidación, inanidad.

DESAPROVECHAR.—desperdiciar, malgastar, derrochar, malbaratar, tirar, arrumbar, inutilizar, arrimar, anular, desechar.

DESAQUELLARSE.—desalentarse, descorazonarse, desanimarse, abatirse, abismarse.

DESARMAR.—desmontar, desunir, moderar, mitigar, minorar, desvanecer, templar, licenciar, descomponer, aplacar.

DESARRAIGAR.—arrancar, extirpar, descepar, desterrar, expulsar, suprimir, disuadir.

DESARRAPADO. — desharrapado, andrajoso, guiñapiento, gualdrapero, pingajoso, harapiento, haraposo, roto.

DESARREBUJAR.—desenvolver, desenredar, desarropar, desabrigar, explicar, aclarar, esclarecer.

DESARREGLADO.—incontinente, desordenado, desorganizado, descompuesto, inordenado, heteróclito, descorregido, trastornado.

DESARREGLAR.—desordenar, alterar, desbarajustar, perturbar, descomponer, trastornar, desgobernar, desorganizar.

DESARREGLO.—desorden, desbarajuste, desorganización, descomposición, desgobierno, desconcierto, confusión, trastorno, desordenación, deformidad, destartalo, desbarahuste.

DESARRIMAR.—separar, apartar, desunir, desusar, rehuir, relegar, desaconsejar, disuadir, desengañar, retraer, desencaprichar.

DESARROLLAR.—acrecentar, aumentar, fomentar, ampliar, impulsar, desenrollar, desenvolver, desplegar, descoger, explicar, explanar, extender, mejorar, exponer.

DESARROLLO.—aumento, adelanto, mejora, exposición, amplitud, crecimiento, desenvolvimiento, incremento, progreso, ampliación, explicación, explanación.

DESARROPAR.—destapar, desabrigar, despojar, descubrir, desatarciar, descobijar.

DESASEADO.—adán, dejado, desaliñado, descuidado, mugriento, sucio, negligente, desgarrado, abandonado.

DESASIRSE.—soltarse, desprenderse, desgajarse.

DESASOSIEGO.—inquietud, alteración, trastorno, turbación, malestar, intranquilidad, ansiedad, desazón, zozobra, conturbación, escarabajeo.

DESASTRADO.—derrotado, andrajoso, desaliñado, harapiento, desaseado, haraposo, negligente, roto, zarrapastroso, dejado, infeliz, infausto, desgraciado, desastroso, desventurado, aciago, adverso.

DESASTRE.—desgracia, adversidad, pérdida, ruina, calamidad, destrucción, devastación, asolamiento, fracaso, infortuna, infortunio.

DESASTROSO.—asolador, destructor, infausto, devastador, infeliz, ruinoso, desastrado, desaliñado, desgraciado, calamitoso, arruinado, lamentable.

DESATALENTADO.—desconcertado, desesperanzado, desilusionado, desanimado, descorazonado, torpe, desatinado.

DESATANCAR.—limpiar, desobstruir, desatascar.

DESATAR.—desligar, soltar, desanudar, desenlazar, desasir, deslazar, desenlazar, deshacer, desamarrar, desaferrar, destrincar, desatacar, desatraillar, desleír, disolver, liquidar, derretir, licuar.

DESATASCAR.—desatollar, desobstruir. (Véase **Desatancar.**)

DESATAVÍO.—descompostura, desaliño, desaseo, desarreglo, negligencia, descuido.

DESATENCIÓN. — descortesía, distracción, grosería, desaire, disfavor, distraimiento, desprecio, inadvertencia, desadvertimiento.

DESATENDER.—descuidar, olvidar, abandonar, desamparar, desairar, desadvertir.

DESATENTADO. — desaforado, desatinado, descomedido, inconsiderado, excesivo, desordenado, violento, descompasado, desmesurado, inmoderado.

DESATENTAR.—desasosegar, inquietar, conturbar, confundir.

DESATENTO.—descortés, grosero, inurbano, inconsiderado, distraído, malcriado, incivil, descarado.

DESATINADO.—absurdo, desalumbrado, desatalentado, tolondro, descabellado, desacertado, disparatado, ilógico, irracional, desarreglado, desordenado, atolondrado, atropellado.

DESATINAR.—desbarrar, desacertar, disparatar, errar, pifiar, despotricar, fallar.

DESATINO.—absurdo, disparate, dislate, despropósito, desacierto, error, barbaridad, locura, desbarro, deslumbramiento, irracionalidad, ofuscación.

DESATRAILLAR.—soltar, desatar, desamarrar, libertar, desenganchar.

DESAVENENCIA.—oposición, discordia, contrariedad, desconcierto, desconformidad, disconformidad, desunión, disentimiento, desacuerdo, contra, desafección, discordancia.

DESAVENIDO.—desacorde, disconforme, discorde, desunido.

DESAVISADO.—inadvertido, ignorante, tonto, inexperto.

DESAYUDAR.—impedir, embarazar, estorbar, obstaculizar.

DESAZÓN.—insipidez, desabrimiento, desasosiego, malestar, destemplanza, zozobra, intranquilidad, indisposición, inquietud, disgusto, descontento, pesadumbre, pesar, picazón, prurito, molestia, desesperanza.

DESAZONADO. — destemplado, disgustado, malhumorado, inquieto, indispuesto, desasosegado, descontento, desesperanzado.

DESAZONAR.—disgustar, enojar, enfadar,

desasosegar, impacientar, molestar, causar, inquietar, importunar, desabrir, intranquilizar.

DESBANCAR.—suplantar, reemplazar, despejar, desembarazar, substituir.

DESBANDARSE.—desordenarse, desperdigarse, desertar, dispersarse, huir, apartarse.

DESBARAJUSTE.—desorden, desarreglo, desorganización, desgobierno, desconcierto, confusión, lío, caos, desbarahúste.

DESBARATAMIENTO.—descomposición, desorden, desorganización, desarreglo, desconcierto, desgobernación, desbarajuste, desbarato.

DESBARATAR. — desconcertar, desordenar, disparatar, descomponer, destruir, desmoronar, desbrujar, arruinar, malgastar, derrochar, deshacer, malbaratar, despilfarrar, estorbar, impedir, cortar, dilapidar.

DESBARRAR.—despotricar, desbaratar, disparatar, desacertar, errar, desatinar.

DESBARRO.—disparate, dislate, desacierto, despropósito, yerro, desatino, despapucho, badomía, descabellamiento.

DESBASTAR.—disminuir, debilitar, gastar, educar, civilizar, pulir, afinar.

DESBEBER.—orinar, mear, deshidratar, desaguar, desbalagar.

DESBOCADO.—descarado, descocado, desenfrenado, licencioso, libre, desvergonzado, procaz, grosero, embotado.

DESBOCAR.—desembocar.

DESBOCARSE. — descararse, desvergonzarse, dispararse, embotarse.

DESBORDAMIENTO.—derramamiento, derrame, dispersión, vertimiento, inundación, efusión.

DESBRAGADO.—descamisado.

DESBRAVAR.—amansar, domar, desbravecer, aplacar, apaciguar, tranquilizar.

DESCABELLADO.—absurdo, desacertado, disparatado, desatinado, ilógico, irracional, descabezado, irrazonable, desrazonable.

DESCABELLAR.—despeinar, desgreñar, desmelenar, despeluzar.

DESCAECER.—decaer, menguar, amenguar, degenerar, descaer.

DESCALABRAR.—achocar, maltratar, dañar, perjudicar, herir, descrismar.

DESCALABRO.—contratiempo, desgracia, perjuicio, daño, infortunio, pérdida, derrota, adversidad, malaventura, revés, tártago, tribulación, calamidad, percance, peripecia, accidente, catástrofe, hecatombe.

DESCALIFICAR.—desacreditar, desautorizar, incapacitar.

DESCALZAR.—socavar, excavar, cavar.

DESCAMINADO.—perdido, apartado, errado, desatinado, descuidado, equivocado.

DESCAMINAR.—apartar, desviar, decomisar, torcer, equivocar.

DESCAMINO.—contrabando, desatino, locura, despropósito, error, dislate, disparate.

DESCAMISADO.—desharrapado, mísero, harapiento, pobre, andrajoso, derrotado, desbragado.

DESCAMPADO.—llano, desembarazado, descubierto, libre, abierto.

DESCANSADO.—aliviado, desahogado, reposado, tranquilo, sosegado, feliz, sereno, apacible, tranquilizado, dormido, confiado, enterrado, apoyado, ayudado.

DESCANSAR.—reposar, yacer, dormir, estribar, apoyar, gravitar, cargar, confiar, serenar, tranquilizar, sosegar.

DESCANSO.—meseta, rellano, alivio, descansillo, desahogo, reposo, respiro, sosiego, tregua, tranquilidad, asiento, apoyo, alto, pausa, parada, quietud.

DESCANTILLAR.—descantonar, descantear, descabalar, desfalcar, rebajar, descontar.

DESCAÑONAR.—pelar, desplumar, afeitar.

DESCARADO.—atrevido, descocado, fresco, gallote, deslenguado, desahogado, desvergonzado, insolente, impúdico, licencioso, irrespetuoso, libertino.

DESCARGO.—disculpa, excusa, exculpación, cumplimiento, satisfacción, justificación, salida, data, egreso.

DESCARIÑO.—desafecto, desvío, tibieza, despego, enfriamiento, desamor, desestima, desestimación.

DESCARO.—descoco, desvergüenza, descaramiento, impudor, atrevimiento, insolencia, cinismo, inverecundia, contumelia, procacidad, deslenguamiento, avilantez, desahogo, desfachatez, osadía, desgarro.

DESCARRIAR.—separar, apartar, deviar, descaminar, desencaminar.

DESCARTAR.—desechar, quitar, rechazar, prescindir, suprimir, eliminar, extirpar, separar.

DESCARTE.—salida, excusa, efugio, evasiva, evasión, subterfugio.

DESCASAMIENTO.—divorcio, repudio.

DESCASCAR. — descascarar, fanfarronear, alardear, descascarillar.

DESCASTADO.—desafecto, despegado, renegado, ingrato, desagradecido, desamorado, insensible, desamador, desamoroso, indevoto.

DESCENDENCIA.—sucesión, prole, hijos.

DESCENDER.—caer, bajar, proceder, fluir, correr, abajar, abatir, apear.

DESCENSO.—descensión, bajada, caída, decadencia, descendimiento.

DESCERRAJADO.—perverso, malvado, depravado, desenfrenado, inmoral, ruin, miserable, vil.

DESCERRAJAR.—arrancar, violentar, romper, fracturar, forzar, descargar, disparar, descerrar, abrir.

DESCIFRAR.—interpretar, traducir, declarar, aclarar, acertar, adivinar, transcribir, dilucidar, entender, comprender, desarrebujar.

DESCOCADO.—desahogado, desvergonzado, descarado, insolente, desenvuelto, impúdico, libre, desenfrenado, descomedido, procaz, libertino, cínico.

DESCOCO.—descaro, atrevimiento, desvergüenza, insolencia, impudor, osadía, libertinaje, cinismo, descaramiento, inverecundia, avilantez, deslenguamiento.

DESCOLORAR. decolorar, descolorir, despintar, desteñir, palidecer, empalidecer.

DESCOLLAR.—sobresalir, figurar, destacar, despuntar, resaltar.

DESCOMBRAR.—despejar, limpiar, desembarazar, destruir.

DESCOMEDIDO.—excesivo, desmedido, desmesurado, desproporcionado, exagerado, desatento, irrespetuoso, descortés, grosero, incivil, inconsiderado, desconsiderado, fresco, descocado, descompasado.

DESCOMPAGINAR.—descomponer, desordenar, desbaratar, desarreglar.

DESCOMPONER.—desordenar, desbaratar, separar, indisponer, desavenir, enemistar, desarreglar, desconcertar, descompaginar, corromper, aislar, distribuir.

DESCOMPONERSE.—corromperse, pudrirse, alterarse, desazonarse, desencolerizarse, deshacerse, desguazarse, desintegrarse, desmontarse, desajustarse, romperse.

DESCOMPOSICIÓN. — descompostura, desunión, desarme, desconcertadura, desbaratamiento, dispersión, desacoplamiento, desguace, desdoblamiento, desintegración.

DESCOMPOSTURA.—descomposición, rotura, desbaratamiento, desarme, desconcertadura, desaseo, desaliño, descuido, descaro, insolencia, descomedimiento, descortesía, descaramiento, desfachatez.

DESCOMPUESTO.—putrefacto, pútrido, podrido, inmodesto, atrevido, descortés, insolente, descomedido, descarado, alterado, encolerizado, colérico.

DESCOMULGADO.—excomulgado, perverso, réprobo, malvado, ruin, inhumano.

DESCOMUNAL.—monstruoso, extraordinario, gigantesco, enorme, grandioso, estupendo, piramidal, grande, imponente, gigantesco.

DESCONCERTADO.—desbaratado, desarreglado, desordenado, desafinado, confuso, confundido, atorado, turbado, conturbado.

DESCONCERTAR.—turbar, alterar, confundir, descomponer, desarreglar, dislocar, conturbar, atorar, confundir.

DESCONCERTARSE.—desavenirse, enemistarse, desconvenirse, descomedirse, turbarse, ofuscarse, confundirse.

DESCONCIERTO.—turbación, alteración, confusión, desarreglo, desgobierno, desavenencia, discrepancia, enemistad, desacuerdo, discordia.

DESCONFIADAMENTE.—suspicazmente, maliciosamente, escamonamente.

DESCONFIADO.—incrédulo, malicioso, receloso, suspicaz, escamón, matrero, difidente, inconfidente.

DESCONFIANZA.—recelo, sospecha, duda, suspicacia, inconfidencia, escama, reconcomio, difidencia.

DESCONFIAR.—sospechar, maliciar, recelar, dudar, celar.

DESCONFORMAR.—discrepar, discutir, disentir, discordar, desavenir, desunir, desconvenir, desigualar, deshermanar, desaparejar, descasar, disonar.

DESCONFORMIDAD.—desconcordia, incongruencia, despropósito, discrepancia, desacuerdo, discordia, desconveniencia, asincronismo, inconveniencia, adversidad, irrelación, diferencia, disconformidad, incompatibilidad, contraste, inadaptabilidad, antipatía.

DESCONOCER.—ignorar, repudiar, rebuznar.

DESCONOCIDO.—ignorado, anónimo, incógnito, ingrato, ignoto, desagradecido, inexplorado, misterioso, innoto, oculto, indeterminado.

DESCONSIDERADO.—inconsiderado, precipitado, irreflexivo, desconocido, irrespetuoso.

DESCONSOLACIÓN.—desconsuelo, aflicción, desolación, amargura, tristeza, desesperanza, desesperación, desilusión, congoja, mesticia, apesaramiento, consternación, tribulación, desplacer, afligimiento.

DESCONSOLADO. — aflicto, inconsolable, aquejoso, compungido, tristón, contribulado, cuitado, doliente, cacoquimio, morriñoso, maganto, desmarrido, amarrido, afligido, angustiado, triste, apenado, melancólico, desalentado.

DESCONSUELO.—angustia, aflicción, pena, amargura, pesar, tristeza, desazón, pesadumbre, sufrimiento, apesaramiento, entristecimiento, desabrimiento, cacorra, sentimiento.

DESCONTAR.—rebajar, abonar, restar, reducir, deducir, disminuir, quitar, asegurar, pagar.

DESCONTENTO.—quejoso, disgustado, insatisfecho, malcontento, malhumorado, enervado, preocupado, contrariado, enojado, fastidiado, enfadado, disgusto, desagrado, enfado, enojo, pesar, pesadumbre, inquietud, impaciencia, preocupación, contrariedad, pena, fastidio, descontentamiento, despesar, fastidio, resquemor, resquemazón, reconcomio, amarulencia, quitasueño.

DESCONVENIENCIA.—incomodidad, perjuicio, desacomodo, molestia, nocividad, menoscabo, detrimento, empecimiento, malparanza.

DESCORAZONAR. — desanimar, acobardar, amilanar, desalentar.

DESCORDAR.—desencordar, descabellar, acoquinar, consternar, acochinar, desesperanzar.

DESCORRER.—retroceder, correr, plegar, encoger, fuir, escurrir.

DESCORTÉS.—desatento, inurbano, descomedido, grosero, ineducado.

DESCORTESÍA. — desatención, inurbanidad, tosquedad, ordinariez, irreverencia, rustiquez, impolítica, patanería, corteza.

DESCORTEZAR.—desbastar, educar, civilizar, pulir, afinar, desasnar, descascarar, descascar, descascarillar.

DESCOSTARSE.—separarse, apartarse, alejarse, distanciarse, ausentarse, irse.

DESCOYUNTAR.—desencajar, dislocar, importunar, molestar, cargar, fastidiar, incordiar, encocorar.

DESCRECER.—minorar, menguar, aminorar, amenguar, empequeñecer, reducir, disminuir, decrecer.

DESCRÉDITO.—desdoro, deslustre, mancilla, deshonor, desprestigio, deshonra, mengua, degradación, impopularidad, caída.

DESCREENCIA.—descreimiento, decrecimiento, mengua, aminoración, aminoramiento, reducción, empequeñecimiento.

DESCREÍDO.—incrédulo, hereje, ateo, impío, irreligioso, ateísta, volteriano, escéptico.

DESCRIARSE. — desmejorarse, estropearse, ajarse, marchitarse, deslucirse.

DESCRIBIR.—reseñar, explicar, trazar, definir, especificar, pintar, retratar.

DESCRIPCIÓN.—relación, especificación, inventario, análisis, reseña.

DESCRISMARSE.—enfadarse, impacientarse, descalabazarse, afanarse, desnucarse, irritarse, molestarse, descristianarse.

DESCUADERNAR.—desbaratar, descomponer, desconcertar, deshacer, malbaratar, desencuadernar.

DESCUAJAR.—descoagular, liquidar, desarraigar, arrancar, desesperanzar, desalentar, desazonar, desanimar.

DESCUBIERTA.—exploración, reconocimiento, inspección.

DESCUBRIDERO.—otero, altura, altozano, cerro, loma, alcor, colina, cota, alcudia, eminencia, lomba, atalaya, altiplanicie.

DESCUBRIMIENTO.—hallazgo, encuentro, invención, revelación, destapadura, manifestación.

DESCUBRIR.—revelar, denunciar, exhumar, desnudar, inventar, destapar, hallar, encontrar, registrar, alcanzar, inventar, averiguar, desenmascarar.

DESCUELLO.—altanería, orgullo, altivez.

DESCUENTO.—rebaja, disminución, deducción, quebranto, compensación, rebajamiento, aminoración, decrecimiento.

DESCUERNO.—desaire, desprecio, afrenta, desdén, menosprecio, repulsa, vilipendio, desgaire.

DESCUIDADO.—abandonado, dejado, negligente, desidioso, adán, desaseado, desaliñado, desprevenido, desapercibido, omiso, incurioso, pigre, desidioso, perezoso.

DESCUIDAR.—desatender, abandonar, olvidar, omitir, inadvertir.

DESCUIDO.—oscitancia, abandono, dejadez, incuria, desidia, negligencia, inadvertencia, omisión, olvido, distracción, desliz, falta, flaqueza, tropiezo, desatención, apatía, indolencia, desgana, pigricia.

DESDECIR.—degenerar, decaer, descaecer, declinar, bastardear, desmedrar, descaer.

DESDECIRSE.—retractarse, rajarse, desnegarse, revotarse.

DESDÉN.—altivez, arrogancia, desprecio, menosprecio, indiferencia, orgullo, despego, desvío, desestimación, desamor, desinterés.

DESDEÑAR.—despreciar, desestimar, desairar, desechar, menospreciar, desamar, desquerer.

DESDEÑOSO.—altivo, arrogante, despreciativo, indiferente, esquivo, orgulloso, despectivo, altanero, desamador, desafecto, desamorado.

DESDIBUJADO.—confuso, borroso, impreciso, obscuro, turbio.

DESDICHA.—desgracia, infortunio, desventura, infelicidad, adversidad, pobreza, miseria, necesidad, infortuna, desaventura, fatalidad.

DESDICHADO. — desgraciado, desventurado, infeliz, infortunado, miserable, mísero, pusilánime, cuitado, apocado, desafortunado, infelice, malaventurado, malandante.

DESDORAR.—deslustrar, deslucir, mancillar, ahajar, ajar, desflorar, chafar, amancillar.

DESDORO.—descrédito, deslustre, mancha, baldón, mancilla, mácula, ajamiento, deterioro, marchitamiento.

DESEABLE.—codiciable, apetecible, envidiable, desiderable, apetitoso, suspirado.

DESEAR.—apetecer, codiciar, aspirar, ansiar, ambicionar, anhelar, querer, suspirar, envidiar, acariciar, pretender, abarcuzar.

DESECADO.—enjuto, seco, magro, cetrino.

DESECHAR.—rechazar, desestimar, menospreciar, desdeñar, despreciar, renunciar, abandonar, apartar, desterrar, deponer, expeler, arrojar, excluir, repulsar, desairar, repudiar.

DESECHO.—resto, residuo, desperdicio, sobra, despojo, desprecio, vilipendio, migaja, piltrafa, retazo.

DESEMBALAR.—desempaquetar, desempacar, desliar, desatar, desenfardar, desenfardelar.

DESEMBARAZADO. — expedito, despejado, desenfadado, libre, desenvuelto, desahogado, descampado.

DESEMBARAZAR.—evacuar, desocupar, despejar, espejar, zafar, desaforar, desbrozar, desopilar.

DESEMBARAZO.—despejo, desenfado, soltura, desenvoltura, desahogo, agilidad, destreza, escampo, desbrozo, desobstrucción.

DESEMBARRAR.—desenlodar, deslamar, dragar.

DESEMBOCADURA.—desembocadero, estuario, delta.

DESEMBOCAR.—desaguar, derramar, desbocar.

DESEMBOLSAR.—pagar, sacar, entregar, abonar, liquidar, apoquinar.

DESEMBOLSO.—gasto, pago, sacrificio, paga, pagamento, pagamiento.

DESEMBRAVECER. — amansar, domesticar, domar.

DESEMBROLLAR.—aclarar, desenredar, dilucidar, desenmarañar, desovillar, desarrebujar, desanudar, desurdir.

DESEMEJANTE.—diferente, diverso, distinto, desigual, disímil, disparejo.

DESEMPACARSE.—aplacarse, mitigarse, sosegarse, desenojarse, desenfadarse, desatufarse, pacificarse.

DESEMPACHO.—desahogo, desenfado, desembarazo, desenvoltura, descaro, soltura, despejo, desencogimiento.

DESEMPEÑAR.—rescatar, desentrampar, cumplir, llenar, representar, ejecutar.

DESEMPEORARSE.—fortalecerse, recuperarse, mejorar, recobrarse, convalecerse, reponerse.

DESEMPOLVAR.—desempolvorar, sacudir, cepillar, limpiar, despolvorear, despolvar, barrer.

DESENCAJARSE. — desfigurarse, descomponerse, demudarse, desquiciarse, dislocarse, descoyuntarse, desarticularse.

DESENCANTO.—desilusión, desengaño, chasco, decepción, desaliento, desesperanza.

DESENCAPOTAR.—descubrir, manifestar, exponer, mostrar, exhibir, exteriorizar.

DESENCAPOTARSE. — serenarse, aclararse, despejarse, desenojarse, desenfadarse, desatufarse, pacificarse.

DESENCASTILLAR.—aclarar, franquear, manifestar, mostrar, exteriorizar, descubrir.

DESENCLAVIJAR.—desasir, desprender, separar, desencajar, desquiciar, dislocar, descoyuntar, desarticular.

DESENCOGER.—estirar, extender, desplegar, desenrollar, enderezar, desarrollar, desdoblar, desarrugar.

DESENCONAR.—desatufar, desenfadar, pacificar, apaciguar, desinflamar, desahogar, mitigar, moderar, desenojar.

DESENFADADO.—desembarazado, libre, desenvuelto, despejado, desahogado, descarado, suelto, fresco.

DESENFADO.—desempacho, soltura, despejo, desahogo, desembarazo, frescura, desenvoltura, desparpajo, soltura, descaro, desencogimiento, descaramiento.

DESENFRENO.—disipación, perversión, libertinaje, extravío.

DESENGAÑADAMENTE.—sinceramente, desacertadamente, claramente, malamente, desaliñadamente, desatinadamente, descaminadamente.

DESENGAÑO.—desencanto, desilusión, decepción, chasco, contrariedad, amargura, fracaso, despecho, desaliento, desesperanza.

DESENGRASAR.—adelgazar, enflaquecer, desensebar, desmejorarse, desainar, desbuchar, desmantecar.

DESENLACE.—fin, final, solución, término, terminación.

DESENOJAR.—desenfadar, sosegar, aplacar, apaciguar, desatufar, pacificar, mitigar.

DESENOJARSE.—divertirse, distraerse, desahogarse, espaciarse, explayarse, desentadarse, desatufarse, pacificarse.

DESENREDAR.—desembrollar, desenmarañar, ordenar, aclarar, dilucidar, desanudar, desurdir.

DESENSAMBLAR.—separar, desacoplar, dislocar, desencajar.

DESENTERRAR.—exhumar, descubrir, recordar, desnudar.

DESENTONAR.—desafinar, descomponer, descomedirse, humillar, destemplar, desacordar, enrollar, desarrugar.

DESENTONO.—desafinación, descompostura, descomedimiento, destemple, desentonación,.

DESENTRAÑAR.—averiguar, descubrir, profundizar, aclarar, penetrar, descifrar, dilucidar, investigar.

DESENTRAÑARSE. — desposeerse, desapropiarse, sacrificarse.

DESENVOLTURA. — desembarazo, despejo, desahogo, desenfado, desvergüenza, deshonestidad, descoco, descaro, desparpajo, desfachatez, facundia, facilidad, soltura, desencogimiento, frescura.

DESENVOLVER.—extender, desarrollar, descoger, desplegar, descifrar, descubrir, escudriñar, aclarar, dilucidar, investigar, desenrollar, desarrugar.

DESENVUELTO.—deshonesto, libre, desahogado, descarado, desvergonzado, atrevido, desenfadado, desembarazado, expedito, suelto, fresco, desencogido.

DESEO.—ansia, codicia, avidez, ambición, afán, anhelo, aspiración, antojo, gusto, capricho, curiosidad, inclinación, apetito, hambre, sed, ausión, ardicia, golondra.

DESERCIÓN.—abjuración, renuncia, retracción, apostasía, infidelidad, abandono, delección, felonía, alevosía, perfidia, tornillo, afufa, escurribanda, escabullimiento.

DESESPERACIÓN.—desesperanza, desilusión, consternación, decepción, exacerbación, exasperación, irritación, iracundia, enojo, ira, cólera, despecho, desespero, impaciencia, descorazonamiento.

DESESPERAR. — desesperanzar, desanimar, descorazonar, desalentar, impacientar, exasperar, irritar, enojar, importunar, consternar, desilusionar.

DESESPERARSE.—despecharse, encolerizarse, irritarse, exasperarse, enojarse, impacientarse, desalentarse, desanimarse, descorazonarse, consternarse, exacerbarse, airarse.

DESESTIMAR.—denegar, desechar, desdeñar, rechazar, despreciar, menospreciar.

DESFACHATADO.—desvergonzado, descarado, desahogado, descocado, fresco, gallote, correntío.

DESFACHATEZ.—desvergüenza, descaro, descoco, desahogo, frescura, desgarro, desempacho, desparpajo, deshonestidad, despejo.

DESFALCAR.—descabalar, robar, derrocar, derribar, hurtar, apandar, apañar, mangar, birlar.

DESFALLECER.—flaquear, desalentar, desmayar, flojear, desanimar, descaecer, debilitar, decaer, sincopizar.

DESFALLECIMIENTO. — desmayo, deliquio, desánimo, descaecimiento, debilidad, desaliento, descaimiento, desvanecimiento, vahído, taranta.

DESFAMAR.—difamar, baldonar, disfamar, desacreditar.

DESFAVORABLE.—perjudicial, adverso, hostil, contrario, impróspero, deplorable, aciago.

DESFIGURAR. — desemejar, desnaturalizar, variar, cambiar, disfrazar, alterar, falsear, encubrir, disimular, ajar, afear, fingir, tergiversar.

DESFIGURARSE.—alterarse, demudarse, inmutarse, afearse, ajarse.

DESFLORAR.—ajar, deshojar, desvirgar, desdoncellar, abrir, estrenar, deslustrar, comenzar, mancillar, amancillar, ahajar, chafar.

DESFRUNCIR.—desplegar, extender, desarrugar, desarrollar, desenrollar.

DESGAIRE. — desaliño, descuido, desaire, abandono, desidia, incuria, negligencia.

DESGAJAR.—desgarrar, despedazar, separar, arrancar, romper, desasir, desunir, despegar, descalandrajar.

DESGAJARSE.—apartarse, desprenderse, desviarse, soltarse, descaminarse.

DESGALGADERO.—derrumbadero, despeñadero, precipicio, pedregal, sima, abismo.

DESGALICHADO.—desaliñado, desvaído, desgarbado, desmañado, ridículo, torpe, fachoso, aspado, desmadejado, desgarbilado.

DESGANA.—repugnancia, inapetencia, desmayo, despego, congoja, desgano, anorexia, indiferencia.

DESGARRADO.—licencioso, desvergonzado, descocado, escandaloso, desenfrenado, libertino, desahogado, gallote, fresco.

DESGARRAR.—rasgar, romper, desgajar, arrancar, descalandrajar, esgarrar, descuajar.

DESGARRO.—rotura, rompimiento, descaro, desvergüenza, descoco, desfachatez, fanfarronería, jactancia, desenfado, frescura.

DESGARRÓN.—rasgón, rotura, jirón, siete, rasgadura, rasgado.

DESGASTAR.—derrubiar, pervertir, corromper, viciar, adelgazar, consumir, gastar.

DESGOBERNADO.—abandonado, desarreglado, desordenado, desbarajustado.

DESGOBIERNO.—desorden, desbarajuste, desconcierto, abandono, desarreglo, desgobernadura, anarquía, desorganización.

DESGONZAR.—desgoznar, desquiciar, desencajar, desarticular, desasir, dislocar, descoyuntar.

DESGRACIA.—desventura, infortunio, adversidad, fatalidad, infelicidad, desdicha, contratiempo, percance, malaventura, malandanza, desastre, calamidad, cataclismo, catástrofe, disfavor, desabrimiento, malaventuranza, infortuna.

DESGRACIADO. — desdichado, infortunado, desventurado, desafortunado, cuitado, infeliz, malaventurado, malhadado, malandante, mísero, miserable, pobre, infelice.

DESGRACIAR.—disgustar, enojar, desagradar, malograr, desavenir, enemistar.

DESHABITADO.—abandonado, despoblado, inhabitado, desierto, solitario, vacío, yermo, desolado, desavecinado.

DESHABITAR.—despoblar, desguarnecer, yermar.

DESHACER.—desenredar, desanudar, desatar, desbaratar, destrozar, descomponer, destruir, extirpar, inutilizar, desperdigar, despedazar, dividir, pulverizar, consumir, desgastar, atenuar, desleír, derretir, disolver, liquidar, diluir, descuadernar, desandar, desmontar, desvencijar.

DESHACERSE. — desmoronarse, destruirse, consumirse, afligirse, desvanecerse, esfumarse, estropearse, maltratarse, extenuarse, enflaquecerse, impacientarse, inquietarse, desmontarse, desvencijarse, descuadernarse.

DESHAMBRIDO.—hambriento, hambrón, famélico.

DESHARRAPAMIENTO.—mezquindad, miseria, indigencia, inopia, pobreza, penuria, estrechez.

DESHONESTIDAD.—desvergüenza, descoco, impureza, impudicicia, liviandad, inhonestidad, impudor, indecencia.

DESHONESTO.—impúdico, desvergonzado, indecoroso, descocado, impuro, liviano, libidinoso, indecente, inhonesto, inhonestable, impudente.

DESHONOR.—afrenta, deshonra, descrédito, ignominia, oprobio, infamia, desdoro, deslustre, vilipendio.

DESHONRAR.—deshonorar, afrentar, ultrajar, desacreditar, difamar, infamar, escarnecer, despreciar, desflorar, desvirgar, violar, vilipendiar, baldonar, detractar, desdorar.

DESHONROSO.—afrentoso, infamante, ignominioso, vergonzoso, ultrajante, indecoroso, indecente, denigrante, oprobioso, infamatorio.

DESHUMANO.—inhumano, cruel, sádico.

DESIDIA.—negligencia, inercia, descuido, abandono, incuria, dejadez, pereza, pigricia, haraganería, ociosidad.

DESIERTO.—abandonado, deshabitado, solitario, despoblado, inhabitado, vacío, desolado, ayermado, yermo, desvecindado.

DESIGNAR.—destinar, elegir, indicar, señalar, nombrar.

DESIGNIO.—intención, pensamiento, propósito, determinación, concepción, maquinación, resolución, proyecto, combinación, arreglo, mira, objeto, idea, partido, plan, intento, ánimo.

DESIGUAL.—inconstante, vario, diferente, caprichoso, mudable, variable, áspero, quebrado, barrancoso, distinto, desemejante, disímil.

DESILUSIÓN.—desencanto, desengaño, decepción, desencantamiento, desaliento.

DESINFECTAR. — desinficionar, desapestar, fumigar, esterilizar, absterger.

DESINTERÉS.—desapego, desprendimiento, liberalidad, generosidad, abnegación, largueza, altruismo, longanimidad.

DESINTERESADO.—generoso, abnegado, desprendido, liberal, altruista, caritativo, magnánimo.

DESISTIR.—abandonar, cesar, cejar, renunciar, abdicar, sobreseer, dejar, ceder.

DESJARRETAR.—cortar, amputar, debilitar, extenuar, abatir, desubstanciar, postrar.

DESJUNTAR.—separar, dividir, apartar, desunir, distanciar, desagregar, despegar, despartir.

DESLAVAR.—deslavazar, desubstanciar, debilitar, extenuar.

DESLEAL.—alevoso, felón, aleve, infiel, traidor, pérfido, traicionero, vil, infidente, fementido, atraidorado, falso.

DESLEALTAD.—perfidia, vileza, felonía, traición, alevosía, infidelidad, infidencia, prodición, apostasía.

DESLEÍR.—disolver, disgregar, desunir, deshacer, jetar, colicuar.

DESLENGUADO.—hablador, lenguaraz, malhablado, desbocado, desvergonzado, insolente, atrevido, descarado, deslavado, procaz, inverecundo.

DESLENGUARSE.—desvergonzarse, desbocarse, insolentarse, descararse, descocarse, desmandarse, avilantarse.

DESLIAR.—desatar, soltar, deshacer, desenredar, desanudar, desañudar.

DESLIGAR.—soltar, desatar, desenmarañar, desembrollar, desenredar, desanudar, desenlazar, deslazar, desamarrar.

DESLINDAR.—demarcar, delimitar, señalar, precisar, fijar, determinar, apurar, aclarar, limitar, circunscribir, circunferir, desrayar.

DESLIZ.—caída, descuido, falta, resbalón, yerro, lapso, error, infracción.

DESLIZAR.—resbalar, escurrir, correr, irse, escapar, huir, evadir, retirar, apartar, desaparecer, escullir, esbarar, esvarar, rodar, patinar.

DESLOAR.—vituperar, reprender, amonestar, reñir.

DESLUMBRAMIENTO. — turbación, ofuscamiento, preocupación, ceguedad, alucinación, alucinamiento, obnubilación, obcecación.

DESLUMBRAR.—ofuscar, alucinar, turbar, cegar, obnubilar, traslumbrar, encadilar, fascinar, abobar.

DESLUSTRAR.—deslucir, desacreditar, ajar, ahajar, amancillar, desaderezar, desflorar.

DESLUSTROSO.—deslucido, indecoroso, usado, raído, rozado.

DESMADEJADO.—desgarbado, flojo, caído, desalinado, desgalichado, desmazalado, desmalazado.

DESMADEJAMIENTO.—flojedad, decaecimiento, quebrantamiento, desgaire, desgalichamiento, desaliño.

DESMÁN.—desorden, exceso, demasía, desgracia, tropelía, atropello, infortunio, desaguisado.

DESMANDARSE. — desmedirse, propasarse, excederse, descomedirse, rebelarse, desordenarse, insolentarse, apartarse, desbandarse, destemplarse, desmesurarse, desatarse, desaforarse.

DESMANOTADO.—atado, encogido, apocado, torpe, desmañado, amarranado, premioso.

DESMANTELAR.—destruir, arruinar, desaparejar, desamueblar, abandonar, desamparar, desarmar, desabrigar, desarbolar, despoblar, deshabitar, desasistir.

DESMAÑADO.—inútil, inhábil, torpe, amarranado, premioso, desmanotado.

DESMARRIDO.—desfallecido, mustio, triste, descaecido, desmalazado, desmazalado, caído, flojo, quebrantado.

DESMAYARSE. — acobardarse, amilanarse, desalentarse, desfallecer, desanimarse, entibiarse, insultarse, accidentarse, desvanecerse, marearse, almadiarse, almadearse.

DESMAYO.—desfallecimiento, accidente, soponcio, deliquio, insulto, síncope, desvanecimiento, vahído, taranta.

DESMAZALADO.—flojo, decaído, abatido, desmadejado, desanimado, caído, desmalazado, desaliñado.

DESMEDIDO. — desproporcionado, excesivo, descomedido, extraordinario, desmesurado, improporcionado, descompasado, destartalado.

DESMEDIRSE.—excederse, desmandarse, descomedirse, descompasarse, desatarse, desaforarse, destemplarse.

DESMEDRAR.—deteriorar, ajar, desflorar, menoscabar, decaer.

DESMEJORAR.—empeorar, desmedrar, deslustrar, descaecer, ajar, ahajar, desflorar, desaderezar.

DESMEMBRAR.—dividir, separar, desagregar, disgregar, segmentar, fragmentar, fraccionar, frangir.

DESMENGUAR.—amenguar, desfalcar, menoscabar, disminuir, deshonrar, infamar, amancillar.

DESMENUZAR.—deshacer, desmigajar, dividir, picar, examinar, fragmentar, fraccionar, frangir.

DESMESURADO.—excesivo, desmedido, descomedido, desproporcionado, descortés, insolente, descarado, atrevido, desvergonzado, improporcionado, descompasado, descocado.

DESMESURAR. — desarreglar, descomponer, desordenar, desaforar.

DESMESURARSE.—excederse, descomedirse, insolentarse, descompasarse, desaforarse, destemplarse.

DESMIGAJAR.—desmigar, deshacer, dividir, destrozar.

DESMIRRIADO.—extenuado, flaco, consumido, escuálido, pequeño, delgado, débil, blando, frágil.

DESMOCHAR.—cercenar, cortar, rebanar, mutilar, mochar, decapitar, desjarretar.

DESMONTAR.—igualar, talar, rebajar, derribar, arrasar, demoler, apear, apearse, descabalgar, bajar, bajarse, allanar, descomponer.

DESMORALIZAR.—corromper, desconcertar, desordenar, desanimar, violar, pervertir, malear, depravar, desedificar, bastardear.

DESMORONAR.—destruir, arruinar, demoler, derribar, deshacer, arrasar, asolar, desorganizar.

DESMORONARSE.—hundirse, deshacerse, decaer, desplomarse, arruinarse.

DESNATURALIZAR. — desfigurar, pervertir, expulsar, extrañar, depravar, malear, desedificar.

DESNIVEL.—depresión, pendiente, rampa, altibajo, cuesta, desigualdad, diferencia.

DESNUDEZ.—indigencia, miseria, necesidad, pobreza, desabrigo.

DESNUDO.—descubierto, patente, claro, pobre, mísero, nudo, corito, calato, desabrigado.

DESOBEDECER.—rebelarse, insubordinarse, indisciplinarse, desmandarse, resistirse, resistir, deservir.

DESOBEDIENCIA.—insubordinación, indisciplina, rebelión, resistencia, transgresión, insumisión, contravención, indocilidad, inobediencia, indocilidad, deservicio.

DESOBEDIENTE.—desmandado, insubordinado, rebelde, malmandado, indisciplinado, irrespetuoso, inobediente, insumiso.

DESOBSTRUIR. — desembarazar, desaforar, desopilar, desatancar, desatascar.

DESOCUPADO.—ocioso, vago, vacante, vacío, cesante, desembarazado, sobrancero, inactivo, parado.

DESOCUPAR.—sacar, desembarazar, parir, despejar, vaciar, evacuar, desvaír, desobstruir, desinflar, desatorar.

DESOÍR.—desatender, rechazar, desadvertir.

DESOLACIÓN.—aflicción, angustia, desconsuelo, dolor, desamparo, pena, destrucción, devastación, ruina, tribulación, atribulación, consternación.

DESOLADO.—desconsolado, afligido, angustiado, acongojado, triste, apenado, dolorido, adolorido, yermo, devastado, arruinado, asolado, aflicto, atristado, desmarrido, contribulado.

DESOLLADO.—despellejado, descarado, desvergonzado, deslenguado, insolente, descarnado, descocado, fresco.

DESOLLAR.—murmurar, vituperar, criticar, despellejar, cuerear, descarnar, escorchar.

DESORDEN.—desordenamiento, desconcierto, desbarajuste, incoherencia, desarreglo, desgobierno, trastorno, desorganización, descomposición, alteración, perturbación, confusión, subversión, demasía, descomedimiento, exceso, tumulto, tropelía, asonada, motín, alboroto, disturbio, mezcolanza, batiburrillo, batiborrillo, baturrillo, embrollo, fárrago, galimatías, caos, barahúnda, barafunda, zurriburri, behetría.

DESORDENAR.—turbar, alterar, desorganizar, invertir, trastornar, transponer, desbarajustar, desconcertar, desarreglar, trastrocar, desreglar, desbarahustar.

DESOREJADO.—prostituido, abyecto, degradado, infame, vil, depravado, bastardeado, pervertido.

DESORGANIZAR.—desordenar, turbar, alterar, desbarajustar, trastornar.

DESORIENTAR.—despistar, engañar, extraviar, confundir, ofuscar, perder, turbar, desconcertar, aturullar, trastornar, atolondrar, atarantar.

DESPABILAR.—sacudir, espabilar, despertar, desencandilar, excitar, desvelar, incitar, despachar, avivar, acabar, robar, quitar, matar, amechar, atizar, apabilar, despavesar.

DESPACIO.—paulatinamente, lentamente, pausadamente, pausado.

DESPACHAR. — vender, expender, enviar, mandar, remitir, expedir, remesar, despedir, echar, apartar, matar, despenar, abreviar, apurar, acabar, darse prisa, apresurarse, desembarazarse, concluir, resolver, ventilar.

DESPACHURRAR.—estrujar, aplastar, despanzurrar, reventar, desconcertar, destripar, confundir, embrollar, apachurrar, chafar, cachifollar, apabullar.

DESPAMPANANTE.—estupendo, maravilloso, asombroso, desconcertante.

DESPARPAJO. — desenvoltura, desembarazo, desenfado, despejo, soltura, desempacho, desencogimiento.

DESPARRAMADO.—abierto, ancho, espacioso, desperdigado, esparcido, diseminado, sembrado.

DESPARRAMAR.—esparcir, extender, malgastar, desperdigar, diseminar, disipar, dilapidar, malbaratar, sembrar, dispersar, difundir.

DESPARRAMARSE.—esparcirse, extenderse, desvanecerse, diseminarse, disiparse, distraerse, derramarse, dispersarse, desbordarse.

DESPARTIR.—apartar, separar, dividir, desunir, desjuntar, despegar.

DESPATARRAR.—asustar, asombrar, admirar, atarantar.

DESPAVORIDO.—asustado, aterrado, espantado, horrorizado, horripilado, atemorizado, azorado, pavorido, pávido, formidoloso, entelerido, espavorido.

DESPECTIVO.—despreciativo, desdeñoso, despreciador, menospreciador, desestimador, desdeñador.

DESPEDAZAR.—destrozar, descuartizar, maltratar, deshacer, destruir, aniquilar, desmigajar, desmoronar, apedazar, desmembrar.

DESPEDIR.—soltar, despachar, desprender, lanzar, arrojar, disipar, echar, licenciar, difundir, esparcir, rechazar, desparramar.

DESPEDRAR.—despedregar, desempedrar.

DESPEGADO.—áspero, desabrido, huraño, intratable, desapegado, desapacible, avinagrado, acedo, agrio.

DESPEGAR.—apartar, desasir, desprender, separar, desunir, desjuntar, dividir.

DESPEGO.—aspereza, desabrimiento, desafecto, desapego, desvío, frialdad, acedia, desapacibilidad, acrimonia, hurañía.

DESPEJADO.—abierto, despierto, claro, espabilado, inteligente, suelto, listo, vivo, desembarazado, desocupado, sereno, libre, desenfadado, desparejado, resuelto.

DESPEJAR.—desembarazar, desocupar, separar, aclarar, abrir, serenar.

DESPEJARSE.—esparcirse, divertirse, serenarse, aclararse, desembarazarse, desocuparse.

DESPEJO.—desembarazo, soltura, desenvoltura, talento, desparpajo, ingenio, inteligencia, viveza, vivacidad, desenfado, desempacho, llaneza.

DESPELUZNANTE.—horripilante, aterrador, horrendo, horrible, horroroso, espeluznante, pavoroso, hórrido, horrorífico, horripilativo, tremebundo.

DESPENDER.—gastar, consumir, despilfarrar.

DESPEÑADERO.—precipicio, escarpado, derrocadero, derrumbadero, despeñadizo, desgalgadero, sima.

DESPEÑO.—ruina, caída, perdición, pérdida, precipitación.

DESPEPITARSE.—descomedirse, desgañitarse, desenfrenarse, ansiar, anhelar, desear.

DESPERDICIAR.—derrochar, desaprovechar, malbaratar, malgastar, prodigar, tirar, perder, dilapidar, disipar.

DESPERDICIOS.—desechos, residuos, restos, despojos, sobras, migajas, escurriduras, escurrimbres.

DESPERDIGAR.—diseminar, desunir, esparcir, desparramar, dispersar, separar, desjuntar, dividir, despegar.

DESPERFECTO. — deterioro, defecto, falta, perjuicio, daño, menoscabo, avería, detrimento, deteriorización, estropeo, rotura.

DESPERNADO.—fatigado, cansado, derrengado, cansino, cansío, cansoso.

DESPERTAR.—excitar, mover, avivar, recordar, espabilar, despabilar, desadormecer.

DESPIADADO.—desapiadado, cruel, inhumano, impío, riguroso, duro, crudo, sádico, sañudo, deshumano.

DESPICAR. — desahogar, satisfacer, mitigar, templar, serenar, desofender, cumplir, desagraviar.

DESPICARSE.—satisfacerse, vengarse, desahogarse, templarse, serenarse.

DESPICHAR.—espichar, morir, aplastar, apretar, descobajar.

DESPIERTO.—avisado, advertido, despejado, espabilado, listo, vivo, avispado, astuto, desenfadado, suelto, desparejado.

DESPILFARRAR.—disipar, malgastar, derrochar, malbaratar, desperdiciar, prodigar, dilapidar, malrotar, malmeter, tirar.

DESPINTAR.—desfigurar, desvanecer, degenerar, desdecir, borrar, raer, raspar, alterar, cambiar, decolorar, desteñir, testar, tachar.

DESPIQUE.—venganza, desquite, esquite, represalia, vindicación, vindicta.

DESPLACER.—pena, desazón, disgusto, descontento, desagrado, disgustar, desagradar, despesar, hastío, cojijo, pesar, pesadumbre, sinsabor.

DESPLANTACIÓN.—desarraigo, erradicación, extirpación, rancajada.

DESPLANTE.—audacia, descaro, desfachatez, arrogancia, descoco, insolencia, descaramiento.

DESPLEGAR.—extender, abrir, desdoblar, descoger, aclarar, desarrollar, dilucidar, enderezar, desenrollar, desenvolver.

DESPLOMARSE.—caerse, hundirse, derrumbarse, inclinarse.

DESPLUMAR.—arruinar, pelar, despojar, desvalijar, cangallar, latrocinar.

DESPOBLADO. — deshabitado, inhabitado, abandonado, desierto, solitario, yermo, asolado, yermado.

DESPOBLAR.—despojar, abandonar, yermar, deshabitar, asolar, inhabitar.

DESPOJAR.—desposeer, privar, quitar, robar, desvalijar, apandar, latrocinar.

DESPOJARSE.—desprenderse, desnudarse, renunciar, desposeerse, enajenarse, desentrañarse.

DESPOJO.—botín, presa, azarío, trofeo.

DESPOJOS.—residuos, restos, sobras, desperdicios, desechos, migajas, arrebañaduras, escurriduras.

DESPOLVOREAR. — desempolvar, despolvar, espolvorear, desempolvorar.

DESPOSEER.—enajenar, privar, quitar, despojar.

DÉSPOTA.—tirano, absoluto, altivo, soberano, opresor, dictador, dominador, sojuzgador, subyugador

DESPÓTICO.—absoluto, abusivo, arbitrario, tiránico, injusto, dictatorial, opresivo, avasallador.

DESPOTISMO.—absolutismo, dictadura, tiranía, arbitrariedad, yugo, opresión, tiranización, enseñoreamiento.

DESPRECIABLE.—indigno, bajo, rastrero, vil, ruin, depravado, miserable, contentible, desdeñable, indecente, vituperable.

DESPRECIAR.—desestimar, desairar, desdeñar, desechar, menospreciar, desapreciar, repulsar.

DESPRECIATIVO.—despectivo, desdeñoso, orgulloso, esquivo, altivo, altanero, desestimador, desdeñador, menospreciador.

DESPRECIO. — desestimación, menosprecio, desdén, desaire, desestima, desconsideración, desatención.

DESPRENDER.—desunir, separar, soltar, despegar, desatar, desasir, descolgar, desjuntar, desmembrar.

DESPRENDIDO.—dadivoso, desinteresado, liberal, generoso, magnánimo, desunido, separado, caído, rumboso, rumbón, rumbático.

DESPRENDIMIENTO.—generosidad, largueza, desinterés, liberalidad, desapego, desasimiento, desapropiamiento, dadivosidad, esplendidez.

DESPRESTIGIAR.—desacreditar, difamar, denigrar, desconceptuar, menoscabar, baldonar, amancillar.

DESPREVENIDO.—desapercibido, desproveído, desarmado, descuidado, imprevisor, impróvido.

DESPROPORCIONADO. — improporcionado, descompensado, descomedido, desmesurado.

DESPROPÓSITO.—disparate, desatino, inconveniencia, absurdo, dislate, desbarro, despapucho, burrada.

DESPUÉS.—posteriormente, luego, ulteriormente, seguidamente, próximo, siguiente.

DESPUNTAR. — brotar, entallecer, apuntar, descollar, salir, sobresalir, distinguirse, embotar, amanecer, resaltar, destacar.

DESQUICIAR. — desgoznar, desencajar, desgonzar, descomponer, desconcertar, desbaratar, desordenar, derrocar, derribar, turbar, alterar, desorganizar, trastornar, desbarajustar.

DESQUITARSE.—resarcirse, vengarse, satisfacerse, despicarse, recobrarse, reintegrarse, desagraviarse, desforzarse.

DESQUITE.—venganza, despique, esquite, represalia, vindicación, vindicta.

DESRABAR.—desrabotar, derrabar, sorrabar, rabotear, descolar.

DESREPUTACIÓN. — descrédito, deshonor, desprestigio, desdoro, deslumbre, desabono, impopularidad.

DESTACAR.—subrayar, recalcar, descollar, despuntar, sobresalir, distinguir, resaltar, destacar.

DESTAPAR.—destaponar, descubrir, descorchar, desarropar, desabrigar, descobijar.

DESTARTALADO.—desvencijado, desordenado, descompuesto, desconcertado, desproporcionado, improporcionado, descomedido, desmesurado.

DESTELLAR.—centellear, brillar, chispear, coruscar, resplandecer, centellar, titilar, fosforecer, fosforescer.

DESTELLO.—resplandor, chispazo, centelleo, chispeo, brillo, fulguración, claror, fosforescencia.

DESTEMPLADO.—descompuesto, descomedido, desmesurado, alterado, inconsiderado, descompensado, improporcionado, irritado, desconcertado.

DESTEMPLANZA.—intemperie, exceso, desorden, desconcierto, descomedimiento.

DESTEÑIR.—descolorar, decolorar, descolorir, despintar, testar, desvanecer.

DESTERRAR.—deportar, extrañar, confinar, expulsar, apartar, ablegar, proscribir, desarraigar, relegar.

DESTIERRO.—deportación, extrañamiento, expulsión, ostracismo, aislamiento, retiro, expatriación, extrañación, confinamiento.

DESTILAR.—alquitarar, alambicar, sublimar, volatilizar, chorrear, filtrar, liquidar, cohobar, desflemar.

DESTINAR.—consignar, aplicar, señalar, designar, dedicar, emplear, ocupar, ordenar, prescribir, asignar, hadar, distribuir.

DESTINO.—hado, sino, fortuna, estrella, fatalidad, suerte, porvenir, dirección, consignación, designación, señalamiento, ocupación, empleo, puesto, colocación, plaza, acomodo, predefinición, casualidad, signo, providencia.

DESTITUIR.—privar, separar, exonerar, deponer, desposeer, despedir, desacomodar, licenciar, derrocar.

DESTORNILLADO.—inconsiderado, atolondrado, alocado, aturdido, calavera, loco, chiflado, descabellado, atronado, alborotado, precipitado, precipitoso.

DESTRABAR.—desasir, desprender, separar, desunir, desjuntar, despegar, soltar.

DESTREZA.—habilidad, primor, maña, arte, industria, maestría.

DESTRIPAR.—despachurrar, despanzurrar, estrujar, aplastar, apachurrar, cachifollar, reventar, apabullar.

DESTRONCAR.—descoyuntar, arruinar, derribar, destruir, cortar, asolar, talar, aniquilar.

DESTROZAR.—desbaratar, romper, despedazar, derrotar, descuartizar, arrollar, batir, deshacer, malbaratar, derrochar, disipar, demoler, desmantelar.

DESTRUCCIÓN. — desolación, ruina, asolamiento, devastación, destruición, anonadación, aniquilamiento, asolación.

DESTRUIR.—asolar, arruinar, arrasar, devastar, aniquilar, talar, desbaratar, malgastar, deshacer, malbaratar, derrochar, disipar, desolar, demoler, desmantelar.

DESUELLO.—desvergüenza, osadía, descaro, descoco, desfachatez, atrevimiento, despellejadura, desolladura, descaramiento, contumelia, inverecundia.

DESUNIÓN.—desacuerdo, separación, desavenencia, disconformidad, discordia, división, disgregación, desjuntamiento, desconexión.

DESUNIR.—apartar, separar, dividir, desjuntar, despegar, desprender.

DESUSADO.—desacostumbrado, inusitado, insólito, inusual, inhabituado, inhabitual, inaudito, obsoleto.

DESVAÍDO.—pálido, decolorado, apagado, débil.

DESVALIDO.—desamparado, abandonado, pobre, huérfano, mendigo, pordiosero, desabrigado.

DESVALIJAR.—quitar, saquear, robar, saltear, despojar, apandar, latrocinar.

DESVALIMIENTO.—abandono, desamparado, orfandad, soledad, abandonamiento, desarrimo, desvalimiento.

DESVÁN.—tabuco, zaquizamí, buhardilla, buharda, sotabanco, chiribitil, mechinal, fayado, tabanco, guardilla, sobrado, falso.

DESVANECER.—aclarar, disipar, borrar, esfumar, atenuar, deshacer, anular, disgregar, suprimir, evaporar, desaparecer.

DESVANECERSE.—disiparse, evaporarse, desaparecer, desmayarse, turbarse, conturbarse.

DESVANECIDO.—esfumado, evaporado, confuso, disipado, suprimido, disgregado, borroso, desdibujado, desaparecido, vano, presumido, arrogante, presuntuoso, desmayado, mareado, turbado, soberbio, orgulloso, vanidoso.

DESVANECIMIENTO. — vahído, turbación, mareo, desmayo, presunción, vanidad, engreimiento, altanería, debilidad, flaqueza, orgullo, soberbia.

DESVARÍO.—quimera, delirio, ilusión, desbarro, desatino, disparate, absurdo, absurdidad, locura, inconstancia, capricho, dislate, despropósito, monstruosidad.

DESVELARSE.—extremarse, esmerarse, despabilarse, afanarse, preocuparse, inquietarse, cuidarse.

DESVELO.—cuidado, interés, inquietud, insomnio, vigilancia, preocupación.

DESVENCIJAR.—aflojar, desunir, desencajar.

DESVENTAJA.—mengua, perjuicio, inferioridad, quebranto, inconveniente, menoscabo, daño, nocividad, detrimento.

DESVENTAJOSO.—perjudicial, dañoso, nocivo, desfavorable, damnificador, inconveniente, pernicioso.

DESVENTURA.—desdicha, desgracia, adversidad, infelicidad, fatalidad, infortunio, malandanza, malaventura, infortuna, malaventuranza, desdicha, desventura.

DESVENTURADO.—desgraciado, desdichado, cuitado, desafortunado, infeliz, infortunado, mísero, malaventurado, malhadado, miserable, pobre, apocado, avariento, tacaño, cicatero, miserando, misérrimo, malandante, infelice, lacerado, roñoso, agarrado, usurero, roñica, judío.

DESVERGONZADO. — atrevido, descarado, descocado, deslenguado, insolente, imprudente, procaz, descomedido, impúdico, descortés.

DESVERGONZARSE.—insolentarse, descararse, descomedirse, descocarse.

DESVERGÜENZA.—insolencia, descaro, descoco, desfachatez, atrevimiento, procacidad, impudencia, desvergonzamiento, impudicicia, descortesía.

DESVIAR.—apartar, alejar, separar, disuadir, alejar, torcer.

DESVÍO.—despego, desviación, desafecto, desagrado, frialdad, deflexión, desapego, indiferencia.

DESVIVIRSE.—deshacerse, pirrarse, morirse, perecerse, interesarse, preocuparse, matarse.

DETALLADO.—circunstanciado, pormenorizado, minucioso.

DETALLE.—pormenor, parte, porción, fragmento, narración, cuenta, lista, rasgo, toque, detinencia, contenencia, estacionamiento, estadía, estanco, estancación, estancamiento.

DETENCIÓN.—dilación, tardanza, parada, demora, estación, suspensión, detenimiento, minuciosidad, prolijidad, esmero, cuidado, captura, arresto, encarcelamiento, prisión, lentitud, premiosidad. morosidad.

DETENER.—arrestar, coger, aprehender, atajar, encarcelar, parar, suspender, impedir, retener, estorbar, conservar, embarazar, contener, interceptar, empantanar, inmovilizar, estancar, paralizar.

DETENERSE.—retardarse, demorarse, pararse, suspenderse, atascarse, atollarse, plantarse.

DETENIDO.—preso, embarazado, apocado, irresoluto, indeciso, escaso, mezquino, miserable, pendiente, estantío, estadizo.

DETENIMIENTO.—detención, esmero, prolijidad, cuidado, minuciosidad, detinencia, contenencia, estancación, paralización, permanencia.

DETERIORAR.—ajar, averiar, estropear, menoscabar, empeorar, maltratar, desmedrar, desfigurar, deformar, afear.

DETERIORO.—daño, perjuicio, detrimento, menoscabo, desperfecto, avería, deterioración, desmejora, derogación.

DETERMINACIÓN.—valor, osadía, arrojo, intrepidez, decisión, resolución, partido.

DETERMINADO.—intrépido, taxativo, explícito, categórico, definitivo, concluyente.

DETERMINAR.—disponer, decidir, prescribir, fijar, resolver, señalar, causar, producir, ocasionar, precisar, distinguir, discernir, designar, sentenciar, definir, caracterizar, especificar, acotar, concretar.

DETERSORIO.—detersivo, purificador.
DETESTABLE.—abominable, reprobable, condenable, execrable, aborrecible, pésimo, infame, odioso.
DETESTAR.—condenar, maldecir, aborrecer, abominar, execrar, odiar, reprochar.
DETONACIÓN.—estampido, estallido, explosión, tiro, disparo.
DETRACCIÓN.—maledicencia, murmuración, denigración, infamación, difamación, zaherimiento, disfamación, murmuración.
DETRACTAR.—denigrar, infamar, murmurar, detraer, zaherir, maquillar, amancillar, vituperar.
DETRACTOR.—maldiciente, infamador, calumniador, deshonrabuenos, deshonrador, disfamador.
DETRAER.—desviar, apartar, restar, substraer, separar, zaherir, descaminar, infamar, denigrar, desacreditar, oprobiar, sambenitar, tildar, desbordar, baldonar.
DETRIMENTO.—pérdida, quebranto, daño, perjuicio, deterioro, menoscabo, avería, lesión, deterioración, depreciación, desmedro.
DEUDA.—pecado, ofensa, culpa, adeudo, obligación, compromiso, débito, pasivo.
DEUDO.—pariente, agnado, allegado, familiar, parentesco.
DEVANEAR.—delirar, divagar, desbarrar, descuidar, despotricar, disparatar.
DEVANEO.—delirio, desatino, locura, disparate, diversión, pasatiempo, amorío.
DEVASTACIÓN. — destrucción, asolamiento, desolación, ruina, destrucción, aniquilación, asolación, desmantelamiento.
DEVASTAR.—arruinar, asolar, desolar, destruir, arrasar, deshacer, talar, desmantelar, aniquilar.
DEVOCIÓN.—amor, afición, veneración, fervor, inclinación, piedad, contemplación, recogimiento, unción, religiosidad, virtud, celo, misticismo.
DEVOLVER.—volver, tornar, restituir, reembolsar, reintegrar, rechazar, rendir, vomitar, integrar, redimir, retroceder.
DEVORAR.—consumir, destruir, disipar, zampar, glotonear, emborrar, tragar.
DEVOTERÍA.—beatería, fariseísmo, santurronería.
DEVOTO.—afecto, apegado, admirador, partidario, entusiasta, adicto, beato, secuaz, piadoso, religioso, endevotado, beatuco, santurrón, misticón, tragasantos.
DIABLEAR. — travesear, zaragutear, picardear, enredar, zarahutear, triscar, trebejar, revolver.
DIABLO.—demonio, Satanás, Pateta, Mefistófeles, Lucifer, Satán, Luzbel, travieso, audaz, temerario, vivo, astuto, sagaz, sutil, mañoso, amedador, manifacero, revoltoso, mataperros.
DIABLURA.—travesura, barrabasada, trastada, mataperrada, temeridad, imprudencia, chiquillada, irreflexión, ligereza, atrevimiento, imprevisión, informalidad.
DIABÓLICO.—perverso, malo, infernal, satánico, diablesco, demoníaco, mefistofélico, luciférico.
DIADEMA.—presa, cinta, aderezo, adorno, insignia, corona.
DIÁFANO. — claro, cristalino, traslúcido, transparente, pelúcido, trasluciente, hialino, aerófaro.
DIAGONAL.—oblicuo, sesgado.
DIALOGAR.—hablar, conversar, dialogizar, departir.
DIÁLOGO.—plática, conversación, coloquio, interlocución.
DIAMANTE.—carbono, carbonato, gema.
DIAMANTINO.—inquebrantable, duro.
DIARIO.—cotidiano, dial, periódico, dietario.
DIATRIBA.—invectiva, libelo, vejamen, violencia, injuria.
DIBUJAR.—diseñar, delinear, trazar, describir, esbozar, bosquejar, figurar, plumear, apuntar.
DIBUJO.—esbozo, bosquejo, esquema, diseño, apunte, croquis, distorno, silueta, esquicio, plano.
DICCIÓN.—palabra, pronunciación.
DICCIONARIO.—catálogo, vocabulario, tesauro, enciclopedia, lexicón.
DICTADOR.—autócrata, magistrado, déspota.
DICTADURA.—cesarismo, autarquía, absolutismo, despotismo.
DICTAMEN.—juicio, opinión, parecer, entender, sentencia, concepto.
DICTAR.—inspirar, sugerir, pronunciar, promulgar, expedir, dar, mandar, ordenar, decretar.
DICTATORIAL.—absoluto, autocrático.
DICTERIO.—improperio, ofensa, injuria.
DICHA.—encanto, suerte, contento, fortuna, gusto, prosperidad, felicidad, ventura.
DICHARACHERO.—chancero, bromista, ocurrente, gracioso, chistoso, zumbón, embromador, candonguero.
DICHARACHO.—palabrota, broma, chiste, pitorreo, cachondeo, choteo, abucheo, chanza, chascarrillo.
DICHO.—ocurrencia, chiste, máxima, epifonema, moraleja, anejín, paremia, agudeza, sentencia, proverbio, refrán, apotegma, declaración.
DICHOSO. — afortunado, feliz, venturado, venturero, bienfortunado, fausto, venturoso, fastidioso, desagradable, enfadoso, molesto.
DIESTRO.—experto, hábil, mañoso, competente, capaz, especialista, habilidoso, lúcido, perito, ducho, ejercitado, versado, sagaz, astuto, cucañero, avisado, ronzal, ramal, riendas, cabestro, derecho.
DIFAMACIÓN.—calumnia, maledicencia, murmuración, disfamación, difamia, disfamia, calumniación, descrédito.
DIFAMADOR. — calumniador, denigrador, maldiciente, infamador, murmurador, vilipendiador, baldonador, desacreditador.
DIFAMAR.—desacreditar, calumniar, denigrar, menospreciar, infamar, maldecir, baldonar, vilipendiar.
DIFERENCIA.—distinción, variedad, diversidad, desemejanza, desigualdad, disparidad, discrepancia, disentimiento, desavenencia, disimilitud, resta, residuo, discrimen, diferenciación.
DIFERENTE.—desemejante, disímil, dispar, heterogéneo, discordante, distinto, diverso, variado, opuesto, desigual, divergente, anisómero, disparejo, discrepante.
DIFERIR.—dilatar, demorar, posponer, retardar, suspender, aplazar, retrasar, rezagar, postergar, pausar, prorrogar.
DIFÍCIL.—arduo, dificultoso, trabajoso, peliagudo, penoso, arduo, laborioso, embarazoso, espinoso, complicado, intrincado, embrollado, enrevesado, enmarañado, enredado, laberíntico, enigmático, revesado, inextricable, arrevesado, enredoso.
DIFICULTAD.—tropiezo, inconveniente, problema, embarazo, atascamiento, obstáculo, contratiempo, conflicto, entorpecimiento, impedimento, reparo, estorbo, contrariedad, compli-

cación, objeción, complejidad, duda, arduidad, escollo, pejiguera.

DIFICULTAR.—complicar, embarazar, entorpecer, estorbar, emperezar, cuitar, atascar.

DIFICULTOSO.—penoso, difícil, embarazoso, complicado, enrevesado, defectuoso, extraño, dificultador, peliagudo, inextricable, arduo.

DIFIDENTE.—desconfiado, receloso, temeroso, reservado, matrero, suspicaz, escamón, inconfidente.

DIFUNDIR.—derramar, extender, divulgar, propagar, propalar, esparcir, transfundir, dilatar, expandir.

DIFUSIÓN.—diseminación, dilatación, prolijidad, propagación, irradiación, dispersión.

DIFUSO.—dilatado, extenso, ancho, amplio, prolijo, espacioso, largo, farragoso.

DIGNARSE.—condescender, acceder, servirse, acomedirse, deferir.

DIGNIDAD.—excelencia, gravedad, realce, decoro, cargo, empleo, prebenda, honor, preeminencia, merecimiento, seriedad.

DIGNO. — proporcionado, correspondiente, apropiado, merecedor, acreedor, decoroso, decente, grave, íntegro, honrado, condigno, benemérito, meritorio.

DILACERAR.—atenacear, atenazar, despedazar, destrozar, desgarrar, rasgar, desacreditar, deshonrar, vilipendiar.

DILACIÓN.—detención, retardo, tardanza, retraso, demora, aplazamiento, prórroga, remisión, prorrogación, mora, dilatoria.

DILAPIDACIÓN.—despilfarro, derroche, malversación, dispendio, prodigalidad.

DILAPIDADOR.—malgastador, derrochador, despilfarrador, disipador, malversador, malbaratador, malrotador, despendedor, desperdiciador, manirroto, perdigón.

DILAPIDAR.—malgastar, derrochar, malbaratar, despilfarrar, malversar, malrotar, disipar, tirar, desperdiciar, prodigar.

DILATACIÓN.—dilatabilidad, desahogo, ampliación, hinchazón, desenvolvimiento, expansión.

DILATADO.—difuso, prolijo, extenso, amplio, numeroso, vasto, ancho, extendido, grande, espacioso, desahogado, lato, alargado, teso, desenvuelto.

DILATAR.—retardar, diferir, demorar, divulgar, aplazar, prorrogar, propagar, extender, alargar, agrandar, aumentar, ensanchar, desplegar, estirar, estirajar, amplificar.

DILECCIÓN.—amor, cariño, amistad, voluntad, estimación, afecto, bienquerencia, predilección.

DILIGENCIA.—actividad, rapidez, prontitud, prisa, presteza, atención, celeridad, vivacidad, ligereza, aplicación, cuidado, celo, solicitud, negocio, empeño.

DILIGENTE.—aplicado, activo, atento, celoso, cuidadoso, expeditivo, pronto, rápido, ágil, ligero, presto, exacto, servicial, solícito, vivaz, apresurado.

DILOGÍA.—ambigüedad, anfibología, equívoco, calambur.

DILUCIDACIÓN.—ilustración, aclaración, explicación, esclarecimiento, elucidación.

DILUCIDAR.—ilustrar, explicar, aclarar, elucidar, explanar, destebrechar, esclarecer, clarar.

DILUIR.—disolver, desleír, jetar, colicuar.

DIMANACIÓN.—longitud, área, superficie, extensión, volumen, tamaño, magnitud, intensidad, medida, capacidad, calibre, cantidad, latitud, profundidad, anchura, grueso, duración, grandor.

DIMIDIAR.—partir, dividir, seccionar, demediar, segmentar, fragmentar, fraccionar.

DIMINUCIÓN. — disminución, minoración, mengua, merma, menoscabo, aminoración, decrecimiento, amenguamiento.

DIMINUTO.—chiquitín, pequeño, pequeñísimo, minúsculo, defectuoso, deficiente, parvo, menudo, mezquino, mínimo.

DIMISIÓN. — renuncia, dejación, abandono, abdicación, renunciamiento, renunciación, cesión.

DIMITIR. — abdicar, renunciar, abandonar, declinar, resignar, deponer.

DINÁMICO.—activo, fuerte, enérgico, rápido, apresurado, ligero.

DINERO. — caudal, capital, moneda, mosca, cuartos, parnés, peculio, guita, pecunia, hacienda, fortuna, din, parné, guelte.

DINEROSO.—adinerado, rico, opulento, potentado, granido, acaudalado, caudaloso.

DIPLOMA.—bula, despacho, nombramiento, privilegio, prerrogativa, autorización, título, recompensa, premio.

DIPLOMACIA.—disimulo, cortesanía, astucia, habilidad, cortesía, tiento, pulso, tacto.

DIPLOMÁTICO.—astuto, disimulado, sagaz, ladino, taimado, marrullero, socarra, zorro, solerte.

DIQUE.—obstáculo, muro, freno, valía, reparo, presa, valladar, rompeolas, escollera.

DIQUELAR.—comprender, entender, alcanzar, conocer, discernir.

DIRECCIÓN. — administración, gestión, gobierno, consejo, enseñanza, señas, domicilio, rumbo, ruta, sesgo, marcha, giro, derrotero, destino, camino, trayectoria, carruchera, encaminamiento, trazado, sentido, orientación.

DIRECTO.—seguido, recto, derecho, acuerdado.

DIRECTOR. — conductor, cochero, ductriz, ductor, automedonte, endilgador, práctico, piloto, guía, lazarillo, jefe.

DIRIGIR.—guiar, encaminar, conducir, orientar, enderezar, gobernar, administrar, regir, encauzar, encarrilar, enviar, senderear.

DIRIMIR. — deshacer, disolver, ajustar, desunir, anular, componer, resolver, separar, acordar.

DISCANTAR.—cantar, recitar, componer, glosar, comentar.

DISCEPTAR. — disertar, discurrir, argüir, disputar, argumentar, razonar.

DISCERNIR. — distinguir, comprender, diferenciar, apreciar, percibir, alcanzar, entender, decernir, descifrar.

DISCIPLINA.—regla, orden, método, norma, azotar.

DISCIPLINARSE. — mortificarse, azotarse, subordinarse.

DISCIPULADO.—enseñanza, educación, doctrina, instrucción.

DÍSCOLO.—avieso, indócil, perturbador, revoltoso, indisciplinado, rebelde, renuente, indómito, reacio, travieso, desobediente.

DISCONTINUO. — irregular, intermitente, interrumpido, intercadente, descontinuo, atreguado.

DISCORDANCIA. — disconformidad, desconformidad, desacuerdo, oposición, disentimiento, discrepancia, descontentamiento, malquistamiento, concitación, divergencia, contrariedad.

DISCORDAR. — diferir, discrepar, disentir, desacordar, desafinar, desquiciar, desavenir, malquistar.

DISCORDE.—opuesto, disconforme, contrario,

discrepante, disonante, desacorde, desconforme, desavenido, disidente, malquisto, inconciliable.

DISCORDIA.—desacuerdo, oposición, contrariedad, discrepancia, desunión, desavenencia, división, disensión, desconformidad, desconcordia, disidencia, disenso, descontentamiento, cisma.

DISCRECIÓN.—circunspección, cordura, mesura, moderación, prudencia, sensatez, reserva, tacto, tino, agudeza, ingenio, oportunidad, formalidad, seso, asentimiento, compostura, tiento.

DISCREPANCIA.—divergencia, diferencia, disonancia, desigualdad, desconformidad, disconformidad, disentimiento, desacuerdo.

DISCREPAR.—desdecir, distar, disentir, discordar, desemejar, diversificar.

DISCRETO.—cuerdo, juicioso, sensato, circunspecto, prudente, moderado, reservado, velado, ingenioso, oportuno, agudo, ponderoso, acordado, formal, mesurado, machucho.

DISCRIMEN.—peligro, riesgo, diferencia, diversidad, peligrosidad, variedad, promiscuidad.

DISCRIMINAR. — distinguir, diferenciar, discernir, subdistinguir, sopuntar, caracterizar.

DISCULPA.—excusa, descargo, disculpación, pretexto, alegato, defensa, vindicación, coartada, exculpación, excuso, descargo, excusación, exoneración.

DISCULPARSE.—justificarse, sincerarse, defenderse, excusarse, descargarse, exonerarse.

DISCURRIR.—caminar, andar, correr, pasear, reflexionar, marchar, meditar, pensar, cavilar, conjeturar, inferir, suponer, calcular, disertar, inventar, raciocinar, argüir, silogizar, razonar, disceptar, discursar.

DISCURSIVO.—reflexivo, meditabundo, caviloso, reflexionador.

DISCURSO.—plática, arenga, prédica, oración, conferencia, alocución, tratado, narración, disertación, relación, perorata, peroración, panegírico, apología, sermón, homilía, catilinaria, invectiva, diatriba, apóstrofe, reflexión, amonestación, raciocinio, razonamiento, declamación, charla, laudatoria, soflama, loa.

DISCUSIÓN.—estudio, debate, examen, altercado, disputa, polémica, controversia, querella, porfía, litigio, disentimiento, discrepancia, disidencia, discordia, cuodlibeto, dialéctica, diferencia, impugnación, agarrada, logomaquia, porfía, pelotera.

DISCUTIDOR.—razonador, argumentista, polemista, disputador, disputante, altercante, altercador.

DISCUTIR. — argumentar, debatir, examinar, cuestionar, pelear, acalorar, escalibar, pelotear, ventilar, porfiar, estudiar, razonar, dilucidar, altercar, contender, controvertir, disputar.

DISECTOR.—anatomista, antómico, disecador.

DISEMINACIÓN.—dispersión, siembra, esparcimiento, difusión, desparramo, desperdigamiento.

DISEMINAR.—sembrar, esparcir, desparramar, desperdigar, dispersar, disgregar, difundir, irradiar.

DISENSIÓN.—altercación, altercado, contienda, riña, disputa, discordia, oposición, división, disconformidad, contrariedad, desavenencia, disentimiento, desacuerdo, disidencia, diferencia, discrepancia, separación, desunión, desconcierto, descontentamiento.

DISENTIMIENTO.—disenso, división, desconcordia. (V. **Disensión.**)

DISENTIR. — disconvenir, discordar, discrepar, desacordar, desavenir.

DISEÑAR.—delinear, trazar, dibujar, esbozar, bosquejar, bocetar, planear.

DISERTACIÓN. — discurso, oración, razonamiento, alocución, conferencia, charla, peroración.

DISFAMACIÓN.—difamación, difamia, calumnia, calumniación, vilipendio, baldón, descrédito.

DISFAMADOR.—vilipendiador, calumniador, baldonador, mancillador, difamador, desacreditador.

DISFAVOR.—desaire, desprecio, desatención, descortesía, desgaire, depreciación, desconsideración.

DISFORME.—irregular, desproporcionado, horroroso, feo, deforme, desmesurado, descomunal, horrible, monstruoso, horrendo, espantoso, feúco, feúcho, macaco.

DISFORMIDAD.—deformidad, monstruosidad, fealdad, desproporción, fiereza, afeamiento.

DISFRAZ.—embozo, tapujo, disimulo, artificio, simulación, velo, eufemismo, capa, paliación, ocultación.

DISFRAZAR.—ocultar desfigurar, disimular, embozar, encubrir, velar, simular, tergiversar.

DISFRUTAR.—gozar, percibir, aprovechar, tener, utilizar, poseer, disponer, fruir, saborear, travesear.

DISFRUTE.—aprovechamiento, goce, usufructo, regodeo, epicureísmo.

DISGREGACIÓN.—separación, desunión, desagregación, segregación, esparcimiento, difusión, irradiación.

DISGREGAR.—separar, desunir, desagregar, disolver, dividir, sembrar, esparcir, desperdigar.

DISGUSTADO. — desazonado, incomodado, malhumorado, enojado, desabrido, afligido, contrariado, amohinado, enfadado.

DISGUSTAR.—contrariar, desazonar, desagradar, desconcertar, enfadar, incomodar, repugnar, molestar, afligir, malhumorar, enojar, amohinar.

DISGUSTO.—desabrimiento, desazón, contienda, diferencia, pesadumbre, sentimiento, pena, fastidio, inquietud, enfado, enojo, incomodidad, malestar, molestia, repugnancia, contrariedad, disensión, desagrado, desavenencia, cojijo, amarulencia, reconcomio, grima, descontentamiento, descontento.

DISIDENCIA.—desacuerdo, desavenencia, división, discrepancia, escisión, cisma, desconformidad, disentimiento, disensión, divergencia, desconcordia.

DISÍMIL.—desemejante, distinto, diferente, diverso, dispar, desigual, heterogéneo, discrepante, asemejante, disparejo, anisómero.

DISIMULACIÓN.—disimulo, ficción, fingimiento, simulación, encubrimiento, eufemismo, tapujo, ocultación, disfraz, paliación, embozo, socolor, capa.

DISIMULADO.—falso, fingido, hipócrita, disfrazado, encubierto, simulado.

DISIMULAR.—encubrir, ocultar, tapar, esconder, simular, disfrazar, desfigurar, dispensar, permitir, perdonar, tolerar, disculpar, fingir, pasar.

DISIMULO.—tolerancia, indulgencia, fingimiento, doblez, disimulación, disfraz, tapujo.

DISIPACIÓN.—liviandad, disolución, vicio, depravación, desenfreno, crápula, libertinaje, licencia, inmoralidad, desaparecimiento, escamoteo, desaparición.

DISIPADO.—evaporado, disipador, derrochador, malgastador, despilfarrador, pródigo, malrotador, libertino, inmoral, esfumado, desaparecido, eclipsado.

DISIPAR.—desvanecer, esparcir, desperdiciar, malbaratar, malgastar, derrochar, prodigar, deshacer, aclarar, dilapidar, malrotar, desaparecer, evaporar.

DISIPARSE.—evaporarse, borrarse, desaparecer, enflaquecer, esfumarse, eclipsarse.

DISLATE.—disparate, despropósito, desatino, absurdo, barbaridad, desbarro, despapucho, burrada, insensatez, imprudencia, descabellamiento, descamino.

DISLOCAR.—desencajar, descoyuntar, desquiciar, sacar de su sitio.

DISMINUCIÓN.—mengua, merma, rebaja, reducción, descuento. decrecimiento, menoscabo, minoración, diminución, aminoración, descrecencia, menguamiento, amenguamiento, reducimiento, rebajamiento.

DISMINUIR.—acortar, abreviar, decrecer, mermar, reducir, rebajar, menguar, menoscabar, minorar, encoger, apocar, diminuir, amainar, aminorar, amenguar, desmenguar, atenuar, empobrecer.

DISMINUIRSE. — minorarse, menoscabarse, menguarse, amenguarse, amainarse, mermarse, disminuirse.

DISOCIAR.—desunir, separar, desagregar, disgregar, apartar, dividir, descomponer.

DISOLUCIÓN.—relajación, licencia, disipación, crápula, liviandad, libertinaje, ruptura, dilución, desleimiento, solución, desleidura, levigación.

DISOLUTO.—licencioso, libertino, vicioso, liviano, disipado, crapuloso, invirtuoso, alacranado, encenagado.

DISOLVER.—deshacer, desleír, disgregar, desatar, desbaratar, soltar, separar, desunir, interrumpir, getar, diluir, colicuar, levigar, destruir, aniquilar.

DISONANTE.—marmónico, discorde, desacorde, destemplado, dísono, disconforme, desproporcionado, discrepante, chocante, desconforme.

DISONAR.—discrepar, chocar, desconvenir.

DISPAR.—(V. **Disímil.**)

DISPARAR.—despedir, arrojar, proyectar, tirar, lanzar, descargar. (V. **Disparatar.**)

DISPARARSE.—desbocarse, desmandarse, dirigirse, precipitarse.

DISPARATADO.—absurdo, descabellado, ilógico, desatinado, irracional, despreposítado, desrazonable, descabezado.

DISPARATAR.—desatinar, desbarrar, barbarizar, disparar, desbaratar, despotricar.

DISPARATE.—dislate, desatino, absurdo, despropósito, barbaridad, burrada, desbarro, insensatez, descamino, atrocidad.

DISPARIDAD.—desemejanza, diferencia, discrepancia, desigualdad, disenso, discordancia, desacuerdo, desconcierto, disentimiento.

DISPARO.—detonación, tiro, descarga, disparate, desatino, dislate, burrada.

DISPENDIO.—derroche, gasto, desembolso, gastamiento, expendición, consumimiento.

DISPENDIOSO.—caro, costoso, oneroso, gravoso.

DISPENSAR.—conceder, dar, otorgar, distribuir, perdonar, absolver, excusar, disculpar, eximir, exceptuar, exculpar, entregar, conferir.

DISPENSARIO.—consultorio.

DISPERSAR.—diseminar, desordenar, esparcir, derrotar, desbaratar, ahuyentar, desparramar, disgregar, disipar, irradiar.

DISPERSIÓN.—diseminación, separación, disgregación, fuga, desperdigamiento, derramamiento, huida.

DISPERSO.—esparcido, separado, diseminado, desparramado, suelto, raro.

DISPLICENCIA.—desagrado, fastidio, indiferencia, aspereza, desabrimiento, apatía, indolencia, desaliento, vacilación, acedia, esquinez, desapacibilidad.

DISPLICENTE.—áspero, desabrido, desapacible, desagradable, disgustado, descontentadizo, malhumorado, escolimoso, huraño, acedo, desalentado.

DISPONER.—ordenar, concertar, arreglar, preparar, prevenir, aderezar, decidir, resolver, deliberar, prescindir, determinar, mandar, preceptuar, colocar, situar, acomodar, adaptar.

DISPONIBLE.—utilizable, aprovechable, sensible, explotable.

DISPOSICIÓN.—determinación, decisión, providencia, resolución, orden, mandato, precepto, aptitud, capacidad, suficiencia, idoneidad, habilidad, talento, ingenio, soltura, desembarazo, proporción, despejo, prevención, medida, preparativo, medio, gallardía, gentileza, apostura, actitud, temple, talante, tesitura, natural, carácter.

DISPUESTO.—apuesto, gallardo, gentil, hábil, apto, despejado, vivo, despierto, listo, espabilado, inteligente, ingenioso, habilidoso, idóneo, mañoso, buscavidas, apañado, diestro.

DISPUTA.—controversia, cuestión, porfía, altercado, contienda, discusión, agarrada, querella, trifulca, pendencia, camorra, debate, riña, pelea, reyerta, lucha, combate, discordia, pelotera, bronca, logomaquia, palestra, suiza.

DISPUTAR.—debatir, altercar, contender, controvertir, porfiar, discutir, cuestionar, resistir, reñir, pelear, luchar, combatir, litigar, escalibar, palotear.

DISQUISICIÓN.—examen, razonamiento, discusión, investigación, averiguación, escudriñamiento.

DISTANCIA.—espacio, trecho, diferencia, intervalo, desemejanza, discrepancia, disparidad, separación, envergadura, longitud, apogeo, perigeo, anchura, alongamiento, trayecto, alojamiento, desvío, desapego.

DISTANCIAR.—distar, alcanzar, alejar, separar, desunir, despuntar.

DISTANTE.—lejos, apartado, lejano, espaciado, remoto, retirado, alejado, extremo.

DISTAR.—discrepar, diferir, equidistar, distanciar.

DISTINCIÓN.—prerrogativa, honor, honra, distingo, diferencia, desemejanza, excepción, cortesía, elegancia, educación, orden, claridad, precisión, discernimiento, carácter, análisis, discriminación.

DISTINGO.—distinción, reparo, censura, impugnación.

DISTINGUIDO.—esclarecido, elegante, notable, ilustre, principal, noble, señalado.

DISTINGUIR.—diferenciar, seleccionar, especificar, separar, discernir, descollar, sobresalir, reconocer, percibir, honrar, discriminar, caracterizar, determinar.

DISTINGUIRSE.—señalarse, diferenciarse, caracterizarse.

DISTINTIVO.—divisa, insignia, marca, señal, condecoración, encomienda, venera, emblema, característico, diacrítico, específico, neto.

DISTINTO.—inteligible, preciso, claro, inconfundible, diferente, diverso, anisómero, heterogéneo, híbrido, diversiforme.

DISTRACCIÓN.—distraimiento, diversión, recreo, pasatiempo, entretenimiento, olvido, omisión, inadvertencia, irreflexión, ligereza, aturdimiento, desatención, incuria, desaplicación, substracción, malversación, inconsciencia, desapercibo, desapercibimiento, evagación, embabiamiento, oscita.

DISTRAER.—divertir, recrear, entretenerse,

apartar, separar, desviar, sustraer, malversar, estorbar, descuidar, engañar.

DISTRIBUCIÓN.—división, enumeración, repartición, reparto, partición, repartimiento, adjudicación, prorrateo.

DISTRIBUIR.—repartir, partir, racionar, dividir, compartir, disponer, dispersar, dosificar, impartir, asignar.

DISTURBAR.—perturbar, alborotar, trastornar, aguar, enturbiar, atumultuar.

DISTURBIO.—alteración, perturbación, asonada, desorden, tumulto, alboroto, levantamiento, motín, sublevación, bullanga, revuelta, trastorno, monote, bochinche, bullanga, culebra, turbulencia, amotinamiento.

DISUADIR. — desaconsejar, desencaprichar, desarruinar, desaconsejar.

DITA.—garantía, deuda, préstamo.

DIVAGACIÓN.—evagación, merodeo, desviación, callejeo, rodeo, circunloquio, ambages, perífrasis.

DIVÁN.—sofá, canapé, florilegio.

DIVERGENCIA.—discrepancia, disensión, disconformidad, apartamiento, aislamiento, separación.

DIVERGIR.—disentir, discrepar, desacotar.

DIVERSIDAD.—variedad, desemejanza, abundancia, diferencia, copia, promiscuidad, heterogeneidad, irrelación.

DIVERSIÓN.—solaz, recreo, esparcimiento, entretenimiento, distracción, pasatiempo, divertimiento, recreación, pecorea, bureo, refocilo.

DIVERSO.—desemejante, diferente, anisómero, heterogéneo, diversiforme, distinto.

DIVERSOS.—varios, distintos, diferentes, muchos, desemejantes, anisómeros, heterogéneos.

DIVERTIDO.—festivo, alegre, distraído, jovial, entretenido, letífico, ristolero, jocundo, godesco, esparcido.

DIVERTIR. — entretener, recrear, solazar, apartar, distraer, desviar, alborozar, desmelancolizar, animar, letificar.

DIVIDIR.—fraccionar, partir, separar, seccionar, desmenuzar, descuartizar, distribuir, repartir, compartir, indisponer, enemistar, malquistar, desunir, desavenir, segmentar, subdividir, fragmentar.

DIVINAMENTE.—perfectamente, admirablemente, magníficamente, perfectísimamente, maravillosamente, prodigiosamente, excelentemente, excelsamente.

DIVINO.—excelente, primoroso, precioso, prodigioso, perfecto, adivino, divo.

DIVISA.—marca, señal, color, distintivo, insignia, lazo, cinta, emblema, lema, mote, herencia, mojonera.

DIVISAR.—columbrar, percibir, ver, vislumbrar, distinguir, avistar, advertir, alufrar, entrelucir.

DIVISIÓN.—distribución, reparto, discordia, repartición, desavenencia, desunión, discusión, escisión, disidencia, partimiento, segmentación, fragmentación, fracción, subdivisión, dicotomía.

DIVORCIO.—disolución, repudiación, descasamiento, difarreación, disolución, separación, incompatibilidad.

DIVULGAR.—publicar, extender, difundir, pregonar, propagar.

DOBLADO.—doble, rechoncho, fingido, disimulado, taimado, plegado, doblegado, retorcido.

DOBLAMIENTO.—doblez, dobladura, duplicadura, pliegue, bastilla, codo, acodadura.

DOBLAR.—duplicar, torcer, arquear, curvar, encorvar, plegar, acodillar, doblegar, acodar, jorobar, tazar.

DOBLARSE.—doblegarse, plegarse, ceder, someterse, cimbrearse, encorvarse, agacharse, cerchearse.

DOBLE.—duplo, recio, fornido, fuerte, simulado, fingido, taimado, artificioso.

DOBLEGABLE.—plegadizo, encorvable.

DOBLEGAR.—doblar, torcer, blandir, blandear, encorvar, hacer, desistir.

DOBLEGARSE. — doblarse, agacharse, cimbrearse, encorvarse, torcerse, blandearse, blandirse, humillarse, someterse.

DOBLEZ.—simulación, falsedad, engaño, fingimiento, hipocresía, duplicidad, disimulo, pliegue, repliegue, dobladura, doblamiento, duplicadura.

DÓCIL.—apacible, suave, obediente, convenible, blandengue, fácil, mollar, sumiso, manso, dulce, blando, cordero, Juan Lanas, docible.

DOCILIDAD.—flexibilidad, mansedumbre, corregibilidad, dulzura, subordinación, benignidad, disciplina.

DOCTAMENTE.—sapientísimamente, escientemente, eruditamente, sabiamente.

DOCTO.—erudito, entendido, ilustrado, instruido, sabio, culto, competente, técnico, sapiente, omnisciente, versado, valentísimo.

DOCTOR.—catedrático, profesor, médico, facultativo.

DOCTRINA.—teoría, escuela, sistema, enseñanza, opinión, ciencia, sabiduría, plática.

DOCTRINADOR.—maestro, catequista, profesor, doctrinero.

DOCUMENTADO.—fundamentado, conocedor, sabedor, enterado, capacitado, preparado, argumentoso.

DOCUMENTAR.—probar, demostrar, justificar, patentizar, evidenciar, enseñar, doctrinar, catequizar.

DOCUMENTO.—instrumento, escrito, despacho, escritura, título, instrucción, aviso.

DOGMA.—fundamento, base, afirmación.

DOLENCIA.—achaque, enfermedad, indisposición, mal, padecimiento, afección, malestar, destemple, arrechucho.

DOLER.—lancinar, retentar, traspasar, punzar, rabiar, lastimar.

DOLERSE.—arrepentirse, afligirse, lamentarse, apiadarse, compadecerse, condolerse.

DOLIENTE.—apenado, afligido, contristado, dolorido, desconsolado, enfermo, delicado, paciente.

DOLO.—engaño, fraude, simulación, doblez, trampa, fingimiento, disimulación, fraudulencia.

DOLOR.—sufrimiento, molestia, calvario, suplicio, tortura, martirio, tormento, angustia, pesar, pena, congoja, aflicción, tristeza, sentimiento, desconsuelo, arrepentimiento, contrición, atrición, suplicio, redolor, daño, punzadura.

DOLORIDO.—apenado, afligido, contristado, desconsolado, doliente, angustiado, doloriento, adolorido, redoliente, adolorado.

DOLOROSAMENTE.—lastimosamente, lamentablemente, angustiosamente, afligidamente, tristemente, apenadamente, penosamente, atormentadamente.

DOLOROSO.—angustioso, lastimoso, pungente, lacinante, lamentable, penoso, doloriento, sensible.

DOMAR.—dominar, sujetar, rendir, reprimir, vencer, refrenar, domesticar, desembravecer, amansar, desbravar, domeñar, amaestrar, amadrinar, mampresar, establear, aplacar.

DOMEÑAR.—dominar, rendir, reducir, sujetar, someter, avasallar, señorear, sojuzgar, subyugar, tiranizar.

DOMESTICAR.—amansar, amaestrar, desbravar, desembravecer, domeñar.

DOMÉSTICO.—sirviente, fámulo, criado, servidor, familiar, dependiente, suzarro.

DOMESTIQUEZ. — mansedumbre, domesticidad, amansamiento.

DOMICILIARSE.—establecerse, avecindarse, adomiciliarse, naturalizarse, acimentarse, arraigarse.

DOMICILIO.—morada, casa, residencia, hogar, lares.

DOMINANTE.—absoluto, autoritario, avasallador, preponderante, imperioso, predominante, sobresaliente, descollante, dominador, señoreante, sojuzgador, subyugador.

DOMINAR.—sujetar, avasallar, supeditar, señorear, someter, reinar, imperiar, reprimir, comprimir, contener, reducir, refrenar, subyugar, esclavizar, vencer, enseñorearse, sobresalir, descollar, domeñar, sojuzgar, despotizar.

DOMINARSE.—reprimirse, refrenarse, contenerse, comprimirse, reducirse, someterse.

DOMINIO.—ascendiente, autoridad, imperio, potestad, poder, predominio, superioridad, propiedad, pertenencia, señoría, señorearse, tiranía, subyugación.

DON.—dádiva, presente, regalo, gracia, habilidad, ofrenda, talento, donativo, adiafa, graciosidad, dación.

DONAIRE.—gentileza, donosura, ingenio, gracia, gracejo, gallardía, sandunga, salero, ocurrencia, chiste, chuscada, agudeza, discreción, apostura, soltura, agilidad, garbo, donosidad, donosía, galanura, sal, sombra.

DONAIROSO.—ocurrente, chistoso, gracioso, donoso, gallardo, apuesto, gentil, garboso, jacarandoso, chirigotero, chusco, chilindrinero.

DONAR.—dar, regalar, dadivar, conceder, conferir.

DONATIVO.—dádiva, obsequio, regalo, presente, ayuda, socorro, graciosidad, ofrenda, dación.

DONCELLA.—virgen, muchacha, moza, mocita, doncelluela, doncelleja, doncellueca, criada, sirvienta, damisela, madamisela.

DONCELLEZ.—doncellería, castidad, soltería, virginidad, pureza, honestidad.

DONOSIDAD.—gracia, gracejo, chiste, donaire, donosura, donosía, galanura, sal, sombra.

DONOSO.—ocurrente, chistoso, gracioso, donairoso, jacarandoso, chirigotero, chusco, chilindrinero, agudo.

DONOSURA.—donaire, gracia, chiste, gracejo, donosidad, donosía, sombra, galanura, agudeza, sandunga.

DORADO.—esplendoroso, venturoso, feliz, dichoso, venturado, bienhadado, radiante, próvido, floreciente.

DORMIR.—reposar, descansar, sosegar, dormitar, adormecerse, pernoctar, sornar, sestear.

DORMIRSE.—descuidarse, abandonarse, adormilarse, sosegarse, adormecerse, amansarse, aplacarse, apaciguarse, adormitarse, azorrarse, amorrongarse.

DORNILLO.—hortera, dornajo, escupidera.

DORSO.—revés, espalda, lomo, reverso, envés, respaldo, zaguera, trasera.

DOSIS.—cantidad, porción, cuantía, cuantidad, proporción.

DOTACIÓN.—tripulación, emolumento, dote.

DOTE.—prenda, cualidad, caudal, asignación, acidaque, dotación, bienes.

DRAGOMÁN.—intérprete, trujamán, drogmán, truchimán, interpretador, interpretante.

DRÍA.—dríade, dríada, ninfa.

DÚCIL.—espita, grifo, chorro.

DÚCTIL.—acomodadizo, acomodaticio, maleable, blando, elástico, dócil, condescendiente.

DUCTOR.—caudillo, guía, líder, jefe, capitán, cabeza, rector.

DUCHO.—diestro, entendido, experimentado, perito, hábil, versado, avezado, corrido, fogueado, baqueteado, práctico.

DUDA.—irresolución, perplejidad, incertidumbre, vacilación, indecisión, titubeo, oscilación, dubitación, fluctuación, indeterminación, hesitación, tanteo, escrúpulo, recelo, sospecha, aprensión, dubio.

DUDAR.—fluctuar, titubear, vacilar, recelar, sospechar, desconfiar, hesitar, escrupulizar.

DUDOSO.—equívoco, inseguro, incierto, problemático, sospechoso, indeciso, receloso, perplejo, vacilante, dudable, dubitable.

DUELISTA.—reñidor, pendenciero, quisquilloso, espadachín, desafiador.

DUELO.—pelea, combate, desafío, dolor, encuentro, lástima, aflicción, sentimiento, desconsuelo, pena, fatiga, penalidad, compasión, conmiseración, trabajo.

DUENDO.—doméstico, manso, dócil, morroncho, mansejón.

DUEÑO.—jefe, amo, patrón, principal, propietario, señor, poseedor, poseyente, tenedor, habiente, posesor.

DUERNA.—duerno, artesa.

DULCAMARA.—dulzamarra.

DULCE.—apacible, afable, bondadoso, indulgente, inofensivo, dócil, manso, sumiso, complaciente, blando, suave, agradable, grato, gustoso, dulzón, azucarado, endulzado, doncel, dulzaino.

DULCEDUMBRE.—suavidad, dulzura, ternura, blandura.

DULCIFICANTE.—calmante, suavizante.

DULCIFICAR.—adulzar, endulzar, azucarar, edulcorar, desacerbar, dulzorar, dulzurar, apaciguar, calmar, sosegar, suavizar, mitigar.

DULZÓN.—azucarado, dulzarrón, doncel, dulzaino.

DULZURA.—afabilidad, bondad, dulcedumbre, apacibilidad, suavidad, docilidad, mansedumbre, blandura, deleite, ternura.

DUPLICIDAD.—engaño, doblez, falsedad, fingimiento, hipocresía, disimulo, dualidad, duplicación, dualismo.

DURACIÓN.—dura, durabilidad, persistencia, estabilidad, permanencia, tardanza.

DURADERO.—durable, estable, persistente, perseverante, pertinaz, inveterado, largo, diuturno.

DURAR.—persistir, continuar, subsistir, permanecer, tardar, invertir, perdurar, perseverar, aturar.

DUREZA.—consistencia, resistencia, solidez, aspereza, rudeza, rigor, severidad, tumor, callo, callosidad, endurecimiento, reciura, rezura, tenacidad, rigidez.

DURO.—consistente, fuerte, sufrido, rígido, resistente, áspero, despiadado, inhumano, rudo, riguroso, severo, violento, cruel, intolerable, ofensivo, penoso, terco, porfiado, obstinado, tacaño, cicatero, recio, firme, pétreo, roqueño, coriáceo, correoso, tenaz, sólido, zapatero, diamantino, tieso.

E

EBRIO.—embriagado, borracho, achispado, bebido, beodo, curda, ajumado, chispo, ciego, caneco, ahumado, potado.

EBÚRNEO.—marfileño.

ECLESIÁSTICO.—clérigo, sacerdote, cura.

ECLIPSAR. — aventajar, exceder, obscurecer, sobrepujar, deslucir, ensombrecer, entenebrecer.

ECLIPSARSE.—ausentarse, escaparse, evadirse, escabullirse, guillarse, largarse.

ECLIPSE.—ocultación, desaparición, interceptación, obscurecimiento, entenebrecimiento, eclipsis.

ECONOMÍA.—escasez, ahorro, estrechez, miseria, parcidad, parquedad, ahorramiento, mezquindad, parsimonia.

ECONÓMICO.—ahorrador, ahorrativo, avaro, mezquino, roñoso, miserable, avariento, ahorrador, ahuchador.

ECONOMIZAR.—ahorrar, guardar, reservar, horrar, ahuchar, entalegar, enguerar.

ECUANIMIDAD. — imparcialidad, entereza, equidad, neutralidad.

ECHACUERVOS. — alcahuete, despreciable, embustero, ruin, correvedile, tercero, rufián, alcamonías.

ECHAR.—despedir, arrojar, tirar, expeler, exhalar, expulsar, destituir, deponer, derribar, asolar, aruinar, impeler, impulsar, brotar, imponer, dar, repartir, jugar, representar, pronunciar, lanzar, desahuciar, desaposentar.

ECHARSE.—acostarse, reclinarse, tenderse, tumbarse, apoyarse, abalanzarse, arrojarse, precipitarse, lanzarse.

EDAD.—años, época, tiempo, hierbas verdes.

EDIFICAR.—construir, elevar, fabricar, levantar, obrar, alzar, cimentar, labrar, urbanizar.

EDIFICIO.—construcción, obra, fábrica, casa, palacio, templo.

EDIL.—regidor, magistrado, concejal.

EDUCACION. — crianza, disciplina, enseñanza, instrucción, doctrina, urbanidad, cortesía, enseñamiento, enseño, ilustración, aleccionamiento.

EDUCANDO.—colegial, estudiante, escolar, alumno, discípulo.

EDUCAR.—enseñar, criar, doctrinar, dirigir, instruir, afinar, perfeccionar, desarrollar, disciplinar, adoctrinar, catequizar, documentar.

EDUCIR.—deducir, inferir, colegir, concluir.

EDULCORAR.—endulzar, adulzar, almibarar, azucarar, dulzorar.

EFECTIVO.—real, verdadero, positivo, seguro, serio, objetivo.

EFECTO.—resultado, consecuencia, mercancía, impresión, mercadería, sensación, sorpresa, resultancia, resulta, producto, causa.

EFECTOS.—bienes, enseres, tarecos, chismes, trebejos.

EFECTUAR.—ejecutar, realizar, verificar, hacer, obrar, consumar, ejercer.

EFERVESCENCIA.—agitación, ardor, exaltación, hervor, acaloramiento, ebullición, espumaje, espumosidad.

EFICACIA.—virtud, fuerza, eficiencia, actividad, poder, energía, virtualidad, acción, empuje.

EFICAZ.—enérgico, activo, fervoroso, fuerte, poderoso, eficiente, potente, operoso.

EFIGIE.—figura, imagen, retrato, busto, representación, personificación, símbolo.

EFÍMERO.—pasajero, corto, fugaz, perecedero, breve, momentáneo, transitorio, fugitivo, temporal.

EFRACCIÓN.—violencia, impetuosidad, arrebato, vehemencia, rudeza, brusquedad.

EFUGIO.—subterfugio, evasión, salida, recurso, escapatoria, evasiva, expediente, escape, huida.

EFUSIÓN.—derramamiento, desahogo, expansión, cariño, afecto, ternura, de.rame, vertimiento, difusión.

ÉGIDA.—egida, escudo, protección, defensa, amparo, sostén, agarradero, abrigo, salvaguardia.

ÉGIRA.—hégira.

ÉGLOGA.—écloga.

EGOÍSMO.—egolatría, egotismo, personalismo, individualismo.

EGOÍSTA.—ególatra, interesado.

EGREGIAMENTE.—insignemente, ilustremente, esclarecidamente, famosamente, célebremente, preclaramente, honorablemente.

EGREGIO.—insigne, famoso, ilustre, célebre, afamado, esclarecido, preclaro, ínclito, excelso, renombrado.

EJECUTANTE.—ejecutor, obrador, operador, operante, obrante, ejercitante.

EJECUTAR.—efectuar, hacer, realizar, verificar, ajusticiar, obrar, cumplir, ejercer, practicar.

EJECUTORIA.—título, despacho, sentencia.
EJECUTORIAR.—comprobar, verificar, estatuir, compurgar.
EJEMPLAR.—modelo, dechado, tipo.
EJEMPLO.—modelo, patrón, norma, pauta, regla, muestra, medida, prototipo, tipo, dechado, lección, advertencia, paradigma, arquetipo, parangón, espejo, escarmiento, lección.
EJERCICIO.—práctica, ejercitación, adiestramiento, ocupación, labor.
EJERCITAR.—adiestrar, amaestrar, instruir, practicar, desempeñar, ejercer.
ELABORAR.—preparar, transformar, trabajar, labrar, hacer, producir, realizar.
ELACIÓN.—presunción, altivez, soberbia, engreimiento, orgullo, arrogancia, hinchazón, ampulosidad, redundancia, elevación, grandeza, altiveza, altanería, infatuación.
ELASTICIDAD.—tonicidad, flexibilidad.
ELECCIÓN.—opción, nombramiento, deliberación, arbitrio, escogimiento.
ELECTRIZAR.—animar, avivar, entusiasmar, exaltar, inflamar, magnetizar, exacerbar, encalabrinar.
ELEGANCIA.—gracia, distinción, delicadeza, gusto, gentileza, desenvoltura, gallardía.
ELEGANTE.—distinguido, gracioso, airoso, jarifo, esbelto, lechuguino, currutaco, petimetre, gomoso, pisaverde, figurín, gallardo, desenvuelto.
ELEGÍACO.—lamentable, lastimoso, triste, melancólico, élego, deplorable, congojoso, lloroso, acongojador.
ELEGIDO.—predestinado, predilecto, preferido, escogido, seleccionado.
ELEGIR.—designar, escoger, optar, preferir, seleccionar.
ELEMENTAL.—fundamental, primordial, conocido, fácil, sencillo, básico.
ELEMENTO. — fundamento, móvil, medio, base.
ELEMENTOS.—nociones, principios, rudimentos, fundamentos.
ELENCO.—catálogo, índice, agrupación, lista, relación, repertorio.
ELEVACIÓN.—celsitud, altura, encubrimiento, éxtasis, exaltación, arrobo, arrobamiento, enajenamiento, altivez, elación, soberbia, engreimiento, presunción, altitud, altor, proceridad.
ELEVADO.—sublime, noble, excelso, alto, levantado, encumbrado, eminente, prominente, subido, crecido, singular, señalado, preeminente, empinado, prócer, prócero, excelso.
ELEVAR.—levantar, alzar, construir, erigir, edificar, realzar, encumbrar, engrandecer, ennoblecer, promover, aumentar, subir, culminar, sobresalir.
ELEVARSE.—transportarse, remontarse, enajenarse, extasiarse, envanecerse, engreírse, ensoberbecerse, altearse, empinarse, encimarse.
ELIMINAR.—descartar, separar, prescindir, suprimir, quitar, excluir, expulsar.
ELISIÓN.—supresión, eliminación, exclusión.
ELOCUENCIA.—facundia, elocución, persuasión.
ELOCUENTE.—persuasivo, convincente.
ELOGIAR.—alabar, aplaudir, celebrar, encomiar, aprobar, encarecer, ensalzar, loar, enaltecer, ponderar, requebrar, trasloar.
ELOGIO.—alabanza, loa, encomio, aplauso, ponderación, panegírico, apología, aplauso, cumplido, cumplimiento.
ELUCIDACIÓN.—explicación, aclaración, dilucidación, esclarecimiento.
ELUCIDAR.—aclarar, explicar, dilucidar, esclarecer, clarar, clarificar.
ELUDIR.—rehuir, evitar, esquivar, cautelar, vitar, soslayar.
EMACIACIÓN.—delgadez, extenuación, consunción, flaqueza.
EMANACIÓN.—efluvio, exhalación, manifestación, derivación, derivo, arranque.
EMANAR.—nacer, proceder, provenir, derivar, originar, destacar, exhalar, dimanar, promanar, arrancar.
EMANCIPAR.—libertar, manumitir, desoprimir, eximir, exonerar.
EMASCULAR.—castrar, capar, esterilizar.
EMBABIAMIENTO. — distracción, embobamiento, embeleco, distraimiento, desadvertimiento.
EMBABUCAR. — embaucar embaír, engañar, alucinar, embelecar, engaritar, engaitar, camelar.
EMBADURNAR.—untar, embarrar, manchar, pintarrajear, pintorrear, rebozar, ungir, trullar.
EMBAIDOR.—engañador, embustero, embaucador, embelecador, engaritador.
EMBAIMIENTO.—ilusión, embeleso, engaño, embeleco, embaucamiento, engaritamiento.
EMBAÍR.—ofuscar, embelesar, ilusionar, engañar, embaucar, embelesar, engaritar, camelar.
EMBALAR.—empaquetar, empacar, retobar, envasar.
EMBALSAMAR.—perfumar, aromatizar, perfumear, aromar, sahumar.
EMBALSAR.—rebalsar, encharcar, estancar, represar, entibar, escalar.
EMBARAZAR.—retardar, impedir, estorbar, incomodar, dificultar, molestar, entorpecer, embarazar, obstruir, empreñar, encintar.
EMBARAZO.—impedimento, dificultad, estorbo, obstáculo, entorpecimiento, molestia, ciesis, preñez, obstrucción, inconveniencia, óbice.
EMBARAZOSO.—dificultoso, incómodo, estorboso, estorbador, empecible, empecedero, embarazador.
EMBARBASCAR.—enredar, confundir, embrollar, aturdir.
EMBARBASCARSE.—embrollarse, confundirse, enredarse, embarazarse, aturdirse.
EMBARCACIÓN.—buque, barco, nave, navío, bajel, vapor, paquebote.
EMBARGAR.—embarazar, impedir, estorbar, detener, suspender, paralizar, retener, dificultar, obstruir, obstaculizar.
EMBARGO.—indigestión, empacho, retención, traba, secuestro.
EMBARNIZAR.—barnizar, charolar, maquear.
EMBARRADOR.—embusero, enredador, embrollón, embaucador, engaritador, camelista.
EMBARRANCARSE.—atollarse, atascarse, encallarse, espantarse, vararse, detenerse, paralizarse.
EMBARULLAR.—confundir, enredar, mezclar, revolver, embrollar, desordenar, calabriar, enmarañar, esgarbullar, intrincar.
EMBASTAR. hilvanar.
EMBATE.—acometida, embestida, agresión, golpe, arremetida, acometimiento, arremetimiento.
EMBAUCADOR.—charlatán, embustero, engañador, embaidor, farsante, impostor, embelecador, engaitador.
EMBAUCAMIENTO.—alucinamiento, engaño, embeleco, seducción, engaritamiento.
EMBAUCAR.—engañar, embelecar, alucinar, seducir, engaritar, camelar, engaitar, enredar.
EMBAUSAMIENTO.—suspensión, abstracción, embobamiento, embabiamiento, alucinamiento.

EMBAZADURA.—admiración, asombro, pasmo, estupefacción, enajenamiento.

EMBAZAR.—embarazar, detener, suspender, impedir, asombrar, pasmar, paralizar, enajenar, sombrar.

EMBEBECER.—entretener, embelesar, divertir, abstraer, embelecar, extasiar, enajenar, asombrar.

EMBEBECERSE. — abstraerse, embelesarse, pasmarse, extasiarse, asombrarse, enajenarse.

EMBEBECIMIENTO.—embelesamiento, enajenamiento, embobamiento, embabiamiento, alucinamiento.

EMBEBER.—absorber, empapar, embutir, encajar, embebecer, maravillar, pasmar, asombrar.

EMBEBERSE.—encogerse, aprestarse, tupirse, pasmarse, embebecerse, embelesarse, capacitarse, abstraerse, maravillarse, enajenarse.

EMBELECADOR. — embaucador, engañador, farsante, embustero, camelista, engaritador, engaitador.

EMBELECAR.—embaucar, seducir, engañar, entontecer, camelar, engaritar, embeleñar.

EMBELECO.—embuste, engaño, carantoña, zalamería, engaritamiento.

EMBELESADO.—suspenso, enajenado, extasiado, arrebatado, embobado, encantado, embelecado, embabiado.

EMBELESAR.—arrebatar, embobar, entontecer, encantar, suspender, enajenar, extasiar, embeleñar, absortar, arrobar, adarvar.

EMBELESO.—estupefacción, embebecimiento, pasmo, éxtasis, encanto, seducción, embelesamiento, ilusión, embaimiento, encantamiento, arrobo, arrobamiento, estupor.

EMBELLECER.—hermosear, acicalar, decorar, adornar, agraciar, realzar.

EMBERRINCHARSE.—emberrenchinarse, enfadarse, irritarse, encolerizarse, enfurecerse.

EMBESTIDA.—acometida, arremetida, ataque, embestidura, embate, acometimiento, arremetimiento, agresión.

EMBESTIDOR.—acometedor, arremetedor, sableador, sablista, sablacista, pedigüeño, atacador, agresor.

EMBESTIR.—acometer, arremeter, cerrar, sablear, agredir, atacar.

EMBIJAR.—ensuciar, manchar, embarrar, enlodar, enfangar.

EMBLANDECER. — ablandar, reblandecer, ablandecer, enmollecer, enllentecer, suavizar.

EMBLANDECERSE.—enternecerse, conmoverse, ablandarse, reblandecerse, revenirse.

EMBLEMA.—símbolo, alegoría, representación, lema, expresión, escudo, jeroglífico, cifra, atributo.

EMBLEMÁTICO.—simbólico, enigmático, misterioso, alegórico.

EMBOBAMIENTO.—suspensión, asombro, embeleso, éxtasis, enajenamiento, entontecimiento, admiración, encantamiento, estupor, arrobo, arrobamiento.

EMBOBAR.—suspender, embelesar, entontecer, entretener, asombrar, admirar, sorprender, absortar, adarvar, arrobar.

EMBOCHINCHAR.—alborotar, escandalizar, zahorar, embullar.

EMBOLISMO.—confusión, enredo, chisme, dificultad, embuste, cuento, embrollo, lío, taco, embrolla.

EMBOLSAR.—guardar, reembolsar, recibir, cobrar, meter, enfundar.

EMBORRACHAR.—embriagar, marear, perturbar, atontar, aturdir, alcoholizar, achispar.

EMBORRACHARSE. — ajumarse, achisparse, alegrarse, alumbrarse, embriagarse, mamarse, ahumarse, amonarse, abombarse.

EMBORRICARSE. — entontecerse, atontarse, aturdirse, embobarse, enamorarse, enamoriscarse, prendarse.

EMBOSCADA.—sorpresa, cepo, lazo, celada, emboscadura.

EMBOTAR.—enervar, entorpecer, debilitar, despuntar, enromar, arromar, mellar.

EMBOTICAR.—empujar, rempujar, empellar, achuchar.

EMBOZADO.—envuelto, cubierto, arrebujado, disimulado, tapado, oculto, recatado, encubierto, cauteloso, taimado.

EMBOZAR.—envolver, cubrir, encubrir, desfigurar, disfrazar, ocultar, disimular, arrebozar, rebozar, encapotar.

EMBOZO.—disimulo, recato, disfraz, rebujo, tapadillo.

EMBRAVECER.—irritar, enfurecer, encolerizar, emberrinchar, emberrenchinar.

EMBRAVECIMIENTO.—furor, irritación, cólera, rabia, ira.

EMBRIAGADOR. — seductor, enloquecedor, encantador, enajenador, aromático, aromoso.

EMBRIAGAR.—emborrachar, marear, perturbar, atontar, aturdir, arrebatar, enajenar, enloquecer, extasiar, transportar, encantar, alcoholizar, achispar.

EMBRIAGARSE.—achisparse, ajumarse, alegrarse, alumbrarse, emborracharse, amonarse, abombarse, mamarse.

EMBRIAGUEZ.—borrachera, curda, ebriedad, pítima, mona, turca, tablón, zorra, tajada, papalina, merluza, cogorza, enajenamiento, transporte, enloquecimiento, trúpita, melopea, jumera, trompa.

EMBRIÓN.—germen, principio, rudimento, engendro, muévedo.

EMBRIONARIO.—rudimentario, embriogénico, embriológico.

EMBROCA.—cataplasma, emplasto.

EMBROLLAR.—confundir, enmarañar, embarullar, enredar, revolver, liar, dificultar, calabriar, intrincar.

EMBROLLO.—confusión, enredo, lío, maraña, compromiso, conflicto, embuste, bola, mentira, invención, desorden, galimatías, caos, embrolla.

EMBROMAR. — engañar, enredar, bromear, chancear, candonguear, chasquear, chufletear.

EMBROQUELARSE.—abroquelarse, defenderse, cubrirse.

EMBRUTECER.—entontecer, entorpecer, embrutar.

EMBUDO.—trampa, engaño, mohatra, enredo, chasco.

EMBULLAR.—embochinchar, alborotar, escandalizar, zahorar.

EMBUSTE.—mentira, embeleco, invención, farsa, embrollo, engaño, enredo, arano, bola, papa, chisme, trola, patraña.

EMBUSTERO.—mentiroso, engañador, farsante, embelecador, embaucador, trolero, mentidor, bolero, patrañero.

EMBUSTES.—bujerías, alhajitas, dijes, chucherías, monadas, graciosidades, preseas, prendas.

EMBUTIR.—taracear, incrustar, encajar, llenar, embeber, meter, apretar, ajustar, incluir, embocar, remeter, introducir, hincar.

EMERGENCIA.—ocurrencia, sucedido, suceso, evento, accidente, contingencia, incidencia, lance.

EMERGER.—brotar, surgir, aparecer, prorrumpir.

EMIGRACIÓN.—migración, expatriación, ostracismo, extrañamiento.
EMINENCIA.—elevación, altura, excelencia, excelsitud, sublimidad, cima, altitud, altor, celsitud.
EMINENTE.—alto, elevado, encumbrado, sobresaliente, prominente, distinguido, célebre, ilustre, insigne, notable, excelente, superior, empinado, prócer, prócero.
EMISARIO.—mensajero, enviado, portador, recadero, mandadero, nuncio, misionario.
EMITIR.—arrojar, lanzar, despedir, echar, irradiar, radiar, alanzar, expulsar, manifesar, expresar.
EMOCIÓN.—alteración, conmoción, imposición, estremecimiento, extraversión, emotividad, agitación, inquietud, turbación, temor, alarma, exaltación, enternecimiento.
EMOLUMENTO.—remuneración, gaje, salario, utilidad, paga, sueldo, soldada, jornal, semanal, mensualidad, quincena, beneficio, gratificación, propina.
EMOTIVIDAD.—emoción, impresión, conmoción.
EMPACAR.—encajonar, empaquetar, enfardar, embalar, enfardelar, arpillar.
EMPACARSE.—irritarse, obstinarse, emperrarse, amostazarse, empeñarse, turbarse, cortarse, plantarse.
EMPACHADO.—harto, ahíto, desmañado, tímido, torpe, apocado, torpón.
EMPACHAR.—estorbar, embarazar, ahitar, hartar, empalagar, indigestar, encubrir, disfrazar, impedir, saciar, disimular.
EMPACHARSE.—avergonzarse, turbarse, indigestarse, saciarse, hartarse, cortarse.
EMPACHERA.—hartura, saciedad, empacho, hartazgo, ahitera.
EMPACHO.—cortedad, vergüenza, turbación, encogimiento, timidez, embarazo, estorbo, indigestión, ahitera, empalago, empachera, hartura, hartazgo, saciedad, empipada.
EMPACHOSO.—empalago, indigesto, dulzarrón, vergonzoso, apocado, tímido.
EMPADRONAR.—inscribir, asentar, censar.
EMPALAGAR.—estomagar, empachar, enfadar, hastiar, fastidiar, aburrir, cansar, asquear, repugnar, molestar, fatigar.
EMPALAGOSO.—cargante, fastidioso, pesado, cansado, enfadoso, dulzarrón, besucón, zalamero, halaguero, pegajoso, sobón.
EMPALICAR.—engatusar, enlabiar, embobalicar, atontolinar, subyugar.
EMPALIDECER.—palidecer, decolorar, dehilitar.
EMPALIZADA.—palizada, estacada, vallado, valla, barrera, cercado, cerco, cerca.
EMPALME.—unión, enlace, empalmadura, ligadura, ligazón, empalomadura.
EMPAMPIROLADO. — vanidoso, jactancioso, inmodesto, pedante.
EMPANAR.—envolver, rebozar, sembrar, granar.
EMPANTANAR.—estancar, atascar, paralizar, detener, embarazar, inmovilizar, impedir, inundar, anegar.
EMPAÑADO.—descolorido, obscurecido, sucio, amortiguado, manchado, deslustrado, deslucido, apagado.
EMPAÑAR.—envolver, obscurecer, enturbiar, vilipendiar, disfrazar, deshonrar, deslustrar, deslucir, empañar.
EMPAPAR.—embeber, saturar, impregnar.
EMPAPARSE.—mojarse, saturarse, ahitarse, empacharse, capacitarse, hartarse, empalagarse, saciarse.
EMPAPELAR.—procesar.
EMPAPUJAR.—hartar, saciar, empapuzar, empapuciar.
EMPAQUE.—aspecto, catadura, traza, seriedad, aire, porte, afectación, tiesura, descaro.
EMPARA.—emparamiento,, emparamento, secuestro, embargo.
EMPARDAR.—igualar, empatar.
EMPAREDADO.—recluso, preso, recluido, encerrado, bocadillo.
EMPAREJAR.—aparear, nivelar, allanar, aplanar, alcanzar.
EMPAVONAR.—pavonar, untar, pringar.
EMPECATADO.—incorregible, travieso, malévolo, desgraciado, perverso, impertinente.
EMPECER.—dañar, ofender, impedir, obstar, perjudicar, damnificar, menoscabar.
EMPECINADO.—obstinado, peguero, terco, testarudo, porfiado, contumaz, codorro.
EMPECINARSE.—obstinarse, aferrarse, encerrizarse, entecarse, emperrarse, encastillarse, encalabrinarse.
EMPEDERNIDO.—insensible, endurecido, inexorable, duro, cruel, implacable, despiadado, pertinaz, impenitente.
EMPEDRAR.—adoquinar, pavimentar.
EMPELLER.—empellar, empujar, empentar.
EMPELLÓN.—empujón, rempujón, empentón.
EMPEÑAR.—pignorar, precisar, obligar, compeler, interceder.
EMPEÑARSE.—adeudarse, endeudarse, obstinarse, entramparse, emperrarse, encapricharse, trabarse, empecinarse, encerrizarse, aventurarse.
EMPEÑO. — obstinación, tesón, pertinacia, constancia, perseverancia, porfía, capricho, ansia, afán, anhelo, padrino, protector, mediador, finalidad, fin.
EMPEQUEÑECER.—minorar, aminorar, menguar, amenguar, disminuir, reducir, despreciar, menoscabar.
EMPEREJILAR.—adornar, endomingar, ataviar, emperifollar, ampapirotar, entarascar.
EMPEREZAR.—retardar, dificultar, obstaculizar.
EMPERINGOTADO. — encopetado, orgulloso, altivo, empingorotado.
EMPERO.—sin embargo, pero, no obstante, a pesar.
EMPERRARSE.—(V. **Empecinarse.**)
EMPEZAR. — principiar, comenzar, iniciar, preludiar, emprender, entablar, incoar, nacer.
EMPIECE.—principio, comienzo.
EMPINAR.—enderezar, levantar, alzar, inclinar, beber, erguir.
EMPINARSE.—encabritarse, destacarse, levantarse, erguirse.
EMPIOLAR. — sujetar, apiolar, aprisionar, prender, atar, detener, matar.
EMPIPAR.—envasar.
EMPIPARSE.—hartarse, apiparse, saciarse.
EMPÍREO.—celestial, divino, supremo, cielo.
EMPLASTAR.—entorpecer, dificultar, impedir, detener, embarazar, obstaculizar.
EMPLASTARSE.—adornarse, afeitarse, componerse, embadurnarse, ensuciarse.
EMPLÁSTICO.—emplástrico, pegajoso, supurativo, glutinoso, disolutivo.
EMPLASTO.—parche, cataplasma, componenda, pacto, convenio.
EMPLEADO.—funcionario, dependiente, comisionado.
EMPLEAR.—colocar, destinar, ocupar, tomar, aplicar, consumir, gastar, usar, utilizar, adoptar, invertir.
EMPLEO.—acomodo, cargo, colocación, oficio, destino, puesto, ocupación, menester.

EMPLUMAR.—emplumecer, huir, escapar.
EMPOLVAR.—empolvorizar, empolvorar, despolvorear, espolvorear.
EMPONZOÑAR. — envenenar, inficionar, dañar, corromper, perjudiciar, pervertir.
EMPORCAR.—ensuciar, manchar, macular.
EMPRENDEDOR.—activo, atrevido, actuoso, buscavidas, resuelto, osado, decidido, denodado.
EMPRENDER.—acometer, comenzar, empezar, abordar, iniciar, principiar.
EMPRESA.—sociedad, compañía, explotación, tarea, negocio, trabajo, obra, iniciativa, proyecto, acción, intento, designio, símbolo, lema, mote.
EMPUJAR. — impeler, impulsar, emburriar, empellar, empeller, aguzar, excitar, estimular, incitar.
EMPUJE.—brío, impulso, fuerza, propulsión, resolución, empujo, ímpetu, ímpeto.
EMPUJÓN.—empellón, rempujón, achuchón, empella, empelle, empentón.
EMPUÑADURA.—guarnición, puño, preámbulo.
EMPURRARSE.—enfurruñarse, irritarse, encolerizarse, atufarse, enarbolarse.
EMULACIÓN.—competencia, rivalidad, antagonismo, competición, estímulo, superación, pugna, contención.
ÉMULO.—emulador, competidor, contrario, rival, opuesto, contendiente, contrincante, adversario, antagonista, enemigo.
ENAJENACIÓN. — embelesamiento, enajenamiento, embobamiento, distracción, éxtasis, locura, suspensión, turbación, conturbación.
ENAJENAR.—ceder, vender, transferir, empeñar, extasiar, embelesar, encantar, embobar, suspender, apartar, retirar, turbar.
ENALTECER.—ensalzar, engrandecer, encomiar, alabar, elogiar, exaltar, honrar, realzar, gloriar, glorificar.
ENAMORAR.—galantear, requebrar, piropear, aficionar.
ENAMORARSE. — aficionarse, encariñarse, enamoricarse, prendarse, amartelarse, enamoriscarse, encamotarse.
ENANCHAR.—ensanchar, ampliar.
ENANO.—diminuto, liliputiense, pigmeo, mirmidón, gorgojo, pequeñajo, pequeñarro.
ENANZAR.—adelantar, avanzar.
ENARBOLAR.—arbolar, blandir, alzar, levantar.
ENARBOLARSE.—encabritarse, irritarse, enfurecerse.
ENARDECER.—excitar, avivar, animar, entusiasmar, encender, apasionar.
ENCABALGAR.—encaballar, apoyar, solapar, imbricar.
ENCABESTRAR.—reducir, subyugar, atraer.
ENCABEZAR.—registrar, matricular, encabezonar, empadronar, inscribir, apuntar, empezar, comenzar, principiar.
ENCADENAMIENTO.—enlace, conexión, relación, trabazón, unión, encadenadura, encadenación, ligazón, ligadura, atadura.
ENCADENAR.—sujetar, atar, retener, enlazar, avasallar, cautivar, esclavizar, relacionar, unir, turbar, concadenar, ligar, inmovilizar.
ENCAJAR.—meter, introducir, embutir, arrojar, ajustar, disparar, tirar, soltar, dar, encerrar.
ENCALABRINARSE.—encalabriarse, turbarse, irritarse, excitarse, obstinarse.
ENCALAMBRARSE.—aterirse, entumecerse.
ENCALAMOCAR.—recalcar, apretar.
ENCALLAR.—embarrancar, varar, detener, paralizar.
ENCAMINAR.—enveredar, orientar, dirigir, encarrilar, enderezar, conducir, guiar, enseñar, ordenar, senderear, encarrilar, encauzar, empuntar.
ENCAMINARSE.—dirigirse, orientarse, encarrilarse, encarrillarse, encauzarse.
ENCANALLARSE. — degradarse, envilecerse, corromperse, embrutecerse, deshonestarse, enfangarse, engranujarse, apicararse, abribonarse, embellaquecerse, avillanarse, denigrarse.
ENCANDILADERA.—encandiladora, tercera, celestina, alcahueta.
ENCANDILADO.—levantado, erguido, engallado, tieso, ofuscado, alucinado, deslumbrado.
ENCANDILAR. — alucinar, deslumbrar, embaucar, ofuscar, engañar, engatusar, encantusar.
ENCANDILARSE.—erguirse, engallarse, levantarse, deslumbrarse, alucinarse, ofuscarse.
ENCANECER. Envejecer, enmohecer.
ENCANIJAR.—enflaquecer, enfermar.
ENCANTADO.—distraído, embobado, abobado, alelado, boquiabierto, atónito, pasmado, turulato, estupefacto, embelesado, absorto, abstraído, extático.
ENCANTADOR.—agradable, seductor, hechicero, cautivador, sugestivo, hipnotizador, embelesador, fascinador, seductor, embriagador, brujo, mago.
ENCANTAR.—embobar, hechizar, enajenar, suspender, arrobar, embargar, absortar, embeleñar, transportar, embelesar, cautivar, agradar, hipnotizar, sugestionar, seducir, embebecer, subastar.
ENCANTO.—encantamiento, encantorio, filtro, bebedizo, hechizo, embeleso, magia, seducción, fascinación, encantamiento, arrobo, arrobamiento.
ENCAPOTADURA.—encapotamiento, ceño.
ENCAPOTARSE.—cubrirse, nublarse, obscurecerse, aborrascarse, entenebrecerse, enmantarse.
ENCAPRICHARSE.—obstinarse, enamorarse, emperrarse, empeñarse, aficionarse.
ENCARAMAR.—levantar, aupar, subir, elevar, alabar, enaltecer, honrar.
ENCARAMARSE.—subirse, elevarse, levantarse, alzarse, alabarse, enaltecerse.
ENCARCAVINAR.—sofocar, ahogar, asfixiar.
ENCARCELAR.—enchironar, aprisionar, encerrar, asegurar, sujetar, enchiquerar.
ENCARECER.—recomendar, rogar, ponderar, alabar, elogiar, encomiar, abultar, exagerar, subir, levantar.
ENCARECEDOR.—carero, desollador.
ENCARECIMIENTO. — carestía, sobreprecio, alza, elevación, aumento.
ENCARGAR.—confiar, encomendar, recomendar, comprar, autorizar, facultar, comisionar, apoderar, acreditar.
ENCARGO.—compra, encomienda, comisión, recomendación, cargo, empleo, cometido, encomendamiento.
ENCARIÑARSE. — enamorarse, aficionarse, prendarse, apasionarse, apegarse, pagarse.
ENCARNIZADO.—porfiado, duro, reñido, ensangrentado, sangriento, encendido, rojo, encarnado, encarnadino, enconoso.
ENCARNIZAMIENTO. — crueldad, ferocidad, ensañamiento, dureza.
ENCARNIZARSE.—cebarse, ensañarse, irritarse, enfurecerse.
ENCARRILAR.—dirigir, encaminar, encauzar, enderezar, conducir, guiar, encarrillar, senderear, empuntar.
ENCARROÑAR. — inficionar, corromper, pudrir.

ENCARRUJADO.—ensortijado, rufo, rizado, retorcido, arrugado.

ENCARRUJARSE. — ensortijarse, retorcerse, engarabatarse, engarabitarse, arrugarse, rizarse.

ENCARTAR.—incluir, proscribir, procesar, empadronar, matricular, inscribir.

ENCASTAR.—procrear, engendrar.

ENCASTILLADO.—soberbio, altivo, arrogante, altanero, engreído, presuntuoso, orgulloso, despectivo, vanidoso, vano.

ENCASTILLARSE. — emperrarse, obstinarse, empeñarse, fortificarse, guarecerse, resguardarse.

ENCAUZAR.—(V. **Encarrilar.**)

ENCENDER.—inflamar, irritar, incitar, excitar, incendiar.

ENCENDERSE.—ruborizarse, enrojecerse, irritarse, sulfurarse, airarse.

ENCENDIMIENTO.—inflamación, ardor, enardecimiento, viveza, rubor, excitación, vehemencia.

ENCERRADERO.—aprisco, redil, toril, chiquero, corral, encierro.

ENCERRAR.—contener, incluir, comprender, recluir, aprisionar, encarcelar, enchiquerar, enchironar, enclaustrar.

ENCERRONA.—encierro, retiro, engaño, trampa, añagaza.

ENCIERRO.—clausura, recogimiento, encerradura, encerramiento, encerradero, reclusión, retiro, celda, prisión, calabozo, mazmorra, cárcel, toril, chiquero.

ENCIMA.—además, arriba, sobre, en.

ENCLENQUE.—enfermizo, encanijado, débil, achacoso, raquítico, enteco, canijo, escuchumizado, entecado, entelerido.

ENCOCORAR.—fastidiar, molestar, importunar, incordiar.

ENCOGER.—acortar, contraer, abreviar, estrechar, acobardar, amenguar, apocar, acollonar, acoquinar, acochinar.

ENCOGERSE.—apocarse, amilanarse, contraerse, acobardarse, acurrucarse, disminuirse, empequeñecerse, acoquinarse, acollonarse.

ENCOGIDO.—corto, apocado, pusilánime, timorato, tímido, enguirrado, engurruñido, arrugado.

ENCOGIMIENTO.—timidez, cortedad, apocamiento, pusilanimidad, constricción, fruncimiento, corrugación.

ENCOLERIZAR.—enojar, enfurecer, sulfurar, irritar, enfadar, enchilar, azuzar, encrespar, resquemar.

ENCOLERIZARSE.—irritarse, arrebatarse, sulfurarse, enojarse, enfurecerse, enfadarse, enfuriarse, enfierezarse, airarse, atufarse, encorajinarse, arrebatarse.

ENCOMENDAMIENTO.—encomienda, encargo, mandado, amparo, protección, recomendación, elogio.

ENCOMENDAR.—encargar, confiar, mandar, recomendar, amparar, proteger.

ENCOMENDARSE.—entregarse, confiarse.

ENCOMIADOR.—encarecedor, alabador, elogiar, encarecer, ensalzar, lisonjear, adular, palmear, proclamar, canonizar.

ENCOMIAR.—alabar, aplaudir, celebrar, elogiar, encarecer, ensalzar, lisonjear, adular, palmear, proclamar, canonizar.

ENCOMIÁSTICO.—halagador, adulador, laudatorio, lisonjero, favorable, halagüeño, ditirámbico, apologético.

ENCOMIENDA.—encargo, comisión, recomendación, dignidad, territorio, cruz, merced, renta, encomio, elogio, amparo, patrocinio, protección, custodia.

ENCONAMIENTO.—inflamación, encono, rencor, aborrecimiento, abominación, execración, resentimiento, ojeriza.

ENCONAR.—envenenar, agriar, exasperar, inflamar, empeorar, irritar, encizañar.

ENCONO.—enemiga, odio, saña, rencor, enconamiento, tirria, odiosidad, manía, hincha.

ENCONOSO.—perjudicial, nocivo, dañoso, rencoroso, virulento, encarnizado.

ENCONTRADO.—contrario, diferente, distinto, opuesto, enemigo, enfrentado.

ENCONTRAR.—tropezar, topar, chocar, idear, excogitar, inventar, descubrir, hallar, atinar, topar.

ENCONTRARSE.—enemistarse, oponerse, hallarse, toparse, tropezarse.

ENCONTRÓN.—encontronazo, tropezón, choque, tropiezo.

ENCOPETADO.—vanidoso, fatuo, vano, engreído, presuntuoso, presumido, orgulloso, importante, elevado, linajudo.

ENCORVAR.—arquear, doblar, combar, alabear, torcer, curvar, inclinar.

ENCOSTRADURA.—costra, encaladura.

ENCOVAR.—encerrar, guardar, ocultar, esconder, contener, encuevar.

ENCRESPADO.—rizado, ensortijado, erizado, enredado, embrollado, hinchado, airado, enfierecido, agitado, embravecido, enardecido, furioso, encrespadura.

ENCRESTADO.—altivo, ensoberbecido, engreído, orgulloso, soberbio.

ENCRUDECER.—irritar, exasperar, encolerizar, enfurecer, airar.

ENCUADRAR.—encerrar, contener, enmarcar, encajar, introducir, incluir.

ENCUBIERTA.—fraude, ocultación.

ENCUBIERTAMENTE. — sigilosamente, disimuladamente, recatadamente, fraudulentamente, engañosamente, subrepticiamente.

ENCUBRIDOR.—ocultador, alcahuete, tapadera, cómplice, receptador.

ENCUBRIR.—esconder, ocultar, recatar, tapar, velar, receptar, absconder, entapujar, zambucar.

ENCUENTRO. — refriega, choque, topetón, contradicción, oposición, axila, sobaco, tropiezo, topada, topetada.

ENCUESTA.—indagación, pesquisa, averiguación, información, investigación.

ENCUITARSE.—entristecerse, afligirse, apesadumbrarse, apenarse, atribuirse, engurruñarse, desolarse.

ENCUMBRADO.—alto, eminente, elevado, pingorotudo, supereminente, culminante.

ENCUMBRAMIENTO. — elevación, altura, exaltación, enaltecimiento, encaramadura, estirón.

ENCUMBRAR.—engrandecer, exaltar, levantar, alzar, ensalzar, ennoblecer, sublimar, realzar, honorificar, elevar, endiosar.

ENCUMBRARSE.—ensoberbecerse, engreírse, levantarse, envanecerse, alzarse, elevarse, encimarse, empinarse.

ENCHARCADA.—charco, charca, aguachar.

ENCHARCAR.—enaguachar.

ENCHIQUERAR.—encerrar, encarcelar, enchironar, aprisionar.

ENDEBLE.—flojo, escolimado, débil, enclenque, flaco, endeblucho, pachucho, blandengue, apagado.

ENDECHARSE.—entristecerse, afligirse, quejarse, acongojarse, apenarse, lamentarse.

ENDEMONIADO.—malo, perverso, perjudicial, pervertido, negligente, nocivo, dañino, poseído, endiablado, poseso, maligno.

ENDEMONIAR.—encolerizar, enfurecer, irritar, airar, enojar, atufar, emborrascar.

ENDEÑADO.—dañado, inflamado.

ENDEREZADO.—favorable, conveniente, concordante, pintiparado, envarado, recto, derecho, erecto, tieso.

ENDEREZAR.—erguir, destorcer, rectar, desencorvar, desrizar, desencrespar, desenrizar, levantar, alzar, dirigir, dedicar, corregir, arreglar, reformar, encaminar, encarrilar.

ENDEVOTADO.—enamorado, encariñado, aficionado.

ENDIABLADAMENTE.—feamente, abominablemente, perversamente, horriblemente, espontáneamente, horrorosamente.

ENDIABLADO.—endemoniado, malo, horrible, perverso, dañino, desproporcionado, espantoso, horroroso.

ENDIABLAR.—endemoniar, dañar, pervertir, corromper, malignar, malear, malvar.

ENDILGAR.—espetar, encaminar, dirigir, enviar, encajar, acomodar, facilitar, guiar.

ENDIOSAMIENTO.—erguimiento, orgullo, engreímiento, altivez, ensoberbecimiento, entono, entonación, abstracción, entonamiento, enajenamiento, envanecimiento, soberbia, altanería.

ENDIOSARSE.—engreírse, erguirse, ensoberbecerse, entonarse, embebecerse, abstraerse, suspenderse, enajenarse, altivarse, engallarse, encampanarse, altivecerse, extasiarse.

ENDULZAR.—azucarar, almibarar, edulcorar, adulzar, adulcorar, enmelar, atenuar, mitigar, rebajar.

ENDURADOR.—tacaño, avaro, mezquino, económico, agarrado, escatimador, economizador, roña, roñica.

ENDURECER.—robustecer fortalecer, curtir, avezar, aguerrir, acostumbrar, exasperar, enconar, endurar, sufrir, enacerar, soportar, tolerar, diferir, dilatar, empedernir, templar, economizar.

ENDURECIMIENTO.—dureza, obstinación, tenacidad, terquedad, temple, rezura, reciura, inflexibilidad.

ENECHADO.—expósito, hospiciano.

ENEMA.—lavativa, ayuda.

ENEMIGA.—enemistad, odio, inquina, oposición, aversión, aborrecimiento, tirria, hincha, fila.

ENEMIGO.—adversario, contrario, rival, contendiente, diablo, demonio, opuesto, refractario, hostil, adverso, aborrecedero, pugnante, desamigado.

ENEMISTAD.—aversión, animadversión, desapego, despego, hostilidad, rivalidad, aborrecimiento, rencor, odio, enemiga.

ENEMISTAR.—indisponer, malquistar, desobligar, descompadrar, desavenir, pelear, regañar, reñir.

ENERGÍA.—eficacia, vigor, tesón, actividad, fuerza, poder, fibra, virtud, entereza, firmeza, pujanza.

ENÉRGICO.—activo, tenaz, eficaz, vigoroso, fuerte, entero, firme, pujante.

ENERGÚMENO.—endemoniado, poseso, poseído, exaltado, furioso, alborotado, arrepticio, endiablado.

ENERVAR.—embotar, debilitar, anular, invalidar, abatir, extenuar.

ENFADAR. — enojar, disgustar, desagradar, incomodar, irritar, molestar, airar, atufar, enchilar, encenizar, quemar.

ENFADO.—desagrado, fastidio, enojo, afán, disgusto, trabajo, ahínco, fanfurriña, atufamiento, mosqueo.

ENFADOSO.—desagradable, enojoso, engorroso, molesto, pesado, enfadadizo, feróstico, caramilloso, fastidioso.

ENFANGAR.—enlodar, enlodazar, embarrar, barrar.

ÉNFASIS.—ampulosidad, afectación, pedantería, empaque, patarata, mirlamiento.

ENFERMEDAD.—dolencia, padecimiento, indisposición, achaque, mal, morbo, zangarriana, alifafe, dolamas, arrechucho.

ENFERMIZO.—débil, achacoso, enteco, enclenque, malsano, delicado, mórbido, morboso, trasojado, maluco.

ENFERMO.—afectado, achacoso, atacado, indispuesto, doliente, paciente, maldispuesto, adolescente, antanino.

ENFILAR.—ensartar, batir, enjaretar, enhilar, enhebrar.

ENFLAQUECER. — enmagrecer, adelgazar, desengrosar, debilitar, enervar, desmayar, enflacar, encanijar, espiritualizar, utilizar, asutilizar.

ENFLAUTADO.—retumbante, hinchado, alcahuete, tercero, correvedile.

ENFLAUTAR.—soplar, hinchar, alcahuetear, alucinar, engañar, embaucar, insuflar, hinchar, airear.

ENFOSCARSE.—obscurecerse, anublarse, esconderse, ocultarse, abrigarse, arroparse.

ENFRASCARSE.—enzarzarse, aplicarse, engolfarse, enfroscarse, azacarrarse, arriesgarse, asparse, despizcarse.

ENFRENAR.—sujetar, contener, refrenar, frenar, reprimir.

ENFRENTAR.—oponer, afrontar, contraponer.

ENFUNDAR.—llenar, henchir, enllenar, colmar, inundar.

ENFURECER.—enojar, irritar, encolerizar, sulfurar, ensoberbecer, airar, atufar, enchilar, encerrizar.

ENFURECERSE.—arrebatarse, alborotarse, alterarse, encresparse, arritarse, encolerizarse, sulfurarse, airarse, enfuriarse, atocinarse, atigrecerse.

ENFURRUÑARSE. — enfadarse, enojarse, amostazarse, embotijarse, emberrenchinarse.

ENFUSAR.—embutir, atollar, hundir.

ENGAITAR.—seducir, engañar, subyugar, embelecar.

ENGALANAR.—empavesar, adornar, emperifollar, ataviar, ornar, acicalar, exornar, adecentar, paramentar, componer.

ENGALLADO.—erguido, derecho, tieso, soberbio, arrogante, envarado, atiesado.

ENGANCHAR.—atraer, agarrar, alistar, reclutar, levantar, enlazar, concadenar, trabar, ligar, atizonar.

ENGANCHARSE.—prenderse, enredarse, alistarse, enlazarse, concadenarse, trabarse, ligarse.

ENGAÑABOBOS.—engaitador, seductor, subyugador, chotacabras.

ENGAÑAR.—distraer, entretener, explotar, abusar, embaucar, ilusionar, alucinar, engatar, mentir, burlar, engatusar, mixtificar, trufar, embudar, empinar, embabiecar, camelar.

ENGAÑARSE.—equivocarse, aburrirse, engaitarse.

ENGAÑO.—farsa, mentira, simulación, falsedad, añagaza, celada, emboscada, encerrona, ilusión, error, equivocación, superchería, falsificación, embaucamiento, mixtificación, fraude, dolo, trampa, ardid, petardo, embeleco, alucinamiento, engatusamiento, embustería, burlería, floraina, mohatra.

ENGAÑOSO.—falso, fingido, mentiroso, mentido, alucinado, embaucado, emburdado, engatusado, encantusado.

ENGARBULLAR.—confundir, enredar, intrincar, complicar.

ENGARCE.—engace, engarzo, engarzadura, engarzamiento, engazamiento, conexión, enlace, ligazón, aligación, trabazón.

ENGARZAR.—rizar, ensortijar, trabar, enlazar, concadenar, atizonar, concatenar.

ENGASTAR.—encajar, embutir, acoplar, alojar, enchufar.

ENGATUSAR.—enlabiar, seducir, encantusar, engañar, embaucar, embelecar, engatar.

ENGENDRAR.—propagar, procrear, causar, ocasionar, originar, producir, provocar, criar, multiplicar, encastar, poblar.

ENGOLFADO.—enfrascado, atareado, ocupado, aplicado, consagrado, dedicado.

ENGOLOSINAR.—atraer, incitar, estimular, quillotrar, engaitar, engatusar.

ENGOLOSINARSE.—aficionarse, encariñarse, arregostarse, enviciarse, enamoricarse, engatusarse, enamoriscarse, encatusarse.

ENGOLLETADO.—erguido, engreído, presumido, necio, vano, orgulloso, soberbio, ufano, altivo.

ENGOLLETARSE.—envanecerse, engreírse, erguirse, ensoberbecerse, encampanarse, altivecerse.

ENGORDAR.—cebar, engruesar, engrosar, embarnecer, sainar, embastecer, encarnecer.

ENGORGORITAR.—embaucar, engatusar, embabiecar, embelecar, galantear, enamorar, piropear.

ENGORRAR.—fastidiar, molestar, incordiar, importunar, encocorar.

ENGORRO.—embarazo, impedimento, dificultad, molestia, estorbo, obstáculo, traba, óbice, inconveniente, tropiezo.

ENGORROSO.—embarazoso, dificultoso, enojoso, molesto, fastidioso, difícil, enfadoso, molestoso.

ENGRANAR.—unir, endentar, enlazar, trabar, mancomunar, acoplar, concatenar.

ENGRANDECER.—aumentar, agrandar, desarrollar, acrecentar, prosperar, alabar, encomiar, ponderar, realzar, exagerar, elevar, exaltar, enaltecer, ennoblecer, acrecer, loar, altivar, ensalzar, gloriar, glorificar.

ENGRANDECIMIENTO.—aumento, dilatación, exageración, ponderación, loa, realce, encomio, desarrollo.

ENGRANUJARSE.—envilecerse, encanallarse, apicararse.

ENGRASAR.—lubricar, untar, manchar, adobar, aderezar, aceitar, ensebar.

ENGREÍDO. — enfático, hinchado, afectado, infatuado, envanecido, engolletado, ufano, inflado.

ENGREÍRSE.—infatuarse, ufanarse, envanecerse, hincharse, inflarse, ensoberbecerse, encampanarse, altivarse.

ENGRESCAR.—enzarzar, incitar, enredar, pinchar, animar, encizañar, malmeter, quillotrar.

ENGRIFAR.—erizar, encrespar, inquietar, azorar.

ENGROSAR.—engruesar, aumentar, engordar, cebar, embarnecer, sainar, encarnecer.

ENGUERAR.—detener, ahorrar, retardar, estrenar.

ENGUIZGAR.—incitar, aguijonear, aguijar, estimular, pinchar, espolear.

ENGULLIR.—degluir, tragar, ingerir, ingurgitar, tragonear.

ENGURRIO.—tristeza, melancolía, abatimiento, murria, cacorra, pena, pesar, apesaramiento.

ENHIESTO.—derecho, erguido, levantado, tieso, envarado, erecto, atiesado.

ENHORABUENA.—parabién, norabuena, felicitación, pláceme.

ENIGMÁTICO.—incomprensible, inexplicable, obscuro, misterioso, ininteligible, incognoscible, insondable.

ENJALBEGADOR.—encalador, blanqueador, albeador.

ENJALBEGAR.—blanquear, encalar, albear.

ENJAMBRE.—muchedumbre, multitud, manada, alcavela, hormiguero.

ENJOYAR.—enriquecer, hermosear, adornar, engalanar, embellecer.

ENJUAGUE.—artificio, chanchullo, gatuperio, trampa, pastel, limpieza, aclaración, lavatorio.

ENJUGAR.—secar, enmagrecer, adelgazar, pagar, enflaquecer, encanijar.

ENJUICIAR.—procesar, encausar, empapelar, juzgar, sentenciar, instruir.

ENJUNDIA.—unto, gordura, substancia, jugo, fuerza, sebo, tocino, vigor.

ENJUTO.—flaco, delgado, seco, enteco, sarmentoso, canijo, encanijado, entelerido, magro.

ENLACE.—matrimonio, casamiento, unión, conexión, parentesco, encadenamiento, relación, trabazón, eslabonamiento.

ENLAZAR.—relacionar, encadenar, unir, concatenar, ligar, encadenar, eslabonar.

ENLODAR.—ensuciar, manchar, enlodazar, envilecer, embarrar, barrar, enrunar.

ENLOQUECER.—dementar, chalar, chiflar, trastornar.

ENLUCIR.—blanquear, enjalbegar, encalar, albear, estucar, limpiar, bruñir, abrillantar.

ENLLENTECER.—reblandecer, ablandar, modificar, amollentar, mollificar.

ENMAGRECER.—enflaquecer, adelgazar, encanijar.

ENMALECER.—malear, pervertir, estropear, encanallar.

ENMARAÑAR.—enredar, revolver, embrollar, confundir, desordenar, complicar, intrincar, tergiversar.

ENMASCARAR.—disfrazar, encubrir, disimular, ocultar, esconder, simular.

ENMENDAR.—rectificar, corregir, tachar, emendar, mejorar, remediar, reformar, reparar, modificar, subsanar, resarcir, indemnizar.

ENMIENDA.—corrección, emienda, enmendación, enmendadura, recompensa, premio, indemnización, resarcimiento.

ENMUDECER.—callar, silenciar.

ENNOBLECER.—adornar, enriquecer, dignificar, gloriar, glorificar, enaltecer.

ENOJAR.—fastidiar, molestar, desazonar, indisponer, desasosegar, disgustar, encolerizar, enfurecer, enfadar, irritar, alborotar, atufar, airar, encocorar, engorrar.

ENOJARSE.—alborotarse, enfurecerse, encolerizarse, irritarse, amostazarse, cabrearse, molestarse, picarse, enfadarse, atufarse, disgustarse, emberrenchinarse, enfurruscarse, emberrincharse, airarse.

ENOJO.—desagrado, cólera, enfado, furor, irritación, ira, molestia, incomodidad, trabajo, fanfurriña, atufamiento, atufo, mohína.

ENOJOSO.—desagradable, enfadoso, fastidioso, molesto, pesado, inaguantable, posma, insoportable, incordio.

ENORME.—desmedido, excesivo, extremado, extraordinario, morrocotudo, desmesurado, grave, colosal, torpe, gigantesco, gigánteo, desproporcionado.

ENORMIDAD.—atrocidad, disparate, barbaridad, extravagancia, exceso, desproporción, despropósito, dislate.

ENRAIZAR.—arraigar, radicar, prender, asir.

ENREDADOR.—cuentero, chismoso, embrollador, embarullador, enmarañador, embrollón, embustero, mentiroso, lioso, pícaro, revoltoso, trapisonda, travieso.

ENREDAR.—enmarañar, mezclar, promiscuar, complicar, encizañar, confundir, entretejer, travesear, revolver, inquietar.

ENREDO.—embrollo, maraña, enredijo, complicación, confusión, taco, trampantojo, empanada, chanchullo, mixtifori, trabazón, chisme, lío, cuento, historia, embuste, mentira, intriga, trapisonda, travesura, inquietud.

ENREVESADO.—complicado, confuso, enredado, difícil, enmarañado, dificultoso, inextricable, intrincable, intrincado, obscuro, revesado, indócil, rebujado, revoltoso, travieso.

ENRIQUECER.—prosperar, progresar, florecer, adornar, avalorar, engrandecer, ennoblecer, dignificar, enaltecer.

ENRISCADO.—peñascoso, riscoso, escabroso, arriscado, roqueño, rocoso, rupestre, roquero.

ENRISCAR.—elevar, levantar, alzar, encumbrar, encampanar.

ENRISTRAR.—acertar.

ENROJECER.—enrojar, sonrosar, ruborizar, sonrojar, abochornar, azarar, acholar, confundir.

ENROLLAR.—arrollar, envolver, rollar, rebujar, reburujar, enroscar.

ENSALADA.—mezcla, confusión, galimatías, promiscuidad, lío.

ENSALZAR.—engrandecer, exaltar, elogiar, encomiar, ponderar, alabar, enaltecer, levantar, glorificar, gloriar, loar.

ENSAMBLADURA.—enlace, unión, trabazón, ensamble, ensamblaje, acoplamiento, acopladura, enlazamiento.

ENSANCHAR.—dilatar, extender, ampliar, engrandecer, amplificar, enanchar, anchar, abocardar.

ENSANCHARSE.—desvanecerse, engreírse, entonarse, esponjarse, dilatarse, engrandecerse, extenderse, ampliarse, amplificarse.

ENSANCHE.—dilatación, extensión, ampliación, engrandecimiento, ensanchura, ensanchamiento.

ENSANGRENTARSE.—encenderse, acalorarse, irritarse, indignarse, enfierecerse, entigrecerse, enfuriarse, enfurecerse.

ENSAÑAMIENTO.—brutalidad, crueldad, encarnizamiento, ferocidad, inhumanidad, saña, desalmamiento, impiedad.

ENSAÑAR.—enfurecer, irritar, encolerizar, embravecer, enconar, endemoniar.

ENSAÑARSE.—cebarse, enfurecerse, encarnizarse, encolerizarse, enfierecerse, entigrecerse, enfuriarse.

ENSAYAR.—probar, intentar, procurar, gustar, catar, pulsar, examinar, experimentar, tratar, reconocer, amaestrar, adiestrar.

ENSAYO.—reconocimiento, examen, probadura, probatura, catadura, prueba, sondeo, tentativa, averiguación, tanteo, experimento, experimentación, análisis, experiencia, ensaye.

ENSENADA.—angra, ancón, bahía, anconada, rada, abra, abrigo, abrigadero, broa.

ENSEÑA.—divisa, insignia, estandarte, bandera, pendón, oriflama, confaión, guión, banderín, distintivo, timbre, lema, emblema, trofeo, gaya.

ENSEÑADO.—aleccionado, instruido, habituado, adiestrado, amaestrado, domesticado, acostumbrado.

ENSEÑANZA.—enseño, pedagogía, apostolado, instrucción, didáctica, educación, vulgarización, iniciación, ilustración, cultura, sistema, método, enseñamiento, aleccionamiento, doctrina.

ENSEÑAR.—aleccionar, instruir, doctrinar, manifestar, amaestrar, indicar, mostrar, exhibir, adiestrar, iluminar, adoctrinar.

ENSEÑOREARSE. — adueñarse, apoderarse, posesionarse, apropiarse, incautarse, enseñarse.

ENSERIARSE. — formalizarse, enseñorearse, mirlarse.

ENSERES.—efectos, trebejos, utensilios, muebles, útiles, instrumentos, tarecos, chismes.

ENSIMISMADO.—pensativo, cabizbajo, meditabundo, abismado, abstraído, absorto, distraído, embebido, alelado, embobado, abobado, atónito, embebecido.

ENSIMISMARSE.—reconcentrarse, abstraerse, arrobarse, extasiarse, embebecerse.

ENSOLVER.—reducir, contraer, sincopar, disipar, incluir, resolver, crispar, astriñir, astringir, constreñir.

ENSOMBRECER.—obscurecer, anublar, entristecer, afligir, acongojar, apesarar.

ENSORTIJADO.—crespo, rizado, rufo, rizoso, ondulado.

ENSUCIAR.—enturbiar, turbar, macular, pringar, enmugrecer, emporcar, desasear, manchar, amancillar, deslucir, empañar, defecar, evacuar, cagar.

ENSUCIARSE.—mancharse, emporcarse, deslucirse, empañarse, zullarse, enmugrecerse, pringarse, cagarse, defecarse, escagarruciarse.

ENSUEÑO.—imaginación, sueño, ilusión, ensoñación, soñación.

ENTABLAR.—emprender, comenzar, cercar, vallar, cubrir, techar, empezar, preparar, disponer, entablillar.

ENTALEGAR.—ahorrar, atesorar, embolsar, guardar.

ENTALLAR.—esculpir, grabar, ceñir, burilar, cincelar, retallar, celar.

ENTAPUJAR.—tapar, cubrir.

ENTECARSE.—enfermarse, debilitarse, enflaquecerse, encanijarse, obstinarse, emperrarse.

ENTECO.—enfermizo, flaco, enclenque, débil, canijo, entecado, encanijado, magro, entelerido.

ENTENDER.—penetrar, conocer, saber, percibir, interpretar, discernir, descernir, comprender, concebir, deducir, inferir, pensar, juzgar, creer, oír.

ENTENDIDO.—docto, capaz, hábil, culto, erudito, sabido, sabio, versado, perito, idóneo, técnico.

ENTENDIMIENTO. — inteligencia, intelecto, talento, razón, entendederas, cacumen, chirumen.

ENTERADO.—informado, impuesto, instruido, orientado, noticioso, sabedor, conocedor, advertido, prevenido.

ENTERAMENTE.—plenamente, cabalmente, completamente, totalmente absolutamente, íntegramente, integralmente, plenariamente.

ENTERAR.—informar, instruir, noticiar, denunciar, advertir, prevenir, imponer, contar, orientar.

ENTERCARSE.—obstinarse, empeñarse, emperrarse.

ENTEREZA.—energía, carácter, aguante, constancia, integridad, firmeza, fortaleza, rectitud, disciplina, severidad.

ENTERNECER.—ablandar, amollar, reblandecer, mullir, remullir.

ENTERO.—completo, cabal, enterizo, integérrimo, plenario, llenero, cumplido, justo, íntegro, exacto, recto, constante, firme, enérgico, rígido, inflexible, decidido, recio, fuerte, tupido, independiente, sano, robusto, incorrupto, intacto, acabado, terminado, consumado, colmado, pleno, lleno, perfecto.

ENTERRADOR.—sepulturero, sepultador, zacateca, plantador.

ENTERRAMIENTO. — entierro, inhumación, soterramiento, sepelio.

ENTERRAR.—sepultar, inhumar, soterrar, sepelir.

ENTERRIAR.—aborrecer, odiar, abominar, desamar.

ENTESTADO.—testarudo, terco, cabezudo, cabezota, obstinado, samugo, tozudo, cabezón.

ENTIBIAR.—templar, moderar, disminuir, decaer, atibiar, tibiar.

ENTIBO.—estribo, empenta, estribadero, sustentáculo, apoyo, sostén, fundamento, base.

ENTIDAD.—valor, importancia, colectividad, corporación, sociedad, empresa, ente, ser, esencia, forma, substancia.

ENTIGRECERSE.—encolerizarse, irritarse, enfurecerse, enfierezarse, enfierecerse.

ENTIZNAR.—tiznar, manchar, denigrar, deslustrar, amancillar, mancillar, baldonar, deshonrar, abaldonar.

ENTOLDARSE.—encapotarse, engreírse, entonarse, envanecerse, entronizarse, infatuarse, enorgullecerse, altivarse, altivecerse, embebecerse.

ENTONTAMIENTO.—entono, tono, entonación, arrogancia, presunción, vanidad, pedantería.

ENTONARSE.—infatuarse, engreírse, fortalecerse, robustecerse, vigorizarse, recobrarse, enorgullecerse, ensoberbecerse, altivecerse.

ENTORPECER.—dificultar, estorbar, embarazar, impedir, paralizar, retardar, turbar, conturbar, ofuscar.

ENTORPECIMIENTO. — dificultad, estorbo, obstáculo, impedimento, rémora, retraso, embarazo, valladar, traba, óbice, inconveniente, tropiezo.

ENTRADA.—acceso, ingreso, irrupción, intrusión.

ENTRAMPAR.—engañar, enredar, embrollar, intrincar, complicar, endeudar, empeñar.

ENTRAÑA.—centro, entresijo, voluntad, afecto, índole.

ENTRAÑABLE.—íntimo, afectuosísimo, afectivo, queridísimo.

ENTRAÑAR.—intimar.

ENTRAR.—penetrar, irrumpir, embocar, introducir ingresar.

ENTRECOGER.—estrechar, apremiar, acosar, aguijar, aguijonear, espolear, pinchar.

ENTREDICHO.—prohibición, veto, censura, veda, interdicción, vedamiento.

ENTREGA.—rendición, entrego, entregamiento, dación.

ENTREGAR.—facilitar, dar, conceder, ceder, otorgar, abandonar.

ENTREGARSE.—abandonarse, rendirse, dedicarse, someterse, concederse, cederse.

ENTRELAZAR.—enlazar, entrecruzar, entretejer, trabar, tejer, ligar, concadenar.

ENTREMETERSE. — inmiscuirse, injerirse, mezclarse, entrometerse, encajarse, pegarse.

ENTREMETIDO. — importuno, entrometido, cominero, fodolí.

ENTREMETIMIENTO.—oficiosidad, indiscreción, fisgonería, injerencia, intromisión, intrusión.

ENTRESACAR.—elegir, escoger, sacar, seleccionar, optar, preferir, triar.

ENTRESIJO.—mesenterio, redaño, incógnita, misterio, arcano.

ENTRETANTO. — ínterin, mientras, entre tanto.

ENTRETEJER.—trabar, enlazar, entrelazar, mezclar, incluir, injerir, interpolar, enredar, trenzar, entrenzar.

ENTRETENER.—recrear, divertir, distraer, diferir, solazar, dilatar, suspender, rezagar, demorar, pausar, atreguar.

ENTRETENIDA.—manceba, mantenida, querida, amante, barragana, amasia, concubina.

ENTRETENIDO.—chistoso, divertido, distraído, festivo, gracioso, alegre, dicharachero, bromista, decidor, jacarandoso, donairoso, burlón.

ENTRETENIMIENTO.—diversión, distracción, recreación, pasatiempo, recreo, solaz, esparcimiento, manutención, conservación.

ENTREVERAR.—mezclar, mixturar, misturar, interponer, entremezclar, promiscuar, amalgamar.

ENTRISTECER.—acongojar, afligir, desconsolar, amargar, apesadumbrar, congojar, apesarar, contristar.

ENTRIZAR.—apretar, estrechar, ceñir, apretujar, oprimir, aprensar.

ENTRONIZAR.—entronar, elevar, ensalzar, engreír, envanecer, enaltecer.

ENTRONIZARSE.—engreírse, envanecerse, entonarse, infatuarse, enorgullecerse, ensoberbecerse.

ENTUERTO.—tuerto, agravio, sinrazón, injuria, daño, perjuicio, ofensa.

ENTULLECER.—detener, suspender, parar, obstaculizar, paralizar, entorpecer.

ENTUMECERSE. — envararse, entorpecerse, entumirse, paralizarse, arrecirse, aterrirse.

ENTUMECIMIENTO.—envaramiento, letargo, torpor, atonía, sopor.

ENTUPIR.—obstruir, cerrar, comprimir, apretar, tupir, entrizar, oprimir, apretujar.

ENTURBIAR. — turbar, alterar, obscurecer, perturbar, desordenar, desconcertar, confundir.

ENTURBIARSE.—desordenarse, descuadernarse, desconcertarse, obscurecerse, perturbarse, alterarse, confundirse, turbarse.

ENTUSIASMAR.—enardecer, arrebatar, exaltar, encantar, apasionar, arrobar, transportar, embriagar, fanatizar, admirar, asombrar, sombrar, maravillar.

ENTUSIASMO.—admiración, pasión, exaltación, frenesí, transporte, inspiración, adhesión.

ENTUSIASTA.—admirador, apasionado, devoto, incondicional, partidario, fanático, adorador, entusiástico, absorto.

ENUMERACIÓN.—expresión, cómputo, recapitulación, enunciación, cuenta.

ENUMERAR.—contar, recapitular, computar.

ENUNCIAR.—expresar, manifestar, exponer, mencionar, observar.

ENVANECERSE.—alabarse, engreírse, jactarse, hincharse, infatuarse, ensoberbecerse, entonarse, pavonearse, ufanarse, vanagloriarse.

ENVARARSE.—entumecerse, entumirse, entorpecerse, anquilosarse, arrecirse, aterirse, paralizarse.

ENVEJECER.—vejecer, aviejar, encanecer, chochear, caducar, revejecer, piñonear.

ENVEJECERSE.—arrugarse, estropearse, ajarse, deteriorarse, aviejarse, avejentarse.

ENVEJECIDO.—avejentado, aviejado, revejido, vetusto, arcaico, calamocano.

ENVENENAR.—emponzoñar, avenenar, entosigar, tosigar, inficionar, intoxicar, corromper, agriar, enconar, amargar, pervertir, malear.

ENVÉS.—revés, reverso, espalda, dorso, lomo.

ENVIADO.—embajador, mensajero, plenipotenciario, delegado, legado, comisionado, nuncio, diputado, misionero, propio, recadero, mandadero, cosario, remitido, remesado, expedido.

ENVIAR.—mandar, remitir, encaminar, expedir, dirigir, iniciar, despachar.

ENVICIAR.—corromper, inficionar, pervertir, viciar, malear, encanallar, apicarar.

ENVIDIA.—codicia, deseo, emulación, celos, pelusa, pelusilla.

ENVIDIAR.—apetecer, codiciar, desear, acodiciar, abarcuzar, anhelar.

ENVILECER.—degradar, humillar, prostituir, rebajar, abellacar, mancillar, enruinecer, avillanar.

ENVILECERSE.—abatirse, degradarse, humillarse, prostituirse, rebajarse, abellacarse, enfangarse, embellaquecerse.

ENVÍO.—expedición, remesa, encargo, remisión, mensaje.

ENVISCAR.—azuzar, irritar, enconar, encizañar, aguijonear, pinchar.

ENVOLTURA.—cobertura, cubierta, embalaje, corteza, estuche, cáscara, piel, envoltijo, envoltorio, atadijo, envolvimiento.

ENVOLVER.—arropar, cubrir, enrollar, rodear, estrechar, acorralar, liar, arrollar, arrebujar, rollar, retobar.

ENVOLVERSE.—arrebujarse, rebujarse, reburujarse, arroparse, embozarse, mezclarse, entrometerse, enredarse, incluirse, amistarse, amancebarse, liarse, prostituirse, arreglarse.

ENZARZARSE. — enredarse, entrometerse, mezclarse, pelearse, empelotarse, envedijarse, agarrafarse.

EPÍGRAFE.—letrero, inscripción, sumario, cita, resumen, pensamiento, título, rótulo, marca, sentencia.

EPILOGAR.—compendiar, resumir, compendizar, condensar, abreviar, sintetizar, extractar, minutar, recapitular.

EPÍLOGO.—conclusión, resumen, epilogación, síntesis, sinopsis, compendio, recapitulación.

EPISODIO.—aventura, incidente, suceso, digresión, anécdota.

EPÍSTOLA.—misiva, carta, esquela, billete, escrito.

EPÍTETO.—adjetivo, calificativo.

EPÍTOME.—(V. **Epílogo.**)

EQUIDAD.—igualdad, imparcialidad, justicia, rectitud, ecuanimidad, moderación, templanza, tranquilidad, entereza, benignidad.

EQUILIBRIO.—proporción, armonía, estabilidad, igualdad, ponderación, contrapeso, compensación, ecuanimidad, prudencia, contemporización, condescendencia.

EQUITATIVO.—justo, recto, igual, imparcial, moderado, proporcionado, ecuánime.

EQUIVOCACIÓN.—yerro, falta, error, desatino, errata, desacierto, inadvertencia, confusión, coladura, lapso, pifia, gazapo, errada.

EQUIVOCAR.—errar, marrar, fallir, fallar, colar, pifiar, engañar.

EQUIVOCARSE.—engañarse, confundirse, colarse.

EQUÍVOCO.—retruécano, ambigüedad, anfibología, sospechoso, obscuro, ambiguo.

ERECCIÓN.—tensión, tirantez, rigidez, tiesura, fundación, institución, establecimiento.

ERECTO.—erguido, derecho, vertical, levantado, rígido, tieso, atiesado.

EREMITA. — ermitaño, cenobita, solitario, anacoreta.

ERGUIR.—alzar, levantar, enderezar, engreír, atiesar, ensorberbecer.

ERGUIRSE. — levantarse, engreírse, alzarse, engallarse, enderezarse, envanecerse, ensoberbecerse, altivecerse, enorgullecerse.

ERIAL.—erío, lleco, añojal, yeco, liego.

ERIGIR.—fundar, estatuir, instituir, establecer, alzar, levantar, elevar, construir, edificar.

ERIZARSE.—inquietarse, turbarse, azorarse, preocuparse, azararse, conturbarse.

ERMITA.—santuario, capilla.

EROGAR.—distribuir, repartir, dar.

EROSIÓN.—corrosión, depresión, desgaste, merma, rebajamiento, degradación, lesión.

ERRADO.—equivocado, engañado, colado, desacertado, desatinado, falto.

ERRANTE.—vagabundo, vagamundo, errabundo, errátil, errático, nómada, giróvago, vagante, erradizo, ambulante, desorientado.

ERRAR.—equivocar, confundir, desacertar, pifiar, marrar, fallar, vagar, andar, pasear, deambular, vagabundear.
atiesar, ensoberbecer.

ERRÁTIL.—errante, errático, incierto, variable, radio, volandero, giróvago, vagante.

ERRÓNEO.—equivocado, errado, inexacto, falso, falible, mendoso.

ERROR.—mentira, falsedad, equivocación, yerro, inexactitud, culpa, engaño, pifia, desacierto, errata, falta, distracción, inadvertencia, falibilidad, lapsus, desatino, disparate, despropósito, dislate, prejuicio, omisión, incorrección, defecto, desliz, aberración, errada, gazapo.

ERUBESCENCIA.—vergüenza, rubor, sonrojo, bochorno, pavo, corrimiento.

ERUCTO.—eruto, regüeldo, taco, vapor.

ERUDITO.—leído, letrado, instruido, sabio, ilustrado, culto, docto, entendido, perito, documentado.

ESBELTEZ.—esbelteza, donaire, gentileza, elegancia, gallardía, arrogancia, gracilidad, garbo, donosura, donosidad.

ESBELTO.—airoso, gallardo, arrogante, grácil, elegante, donoso, garboso, donairoso.

ESCABEL.—banquillo, tarima, escañuelo, banquete, banqueta, banquito, jamuga.

ESCABROSIDAD.—aspereza, dureza, desigualdad, tortuosidad, quebradura, fragosidad, fragura.

ESCABROSO.—desigual, áspero, quebrado, duro, tortuoso, difícil, dificultoso, embarazoso, peligroso, inconveniente, verde, libre, fragoso, intrincado, abrupto.

ESCABULLIRSE.—escaparse, eclipsarse, irse, escurrirse, largarse, esfumarse, evaporarse.

ESCACHIFOLLAR. — cachifollar, aplastar, amancillar, desflorar, marchitar, ajar.

ESCALDADO.—abrasado, escocido, receloso, escarmentado.

ESCALDAR.—abrasar, escocer, caldear.

ESCALOFRÍO.—calofrío, estremecimiento, estremezo, estremezón, calosfrío, espeluzno.

ESCALÓN.—grada, peldaño, sardinel, estribo.

ESCAMA.—recelo, desazón, resentimiento, sospecha, temor, cuidado, desconfianza, inquietud, zozobra, prevención, recelamiento.

ESCAMÓN.—sospechoso, receloso, matrero, suspicaz, desconfiado, difidente, escamudo, escamoso.

ESCAMONDAR.—limpiar, purificar, lavar, purgar, podar.

ESCAMOTEAR.—escamotar, ocultar, robar, quitar, esconder, hurtar, suprimir.

ESCAMPAR.—despejar, desobstruir, destupir, destapar, desembarazar.

ESCANDALERA.—alboroto, escándalo, alborotamiento, vocería, albórbola.

ESCANDALIZADOR.—escandaloso, alborotador, bolinero, zaragatero, gritón, alborotapueblos.

ESCANDALIZAR.—gritar, perturbar, chillar, alborotar, embochinchar, zahorar, farrear.

ESCANDALIZARSE.—excandecerse, enojarse, irritarse, encolerizarse, alborotarse, agitarse.

ESCÁNDALO.—tumulto, alboroto, ruido, bullicio, estrépito, bulla, gritería, vocerío, algarabía, escandalera, algazara, jarana, gresca, asombro, pasmo, admiración, licencia, desenfreno, desvergüenza, mal ejemplo, albórbola, vocería, alborotamiento, campanada.

ESCANDALOSO.—revoltoso, ruidoso, bullanguero, perturbador, depravado, inmoral, pervertido, escandalizativo, malignante.

ESCAPAR.—correr, huir, evitar, esquivar, salir, preservar, librar, libertar, desertar, revolar, trasmontar.

ESCAPATORIA.—efugio, salida, subterfugio, excusa, recurso, pretexto, escape, huida, fuga, evasiva, escapamiento, escurribanda, tornillo, afufa.

ESCARABAJEAR.—bullir, punzar, garrapatear, garabatear, molestar, disgustar, atemorizar.

ESCARAMUZA. — riña, combate, pendencia, batalla, disputa, reyerta, contienda, pelea, refriega, pelotera, bronquina, sanfrancia, tambarimba.

ESCARAPELA.—divisa, distintivo, lazo, signo, quimera, riña, pelotera, tambarimba, bronquina.

ESCARBAR.—arañar, excavar, mondar, limpiar, avivar, inquirir, averiguar.

ESCARCEO.—cabrilleo, olas, escarceador, escarce, caballos, rodeo, divagación, ambages.

ESCARMENAR.—carmenar, castigar, estafar, escoger, elegir, separar, seleccionar.

ESCARMIENTO.—corrección, castigo, pena, multa, advertencia, aviso, desengaño, cautela, desilusión, decepción.

ESCARNIO.—befa, afrenta, mofa, burla, menosprecio, ludibrio, injuria, burlería, baldón, ofensa.

ESCARPADURA.—escarpa, declive, aspereza, escarpado, escarpe, declivio, declividad.

ESCASAMENTE.—apenas, difícilmente, apocadamente, parcamente, nimiamente, tasadamente.

ESCASEAR.—escatimar, faltar, ahorrar, excusar, endurar, enrarecer, tasar.

ESCASEZ.—mezquindad, pobreza, tacañería, penuria, miseria, poquedad, necesidad, cortedad, insuficiencia, carestía, falta, exigüidad, carencia, piojería, inopia, parvedad, parvidad.

ESCASO.—poco, corto, falto, limitado, tacaño, mezquino, cicatero, miserable, escasero, pobre, insuficiente, exiguo, raro, parvo, raquítico.

ESCATIMAR.—disminuir, cercenar, quitar, escasear, cicatear, miserear, tasar, tacañear, regatear.

ESCATIMOSAMENTE.—maliciosamente, astutamente, mezquinamente, taimadamente, apicaradamente.

ESCATIMOSO.—taimado, malicioso, astuto, mezquino, cicatero, escasero, estreñido, estíptico.

ESCISIÓN.—desavenencia, rompimiento, disidencia, cisma, discordia, disensión, separación, división, corte, desacuerdo, desconcordia, discrepancia.

ESCLARECER.—aclarar, ennoblecer, iluminar, ilustrar, afamar, alborear, enaltecer, gloriar, glorificar, dilucidar.

ESCLARECIDO.—ilustre, claro, famoso, insigne, afamado, preclaro, glorioso, célebre.

ESCLAVITUD.—servidumbre, sujeción, manumisión, dependencia, flaqueza, sumisión.

ESCLAVO.—ilota, greno, siervo, horro, esclavón, enamorado, rendido, obediente, subyugado, exarico, cimarrón.

ESCOCERSE.—sentirse, inflamarse, dolerse, enrojecerse, afligirse, apenarse, apesararse, apesadumbrarse.

ESCOGER.—elegir, seleccionar, preferir, entresacar, optar, tirar, decidir, designar, florear.

ESCOGIDO.—selecto, excelente, exquisito, perfecto, superior, distinguido, preferido, elegido, electo, preclaro, seleccionado.

ESCOGIMIENTO.—selección, elección, florilegio, tría, trío.

ESCOLAR.—alumno, estudiante, colegial, educando, discípulo, pensionista.

ESCOLIMADO.—endeble, débil, delicado, enfermizo, antanino, maganto, escamocho, trasojado.

ESCOLIMOSO.—descontentadizo, áspero, quisquilloso, quisquilla, desabrido, acedo.

ESCOLTAR.—convoyar, acompañar, custodiar, guardar, resguardar, conducir, proteger, amparar, salvaguardar, defender.

ESCOLLO.—peñasco, arrecife, arricete, islote, roca, rompiente, peligro, tropiezo, dificultad, riesgo, obstáculo, óbice, valladar.

ESCOMBRAR.—limpiar, desembarazar, despejar, desencombrar, desobstruir.

ESCOMBRO.—broza, desecho, cascote, escombrera, despojo, pez, residuo, migaja, desperdicio, caballa.

ESCOMENDRIJO.—ruin, desmedrado.

ESCONDER.—encubrir, ocultar, recatar, retirar, guardar, apartar, encerrar, contener, incluir, entrañar, escondite, entapujar, zaboyar.

ESCONDRIJO.—cachimán, cachulera, escondedero.

ESCORCHAR.—desollar, despellejar.

ESCORIA.—desecho, hez, lava, vil, despreciable, residuo, desperdicio.

ESCOTAR.—descotar, cercenar, cortar, sangrar, amputar, seccionar.

ESCOTE.—descote, escotadura, derrama, adorno, cuota, prorrata.

ESCOZOR.—desazón, disgusto, pena, aflicción, desagrado, pesar.

ESCRITO.—carta, documento, epístola, misiva, manuscrito.

ESCRÚPULO.—escrupulosidad, exactitud, miramiento, precisión, esmero, duda, recelo, aprensión, asco, repugnancia, temor, remordimiento, reconcomio.

ESCRUPULOSO.—delicado, aprensivo, receloso, miedoso, concienzudo, cuidadoso, cumplidor, esmerado, exacto, minucioso, fiel, preciso, puntual, verdadero, verídico.

ESCRUTAR.—comprobar, reconocer, computar, averiguar, examinar, investigar, inspeccionar, observar.

ESCRUTINIO.—examen, averiguación, recuento, inspección, investigación, observación.

ESCRUTIÑADOR.—examinador, censor, escrutador, inspeccionador, observador, investigador.

ESCUÁLIDO.—flaco, delgado, macilento, extenuado, desmirriado, esmirriado, asqueroso, sucio, repugnante, magro, desaliñado, cochino, guarro, escuchimizado.

ESCUCHAR.—oír, atender, percibir, sentir.

ESCUDAR.—proteger, resguardar, amparar, cubrir, defender, abroquelar, refugiar.

ESCUDO.—defensa, amparo, protección, broquel.

ESCUDRIÑAR.—inquirir, examinar, averiguar,

escrutar, investigar, rebuscar, mirar, inspeccionar, observar, atalayar.

ESCUERZO.—sapo, flaco, magro, entelerido, débil.

ESCUETO.—descubierto, conciso, desnudo, simple, sencillo, estricto, descubierto, despejado.

ESCULCAR.—espiar, investigar, observar, averiguar, examinar.

ESCULPIR.—modelar, tallar, grabar, labrar, plasmar, esculturar, insculpir.

ESCUPIDOR.—expectorador, gargajiento, expectorante, gargajoso, escupidera.

ESCUPIR.—arrojar, expectorar, echar, expeler, despedir, gargajear, desflemar, esputar.

ESCURRIBANDA.—zurra, zurribanda, paliza, somanta, desconcierto, escapatoria, diarrea, tollina, cagalera.

ESCURRIDIZO.—desligadizo, resbaladizo, deslizable, jabonoso, resbaladero, resbaloso.

ESCURRIR.—destilar, apurar, deslizar, chorrear, gotear, secar, vaciar, resbalar, escullir.

ESCURRIRSE.—escabullirse, escaparse, deslizarse, resbalarse, escullirse, esmuciarse.

ESENCIAL.—substancial, principal, inevitable, necesario, indispensable, obligatorio, notable, fundamental, imprescindible, inmanente, ingénito.

ESENCIALMENTE. — fundamentalmente, imprescindiblemente, inmanentemente.

ESFERICIDAD.—redondez.

ESFORZADO.—animoso, arrojado, denodado, alentado, valeroso, valiente, bizarro, arriscado, espiritoso, arrestado.

ESFUERZO.—ánimo, aliento, brío, valor, denuedo, vigor, coraje, arrojo, ardimiento, arriscamiento.

ESLABONAR.—unir, enlazar, encadenar, relacionar, concadenar, concatenar, ligar, atar.

ESMALTAR.—hermosear, adornar, embellecer, ilustrar, realzar, colorear, exornar.

ESMERAR.—pulir, ilustrar, limpiar, cuidar, extremar.

ESMERARSE.—extremarse, afanarse, remirarse, cuidarse, aplicarse, desvelarse.

ESMERO.—cuidado, celo, solicitud, escrupulosidad, diligencia, pulcritud, prolijidad, curiosidad, meticulosidad, aplicación.

ESMIRRIADO.—débil, desmirriado, flaco, extenuado, canijo, encanijado.

ESMORTECIDO.—helado, aterido.

ESOTÉRICO.—oculto, reservado, secreto, misterioso.

ESPACIO.—interregno, intervalo, claro, transcurso, tardanza, lentitud, zona, área, ámbito, extensión, distancia, descampado, escampado, superficie, holgura.

ESPACIOSAMENTE.—lentamente, cachazudamente, pausadamente, holgadamente, ampliamente.

ESPACIOSIDAD.—capacidad, anchura, extensión, amplitud, inmensidad, vastedad.

ESPACIOSO.—ancho, amplio, dilatado, extenso, vasto, capaz, lento, flemático, pausado, anchuroso, holgado, campuroso.

ESPADA.—tizona, acero.

ESPADACHÍN.—pendenciero, valentón, camorrista, matón, rufiancillo, matachín, chulo, matasiete.

ESPALDA.—dorso, envés, lomo.

ESPALDUDAMENTE.—toscamente, groseramente, rudamente, zafiamente, salvajemente.

ESPANTADIZO. — asombradizo, asustadizo, pusilánime, cobarde, huidizo, miedoso, medroso, tímido, timorato.

ESPANTAR.—aterrar, acobardar, atemorizar, aterrorizar, asustar, horrorizar, horripilar, ahuyentar, ojear, arredrar, amilanar, acoquinar, acochinar.

ESPANTARSE.—asombrarse, admirarse, maravillarse, pasmarse, acoquinarse, arredrarse, amilanarse.

ESPANTO.—pasmo, asombro, susto, consternación, horror, miedo, pánico, pavor, temor, terror, canguelo, jindama, canguis, cerote.

ESPANTOSO.—horrible, aterrador, horroroso, terrorífico, terrible, maravilloso, asombroso, pasmoso, tremendo, horripilante.

ESPARCIDAMENTE.—distintamente, separadamente, festivamente, divertidamente, alegremente.

ESPARCIDO.—festivo, franco, alegre, divertido, afable, entretenido, distraído.

ESPARCIMIENTO.—franqueza, despejo, diversión, alegría, entretenimiento, pasatiempo, solaz, distracción, recreo, desenvoltura, descoco, desahogo.

ESPARCIR.—divulgar, extender, diseminar, derramar, espaciar, desperdigar, desparramar, dispersar, sembrar, propagar, publicar, propalar, separar, noticiar, divertir, recrear, alegrar, solazar.

ESPARCIRSE.—recrearse, divertirse, solazarse, distraerse, entretenerse, alegrarse, franquearse.

ESPARVEL.—gavilán, esparavel, red, flaco, desgarbado.

ESPAVORIDO.—aterrorizado, espantado, despavorido, empavorecido, horripilado, acoquinado, amilanado.

ESPECIAL.—extraordinario, personal, particular, propio, raro, singular, adecuado, conveniente, convenible.

ESPECIALIDAD. — singularidad, particularidad.

ESPECIE.—apariencia, pretexto, sombra, clase, color, familia, variedad, suceso, hecho, caso, asunto, dicho, noticia, rumor, treta, subterfugio.

ESPECIFICAR.—declarar, explicar, determinar, detallar, enumerar, precisar

ESPECIOSO.—perfecto, hermoso, artificioso, engañoso, falso, aparente, falaz, bello, lindo, encantador.

ESPECTRO.—fantasía, imagen, visión, aparecido, fantasma, aparición, vista, sombra, espíritu.

ESPECULACIÓN.—meditación, teoría, reflexión, compra, venta, permuta, examen, registro, comercio, tráfico.

ESPECULAR.—reconocer, examinar, registrar, meditar, contemplar, traficar, comerciar, tratar, observar, inspeccionar.

ESPECULATIVO.—pensativo, teórico.

ESPEJUELOS.—anteojos, gafas, antiparras, quevedos, lentes.

ESPELUZNANTE.—horrendo, horrible, horroroso, horripilante, espantoso, terrorífico, aterrador.

ESPELUZNAR.—espeluzar, despeluznar, aterrar, erizar, aterrorizar, horripilar, horrorizar, amilanar, acoquinar, acochinar.

ESPERA.—acecho, calma, expectativa, flema, paciencia, aguardo, aguardada, plantón.

ESPERANZA.—confianza, creencia, aliento, consuelo, ánimo, expectativa, boto, espera, expectación.

ESPERANZAR.—alentar, animar, confortar, reanimar, consolar, ahuciar, confiar, abrigar, alimentar.

ESPERAR.—aguardar, confiar, creer, ahuciar, abrigar, alimentar.

ESPESAR.—concentrar, condensar, cerrar, tupir, aprestar, unir, apretar, encrasar, encerrar, adensar.

ESPESO.—condensado, denso, trabado, frecuente, continuado, apretado, tupido, cerrado, sucio, desaseado, amazacotado, pastoso.

ESPESOR.—grueso, grosor, densidad, trabazón, amazacotamiento, macicez.

ESPESURA.—bosque, espesar, selva, suciedad, inmundicia, desaseo, porquería, cochinería, cochinada.

ESPETAR.—encajar, atravesar, meter, clavar, sorprender, molestar.

ESPETARSE.—afianzarse, encajarse, envararse, erguirse, ensoberbecerse.

ESPÍA.—confidente, escucha, soplón, chivato.

ESPIAR.—atisbar, acechar, escuchar, observar, avizorar, aguaitar.

ESPICHAR.—pinchar, morir, fallecer, diñar.

ESPIGÓN.—punta, aguijón, mazorca, panoja, cerro, malecón, rompeolas, espiga.

ESPIGÜELA.—pulla, indirecta, vareta, vejación, zaherimiento.

ESPINA.—púa, astilla, punta, espínula, pena, inquietud, escrúpulo, recelo, sospecha, pesar, asomo, suposición, barrunto, escama.

ESPINOSO.—arduo, comprometido, difícil, escabroso, dificultoso, intrincado, enredoso, enrevesado, peliagudo.

ESPIRAR.—exhalar, animar, excitar, alentar, aguijonear, aguijar, incitar, picar.

ESPIRITADO.—flaco, macilento, extenuado, canijo, encanijado, desmirriado, esmirriado.

ESPIRITAR.—endemoniar, agitar, irritar, conmover, encolerizar, enfurecer, enfierecer, entigrecer.

ESPIRITOSO.—vivo, eficaz, animoso, espirituoso, arriscado, vivaracho, animado.

ESPÍRITU.—ánimo, energía, vigor, aliento, esfuerzo, valor, virtud, esencia, alma, osadía, arriscamiento, ingenio.

ESPIRITUALIZAR.—sutilizar, atenuar, adelgazar, enflaquecer, debilitar, desmirriar.

ESPITA.—grifo, dúcil, chorro.

ESPLENDENTE. — brillante, resplandeciente, esplendoroso, rutilante, luminoso, mirífico.

ESPLENDIDEZ.—fausto, abundancia, generosidad, largueza, magnificencia, ostentación, rumbo, liberalidad, boato, altruismo.

ESPLÉNDIDO.—liberal, magnífico, ostentoso, soberbio, regio, suntuoso, rumboso, generoso, resplandeciente, rutilante, esplendoroso.

ESPLENDOR.—resplandor, brillo, lustre, fama, nobleza, brillantez, fulgor, lucimiento.

ESPLENDOROSO.—esplendente, brillante, luminoso, resplandeciente, lustroso, coruscante, lucio, lucidor, fúlgido.

ESPLÍN.—hastío, tedio, aburrimiento, tristeza, melancolía.

ESPOLEAR.—excitar, avivar, estimular, incitar, mover, picar, pinchar, aguijonear, animar, soliviantar, instigar, aguijar.

ESPOLVOREAR.—despolvorear, espolvorizar, despolvar, polvorear, empolvorizar.

ESPONJARSE.—engreírse, hincharse, envanecerse, infatuarse, ensoberbecerse, ahuecarse, altivarse, altivecerse.

ESPONTANEARSE.—desahogarse, confesarse, descansarse, franquearse, sincerarse, abrirse, expansionarse.

ESPONTÁNEO.—voluntario, natural, expansivo, franco.

ESPUELA.—aguijón, estímulo, incitación, incitativo, espolón, espoleta.

ESPUERTA.—cuévano, cesta, capacho, capazo, sera, esportilla, serón, serete, serija, serijo.

ESPULGAR.—examinar, reconocer, despiojar, despulgar, estudiar.

ESPURIO.—espúreo, bastardo, ilegítimo, falso, adulterino, adulterado, bastardeado, contrahecho.

ESQUILA.—campanilla, campana, cencerro, esquileta, esquileo, camarón.

ESQUILIMOSO.—melindroso, dengoso, delicado, escrupuloso, espaventoso, remilgado.

ESQUILMAR.—empobrecer, chupar, agotar, explotar, apurar, arruinar, asolar, debilitar.

ESQUINA.—cantón, arista, ángulo, chaflán, achaflanadura.

ESQUINADO.—desavenido, picado, indispuesto, reñido, intratable, malquisto, desabrido, desapacible, acedo.

ESQUINAR.—malquistar, enemistar, indisponer, desavenir, desamigar.

ESQUIVAR.—rehusar, evitar, rehuir, eludir, soslayar, obviar.

ESQUIVEZ.—desagrado, aspereza, desdén, desabrimiento, desapego, acedía, prevención, esquiveza, hurañía.

ESQUIVO.—desdeñoso, huraño, huidizo, despegado, áspero, arisco, desapegado, acedo, desabrido, malquisto.

ESTABILIDAD. — durabilidad, permanencia, firmeza, duración, inmovilidad, equilibrio, perseverancia, persistencia.

ESTABLE.—duradero, durable, permanente, firme, sólido, constante, perseverante, arraigado.

ESTABLECER.—instituir, fundar, ordenar, decretar, mandar, estatuir, instalar, fijar, sentar, crear, abrir, erigir, arraigar, perseverar, avecindar, residir.

ESTABLECERSE. — avecindarse, domicliarse, instalarse, arraigarse, radicarse.

ESTACA.—garrote, palo, tranca, calvete, estabullo.

ESTACADA.—empalizada, palenque, cercado, vallado.

ESTACAZO. — garrotazo, palo, bastonazo, trancazo, varapalo.

ESTADÍA.—detención, estancia, permanencia.

ESTAFA.—engaño, timo, petardo, fraude, fraudulencia, trapaza.

ESTAFADOR.—petardista, timador, tramposo, embaucador, defraudador, socaliñero, colusor.

ESTAFAR.—engañar, timar, embaucar, trampear, socaliñar, defraudar.

ESTAFERMO.—embobado, parado, badulaque, atontado, bobo, ridículo, esperpento.

ESTAGNACIÓN.—estancamiento, paralización, inmovilización, detención, quietud, reposo, sosiego.

ESTAJERO.—destajero, destajista, estajista.

ESTALLAR.—reventar, destallar, sobrevenir, estrumpir, traquetear, decrepitar, detonar.

ESTAMPA.—figura, efigie, imagen, lámina, imprenta, grabado, huella, señal, impresión, rastro.

ESTAMPAR.—señalar, imprimir, prensar, grabar.

ESTANCAR.—empantanar, detener, paralizar, parar, restringir, suspender, prohibir, impedir, monopolizar, inmovilizar, sosegar.

ESTANCIA.—mansión, residencia, habitación, asiento, aposento, cuarto.

ESTANCO.—restricción, prohibición, estancamiento, estagnación, parada, detención, archivo, inmovilización, quietud.

ESTANDARTE.—bandera, insignia, pendón, enseña, flámula.

ESTANTERÍA.—estante, repisa, anaquelería, escaparate, vasar.

ESTANTIGUA. — fantasmagoría, desaliñado, flaco, adefesio.

ESTANTÍO.—parado, estancado, pausado, flojo, estacionado, detenido, inmovilizado, quieto.

ESTAR.—vivir, existir, entender, creer, ser, parar, residir.

ESTATUA.—escultura, figura, imagen.

ESTATUIR.—ordenar, mandar, decretar, determinar, instituir, establecer, demostrar, probar, fundar.

ESTATURA.—talla, altura, alzada, corpulencia, altor, alteza, altitud.

ESTATUTO.—ordenanza, reglamento, establecimiento, disposición, regla, ley.

ESTE.—levante, oriente, naciente, orto.

ESTENOGRAFÍA.—taquigrafía.

ESTENTÓREO.—ruidoso, fuerte, retumbante, clamoroso, chillón.

ESTERAL.—pantano, aguazal.

ESTÉRIL.—improductivo, infecundo, pobre, inútil, infructuoso, vano, ineficaz, agotado, esquilmado, estepario, yermo, acarpi, erial, gándara, aséptico, estil, infructífero.

ESTERILIDAD.—aciesia, atocia, infecundidad, agotamiento, improductibilidad, improductividad, ineficacia, asepsia, aridez, mañería.

ESTIBA.—atacador, lastre.

ESTIÉRCOL.—excremento, guano, abono.

ESTIGMA.—señal, marca, mancha, signo, afrenta, desdoro, baldón, llaga, huella, deshonra, ofensa.

ESTIGMATIZAR.—afrentar, infamar, deshonrar, ofender, deslustrar.

ESTILAR.—practicar, acostumbrar, usar, emplear, gastar, destilar, gotear.

ESTILETE.—sonda, punzón, puñal, estilo, gnomon, púa.

ESTILO.—modo, manera, proceder, forma, uso, práctica, costumbre, moda, giro, expresión, personalidad, carácter, punzón, gnomon, hábito, procedimiento.

ESTIMACIÓN.—consideración, aprecio, valor, cariño, amor, respeto, estima, afecto, amistad, afición, apreciación.

ESTIMADOR.—apreciador, tasador, preciador, estimativo.

ESTIMAR.—amar, apreciar, querer, considerar, respetar, conceptuar, juzgar, reputar, valuar, tasar, creer, conjeturar, pensar, evaluar, valorar, opinar.

ESTIMATIVA.—discernimiento, juicio, seso, comprensión.

ESTIMULAR.—aguijonear, pinchar, picar, avivar, punzar, incitar, excitar, mover, aguijar, apremiar, aguizgar, instimular.

ESTÍMULO.—acicate, aguijón, incentivo, aliciente, incitamiento, cebo, instímulo, quillotro.

ESTIPENDIO.—sueldo, paga, salario, honorario, remuneración, jornal, soldada, mesada.

ESTIPULACIÓN.—contrato, convenio, negociación, acuerdo, tratado, cláusula, pacto, concierto.

ESTIPULAR.—contratar, acordar, convenir, negociar, tratar. concertar, pactar, apalabrar.

ESTIRADAMENTE.—escasamente, pobremente, parcamente, mezquinamente, violentamente, forzadamente.

ESTIRADO.—altanero, entonado, vanidoso, orgulloso, afectado, alargado, dilatado, tenso, envarado, erguido, presumido, altivo.

ESTIRAR.—dilatar, alargar, extender, estirajar, prolongar, tirar, planchar, estirazar, desarrugar.

ESTIRARSE.—desperezarse, alargarse, dilatarse, extenderse, estirajarse, desarrugarse, estirazarse.

ESTIRPE.—ascendencia, alcurnia, linaje, nacimiento, origen, raíz, tronco, genealogía, cuna.

ESTOFA.—calidad, condición, laya, calaña, ralea, clase, naturaleza, índole, cambio.

ESTOFADO.—aliñado, ataviado, engalanado, ornado, exornado, adornado.

ESTOFAR.—pintar, decorar, guisar, exornar, ornar, adornar.

ESTOICIDAD. — impasibilidad, indiferencia, imperturbabilidad, entereza, estoicismo, fortaleza, aguante.

ESTOICO.—insensible, impasible, indiferente, inquebrantable, inalterable, imperturbable, carparejo, impertérrito, inmutable.

ESTOLIDEZ.—estupidez, insensatez, necedad, idiotez, tontería, inepcia, bobería, mentecatería, porrería.

ESTÓLIDO.—necio, bobo, tonto, insensato, estúpido, cretino, burro, cerrado, adoquín.

ESTOMAGAR.—cansar, cargar, aburrir, fastidiar, enfadar, hastiar, empachar, indigestar, molestar.

ESTORBAR.—obstaculizar, impedir, embarazar, entorpecer, dificultar, empachar, perturbar.

ESTORBO.—impedimento, embarazo, obstáculo, inconveniente, traba, entorpecimiento, rémora, dificultad, óbice, veto, barrera, valladar, baruca.

ESTRAFALARIO.—extravagante, desaliñado, estrambótico, ridículo, raro, perdulario, peripatético, excéntrico, grotesco, ridículo.

ESTRANGULAR.—ahogar, ahorcar, asfixiar.

ESTRATAGEMA.—astucia, ardid, engaño, artificio, fingimiento, treta, artimaña, trampa, solercia, mónita, ratimago, raposía.

ESTRATEGIA.—destreza, habilidad, peripecia, arte, táctica.

ESTRECHAR. — acercar, apretar, apremiar, forzar, apurar, obligar, reducir, acorralar, precisar, constreñir, compeler, ceñir, angostar, estrangular, enangostar.

ESTRECHEZ.—apuro, aprieto, penuria, escasez, necesidad, miseria, pobreza, privación, indigencia, austeridad, recogimiento, retiro, angostura, estrechamiento, constricción.

ESTRECHO.—ajustado, apretado, rígido, exacto, austero, escaso, miserable, mezquino, íntimo, próximo, limitado, angosto, canal, escurrido, constricto, constreñido, riguroso.

ESTREGAR.—restregar, frotar, refregar, ludir, lijar, raer, confricar, frisar.

ESTREGÓN.—refregón, estregadura, roce, frotación, restregón, estrigilación, fricación.

ESTREMECER.—conmover, alterar, sobresaltar, turbar, temblar, atemorizar, acoquinar, tremolar.

ESTREMECERSE.—sobresaltarse, turbarse, alterarse, conmoverse, atemorizarse, acoquinarse, acollonarse.

ESTREMECIMIENTO. — estremezo, estremezón, escalofrío, conmoción, temblor, sobresalto.

ESTREMEZÓN.—escalofrío, calofrío, estremecimiento, temblor.

ESTRENUO.—esforzado, fuerte, valeroso, ágil, valiente, ardido, arriscado, bravo.

ESTREÑIDO.—estíptico, apretado, avaro, miserable, mezquino, tacaño, misérrimo, agarrado, sórdido.

ESTRÉPITO.—estruendo, confusión, bullicio, ruido, fragor, alboroto, batahola, batiburrillo.

ESTREPITOSO.—ruidoso, estruendoso, escandaloso, fragoroso, bullicioso, ostentoso.

ESTRÍA.—raya, canal, surco, ranura, media caña.

ESTRIADO.—acanalado, rayado, surcado.
ESTRIAR.—acanalar, rayar, surcar.
ESTRIBAR.—descansar, gravitar, fundar, apoyar, fundamentar, cimentar, basar.
ESTRIBO.—sostén, apoyo, fundamento, entibo, escalón, machón, contrafuerte, estribera, base, cimiento.
ESTRICTO.—exacto, estrecho, precioso, riguroso, severo, ajustado, cabal, justo.
ESTRIDENTE.—destemplado, agrio, agudo, chirriante, estruendoso, ruidoso, bullicioso, áspero, acedo.
ESTRO.—inspiración, numen, rezno.
ESTROPAJOSO.—desaseado, andrajoso, tartajoso, desaliñado, descuidado, dejado.
ESTROPEAR.—deteriorar, maltratar, lastimar, dañar, menoscabar, lisiar, ajar, marchitar, cachifollar.
ESTROPICIO.—trastorno, destrozo, rotura, estrépito, deterioro, daño.
ESTRUCTURA.—agrupación, orden, distribución, disposición, organización, combinación, conformación.
ESTRUENDO.—fragor, ruido, estrépito, confusión, zambra, bullicio, pompa, fausto, ostentación, aparato, batiburrillo, alboroto, batahola.
ESTRUENDOSO.—ruidoso, fragoroso, estrepitoso, bullicioso, alborotador, escandalizador.
ESTRUJAR.—comprimir, apretar, oprimir, exprimir, agotar, constreñir.
ESTRUMPIDO.—explosión, estallido, estampido, detonación.
ESTUARIO.—estero.
ESTUDIAR. — aprender, examinar, meditar, preparar, dibujar.
ESTUDIO.—trabajo, aplicación, análisis, memoria, labor, disertación, monografía, tesis, producción, tratado, investigación, ensayo, boceto, publicación, obra, libro, escrito, artículo, disquisición, taller, despacho, bufete, maña, habilidad.
ESTUDIOSO.—aplicado, estudiador, aprovechado, laborioso, investigador, trabajador.
ESTULTICIA. — tontería, necedad, sandez, tontera, tontuna, tontedad, mentecatería.
ESTULTO.—necio, bobo, tonto, sandio, estólido, mentecato, ceporro.
ESTUOSO. — caluroso, ardiente, enardecido, abrasado, caloroso, calimoso, cálido, estuante.
ESTUPEFACCIÓN.—asombro, admiración, estupor, pasmo, enajenamiento, arrobamiento.
ESTUPEFACIENTE.—estupefactivo, soporífero, narcótico, anestésico, estupendo, arrobador.
ESTUPEFACTO.—atónito, asombrado, admirado, maravillado, pasmado, tirulato, turulato.
ESTUPENDAMENTE.—admirablemente, prodigiosamente, portentosamente, maravillosamente, milagrosamente, pasmosamente, asombrosamente, sorprendentemente, miríficamente, ostentosamente.
ESTUPENDO.—admirable, asombroso, maravilloso, pasmoso, sorprendente, prodigioso, milagroso, portentoso, mirífico, inaudito, fascinador.
ESTÚPIDO.—rudo, torpe, sandio, necio, porro, tardo, estólido, tonto, cacaseno, guanaco, ceporro, camueso.
ESTUPOR.—asombro, pasmo, admiración, atonía, éxtasis, enajenamiento, sorpresa.
ESTURDECER.—aturdir, atontar, conturbar, aturrullar, embarazar, trastornar.
ÉTER.—firmamento, cielo.
ETÉREO.—impalpable, elevado, cerúleo, celeste, célico, celestial, puro, sublime, sutil, fluido.
ETERNAMENTE. — perpetuamente, perennemente, perennalmente, perdurablemente, eternalmente.
ETERNIDAD. — perdurabilidad, perpetuidad, perennidad, evo, diuturnidad.
ETERNIZAR.—perpetuar, inmortalizar.
ETERNO.—eternal, imperecedero, infinito, inacabable, interminable, imperecedero, perpetuo, perdurable, sempitermo, inmortal, perenne, perennal, perenal, sempiterno.
ETIQUETA.—ceremonial, ceremonia, marca, inscripción, rótulo, marbete, pompa, aparato, gala, cortejo.
ETIQUETERO. — cumplimentero, cumplimentoso, ceremonioso, ceremonial.
EURITMIA.—proporción, ritmo, cadencia, armonía.
ÉUSCARO.—vascuence, vasco, vascongado.
EVACUAR.—desocupar, abandonar, dejar, expeler, excretar, deyectar, deponer, cagar, excrementar.
EVADIR.—esquivar, evitar, eludir, huir, desertar, escabullir, chapescar.
EVADIRSE.—escaparse, fugarse, zafarse, escabullirse, huirse, escurrirse, afufarse.
EVALUACIÓN.—valoración, valuación, estimación, apreciación, evalorización, cálculo, avaluación, avalúo, justiprecio, tasación.
EVALUAR.—apreciar, calcular, estimar, valuar, tasar, valorear, avaluar, justipreciar, tallar.
EVAPORACIÓN. — evaporización, vaporización, vaporación, gasificación, desavahamiento.
EVAPORAR.—disipar, desvanecer, gastar, gasear, vaporear, volatilizar, volatizar.
EVAPORARSE.—desvanecerse, disiparse, volatilizarse, volatizarse.
EVASIÓN.—efugio, disculpa, evasiva, salida, huida, fuga, deserción.
EVENTUAL.—casual, accidental, fortuito, incierto, inseguro, aleatorio, contingible, acaecedero.
EVENTUALIDAD.—casualidad, contingencia, contingente, evento, probabilidad, posibilidad.
EVIDENCIA.—certidumbre, certeza, convencimiento, seguridad, convicción, certitud, certividad, axioma.
EVIDENCIAR.—patentizar, afirmar, asegurar, probar, demostrar, acreditar.
EVIDENTE.—cierto, auténtico, claro, formal, indudable, incuestionable, manifiesto, incontestable, patente, positivo, axiomático, palmario, tangible, indubitable.
EVITAR.—eludir, impedir, rehuir, esquivar, precaver, excusar, evadir, huir, prevenir, vitar, obviar, caucionar, soslayar.
EVOCAR.—llamar, invocar, recordar, rememorar, membrar, acordar, despertar.
EVOLUCIÓN.—cambio, desarrollo, transformación, movimiento, maniobra, adelantamiento, reforma.
EXACERBAR.—enojar, irritar, agravar, agriar, enfadar, exasperar, encolerizar, airar, excitar, enfurecer, molestar, enrabiar.
EXACTAMENTE.—fielmente, debidamente, religiosamente, rigurosamente, puntualmente, precisamente, cuadradamente, cabalmente.
EXACTITUD.—precisión, puntualidad, regularidad, veracidad, fidelidad, veracidad, estrictez, propiedad, rigor.
EXACTO.—puntual, fiel, cabal, regular, preciso, debido, justo, verdadero, textual, minucioso, estricto.
EXAGERACIÓN.—encarecimiento, andaluzada, hipérbole, ponderación, portuguesada, engrandecimiento, especiota.
EXAGERADOR. — ponderativo, encarecedor,

hiperbólico, exagerado, exagerante, exagerativo, aparatoso.

EXAGERAR.—abultar, encarecer, ponderar, hiperbolizar, engrandecer, trasloar.

EXALTACIÓN.—glorificación, ensalzamiento, enaltecimiento, exaltamiento, enardecimiento, encendimiento, arrebatamiento.

EXALTADO.—apasionado, entusiasta, rabioso, fanático, violento, radical, excitable, incalmable.

EXALTAR. — ensalzar, enaltecer, glorificar, elevar, realzar, engrandecer, encumbrar, encomiar, celebrar, excitar, sobresaltar, excandecer.

EXALTARSE.—acalorarse, arrebatarse, entusiasmarse, irritarse, sobreexcitarse, excitarse, sobresaltarse, excandecerse.

EXAMEN.—prueba, tanteo, indagación, reconocimiento, registro, inspección, investigación, observación, análisis, cata, escrutinio, escudriñamiento.

EXAMINAR.—analizar, considerar, inspeccionar, contemplar, observar, probar, reconocer, tantear, inquirir, indagar, investigar, registrar, escudriñar, escrutar, catar, calar, probar, atalayar.

EXANGÜE.—aniquilado, desangrado, muerto, difunto, débil, exánime, desmayado.

EXÁNIME.—desmayado, desfallecido, debilitado, muerto, débil, difunto, fiambre.

EXASPERACIÓN.—excitación, irritación, exacerbación, escandecencia, disgusto, enfurecimiento, exacerbamiento, encendimiento.

EXASPERAR.—irritar, enojar, enfadar, exacerbar, agriar, disgustar, lastimar, encolerizar, sobreexcitar, quillotrar, endurecer.

EXASPERARSE.—encolerizarse, excitarse, enfadarse, disgustarse, exacerbarse, irritarse, enojarse, agriarse, sobreexcitarse, encenderse, airarse.

EXCANDECER.—irritar, excitar, encolerizar, exacerbar, enojar, enfadar, disgustar, fastidiar, encarnizar, embravecer, enrabiar.

EXCARCELAR.—libertar, soltar, liberar, desaprisionar, desaherrojar.

EXCAVACIÓN.—hoya, hoyo, cavidad, abertura, zanja, socavación, socava, socavón, zapa.

EXCEDENTE. — exceso, excesivo, sobrante, resto, remanente, insumable, sobrancero.

EXCEDER.—propasarse, extralimitarse, escurrirse, correrse, pasarse.

EXCELENCIA.—perfección, calidad, dignidad, superioridad, eminencia, título, tratamiento, celsitud, excelsitud, magnificencia.

EXCELENTE.—delicioso, notable, óptimo, rico, exquisito, superior, eximio, bondadoso, meritorio, prestante, barí, baril.

EXCELSO.—alto, elevado, eminente, excelente, ilustre, subido, eximio, almo.

EXCENTRICIDAD.—rareza, extravagancia, ridiculez, originalidad, manía.

EXCEPCIÓN.—exceptuación, exclusión, separación, eliminación, reserva, descarte, preterición, omisión, salvedad.

EXCEPCIONAL.—raro, extraordinario, singular, extraño, insólito, estupendo, inaudito, increíble, inenarrable, particular, descomunal.

EXCEPTO.—descontado, salvo, fuera de, menos, solo, exclusive.

EXCEPTUAR.—separar, excluir, eliminar, descartar, descontar, quitar, salvar, apartar, preterir, omitir, relegar, posponer.

EXCERTA.—excerpta, recopilación, extracto, compilación, colección, resumen, antología.

EXCESIVO.—demasiado, desmesurado, extraordinario, enorme, exorbitante, fuerte, inmoderado, violento, sobreabundante, superabundante.

EXCESO.—demasía, delito, desorden, desarreglo, excedente, violencia, sobra, sobrante, superabundancia, sobreabundancia.

EXCITACIÓN.—exacerbación, provocación, incitación, instigación, erección, aceleración, estímulo, animación, agitación, irritación, acaloramiento, nerviosismo, exaltación, alteración, enardecimiento, arrebatamiento.

EXCITAR.—avivar, fustigar, aguijonear, pinchar, espolear, incitar, instigar, azuzar, estimular, exhortar, animar, mover, promover, activar, fomentar, agitar, provocar, irritar, exacerbar, enojar, exasperar, excandecer, encolerizar, encender, calentar, quillotrar, electrizar, enconar.

EXCLAMAR.—proferir, gritar, apostrofar, imprecar, emitir, lanzar, prorrumpir.

EXCLUIR.—exceptuar, eliminar, suprimir, expulsar, descartar, preterir, relegar, repudiar, desechar.

EXCLUSIÓN.—eliminación, expulsión, supresión, descarte, salvedad, exceptuación.

EXCLUSIVA.—monopolio, privilegio, permiso, autorización, parcialidad, preferencia, dispensa.

EXCLUSIVE.—exclusivamente, excepto, salvo, solo.

EXCLUSIVISMO.—personalismo, fanatismo, sectarismo, intransigencia.

EXCLUSIVO.—excepcional, exceptivo, eliminador, exclusivista.

EXCOMULGAR.—expulsar, apartar, anatematizar, fulminar, descomulgar.

EXCREMENTO.—defecación, evacuación, ecrisis, secreción, palomino, coprolito, sirle, deyección, deposición, porquería, mantillo, sedimento, boñiga, pujos, guano, inmundicias, heces, basura, palomina, cagarruta, estiércol, letrinas, gallinaza, zulla, escatol, excretas, caca, mierda, excreta, alhorre, meconio, cagada, plasta, zurullo.

EXCURSIÓN.—jira, viaje, excusión, correría, paseo, paseata, vectación.

EXCUSA.—defensa, pretexto, disculpa, excepción, descargo, excusación, descarte, excuso, evasiva, coartada, justificación.

EXCUSADO.—inútil, superfluo, exento, libre, separado, reservado, retrete, arrinconado, arrumbado, relegado.

EXCUSAR.—evadir, eludir, evitar, rehusar, impedir, rehuir, precaver, eximir, exculpar, justificar, sincerar, atenuarse.

EXCUSARSE.—alegar, disculparse, justificarse, defenderse, descargarse, sincerarse.

EXECRACIÓN.—aborrecimiento, abominación, horror, imprecación, maldición, pésete, condenación, dispensación.

EXENTAMENTE.—libremente, francamente, claramente, sencillamente, simplemente.

EXENTAR.—eximir, relevar, libertar, dispensar, exceptuar, excusar, redimir, indultar.

EXENTO.—dispensado, libre, desembarazado, exceptuado, franco, limpio, inmune, ajeno.

EXEQUIAS.—funerales, sufragios, honras, funerarias, animalias.

EXHALACIÓN.—centella, rayo, centellón, fulminación, fusilazo, vapor.

EXHALAR.—despedir, lanzar, emitir, producir, desprender, desalar, hipar, ayear, gemir, gimotear.

EXHAUSTO.—apurado, agotado, consumido, vacío, acabado, desbastecido, desguarnecido, desacomodado.

EXHIBIR.—presentar, manifestar, mostrar,

enseñar, exponer, ostentar, evidenciar, exteriorizar.

EXHORTACIÓN.—amonestación, invitación, consejo, ruego, súplica, sermón, plática, admonición, monición, apercibimiento, reflexión.

EXHORTAR.—amonestar, sermonear, persuadir, rogar, suplicar, alentar, excitar, animar, incitar, inducir, predicar, advertir, recomendar, proponer.

EXHUMAR.—descubrir, desenterrar.

EXIGENCIA.—exacción, demanda, requerimiento, pretensión, reclamación.

EXIGENTE.—pedigüeño, insistente, recto, severo, rígido, requirente, requeridor, requeriente.

EXIGIR.—requerir, demandar, pedir, percibir, reclamar, cobrar, necesitar, conminar, compeler.

EXIGUO.—mezquino, escaso, reducido, miserable, corto, pequeño, insuficiente, insignificante, somero, breve, pobre, nimio.

EXIMIO.—excelente, incomparable, relevante, superior, almo, singular, notable.

EXIMIR.—desembarazar, libertar, dispensar, perdonar, librar, relevar, exentar, redimir, exonerar.

EXINANIDO.—débil, depauperado, agotado, desnutrido, anémico, extenuado, escuálido, enteletido, consumido, apurado.

EXISTENCIA.—vida, ser, subsistencia, realidad, substantividad.

EXISTIR.—ser, vivir, subsistir, estar, andar, haber.

ÉXITO.—resultado, triunfo, fin, conclusión, terminación.

ÉXODO.—peregrinación, emigración, peregrinaje, migración, tránsito.

EXONERAR.—aliviar, libertar, descargar, privar, degradar, liberar, redimir.

EXORBITANTE. — desmesurado, demasiado, enorme, excesivo, gigantesco, giganteo.

EXORDIO.—preámbulo, introducción, introito, isasoge, prefación, principio, prefacio, proemio, prólogo.

EXORNAR.—amenizar, adornar, embellecer, engalanar, hermosear, amar, paramentar, ornamentar.

EXOTÉRICO.—común, vulgar, público, corriente, compenso, elemental.

EXÓTICO.—extranjero, extraño, peregrino, raro.

EXPANDIR.—extender, dilatar, ensanchar, difundir, propagar.

EXPANSIÓN.—distracción, desahogo, diversión, solaz, esparcimiento, espontaneidad, comunicación, propagación, dilatación, expansibilidad.

EXPANSIVO.—comunicativo, afable, cariñoso, franco, dilatativo, amplificativo, ampliativo.

EXPECTACIÓN.—emoción, curiosidad, intensión, afán, apercepción, extraversión.

EXPECTORACIÓN.—escupitajo, desgarro, escupetis, escupitina, flema, pollo, gargajo.

EXPECTORAR.—escupir, esputar, expeler, esgarrar, desflemar.

EXPEDICIÓN.—desembarazo, facilidad, presteza, prontitud, excursión, envío, remesa, bula, despacho, habilidad, desenvoltura, desahogo, destreza.

EXPEDIENTE.—recurso, pretexto, razón, motivo, subterfugio, título, arbitrio, medio, partido, avío, provisión, facilidad, presteza, desembarazo, desenvoltura, habilidad, prontitud.

EXPEDIR.—remitir, despachar, enviar, cursar, remesar, extender, inviar, imbiar.

EXPEDITAMENTE.—fácilmente, desembarazadamente, rápidamente, súbitamente, mañosamente, prontamente, bonitamente.

EXPEDITIVO.—diligente, pronto, rápido, hábil, mañoso, dispuesto.

EXPEDITO.—desembarazado, libre, dispuesto, despejado, expeditivo, hábil.

EXPELER.—lanzar, arrojar, despedir, expulsar, echar, exhalar, rechazar, eliminar, emitir.

EXPENDER.—despachar, vender, gastar, desembolsar, despender.

EXPENDIO.—dispendio, gasto, consumo, consumición, egreso, impensa.

EXPENSAS.—costas, gastos, litisexpensas, dispendios, expendios.

EXPERIENCIA.—prueba, tentativa, experimento, ensayo, experimentación, conocimiento, práctica, hábito, costumbre, pericia, empirismo, mundología, habilidad.

EXPERIMENTADO.—diestro, conocedor, abatanado, perito, práctico, ducho, hábil, experto, ejercitado, versado, entendido, idóneo, técnico, adiestrado, astuto, empírico, corrido, fogueado, recocido, baqueteado.

EXPERIMENTAR.—probar, ensayar, notar, sentir, observar, escarmentar, advertir, sufrir, ver.

EXPERIMENTO.—experiencia, ensayo, prueba, tentativa, experimentación.

EXPERTAMENTE.—diestramente, hábilmente, prácticamente, habilidosamente, mañosamente.

EXPERTO.—experimentado, práctico, perito, versado, hábil, entendido, diestro, avezado, inteligente, conocedor, ducho, técnico, idóneo, mañoso, habilidoso, baqueteado, fogueado.

EXPIACIÓN.—pena, castigo, reparación, satisfacción, lustración, purgación, enmienda.

EXPIAR.—purgar, pagar, reparar, purificar, lustrar, lastar, enmendar.

EXPIRAR.—acabar, morir, concluir, fenecer, fallecer, finalizar, terminar, finiquitar, espichar, despichar, palmar, finar.

EXPLANAR.—igualar, allanar, nivelar, terraplanar, explicar, desmontar, declarar, aclarar, aplanar, alisar, rasar.

EXPLAYAR.—extender, ensanchar, dilatar, ampliar, amplificar.

EXPLAYARSE.—extenderse, dilatarse, difundirse, ensancharse, esparcirse, franquearse, espontanearse, divertirse, recrearse, solazarse, expansionarse, desahogarse, ampliarse, amplificarse, confiarse.

EXPLICACIÓN.—declaración, aclaración, exégesis, exposición, interpretación, justificación, satisfacción, dilucidación, elucidación, ejemplificación.

EXPLICADOR.—comentador, glosador, comentarista, exegeta, esclarecedor, diluidor, aclarador, declarador.

EXPLICAR.—desarrollar, interpretar, manifestar, declarar, exponer, enseñar, aclarar, profesar, justificar, decir, razonar, explanar, clarar, esclarificar, esclarecer, dilucidar, elucidar.

EXPLICARSE.—manifestarse, justificarse, elucidarse, dilucidarse.

EXPLÍCITAMENTE.—determinadamente, claramente, espontáneamente, francamente, expresamente, abiertamente, expresivamente, manifiestamente formalmente, señaladamente.

EXPLÍCITO.—manifiesto, claro, formal, abierto, espontáneo, expresivo.

EXPLORAR.—examinar, averiguar, investigar, estudiar, inquirir, reconocer, recorrer, registrar, sondar, indagar, auscultar, inquerir, perquirir, escrutar.

EXPLOSIÓN.—detonación, estruendo, estallido, estrumpido, estampido, estallo, estampida.

EXPLOTAR.—estrumpir, estallar, detonar, beneficiar, aprovechar, disfrutar.

EXPOLIACIÓN.—robo, despojo, exacción, evicción, despreciamiento.

EXPOLIADOR.—despojador, ladrón, desposeedor, expropiador, ayuso, privativo.

EXPOLIAR.—robar, despojar, desposeer, desapoderar, expropiar.

EXPONER.—mostrar, presentar, exhibir, manifestar, declarar, notificar, explicar, interpretar, aventurar, arriesgar, ostentar, exteriorizar.

EXPOSICIÓN.—explicación, declaración, manifestación, riesgo, peligro, ostentación, exteriorización, exhibición.

EXPRESADO.—indicado, antedicho, mencionado, susodicho, sobredicho, citado, manifiesto.

EXPRESAMENTE. — manifiestamente, claramente, adrede, expreso, señaladamente, explícitamente.

EXPRESAR.—manifestar, decir, significar, exponer, indicar, declarar, participar, comunicar, mostrar, enunciar, formular, emitir.

EXPRESIÓN.—locución, dicción, palabra, término, voz, vocablo, manifestación, declaración, especificación, enunciación, enunciado, mención.

EXPRESIVO.—cariñoso, afectuoso, significativo, elocuente, amoroso, afable, franco.

EXPRESO.—especificado, claro, patente, manifiesto, preciso, explícito, formal, dicho, antedicho, susodicho.

EXPRIMIR.—desjugar, extraer, expresar, manifestar, exponer, formular.

EXPROPIAR.—confiscar, desposeer, incautar, expoliar, despojar.

EXPUESTO.—arriesgado, aventurado, peligroso, comprometido.

EXPULSAR.—echar, expeler, arrojar, lanzar, rechazar, despedir, desalojar, desaparentar, proscribir.

EXPURGAR.—limpiar, purificar, tachar, corregir, enmendar, mejorar, espulgar, refinar.

EXQUISITO.—delicioso, primoroso, superior, selecto, rico, excelente, delicado, gustoso, agradable, deleitoso, amable.

EXTASIADO.—atónito, pasmado, suspenso, absorto, embobado, abobado, alelado, embelesado.

EXTASIARSE.—embelesarse, enajenarse, arrobarse, elevarse, embebecerse, embeberse, ensimismarse.

ÉXTASIS.—embeleso, arrobamiento, cataplasia, ensimismamiento, embelesamiento, éxtasi, enajenamiento.

EXTEMPORÁNEO.—inoportuno, impropio, inconveniente, intempestivo, desusado, importuno, improcedente, extemporal.

EXTENDER.—desarrollar, desdoblar, desenrollar, desplegar, desenvolver, explayar, expandir, derramar, tender, ensanchar, estirar, esparcir, tender, difundir, propagar, divulgar, propalar, distender, ampliar, amplificar.

EXTENDIDO.—colgado, tendido, estirado, echado, difundido, divulgado, propagado, esparcido, desplegado, desarrollado, desenrollado.

EXTENSIÓN.—longitud, desarrollo, anchura, latitud, dilatación, vastedad, amplitud, expansión, ampliación, amplificación, desenvolvimiento.

EXTENSO.—ancho, amplio, capaz, espacioso, dilatado, vasto, desarrollado, lato, desenvuelto, teso.

EXTENUACIÓN. — debilitación, atenuación, enflaquecimiento, agotamiento, descaecimiento, lasitud.

EXTENUADO.—agotado, debilitado, desnutrido, depauperado, anémico, escuálido, desmirriado, esmirriado, desmadejado, laso, desmazalado, exangüe.

EXTENUAR.—enflaquecer, debilitar, agotar, depauperar, desmadejar, desubstanciar, caducar.

EXTERIOR.—fuera, afuera, traza, porte, aspecto, facha, apariencia, exterioridad.

EXTERIORIZAR.—descubrir, sacar, expulsar, apartar, mostrar.

EXTERMINAR.—arrojar, echar, expulsar, aniquilar, desterrar, destruir, asolar, extinguir, devastar, arrasar.

EXTERMINIO.—matanza, destrucción, estrago, aniquilamiento, asolamiento, aniquilación, destierro, extinción, expulsión, destrucción, anonadamiento, anonadación, arruinamiento.

EXTINGUIR.—ahogar, apagar, sofocar, aniquilar, matar, finiquitar, liquidar, finir, finalizar.

EXTINGUIRSE.—apagarse, morirse, acabarse, borrarse, esfumarse, fundirse, finalizarse, concluirse.

EXTINTO.—muerto, fallecido, difunto, fiambre.

EXTIRPAR.—desarraigar, destruir, arrancar, acabar, terminar, suprimir, exterminar, extinguir.

EXTORSIÓN.—daño, usurpación, perjuicio, detrimento, menoscabo, tuerto.

EXTRACCIÓN.—origen, linaje, nacimiento, cuna, clase, sacamiento, sacada, desenterramiento, exhumación.

EXTRACTAR.—resumir, reducir, substanciar, compendiar, condensar, sincopar, concretar.

EXTRACTO.—compendio, esencia, substancia, resumen, síntesis, perioca, sinopsis, excerta.

EXTRALIMITARSE.—excederse, propasarse, salirse, descompasarse, escurrirse, pasarse.

EXTRANJERÍA.—extranjía, exotismo, extranjerismo, exotiquez.

EXTRANJERO.—bárbaro, meteco, extraño, exótico, forastero, importado, inmigrante, foráneo, forano.

EXTRAÑAMIENTO. — extrañación, confinamiento, expulsión, ostracismo, confinación, extrañeza, extrañez, destierro.

EXTRAÑAR.—confinar, desterrar, expulsar, reprender, afear, tildar, censurar, reconvenir.

EXTRAÑARSE.—asombrarse, admirarse, sorprenderse, confinarse, desterrarse.

EXTRAÑEZA.—asombro, admiración, sorpresa, rareza, novedad, singularidad, desvío, desavenencia, desamistad, extrañez, extrañamiento, confusión, desconcierto, estupor.

EXTRAÑO.—impropio, ajeno, chocante, extravagante, extraordinario, peregrino, insólito, raro, singular, original, especial, excéntrico, desusado.

EXTRAORDINARIO.—chocante, asombroso, extraño, excepcional, maravilloso, raro, singular, sorprendente, desusado, insólito.

EXTRAVAGANCIA.—irregularidad, mal gusto, barroquismo, churriguerismo, desarreglo, rareza, ridiculez, excentricidad, anomalía, originalidad.

EXTRAVAGANTE.—chocante, grotesco, raro, irregular, ridículo, extraño, excéntrico, churrigueresco, barroco, anómalo, anormal, inconcebible, inaudito.

EXTRAVENAR.—desviar, apartar, distraer, descarriar, baraustar.

EXTRAVIAR.—perder, descaminar, traspapelar, trasconejar, extraverar, desviar, desencaminar, despistar, descarriar.

EXTRAVIARSE. — desorientarse, desviarse, trasconejarse, perderse, despistarse, pervertirse, empamparse, traspapelarse, desperfilarse.

EXTREMADO.—extremo, exagerado, extremoso, excesivo, extremista, radical.

EXTREMAR.—exagerar, finalizar, acabar, concluir, rematar.

EXTREMARSE.—esmerarse, desvelarse, pasarse, traspasarse.

EXTREMAUNCIÓN.—sacramentación, extrema unción, santolio, viático, crisma, crismal.

EXTREMIDAD.—extremo, fin, punta, remate, miembro, cabo, orilla, borde, filo, punta, término, tope.

EXTREMO.—fin, extremidad, punta, remate, distante, límite, exagerado, excesivo, sumo, extremado, desemejante, materia, tema, esmero, cuidado, cabo, tope, término.

EXTRÍNSECAMENTE.—exteriormente, externamente, accidentalmente, incidentalmente.

EXTRÍNSECO.—exterior, externo, accidental, superficial, episódico, incidental, adventicio.

EXUBERANCIA.—plenitud, abundancia, profusión, exceso, prodigalidad, suma, copia, plétora, copiosidad, abastanza, abundamiento.

EXUBERANTE.—copioso, abundante, profuso, pletórico, superabundante, abundoso, sobreabundante, cuantioso.

EXULTACIÓN.—alegría, gozo, contento, alborozo, júbilo, alacridad, titiritaina, jocundidad, optimismo.

EXULTARSE.—alborozarse, alegrarse, contentarse.

EYACULACIÓN.—emisión, secreción, polución, evacuación.

EYECCIÓN.—vómito, deyección, esputo, gargajo, escupitina, pollo, escupitajo, escupidura.

F

FÁBRICA.—manufactura, edificio, construcción, industrias, fabricación.

FABRICAR.—manufacturar, elaborar, edificar, construir, levantar, obrar, forjar, imaginar, inventar, confeccionar, producir, hacer.

FÁBULA.—ficción, quimera, mentira, invención, cuento, rumor, hablilla, fabliella, falsedad, disimulación, trola.

FABULOSAMENTE.—fingidamente, extraordinariamente, increíblemente, hiperbólicamente, falsamente, excesivamente, abundantemente.

FABULOSO.—ficticio, fingido, inventado, falso, extraordinario, quimérico, increíble, imaginario, excesivo, ilusorio, inverosímil, fantástico, exagerado, inadmisible, prodigioso, superabundante, sobreabundante.

FACCIÓN.—partido, bando, pandilla, parcialidad, germanía, bandería, taifa.

FACCIOSO.—inquieto, perturbador, revoltoso, rebelde, faccionario, tumultuario, alborotapueblos.

FÁCIL.—posible, cómodo, sencillo, elemental, factible, realizable, asequible, abordable, practicable, accesible, hacedero, ligero, dable, frágil, liviano, manejable, tratable, dócil, acomodaticio, expedito, libre, deshonesto, alcanzadizo, mañero.

FACILIDAD.—disposición, ligereza, condescendencia, simplicidad, posibilidad, probabilidad, desenvoltura.

FACILITAR.—entregar, dar, proveer, proporcionar, suministrar, posibilitar, allanar, agilitar, destrabar, endilgar.

FÁCILMENTE.—aína, buenamente, corridamente, fácil, expeditamente, descansadamente.

FACINEROSO.—bandido, criminal, delincuente, malvado, forajido, malhechor, bandolero, perverso, protervo.

FACSÍMILE.—imitación, copia, reproducción, facsímil.

FACTIBLE.—hacedero, posible, realizable, agible, practicable.

FACTICIO.—falso, artificial, falsificado, imitado, copiado, postizo, apostizo, innatural, fingido.

FACTOR.—agente, empleado, elemento, cantidad, submúltiplo, divisor, apoderado.

FACTÓTUM.—criado, dependiente, sirviente, entremetido.

FACULTAD.—potencia, poder, autoridad, capacidad, potestad, licencia, autorización, derecho, permiso, opción, virtud, aptitud, fuerza, resistencia, arte, ciencia, arbitrio, mano, albedrío.

FACULTAR.—autorizar, permitir, capacitar, delegar, otorgar.

FACUNDIA.—facilidad, abundancia, elocuencia, verbosidad, labia, afluencia, verborrea.

FACUNDO.—verboso, elocuente, hablador, proferente, garlante, diserto.

FACHA.—aspecto, traza, porte, figura, presencia, apariencia, mamarracho, adefesio, extragante, ridículo.

FACHADA.—delantera, portada, frontispicio, frontis, frente, aspecto, apariencia, presencia, porte, frontón, frontera.

FACHENDA.—jactancia, vanidad, ostentación, fatuidad, presunción, fechendoso, petulancia, pedantería.

FACHENDOSO.—fachendón, fachendista, fanfarrón, vanidoso, presumido, jactancioso, presuntuoso, fatuo, alabancioso, fachenda, jactabundo, empampirolado, vendehúmos.

FAENA.—trabajo, labor, quehacer, ocupación, tarea, fajina, laborio.

FAJA.—lista, ceñidor, zona, línea, insignia, tira, fajín, adorno, moldura, divisa, banda.

FAJAR.—rodear, ceñir, envolver, encinchar, golpear, cinchar.

FAJINA.—leña, huerta, faena.

FAJO.—atado, haz, mazo, atadijo, brazada, gavilla.

FALACIA.—engaño, falsedad, fraude, bola, trola, embuchado, embuste.

FALAZ.—engañoso, falso, mentiroso, hipócrita, fingido, artero, embustero, engañador, aparente, ilusorio, cínico.

FALDA.—refajo, saya, faldellín, regazo, carne, montaña, halda, faldamento, basquiña, trascol.

FALENCIA.—error, engaño, fraude, equivocación, quiebra.

FALSARIO.—falsificador, falseador, mixtificador, mentiroso, sofisticador, embustero, engañoso, engañador, superchero, adulterador, trápala.

FALSEAR.—adulterar, contrahacer, corromper, falsificar, desnaturalizar, ceder, flaquear, disonar, desafinar, ilegitimar, paralogizar, pervertir.

FALSEDAD.—engaño, artería, disimulo, hipocresía, doblez, impostura, mentira, falsía, especiota, enredo, obrepción, tergiversación.

FALSIFICAR.—desnaturalizar, alterar, falsear, contrahacer, adulterar, corromper, mixtificar, sofisticar, ilegitimar, paralogizar, pervertir.

FALSO.—falsario, traidor, fementido, pérfido, impostor, desleal, felón, perjuro, infiel, supuesto, adulterado, arreglado, desfigurado, ilusivo, amañado, preparado, artificial, simulado, imitado, inventado, falsificado, infundado, espurio, contrahecho, ilegítimo, subrepticio, fabuloso, absurdo, quimérico, ilusorio, apócrifo, fingido, mentiroso, embustero, aparente, ficticio, adventicio, engañoso, sofístico, erróneo, equivocado, increíble, inexacto, fantástico, imaginario, cobarde, medroso, pusilánime, collón, trefe, ful.

FALTA.—culpa, pecado, error, descuido, imperfección, infracción, defecto, tacha, deficiencia, incorrección, escasez, carestía, carencia, penuria, necesidad, ausencia, privación, inobservancia, incumplimiento.

FALTAR.—restar, pecar, fallar, morir, fallecer, acabarse, consumirse, denostar, agraviar, ofender, inobservar, incumplir, omitir.

FALTO.—defectuoso, escaso, mezquino, incompleto, apocado, necesitado, pobre, desprovisto, carente.

FALTRERO.—ladrón, ratero, archiganzúa, rapante, efractor.

FALLAR.—marrar, faltar, pifiar, fracasar, sentenciar, resolver, decidir, errar, inobservar, malograr, frustrar.

FALLECER.—morir, expirar, fenecer, faltar, espichar, diñar, finar.

FALLECIMIENTO.—defunción, muerte, óbito, finamiento.

FALLIDO.—frustrado, incobrable, quebrado, malogrado, pifiado, fracasado.

FALLO.—condena, decisión, laudo, resolución, sentencia, juicio, veredicto, decreto.

FAMA.—renombre, reputación, nombre, celebridad, notoriedad, nombradía, gloria, honra, crédito, nota, realce, boga, popularidad, palma, auge, predicamento.

FAMÉLICO.—hambriento, bulímico, trasijado, gomioso, gaudido.

FAMILIA.—parentela, prole, progenie, linaje, raza, casta, prosapia, estirpe, cepa, solar, parentesco.

FAMILIARIDAD.—llaneza, confianza, libertad, franqueza, intimidad, afabilidad.

FAMILIARIZAR.—habituar, acostumbrar, avezar, alternar, lidiar.

FAMILIARIZARSE.—acostumbrarse, habituarse, avezarse, intimar, franquearse, tratarse, codearse, rozarse.

FAMOSAMENTE.—excelentemente, perfectamente, notoriamente, eminentemente.

FAMOSO.—célebre, conocido, acreditado, memorable, glorioso, renombrado, reputado, admirable, afamado, excelente, perfecto, magnífico, notable, óptimo, excelso, extremado, inestimable.

FÁMULO.—doméstico, criado, lacayo, sirviente, servidor, suzarro, mucamo, mozo.

FANÁTICO.—apasionado, entusiasta, exaltado, intolerante, sectario, obcecado, recalcitrante, obstinado, intransigente, entusiástico, admirador, admirativo.

FANATISMO. — intolerancia, intransigencia, apasionamiento, exaltación, ceguedad, obcecación, tragantona.

FANDANGO.—bullicio, batahola, alboroto, batiburrillo, cisco.

FANFARRIA.—bravata, jactancia, fanfarronada, baladronada, vanidad, charanga, orgullo, faroleo, majencia, majeza, chulería.

FANFARRÓN.—bravucón, farfantón, jactancioso, matasiete, perdonavidas, valentón, flamenco, chulapo, chulo.

FANFARRONADA. — bravata, baladronada, fanfarria, jactancia, majencia, chulería.

FANFARRONEAR. — fachendear, farolear, montantear, blasonar.

FANGAL.—barrizal, cenagal, lodazal, pecinal, lodazar, fangar, ciénaga.

FANGO.—cieno, lodo, barro, limo, pecina, tarquín, gacha, enruna, reboño, légamo, bardoma.

FANTASÍA.—cuento, fábula, novela, imaginación, ficción, primor, invención, fineza, hazaña, ardid, proeza, entonación, fatuidad, alteza, excelencia, presunción, afectación, vanidad, entono, ilusión, jactancia, humos.

FANTASIOSO.—presumido, entonado, presuntuoso, fatuo, vano, inmodesto, fantástico, vanidoso.

FANTASMA.—aparición, espectro, duende, espantajo, fantasmón, visión, vista, espíritu, aparecido, sombra.

FANTÁSTICAMENTE. — fingidamente, engañosamente, quiméricamente, delusoriamente, capciosamente, alucinadamente.

FANTÁSTICO. — extravagante, caprichoso, imaginario, fingido, quimérico, presuntuoso, vanidoso, entonado, aparente, fantasioso, inmodesto.

FANTOCHE.—títere, muñeco, monigote, mamarracho.

FAQUÍN.—cargador, ganapán, esportillero, changador, palanquín, galafate.

FARAMALLA.—trapacería, artificio, enredo, farándula, trapaza, farfolla, fanfán, poleo, farolería.

FARAMALLERO.—enredador, trapacero, hablador, parlanchín, faramallón, charlatán, garlador, churrullero.

FARÁNDULA.—trapaza, artificio, enredo, faramalla, garnacha, gangarilla, bogiganga.

FARANDULERO.—farsante, histrión, comediante, trapacero, hablador, embaucador, farolero, vanidoso, presumido, churrullero, farfullador, farfullero.

FARANGA.—pereza, dejadez, desidia, lasitud, laxitud.

FARDEL.—talega, saco, fardo, lío, atadijo, zurrón, morral, talego, costal, costalejo, manto, desaliñado, dejado, descuidado.

FARFALLEAR.—tartamudear, tartajear, tartalear, tratabiliar.

FARFALLOSO.—tartamudo, tartajoso, tartaja, gago, trapajoso, estropajoso.

FARFANTÓN.—hablador, presumido, jactancioso, fanfarrón, farfante, bravucón, matasiete, valentón, garlador, churrullero, chulapo.

FARGALLÓN.—desaliñado, frangollón, descuidado, desaseado, chapucero, fardel, dejado, adán.

FARISAICAMENTE.—hipócritamente, solapadamente, fingidamente, mentirosamente, simuladamente.

FARISEO.—taimado, hipócrita, nebulón, hazañero, guatimaña.

FAROLEAR.—pedantear, presumir, fachendar, papelonear, montantear, blasonar, fanfarronear.

FAROLERO.—ostentoso, vano, fachendoso, presumido, papelón, pedante, fachenda, farolón, blasonador, fanfarrón, farfantón.

FAROTA.—verdulera, rabisalsera, rabanera, soleta, tarasca, sota, moscona, farotona.

FARSA.—enredo, tramoya, engaño, gatuperio,

embudo, baruca, paparrucha, mentira, patraña, fingimiento, invención, hipocresía.

FARSANTE.—actor, histrión, cómico, comediante, hipócrita, impostor, embaucador, embustero, fingido, mentiroso, engañador, papelón, hazañero, guatimaña, fariseo, nebulón.

FASCINACIÓN.—encanto, aojo, seducción, alucinación, atractivo, engaño, embeleco, ofuscación, embaucamiento, falacia.

FASCINADOR.—fascinante, seductor, alucinador, engañador, seductor, alucinante, embaucador, embelecador.

FASCINAR.—engañar, alucinar, encantar, seducir, ofuscar, aojar, embelecar, embaucar, camelar, engaritar.

FASE.—aspecto, cambio, forma, etapa, curso.

FASTIDIAR.—cansar, aburrir, disgustar, importunar, enfadar, hastiar, molestar, enojar, enhastiar, atediar, encocorar, engorrar.

FASTIDIO.—hastío, repugnancia, asco, cansancio, disgusto, desazón, tedio, aburrimiento, enfado, enojo, molestia, pejiguera, tediosidad, aburrición, hámago, desgana.

FASTIDIOSO.—importuno, enfadoso, molesto, aburrido, cansado, pesado, enojoso, chinche, tedioso, hastioso, latoso, desanimado.

FASTO.—memorable, venturoso, feliz, fausto, faustuosidad, boato, lujo, esplendor.

FASTUOSO.—espléndido, lujoso, suntuoso, ostentoso, vano, fastoso, faustoso, aparatoso, pomposo, majestuoso.

FATAL.—infeliz, adverso, nefasto, desgraciado, malo, funesto, desdichado, desventurado, irrevocable, inevitable, necesario, forzoso, preciso.

FATALIDAD.—infortunio, desdicha, infelicidad, desgracia, adversidad, desventura, necesidad, contratiempo, hado.

FATÍDICO.—funesto, aciago, nefasto, adverso, présago, mago, adivinador.

FATIGA.—fatigación, cansancio, lasamiento, desfallecimiento, extenuación, lasitud, candinga, agitación, molestia, sofocación, angustia, trabajo, ahogo, sufrimiento, rendición, desaliento, cansera.

FATIGAR.—cansar, agotar, extenuar, aburrir, rendir, importunar, molestar, vejar, reventar, aperrear, ajetrear, desalentar.

FATIGOSO.—cansado, agitado, fatigado, trabajoso, anhelante, cansío, cansoso, laso, atrabajado.

FATUIDAD.—impertinencia, presunción, necedad, vanidad, petulancia, tontería, vacuidad, vanistorio, entono, pedantería.

FATUO.—petulante, presuntuoso, impertinente, tonto, necio, vano, vacuo, vanidoso, pedante, entonado.

FAUTOR.—favorecedor, cómplice, coadjutor, cooperador, auxiliador, ayudante.

FAUSTO.—venturoso, feliz, afortunado, pompa, dichoso, ornato, lujo, boato, rumbo, ostentación, suntuosidad, magnificencia, faustuosidad.

FAVOR.—auxilio, amparo, socorro, ayuda, protección, defensa, asistencia, influencia, crédito, privanza, atención, bien, fineza, merced, gracia, servicio, beneficio, honra.

FAVORABLE.—benévolo, propicio, providencial, feliz, felice, apacible.

FAVORABLEMENTE.—benévolamente, propiciamente, providencialmente, venturosamente.

FAVORECEDOR. — bienhechor, amparador, padrino, defensor, protector, fautor, ayudador, auxiliador, cooperador.

FAVORECER.—asistir, auxiliar, ayudar, amparar, apoyar, defender, proteger, socorrer, sostener, acorrer, confirmar. robustecer.

FAVORITO.—preferido, elegido, predilecto, privilegiado, privado, benjamín, mimado, distinguido, válido.

FAYADO.—desván, sobrado, buharda, buhardilla, bohardilla, guardilla, tabanco, chiribitil, zaquizamí, altillo.

FAZ.—rostro, cara, anverso, lado, aspecto.

FE.—confianza, crédito, creencia, religión, fidelidad, seguridad, aseveración, testimonio, certificación.

FEALDAD.—desproporción, deformidad, deshonestidad, indignidad, torpeza, afeamiento, ajamiento, desfiguración.

FEAMENTE.—indignamente, torpemente, vilmente, asquerosamente, repugnantemente.

FEBLE.—débil, flaco, enclenque, entelerido, canijo, encanijado.

FLEBLEMENTE.—flojamente, débilmente, flacamente, debilitadamente, desmayadamente, caducamente.

FEBRIL.—ardoroso, desasosegado, febricitante, inquieto, calenturiento, violento, enfebrecido, agitado, intranquilo, pirético, vehemente.

FECUNDAR.—fertilizar, fecundizar, abonar, procrear, engendrar, propagar.

FECUNDIDAD.—fertilidad, abundancia.

FECUNDO.—copioso, abundante, rico, fértil, productivo, ubérrimo, feraz, prolífero, grávido, fructuoso, generoso, exuberante, abundoso, sobreabundante.

FECHORÍA.—informalidad, trastada, travesura, picardía, maldad, falta, fechuría, faena, guarrada, canallada.

FEHACIENTE.—fidedigno, indiscutible, cierto, evidente.

FEJE.—haz, fajo, gavilla, mazo, faz.

FELICIDAD.—satisfacción, alegría, júbilo, placer, ventura, dicha, goce, gusto, delicia, contento, encanto, complacencia, prosperidad, bienestar, fortuna, suerte, bienaventuranza, bienandanza, satisfacción, prosperidad, auge.

FELIZ.—afortunado, acertado, eficaz, atinado, contento, oportuno, dichoso, fausto, satisfecho, venturoso, venturado, bienaventurado, venturero.

FELÓN.—indigno, fementido, desleal, infiel, traidor, aleve, pérfido, infidente, traicionero, magancés, infame, zaino.

FELONÍA.—deslealtad, traición, infidelidad, perfidia, infamia, alevosía, prodición, infidencia, perrada.

FELPA.—peluche, zurra, terciopelo, paliza, tunda, solfa, tollina, somanta, sepancuantos, azotaina, reprensión, regañina, zurribanda, tolena, sopapina.

FEMENINO.—mujeril, mujeriego, femenil, afeminado.

FEMENTIDO.—felón, aleve, desleal, infiel, malo, infame, pérfido, perverso, traidor, infidente, zaino, magancés.

FENECER.—morir, fallecer, perecer, sucumbir, concluir, acabar, expirar, terminar, espichar, finar, diñar.

FENOMENAL.—estupendo, sorprendente, desmesurado, descomunal, desmedido, maravilloso, colosal, extraordinario, excesivo, portentoso.

FEO.—censurable, abominable, reprobable, indigno, antiestético, repulsivo, desaire, afrenta, grosería, insulto, macaco, atroz, malcarado, feúco.

FERACIDAD.—fertilidad, fecundidad.

FERAL.—sanguinario, cruel, sangriento, inhumano, implacable, impiadoso.

FERAZ.—copioso, fértil, fecundo, viripotente,

fructífero, fructuoso, productivo, generoso, rico.
FÉRETRO.—ataúd, caja, obituario.
FERIAR.—vender, comprar, cambiar, trocar, permutar, regalar, obsequiar, descansar, dar, vacar.
FERMENTAR. — recentar, leudar, aleudar, lleudar, ludiar, liudar.
FEROCIDAD.—crueldad, ensañamiento, fiereza, inhumanidad, bestialidad, salvajismo, indocilidad.
FERÓSTICO.—fiero, irritable, díscolo, enconoso, arrebatadizo, quisquilloso.
FEROZ.—despiadado, cruel, fiero, inhumano, feroce, sanguinario, feral, implacable, impiadoso.
FÉRREO.—fuerte, duro, inflexible, resistente, tenaz, constante, perseverante, persistente, tesonero, empeñoso.
FÉRTIL.—abundante, óptimo, feraz, fecundo, productivo, fructuoso, generoso, fructífero, viripotente.
FERTILIDAD.—feracidad, fecundidad.
FERTILIZAR.—fecundizar, fecundar, abonar.
FÉRULA.—palmeta, palmatoria, cañaheja.
FÉRVIDO.—fervoroso, ferviente, vehemente, entusiasta, celoso, ardiente, eficaz, arrebatado, impetuoso.
FERVIENTEMENTE.—fervorosamente, entusiásticamente, ardorosamente, calurosamente, impetuosamente, devotamente, ardientemente, acaloradamente, celosamente.
FERVOR.—afecto, ardor, calor, devoción, piedad, recogimiento, unción, celo.
FERVORIZAR. — enfervorizar, entusiasmar, enardecer, afervorar, afervorizar.
FERVOROSO.—devoto, endevotado, piadoso, ferviente.
FESTEJADOR.—cortejador, galanteador, cortejo, festejante, obsequiador, obsequiante.
FESTEJAR.—galantear, festear, cortejar, obsequiar, agasajar, regalar, acariciar, acoger.
FESTÍN. — banquete, francachela, comilona, pipiripao, gaudeamus.
FESTINACIÓN.—velocidad, celeridad, prisa, rapidez, presteza, prontitud, aceleramiento.
FESTIVAMENTE.—alegremente, festivalmente, regocijadamente, jubilosamente, placenteramente, ledamente.
FESTIVIDAD.—conmemoración, solemnidad, fiesta, chiste, agudeza, donaire, dedicación, ceremonia, gala, fausto.
FESTIVO.—agudo, chistoso, regocijado, alegre, gozoso, ocurrente, bizbirondo, divertido, gracioso, jovial, donoso, jocundo, jacarero, ufano, pajarero.
FETIDEZ.—hedor, fetor, hediondez, hedentina, fato, tafo, tufo, empireuma, sobaquina, humazo, catinga, ocena, peste, pestilencia.
FÉTIDO.—inefcto, hediondo, pestífero, apestoso, pestilente, repugnante, hidiondo, maloliente, mefítico, catingoso, empireumático, carroñoso.
FEUDATARIO.—tributario, vasallo, pechero, collazo, servicio, bucelario, plebeyo.
FEUDISTA.—faraute, cacica, cacique, comendero.
FIANZA.—caución, garantía, rehén, depósito, aval, prenda, préstamo, acidaque, dita, arra, arras, caparra.
FIAR.—asegurar, garantizar, responder, confiar, avalar, afianzar.
FIASCO.—fracaso, chasco, decepción, frustración, malogro, malogramiento.
FIBRA.—filamento, veta, vigor, energía, resistencia, robustez, fuerza, fortaleza, brío.
FICCIÓN. — disimulo, fingimiento, cuento, mentira, fábula, invención, quimera, mito, parábola, fantasmagoría, alucinación.
FICTICIO.—falso, fabuloso, fingido, imaginario, supuesto, inventado, ilusorio.
FIDEDIGNO.—fehaciente, auténtico, verdadero, cierto.
FIDELIDAD.—exactitud, lealtad, puntualidad, sinceridad, constancia, veracidad, probidad, escrupulosidad, adhesión, observancia.
FIEL.—puntual, exacto, constante, perseverante, leal, probo, seguro, escrupuloso, verdadero, verídico, sincero, confiable, devoto, amigo.
FIELMENTE.—escrupulosamente, exactamente, religiosamente, puntualmente, lealmente, confidentemente, sinceramente.
FIERA.—cruel, bruto, carnicero, salvaje, indómito, inhumano, fierabrás, deshumano.
FIEREZA.—salvajismo, crueldad, inhumanidad, furia, ferocidad, saña, braveza, deformidad, fealdad, bestialidad, salvajismo, bravura.
FIERO.—intratable, duro, inhumano, brutal, salvaje, cruel, agreste, selvático, silvestre, grande, bravío, excesivo, descompasado, horroroso, feo, furioso, terrible, torvo, airado, feroz, feroce, furo, cerrero, indómito.
FIESTA.—asueto, holganza, vacación, descanso, regocijo, alegría, chanza, broma, diversión, agasajo, placer, obsequio, halago, caricia, banquete, celebridad, velada, certamen, festividad, conmemoración, solemnidad.
FIFIRICHE.—débil, flaco, enclenque, enterido, encanijado, canijo, petimetre, pisaverde, lechuguino.
FIGÓN.—fonducho, bodegón, fonda, ventorrillo, tambarria, merendero, tabanco.
FIGURA.—cara, rostro, forma, aspecto, apariencia, efigie, retrato, imagen, estatua, emblema, pintura, símbolo, hechura, estampa, calaña, contorno.
FIGURANTE.—bailarín, comparsa, partiquino, maldito.
FIGURAR. — aparentar, , fingir, representar, pertenecer, suponer, simular, contener, aparecer, pretextar, disfrazar, amagar.
FIGURARSE.—imaginarse, suponerse, fingirse, creerse.
FIGURÍN.—patrón, modelo, dibujo, lechuguino, petimetre, pisaverde.
FIJAMENTE.—seguramente, firmemente, cuidadosamente, atentamente, afianzadamente, inconmoviblemente.
FIJAR.—consolidar, asegurar, afirmar, clavar, hincar, pegar, precisar, determinar, establecer, limitar, designar, señalar, detener, sujetar, trincar, retener, agarrotar.
FIJARSE.—afincarse, establecerse, domiciliarse, avecindarse, determinarse, decidirse, resolverse, sujetarse, afirmarse, asentarse.
FIJEZA.—firmeza, inalterabilidad, seguridad, constancia, persistencia, continuidad.
FIJO.—inmóvil, firme, invariable, inalterable, inmutable, seguro, asegurado, sujeto, estable, inconmovible.
FILA.—ringlera, renglera, hila, hilera, hilada, aborrecimiento, antipatía, hincha.
FILFA.—embuste, engaño, fábula, mentira, patraña, bola, camándula, trola, cuento.
FILIACIÓN.—procedencia, descendencia, identificación, identidad.
FILIBUSTERO.—pirata, aventurero, corsario.
FILIGRANA.—primor, adorno, delicadeza, calado, ornato, fililí, filustre, filis, monería, monada, monís, sutileza, exquisitez, esmero, pulcritud, delicadez.

FILÍPICA.—reprensión, invectiva, reprimenda, peluca, censura, regañina, bronca.
FILIS.—gracia, habilidad, delicadeza, delicadez, pulcritud.
FILOSOFAR.—especular, meditar, discurrir, reflexionar, examinar, analizar, cogitar, cavilar, deliberar, recapacitar.
FILTRAR.—colar, destilar, infiltrar, purificar, cribar, trascolar, zarandar, pasar.
FILTRO.—brebaje, bebida, bebedizo, escurridor, manga, coladero, colador, coladera, tamiz, criba.
FIN.—desenlace, conclusión, solución, remate, consumación, acabamiento, extremidad, cola, término, punta, cabo, apéndice, motivo, colofón, móvil, finalidad, meta, objeto, propósito, muerte, final, límite, terminación, acahijo, fenecimiento.
FINALIDAD.—motivo, objeto, propósito, fin, móvil, pretexto.
FINALIZAR.—concluir, acabar, consumar, terminar, rematar, finir, fenecer.
FINALMENTE.—últimamente, supremamente.
FINAMENTE.—atentamente, delicadamente, cortésmente, galantemente, afinadamente, melifluamente.
FINAR.—expirar, fallecer, perecer, morir, fenecer.
FINCHADO.—presuntuoso, vanidoso, engreído, entonado, fatuo, vano, orgulloso, vanidoso, presumido.
FINEZA.—pureza, obsequio, dádiva, finura, regalo, favor, delicadez, delicadeza.
FINGIMIENTO.—engaño, simulación, hipocresía, ficción, afectación, innecesidad, disimulo.
FINGIR.—aparentar, contrahacer, simular, ocultar, disimular, disfrazar, mentir, cubrir, encubrir.
FINIQUITAR.—rematar, saldar, terminar, acabar, concluir, finir.
FINÍTIMO.—lindante, cercano, confinante, vecino, limítrofe, próximo, adyacente, contiguo.
FINO.—urbano, comedido, cumplido, cortés, atento, primoroso, educado, delicado, sutil, delgado, esbelto, sagaz, astuto, diestro, constante, amoroso, fiel, fileno, mono, lindo.
FINURA.—primor, delicadeza, buena calidad, cortesía, urbanidad, comedimiento, atención, educación, política, delgadez, sutileza, excelencia, delicadez, monería, esmero.
FIRMANTE.—infrascrito, suscrito, signatario, infrascripto, rubricante.
FIRMAR.—signar, rubricar, suscribir, refrendar, legalizar.
FIRME.—estable, invariable, fijo, seguro, sólido, fuerte, inconmovible, infracto, entero, sereno, constante, imperturbable, impávido, inquebrantable, indeleble, imborrable, robusto, valeroso, esforzado, recio, derecho, duro, inexpugnable, inconquistable, impersuasible, terreno, sentencia, macizo, denso, trabado, hito.
FIRMEZA.—estabilidad, seguridad, entereza, fortaleza, constancia, solidez, consistencia, sujeción, resistencia.
FISCALIZAR.—calificar, criticar, inquirir, indagar, sindicar, censurar, reprochar.
FISCA.—zamba, burla, chanza, ironía, mofa, burla, chafaldita.
FISGAR.—rastrear, husmear, indagar, curiosear, fisgonear, olisquear, avispedar, acechar.
FISGARSE.—chancearse, burlarse, mofarse, chotearse, reírse.
FISGÓN.—curioso, husmeador, entremetido, impertinente, burlón, fisgador, mirón, avizorador.
FISONOMÍA.—cara, rostro, figura, faz, semblante, fisonomía, faces, rasgos, geta.
FISTOL.—sagaz, ladino, astuto, taimado, cuaima, zamacuco, cachicán.
FLÁCCIDO.—blando, fofo, flojo, endeble, laño, laxo, trefe, desmalazado.
FLACO.—chupado, delgado, enjuto, seco, endeble, flojo, frágil, débil, entelerido, canijo, encanijado, magro.
FLAGELAR.—azotar, fustigar, pegar, disciplinar, arrear, hostigar.
FLAGRAR.—llamear, arder, resplandecer.
FLAMANTE.—resplandeciente, lúcido, reciente, nuevo, fresco, moderno, brillante, coruscante.
FLAMEAR.—ondear, llamear, ondular, fluctuar, undular.
FLAMENCO.—chulo, majo, jaquetón, bravucón, delgado, flaco, entero, magro.
FLANCO.—lado, costado, ala, canto, costera, banda.
FLAQUEAR.—cejar, ceder, aflojar, decaer, desmayar, vacilar, flojear, blandear, escampar.
FLAQUEZA.—debilidad, extenuación, enflaquecimiento, fragilidad, desliz, blandura, levidad, indulgencia.
FLÉBIL.—lamentable, lastimoso, triste, lacrimoso, lloroso, congojoso, acongojado.
FLECHAR.—herir, enamorar, chalar, quillotrar, conquistar, cautivar.
FLEMA.—mucosidad, tardanza, lentitud, imperturbabilidad, pachorra, tranquilidad, calma, cachaza, posma, melsa, asadura.
FLEMÁTICO.—imperturbable, lento, tranquilo, cachazudo, calmoso, pigre, vilordo, zorronglón, flemudo, flemoso, tardo, moroso, pánfilo.
FLEXIBILIDAD.—amorosidad, maleabilidad, blandura, flaqueza, docilidad.
FLEXIBLE.—mimbreante, cimbreante, doblegable, manejable, maleable, dócil, blando, cimbreño, refringente.
FLOJEDAD.—flaqueza, debilidad, desaliento, desánimo, decaimiento, descuido, indolencia, flojera, negligencia, pigricia, zanganería, carpanta.
FLOJO.—descuidado, perezoso, tardo, negligente, débil, indolente, flaco, calmoso, agalbanado, candongo.
FLOR.—superficie, requiebro, arremuesco, chicoleo, galantería, piropo, virginidad, doncellez, pureza, trampa, fullería.
FLORECER.—progresar, prosperar, adelantar, brillar, florar, desabotonar, abrir.
FLORECIENTE.—próspero, pujante, progresivo, boyante, brillante, florífero, florígeo.
FLORECIMIENTO.—prosperidad, desarrollo, adelanto, progreso, auge, florescencia, floración, floridez, fecundación.
FLOREO.—alabanza, lisonja, elogio, loa, loanza, coba, mimo, zalamería, lagotería.
FLORESTA.—bosque, alameda, selva, arbolado, arboleda, arboledo, soto, agrura.
FLORIDAMENTE.—elegantemente, amenamente, graciosamente, galanamente, lindamente.
FLORIDO.—escogido, ameno, galano, excelente.
FLORILEGIO.—antología, colección, floresta, excerta, compilación, ramillete, suma, especilegio.
FLORISTA.—ramilletera.
FLOTAR.—nadar, sobrenadar, undular, ondear, flamear.
FLUCTUACIÓN. — indeterminación, irresolución, vacilación, duda, fluctuamiento, indecisión, oscilación, bamboleo, vaivén.

FLUCTUAR.—dudar, vacilar, titubear, oscilar, temblar, trastabillar, bambolear.

FLUIR.—correr, manar, segregar, secretar, brotar, chorrear, gotear, rezumar.

FOFO.—ahuecado, blando, esponjoso, fungoso, fláccido, blandengue.

FOGÓN.—hornilla, hogar, hoguera, fogata, alcandora.

FOGOSIDAD.—ardimiento, viveza, brío, impetuosidad, vehemencia, exaltación, arrebato, ardor.

FOGOSO.—ardoroso, ardiente, brioso, impetuoso, vehemente, violento, efusivo, extremoso, ardiondo.

FOGUEADO.—avezado, aguerrido, acostumbrado, ducho, experimentado, habituado, baqueteado, traqueteado.

FOGUEAR. — adiestrar, acostumbrar, avezar, aguerrir, baquetear, habituar, cauterizar.

FOLLAJE.—hojarasca, malhojo, adorno, broza, palabrería, superfluidad, charrería, chocarrería, charrada, moñas, garambaina, angaripola.

FOLLÓN.—perezoso, flojo, vano, jactancioso, cobarde, ruin, tardo, negligente, descuidado, desaliñado, remolón, pigre.

FOMENTAR.—alimentar, avivar, excitar, promover, provocar, proteger, auxiliar, sostener, excitar, espolear, aguijonear.

FOMENTO.—auxilio, ayuda, estímulo, pábulo, sostenimiento, protección, alimento, abrigo, reparo, calor, acogimiento.

FONDA.—hospedaje, pensión, hotel, restaurante, venta, posada, hostal, hostería, mesón, parador, bodegón, figón, fondín, pupilaje, mesonaje.

FONDEADERO.—ancladero, surgidero, rada, puerto, bahía, abra, ensenada, cala, anclaje, agarradero.

FONDEADO.—anclado, surto, amarrado, atracada, fondable, desabrigado.

FONDEAR.—registrar, reconocer, inspeccionar, examinar, desarrumar, anclar, sondear, escrutar, arribar, ancorar, anclar, bornear.

FONDO.—natural, índole, condición, carácter, genio, hondo, hondón, interior, esencia, hondura, profundidad, calado.

FONJE.—muelle, blando, esponjoso, fofo, mollar, amollar, ahuecado.

FONTAL.—primero, principal, primitivo, oiginal, prístino.

FORAJIDO.—criminal, bandido, facineroso, salteador, malvado, bandolero, malhechor.

FORÁNEO. — forastero, extraño, exterior, ajeno.

FORCEJEAR.—resistir, forcejar, bregar, batallar, luchar, afrontar, enfrontar, arrostrar.

FORJAR.—formar, fraguar, fingir, inventar, cinglar, fabricar.

FORMA.—configuración, conformación, figura, apariencia, estructura, imagen, hechura, calaña, contorno, silueta, modo, manera, estilo, molde, fórmula.

FORMAL.—expreso, determinado, explícito, exacto, preciso, circunspecto, juicioso, serio, puntual, sincero, formante, formativo, figurativo, plasmante, veraz.

FORMALIDAD.—puntualidad, exactitud, veracidad, seriedad, sinceridad, juicio, fundamento, cordura, prudencia, solemnidad, dignidad, mesura

FORMALIZAR.—precisar, concretar, determinar, delimitar, establecer, prefijar, ultimar.

FORMAR.—construir, crear, hacer, ordenar, fabricar, reunir, criar, educar, organizar, instruir, componer, conformar, formalizar, plasmar, establecer, instituir.

FORMARSE.—desarrollarse, hacerse, educarse.

FORMIDABLE.—enorme, colosal, espantoso, gigantesco, imponente, terrible, tremebundo, tremendo, asombroso, fenomenal, macanudo, extremo.

FORMIDOLOSO.—horrible, espantoso, horroroso, pavoroso, miedoso, horrendo, azorado, espavorido.

FÓRMULA.—pauta, modelo, regla, norma, precepto, medida, solución, receta, forma.

FORNICACIÓN.—fornicio, coito, ayuntamiento, cópula.

FORNIDO.—forzudo, corpulento, fuerte, recio, membrudo, robusto, vigoroso, forcejudo, hercúleo, lacertoso, doblado.

FORRAR.—aforrar, cubrir, remollar, entapizar, acolchar, retobar.

FORRO.—resguardo, abrigo, cubierta, viso, aforro, cambucho, retobo, entretela.

FORTACHÓN.—fornido, recio, pujante, corpulento, forcejudo, lacertoso, membrudo.

FORTALECER.—entonar, confortar, rehacer, fortificar, reforzar, robustecer, vigorizar, rebatir, esforzar, entezar, vigorar.

FORTALEZA.—ciudadela, castillo, firmeza, fuerte, fuerza, robustez, solidez, resistencia, vigor, energía, pujanza, robusteza, reciura, estrenuidad.

FORTIFICAR.—robustecer, vigorizar, entomar, fortalecer, reforzar, rehacer, confortar, acorazar, blindar, afortalar.

FORTUITO.—accidental, casual, inopinado, imprevisto, inesperado, ocasional.

FORTUNA.—azar, suerte, destino, ventura, casualidad, sino, estrella, hado, acaso, hacienda, capital, dinero, riqueza, bienes, borrasca, tempestad.

FORZADO.—presidiario, galeote, penado, conquistado, sometido.

FORZAR.—constreñir, compeler, obligar, violar, quebrantar, violentar, pujar, tomar.

FORZOSAMENTE.—violentamente, inexcusablemente, obligatoriamente, coactivamente, forzadamente, reciamente, forzudamente.

FORZOSO.—imprescindible, inexcusable, obligatorio, necesario, preciso, fatal, irrefragable, indeclinable. ineluctable.

FORZUDO.—fornido, fuerte, hercúleo, vigoroso, robusto, fortachón, forcejudo, lacertoso.

FOSA.—cárcava, zanja, sepultura, cavidad, hoya, hoyo, huesa, yacija, enterramiento, pudridero.

FOSCA.—colina, bosque, selva, maleza, matorral.

FOSCO. — hosco, ceñudo, obscuro, sombrío, ensombrecido.

FOSO.—hoyo, ahoyadura, socava, zapa socarrera.

FRACASAR.—naufragar, abortar, malograr, frustrar, destrozar, romper, despedazar.

FRACASO.—ruina, caída, ruptura, fiasco, desgracia, malogro, aborto, descalabro, revés, quebranto, pérdida, naufragio, frustración, nugación, derrota.

FRACCIÓN.—fragmento, división, porción, parte, pedazo, trozo, partícula, añico, cacho, segmento.

FRACCIONAR.—dividir, partir, quebrantar, fragmentar, segmentar.

FRACTURA.—quebranto, rotura, rompedura, quiebra, quebradura.

FRACTURAR.—romper, quebrar, quebrantar, tronzar, trozar.

FRAGANCIA.—aroma, perfume, efluvio, olor.

FRAGANTE.—aromático, oloroso, odorífero,

odorífico, oliente, oledero, perfumado, balsámico, aromado, aromoso.

FRÁGIL.—rompedizo, quebradizo, rompedero, lábil, frangible, quebrantable, vidrioso, deleznable, endeble, débil, delicado, perecedero, pasajero, caduco.

FRAGILIDAD.—friabilidad, inconsistencia, delicadeza, debilidad, inestabilidad.

FRAGMENTO.—pedazo, fracción, trozo, partícula, parte, añico, cacho, tranco, partija.

FRAGOR. — estrépito, estruendo, barahúnda, ruido, titiritaina, trasbanás.

FRAGOROSO.—ruidoso, fragoso, estrepitoso, áspero, estruendoso, intrincado, quebrado, escandaloso, tronitoso, tronero.

FRAGOSIDAD.—aspereza, espesura, escabrosidad, fragura, fraga.

FRAGOSO.—breñoso, escabroso, cerril, quebrado, bravo, agrio, abrupto, tortuoso, escarpado.

FRAGUAR.—metalar, inventar, forjar, discurrir, meditar, idear, pensar, urdir, tramar, maquinar, proyectar, intrigar.

FRAILE.—monje, hermano, religioso.

FRANCACHELA. — diversión, orgía, ágape, banquete, comilona, holgorio, jarana, gaudeamus.

FRANCO.—leal, sincero, natural, generoso, filantrópico, sencillo, llano, abierto, ingenuo, despejado, desembarazado, libre, exento, privilegiado, exceptuado, dispensado, liberal, desprendido, dadivoso, gallardo, afable, galante.

FRANCOTE.—abierto, campechano, sincero, llanote, llano, boquifresco, sencillo.

FRANQUEAR.—eximir, libertar, exceptuar, manumitir, librar, desembarazar, desobstruir, liberar, sincerar.

FRANQUEARSE.—confiarse, descubrirse, espontanearse, sincerarse, explayarse.

FRANQUEZA.—ingenuidad, lisura, campechanía, llaneza, naturalidad, sencillez, familiaridad, espontaneidad, lisura, candor, sinceridad, liberalidad, generosidad, libertad, privilegio, exención.

FRATERNIDAD. — hermandad, concordia, compañerismo, unanimidad, armonía, unión, amor, cariño, afecto.

FRAUDE.—engaño, mentira, estafa, simulación, trapaza, trepa, arana, maca, superchería, trampa, estafa, dolo, fraudulencia.

FRAUDULENTO.—fraudulosо, engañoso, falaz, mentiroso, colusor, mazarrón, aranero, petate.

FRAZADA.—cobertor, manta, colcha, tamba, frezada, lichera.

FRECUENCIA.—periodicidad, repetición, costumbre, frecuentación, asiduidad.

FRECUENTAR.—menudear, soler, acostumbrar, habituar, traquear, traquetear.

FRECUENTE.—repetido, reiterado, acostumbrado, habitual, común, corriente, ordinario, endémico, usual, sólito.

FREGADO.—embrollo, enredo, lío, fregadura, lavado, limpieza, majadero, importuno, tenaz, obstinado, cabezota, terco.

FREGAR.—lavar, limpiar, estregar, fastidiar, jorobar, fregotear, aljofitar, trapear, desugar.

FREÍR.—molestar, importunar, encocorar, zaherir, vilipendiar.

FRENAR.—moderar, enfrenar, sujetar, detener, enjaquimar.

FRENESÍ.—furia, delirio, violencia, vesania, exaltación, locura, enajenación, enardecimiento, excandecencia, encendimiento.

FRENÉTICO.—furioso, exaltado, enajenado, loco, vesánico, convulso, incalmable, enardecido.

FRENTE.—frontis, fachada, frontispicio, testero, testera, faz, semblante, anverso, cara, rostro, continente.

FRESCAMENTE.—recientemente, desvergonzadamente, descocadamente.

FRESCO.—reciente, nuevo, flamante, sereno, impasible, impávido, tranquilo, descocado, desenvuelto, desvergonzado, desenfadado, descarado, sinvergüenza, imperturbable, sano, desahogado.

FRESCURA.—frescor, fresco, desembarazo, desahogo, desfachatez, descaro, atrevimiento, desvergüenza, tupé, descoco, desenfado, desenvoltura, chanza, pulla, negligencia, descuido, serenidad, tranquilidad, impasibilidad, impavidez, imperturbabilidad, amenidad, lozanía, impertinencia.

FREZ.—freza, estiércol, fiemo, fimo.

FRIALDAD.—despego, frigidez, desapego, desafecto, flojedad, indiferencia, descuido, impotencia, necedad, esterilidad, impertinencia.

FRÍAMENTE.—sosamente, zonzamente, insípidamente, insulsamente, ñoñamente, anodinamente, patosamente.

FRIEGA.—modestia, fastidio, tunda, zurra, tollina.

FRÍO.—gélido, helado, congelado, yerto, rígido, arrecido, aterido, pasmado, impasible, tranquilo, sereno, imperturbable, indiferente, impávido, despectivo, despegado, soso, gris, helor, cencio, fresca.

FRIOLERA.—fruslería, bagatela, futesa, nadería, menudencia, nonada, ripio, pamplina, titiritaina.

FRIOLERO.—friolento, friático.

FRIÓN.—desaborido, soso, zonzo, ñoño, anodino, insulso, insípido, patoso.

FRISAR.—refregar, afelpar, disminuir, confrontar, congeniar, convenir, pactar.

FRÍVOLO.—inconsecuente, ligero, fútil, superficial, baladí, veleidoso, inconstante, insubstancial, insignificante, fruslero, pueril.

FRONDA.—fronde, frondosidad, espesura, follaje, broza, frasca, borusca.

FRONDOSIDAD.—espesura, lozanía, follaje, fronda.

FRONTERA.—raya, confín, linde, límite, fachada, aledaño, contigüidad, coto.

FRONTERIZO.—lindante, confinante, limítrofe, frontero, rayano, colindante, arcifinio, contiguo, limitáneo, medianero.

FRONTERO.—lindante, frentero, fronterizo, arcifinio, medianero.

FRONTIS.—frontispicio, fachada, frente, delantera, anverso, haz.

FRONTISPICIO.—delantera, fachada, portada, frontón, frontis, cara, rostro, testera, hastial.

FRONTÓN.—frontis, remate, vista, cara, faz, frontispicio, fachada, trinquete.

FROTACIÓN.—frote, frotadura, frotamiento, roce, fricción, confricación, fricación.

FROTAR.—rascar, estregar, confricar, refregar, restregar, ludir, luir, fricar.

FRUCTÍFERO.—productivo, fructuoso, lucrativo, beneficioso, provechoso, útil, frugífero, pomífero, frutal.

FRUCTIFICAR.—producir, frutar, frutecer, granar.

FRUGAL.—templado, parco, moderado, sobrio, mesurado, económico, mirado, ceñido.

FRUGALIDAD.—moderación, templanza, mesura, sobriedad, parquedad, parsimonia, parcidad.

FRUNCIMIENTO.—fingimiento, embuste, engaño, dolor, solapa, integumento.

FRUNCIR.—encoger, arrugar, rugar, plegar, plisar, rizar, tronzar.

FRUSLERÍA.—friolera, bagatela, futesa, menudencia, nonada, nadería, futileza, futilidad, insignificancia, tiritaina, pamplina.

FRUSTRADO.—fracasado, frustráneo, malogrado, abortado, defraudado.

FRUSTRAR.—malograr, fracasar, abortar, defraudar, chasquear, burlar.

FRUSTRARSE.—malograrse, desgraciarse, torcerse, fracasar.

FRUTO.—utilidad, beneficio, provecho, lucro, recompensa, ganancia, producto, fruta, emprimia, primicia.

FUCILAR.—rielar, fulgurar, destellar, centellear, cabrillear, titilar, brillar.

FUEGO.—hogar, lumbre, incendio, llama, ignición, brasa, combustión, flogisto, fogaje, hoguera, alcandora, incandescencia, ardor, vivacidad, vehemencia, ímpetu.

FUELLE.—acusador, soplón, chivato.

FUENTE.—fontana, manantial, venero, venera, nacimiento, naciente, principio, origen, fundamento, germen, alfaguara, antecedente.

FUERO. — exención, privilegio, franquicia, jactancia, presunción, arrogancia, jurisdicción, poder, orgullo, soberbia, altiveza, altivez.

FUERTE.—fortaleza, castillo, alcazaba, alcázar, ciudadela, bastión, blocao, vigoroso, poderoso, recio, fornido, resistente, sólido, robusto, forcejudo, estrenuo, adiano, cenceño, forzudo, duro, corpulento, esforzado, enérgico, tenaz, firme, animoso, varonil, terrible, impetuoso, rabioso, agudo, grande, grave, penetrante, sonoro, abundante, copioso, áspero, fragoso.

FUERZA.—poder, potencia, vigor, resistencia, robustez, solidez, impetuosidad, violencia, ardimiento, intensidad, energía, eficacia, virtud, fortaleza, estrenuidad, pujanza.

FUGA.—salida, huida, escapada, escapatoria, evasión, escape.

FUGARSE.—evadirse, escaparse, afufarse, escabullirse, descabullirse, pirarse.

FUGAZ.—rápido, huidizo, momentáneo, perecedero, efímero, corto, pasajero, fugitivo, caduco, breve, instantáneo, temporal, frágil.

FUGITIVO.—huidor, tránsfuga, huido, evasor.

FULGENTE.—brillante, fúlgido, esplandeciente, resplandeciente, coruscante, lucio, rútilo.

FULGOR.—brillo, brillantez, resplandor, esplendor, lucero, lucimiento, viso.

FULGURAR. — centellear, brillar, chispear, fulgir, resplandecer, fucilar, coruscar, rutilar, refulgir, chispear.

FULÍGINE.—hollín, tizne, humazo, fumada, fumosidad.

FULIGINOSO.—denegrido, ahumado, obscurecido, tiznado, fumífero, humiento, humante.

FULMINAR.—lanzar, arrojar, dictar, imponer, anatematizar, descomulgar, excomulgar.

FULLERÍA.—engaño, trampa, dolo, estafa, fraude.

FULLERO.—tramposo, tahúr, carretero.

FULLONA.—chamusquina, pendencia, riña, gresca, trapatiesta, bronca, zipizape, pelea.

FUNCIÓN.—diversión, espectáculo, fiesta, festividad, ceremonia, solemnidad.

FUNCIONAR.—marchar, andar, actuar.

FUNDA.—cubierta, bolsa, envoltura, cobertura, forro, vaina.

FUNDACIÓN.—erección, creación, institución, establecimiento, patronato, constitución, implantación.

FUNDAMENTADO.—razonado, documentado, basado, cimentado, justo, justificado, procedente.

FUNDAMENTAL.—esencial, cardinal, primordial, principal, básico, elemental, razonable.

FUNDAMENTO.—motivo, causa, pretexto, razón, origen, raíz, principio, dato, arranque, basa, pedestal, apoyo, base, cimiento, sostén, formalidad, juicio, seriedad.

FUNDAR.—establecer, implantar, crear, iniciar, edificar, instituir, erigir, construir, basar, cifrar, apoyar, justificar, constituir, estatuir.

FUNDIR.—liquidar, derretir, moldear, vaciar, copelar, desleír.

FÚNEBRE.—luctuoso, triste, lúgubre, funéreo, sombrío, tétrico, desgraciado, lóbrego, patético, elegíaco.

FUNERAL.—exequias, funerario, funéreo, novendial, necrológico.

FUNESTAR.—profanar, mancillar, deslustrar, obscurecer, empañar, manchar.

FUNESTO.—triste, aciago, desgraciado, doloroso, desastroso, adverso, lamentable, lagrimoso.

FUNGOSO.—fofo, esponjoso, ahuecado, poroso, mullido.

FUÑIQUE.—torpe, meticuloso, delicado, chinche, puntilloso.

FURANTE. — furioso, arrebatado, iracundo, colérico, rabioso, enfurecido, enfierecido, entigrecido, encolerizado.

FURIA.—ira, iracundia, exaltación, irritación, cólera, furor, enfurecimiento, rabia, saña, frenesí, violencia, impetuosidad, vehemencia, prisa, enfierecimiento.

FURIBUNDO.—colérico, airado, furioso, iracundo, impetuoso, rabioso, furente, furo, furiente, aferruzado, violento, delirante, frenético, irascible.

FURIOSO.—terrible, furibundo, violento, rabioso, irritado, frenético, loco, energúmeno, crespo, enfierecido.

FUROR.—furia, ira, cólera, exaltación, arrebatamiento, entusiasmo, estro, iracundia, coraje, corajina, indignación.

FURTIVO.—oculto, sigiloso, escondido, subrepticio, sibilino.

FUSIÓN.—unión, mezcla, reconciliación, refundición, fundición, unificación, solución, conflación, licuación.

FUSTE.—vara, asta, palo, madera, fundamento, nervio, substancia, entidad, importancia, base, basa.

FUSTERO.—carpintero, tornero, ebanista.

FUSTIGAR.—azotar, flagelar, pegar, aguijonear, espolear.

FUTESA.—nadería, fruslería, futilidad, bagatela, futileza, friolera, nimiedad, chuchería, menudencia, nonada.

FÚTIL.—insubstancial, frívolo, trivial, intrascendente, pequeño, veleidoso.

FUTURO.—porvenir, mañana, novio, prometido, venidero, advenidero, acaecedero, venturoso, ulterior, faturario.

G

GABARRA.—lanchón, barcaza, gabarrón.
GABELA.—gravamen, carga, impuesto, tributo, contribución, obligación, servidumbre.
GABINETE.—tocador, aposento, ministerio, gobierno, sala, recibidor.
GACHA.—halago, caricia, mimo, arrumaco.
GACHO.—encorvado, inclinado, cacho, gurbio.
GACHÓN.—gracioso, atractivo, sandunguero, donairoso, donoso.
GACHONERÍA. — atractivo, donaire, gracia, gachonada, sandunga, gracejo, chispa.
GAFAS.—antiparras, manecillas, espejuelos, anteojos, quevedos, lentes.
GAGO.—tartamudo, tartaja, tartajoso, estropajoso.
GAJE.—soldada, sueldo, salario, emolumento, estipendio, retribución, obvención, gratificación, propina, regalo, adehala, utilidad, ganancia.
GALA.—garbo, gracia, gallardía, bizarría, ostentación, alarde, galanura, galanía, salero, garrideza.
GALAFATE.—ladrón, esbirro, chorizo, carterista, corchete, ganapán.
GALÁN.—apuesto, gentil, garboso, bizarro, airoso, elegante, galano, majo, novio, garrido, cimbreante, lozano.
GALANTE.—obsequioso, atento, cortés, cortesano, amable, fino, cumplido, civil, urbano.
GALANTEAR.—enamorar, cortejar, obsequiar, requebrar, coquetear, chicolear, florear, piropear.
GALANTEO.—coqueteo, requiebro, raboseo, chichisbeo, enamoramiento, cortejo.
GALANTERÍA.—atención, cortesía, urbanidad, cortesanía, requiebro, piropo, flor, elegancia, gracia, bizarría, liberalidad, generosidad, obsequio, donaire.
GALANURA.—donaire, donosura, gallardía, elegancia, gentileza, gracia, galantería, cimbreo.
GALARDÓN.—remuneración, premio, recompensa, retribución, lauro, distinción, gala, laurel.
GALARDONAR.—recompensar, premiar, retribuir, remunerar, distinguir, laurear, honrar.
GALBANA.—holgazanería, indolencia, pereza, desidia, dejadez, gandulería, vagancia.
GALBANOSO.—desidioso, perezoso, indolente, holgazán, gandul, vago.
GALERA.—cárcel, cobertizo, chistera.
GALERÍA.—corredor, pasillo, pasaje, crujía.
GALERNA.—borrasca, ráfaga, tremolina, huracán, vendaval, tormenta, galerno, galernazo.
GALÓN.—insignia, cinta, trencilla, franja, guarnición, distintivo.
GALOPÍN.—astuto, pícaro, bribón, golfillo, granuja, tuno, taimado, pillo, malcriado, galopo.
GALLARDETE.—banderola, insignia, flámula, adorno, aviso, señal.
GALLARDÍA.—desenfado, aire, garbo, esfuerzo, apostura, arresto, soltura, gentileza, bizarría, galanura, galanía, garrideza, garbosidad, valor, valentía.
GALLARDO.—airoso, apuesto, galán, gentil, hermoso, bizarro, desembarazado, esforzado, valiente, valeroso, arrojado, excelente, genial, grande, arriscado, lucido, garabatoso.
GALLEAR.—gritar, descollar, amenazar, sobresalir, destacar, bravear, bravuconear, amayar.
GALLOFERO.—pobretón, gallofo, mendigo, holgazán, vagabundo, pobrete, perezoso, vagamundo.
GAMBOX.—gambuj, gambux, gambujo, cambuj, mascarilla, antifaz.
GANA.—voluntad, apetito, deseo, afán, ansia, anhelo, hambre.
GANANCIA.—provecho, utilidad, logro, beneficio, rendimiento, producto, fruto, lucro, granjería, interés.
GANAPÁN.—esportillero, recadero, faquín, soguilla, changador, conductor, bracero, jornalero.
GANAR.—vencer, conquistar, triunfar, tomar, dominar, sujetar, superar, sobrepujar, exceder, aventajar, lograr, conseguir, alcanzar, adquirir, reunir, llegar, embolsar, obtener, percibir, granjear.
GANCHO.—garfio, guincho, cayado, corvo, rufián, garabato, garrapato.
GANDAYA.—briba, tuna, picaresca, redecilla, albanega, vagancia, pereza.
GANDUJAR.—plegar, fruncir, plisar, arrugar, encoger, afollar.
GANDUL.—haragán, holgazán, perezoso, tumbón, poltrón, vagabundo, vago, giróvago, gandumbas, vagamundo, holgachón, panarra.
GANDULEAR.—haraganear, holgazanear, vagabundear, apoltronarse, tumbarse, emperezarse, perecear, aronear, candonguear.
GANDULERÍA.—pereza, holganza, poltrone-

ría, haraganería, holgazanería, roncería, galbana, carpanta, zanguanga.
GANFORRO.—bribón, picarón, bellaco, pícaro, granuja, mondrego.
GANOSO.—ansioso, anheloso, deseoso, afanoso, desiderativo.
GANSO.—oca, ánsar, rústico, grosero, perezoso, tardo, negligente, flojo, torpe, necio, lerdo, tolondro, tolondrón, fuñique, modrego.
GAÑÁN.—rudo, grosero, charro, tocho, rústico.
GAÑIR.—graznar, aullar, resollar, roncar, resoplar.
GAÑOTE.—garganta, gañón, garguero, gaznate, gargantón, gorja.
GARABATEAR. — garrapatear, escarabajear, borrajear, burraigar.
GARABATO.—garfio, gancho, garrapato, garbo, aire, gentileza, donaire, atractivo, almocafre.
GARAMBAINAS.—garrapatos, garabatos, muecas, visajes, gestos, ringorrangos, angaripolas, perifollos.
GARANTE. — garantizador, fiante, avalista, prendedor, anticresista, segurador.
GARANTÍA.—caución, fianza, protección, seguridad, evicción, aval, acidaque.
GARANTIZAR.—avalar, responder, asegurar, garantir, proteger, marchamar, afianzar.
GARAPULLO.—flechilla, rehilete, banderilla, repullo.
GARATUSA.—caricia, halago, arrumaco, carantoña, zalamería, lagotería, lisonja.
GARBANCERO.—tosco, grosero, zafio, rústico, ganso, gañán.
GARBO.—gentileza, gallardía, bizarría, aire, gracia, donaire, rumbo, desinterés, generosidad, desprendimiento, sandunga, gracejo, chispa.
GARBOSO.—bizarro, airoso, gallardo, rumboso, gentil, generoso, desinteresado, sandunguero, donairoso, donoso.
GARGANTA.—gaznate, tragadero, garguero, fauces, pasapán, gola, faringe, cuello, laringe, angostura, desfiladero, puerto, congosto, gañote, gañón.
GARITA.—casilla, torrecilla, quiosco, cuarto, retrete, excusado, común, letrina.
GARITO.—chirlata, tahurería, timba, casino, leonera, timbirimba, boliche, matute.
GARLA.—charla, plática, conversación, palique, garlo, cháchara, palillo.
GARLADOR.—charlatán, charlador, hablador, garlante, garlón, chacharero, chacharón.
GARLAR.—garrulear, charlar, charlotear, chacharear, desparpajar.
GARLITO.—trampa, celada, asechanza, lazo, emboscada, acechanza, zancadilla.
GARRAFAL.—extraordinario, grande, morrocotudo, exorbitante, enorme, excesivo, descomunal, monumental.
GARRAMA.—pillaje, robo, estafa, latrocinio, pecorea, ladrocinio.
GARRIDO.—hermoso, galano, gentil, gallardo, bizarro, apuesto, elegante, cimbreño.
GARROTE.—palo, tranca, estaca, bastón, ligadura, estrangulación.
GÁRRULO. — charlatán, hablador, verboso, parlanchín.
GASTADO.—debilitado, cansado, disminuido, acabado, agotado, borrado, decaído.
GASTADOR.—gastoso, derrochador, malgastador, manirroto, disipador, dilapidador, rumboso, dispendioso, encentador, agostador.
GASTAR.—apurar, agostar, despender, expender, disipar, consumir, desgastar, desembolsar, derrochar, dilapidar, destruir, estropear, llevar, poseer, usar, viciar.
GASTO.—desembolso, consumo, gastamiento, gastadero, expendio.
GASTOSO.—malgastar, gastador, dilapidador, manirroto, derrochador, rumboso, dispendioso, encentador, garlón.
GATADA.—jugarreta, vileza, engaño, fraude.
GATALLÓN.—maulón, pillastrón, perillán, tunante, pícaro, pillastre, maula.
GATEAR.—trepar, hurtar, robar, subir, ascender, desvalijar.
GATO.—minino, morrongo, ratero, bolso, talego.
GATUPERIO.—embrollo, enredo, intriga, enjuague, lío, chanchullo, trapisonda, tinglado, trapicheo.
GAUDEAMUS.—fiesta, regocijo, holgorio, comilona, merendola, festín, banquete.
GAVILLA.—manojo, atado, haz, junta, banda, patulea, cuadrilla, pandilla, reunión, mazo, chusma.
GAYO.—vistoso, alegre, alacre, ledo.
GAYOLA.—cárcel, jaula, chirona.
GAZAPA.—embuste, mentira, patraña, bola, trola.
GAZAPERA.—madriguera, riña, pendencia, alboroto, contienda, bronca.
GAZAPO.—equivocación, error, lapso, embuste, mentira, embustería, bola, astuto, disimulado, gazapa.
GAZMIAR.—golosinear, gulusmear, oliscar, curiosear.
GAZMOÑERÍA. — gazmoñada, santurronería, mojigatería, beatería, hipocresía, farisaísmo.
GAZMOÑO. — beato, gazmoñero, hipócrita, santurrón, mojigato, beatuco, tragasantos, misticón.
GAZNÁPIRO.—simplón, palurdo, bobo, simple, torpe, tonto, tolete, cándido, tontaina.
GAZUZA.—carpanta, gana, hambre, apetito, bulimia.
GEMIDO.—queja, lamento, clamor, quejido, plañido, gimoteo, ay.
GEMIR.—plañir, clamar, quejarse, lamentarse, gimotear, ayear, hipar.
GENEALOGÍA.—ralea, solar, ascendencia, linaje.
GENERACIÓN.—género, casta, origen, especie, germen, familia, concepción, herencia, descendencia, ascendencia, sucesión, engendramiento, procreación, cría.
GENERAL.—total, global, común, corriente, frecuente, usual, universal, ecuménico, enciclopédico.
GÉNERO.—clase, especie, orden, índole, condición, naturaleza, modo, manera, artículo, tela, mercancía, mercadería.
GENEROSAMENTE. — ampliamente, liberalmente, lentamente, pródigamente, abundantemente, espléndidamente, magníficamente, largamente, noblemente.
GENEROSIDAD.—esplendidez, largueza, desinterés, liberalidad, magnanimidad, munificencia, dadivosidad, desprendimiento, desasimiento, nobleza, grandeza, denuedo, esfuerzo, valor.
GENEROSO.—desinteresado, dadivoso, espléndido, liberal, pródigo, canario, rumbático, munífico, magnánimo, noble, valiente.
GÉNESIS.—creación, origen, embrión, germen, principio, fuente, nacimiento, raíz, cuna, arranque.
GENIAL.—deleitoso, placentero, genio, carácter, índole, agradable, alegre, talentoso, talentudo.

GENIALIDAD.—singularidad, rareza, extravagancia.

GENIO.—natural, índole, carácter, condición, humor, temperamento, inclinación, tendencia, disposición, aptitud, talento, ingenio, listeza, cacumen, chirumen.

GENTIL.—pagano, idólatra, brioso, galán, gallardo, airoso, donoso, agradable, bizarro, bello, garboso, majo, telendo, lozano, desembarazado, notable, noble, hidalgo, aristócrata.

GENTILEZA. — nobleza, bizarría, hidalguía, galanura, gallardía, garbo, soltura, desembarazo, gala, aire, gracia, cortesía, urbanidad, galanía, garrideza.

GENTÍO.—afluencia, concurrencia, aglomeración, muchedumbre, multitud, plebe, legión, chusma.

GENUFLEXIÓN. — prosternación, reverencia, arrodillamiento, arrodilladura, arrodillada, postración.

GENUINO.—natural, propio, puro, legítimo, verdadero, auténtico, cierto, seguro, positivo, fidedigno, real, indiscutible, infalsificable.

GERMANÍA.—jerigonza, jerga, caló, concubinato, amancebamiento, amasiato, lío.

GERMEN.—origen, principio, causa, semilla, embrión, rudimento, fuente, nacimiento.

GERMINAR.—crecer, brotar, nacer, adelantar, aumentar.

GESTO.—mohín, mueca, visaje, mímica, pantomima, expresión, aspecto, apariencia, aire, semblante, rostro, cara, catadura, alcocarra.

GIBA.—corcova, joroba, chepa, gibosidad, incomodidad, molestia, vejación, fastidio, renga, merienda, cifosis, lordosis.

GIBAR.—molestar, corcovar, vejar, fastidiar, incomodar, engibar, jorobar.

GIBOSO.—jorobado, corcovoso, corcovado, gibado, malhecho, contrahecho, jorobeta, corcoveta, cifótico, lordótico.

GIGANTESCO.—desmesurado, enorme, titánico, colosal, giganteo, descomunal, grandísimo, ciclópeo.

GIMOTEAR.—hipar, lloriquear, ayear, clamar, plañir.

GIMOTEO.—lloriqueo, gimoteadura, ay, plañido, quejido, lamento.

GIRAR.—voltear, rodar, rotar, rutar, rular, virar, circular, tornear, volitar, arrodear.

GIRO.—cariz, aspecto, dirección, circunvolución, cerco, molinete, bravata, ronca, baladronada, libramiento.

GITANERÍA.—adulación, halago, engaño, mimo, zalamería, caricia, carantoña, arrumaco, lagotería.

GLABRO.—calvo, lampiño, motilón, pelón, soso, recalvastro, mocho.

GLACIAL.—helado, frío, gélido, indiferente, desabrido, soso.

GLORIA.—bienaventuranza, cielo, alturas, paraíso, celebridad, empíreo, notoriedad, reputación, honor, fama, renombre, crédito, esplendor, honra, magnificencia, majestad, placer, gusto, delicia, deleite.

GLORIARSE. — alabarse, jactarse, preciarse, complacerse, vanagloriarse, ensoberbecerse, altivecerse, altivarse, alegrarse.

GLORIETA.—plaza, plazoleta, plazuela, placetuela, placeta, cenador, quiosco.

GLORIFICAR.—ensalzar, alabar, honrar, enaltecer, gloriar, elevar, ennoblecer, magnificar.

GLORIOSO.—célebre, ilustre, famoso, eminente, memorable, insigne, jactancioso, vanidoso, honorable, ensoberbecido, altivo, petulante.

GLOSA.—interpretación, explicación, comentario, reparo, comento, nota, paráfrasis, escollo, exégesis.

GLOTÓN.—comilón, tragón, voraz, comedor, hambrón, insaciable, epulón, zampabollos, zampatortas, zampapapalo, zampabodigos, tragaldabas, guloso, gaudido, tragallón, gomioso.

GLOTONEAR.—embaular, embocar, emborrar, embuchar, embutir, zampar, rustrir, cargar, devorar.

GLOTONERÍA. — voracidad, intemperancia, gula, tragonería, gulosidad, tragonía.

GLUTINOSO.—viscoso, pegajoso, pegadizo, adherente, aglutinante, aglutinado, pegante, peguntoso, mucilaginoso.

GOBERNAR.—regir, mandar, dirigir, conducir, guiar, administrar, manejar, regentar, regentear.

GOBIERNO.—dirección, mando, administración, manejo, conducción, ministerio, gabinete, gobernación, gerencia, dominio.

GOCE.—posesión, disfrute, deleite, delicia, holganza, solaz.

GOFO.—necio, ignorante, rudo, grosero, torpe, gañán, rudo.

GOLA.—fauces, garganta, gaznate, tragadero, canal, moldura, gañote, gañó, tragaderas.

GOLFO.—pilluelo, vagabundo, galopín, pícaro, embaidor.

GOLONDRINA.—alhoja, aloa, aloya, tojo, sucinda, subigüela, copetuda, calandria, caladre, zurriaga, gullоría.

GOLPE.—encuentro, choque, coscorrón, cachete, puñetazo, trastazo, batacazo, trompazo, copia, muchedumbre, abundancia, multitud, desgracia, contrariedad, infortunio, latido, salida, ocurrencia, antuvión, porrada, zumbido, chipichape, tarja, tantarantán, admiración, sorpresa, asombro.

GOLPEAR.—herir, percutir, maltratar, pegar, apalear, azotar, descrismar, cutir, asestar, sacudir, guachapear.

GOLLERÍA.—delicadeza, superfluidad, gollоría, golosina, damería, monería, melindrería.

GOMOSO.—lechuguino, pisaverde, currutaco, paquete, petimetre, figurín, fifiriche, virote, caballerete, dije.

GORDO.—mantecoso, craso, graso, seboso, grasiento, pingüe, gordezuelo, atocinado, rollizo, adiposo, carnoso, obeso, pesado, grueso, gordinflón, mofletudo, corpulento, lleno, robusto, redondo, cipote, regordido, gordinflón, gordal, cuadrado, barrigudo, barrigón, panzudo, tripudo, tripón, abultado, gordote, grosezuelo, manteca, grasa, grande, importante.

GORDURA.—grosor, corpulencia, obesidad, coranvobis, adiposis, carnosidad, carnaza.

GORRINERÍA.—porquería, cerdada, guarrada, mierda.

GORRÓN.—gorrista, gorrero, pegadizo, parásito, vividor, pegote, chupón, chupóptero, guagüero, tagarote, mogrollo.

GORRONERÍA.—mogollón, pegotería, tifus, godería.

GOTEAR.—escurrir, destilar, chorrear, pingar, estilar, rezumar.

GOZAR.—disfrutar, poseer, utilizar, fruir, saborear, apacentar.

GOZO.—alegría, complacencia, júbilo, placer, satisfacción, regocijo, contento, deleite, solaz, molicie, regosto, gustazo.

GOZOSO.—satisfecho, alegre, contento, regocijado, placentero, complacido, jubiloso, deleitoso, fluente.

GRACEJO.—gracia, chiste, donaire, ingenio, ángel, gracejada, sal, salero, sandunga.

GRACIA.—favor, beneficio, merced, servicio,

don, protección, amistad, atractivo, gracejo, encanto, garbo, despejo, salero, donaire, sandunga, gachonería, gachonada, chispa, sal, agudeza, gallardía, ocurrencia, chiste, ingeniosidad, agrado, jocosidad, eutrapelia, afabilidad, piedad, indulto, perdón, misericordia, alafia.

GRÁCIL.—delgado, sutil, menudo, fino, delicado, tenue, pequeño, suave.

GRACIOSO.—chistoso, agudo, divertido, ocurrente, festivo, salado, atrayente, atractivo, gratuito, bonito, saleroso, sandunguero.

GRADA.—peldaño, grado, escalón, tarima, asiento.

GRADACIÓN.—progresión, sucesión, graduación, escala.

GRADUALMENTE.—progresivamente, sucesivamente, paulatinamente, lentamente, bonitamente.

GRANADO.—principal, notable, ilustre, crecido, señalado, maduro, experto, sazonado, espigado.

GRANDE.—considerable, importante, enorme, extraordinario, garrafal, grave, excesivo, inconmensurable, infinito, desmesurado, inmensurable, mayúsculo, inmenso, amplio, espacioso, vasto, grandioso, monumental, holgado, macanudo, extenso, exorbitante, subido, ciclópeo, gigantesco, descomunal, magno, colosal, inusitado, extremado, ilimitado, desmedido, exagerado, portentoso, crecido, prócer, magnate, gran, magno, mangón.

GRANDEZA.—esplendidez, grandor, corpulencia, gigantez, exorbitancia, grandiosidad, elevación, magnificencia, generosidad, nobleza, esplendor, gloria, majestad, poder, dignidad, tratamiento.

GRANDIOSO.—estupendo, colosal, macanudo, garrafal, gigantesco, espléndido, imponente, magnífico, monumental, ostentoso, regio, sobresaliente.

GRANDOR.—tamaño, magnitud, volumen, grandeza, corpulencia, exorbitancia.

GRANJA.—hacienda, alquería, estancia, cortijo, quinta, masía, masada, cortinal, cortiña, saín.

GRANO.—semilla, arena, ápice, átomo, migaja, partícula, pizca, ir al grano, bola, granizo, gránulo.

GRANUJA.—pilluelo, vagabundo, bergante, badulaque, perillán, guaja, pillete, pillo, golfo, bribón, bribonzuelo.

GRASA.—manteca, unto, sebo, grasura, adiposidad, sabanilla, grasilla, tocino, mugre, pringue, pella.

GRASIENTO.—mugriento, pringoso, untoso, craso, pingüe, mantecoso, aceitoso, graso, gordo, seboso, sebáceo.

GRATIFICACIÓN.—propina, premio, plus, recompensa, galardón, remuneración, retribución, regalía, viático.

GRATIFICAR.—recompensar, premiar, remunerar, complacer, satisfacer, galardonar retribuir.

GRATIS.—gratuito, gracioso, grato, gratisdato.

GRATITUD.—agradecimiento, reconocimiento, correspondencia, obligación.

GRATO.—agradable, gustoso, deleitoso, placentero, satisfactorio, lisonjero, gratuito, gracioso, gratisdato, amable, delicioso.

GRATUITO.—infundado, arbitrario, gratisdato, grato, gracioso.

GRATULAR.—felicitar, congratular, aplaudir, alabar, aprobarse.

GRATULARSE.—complacerse, alegrarse, congratularse, felicitarse.

GRAVAMEN.—obligación, carga, canon, hipoteca, impuesto, censo, servidumbre, tributo, gabela.

GRAVAR.—pesar, cargar, hipotecar.

GRAVE.—formal, serio, reservado, circunspecto, noble, decoroso, imponente, considerable, importante, grande, arduo, dificultoso, espinoso, enfadoso, difícil, embarazoso, molesto, capital, trascendental, riguroso.

GRAVEDAD. — compostura, circunspección, exceso, enormidad, grandeza, importancia, calidad, dificultad, peligro.

GRÁVIDO.—lleno, cargado, abundante.

GRAVITAR.—cargar, apoyar, pasar, descansar, gravear, gravar, consistir, estribar.

GRAVOSO.—dispendioso, costoso, oneroso, caro, pesado, molesto, fastidioso, cargante, intolerable, jaquecoso, cancanoso, chinchoso, estorboso.

GREGUERÍA.—gritería, algarabía, guirigay, batiburrillo, batahola.

GREMIO.—corporación, asociación, reunión, sindicato, conjunto, regazo.

GRESCA.—bulla, algazara, gritería, vocerío, altercado, pelotera, cuestión, pendencia, reyerta, riña, trapatiesta, pelea, zipizape, jarana, chamusquina, trifulca, zaragata, alboroto, contienda, bronca, cisco.

GRIETA.—rendija, hendidura, abertura, raja, quiebra, quebradura, quebraja, fisura.

GRIFO.—canilla, llave, espita, chorro, geta, dúcil.

GRIMA.—enojo, desazón, disgusto, asco, molestia, horror, aversión, repugnancia, espanto, temor, pánico.

GRIS.—ceniciento, plomizc, frío, triste, lánguido, apagado, desvaído.

GRITA.—gritería, abucheo, protesta, algazara, vocerío, vocinglería.

GRITAR.—apitar, algarear, jijear, vociferar, vocear, chillar.

GRITERÍA.—algazara, algarabía, bulla, grita, vocerío, clamoreo, clamoreda, clamor.

GROSERAMENTE.—toscamente, grosamente, zafiamente, rústicamente.

GROSERÍA.—descortesía, desatención, ignorancia, descomedimiento, incultura, rusticidad, tosquedad, irrespetuosidad, incivilidad, ordinariez.

GROSERO.—tosco, ordinario, basto, zafio, rústico, burdo, patán, desatento, descomedido, impolítico, descortés, incivil, irrespetuoso, imperfecto, ineducado, inurbano, garbancero.

GROSOR.—espesor, grueso, corpulencia, solidez.

GROTESCO.—ridículo, grutesco, extravagante, chocante, irregular, risible, bufón, tosco, zafio, raro, charro.

GRUESO.—espesor, grosor, corpulento, pesado, abultado, gordo, grande, basto, ordinario, tosco, voluminoso, corpudo, orondo.

GRULLADA.—perogrullada, gurullada, necedad, tontería, memez.

GRUÑIR.—murmurar, chirriar, rechinar, susurrar.

GRUPO.—corrillo, conjunto, reunión, conglomerado, porretada, conglomeración.

GRUTA.—cueva, caverna, cavidad, antro, refugio, espelunca, horado.

GUACHAPEAR.—chapotear, chapalear.

GUALDRAPA.—caparazón, cobertura, calandrajo, jirón, andrajo, carlanga, pingajo, cangaya.

GUAPEZA.—ánimo, bizarría, valentía, resolución, arrojo, intrepidez, ostentación, gallardía, valor, majeza, bravuconería.

GUAPO.—resuelto, animoso, intrépido, ostentoso, arrojado, galán, chulo, chulapo, jácaro.

GUARDA.—vigilante, guardián, depositario, cerbero, cancerbero, custodio, centinela, tutela, custodia, vigilancia, salvaguardia.

GUARDADOR.—guardoso, conservador, observante, cumplidor, mezquino, miserable, tacaño, avaro, apocado, tutor, curador.

GUARDAPIÉS.—brial, falda, halda, basquiña.

GUARDAR.—custodiar, conservar, defender, cuidar, precaver, proteger, retener, velar, tener, vigilar, acatar, cumplir, obedecer, observar, respetar, retener, recelar.

GUARDIA.—custodia, defensa, protección, amparo, vigilancia, salvaguardia, cuidado.

GUARDILLA.—buhardilla, bohardilla, sotabanco, desván, buharda, chiribitil, tabanco, chamizo, tabuco.

GUARECER.—acoger, socorrer, guardar, conservar, preservar, curar, medicinar, proteger, refugiar, amparar.

GUARECERSE.—cobijarse, acogerse, defenderse, refugiarse, protegerse, ampararse, guardarse.

GUARIDA.—cubil, cueva, antro, refugio, amparo, abrigadero, albergue, madriguera.

GUARNECER.—adornar, guarnir, ornar, revestir, embellecer, decorar, amueblar, tapizar, dotar, proveer, equipar, ribetear, embutir, reforzar, defender, guarnicionar, exornar, vestir, embellecer.

GUARRO.—cochino, puerco, sucio, marrano, cerdo, asqueroso.

GUASA.—pesadez, sosería, sandez, chanza, broma, burla, chacota, changuí, chirigota.

GUASÓN.—chancero, burlón, bromista, chufletero, chacotero, chuzón, zumbón.

GUAYA.—lamento, plañimiento, lamentación, plañido, queja, lloro, ay, quejido, gemido.

GUERRA.—ruptura, conflicto, rompimiento, pugna, conflagración, hostilidad, lucha, batalla, combate, rivalidad, desavenencia, disidencia, competencia, enemistad, beligerancia.

GUERREADOR.—guerreante, luchador, combatiente, batallador, guerrero, combatidor, beligerante.

GUERREAR.—luchar, batallar, combatir, resistir, rebatir, contradecir, pelear, contender, debatir.

GUERRERO.—marcial, belicoso, militar, soldado, batallador, beligerante, combatiente.

GUÍA.—acompañante, conductor, director, consejero, maestro, mentor, dirigente, baquiano, baqueano, espolique, espolista, lazarillo.

GUIAR.—conducir, aconsejar, dirigir, encaminar, gobernar, orientar, senderear, encarrilar, enhilar.

GUIJA.—guijarro, almorta, callao, jejo, escrúpulo.

GUIJEÑO.—empedernido, duro, pétreo, saxeo, guijo.

GUILLADO.—orate, ido, mochales, tocado, chiflado, ajeno.

GUILLADURA.—chifladura, monomanía, chaladura, lunatismo, demencia, insania.

GUILLOTE.—usufructuario, cosechero, haragán, holgazán, desaplicado, perezoso, vago, gandul, desidioso, cándido.

GUINDAR.—colgar, ahorcar, descolgar.

GUIÑAPO.—andrajo, trapo, harapo, calandrajo, desaliñado, dejado, pingo.

GUIÑAPOSO.—andrajoso, harapiento, haraposo, guiñapiento, pingajoso, piltrafoso, roto.

GUISAR.—cocer, cocinar, aderezar, sazonar, ordenar, adobar, componer, arreglar, disponer, preparar, aliñar, cocinear, espumar.

GUISO.—guisado, bodrio, condumio, guisote, baturrillo, brodete, bazofia.

GUITA.—cuartos, dinero, caudal, bienes, bramante, cuerda, cordel, parné, parnés, mosca.

GUITARRÓN.—astuto, sagaz, camastrón, picarón, ladino, astucioso, solerte, candongo.

GULA.—gulosidad, glotonería, tragonería, tragonía, tragazón.

GULUSMEAR.—golosinar, husmear.

GURRUMINO.—desmedrado, ruin, mezquino, tacaño, criatura, niño, crío.

GUSTAR.—complacer, agradar, paladear, placer, celebrar, probar, experimentar, desear, querer, catar, tastar, libar, saborear.

GUSTO.—capricho, antojo, delicia, deleite, satisfacción, placer, complacencia, agrado, voluntad, sabor, arbitrio, sapidez, paladar, dejo, deje.

GUSTOSO.—sabroso, agradable, apetitoso, divertido, grato, entretenido, placentero, rápido, saporífero, suculento, apetitivo.

H

HABA.—gabarro, roncha, alubia, judía, judío, habichuela, caráota, fríjol, fréjol, frisol, frisán, calamaco, uña.

HABER.—poseer, tener, acaecer, coger, asir, apresar, sobrevenir, ocurrir, existir, verificarse, efectuarse, caudal, hacienda, bienes, data, paga.

HÁBIL.—inteligente, capaz, diestro, apto, experto, ducho, competente, idóneo, perito, técnico, dispuesto, ejercitado, industrioso, ingenioso, mañoso, habilidoso, diligente, entendido, diplomático, disimulado, cachicán, apañado, baquiano.

HABILIDAD.—arte, aptitud, capacidad, competencia, disposición, destreza, gracia, industria, inteligencia, adiestramiento, solercia, apaño, mano.

HABITACIÓN.—vivienda, aposento, casa, estancia, mansión, morada, domicilio, cuarto, alcoba, servidumbre, piltro, pieza, cámara.

HABITANTE.—inquilino, vecino, morador, domiciliado, avecindado, residente, ciudadano, habitador, conviviente, regnícola, íncola, burgués, burgueño.

HABITAR.—ocupar, morar, residir, vivir, parar, anidar.

HÁBITO.—vestido, costumbre, práctica, facilidad, vezo, rito, solía, rutina, arregosto,

HABITUADO.—acostumbrado, avezado, inveterado, baqueteado, sólito, familiarizado, hecho, habitudinal, consuetudinario.

HABITUAL.—familiar, corriente, ordinario, usual.

HABITUAR.—avezar, acostumbrar, familiarizar, soler, usar, practicar, gastar, estilar.

HABITUARSE.—avezarse, hacerse, familiarizarse, acostumbrarse, regostarse, arregostarse.

HABLA.—lengua, idioma, lenguaje, dialecto, discurso, oración, arenga, frasis, boca, labio, palabra.

HABLADOR.—charlatán, charlador, parlanchín, hablantín, hablanchín, hablistán, gárrulo, locuaz, verboso, parlador, parlero, fodolí, garlón.

HABLADURÍA. — chisme, cuento, enredo, mentira, hablilla, murmuración, rumor, refunfuño, parladuría, maledicencia.

HABLAR.—platicar, departir, conversar, perorar, conferenciar, charlar, parlar, cuchichear, criticar, musitar, murmurar, chacharear, decir, tratar, proponer, interceder, rogar, suplicar, influir, paular, maular, salmodiar, flabistanear.

HABLILLA.—chisme, habladuría, cuento, rumor, murmuración, mentira, parladuría, tole tole, comidilla.

HACEDERO.—posible, factible, realizable, fácil, contingible, agible.

HACENDOSO.—diligente, cuidadoso, solícito, trabajador, acucioso, prolijo, actuoso, hacendero.

HACER.—fabricar, formar, confeccionar, construir, manufacturar, elaborar, operar, trabajar, producir, efectuar, ejecutar, consumar, practicar, obrar, plasmar, criar, inventar, perpetrar, verificar, realizar, causar, ocasionar, caber, contener, urdir, aderezar, preparar, actuar, componer, crear, concebir, procrear, engendrar, mejorar, perfeccionar, representar, dar, suponer, obligar.

HACERSE.—habituarse, acostumbrarse, fingirse, avezarse, regostarse, arregostarse, desarrollarse, perfeccionarse, volverse, transformarse, convertirse.

HACIENDA.—caudal, capital, fortuna, intereses, bienes, propiedad, finca, heredad, predio, ganado, faena, quehacer, tarea.

HACINA.—montón, rimero, acervo, cúmulo, telera, rima, tonga, haza, parva.

HACINAMIENTO.—amontonamiento, acumulación, aglomeración, cumulación, apilamiento, coacervación.

HACINAR.—amontonar, apilar, juntar, acumular, aglomerar, coacervar, cumular, centonar, conglobar.

HADO.—sino, destino, estrella, signo, fortuna, suerte, fatalidad, providencia.

HALAGADOR. — acariciador, complaciente, adulador, lisonjero, mimoso, cariñoso, halagüeño, bribiador, cocador, caroquero, potetero, zalamero.

HALAGAR.—adular, lisonjear, complacer, agasajar, festejar, regalar, obsequiar, mimar, acariciar, agradar, gustar, deleitar, engaitar, barbear, cocar, roncear.

HALAGO.—agasajo, adulación, caricia, lisonja, fiesta, mimo, zalamería, coba, meguez, zalama.

HALAGÜEÑO. — halagador, encomiástico, complaciente, lisonjero, risueño, satisfactorio, adulador, halaguero, roncero, acariciador, carantoñero, sobón.

HALAR.—tirar, jalar, izar, remesar, arrastrar, zalear.

HALLAR.—inventar, encontrar, observar, notar, averiguar, topar, tropezar, excogitar, sacar, atinar.

HALLARSE.—encontrarse, tropezarse.

HAMBRE.—necesidad, apetito, gazuza, gana, apetencia, carpanta, bulimia, deseo, afán, ansia, gaza, avidez, aceros, caninez.

HAMBRIENTO.—ansioso, deseoso, necesitado, hambrón, gaudido, trasijado, transido, ganoso, gomioso.

HAMPÓN.—bravucón, valentón, perdonavidas, matasiete, chulo, majo.

HARAGÁN.—gandul, flojo, holgazán, perezoso, maula, tumbón, vago, sobrancero, ventanero, holgado.

HARAGANEAR.—gandulear, holgazanear, colar, holgar, vagar.

HARAGANERÍA. — holganza, holgazanería, ociosidad, gandulería, pereza, bausa, ocio, vagancia.

HARAPIENTO.—andrajoso, haraposo, roto, gualdrapero, piltrafoso, pingajoso.

HARAPO.—guiñapo, andrajo, pingajo, calandrajo, colgajo, arambel, arrapo, pingo, mangajo, gualdrapa.

HARÓN.—perezoso, lerdo, holgazán, gandul, flojo, tardo, sobrancero, ventanero, holgado.

HARONÍA.—poltronería, pereza, flojedad, holgazanería, gandulería, vagancia, haraganería, bausa.

HARTAR.—satisfacer, saciar, llenar, atracar, atiborrar, apipar, fastidiar, atarugar, empapujar, repletar, empachar, hastiar, aburrir, cansar, importunar.

HARTAZGO.—hartazón, atracón, hartura, repleción, panzada, hartada, tupitaina, tupa.

HARTO.—repleto, lleno, satisfecho, bastante, asaz, sobrado, sacio, tilo.

HARTURA.—abundancia, repleción, copia, hartazgo, satisfacción, empalago, saturación, empalagamiento, hartazón.

HASTIAR.—aburrir, cansar, empalagar, hartar, fastidiar, repugnar, atediar, encocorar.

HASTÍO.—cansancio, aburrimiento, esplín, fastidio, disgusto, repugnancia, tedio, aburrición, hámago, enfado.

HATAJO.—cúmulo, haso, montón, multitud, muchedumbre, conjunto, copia, abundancia, profusión, plétora, abastanza, abundamiento.

HATO.—rebaño, manada, cuadrilla, hatería, pandilla, hatajo, fardel, hatillo, profusión, junta, reunión, corrillo.

HAZ.—atado, gavilla, paquete, legajo, manojo, cara, fagote, rostro, faz, mazo, semblante, fajo, feje.

HAZAÑA.—heroicidad, proeza, valentía, gesta, sergas, rasgo, hombrada.

HAZAÑOSAMENTE.—valerosamente, valientemente, briosamente denodadamente, heroicamente.

HAZAÑOSO.—valiente, heroico, valeroso, denodado, esforzado, ardido, arrestado, restado.

HAZMERREÍR.—bufón, mamarracho, moharracho, estafermo, calandrajo.

HEBDÓMADA.—semana, septenario.

HECATOMBE.—matanza, sacrificio, degollina, carnicería, mortandad, holocausto, litación, oblación, inmolación.

HECHICERÍA.—brujería, mágica, jorguinería, ahuizote, encantamiento, hechizo, maleficio.

HECHICERO.—cautivante, atrayente, embelecador, cautivador, seductor, embelesador, hechizador, encantador, mago, brujo, retrechero, garabatoso.

HECHIZAR.—embelesar, cautivar, embrujar, seducir, encantar, atraer, deleitar, sorber, arrebatar, engolosinar.

HECHIZO.—encanto, atractivo, anzuelo, ángel, gancho, gachonería, magia, seducción, filtro, bebedizo, maleficio, artificioso, fingido, agregado, añadido, postizo, sobrepuesto, portátil.

HECHO.—maduro, perfecto, vuelto, convertido, suceso, semejante, hazaña, acontecimiento, caso, acción, obra, avezado, acostumbrado, familiarizado, habituado, regostado, arregostado, banqueteado.

HECHURA.—corte, figura, forma, contextura, complexión, hacimiento, factura.

HEDER.—enfadar, apestar, fastidiar, cansar, molestar, cargar, apestar, oliscar.

HEDIONDEZ.—fetidez, hedor, pestilencia, peste, fetor, hedentina, tafo, tufo.

HEDIONDO.—fétido, apestoso, pestífero, sucio, pestilente, obsceno, repugnante, torpe, enfadoso, cansado, fastidioso, insufrible, molesto, inaguantable, cargante, insoportable, hidiondo, catingoso, carroñoso.

HEDOR.—fetidez, fetor, hediondez, empireuma, humazo, catinga, ocena, peste, pestilencia.

HEGEMONÍA.—supremacía, predominio, superioridad, supereminencia, prominencia.

HELADO.—estupefacto, atónito, pasmado, suspenso, sobrecogido, turulato, congelado, frío, yerto, tieso, esquivo, desdeñoso, glacial, gélido, carambanado.

HELAR.—pasmar, congelar, sobrecoger, desanimar, desalentar, acobardar, cuajar, garapiñar.

HELERO.—glaciar, carranca, pinganillo, garapiña, pinganello.

HELOR.—frío, frialdad, frigidez, frescura, cencío, gris.

HENCHIR.—llenar, rellenar, hinchar, inflar, enllenar, inundar, atarugar, atiborrar.

HENCHIDO.—lleno, inflado, hinchado, colmo, preñado, grávido, pleno.

HENDER.—agrietar, abrir, cascar, rajar, cortar, atravesar, hendir, quebrajar, resquebrajar, esquebrajar.

HENDIDURA.—hendedura, grieta, abertura, raja, rendija, intersticio, fenda, quiebra, quebradura, quebraja, resquebrajadura, resquebradura, fisura, ranura, estría, surco, muesca.

HEREDAD.—posesión, predio, propiedad, hacienda, finca, campo, herencia.

HERIDO.—ofendido, agraviado, contuso, lesionado, lastimado, descalabrado, rancajado, anavajado.

HERIR.—dar, batir, golpear, percutir, tocar, pulsar, agraviar, dañar, lastimar, lesionar, ofender, mover, acertar, excitar, vulnerar, lacerar.

HERMANAR.—juntar, unir, uniformar, armonizar, hermanecer, confraternar, fraternizar.

HERMANARSE.—armonizarse, unirse, juntarse, confraternizarse, fraternizarse.

HERMANO.—fraile, fray, lego, maño, tato, tata, germano.

HERMOSEAR.—adornar, embellecer, agraciar, alegrar, realzar.

HERMOSO.—soberbio, bello, encantador, espléndido, precioso, magnífico, sereno, apacible, venusto, lindo, bonito.

HERMOSURA.—perfección, belleza, excelencia, beldad, guapura, morbidez, venustez, venustidad.

HÉROE.—epónimo, semidiós, protagonista, león, gallo, campeador, cid.

HEROICIDAD.—sergas, guapeza, hazaña, valentía, hombría, gesta, proeza.

HERRAMIENTA.—instrumento, utensilio, trebejo, útil, arma.
HERRERÍA.—fragua, forja, taller, tienda, confusión, ruido, desorden, cerrajería, forjadura, alboroto, bronca.
HERRUMBRE.—orín, moho, roya, mogo, herrín, cardenillo.
HERRUMBROSO.—oxidado, mohoso, mohiento, oriniento, calumbriento, roñoso, ruginoso, eruginoso.
HERVIDERO. — muchedumbre, multitud, abundancia, copia, manantial, hervor, ebullición, ebulición.
HERVOR.—fogosidad, ardor, impetuosidad, viveza, hervidero, ebullición, ebulición.
HERVOROSO.—fogoso, impetuoso, acalorado, enardecido, caluroso, arrebatoso, alborotado, banderizo, arrebatado.
HEZ.—escoria, desperdicio, desecho, poso, excremento, inmundicia, sedimento, sobra, vil, despreciable, mierda.
HIDALGAMENTE. — generosamente, noblemente, ahidalgamente, señorilmente, caballerosamente.
HIDALGO.—noble, hijodalgo, ilustre, generoso, distinguido, caballeroso, magnánimo, ahidalgado, patricio, señoril, señorial.
HIDRÓPICO.—sediento, insaciable, sitibundo, dipsómano.
HIEDRA.—yedra, cazuz.
HIEL.—amargor, bilis, desabrimiento, aspereza, atrabilis, cólera.
HIELO.—témpano, carámbano, iceberg, candela, calamoco.
HIERÁTICO.—misterioso, sagrado, impasible, solemne, afectado, campanudo, enfático.
HIGA.—amuleto, ademán, burla, desprecio, burlería, desdén.
HIGIENE.—profilaxis, dietética, eugenesia, limpieza, aseo, pulcritud.
HIJO.—originario, natural, nativo, nacido, descendiente, fruto, producto, consecuencia, retoño, renuevo, hi, fi, vástago.
HILARIDAD.—humorismo, jocosidad, gozo, algazara, alegría, risa, júbilo, contento.
HILO.—hilván, hebra, continuación, bramante, alambre, filamento, fibra, cabo, fique.
HIMENEO.—boda, matrimonio, casamiento, nupcias, epitalamio, enlace, unión.
HIMNO.—peán, canción, cántico, canto, epinicio.
HINCAR.—introducir, meter, clavar, plantar, fijar, apoyar, embutir, enclavar, empotrar.
HINCHA.—encono, odio, enemistad, ojeriza, enojo, rencor, aborrecimiento, tirria, rabia.
HINCHADO.—presuntuoso, vano, presumido, infatuado, fatuo, hueco, inflado, hinchado, vanidoso, envanecido, afectado, engreído, redundante, pomposo, hiperbólico, abotagado, abohetado, abuhado, tumefacto, tumescente, turgente, túrgido, túmido, opado, vultuoso.
HINCHAR.—exagerar, inflar, abultar, aumentar, infartar, soplar, ahuecar, abultar.
HINCHARSE.—engreírse, envanecerse, ensoberbecerse, infatuarse, abotagarse, abotargarse, altivarse, hispirse.
HINCHAZÓN.—inflamación, vanidad, engreimiento, soberbia, presunción, fatuidad, tumescencia, inflamación.
HIPAR.—gimotear, codiciar, lloriquear, anhelar, desear, ayear, gemir.
HIPÉRBOLE.—ponderación, exageración, andaluzada, especiota, portuguesada.
HIPERBÓLICO.—afectado, hinchado, pomposo, hueco, redundante, aparatero, ponderativo, exagerado, exagerante.
HIPOCRESÍA.—doblez, simulación, ficción, disimulo, fingimiento, afectación, falsedad, simulación, farisaísmo, teatinería.
HIPÓTESIS.—suposición, hipótesi, figuración, presunción, conjetura, posibilidad, probabilidad, teoría, conjetura, presuposición.
HÍSPIDO.—hirsuto, erizado, pelitieso, peliagudo.
HISPIR.—afufar, mullir, ahuecar, esponjar.
HISTORIA.—crónica, relato, cronicón, narración, relación, descripción, exposición, anales, fastos, fábula, cuento, chisme, ficción, enredo, hablilla, anécdota, palimpsesto, fabliella, habladuría, murmuración.
HISTORIAR.—relatar, referir, narrar, recitar, mencionar.
HISTÓRICO.—positivo, cierto, seguro, verdadero, averiguado, auténtico.
HISTRIÓN.—comediante, cómico, farsante, bufón, payaso, juglar, volatín, prestidigitador, mimo, pantomimo, momo, albardán.
HISTRIONISA.—actriz, cómica, comedianta, bailarina, juglaresa, juglara.
HISTRIONISMO.—pantomima, albardanería, truhanada, mamarrachada, bufonada.
HITO.—poste, mojón, chito, tángano, junto, unido, inmediato, contiguo.
HOCICAR.—tropezar, hozar, caer, besucar.
HOCICO.—morro, jeta, boca, cara, semblante, tarasca, caja, rostro.
HOGAR.—domicilio, casa, morada, chimenea, hoguera, fogón, lar, llar, fóculo.
HOJA.—pámpano, pétalo, folio, espada, cuchilla, tizona, acero, lámina, plancha, capa, página, puerta, ventana.
HOLGACHÓN.—regalón, comodón, holgado.
HOLGADO.—desahogado, ancho, sobrado, desocupado, hornaguero, acomodado, cómodo, amplio, espacioso.
HOLGANZA.—quietud, descanso, reposo, haraganería, gandulería, holgazanería, ociosidad, contento, pereza, poso, asueto, reposo, diversión, regocijo, placer, recreo.
HOLGAR.—reposar, descansar, sobrar, posar, sosegar, solazarse.
HOLGAZÁN.—haragán, gandul, maula, ocioso, rompepoyos, perezoso, tumbón, vagabundo, vago, gandumbas.
HOLGAZANEAR.—gandulear, vaguear, haraganear, vagabundear, perecear, haronear, roncear, bartolear.
HOLGAZANERÍA. — holganza, haraganería, gandulería, ociosidad, pereza, haronía, vagancia, bausa, maulería.
HOLGORIO.—diversión, bullicio, fiesta, parranda, jarana, regocijo, jolgorio, refocilo, holgueta, farra.
HOLGURA.—amplitud, anchura, comodidad, riqueza, desahogo, regocijo, diversión, holgorio.
HOLOCAUSTO.—sacrificio, laticinio, hecatombe, abnegación, dedicación.
HOLLAR.—pisotear, pisar, atropellar, conculcar, mancillar, abatir, ajar, manchar, humillar, despreciar, menospreciar, escarnecer, achicar, postrar, marchitar.
HOMENAJE.—respeto, sumisión, veneración, acatamiento, deferencia, respetuosidad, miramiento.
HOMICIDA.—asesino, matador, criminal.
HOMINICACO. — chisgarabís, chiquilicuatro, cobarde, cobardón, gallina, cagueta.
HOMÓNIMO.—equivalente, igual, parecido, homófono, tocayo, sinónimo.
HONDO.—recóndito, profundo, misterioso, simado, abisal, abismado.

HONESTAR.—cohonestar, honrar, enaltecer, gloriar, glorificar, elevar.
HONESTIDAD.—recato, pudor, decoro, decencia, honra, castidad, modestia, compostura, comedimiento, cortesía, pudicicia, pudibundez, virtud.
HONESTO.—honrado, decente, decoroso, pudoroso, modesto, casto, equitativo, recatado, justo, razonable, púdico, pudibundo, platónico, virtuoso.
HONOR.—reputación, honra, fama, obsequio, celebridad, aplauso, renombre, gloria, recato, honestidad, castidad, distinción, dignidad, cargo, empleo, pundonor, filancia, lacha.
HONORABLE.—respetable, distinguido, venerable, honorífico, honroso, honrado.
HONORARIOS. — emolumentos, estipendio, gajes, salario, paga, sueldo, mensualidad, mesada, semanal.
HONORÍFICO.—honorable, decoroso, honroso, preeminente, honrado, distinguido.
HONRA.—gloria, fama, honor, renombre, reputación, castidad, distinción, honestidad, pudor, recato, prez, pundonor, filancia, lacha.
HONRADEZ.—integridad, probidad, rectitud, honestidad, lealtad, honorabilidad, honra, honorificencia, nobleza.
HONRADO.—leal, íntegro, probo, apreciado, recto, estimado, respetado, venerado, decente, noble, honroso.
HONRAR.—venerar, respetar, distinguir, enaltecer, favorecer, ennoblecer, ensalzar, realzar, premiar, encumbrar, condecorar, dignificar, gloriar, glorificar, honestar.
HONRILLA.—pundonor, puntillo, punto, lacha, vergüenza.
HONROSO.—decoroso, decente, honorífico, preeminente, preciado, señalado, singular, honorable, honesto, noble.
HORADAR.—agujerear, perforar, taladrar, barrenar, trepar, calar, ojetear.
HORMIGUEAR.—pulular, bullir, abundar, rebullir, hurgar, bornear, cernear.
HORNAGUERO.—amplio, flojo, holgado, ancho, espacioso.
HORNILLA.—hogar, hornillo, cocinilla, infiernillo, infernillo.
HORÓSCOPO.—profecía, vaticinio, predicción, pronóstico, adivinación, precursor, agorador.
HORQUILLA.—horcón, horca, horqueta, horcaje, horcate, tridente, horcajo, escarpidor, bielda, bieldo, bidente.
HORRENDO.—hórrido, horrible, horripilante, feo, horroroso, monstruoso, espantoso, horrísono, tremebundo, horrorífico, despeluznante, espeluznante, aterrador, pavoroso, horrorífico.
HORRIPILAR.—aterrar, horrorizar, espeluznar, erizar, espantar, aterrorizar, terrecer, despatarrar, avispar.
HORRO.—desembarazado, libre, exento, manumiso.
HORROR.—consternación, aversión, espanto, terror, pavor, fobia, pavura, pavidez, canguis, cerote
HORROROSO.—espantoso, aterrador, espeluznante, horripilante, horrible, terrífico, pavoroso, formidoloso, despeluznante, horrendo, monstruoso, repugnante, feísimo.
HORRURA.—escoria, bascosidad, suciedad, porquería, basura, superfluidad.
HOSCO.—fusco, fosco, obscuro, huraño, intratable, áspero, ceñudo, desabrido.
HOSPEDAJE.—albergue, posada, alojamiento, hospedamiento, pupilaje, cobijamiento, aposentamiento.
HOSPITALIDAD.—refugio, albergue asilo, abrigo, protección, acogida, acogimiento, calor, cobijamiento
HOSTELERO.—huésped, hospedero, mesonero, posadero, aposentador, alberguero.
HOSTERÍA.—mesón, hostal, parador, posada, alberguería, albergue, pupilaje.
HOSTIGAR.—castigar, azotar, perseguir, molestar, acosar, atosigar, arrear, aguijar, avispar, picar, fustigar.
HOSTIL.—contrario, adverso, desfavorable, enemigo, opuesto, pugnante, desamigado, adversario.
HOSTILIDAD.—enemistad, enemiga, oposición, disputa, contienda, pugna, aborrecimiento, desapego.
HOSTILIZAR.—molestar, acometer, tirotear.
HOYA.—hoyo, fosa, huesa, sepultura, concavidad, hondonada, cóncava, cóncavo, hondura, pozo, almáciga, semillero.
HUCHA.—arca, alcancía, olla, hurtadineros, vidriola.
HUCHEAR.—gritar, llamar, desaprobar, chitar, vocear.
HUECO.—vacío, cóncavo, afectado, presumido, vano, presuntuoso, fatuo, infatuado, pedante, vanidoso, hinchado, pomposo, mullido, esponjoso, vacante, intervalo, espacio.
HUELGA.—recreación, holganza, holgura, anchura, hueco, distancia, vuelo, anchor.
HUELLA.—pisada, rastro, pista, señal, vestigio, ceriballo, paso.
HUERTA.—huerto, vergel, almunia, cigarral, vega.
HUESA.—fosa, sepultura, hoyo, yacija, pudridero, hoya.
HUÉSPED.—mesonero, hospedero, pupilero, hostelero, posadero, alojado, posante, convidado, comensal, pensionista, pupilo, invitado, anfitrión.
HUIDA.—evasión, fuga, éxodo, hégira, tornillo, apelde, mano, pira.
HUIR.—escapar, partir, desaparecer, esquivar, evitar, rehuir, afufar, jopar, apeldar, chapescar.
HUMANIDAD.—benignidad, afabilidad, caridad, bondad, compasión, filantropía, mansedumbre, corpulencia, gordura, fragilidad, flaqueza, clemencia, miseración.
HUMANIZARSE. — humanarse, dulcificarse, suavizarse, civilizarse, ablandarse, apiadarse, emblandecerse.
HUMANO.—caritativo, compasivo, misericordioso, indulgente, benévolo, afable, benigno, filantrópico, compasible, clemente, pío, humanitario.
HUMEDECER.—humectar, mojar, madeficar, remojar.
HUMILDAD.—acatamiento, docilidad, rendimiento, obediencia, sumisión, bajeza, modestia, obscuridad, pobreza, vulgaridad, contrición, encogimiento, timidez, paciencia.
HUMILDE.—modesto, bajo, sencillo, obscuro, pobre, vulgar, dócil, obediente, rendido, sumiso, seráfico, apocado, bajo.
HUMILLANTE.—degradante, denigrante, vergonzoso, depresivo, humillador, depresor.
HUMILLAR.—domeñar, doblegar, someter, degradar, sojuzgar, rebajar, avergonzar, abochornar, postrar, afrentar, apocar, aballar, herir, ofender, lastimar, insultar, ajar, chicar, desentonar, desendiosar.
HUMILLO.—presunción, vanidad, altanería, fatuidad, vanistorio, hinchazón, pedantería.
HUMO.—vanidad, fatuidad, altivez, presunción, fumarola, tufo, humarazo, humaza.
HUMOR.—jovialidad, agudeza, ingenio, genio,

índole, carácter, condición, secreción, supuración, mucosidad, purulencia, linfa, flema, bilis.

HUMORADA.—capricho, antojo, incongruencia, quínola, extravagancia, fantasía.

HUNDIR.—sumir, sumergir, clavar, derribar, destrozar, abatir, destruir, arruinar, abrumar, forzar, confundir, abismar, enfusar, afondar.

HUNDIRSE.—sumirse, sumergirse, perderse, arruinarse, deprimirse, esborregarse, abismarse.

HURAÑO.—arisco, áspero, hosco, esquivo, insociable, intratable, retraído, misántropo, esquinado, gestudo, acre, atrabiliario.

HURGAR.—conmover, incitar, excitar, pinchar, menear, remover, manosear, sobar, tocar, mover, bullir, mornear.

HURONEAR.—curiosear, escudriñar, indagar, husmear, escarcuñar, esculcar, ventear, oliscar.

HURTAR.—quitar, robar, ratear, tomar, limpiar, apartar, desviar, separar, raspar, escamotar, escamotear, afanar.

HUSMEAR.—rastrear, olfatear, oler, podenquear, aliscar, olisquear, inquirir, buscar, averiguar, indagar, huronear, fisgonear, zahoriar.

HUSMEO.—rastreo, husma, perquisición, inquisición, averiguación, fisgoneo, busca, búsqueda, escudriñamiento.

I

IDEA.—ingenio, imaginación, inventiva, juicio, concepto, opinión, intención, plan, propósito, croquis, proyecto, esbozo, imagen, conocimiento, representación, noción, capricho, manía, obsesión, tema, ocurrencia, prenoción, impresión, sensación, percepción.

IDEAL.—perfecto, sublime, elevado, puro, modelo, prototipo, arquetipo, ambición, ilusión, irreal, deseo, incorpóreo, inmaterial, excelente, ideológico, sublime.

IDEAR.—discurrir, inventar, imaginar, meditar, maquinar, ingeniar, disponer, pensar, trazar, concebir, abrigar, conceptuar.

IDÉNTICO.—igual, equivalente, exacto, mismo, propio, uno, semejante.

IDENTIDAD.—igualdad, equivalencia, coincidencia, concordia.

IDENTIFICAR.—reconocer, unificar, homogeneizar, hermanar.

IDIOMA.—lengua, lenguaje, habla.

IDIOSINCRASIA.—temperamento, índole, carácter, naturaleza, natural, condición.

IDIOTA.—bobo, tonto, estólido, imbécil, necio, estúpido, sandio, estulto, ignorante, leño, tolete, burro.

IDIOTEZ.—estolidez, imbecilidad, estulticia, sandez, estupidez, necedad, tontería, bobería, nesciencia, mentecatería, memez, botez, bojedad, porrería, tontedad.

IDIOTISMO.—ignorancia, idiotez, incultura, tochedad, sandez, tontera, embobecimiento.

IDO.—chiflado, distraído, lelo, guillado, chalado.

IDÓLATRA.—apasionado, adorador, gentil, tórtolo, pasional, pagano, iconólatra.

IDOLATRÍA.—gentilismo, paganismo, adoración, apasionamiento, perdición, derretimiento.

ÍDOLO.—fetiche, tótem, mascota, amuleto, anito, icono.

IDONEIDAD.—aptitud, disposición, capacidad, competencia, suficiencia, habilidad, elegancia, personería.

IDÓNEO.—suficiente, apto, capaz, dispuesto, competente, hábil, calificado, aparejado.

IGNARO.—inculto, ignorante, burro, tonto, bobo, estúpido.

IGNAVIA.—desidia, dejadez, pereza, galbana, flojedad, pigricia, haronía, carpanta, zangarriana, gandaya.

IGNOMINIA.—afrenta, baldón, bajeza, ludibrio, deshonor, deshonra, oprobio, infamia, vilipendio, profazo, estigma, demérito.

IGNORANCIA.—analfabetismo, incultura, barbarie, incompetencia, desconocimiento, nesciencia, inerudición, asopía, agnosia.

IGNORANTE.—analfabeto, ignaro, zote, profano, necio, obtuso, pollino, simple, mentecato, nesciente, ayuno, lego.

IGNORAR.—desconocer, rebuznar.

IGNOTO.—ignorado, desconocido, innoto, incierto, inexplorado.

IGUAL.—semejante, parecido, idéntico, paralelo, equivalente, exacto, similar, llano, plano, unido, uniforme, indiferente, invariable, constante, regular, perigual, sinónimo, gemelo, homónimo, homófono, igualmente.

IGUALACIÓN.—ajuste, igualamiento, emparejamiento, iguala, convenio, pacto.

IGUALAR.—aplanar, allanar, explanar, nivelar, compensar, equiparar, aparear, emparejar, empatar, empardar, equilibrar, pactar.

IGUALDAD.—ecuación, equilibrio, ponderación, unidad, regularidad, uniformidad, conformidad, correspondencia, identidad, paridad, semejanza, parejura, sinonimia, homonimia, isocronismo.

IGUALMENTE.—igual, indistintamente, también, asimismo, equivalentemente, potencialmente.

ILACIÓN.—deducción, consecuencia, inferencia, raciocinación, sindéresis.

ILEGAL.—ilícito, ilegítimo, injusto, prohibido, inconstitucional, atentatorio, desordenado.

ILEGALIDAD.—conculcación, tropelía, ilegitimidad, inobservancia, transgresión, contravención, injusticia.

ILEGIBLE.—ininteligible, indescifrable, incomprensible, inlegible.

ILEGÍTIMO.—ilegal, bastardo, espurio, falso, seudo, apócrifo, inexacto.

ILESO.—intacto, incólume, indemne, sencido, cencido, incorrupto, exento.

ILÍCITO.—indebido, ilegal, injusto, prohibido, inmundo, clandestino, malo.

ILIMITADO.—indefinido, incalculable, incircunscripto, infinido, descercado, descampado.

ILITERATO.—indocto, ignorante, inculto, ignaro, ayuno, lego.

ILÓGICO.—irrazonable, antinatural, improbable, desrazonable, descabezado, despropositado, inverosímil.

ILUMINACIÓN.—luminaria, alumbrado, claridad, luz, coloración, alumbramiento, irradiación.

ILUMINAR.—inspirar, alumbrar, ilustrar, colorear, pintar, estofar.

ILUSIÓN.—engaño, esperanza, alucinación, quimera, desvarío, delirio, ficción, sueño, espera, expectación, expectativa.

ILUSIONAR.—seducir, engañar, alucinar, acariciar, concebir, abrigar.

ILUSIVO.—fingido, falso, engañoso, aparente, ilusorio, engañante, engañador.

ILUSO.—seducido, engañado, preocupado, soñador, ilusionado, ensoñador.

ILUSORIO.—aparente, falaz, engañoso, ilusivo, falso, nulo, delusorio, delusivo, frustráneo.

ILUSTRACIÓN.—base, cultura, preparación, erudición, instrucción, aclaración, comentario, figura, explicación, grabado, lámina, enseño, aleccionamiento, adiestramiento.

ILUSTRADO.—docto, culto, erudito, letrado, instruido, enseñado, adiestrado.

ILUSTRAR.—esclarecer, aclarar, dilucidar, enseñar, instruir, civilizar, meldar, imponer, doctrinar, iniciar.

ILUSTRE.—distinguido, ínclito, célebre, esclarecido, insigne, famoso, afamado, renombrado, glorioso, eminente, preclaro, notable, egregio, augusto, prestigioso, excelso, eximio, reputado, brillante, celebrado, celebérrimo, magistral, relevante, sobresaliente, conspicuo, excelente, docto, egregio, claro, admirable, respetable, maestro, genial, consagrado.

IMAGEN.—semejanza, copia, simulacro, especie, símbolo, figura, representación, estatua, estampa, icono, ídolo.

IMAGINACIÓN.—alucinación, espejismo, apariencia, arrobamiento, transporte, ficción, ensueño, quimera, novelería, utopía, ilusión, figuración, fantasía, suposición, conjetura, invención, divagación, visión, espectro, miente, magín, mientes.

IMAGINAR.—forjar, creer, inventar, presumir, suponer, sospechar, conjeturar, acariciar, soñar, divagar, quimerizar.

IMAGINARIO.—ficticio, fabuloso, inventado, supuesto, supositivo, parabólico, utópico, quimerino.

IMBÉCIL.—bobo, alelado, idiota, papatoste, ciruelo, mamacallos, necio, tonto, estúpido, estólido, mentecato.

IMBECILIDAD.—estupidez, idiotez, tontería, bobería, alelamiento, estolidez, necedad, mentecatez, nesciencia, mentecatería, estulticia.

IMBELE.—débil, indefenso, inerme.

IMBERBE.—barbilampiño, lampiño, desbarbado, barbirrapado, rapagón, barbilucio.

IMBORRABLE.—indeleble, fijo.

IMBUIR.—inculcar, infundir, persuadir, inclinar, mover, infiltrar.

IMITACIÓN.—reproducción, facsímile, copia, remedo, plagio, emulación, simulacro.

IMITADOR.—copista, plaglario, arrendajo, mona, mimo.

IMITAR.—contrahacer, copiar, remedar, reproducir, plagiar, tomar, calcar, fusilar.

IMPACIENCIA.—inquietud, nervosidad, desasosiego, intranquilidad, espera, excitación.

IMPACIENTAR.—incomodar, enfadar, irritar, desasosegar, intranquilizar.

IMPACIENTE.—inquieto, intranquilo, nervioso, excitado, desasosegado, súpito, desesperante.

IMPALPABLE.—sutil, incorpóreo, etéreo, aéreo, inmaterial, invisible, cencido, intangible, incorporal.

IMPARCIAL.—sereno, ecuánime, correcho, ajustado.

IMPARCIALIDAD.—igualdad, rectitud, equidad, justicia, neutralidad.

IMPARTIR.—comunicar, repartir, distribuir, dar, entregar, ceder, conceder.

IMPASIBILIDAD. — indiferencia, insensibilidad, estoicismo, imperturbabilidad, inalterabilidad, entereza, aplomo, impavidez.

IMPASIBLE.—indiferente, estoico, imperturbable, insensible, inalterable, inmutable, espartano, inconmovible.

IMPAVIDEZ.—serenidad, denuedo, arrojo, intrepidez, valor, imperturbabilidad, aplomo, entereza, estoicismo.

IMPÁVIDO.—denodado, arrojado, impertérrito, intrépido, imperturbable, sereno, valeroso, estoico, inmutable, impasible.

IMPECABLE.—limpio, puro, especioso, clásico, magistral, irreprensible, perfecto.

IMPEDIDO.—imposibilitado, baldado, paralítico, entumecido, anquilosado, inválido, tullido.

IMPEDIMENTO.—obstáculo, estorbo, traba, entorpecimiento, embarazo, inconveniente, óbice, dificultad, valladar, tope, valla, engorro, pihuela.

IMPEDIR.—estorbar, obstruir, atajar, suspender, embargar, empecer, obstar, prohibir, privar, vedar, imposibilitar, empachar, reprimir, desayunar, frenar, paralizar, frustrar.

IMPELER.—excitar, impulsar, estimular, empujar, incitar, mover, aguijonear, acuciar, aguijar, espolear.

IMPENETRABLE.—indescifrable, incomprensible, inexplicable, insondable, duro, compacto, obscuro, difícil.

IMPENITENTE.—obstinado, recalcitrante, terco, persistente, reincidente, incorregible, emperrado, testarudo, protervo, contumaz.

IMPENSADO.—casual, accidental, fortuito, inesperado, imprevisto, inopinado, insospechado, repentino, incogitado, súpito, improvisado.

IMPERAR.—mandar, dominar, predominar, regir, prevalecer, reinar, gobernar, soberanear, señorear.

IMPERATIVO. — autoritario, dominante, mandón, conminatorio, imperioso, prescrito, imperador.

IMPERECEDERO.—inmortal, eterno, perpetuo, perdurable, perenne, perenal, perennal.

IMPERFECCIÓN.—falta, defecto, vicio, deficiencia, incorrección.

IMPERFECTO.—anormal, defectuoso, inconcluso, incompleto, falto, tosco, deforme, incorrecto, deficiente.

IMPERICIA.—inhabilidad, inexperiencia, insuficiencia, torpeza, desmaña, incompetencia, desgracia.

IMPERIO.—dominio, autoridad, potencia, orgullo, altanería, soberbia, ascendiente, influencia, prestigio, mando, señorío, caudillaje.

IMPERIOSO.—dominador, autoritario, altanero, orgulloso, soberbio, imperador, conminatorio, mandante.

IMPERMEABILIZAR.—embrear, alquitranar, encerar, barnizar, calafatear.

IMPERTÉRRITO.—impávido, intrépido, imperturbable, impasible, sereno, valeroso, denodado, arrojado, estoico, entero, inconmovible.

IMPERTINENCIA.—disparate, despropósito, chinchorrería, inconveniencia, importunidad, pesadez, disparate, inoportunidad.

IMPERTINENTE. — cargante, chinchorrero, fastidioso, chinchoso, importuno, molesto, inconveniente, pesado, degollante, prolijo, preguntador, escrupuloso, exigente.

IMPERTURBABILIDAD. — calma, serenidad, tranquilidad, impavidez, impasibilidad, estoicismo, entereza, insensibilidad.

IMPERTURBABLE.—imperfecto, estoico, entero, inconmovible, sereno, impávido, impasible, tranquilo.

IMPETRA.—facultad, licencia, autorización, bula, permiso.

IMPETRAR.—obtener, solicitar, alcanzar, conseguir, pedir, rogar, suplicar.

ÍMPETU.—fuerza, arrebato, violencia, impetuosidad, impulso, arranque, furia, resolución.

IMPETUOSO.—fogoso, arrebatado, precipitado, violento, arrebatoso, febril, impígero.

IMPÍO.—incrédulo, irreligioso, impiadoso, impiedoso, nefario, indevoto.

IMPLACABLE.—despiadado, cruel, duro, inexorable, inhumano, rencoroso, vengativo, indoblegable, intolerante.

IMPLICAR.—contener, envolver, enlazar, obstar, enredar, impedir, suponer, incluir, llevar.

IMPLÍCITAMENTE.—virtualmente, tácitamente, inclusivamente.

IMPLORAR.—rogar, suplicar, instar, invocar, pedir, impetrar, solicitar.

IMPOLÍTICO.—descortés, inurbano, grosero, incivil, inoportuno.

IMPOLUTO. — inmaculado, limpio, pulcro, puro.

IMPONENTE.—temeroso, medroso, alarmante, inmenso, enorme, grandioso, soberbio, majestuoso, venerable, venerado, reverenciable, respetable.

IMPONER.—instruir, enterar, enseñar, informar, orientar, acobardar, amedrentar, aplicar, imputar, infligir, atribuir, asustar, acollonar, acoquinar.

IMPOPULAR.—desprestigiado, desacreditado, desopinado, malquisto, malmirado.

IMPORTANCIA.—ascendiente, autoridad, consideración, categoría, calidad, influencia, alcance, validez, valor, gravedad, trascendencia, peso, monta, magnitud, alcance, busilis.

IMPORTANTE.—grave, serio, considerable, conveniente, capital, primordial, substancial, vital, esencial, interesante, autorizado, valioso, principal, señalado, enjundioso, destacado, saliente, trascendente, trascendental, fundamental, cardinal, culminante, notable.

IMPORTAR.—convenir, introducir, interesar, valer, montar, subir, traer, incluir.

IMPORTE.—costo, coste, precio, valor, crédito, cuenta.

IMPORTUNAR.—cargar, aburrir, fastidiar, incomodar, molestar, incordiar, encocorar, chinchar, amolar, majar, mosconear.

IMPORTUNIDAD. — molestia, importunación, chinchorrería, machaquería, incomodidad, inoportunidad.

IMPORTUNO.—enfadoso, majadero, chinche, chinchoso, latero, cargoso, haratoso, jaquecoso, entremetido, molesto, incordio, oficioso, intempestivo, inoportuno, impolítico.

IMPOSIBILITADO.—baldado, impedido, paralítico, inválido, tullido, anquilosado, entumecido.

IMPOSIBILITAR.—inhabilitar, impedir, invalidar, obstaculizar.

IMPOSIBLE.—inadmisible, inhacedero, difícil, utópico, inaccesible, impracticable, inadecuado, irrealizable, inejecutable, inverosímil, quimérico, insufrible, inaguantable.

IMPOSICIÓN.—tributo, carga, obligación, gabela, impuesto.

IMPOSTOR.—charlatán, calumniador, embaucador, falsario, testimoniero, calumnioso, matavivos, sicofante.

IMPOSTURA.—calumnia, engaño, ladrido, testimonio, suposición, falsedad, mentira, superchería, embuste, fingimiento, imputación.

IMPOTENCIA.—invalidez, esterilidad, exinanición, ineptitud.

IMPOTENTE.—incapaz, débil, imbele, indefenso, inerme.

IMPRACTICABLE.—irrealizable, inaccesible, intransitable, imposible.

IMPRECACIÓN. — maldición, condenación, anatema, taco, palabrota.

IMPRECADOR. — maldiciente, abominador, execrador, anatematizador.

IMPRECISO.—vago, confuso, indeterminado, borroso, desdibujado.

IMPREGNAR.—saturar, emparar, embeber, mojar, ensopar, pringar, calar.

IMPREGNARSE.—empaparse, saturarse, embeberse, ensoparse, amerarse.

IMPREMEDITACIÓN.—imprevisión, descuido, irreflexión, ligereza, negligencia, inconsideración, atolondramiento, irracionalidad.

IMPREMEDITADO.—indeliberado, irreflexivo, espontáneo, instintivo, involuntario, inconsciente, atolondrado.

IMPRESCINDIBLE.—forzoso, indispensable, insubstituible, necesario, preciso, irreemplazable, inexcusable, esencial, obligatorio.

IMPRESIÓN.—estampa, estampación, huella, marca, señal, efecto, sensación, tirada.

IMPRESIONABLE.—nervioso, excitable, sensible, emocional, sentible, sentido, susceptible.

IMPRESIONAR.—conmover, excitar, alterar, alzaprimar, mover, emocionar.

IMPREVISIÓN.—impremeditación, descuido, imprudencia, ligereza, negligencia, desprevención, inadvertencia, desapercibimiento, indeliberación, precipitación.

IMPREVISTO.—inesperado, impensado, repentino, insospechado, incogitado, insospechable, súpito.

IMPRIMIR. — tirar, estampar, comunicar, transmitir, editar.

IMPROBAR.—reprobar, desaprobar, censurar, profazar, desalabar, tachar.

ÍMPROBO.—agotador, abrumador, excesivo, penoso, fatigoso, malo, malvado, perverso, vil, pervertido.

IMPROCEDENTE.—inadecuado, desconforme, disconforme, extemporáneo, infundado, impropio.

IMPRODUCTIVO.—infecundo, estéril, infructífero, yermo, machío, infrugífero, inerte.

IMPROPERIO.—denuesto, reproche, denostación, injuria, afrenta, insulto, baldón, ultraje, tuerto, injuriamiento, oprobio, dicterio.

IMPROPIO.—extraño, ajeno, inadecuado, indigno, improcedente, extemporáneo.

IMPROPORCIÓN.—desproporción, asimetría, disimetría, desigualdad.

IMPRÓSPERO.—adverso, desfavorable, infeliz, desgraciado, desafortunado.

IMPRÓVIDO.—desprevenido, descuidado, confiado, desapercibido, seguro.

IMPRUDENCIA.—irreflexión, descuido, impremeditación, imprevisión, aturdimiento, ligereza, atolondramiento, temeridad, alocamiento, indeliberación, inoportunidad.

IMPRUDENTE.—aturdido, alocado, indiscreto, necio, desatinado, atolondrado, confiado, precipitado, ligero, temerario.

IMPUDENCIA.—atrevimiento, descoco, impudición, impudor, desdoro, desfachatez, desvergüenza, descaro.

IMPUDENTE. — desvergonzado, descocado, descarado, atrevido, inhonesto, licencioso, pornógrafo.

IMPUDICICIA. — deshonestidad, desvergüenza, impudor, inverecundia, descoco, descaro, desfachatez.

IMPÚDICO.—libidinoso, deshonesto, libertino, descocado, cínico, lúbrico, desvergonzado, inhonesto, impudente.

IMPUESTO.—gabela, carga, tributo, arbitrio, censo, contribución, cédula, pecho, imposición, tributación, emolumentos.

IMPUGNACIÓN.—oposición, refutación, contradicción, controversia, confutación, redargüición, opugnación.

IMPUGNADOR.—contradictor, refutador, impugnativo, refutatorio, confutador.

IMPUGNAR.—contradecir, combatir, rebatir, refutar, opugnar, confutar, replicar, redargüir.

IMPULSAR.—estimular, empujar, impeler, incitar, mover, aguijonear, empentar, empeller, empellar.

IMPULSIVO.—impelente, irreflexivo, súbito, vehemente, empujador, propulsor, impulsor.

IMPULSO.—empuje, impulsación, fuerza, estímulo, presión, movimiento, ímpetu, envite, empellón.

IMPUREZA.—liviandad, impudicia, adulteración, mancha, turbiedad, mezcla, suciedad.

IMPUTAR.—acusar, achacar, aplicar, inculpar, atribuir, colgar, cargar, aponer.

INACABABLE.—inagotable, interminable, infinito, inextinguible, imperecedero, pertinaz.

INACCESIBLE. — impracticable, inabordable, abrupto, inalcanzable, inapresable, inaprehendible.

INACCIÓN. — inercia, ociosidad, holganza, quietud, pereza, tregua, paro, inmovilidad, pausa, reposo, descanso, asueto, flojedad, flojeza.

INACTIVO.—desocupado, parado, ocioso, estático, quieto, pasmado, inmóvil, detenido, inerte, latente, pasivo, abstinente.

INADECUADO.—inconveniente, impropio.

INADMISIBLE.—repelente, inaceptable.

INADVERTENCIA. — descuido, distracción, omisión, imprevisión, olvido.

INADVERTIDAMENTE.—distraídamente, impensadamente, descuidadamente, desprevenidamente, inopinadamente, desapercibidamente.

INADVERTIDO. — imprudente, atolondrado, omitido, imprevisto, inesperado, inopinado.

INAGOTABLE.—infinito, inacabable, interminable.

INAGUANTABLE.—insorportable, insufrible, intolerable.

INALTERABILIDAD. — invariabilidad, imperturbabilidad, impasibilidad, inmutabilidad, impavidez, estoicismo, permanencia.

INALTERABLE.—indeleble, fijo, invariable, permanente, impertérrito, imperturbable, impasible, impávido, estoico.

INANE.—inútil, vano, fútil, baladí, trivial, insignificante.

INANICIÓN.—depauperación, debilidad, desfallecimiento, adinamia, astenia, atonía, hipostenia.

INANIMADO.—insensible, exánime, desmarrido, muerto, inánime, exangüe, exinanido.

INAPEABLE.—tenaz, terco, obstinado, tozudo, cabezota, emperrado.

INAPETENCIA.—anorexia, desgana, desgano, saciedad, asco.

INAPRECIABLE.—invisible, inestimable, excelente, imponderable, insuperable, óptimo.

INARMÓNICO.—discorde, disonante, desacorde, estridente, cacofónico.

INAUDITO. — atroz, increíble, escandaloso, raro, enorme, extraño, monstruoso, perverso, extraordinario.

INAUGURAR.—principiar, estrenar, empezar, comenzar, abrir.

INCALCULABLE.—inmenso, enorme, inconmensurable, ilimitado, infinito, incontable.

INCALIFICABLE.—vituperable, vil, vilipendioso, nefando.

INCANSABLE.—persistente, resistente, infatigable, constante, activo, laborioso, fuerte, tenaz, duro, redoblado.

INCAPACIDAD.—ineptitud, nulidad, ignorancia, insuficiencia, torpeza, incompatibilidad, inhabilidad.

INCAPACIDAR.—inhabilitar, recusar, descalificar, anular.

INCAPAZ.—negado, inepto, nulo, inhábil, ignorante, torpe, insuficiente, negado, inerme, impotente.

INCASTO.—deshonesto, inhonesto, impúdico, impudente, licencioso.

INCAUTACIÓN. — confiscación, aprobación, apoderamiento, tomadura, arrebata.

INCAUTO.—ingenuo, cándido, sencillo, crédulo, simple, inocente, imprevisor, inocentón, imprudente, indiscreto, desatinado, necio.

INCENDIARIO.—violento, apasionado, escandaloso, sedicioso, subversivo, perturbador, incitador.

INCENDIO.—quema, fuego, inflamación, pasión, huego, conflagración.

INCENSAR.—adular, lisonjear, alabar, turibular, elogiar, turificar.

INCENSARIO.—turibulo, botafumeiro, brasero, naveta, navecilla.

INCENTIVO.—aguijón, estímulo, acicate, incitativo, espuela, yesca.

INCERTIDUMBRE.—indecisión, duda, inseguridad, perpejidad, irresolución, vacilación, dubio, hesitación.

INCESANTE.—constante, continuo, incesable, perenne, perenal, perennal.

INCIDENTE.—cuestión, litigio, inconveniente, disputa, suceso, riña, acaecimiento, lance, peripecia.

INCIERTO.—inseguro, inconstante, variable, indeciso, vacilante, perplejo, inseguro, irresoluto, eventual, dudoso, ignorado, desconocido, ignoto, incógnito, falso, apócrifo.

INCISIÓN.—punzada, cisura, puntura, punción, corte, cesura, hendidura, raja.

INCISIVO.—acre, cáustico, picante, mordaz, punzante, satírico, cortante, dicaz, virulento, acerado.

INCITAR.—estimular, mover, inducir, excitar, aguijonear, pinchar, animar, empujar, picar, exhortar, alentar, azuzar, instimular, alzaprimar, aguijar, aguizgar.

INCITATIVO.—estimulante, aguijatorio, inductor, instigador, inducidor.

INCIVIL.—desatento, descortés, grosero, impolítico, inurbano, ineducado, montaraz, malcriado, ramplón, garbancero.

INCLEMENCIA.—aspereza, crueldad, dureza, severidad, rigor, inmisericordia, insensibilidad.

INCLEMENTE.—riguroso, cruel, áspero, severo, duro, rígido, despiadado, implacable, inexorable, incompasible.

INCLINACIÓN.—declive, pendiente, oblicuidad, amor, ángulo, afecto, tendencia, querencia, propensión, índole, afición, vocación, inspiración, reverencia, reclinación, declinación.

INCLINADO. — afecto, propenso, ladeado, oblicuo, torcido, sesgado.

INCLINAR.—impulsar, incitar, mover, ladear,

persuadir, desviar, reclinar, sesgar, escorzar, apartar.

INCLINARSE.—decidirse, aficionarse, ladearse, reclinarse, vencerse, retreparse.

ÍNCLITO.—esclarecido, perínclito, ilustre, célebre, afamado, renombrado, famoso, preclaro, insigne, celebérrimo, egregio, glorioso, conspicuo.

INCLUIR.—encerrar, poner, comprender, contener, englobar, adjuntar, reunir, insertar, introducir, injerir, añadir, agregar, ensolver, abarcar.

INCOAR.—empezar, comenzar, principiar, iniciar, preludiar.

INCÓGNITA.—arcano, arcanidad, misterio, tapado, chiticalla.

INCÓGNITO.—desconocido, anónimo, ignorado, ignoto, oculto, encubierto, transpuesto.

INCOHERENCIA. — desconformidad, inconexión, discontinuidad, despropósito, disparate, dislate, estupidez, tontería.

INCÓLUME.—indemne, ileso, intacto, sano, sencido, cencido, salvo, exento.

INCOMBUSTIBLE.—calorífugo, ignífugo, ininflamable, refractario, apagadizo, asbestino.

INCOMODAR.—disgustar, desagradar, embarazar, enojar, enfadar, fastidiar, molestar, encocorar, chinchar, desazonar.

INCOMODIDAD.—disgusto, desagrado, enfado, fastidio, enojo, molestia, desazón, fatiga, embarazo, perturbación, extorsión, ira, cólera, disconveniencia, desconveniencia.

INCÓMODO.—fastidioso, molesto, desagradable, embarazoso, molesto, enfadoso, engorroso, chinche.

INCOMPASIVO.—cruel, inhumano, inclemente, riguroso, áspero, despiadado.

INCOMPLETO.—defectuoso, falto, descabalado, imperfecto, truncado, descabal, desparejo, insuficiente, deficiente.

INCOMPRENSIBLE.—inexplicable, enigmático, ininteligible, misterioso, obscuro, incognoscible, impenetrable, insabible.

INCOMUNICACIÓN.—aislamiento, retiramiento, clausura.

INCOMUNICARSE.—aislarse, retirarse, recogerse, retraerse, enterrarse, enconcharse.

INCONCEBIBLE.—increíble, incomprensible, extraordinario, sorprendente, extraño, inexplicable.

INCONCINO. — desordenado, desarreglado, descompuesto, inordenado, heteróclito.

INCONCUSO.—incontrovertible, evidente, incontestable, innegable, indiscutible, cierto, seguro, firme, axiomático, palmario, palpable.

INCONDICIONAL.—adepto, absoluto, partidario, secuaz, prosélito, omnímodo, dogmático, categórico, tajante.

INCONGRUENTE.—inconveniente, inadecuado, inoportuno, incongruo, deshilvanado, incoherente, incomplejo.

INCONMENSURABLE. — inmenso, infinito, infinido, indefinido, ilimitado.

INCONSCIENCIA.—desconocimiento, ignorancia, nesciencia, insipiencia.

INCONSECUENTE. — ilógico, inconsiguiente, irreflexivo, inconstante, ligero, voluble, veleidoso, mudable, mudadizo, barcino.

INCONSIDERACIÓN.—irreflexión, desconsideración, atolondramiento, impremeditación, inconsecuencia, imprevisión, aturdimiento, ligereza, inadvertencia, precipitación.

INCONSIDERADO. — atolondrado, aturdido, imprudente, irreflexivo, precipitado, temerario, inadvertido, ligero, botarate, inconsulto, tolondrón, destornillado.

INCONSISTENCIA. — fragilidad, friabilidad, debilidad, inestabilidad, blandura.

INCONSTANCIA.—ligereza, inestabilidad, versatilidad, volubilidad, veleidad, inconsecuencia, novelería, intercadencia, voltariedad, instabilidad.

INCONSTANTE. — instable, inconsecuente, mudable, tornadizo, variable, veleidoso, versátil, voluble, novelero, barcino, mudadizo, vario.

INCONTABLE.—inmenso, innumerable, infinito, innúmero, inexhausto, profuso.

INCONTESTABLE. — irrefutable, indudable, incontrastable, incontrovertible, inconcuso, indiscutible, innegable, cierto, indubitable, irrebatible, axiomático, positivo, indisputable.

INCONTINENCIA.—lascivia, desenfreno, liviandad, lujuria, angurria, estangurria, estrangurria.

INCONTINENTE. — libidinoso, desenfrenado, liviano, lascivo, lujurioso, lúbrico, rijoso, verde, lacivo, lóbrigo, arrecho.

INCONTRASTABLE.—irresistible, invencible, inconquistable, incuestionable, incontestable, irrebatible, indiscutible, irrefutable, axiomático, indisputable, positivo.

INCONTRATABLE.—intratable, áspero, desabrido, acedo.

INCONTROVERTIBLE.—indiscutible, indisputable, incontrastable, irrebatible, incuestionable, matemático, certísimo, axiomático.

INCONVENIENCIA.—despropósito, molestia, desconformidad, inverisimilitud, desconveniencia, incomodidad, inverosimilitud, descortesía, incorrección, absurdidad, grosería.

INCONVENIENTE.—perjuicio, daño, desventaja, dificultad, reparo, impedimento, obstáculo, embarazo, traba, descortés, grosero, incivil, incorrecto, desconforme, discordante, desconveniente, incongruo.

INCORPORAL.—invisible, incorpóreo, intangible, etéreo, inmaterial, impalpable, ideal.

INCORPORAR.—añadir, agregar, reunir, juntar, unir, aunar, anejar, anexar, englobar.

INCORPORARSE.—asociarse, agregarse, unirse, amalgamarse, juntarse, arrimarse, aunarse, llegarse, levantarse.

INCORRECTO.—incivil, descortés, inconveniente, grosero, inurbano, garbancero, soez.

INCORRUPCIÓN.—pureza, integridad, incolumidad, incorruptibilidad, casticidad.

INCORRUPTIBLE.—virtuoso, íntegro, puro, justo, firme, honrado, incólume, virginal.

INCORRUPTO.—íntegro, puro, virginal, impoluto, inmaculado, inviolado.

INCRÉDULO.—pirrónico, ateísta, escéptico, impía, ateo, irreligioso, hereje, desconfiado, receloso.

INCREÍBLE.—inconcebible, inverosímil, imposible, extraordinario, inaudito, excesivo, absurdo, inverosímil, irracional.

INCREMENTO.—anábasis, crecimiento, desarrollo, aumento, acrecentamiento, incremento, cremento, ampliación, acrecencia.

INCREPACIÓN.—reprensión, reprimenda, catilinaria, filípica, reprehensión, regaño, regañina.

INCREPAR.—reprender, sermonear, reñir, regañar, corregir.

INCRUSTAR.—embutir, taracear, ataracear, damasquinar.

INCUESTIONABLE. — indisputable, indiscutible, indudable, incontestable, incontrovertible, irrefutable, innegable, irrefragable, axiomático, matemático, positivo.

INCULCAR.—infundir, imbuir, apretar, afirmar.

INCULPABILIDAD.—inocencia, irresponsabilidad.

INCULPADO.—acusado, culpado, procesado, reo, inocente, inculpable.

INCULPAR.—culpar, acusar, imputar, incusar, achacar, atribuir, acriminar, colgar.

INCULTO.—grosero, ignorante, rústico, salvaje, abandonado, palurdo, meleno, cateto, páparo.

INCULTURA.—rustiquez, ignorancia, grosería, rusticidad, abandono, atraso, rustiqueza, tochura, tochedad.

INCUMBENCIA. — obligación, competencia, cargo, deber.

INCUMBIR.—atañer, competer, importar, pertenecer, tocar, corresponder.

INCURIA.—dejadez, abandono, descuido, desidia, negligencia, imprevisión, pigricia, morosidad.

INCURRIR.—caer, incidir, contravenir, pecar, resbalar, cometer, tropezar.

INCURSIÓN.—aventura, correría, expedición, conquista, exploración, algara.

INDAGACIÓN.—busca, búsqueda, encuesta, pesquisa, averiguación, investigación, perquisición, inquisición, indagatoria, inspección, escudriñamiento, averiguamiento, fiscalización.

INDAGADOR.—investigador, perquisidor, averiguador, inspector, inquiridor, pesquisante, fisgador, paradislero.

INDAGAR.—investigar, averiguar, inquirir, husmear, buscar, inspeccionar, perquirir, explorar, escrutar, pesquisar.

INDEBIDO.—ilícito, ilegal, injusto, malo, inmundo, clandestino, prohibido.

INDECENCIA.—insolencia, grosería, obscenidad, porquería, cochinería, deshonestidad, impudicicia, impureza.

INDECENTE.—indecoroso, grosero, insolente, obsceno, puerco, impúdico, impudente, inhonesto.

INDECIBLE.—inenarrable, inefable, inexplicable, incontable, innominable.

INDECISIÓN.—irresolución, duda, indeterminación, perplejidad, vacilación, titubeo, fluctuación, incertidumbre.

INDECISO.—perplejo, vacilante, dudoso, irresoluto, indeterminado, titubeante, fluctuante.

INDECOROSO.—obsceno, grosero, indecente, insolente, indigno, impúdico, impudente, inhonesto.

INDEFENSIÓN.—abandonamiento, abandono, desvalimiento, desamparo, soledad.

INDEFENSO.—inerme, solo, desarmado, abandonado, desvalido, desabrigado, descubierto, desmadrado, imbele.

INDEFINIDO.—confuso, indeterminado, indefinible, inmenso, ilimitado, indistinto, vago, incierto, neutro, ambiguo.

INDELEBLE.—indestructible, imborrable, inalterable, permanente, fijo.

INDELIBERADO. — involuntario, instintivo, irreflexivo, impremeditado, mecánico, maquinal, infuso.

INDEMNE.—intacto, ileso, incólume, sencido, cencido, exento, zafo.

INDEMNIZACIÓN. — reparación, compensación, resarcimiento, rescuentro, contrarresto.

INDEMNIZAR.—resarcir, reparar, compensar, desagraviar, enmendar, rescontrar.

INDEPENDENCIA.—firmeza, entereza, resolución, autonomía, libertad, emancipación, soberanía, impacialidad, inconexión.

INDEPENDIENTE.—mostrenco, emancipado, autónomo, libre, imparcial, soberano, independente.

INDESCIFRABLE.—incomprensible, ininteligible, impenetrable, obscuro, ilegible, inexplicable.

INDESTRUCTIBLE.—irrompible, inconmovible, inalterable, eterno, indeleble, permanente, inderribable, inderruible, perenal, perennal.

INDETERMINACIÓN.—irresolución, indecisión, indistinción, imprevisión, vaguedad.

INDETERMINADO.—vago, indefinido, indeciso, irresoluto, equívoco, indistinto, incierto, ambiguo.

INDICACIÓN.—denotación, señal, indicio, barrunte, barrunto, pronóstico, pista, huella, vestigio.

INDICAR.—enseñar, advertir, guiar, mostrar, denotar, señalar, significar, anunciar, argüir, aconsejar, tocar, avisar, remitir.

ÍNDICE.—lista, tabla, catálogo, indículo, señal, indicio, dedo, enumeración, barrunto.

INDICIO.—conjetura, barrunto, señal, sospecha, huella, síntoma, rastro, vestigio.

INDIFERENCIA.—desapego, despego, descariño, apatía displicencia, adiaforia, desgana, pasividad.

INDIFERENTE.—sordo, insensible, escéptico, estoico, descastado, apático, flemático.

INDIGENCIA.—pobreza, miseria, necesidad, estrechez, inopia, penuria, carencia.

INDIGENTE.—menesteroso, pobre, miserable, necesitado, mendigo, pordiosero, inope, paupérrimo.

INDIGNACIÓN.—enfado, cólera, enojo, ira, irritación, iracundia, corajina, desesperación.

INDIGNAR. — encolerizar, enfadar, enojar, irritar, sublevar, encenizar, enchilar, enviscar.

INDIGNIDAD.—ociosidad, bajeza, ruindad, vileza, canallada, abyección, indecoro.

INDIGNO.—despreciable, bajo, odioso, rastrero, vil, ruin, impropio, incorrecto, mondrego, indino, endino, abyecto.

INDILIGENCIA.—descuido, negligencia, dejadez, pereza, desidia, abandono.

INDISCIPLINA.—insubordinación, desobediencia, rebeldía, indocilidad, incorregibilidad.

INDISCIPLINADO.—indócil, desobediente, incorregible, ingobernable, insubordinado, rebelde, díscolo, reacio, tenaz, avieso, indómito, recalcitrante, indiscipinable.

INDISCRETO.—entretenido, curioso, boquirroto, boquirrubio, hablador, intruso, importuno, indelicado, imprudente.

INDISCUTIBLE.—axiomático, incuestionable, incontrovertible, evidente, cierto, incontestable, innegable, indisputable, irrefutable, irrebatible, matemático, cierto.

INDISPENSABLE.—inevitable, esencial, imprescindible, obligatorio, necesario, preciso, indefectible, forzoso, insubstituible, inexcusable.

INDISPONER.—enemistar, malquistar, regañar, malmeter, pelear, desavenir, descompadrar, encizañar.

INDISPONERSE. — enemistarse, enfermarse, malquistarse, distanciarse, reñir, descomponerse, desunirse, desavenirse.

INDISPOSICIÓN.—malestar, pródromo, dolencia, mal, achaque, desazón, alifafe, dolama, arrechucho.

INDISPUESTO.—enfermo, achacoso, malo, delicado, maldispuesto, macanche, escolimado.

INDISPUTABLE. — innegable, incontestable, indiscutible, incuestionable, incontrovertible, irrefutable.

INDISTINTO.—confuso, indistinguible, esfumado, imperceptible, obscuro, indefinido, vago, incierto, ambiguo.

INDÓCIL.—indisciplinado, desobediente, rebelde, reacio, indómito, ingobernable, incorregible.

INDOCILIDAD.—desobediencia, indisciplina, rebeldía, insubordinación, incorregibilidad, obstinación, resistencia.

ÍNDOLE.—condición, carácter, genio, idiosincrasia, inclinación, natural, naturaleza, fondo, inclín.

INDOLENCIA.—flojera, pereza, galbana, insensibilidad, indiferencia, apatía, desgana, desidia, gandulería, descuido, pigricia.

INDOLENTE.—apático, perezoso, inconmovible, flojo, dejado, abandonado, descuidado.

INDOMABLE.—indoblegable, indómito, inflexible, silvestre, firme, montés, fiero, salvaje, bravío, cerril, arisco, montaraz, indócil, ingobernable, indomeñable.

INDUCCIÓN.—instigación, inducimiento, incitación, persuasión, acuciamiento.

INDUCIR.—mover, instigar, persuadir, incitar, acuciar, convencer.

INDUDABLE.—cierto, indubitable, seguro, positivo, evidente, incuestionable, innegable, axiomático, matemático.

INDULGENCIA.—benignidad, benevolencia, condescendencia, tolerancia, compasión, perdón, clemencia, endolencia, misericordia.

INDULGENTE.—benigno, condescendiente, tolerante, benévolo, compasivo, condonante, perdonante.

INDULGIR. — remitir, perdonar, condonar, indultar, rehabilitar.

INDULTAR.—remitir, perdonar, eximir, absolver, condonar, amnistiar, relevar.

INDULTO.—absolución, perdón, gracia, privilegio, remisión, amnistía, amán, alafia, liberación.

INDUSTRIA.—fabricación, manufactura, producción, construcción, arte, destreza, habilidad, maestría, maña, pericia, competencia, ingenio, apaño, artificio.

INDUSTRIAR.—amaestrar, instruir, doctrinar, documentar, meldar, enseñar, adiestrar.

INDUSTRIOSO.—mañoso, instruido, diestro, amaestrado, artificioso, práctico. hábil, habilitado, perito, trabajador, laborioso.

INEFABLE.—inenarrable, indecible, inexplicable, inexpresable, intransmisible, innominable.

INELEGANCIA.—cursilería, afectación, extravagancia, ridiculez, chabacanería, charrería, ramplonería, chocarronería.

INELUDIBLE.—inevitable, inexcusable, ineluctable, forzoso, fatal, irrefragable, infalible, preciso, necesario.

INEPTITUD.—inhabilidad, incapacidad, incompatibilidad, torpeza, incompetencia, nulidad.

INEPTO.—incapaz, inhábil, nulo, necio, torpe. negado, incompetente, incapacitado.

INEQUÍVOCO.—indubitable, indudable, seguro. cierto, fijo, evidente, matemático, positivo.

INERME.—indefenso, desarmado.

INERTE.—ineficaz, inactivo, inútil, flojo, desidioso, perezoso, estéril, vago, gandul.

INESPERADO.—inopinado, imprevisto, insospechado, impensado, repentino, incogitado, súbito, súpito, insospechable.

INESTIMABLE.—valioso, inapreciable, inestimado, precioso, apreciable, apreciativo.

INEVITABLE.—fatal, inexcusable, ineluctable, ineludible, forzoso, necesario, preciso, infalible.

INEXACTO. — falso, equivocado, erróneo, mendaz, mendoso.

INEXORABLE.—implacable, inflexible, duro, cruel, despiadado, fatal, forzoso.

INEXPERTO.—principiante, novato, neófito, novicio, bisoño, inhábil, torpe, inepto, imperito, novel, pipiolo, mocoso.

INEXPLICABLE.—inconcebible, increíble, indescifrable, incomprensible, misterioso, obscuro, extraño, raro.

INEXPUGNABLE.—inconquistable, inquebrantable, obstinado, emperrado, imperturbable

INEXTINGUIBLE.—inacabable, inagotable, inapagable, intempinable, imperecedero.

INEXTRICABLE.—difícil, intrincado, embrollado, confuso, enredado, laberíntico, embrolloso, enmarañado.

INFALIBLE. — seguro, indefectible, cierto, axiomático, matemático.

INFAMANTE.—afrentoso, disfamatorio, oprobioso, ignominioso, deshonroso, infamatorio, vergonzoso, infamativo.

INFAMAR.—desacreditar, afrentar, deshonrar, difamar, vilipendiar, amancillar, mancillar, baldonar, denigrar.

INFAME.—despreciable, malo, ignominioso, perverso, indigno, vil, ruin, miserable, canalla, malvado.

INFAMIA. — descrédito, afrenta, deshonra, maldad, indignidad, perversidad, vileza, ignominia, bajeza, baldón, mancilla, oprobio, vilipendio.

INFANDO.—nefando, torpe, indigno.

INFANTIL.—inocente, pueril, aniñado, cándido, crédulo, simple, simplón, panoli.

INFATIGABLE. — incansable, perseverante, obstinado, tenaz, trabajador, voluntarioso.

INFATUARSE.—entontecerse, engreírse, envanecerse, inflarse, ensoberbecerse, altivecerse.

INFAUSTO.—infortunado, infeliz, desgraciado, desdichado, aciago, infelice, malaventurado, cuitado, funesto.

INFECCIÓN.—contagio, contaminación, corrupción, epidemia, perversión, plaga, infestación, contagiosidad.

INFECTAR.—inficionar, corromper, apestar, contaminar, contagiar, infestar, infeccionar, pegar, lacrar, inquinar.

INFECTO.—nauseabundo, asqueroso, corrompido, pestilente, repugnante, inficionado, contagiado, corrupto, infectado, mefítico, apestoso, pestilente, putrefacto, séptico, sucio, pestilencial.

INFECUNDIDAD.—infructuosidad, esterilidad, improductividad, improductibilidad, aridez, impotencia, mañería.

INFECUNDO.—infructuoso, estéril, infructífero, improductivo, árido, estil, machío.

INFELICIDAD.—desdicha, desgracia, desventura, adversidad, infortunio, infortuna, desaventura, cuita.

INFELIZ.—infortunado, desgraciado, apocado, desventurado, desdichado, desafortunado, pobre, infelice, cuitado, malhadado, malandante, mísero, malaventurado, miserable, lacerado, pobreto, miserando.

INFERIOR.—subalterno, subordinado, dependiente, menor, peor, bajo, malo, deterior, bajero, secundario.

INFERIR.—conjeturar, colegir, deducir, ocasionar, educir, razonar, tejer, concluir, producir, causar, agraviar, ofender, herir.

INFERNAL.—diabólico, satánico, endiablado, malo, dañoso, maléfico, estigio, tartáreo, demoníaco, perjudicial, inferno.

INFERNAR.—irritar, inquietar, condenar, desazonar, desasosegar, enfadar, perturbar.

INFESTACIÓN.—contagio, epidemia, contaminación.

INFESTAR.—contagiar, apestar, estragar, perjudicar, contaminar, inficionar, devastar, pillar, saquear.

INFESTO.—perjudicial, dañoso, nocivo, nocente, lesivo, pernicioso, nuciente.

INFICIONAR.—corromper, apestar, contaminar, contagiar, infestar, viciar, pervertir, malignar, malear, malvar, prostituir.

INFIEL.—desleal, alevoso, pérfido, perjuro, vil, traidor, erróneo, inexacto, infidente, fementido, aleve, zaino.

INFIERNO.—gehena, averno, antro, abismo, tártaro, orco, erebo, discordia, alboroto, antenora, huerco, báratro.

INFILTRAR.—inducir, imbuir, inspirar, introducir, inculcar, meter.

ÍNFIMO.—vil, bajo, despreciable, último, inferior, mínimo, malo, menor.

INFINIDAD.—multitud, cúmulo, muchedumbre, sinnúmero, porción, infinitud, inmensidad, vastedad.

INFINITO.—interminable, inmenso, ilimitado, inagotable, infinido, incircunscripto, innúmero.

INFLACIÓN.—engreimiento, vanidad, presunción, ensoberbecimiento, fatuidad, inflamiento, orgullo, soberbia, altivez.

INFLAMAR.—avivar, acalorar, enardecer, enconar, encender, irritar, excitar, enfurecer, encolerizar.

INFLAR.—engreír, hinchar, envanecer, ensoberbecer, infartar, soplar, ahuecar.

INFLARSE.—envanecerse, infatuarse, ensoberbecerse, hincharse, engreírse, pavonearse, abotagarse, hispirse, ahotargarse.

INFLEXIBLE.—inexorable, firme, inquebrantable, tenaz, rígido, incorruptible, inconmovible, obstinado, entero.

INFLIGIR.—condenar, imponer, aplicar, estibar, penar, apenar.

INFLUENCIA.—preponderancia, autoridad, valimiento, predominio, prestigio, poder, ascendiente, influjo, crédito, efecto, prestigio, peso, albedrío, metimiento, vera.

INFLUIR.—contribuir, ayudar, intervenir, valer.

INFORMACIÓN.—indagación, averiguación, investigación, averiguamiento, pesquisa, comunicación.

INFORMAR.—avisar, anunciar, comunicar, enterar, noticiar, notificar, participar, prevenir, instruir, iniciar, denunciar.

INFORME.—referencia, noticia, dato, razón, vago, impreciso, indeciso, confuso, indeterminado, imperfecto, notificación, confidencia, aviso.

INFORTUNADO.—desdichado, desgraciado, desafortunado, infeliz, cuitado, pobre, malhadado, malandante, malaventurado, miserable, mísero, miserando, infelice, desventurado.

INFORTUNIO.—desdicha, desgracia, infelicidad, adversidad, fracaso, revés, infortuna, desaventura, cuita.

INFRACCIÓN.—quebrantamiento, trasgresión, violación, inobservancia, transgresión, conculcación.

INFRASCRITO.—firmante, infrascripto, suscritor, subscritor, subscriptor, signatario.

INFRECUENTE.—raro, desusado, insólito, peregrino, sorprendente, singular.

INFRUCTÍFERO.—improductivo, estéril, infecundo, infrugífero, estil, machío, árido.

INFRUCTUOSO.—ineficaz, inútil, improductivo, infructífero.

ÍNFULAS.—vanidad, presunción, engreimiento, orgullo, argullo, vanistorio, fatuidad, entono.

INFUNDIO.—mentira, bola, trola, enredo, chisme, cuento.

INFUNDIR.—inspirar, comunicar, animar, impulsar, infiltrar.

INGENIAR.—inventar, discurrir, idear.

INGENIARSE.—arreglarse, aplicarse, esforzarse, avisparse, despabilarse.

INGENIO.—inspiración, intuición, talento, habilidad, industria, maña, artificio, destreza, ingeniatura, chispa, listeza, caletre.

INGENIOSO.—hábil, diestro, industrioso, mañoso, inventivo, habilidoso, avispado, listo, despierto.

INGÉNITO.—connatural, innato, congénito.

INGENUIDAD.—candidez, candor, franqueza, naturalidad, llaneza, sencillez, sinceridad, espontaneidad, abertura.

INGENUO.—franco, sincero, sencillo, natural, candoroso, cándido, inocente, puro, espontáneo, explícito, abierto.

INGERIR.—inserir, injerir, incluir, introducir, engullir, tragar, deglutir, ingurgitar, pasar, tragonear.

INGOBERNABLE. — indisciplinado, rebelde, indócil, indomable, indomeñable, díscolo, renuente, avieso.

INGRATITUD. — desagradecimiento, olvido, deslealtad, desafección, desconocimiento, indiferencia, egoísmo.

INGRATO.—olvidadizo, desagradecido, desleal, áspero, descastado, desapacible, desagradable, desnaturalizado, desconocido, olvidado.

INGREDIENTE.—mejunje, potingue, droga, substancia, medicamento, componente, material, mejunje, menjurje.

INGRESAR.—afiliarse, entrar, penetrar, pasar, introducir.

INGRESO.—ganancias, entrada, intrusión, introducción.

INHÁBIL.—incapaz, inepto, incapacitado, torpe, tolondro, porro, fuñique.

INHABILITAR. — imposibilitar, incapacitar, descalificar, anular, impedir.

INHABITADO.—desierto, deshabitado, despoblado, solitario, desavecindado, desolado, vacío.

INHERENTE.—unido, relativo, inseparable, junto, ínsito, constitutivo, inmanente.

INHOSPITALARIO.—inhospitable, inhospedable, inhospital, desabrigado, acre, acedo, desabrido.

INHUMANO.—brutal, bárbaro, cruel, despiadado, duro, feroz, salvaje, impío, impiedoso, desalmado.

INICIAR.—empezar, comenzar, promover, instruir, enterar, principiar, preludiar.

INICIO.—comienzo, origen, raíz, fundamento, base, encabezamiento, empiece, arranque, iniciación.

INICUO.—malvado, injusto, malo, perverso, infame, vil, abyecto, bajo, nefario, infando.

ININTELIGIBLE.—incoherente, incomprensible, confuso, obscuro, indescifrable, impenetrable, inextricable, complicado.

INIQUIDAD.—injusticia, maldad, infamia, perversidad, perfidia, nequicia, protervidad.

INJERIR.—introducir, incluir, meter, entremeter.

INJURIA.—afrenta, agravio, ofensa, ultraje, denuesto, insulto, baldón, menoscabo, perjuicio, daño, tuerto, oprobio, ofensión, mancha.

INJURIAR.—afrentar, insultar, agraviar, ultrajar, baldonar, ofender, denostar, menoscabar, dañar, perjudicar, baldonear, denigrar, desouzar.

INJURIOSO.—ultrajante, afrentoso, insultante, ofensivo, agravioso, ultrajoso, vejatorio.

INJUSTICIA.—iniquidad, ilegalidad, arbitrariedad, tiranía, sinrazón, desafuero, parcialidad, ilicitud, improcedencia.

INJUSTO.—arbitrario, ilegal, parcial, inmerecido, inicuo, desaforado, torticero, improcedente, algarivo, inmérito.

INMARCESIBLE.—lozano, inmarchitable, fresco, galano.

INMEDIACIÓN.—vecindad, contigüidad, cercanía, contorno, afueras.

INMEDIACIONES. — cercanías, alrededores, contornos, extramuros, afueras, arrabales, suburbios, extrarradio.

INMEDIATO.—contiguo, seguido, próximo, consecutivo, yuxtapuesto, cercano, vecino, junto, pronto, rápido.

INMENSO.—incontable, inconmensurable, infinito, considerable, ilimitado, enorme, ilimitable, incircunscripto, infinido.

INMERECIDO.—arbitrario, injusto, inmérito, improcedente, algarivo, parcial.

INMERSIÓN.—sumersión, sumergimiento, demersión, calada, hundimiento, zambullimiento.

INMINENTE.—inmediato, próximo.

INMISCUIRSE.—injerirse, entremeterse, mezclarse, meterse, entrometerse.

INMOBLE.—inmovil, quieto, inmoto, firme, estático, fijo, inmovible.

INMODERADO.—intemperante, excesivo, descomedido, inmódico.

INMODESTIA.—soberbia, presunción, vanidad, engreimiento, fatuidad, orgullo, hinchazón, pedantería, tufos, entono.

INMOLAR.—sacrificar, litar, libar, lustrar.

INMORAL.—licencioso, disoluto, desvergonzado, crapuloso, profano.

INMORTAL.—imperecedero, perdurable, perpetuo, eterno, inmarcesible, inextinguible, perenne.

INMORTALIDAD. — perpetuidad, eternidad, perdurabilidad, perennidad, diuturnidad.

INMORTALIZAR.—perpetuar, eternizar.

INMÓVIL.—quieto, fijo, firme, inanimado, inerte, inmoto, inmoble, inmovible, estacionado, invariable, estático.

INMUNDICIA.—suciedad, bascosidad, basura, impureza, porquería, vicio, deshonestidad, descoco, cochinería, bardoma, mierda.

INMUNDO.—asqueroso, puerco, sucio, repugnante, nauseabundo, impuro, poluto, adán, cochino, mugriento.

INMUNE.—exento, libre, inatacable, franco, indemne, limpio.

INMUNIDAD.—exención, prerrogativa, libertad, privilegio, exoneración, franquicia.

INMUTABLE.—invariable, inalterable, inmudable, constante, impasible, impávido, imperterrito.

INMUTARSE.—conmoverse, alterarse, desconcertarse, turbarse, embarbascarse, azararse, demudarse.

INNATO.—propio, connatural, ínsito, ingénito, personal, natural.

INNECESARIO.—sobrado, inútil, superfluo, supervacáneo.

INNEGABLE.—evidente, cierto, indudable, indubitable, incuestionable, incontestable, indiscutible, incontrovertible, irrefragable, indisputable, irrefutable, positivo, real, seguro, matemático, axiomático, palmar, palmario.

INNOBLE.—vil, bajo, abyecto, rastrero, despreciable, infario, perverso, infame.

INNOCUO.—innocivo, inofensivo, inocente, anodino, imbele.

INNOVAR.—alterar, cambiar, mudar, modificar, transformar, transmutar.

INNUMERABLE.—innúmero, incontable, numeroso, crecido, incalculable, interminable.

INOBEDIENCIA.—rebeldía, desobediencia, indisciplina, insubordinación, deservicio.

INOBEDIENTE.—desobediente, indisciplinado, rebelde, díscolo, insubordinado, desmandado, insumiso, indócil.

INOCENCIA.—simplicidad, candor, sencillez, virginidad, ingenuidad, pureza, honradez, inculpabilidad, candidez.

INOCENTE.—candoroso, cándido, sencillo, simple, ingenuo, puro, virgen, innocuo, honrado, engañadizo, columbino, simplón.

INOCULAR.—contaminar, infundir, contagiar, comunicar, pervertir, malear, dañar.

INOFENSIVO.—innocivo, innocuo.

INOPIA.—escasez, indigencia, penuria, pobreza, estrechez, necesidad, ahogo.

INOPINADO.—inesperado, impensado, imprevisto, repentino, incogitado, súbito, súpito, subitáneo.

INOPORTUNO.—intempestivo, importuno, inconveniente, improcedente, extemporáneo, extemporal.

INORDENADO.—desarreglado, desordenado, trastrocado, alterado, descabalado, inordinado, inconcino, heteróclito.

INQUEBRANTABLE.—inexorable, inalterable, invariable, inmutable, inmanente, indeleble.

INQUIETAR.—desasosegar, alarmar, perturbar, molestar, turbar, asurar, escarabajear.

INQUIETO.—desazonado, desasosegado, intranquilo, cuidadoso, bullicioso, travieso, vivaracho, zozobroso, solevantado.

INQUIETUD.—desasosiego, ansiedad, intranquilidad, malestar, zozobra, alteración, alboroto, conmoción, bullicio, escarabajeo, torozón, comezón.

INQUILINO.—vecino, arrendatario, ocupante.

INQUINA.—odio, aversión, ojeriza, tirria.

INQUINAR.—contagiar, manchar, inficionar, contaminar, infectar, infeccionar.

INQUIRIR.—investigar, preguntar, averiguar, escudriñar, indagar, examinar, sondar, escuchar, espiar, olfatear, esculcar, oliscar, huronear.

INQUISICIÓN. — indagación, investigación, averiguación, perquisición, sondeo, fisgoneo, escudriñamiento.

INQUISIDOR.—pesquisidor, inquiridor, perquisidor, pesquisante, escudriñador, fisgador.

INSACIABLE.—ansioso, ambicioso, glotón, comilón, tragón, insatisfecho, ávido, hambriento, apetitivo.

INSALUBRE.—dañoso, malsano, enfermizo, malucho, escolimado, enclenque.

INSANO.—demente, loco, enajenado, furioso, orate, insensato, malsano, mochales, venático, maniático.

INSCRIBIR.—matricular, alistar, apuntar, anotar, extender, asentar, sentar, grabar, trazar, listar, notar, registrar.

INSEGURIDAD.—incertidumbre, duda, instabilidad, inconsistencia, inestabilidad.

INSEGURO.—incierto, dudoso, instable, inestable, movedizo, vacilante.

INSENSATEZ.—locura, insania, demencia, idiotez, tontería, imbecilidad, necedad, absurdo, estupidez, sandez, memez.

INSENSATO.—necio, tonto, fatuo, imbécil, insano, idiota, loco, demente, orate, absurdo, mochales, guillado, memo, estulto.

INSENSIBILIZAR. — endurecer, anestesiar, acorchar, eterizar, cloroformizar, embotar.
INSENSIBLE.—sordo, duro, frío, indiferente, impasible, imperceptible, insensitivo, estupefacto, indolente.
INSERTAR.—introducir, injerir, incluir, publicar, injertar, embutir, entrar.
INSERVIBLE.—estropeado, inútil, inaprovechable, inaplicable, ineficaz, desusado.
INSIDIA.—engaño, asechanza, perfidia.
INSIDIOSO.—pérfido, astuto, traidor, insidiador, trasechador, asechador.
INSIGNE.—famoso, célebre, ilustre, esclarecido, distinguido, notable, afamado, glorioso, preclaro, relevante, sobresaliente, eximio, egregio, excelso, ínclito, conspicuo.
INSIGNIA.—distintivo, señal, divisa, enseña, bandera, pendón, estandarte, pabellón, guión, trofeo, blasón, signo.
INSIGNIFICANCIA. — chuchería, bagatela, friolera, miseria, minucia, mezquindad, menudencia, nonada, nadería, pequeñez, futesa, fruslería, tiritaina, chilindrina, zarandajas.
INSIGNIFICANTE.—mezquino, exiguo, miserable, insignificativo, pequeño, insubstancial, fruslero, pueril, baladí.
INSINCERIDAD.—disimulo, fingimiento, solapa, simulación, engaño, falsedad.
INSINUACIÓN.—indirecta, indicación, eufernismo, reticencia.
INSINUANTE.—hábil, adulador, persuasivo, sugerente, insinuativo, sugeridor, reticente, sugestivo, alusivo.
INSINUAR.—indicar, apuntar, señalar, sugerir, soplar, aludir, dictar.
INSIPIDEZ.—insulsez, desabrimiento, sosería, sosera, zoncera, zoncería.
INSÍPIDO.—desaborido, desabrido, insulso, soso, janto, jando, chirle, simple.
INSIPIENCIA.—ignorancia, estultez, estupidez, memez, sandez, idiotez.
INSIPIENTE.—estúpido, ignorante, estulto, sandio, tonto, memo, idiota.
INSISTENCIA.—porfía, permanencia, instancia, obstinación, pertinacia, pesadez, testarudez, tozudez, terqueza, terquería, tesón.
INSISTENTE.—obstinado, pertinaz, machacón, porfiado, pesado, terco, posma, testarudo, cabezota, tozudo, tenaz.
INSISTIR.—porfiar, persistir, machacar, tenacear, macear, tozar.
ÍNSITO.—propio, ingénito, connatural, congénito.
INSOCIABLE.—huraño, arisco, intratable, insocial, salvaje, misántropo, rispo, escolimoso, avinagrado, acre.
INSOLENCIA.—atrevimiento, descaro, desfachatez, desvergüenza, desuello, insulto, ofensa, injuria, demasía, avilantez, avilanteza, osadía.
INSOLENTE.—descarado, atrevido, procaz, desvergonzado, injurioso, insultante, ofensivo, orgulloso, altanero, soberbio, arrogante, descocado, procaz, inverecundo, deslavado.
INSÓLITO.—desacostumbrado, inusitado, desusado, inusual, nuevo, extraño, raro, obsoleto, inhabitual, inhabituado, extraordinario.
INSOLUBLE.—irresoluble, indisoluble.
INSOMNE.—despierto, desvelado, despabilado, vigilante, dispierto.
INSOMNIO.—vigilia, desvelo, vela, desvelamiento.
INSONDABLE.—incomprensible, indescifrable, profundo, impenetrable, obscuro, secreto, incomprehensible, enigmático.
INSOPORTABLE.—incómodo, molesto, enfadoso, intolerable, insufrible, inaguantable, pesado, cargante, molestoso, chinchoso, jaquecoso.
INSOSPECHABLE.—impensado, inopinado, insospechado, incogitado.
INSOSTENIBLE.—contestable, indefendible, impugnable, refutable, arbitrario, infundado.
INSPECCIÓN.—reconocimiento, examen, registro, intervención, escrutinio, escudriñamiento.
INSPECCIONAR.—intervenir, examinar, registrar, reconocer, investigar, explorar, espulgar.
INSPIRACIÓN.—estro, numen, entusiasmo, estímulo, vena, inmisión, plectro.
INSPIRAR.—soplar, aspirar, infundir, sugerir, iluminar, insinuar.
INSTABLE.—perecedero, frágil, precario, variable, transitorio, inestable, titubeante, vacilante, fluctuante.
INSTALAR.—armar, colocar, emplazar, establecer, disponer, alojar, poner, situar, acomodar, asentar, apostar, ubicar.
INSTANCIA.—petición, memorial, solicitud, súplica, ruego, pretensión, suplicación, pretenso.
INSTANTÁNEO.—fugaz, breve, fugitivo, rápido, temporal, transitorio, pasajero, efímero.
INSTANTE.—momento, segundo, punto, soplo, tris, periquete, santiamén.
INSTAR.—solicitar, pedir, suplicar, urgir, apresurar, insistir, apretar, presionar, machacar, apurar, apremiar, porfiar, reclamar, pugnar.
INSTAURAR.—restablecer, renovar, restaurar, reintegrar, rehacer, restituir.
INSTIGACIÓN.—incitación, excitación, inducción, provocación, incitamiento, acuciamiento, hostigamiento.
INSTIGADOR.—excitador, excitación, incitador, promovedor, provocador, iniciativo, inductor, inducidor.
INSTIGAR.—incitar, aguijonear, excitar, mover, inducir, provocar, impulsar, impeler, empujar, instimular.
INSTINTIVO. — involuntario, indeliberado, irreflexivo, intuitivo, inconsciente, automático, maquinal.
INSTITUIR.—fundar, establecer, enseñar, instruir, educar, crear, ilustrar, documentar, iniciar.
INSTRUCCIÓN.—educación, enseñanza, saber, ilustración, erudición, cultura, ciencia, enseñamiento, aleccionamiento, adiestramiento, amaestramiento.
INSTRUCTIVO.—ilustrativo, educativo, edificante, ejemplar, magistral.
INSTRUIDO.—culto, ilustrado, erudito, enterado, educado, adiestrado, aleccionado.
INSTRUIR.—adiestrar, aleccionar, educar, ilustrar, enseñar, doctrinar, informar, enterar, amaestrar, alumbrar.
INSTRUMENTO.—herramienta, útil, máquina.
INSUBORDINACIÓN.—rebeldía, indisciplina, desobediencia, inobediencia, indocilidad.
INSUBORDINADO.—rebelde, indisciplinado, desobediente, insurgente, díscolo, desmandado, indócil, insumiso.
INSUBSTANCIAL.—insignificante, fútil, huero, trivial, pueril.
INSUFICIENCIA.—falta, escasez, penuria, incapacidad, ignorancia, ineptitud, torpeza, carencia, parvedad, exigüidad.
INSUFICIENTE.—defectuoso, escaso, poco, exiguo, corto, falto, incompleto.
INSUFRIBLE.—inaguantable, intolerable, insoportable, incómodo, molesto, molestoso.
INSULSEZ.—simpleza, tontería, necedad, es-

tupidez, insipidez, sosería, desabrimiento, sosera, zoncera, zoncería.

INSULSO.—soso, insípido, desabrido, estúpido, simple, necio, tonto, zonzo, desaborido, janto, jando, chirle.

INSULTANTE.—injurioso, ofensivo, ultrajante, afrentoso, insolente, provocativo, insultador, agravioso, ultrajoso, vejatorio.

INSULTAR.—ultrajar, agraviar, afrentar, ofender, injuriar, agredir, faltar, baldonar, improperar.

INSULTO.—injuria, agravio, ultraje, ofensa, denuesto, dicterio, improperio, afrenta, insolencia, accidente, desmayo, agravamiento, baldón, oprobio.

INSUMABLE.—incontable, excesivo, exorbitante, fabuloso.

INSUPERABLE.—inmejorable, invencible, perfecto, óptimo, estupendo.

INSURGENTE.—insurrecto, rebelde, sublevado, sedicioso, levantado, insumiso, faccioso, revoltoso.

INSURRECCIÓN.—sublevación, levantamiento, rebelión, motín, sedición, insubordinación, asonada, alzamiento.

INSURRECCIONARSE.—levantarse, sublevarse, rebelarse, amotinarse, alzarse, insubordinarse, pronunciarse.

INTACTO.—íntegro, puro, indemne, ileso, entero, incólume, completo, virgen, omitido, intocado, inalterado.

INTEGRIDAD.—probidad, honradez, rectitud, pureza, castidad, virginidad, plenitud, totalidad.

ÍNTEGRO.—honrado, probo, justo, equitativo, cabal, recto, completo, entero, intacto, desinteresado, enterizo, indemne, pleno.

INTELIGENCIA.—talento, intelecto, entendimiento, razón, cacumen, chirumen, conocimiento, comprensión, juicio, discurso, acuerdo, connivencia, destreza, sagacidad, habilidad, pericia, maña, aptitud, inteleto, entendederas, cerebro.

INTELIGENTE.—sabio, docto, instruido, hábil, diestro, ingenioso, enterado, experimentado, perito, entendido, despierto, sagaz, caladizo, talentudo, instruido.

INTELIGIBLE.—comprensible, claro, descifrable, legible, dilúcido, cognoscible.

INTEMPERANCIA.—exceso, desenfreno, destemplanza, desentono, destemple.

INTEMPERANTE.—descomedido, destemplado, desatentado, inmoderado, descompuesto.

INTEMPESTIVO.—extemporáneo, inoportuno, extemporal, inopinado, improcedente.

INTENCIÓN.—mira, propósito, ánimo, designio, idea, proyecto, pensamiento, determinación, afición, decisión.

INTENSIDAD.—fuerza, vehemencia, viveza, intensión, energía, poder, tensión, rigor.

INTENSO.—grande, fuerte, vehemente, vivo, violento, intensivo, hondo, recio, agudo.

INTENTAR.—procurar, probar, pretender, tratar, tentar, proyectar, acometer.

INTENTO.—intención, propósito, intentona, designio, tentativa, propuesta, proyecto.

INTERCADENCIA. — inconstancia, inconsecuencia, volubilidad, versatilidad, veleidad, ligereza.

INTERCALAR.—interpolar, interponer, barajar, mezclar, injerir, añadir, insertar, inserir, entreverar, entremeter, entremezclar.

INTERCEDER.—mediar, interponer, rogar, defender, abogar, ayudar, suplicar, terciar, recomendar, encarecer.

INTERCEPTAR.—detener, obstruir, interrumpir, cortar, incomunicar, trabucar, atajar, intermitir.

INTERDECIR.—prohibir, vedar, proscribir, entredecir, privar, impedir.

INTERDICCIÓN. — prohibición, entredicho, veto, veda, vedamiento, afección.

INTERESADO.—codicioso, interesable, solicitante, avaro, egoísta, cooperador, asociado, compareciente, afectado, agarrado, tacaño.

INTERESANTE.—atrayente, encantador, cautivante, curioso, original.

INTERESAR. — atañer, asociar, concernir, atraer, importar, cautivar, conmover, seducir, afectar, emocionar, turbar.

ÍNTERIN.—entretanto, interinidad.

INTERINO.—provisional, accidental, provisorio, temporal, transitorio, temporáneo.

INTERIOR.—ánimo, espíritu, alma, centro, riñón, corazón, seno, entraña, entretelas, núcleo.

INTERMEDIO.—entreacto, intervalo, interludio, entremés, pausa.

INTERMINABLE.—inagotable, perpetuo, inacabable, eterno.

INTERMITENTE.—discontinuo, aislado, irregular, esporádico, intercadente, atreguado, descontinuo.

INTERNARSE.—introducirse, penetrar, meterse, zambullirse.

INTERNO.—íntimo, interior, pensionista, secreto, oculto, intestino, profundo.

INTERNUNCIO.—interlocutor, colocutor, departidor.

INTERPELACIÓN.—pregunta, demanda, interrogación, requerimiento, interrogatorio.

INTERPELAR.—interrogar, preguntar, requerir, instar, demandar.

INTERPOLACIÓN.—intercalación, interposición.

INTERPOLAR.—intercalar, interponer, intermitir, mezclar, insertar, entreverar.

INTERPONER.—intervenir, mediar, entremediar, insertar, entremezclar.

INTERPOSICIÓN.—intervención, mediación, intercesión, inciso, paréntesis, interpolación.

INTERPRETAR.—explicar, comentar, entender, comprender, representar, glosar, parafrasear, alegorizar.

INTÉRPRETE.—dragomán, trujamán, trujimán, drogmán, traductor, exegeta, hermeneuta, expositor, actor.

INTERROGACIÓN.—pregunta, interpelación, interrogatorio.

INTERROGAR.—preguntar, demandar, interpelar.

INTERRUMPIR. — detener, cortar, romper, suspender, parar, impedir, estorbar, obstruir, intermitir, discontinuar.

INTERRUPCIÓN.—discontinuación, descontinuación, suspensión, paréntesis, paro.

INTERSTICIO.—hendidura, rendija, raja, resquicio, grieta, espacio, intervalo, quebradura, resquebradura.

INTERVALO.—espacio, distancia, intermedio, pausa, intersticio, paréntesis, inciso.

INTERVENCIÓN. — intromisión, mediación, inmixtión, interposición, inspección, fiscalización, injerencia.

INTERVENIR.—interceder, mediar, inspeccionar, sobrevenir, acaecer.

INTERVENTOR.—mediador, inspector, fiscalizador, medianero, intermediario.

INTESTINO.—interno, interior, civil, doméstico, secreto, oculto.

INTIMAR.—fraternizar, congeniar, conminar, informar, notificar, comunicar.

INTIMIDAD.—amistad, confianza, familiaridad, intrinsiqueza, confraternidad.

INTIMIDAR.—atemorizar, amedrentar, imponer, asustar, acobardar, acollonar, arredrar, amilanar.
ÍNTIMO.—reservado, profundo, recóndito, secreto, oculto, intestino.
INTITULAR.—llamar, titular, denominar.
INTOLERABLE.—insoportable, inaguantable, insufrible, molesto, molestoso, enfadoso.
INTOLERANCIA.—fanatismo, intolerantismo, intransigencia.
INTOLERANTE.—intransigente, fanático.
INTOXICACIÓN.—envenenamiento, saturnismo, emponzoñamiento, infección.
INTOXICAR.—empozoñar, envenenar, avenenar, entosigar, atosigar.
INTRANQUILIDAD.—desasosiego, inquietud, escarabajeo, zozobra, preocupación, comezón.
INTRANQUILO.—inquieto, agitado, desasosegado, zozobroso, solevantado.
INTRANSITABLE.—impracticable, infranqueable.
INTRATABLE.—insociable, huraño, incivil, inurbano, desabrido, acedo.
INTREPIDEZ.—esfuerzo, arrojo, valor, osadía, irreflexión, bravura, arriscamiento.
INTRÉPIDO.—animoso, arrojado, esforzado, osado, impávido, valeroso, valiente, irreflexivo, bravo, arriscado.
INTRIGA.—maquinación, complot, manejo, embrollo, enredo, trama, complicación, chisme, trapisonda, pastel.
INTRIGANTE. — maquinador, chanchullero, enredador, chismoso, trapisondista.
INTRINCADO.—obscuro, enmarañado, embrollado, enredado, confuso, enrevesado, peliagudo, espeso, laberíntico, inextricable, intrincable.
INTRINCAR.—enmarañar, embrollar, enredar, confundir, obscurecer, intricar, embolicar, amarañar.
INTRÍNGULIS.—quid, busilis, nudo, dificultad.
INTRÍNSECO. — íntimo, interior, interno, esencial, propio, inmanente, ínsito, coesencial.
INTRODUCCIÓN.—principio, preámbulo, prólogo, prefacio, entrada, isagoge, pórtico, exordio, introito, metimiento, importación.
INTRODUCIR.—embutir, meter, importar, encajar, ocasionar, hincar, internar.
INTRUSO.—indiscreto, entrometido, entremetido, colado.
INTUICIÓN. — clarividencia, conocimiento, percepción, intelección, apercepción.
INUNDACIÓN. — anegación, anegamiento, riada.
INUNDAR.—colmar, anegar, arriar, alargar.
INURBANIDAD.—descortesía, grosería, incivilidad, ordinariez, tosquedad, corteza, impolítica.
INURBANO.—grosero, descortés, impolítico, ordinario, incivil, desatento, malcriado, basto.
INUSITADO.—desusado, inusual, desacostumbrado, inhabitual, raro, insólito, obsoleto, inhabituado.
INÚTIL.—nulo, inservible, estéril, improductivo, vano, ocioso, ineficaz, infructífero, infructuoso, inválido, imposibilitado, incapaz, caduco, inaprovechable, baldado.
INUTILIZAR.—inhabilitar, incapacitar, invalidar, desechar, anular, malograr.
INÚTILMENTE.—vanamente, estérilmente, infructuosamente, baldíamente, ociosamente.
INVÁLIDO.—débil, lisiado, baldado, incapaz, imposibilitado, nulo.
INVARIABLE.—fijo, constante, firme, inalterable, inmutable, estable, inmudable, inconmutable.
INVASIÓN.—irrupción, ocupación, intrusión, correría.
INVENCIBLE.—indomable, invicto, indomeñable, inexpugnable, invito.
INVENCIÓN.—adelanto, invento, innovación, descubrimiento, hallazgo, fábula, ficción, mentira, engaño, ocurrencia, argumento, traza, fábrica, máquina.
INVENTAR.—idear, imaginar, discurrir, descubrir, fingir, fraguar, forjar, ingeniar.
INVENTIVA.—imaginación, ingenio, idea, fantasía, inspiración.
INVENTO.—descubrimiento, invención, hallazgo, traza, artificio.
INVENTOR. — autor, descubridor, creador, fraguador, padre, genio, fabricador.
INVERECUNDIA. — desvergüenza, descaro, descoco, procacidad.
INVERECUNDO.—impúdico, desvergonzado, descocado, procaz, deslavado, descarado.
INVEROSÍMIL.—increíble, imposible, inverisímil, fantástico, fabuloso, inaudito.
INVERSIÓN.—transposición, hipérbaton, alteración, empleo, cambio, anástrofe, retruécano, trabucación.
INVERSO.—trastornado, alterado, contrario, opuesto, cambiado, prepóspero, trastrocado, trabucado.
INVERTIDO.—bujarrón, marica, sodomita, homosexual, maricón, pederasta, bardaje, puto, garzón.
INVERTIR.—desordenar, alterar, cambiar, transponer, trastornar, trastrocar, voltear, contraponer, emplear, gastar, desdar, embrocar.
INVESTIGACIÓN.—busca, averiguación, búsqueda, indagación, pesquisa, perquisición, inquisición, escudriñamiento.
INVESTIGAR.—indagar, averiguar, inquirir, pesquisar, escudriñar, buscar, perquirir.
INVETERADO.—viejo, antiguo, arraigado, vetusto, arcaico, rancio.
INVETERARSE.—envejecerse, arraigarse, anticuarse, añejarse, enranciarse.
INVICTAMENTE.—invenciblemente, victoriosamente, triunfalmente, triunfantemente.
INVICTO.—esclarecido, glorioso, victorioso, invencible, invito, triunfante.
INVIOLADO.—puro, íntegro, virgen, nítido, intacto, incólume.
INVISIBLE.—incorpóreo, inmaterial, impalpable, etéreo, intocable.
INVITACIÓN.—incitación, convite, estímulo ruego, conminación, instigación, convocatoria, súplica, empuje.
INVITAR.—rogar, convidar, instar, incitar, convocar, conminar, excitar, mover, brindar, embridar, estimular, aguijonear.
INVOCAR.—apelar, llamar, pedir, impetrar, solicitar, implorar, suplicar.
INVOLUCRAR.—mezclar, confundir, incluir, entremeter.
INVOLUNTARIO.—instintivo, irreflexivo, maquinal, impensado, indeliberado, automático.
INVULNERABLE.—inatacable, inexpugnable.
IR.—caminar, ventosear, acudir, asistir, andar, dirigir, obrar, proceder.
IRA.—enojo, indignación, furia, cólera, furor, rabia, irritación, coraje, corajina, fiereza.
IRACUNDO.—bilioso, atrabiliario, airado, furioso, colérico, irascible, irritable, enfierecido, furo, ardiondo.
IRONÍA.—sarcasmo, burla, mordacidad, causticidad, aticismo, sátira, retintín.

vacilante, irresuelto, titubeante, titubante, fluctuante.

IRÓNICO.—mordaz, cáustico, punzante, burlón, sarcástico, satírico, humorístico.

IRRACIONAL.—bestia, bruto, insensato, absurdo, ilógico, desrazonable, inverosímil, descabezado.

IRRACIONALIDAD.—absurdidad, arbitrariedad, inverosimilitud, imposibilidad.

IRRADIAR.—divergir, difundir, esparcir, centellear, centellar, destellar, relumbrar, resplandecer, esplender.

IRREALIZABLE. — impracticable, imposible, quimérico, utópico, inhacedero.

IRREBATIBLE.—incontrastable, indisputable, incontrovertible, incuestionable, axiomático, matemático.

IRREFLEXIÓN. — indeliberación, impremeditación, atolondramiento, automatismo, irracionalidad.

IRREFLEXIVO. — instintivo, involuntario, atropellado, maquinal, aturdido, imprudente, ligero, precipitado, destornillado, impulsivo.

IRREGULAR.—discontinuo, intermitente, caprichoso, desigual, variable, desordenado, anómalo, estrambótico, desusado, informal, heteróclito.

IRRELIGIÓN.—incredulidad, ateísmo, impiedad, irreligiosidad, laicismo, indevoción.

IRRELIGIOSO.—incrédulo, impío, ateo, descreído, laico, indevoto.

IRRESOLUCIÓN.—incertidumbre, duda, indecisión, perplejidad, vacilación, titubeo, fluctuación, inseguridad.

IRRESOLUTO.—incierto, perplejo, indeciso,

IRRESPETUOSO.—inconveniente, irreverente, desatento, desacatador, desconsiderado.

IRRESPIRABLE.—asfixiante, cargado, denso, espeso.

IRREVERENCIA.—desconsideración, irrespetuosidad, ultraje, desacato, profanación, desacatamiento, irrespeto, desobediencia.

IRRISIÓN.—ridiculez, burla, desprecio, mofa, sarcasmo, befa, ludibrio.

IRRISORIO.—irrisible, ridículo, insignificante, escaso, exiguo.

IRRITABLE.—colérico, atrabiliario, iracundo, irascible, anulable, invalidable, bilioso, airado, furo.

IRRITACIÓN.—enojo, enfado, exasperación, ira, cólera, rabia, excitación, furia, coraje, corajina.

IRRITANTE.—enojoso, enfadoso, exasperante, molestoso, molesto, cargante.

IRRITAR.—enfadar, encolerizar, enojar, enfurecer, exasperar, sulfurar, excitar, estimular, anular, invalidar, enrabiar, atufar, enchilar, encerrizar.

IRRITARSE.—arrebatarse, acalorarse, encolerizarse, enfurecerse, enfadarse, sulfurarse, exasperarse, excitarse, enojarse, entigrecerse, airarse, enfierecerse, azarearse.

ÍRRITO.—inválido, nuto, ilusorio.

IRRUPCIÓN.—acometimiento, invasión, intrusión, ocupación.

ITERAR.—reiterar, insistir, repetir, bisar, instar.

IZQUIERDO.—zocato, zurdo, torcido, siniestro, manieto.

J

JACALÓN.—cobertizo, tapadizo, caramanchel, alpende, marquesina, abrigaño.

JÁCARA.—ronda, molestia, enfado, mentira, bola, patraña, cuento, historia, argumentación pejiguera, narración, trola.

JACARANDOSO.—garboso, desenvuelto, alegre, gracioso, donairoso, desenfadado, gallardo, simpático, esbelto.

JACAREAR.—molestar, fastidiar, chinchar, incomodar, enojar.

JACARERO.—chancero, decidor, bromista, guasón, chufletero, chacotero.

JÁCARO.—baladrón, guapo, majo, jaque, chulo, fanfarrón, bravucón, chulapo, flamenco.

JACTANCIA.—pedantería, fatuidad, petulancia, vanagloria, presunción, vanidad, inmodestia, alabancia, pisto.

JACTANCIOSO.—pedante, fatuo, presumido, petulante, presuntuoso, vanidoso, jactabundo, alabancioso, alardoso.

JACTARSE.—precisarse, alabarse, vanagloriarse, picarse, gloriarse, abantarse, engreírse.

JÁCULO.—venablo, dardo, flecha, saeta, azagaya.

JADEAR.—carlear, acezar, ijadear, resollar, carloar, anhelar.

JAEZ.—clase, adorno, índole, calidad, guarnimiento.

JALBEGAR.—blanquear, enjalbegar, encalar, albear.

JALEO.—bulla, jarana, gresca, algazara, jollín, bullicio, baile, fiesta, diversión, alegría, batiburrillo, jolgorio, batahola.

JANGADA.—necedad, trastada, estupidez, idiotez, tontería, inconveniencia, balsa, almadía, armadía.

JAQUE.—bravucón, valentón, perdonavidas, matasiete, guapo, fanfarrón, majo, chulapo, jaquetón, flamenco, chulo.

JAQUEAR.—hostigar, molestar, paquear, incitar, aguijonear, acuciar.

JÁQUIMA.—cabestro, cabezada, ronzal, brida, quijera, almártiga.

JARA.—virote, saeta, vira, flecha, dardo, jáculo, venablo.

JARABE.—jarope, sirope, almíbar.

JARANA.—gresca, bulla, algazara, diversión, jalea, fiesta, parranda, pendencia, alboroto, tumulto, motín, batahola, batiburrillo, jolgorio.

JARIFO.—vistoso, rozagante, compuesto, adornado, lozano, alacre, arreglado, hermoso.

JAROCHO.—tosco, brusco descortés, ineducado, bruto, grosero, incivil, malcriado, descarado.

JARRETE.—corvejón, corva.

JASADOR.—sangrador, sajador.

JAUTO.—jando, soso, insípido, desabrido, desaborido, insulso.

JAYÁN.—mocetón, forzudo, hombrón, mozallón, sansón, roble, hombracho.

JEFE.—presidente, director, guía, patrón, principal, dueño, superior, adalid, caudillo, líder, capitán, cabecilla, jerarca, ductor, cabeza, patrono, preboste.

JEREMIADA.—lamentación, queja, lloriqueo, lamento, plañido, llanto, guaya, cojijo, quejumbre.

JERGA.—jerigonza, galimatías, germanía, caló, jacarandana.

JERGÓN.—circón, colchón, grueso, obeso, gordo, gordiflón.

JERVILLA. — servilla, zapatilla, jerviguilla, chancleta.

JERINGAR.—importunar, molestar, enfadar, aburrir, fastidiar, mortificar, enojar, chinchar.

JETA.—cara, hocico, morro, geta, grifo, espita.

JIFERO.—matarife, puerco, soez, desaliñado, sucio, cochino, descortés.

JINETE. — cabalgador, caballero, caballista, amazona, campirano.

JIRA.—excursión, merendona.

JIRÓN.—trozo, pedazo, parte, porción, desgarrón, siete, andrajo, gualdrapa, piltrafa.

JITAR.—vomitar, devolver, arrojar, echar, expulsar.

JOCOSIDAD.—gracia, chiste, donaire, agudeza, broma, denosura, ingeniosidad, cuchufleta,

JOCOSO.—gracioso, festivo, burlesco, chistoso, donairoso, divertido, alegre, ingenioso, donoso.

JOLGORIO. — regocijo, holgorio, diversión, bullicio, parranda, jarana, jaleo, fiesta, bulla, batiburrillo, algazara, alboroto.

JORNADA.—día, camino, viaje, expedición, ocasión, lance, circunstancia, acto, trance, caso, suceso.

JORNAL.—sueldo, salario, estipendio, retribución, haber, paga, soldada.

JOROBA.—giba, corcova, deformidad, chepa, impertinencia, molestia, renga, cifosis, lordosis, merienda.

JOROBADO.—giboso, contrahecho, corcovado, jorobeta, malhecho, gibado, cifótico, lordótico.
JOROBAR.—gibar, molestar, importunar, fastidiar, vejar, jeringar, mortificar, corcovar, engibar, chinchar.
JOVEN.—mozo, mocito, mancebo, adolescente, doncel, galán, pollo, garzón, garbo, zagal, muchacho, macuco.
JOVIAL.—festivo, divertido, alegre, alborozado, placentero, donairoso, donoso, jacarero.
JOVIALIDAD.—alborozo, alegría, esparcimiento, donosura, donaire, titiritaina.
JOYA.—alhaja, presea, prenda.
JOYO. — cizaña, disensión, discordia, desunión.
JÚBILO.—alegría, alborozo, contento, gozo, regocijo, sansa, jocundidad, exultación.
JUDAS.—delator, traidor, alevoso, desleal, fementido, aleve, felón, zaino.
JUDÍA.—alubia, fréjol, fríjol, habichuela, haba, frisol, fásoles.
JUDIADA.—picardía, villanía, perrería, tunantada, tunantería, deslealtad, bribonada, barbaridad, atrocidad.
JUEGO.—recreo, pasatiempo, diversión, entretenimiento, recreación, movimiento, acción, funcionamiento, coyuntura, articulación, retozo, retozadura.
JUEZ.—togado, magistrado, arbitrador, árbitro, juzgador.
JUGADA.—picardía, lance, mano, jugarreta, partida.
JUGAR.—retozar, juguetear, travesear, funcionar, aventurar, arriesgar, marchar, andar, actuar, apostar, trebejar, tahurear.
JUGARRETA.—truhanería, truhanada, picardía, trastada, partida, martingala, pasada.
JUGO.—substancia, zumo, concentración, utilidad, provecho, suco, churumo, baba.
JOCOSO.—zumoso, substancioso, provechoso, zumiento, sucoso, acuoso.
JUGUETEAR.—jugar, travesear, retozar, trebejar, tahurear, timbar.
JUGUETÓN.—travieso, bullicioso, retozón, juguetero, jugante.
JUICIO.—razón, entendimiento, cordura, seso, prudencia, madurez, tino, sensatez, dictamen, asiento, parecer, opinión, concepto.
JUICIOSO.—cuerdo, prudente, ajuiciado, reflexivo, sentencioso, grave, sensato, prudente, sesudo, maduro, atinado.
JULEPE.—vapuleo, castigo, reprimenda, poción, bebida, paliza, tollina, tunda.
JUMENTO.—burro, pollino, asno, ignorante, cerrado, torpe, animal.
JUMERA.—juma, borrachera, pítima, cogorza, tablón, trompa.
JUNCAL.—juncar, junqueral, junquera, bizarro, apuesto, gallardo, esbelto, cimbreante.
JUNTA.—asamblea, reunión, costura, empalme, coyuntura, articulación, unión, congregación, piña, aljama.
JUNTAR.—reunir, congregar, convocar, aglomerar, acopiar, amontonar, acumular, entornar, unir, agregar, yuxtaponer, arracimar, cayapear, apiñar.
JUNTO.—inmediato, adyacente, cercano, próximo, unido, contiguo, yuxtapuesto, vecino, fronterizo, yunto, propincuo, convecino, susano.
JURAMENTO.—promesa, voto, blasfemia, terno, reniego, taco, palabrota, ajo, jura.
JURISDICCIÓN.—gobierno, autoridad, término, territorio, poder, fuerza, competencia, atribución.
JUSTA.—combate, torneo, certamen, liza, batalla, naumaquia.
JUSTAMENTE. — cabalmente, exactamente, precisamente, ajustadamente, justo, puntualmente, propiamente, cabal.
JUSTICIA.—imparcialidad, rectitud, equidad, razón, derecho, neutralidad, ecuanimidad, probidad.
JUSTICIERO.—recto, justo, equitativo, imparcial, ecuánime, correcto, íntegro.
JUSTIFICAR.—excusar, defender, disculpar, sincerar, vindicar, probar, perdonar, expiar.
JUSTIPRECIAR. — valorar, valuar, evaluar, apreciar, estimar, tasar, calificar, existimar.
JUSTO.—exacto, equitativo, cabal, ecuánime, imparcial, austero, íntegro, legítimo, legal, recto, razonable, racional, correcho, ajustado, honesto.
JUVENTUD.—mocedad, pubertad, adolescencia, pubescencia, mancebez, verdor.
JUZGAMUNDOS. — murmurador, chismoso, maldiciente, malsín, detractor, enredador, cotilla
JUZGAR.—calificar, deliberar, existimar, dictaminar, sentenciar, comparar, apreciar, conceptuar, estimar, opinar, pesar, creer, conjeturar, imaginar, reputar, decidir, pensar, criticar, valorar.

L

LABE.—mancha, tilde, mácula, tacha, taca, maca.
LABERÍNTICO.—enmarañado, confuso, intrincado, complicado, enredado, tortuoso, embrolloso, rebujado, inextricable.
LABERINTO. — confusión, enredo, dédalo, caos, maraña, lío, taco, embrollo, cambullón, tamal.
LABIA.—verbosidad, oratoria, facundia, palique, soltura, desparpajo, verba, pico.
LABOR. — tarea, faena, quehacer, trabajo, ocupación, cultivo, labranza, costura, fajina, azana, laborío, estudio.
LABORADOR.—labrador, cultivador, trabajador, trabajante, laborante, operario.
LABORIOSO. — penoso, trabajoso, costoso, trabajador, aplicado, estudioso, laboroso, operoso, ímprobo, penado, difícil.
LABRADOR.—campesino, aldeano, labriego, cultivador, agricultor, labrantín, rústico, alijarero, terrazguero, terrajero.
LABRANZA.—labor, agricultura, cultivo, cultura, hacienda, laboreo, culto, cultivación.
LABRAR.—laborar, trabajar, cultivar, arar, causar, promover, originar, grabar, repujar, construir, edificar, culturar, roturar, aballar.
LACAYO.—criado, doméstico, espolique, servidor.
LACERADO.—desventurado, desdichado, infeliz, mísero, lazarino, cuitado, malhadado.
LACERAR.—herir, lastimar, golpear, desgarrar, magullar, dañar, perjudicar, vulnerar, mancillar, amancillar, damnificar, empecer.
LACERÍA.—miseria, estrechez, pobreza, trabajo, pena, fatiga, lepra, elefancia, molestia, indigencia, inopia, penuria.
LACERTOSO. — fornido, musculoso, fuerte, forzudo, forcejudo, nervudo.
LACIO.—débil, desmadejado, flojo, mustio, marchito, blando, caído, descaecido, decaído, ajado, feble, gastado, exangüe, exánime.
LACÓNICO. — compendioso, breve, conciso, sucinto, sobrio, lacón, restricto, sumario, sintético.
LACONISMO.—sobriedad, concisión, brevedad, sequedad, precisión.
LACRA.—vicio, defecto, achaque, reliquia, cicatriz, señal, huella, imperfección, falta, flaqueza.
LACRIMOSO. — lloroso, afligido, lastimoso, compungido, lastimero, triste, congojoso, lagrimoso, angustioso.
LACTAR.—criar, nutrir, amamantar, alimentar, atetar, tetar.
LADEAR.—tornar, sesgar, inclinar, flanquear.
LADERA.—pendiente, declive, declivio, balate, ribazo, talud, escarpa, guijero, desgalgadero, cuesta.
LADINAMENTE.—sagazmente, taimadamente, astutamente, arteramente, socarronamente.
LADINO.—astuto, taimado, sagaz, fistol, pícaro, esclavo, solerte, avisado, tretero, artero.
LADO.—costado, banda, flanco, babor, estribor, anverso, reverso, cara, cruz, lugar, paraje, sitio, ala, canto, costera, sentido, dirección.
LADRAR.—ladrear, amenazar, censurar, latir, impugnar, motejar, vocear, zaherir, acuciar, fanfarronear.
LADRIDO. — censura, murmuración, crítica, calumnia, impostura, imputación, testimonio.
LADRÓN.—hurtador, ratero, salteador, carterista, cortabolsas, bandolero, bandido, cuatrero, caco, desvalijador, rapaz, saqueador.
LADRONERA.—hucha, alcancía, portillo, matacán, ladronicio, olla, vidriola, hurtadineros.
LAGAÑOSO.—legañoso, pitañoso, pitarroso, cegajoso, magañoso.
LAGAR.—jaraíz, lagareta, tino, trujal, trullo.
LAGARETA.—charco, charca, lagarejo.
LAGARTO.—taimado, cauteloso, pícaro, ladino, artero, astuto.
LAGOTERÍA.—halago, zalamería, carantoña, arrumaco, cucamonas, adulación, coba, potetería, candonga, arremuesco.
LAGOTERO.—carantoñero, adulador, zalamero, bribiador, caroquero, sobón, halaguero.
LAMEDAL.—cenagal, barrizal, lodazal, lapachar, barrero, lodachar, fangal.
LAMENTABLE.—lastimoso, sensible, deplorable, lamentoso, triste, doloroso, luctuoso, aflictivo, desconsolador.
LAMENTACIÓN.—queja, llanto, lamento, clamor, gemido, plañido, jeremiada, gimoteo, cojijo, guaya.
LAMENTAR.—llorar, sentir, deplorar, gimotear, ayear, suspirar.
LAMENTARSE. — dolerse, gemir, quejarse, querellarse, quillotrarse, gazmiarse.
LAMERÓN.—goloso, laminero, galamero, gulusmero, golmajo.

LAMIDO.—rozado, usado, gastado, desgastado.
LÁMINA.—chapa, hoja, plancha, estampa, efigie, figura, lámina, placa.
LAMINAR.—enchapar, aplastar, chapear, chapar, planchear, blindar.
LAMPIÑO.—imberbe, carilampiño, barbilampiño, barbilucio, desbarbado.
LAMPO. — relámpago, destello, resplandor, fulgor, relumbro, centelleo.
LANCE.—acontecimiento, incidente, suceso, ocurrencia, trance, percance, accidente, querella, encuentro, contienda, riña, quimera, suerte, jugada, pendencia, pelea.
LANCHA.—embarcación, barca, bote.
LANGUIDEZ.—debilidad, abatimiento, descaecimiento, flaqueza, desánimo, languideza, timidez, desaliento.
LÁNGUIDO.—débil, desanimado, abatido, endeble, flaco, desalentado, tímido, fatigado.
LANUDO.—velludo, velloso, lanoso, peludo.
LANZA.—vara, pica, chuzo, pértiga, pértigo, garrocha.
LANZAR.—arrojar, tirar, soltar, exhalar, despedir, disparar, proyectar, echar, vomitar, abarrar, acibarrar, alanzar, arronjar, precipitar.
LAPO.—varazo, cintarazo, bofetada, cachete, cachetada, trago.
LARDOSO.—pringoso, untoso, grasiento, seboso, mantecoso, aceitoso, crasiento.
LARGAMENTE.—ampliamente, cumplidamente, generosamente, espléndidamente, anchamente, extensamente, holgadamente, longitudinalmente, longamente.
LARGAR.—aflojar, soltar, filar, lascar.
LARGO.—longitud, largura, largor, liberal, dadivoso, copioso, generoso, abundante, pronto, diestro, extenso, expedito, dilatado, continuado, largueza, envergadura.
LARGUEZA.—largura, generosidad, liberalidad, esplendidez, desprendimiento, nobleza, desinterés, rumbo, magnanimidad.
LASCIVIA.—lujuria, incontinencia, obscenidad, sensualidad, liviandad, carnalidad, lubricidad, concupiscencia.
LASCIVO.—lujurioso, lúbrico, libidinoso, liviano, obsceno, erótico, sensual, libertino, juguetón, alegre, frondoso, lozano, lacivo, rijoso, cachondo, lóbrigo.
LASITUD.—fatiga, cansancio, desfallecimiento, descaecimiento, flojedad, languidez, agotamiento, cansera, aburrimiento.
LASO.—desfallecido, cansado, macilento, flojo, exhausto, cansino, cansío, cansoso.
LÁSTIMA.—conmiseración, misericordia, compasión, piedad, lamento, quejido, caridad, miseración, clemencia.
LASTIMAR.—lesionar, dañar, herir, perjudicar, compadecer, agraviar, ofender, sentir, deplorar, baldonar, mancillar.
LASTIMARSE. — herirse, quejarse, dolerse, compadecerse, lamentarse, condolerse, emblandecerse, apiadarse.
LASTIMERO.—triste, lastımoso, lúgubre, plañidero, deplorable, desconsolador.
LASTIMOSO.—lamentable, sensible, deplorable, lastimero, luctuoso, aflictivo, desconsolador.
LASTRE.—peso, madurez, sensatez, juicio, alimento, comida, recargo, prudencia.
LATA.—tabarra, fastidio, madero, vigueta, pesadez, joroba, molestia.
LATAMENTE.—ampliamente, largamente, extensamente, longamente, holgadamente, anchamente.
LATEBRA.—refugio, guarida, escondrijo, madriguera, escondite, escondedero, nido.
LATENTE.—escondido, oculto, lático, encubierto, latebroso, recóndito.
LATIGAZO.—trallazo, chasquido, fustazo, zurriagazo.
LÁTIGO.—rebenque, vergajo, zurriago, fusta, tralla, vara.
LATIR.—palpitar, ladrar.
LATITUD.—amplitud, extensión, anchura, ancho, anchor.
LATO.—amplio, extenso, dilatado, extendido, difundido.
LATOSO.—fastidioso, molestoso, chinchoso, pesado, molesto.
LATROCINIO.—fraude, hurto, robo, estafa, ladronicio, ladrocinio, garrama.
LAUDABLE.—loable, digno, meritorio, plausible, alabable.
LAUDATORIO.—alabador, adulador, apologético, ovante, ditirámbico, encomiástico.
LAUDO.—sentencia, decisión, fallo, veredicto, arbitramento.
LAUREAR.—coronar, premiar, honrar, galardonar, enaltecer, recompensar.
LAUREL.—corona, triunfo, honor, premio, galardón, recompensa.
LAURO.—corona, alabanza, honra, palma, triunfo, premio, laurel, fama, honor, gloria.
LAUTO.—espléndido, rico, opulento, poderoso, ópimo.
LAVACIÓN.—lavadura, lavamiento, lavado, lavada, lavaje, lava, lave, ablución, fregoteo.
LAVAMANOS.—jofaina, aguamanil, palangana, aljáfana, ajofaina, aljofaina, aljévena.
LAVAR.—limpiar, purificar, bañar, aclarar, lavotear, jamerdar, fregar.
LAVATIVA.—ayuda, jeringa, clister, clistel, molestia, incomodidad, irrigación, enema, cristel.
LAXAR.—aflojar, ablandar, suavizar, relajar, desmadejar, ahuecar.
LAXITUD.—relajación, relajamiento, flojedad, flojera, desmadejamiento, blandura, debilidad.
LAYA.—condición, calidad, especie, género, linaje, clase, ralea, casta.
LAZAR.—sujetar, coger, apresar, cazar, lacear, enlazar, liar, relazar.
LAZO.—unión, vínculo, obligación, emboscada, asechanza, trampa, ardid, lazada, enlace, engaño, atadura, ligamento, ligadura.
LEAL.—verídico, legal, fiel, honrado, recto, noble, fidedigno, franco, verídico, constante, seguro, sincero, devoto.
LEALTAD.—franqueza, fidelidad, honradez, nobleza, rectitud, legalidad, realidad, verdad, veracidad, cumplimiento, amistad, ley.
LECCIÓN.—amonestación, enseñanza, aviso, advertencia, ejemplo, lectura, consejo, admonición, monición.
LECHO.—madre, cauçe, álveo, estrato, cama, calce, rambla, badén.
LECHÓN.—puerco, cochinillo, desaseado, sucio, cochino, guarro.
LECHUGUINA.—coqueta, petimetra, presumida.
LECHUGUINO.—petimetre, currutaco, pisaverde, gomoso, virote, fifiriche.
LEDAMENTE.—alegremente, regocijadamente, gozosamente, jubilosamente, jovialmente, alborozadamente.
LEDO.—alegre, gozoso, plácido, contento, jubiloso, radiante, ufano.
LEER.—descifrar, interpretar, repasar, pasar, meldar, estudiar.
LEGAL.—legítimo, justo, lícito, permitido,

fiel razonable, exacto, recto, verídico, estricto, reglamentario.

LEGALIDAD.—rectitud, fidelidad, exactitud, legitimidad, moralidad, derecho.

LEGALIZAR.—autorizar, legitimar, formalizar, establecer.

LEGAÑOSO.—pitañoso, pitarroso, lagañoso, magañoso, cegajoso.

LÉGAMO.—cieno, barro, fango, lodo, limo, lama, légamo, enruna.

LEGENDARIO.—antiguo, tradicional, imaginario, fantástico.

LEGIÓN.—cohorte, muchedumbre, multitud.

LEGÍTIMO.—verdadero, cierto, genuino, auténtico, original, fidedigno, puro, propio, positivo, efectivo, evidente, axiomático, palpable.

LEGO.—seglar, ignorante, inculto, inexperto, inepto, zote.

LEJANO.—distante, apartado, remoto, retirado, lejos, longincuo, inaccesible, mediato.

LELO.—embobado, bobo, pasmado, simple, fatuo, tonto, atontado, embobecido, idiotizado.

LEMA.—título, argumento, letra, divisa, contraseña, mote, proposición, tema, rétulo, rótulo, letrero.

LENA.—alcahueta, tercera, celestina, vigor, fuerza, energía.

LENE.—suave, blando, grato, dulce, agradable, ligero, leve, benigno, tierno.

LENGUA.—idioma, habla, lenguaje, dialecto, jerga, jerigonza.

LENGUARAZ.—desvergonzado, deslenguado, insolente, malhablado, atrevido, lenguaz, intérprete, lengudo, lengüilargo, gárrulo.

LENIDAD.—blandura, suavidad, benignidad, condescendencia, flaqueza.

LENIFICAR.—ablandar, suavizar, calmar, consolar, aliviar, mullir, ahuecar.

LENITIVO.—emoliente, calmante, alivio, consuelo.

LENOCINIO.—tercería, alcahuetería, prostitución, trato, echacorvería, proxenetismo.

LENTAMENTE. — paulatinamente, pausadamente, despacio, espaciosamente, pesadamente, perezosamente, remisamente, despacito.

LENTITUD.—calma, tardanza, espacio, flema, pausa, sorna, pesadez, cachaza, pachorra.

LENTO.—espacioso, calmoso, flemático, pegajoso, tardo, pausado, glutinoso, débil, blando, liento, paulatino.

LEÑA.—paliza, castigo, tunda, solfa, vapuleo, tollina.

LEÑADOR.—aceguero, leñero, leñatero, carguillero.

LEÑO.—madero, tronco, embarcación, torpe, tonto, cernícalo, burro, zote, cerrado, ceporro.

LERDO.—obtuso, cernícalo, rudo, tardo, torpe, zote, borrico.

LESIÓN.—perjuicio, daño, detrimento, herida, menoscabo, lastimamiento.

LESOINAR.—dañar, lastimar, perjudicar, herir, menoscabar, golpear, maltratar.

LETAL.—letifero, mortífero, mortal, capital, deletéreo.

LETANÍA.—súplica, rogativa, lista, retahila, plegaria.

LETARGO. — modorra, torpeza, insensibilidad, sopor, abstracción, enajenamiento, sueño.

LETIFICAR.—regocijar, alegrar, animar, divertir, alborozar, desmelancolizar.

LETRADO.—instruido, docto, sabio, abogado, ilustrado, entendido, documentado.

LETRERO.—título, rótulo, anuncio, inscripción, rétulo, divisa.

LETRINA.—común, retrete, excusado, latrina, evacuatorio, beque.

LEVA.—reclutamiento, recluta, enganche, espeque, álabe.

LEVANTADO.—generoso, elevado, noble, altivo, orgulloso, altanero, magnífico.

LEVANTADOR.—sedicioso, amotinador, revoltoso, arengador, levadizo, subidor, ascendiente, rebelde.

LEVANTAMIENTO. — motín, sedición, alzamiento, pronunciamiento, alboroto, rebelión, sublimidad, elevación, excelencia, asonada, elevamiento.

LEVANTAR. — edificar, construir, fabricar, elevar, obrar, erigir, alistar, enganchar, amotinar, reclutar, rebelar, sublevar, engrandecer, enderezar, exaltar, esforzar, vigorizar, alzar, enriscar, encumbrar.

LEVANTARSE.—elevarse, alzarse, rebelarse, sublevarse, remontarse, repinarse, erguirse.

LEVANTE.—Este, Oriente, orto, naciente.

LEVANTISCO.—indócil, alborotador, inquieto, revoltoso, turbulento, levantino, díscolo, indisciplinado, insubordinado.

LEVE.—ligero, suave, liviano, insignificante, exiguo.

LEY.—regla, norma, ordenanza, prescripción, costumbre, estatuto, fuero, canon, código, pragmática, mandato, mandamiento, lealtad, precepto, fidelidad, amor, religión, peso, medida, calidad, cariño, afecto, apego.

LEYENDA.—fábula, cuento, mito, tradición, divisa, inscripción, lema, mote, fantasía.

LIAR.—amarrar, atar, ligar, sujetar, envolver, engañar, empaquetar, enredar, pegar, lazar, enlazar.

LIBAR.—probar, chupar, gustar, sacrificar, catar, sorber, chupetear.

LIBERAL.—generoso, dadivoso, desprendido, desinteresado, largo, expedito, pronto, dispuesto, espléndido, manirroto.

LIBERALIDAD.—desprendimiento, desinterés, generosidad, largueza, esplendidez, munificencia, filantropía.

LIBERTAD.—manumisión, emancipación, rescate, independencia, atrevimiento, licencia, osadía, familiaridad, franqueza, desenfreno, desembarazo, soltura, facilidad, prerrogativa, privilegio, autonomía, descoco, desahogo.

LIBERTADO.—osado, atrevido, libre, liberto, montaraz, expedito.

LIBERTAR.—rescatar, redimir, preservar, sacar, eximir, soltar, librar, manumitir, liberar, desoprimir, despenar, exonerar.

LIBERTINAJE.—liviandad, atrevimiento, desenfreno, deshonestidad, inmoralidad, licencia, crápula, orgía, impudicicia, lubricidad, sensualidad, disipación, disolución, perversidad, corrupción, depravación, pravedad.

LIBERTINO.—licencioso, disoluto, desenfrenado, crapuloso, libre, impúdico, lúbrico, lujurioso, lascivo, sensual, disipado, inmoral, calavera, juerguista, truchimán, perdido.

LIBIDINOSO.—liviano, lascivo, lúbrico, lujurioso, cachondo, erótico, rijoso, lóbrigo.

LIBRAR.—expedir, girar, libertad, salvar, escapar, preservar, dar.

LIBRE.—licencioso, atrevido, procaz, desenfrenado, disoluto, libertino, osado, deshonesto, desembarazado, suelto, expedito, franco, independiente, emancipado, exento, dispensado, insubordinado, soltero, calavera, desaprensivo, galocho.

LICENCIA. — autorización, permiso, venia, atrevimiento, facultad, desorden, osadía, desenfreno, procacidad, libertinaje, abuso, libertad, descaro, descoco, desahogo.

LICENCIAR.—graduar, despedir, permitir, autorizar.
LICENCIOSO.—disoluto, libre, desordenado, deshonesto, atrevido, osado, jaranero, inmoral, desenfrenado, libertino, desenfadado, procaz, desvergonzado.
LICITACIÓN.—almoneda, subasta, puja, encante, venduta.
LICITADOR. — postor, pujador, rematador, martillero.
LÍCITAMENTE. — legítimamente, justamente, legalmente, convenientemente, autorizadamente, equitativamente, imparcialmente.
LÍCITO.—legal, legítimo, permitido, autorizado, justo, razonable, fundado.
LICUAR.—fundir, liquidar, licuefacer, fluidificar, derretir, colicuar.
LICURGO.—inteligente, legislador, hábil, astuto, ingenioso, mañoso, habilidoso.
LID.—pelea, disputa, lucha, combate, contienda, batalla, discusión, controversia, torneo, lidia, encuentro.
LIDIAR.—batallar, luchar, pelear, combatir, torear, tornear, contender, guerrear.
LIGA.—mezcla, muérdago, compuesto, federación, aleación, unión, confederación, coalición, combinación, ligación, venda, faja.
LIGADURA.—ligada, atadura, ligamiento, sujeción, ligamento, lazo, amarradura.
LIGAR.—amarrar, atar, liar, unir, obligar, enlazar, alear, mezclar, conglutinar, aglutinar, trabar, realzar, lazar, lacear.
LIGAZÓN.—conexión, unión, trabazón, enlace, aligación, coligación, aligamiento.
LIGERAMENTE. — someramente, levemente, superficialmente, prestamente, raudamente, prontamente.
LIGEREZA.—viveza, presteza, velocidad, celeridad, agilidad, prontitud, rapidez, inconstancia, instabilidad, irreflexión, volubilidad, imprudencia, levedad, futilidad, futileza, alacridad, vivacidad, prisa.
LIGERO.—presuroso, ágil, presto, pronto, rápido, vivo, veloz, inconstante, inestable, imprudente, irreflexivo, voluble, versátil, voltario, somero, superficial, leve, liviano, trefe, diligente, activo, raudo, célere.
LIJADURA.—lesión, lastimamiento, magullamiento, magulladura.
LIMAR.—alisar desgarstar, pulir, corregir, debilitar, cercenar, escofinar, frotar, raspar, raer.
LIMAZO.—babaza, viscosidad, baba.
LIMITACIÓN.—distrito, término, demarcación, límite, restricción, tasa, cortapisa, acotación.
LIMITADO.—chico, corto, escaso, pequeño, reducido, definido, restringido, restricto.
LIMITAR.—ceñir, acortar, coartar, restringir, confinar, reducir, lindar, tasar, circunscribir, delimitar.
LÍMITE.—raya, frontera, linde, lindero, fin, término, confín, seto, barrera, separación, coto, aledaños.
LIMÍTROFE.—confinante, lindante, colindante, frontero, rayano, contiguo, aledaño, limitáneo, lindero, asurcano.
LIMO.—barro, lodo, cieno, fango, légamo, légano, lama, enruna.
LIMOSNA.—dádiva, caridad, socorro, alimosna, providencia.
LIMPIAR.—depurar, lavar, purificar, purgar, quitar, hurtar, robar, jamerdar, fregar, lavotear.
LÍMPIDO.—cristalino, claro, transparente, limpio, puro, inmaculado, aseado, curioso, nítido, nidio.
LIMPIEZA.—pulcritud, pureza, integridad, virginidad, castidad, precisión, destreza, agilidad, perfección, mundicia, aseo, nitidez.
LIMPIO.—pulcro, límpido, aseado, curioso, lavado, depurado, puro, inmaculado, mondo, despejado, libre, desembarazado, nidio, nítido, morondo, mondo.
LINAJE.—ascendencia, descendencia, casta, raza, estirpe, calidad, especie, género, laya, ralea.
LINCE.—perspicaz, sagaz, agudo, listo, vivo, rayo.
LINDAMENTE.—magníficamente, primorosamente, bonitamente.
LINDANTE.—colindante, confinante, contiguo, limítrofe, rayano, lindero, limitáneo, medianero, asurcano.
LINDAR.—rayar, confinar, limitar.
LINDE.—raya, límite, lindero, término, lindazo, lindera, demarcación.
LINDERO.—colindante, confinante, limítrofe, lindante, confín, rayano, linde, término, limitáneo, medianero, contiguo.
LINDEZAS.—insultos, dicterios, improperios, invectivas, injurias, chuscadas.
LINDO.—bello, hermoso, bonito, agraciado, primoroso, cabal, perfecto, afeminado, presumido, bueno, marica, pisaverde.
LÍNEA.—renglón, raya, lista, hilera, fila, filete, camino, vía, género, clase, especie, confín, linaje, límite, trinchera, término, lindero, meta, señal.
LIÑUELO.—lía, soga, ramal.
LÍO.—bulto, rollo, embrollo, enredo, confusión, enmarañamiento, taco, gatuperio.
LIORNA.—barahúnda, bulla, barullo, algazara, confusión, desorden, batiburrillo, batahola, jaleo, alboroto.
LIOSO.—enredador, embustero, mentiroso, bolero, trolero, patrañero, mendoso.
LIQUIDAR.—saldar, ajustar, derretir, licuar, fundir, liquefacer, licuefacer, desleír, disolver.
LÍQUIDO.—total, ganancia, suma, resultante, cifra, data, cargo, debe, haber, agua, zumo, infusión, licor, saldo.
LISIADO.—mutilado, tullido, impedido, estropeado, lesionado, baldado, contrecho, inválido.
LISIAR.—herir, estropear, lesionar, mutilar, lastimar, maltratar, lijar, dislacerar, tullir, baldar.
LISO.—llano, igual, plano, ingenuo, sincero, natural, parejo, raso, roso.
LISONJA.—adulación, halago, alabanza, lisonjamiento, candonga, zanguanga, pelotilla.
LISONJEAR.—alabar, halagar, agradar, adular, regalar, gustar, satisfacer, incensar, camelar, requebrar.
LISONJERO.—halagador, agradable, adulador, deleitable, grato, satisfactorio, lameculos, adulón, pelotillero, jonjabero.
LISTA.—nómina, registro, inventario, repertorio, enumeración, relación, catálogo, programa, índice, padrón, censo, minuta, tira, faja, retahíla, elenco.
LISTO.—vivo, activo, ligero, pronto, diligente, expedito, avisado, sagaz, astuto, inteligente, preparado, dispuesto, agudo, veloz, apercibido.
LISURA.—sencillez, llaneza, sinceridad, franqueza, ingenuidad, pulidez, dulcedumbre, dulzura, tersura.
LITIGAR. — pleitear, contender, altercar, disputar, discutir, cuestionar, controvertir.
LITIGIO.—pleito, altercado, disputa, contienda, controversia, discusión, debate.

LITORAL.—costa, ribera, costera, marina.

LIVIANAMENTE.—ligeramente, deshonestamente, impúdicamente, superficialmente, lascivamente, desenfrenadamente, depravadamente, lúbricamente.

LIVIANDAD.—ligereza, desenfreno, deshonestidad, incontinencia, impudicicia, lascivia, depravación, corrupción, lubricidad.

LIVIANO.—ligero, inconstante, leve, lascivo, incontinente, deshonesto, impúdico, libidinoso, lúbrico, lujurioso, lóbrigo.

LÍVIDO.—cadavérico, amoratado.

LIZA.—lid, palenque, combate, torneo, lidia, contienda, lucha, palestra.

LOABLE.—laudable, meritorio, plausible, alabable.

LOADO.—ensalzado, alabado, celebrado, encomiado, glorificado, honrado, enaltecido, lisonjeado.

LOAR.—elogiar, alabar, celebrar, aplaudir, encarecer, encomiar, ensalzar, honorar, magnificar, incensar.

LÓBREGO.—sombrío, tenebroso, obscuro, melancólico, triste, fosco, entenebrecido.

LOBREGUEZ.—tenebrosidad, obscuridad, tiniebla, obscuración.

LOCALIDAD.—población, lugar, pueblo, local, punto, paraje, región, comarca, asiento, sitio, ámbito, esfera.

LOCAMENTE.—inmoderadamente, excesimente, indeliberadamente.

LOCO.—demente, orate, alienado, lunático, vesánico, frenético, enajenado, maniático, maníaco, insensato, ido, mochales, chiflado, atolondrado, imprudente, aturdido, inconsciente, chalado, tocado, alunado, barrenado.

LOCUAZ.—charlatán, garlador, chacharero, hablador, parlanchín, parolero, gárrulo, parlero, lenguaz, lenguado.

LOCURA.—enajenación, demencia, insania, vesania, paranoya, delirio, frenesí, desvarío, chifladura, extravagancia, insensatez, disparate, aberración, guilladura, amencia.

LODACHAR.—lodazar, lodazal, barrizal, fangal, cenagal, lenagal, chapatal.

LODO.—fango, légamo, cieno, barro, limo, tarquín, légano, lama, enruna.

LÓGICA.—razonamiento, método, discurso, juicio.

LÓGICO.—racional, natural, justo, regular, positivo.

LOGRAR.—alcanzar, obtener, conseguir, disfrutar, gozar, sacar, poder, asequir, agenciar, adquirir.

LOGRERO.—especulador, usurero, avaro, tacaño, agarrado.

LOGRO.—usura, especulación, lucro, consecución, obtención.

LONCHA.—rodaja, lonja, tajada, lasca.

LONGANIMIDAD.—magnanimidad, generosidad, nobleza, desprendimiento, esplendidez.

LONGÁNIMO.—magnánimo, firme, constante, dadivoso, espléndido, generoso.

LONGITUD.—largura, largor, largo.

LOOR.—elogio, loa, alabanza, honor, lisonja, encomio.

LOZANÍA.—viveza, gallardía, frondosidad, orgullo, altivez, altanería, verdor, fresquedad, frescura.

LOZANO.—airoso, robusto, gallardo, sano, vigoroso, alegre, arrogante, verde, fresco, galano, frondoso.

LUBRICAR.—lubrificar, engrasar.

LUBRICIDAD.—lascivia, obscenidad, impudicicia, deshonestidad, rijosidad, lujuria.

LÚBRICO.—lujurioso, impúdico, obsceno, libidinoso, cachondo, erótico, rijoso, lóbrigo, resbaladizo.

LUCIDO.—brillante, espléndido, admirable, sobresaliente, estupendo, acabado, gallardo, liberal.

LÚCIDO.—brillante, resplandeciente, luciente, centelleante, radiante, claro.

LUCIO.—lúcido, resplandeciente, terso, coruscante, corusco.

LUCIR.—resplandecer, iluminar, brillar, descollar, sobresalir, aventajar, ostentar, presumir, mostrar, enlucir, parecer, relucir, relumbrar, coruscar, fulgurar.

LUCRARSE.—aprovecharse, ganar, beneficiarse, hincharse, redondearse, enriquecerse.

LUCRATIVO.—productivo, beneficioso, provechoso, fructuoso, fructífero, útil, lucroso, ventajoso, cuestuoso.

LUCRO.—ganancia, producto, provecho, beneficio, utilidad, remuneración, logro, rendimiento, granjeo.

LUCTUOSAMENTE.—fúnebremente, funestamente, tristemente, acuitadamente, acongojadamente.

LUCTUOSO.—fúnebre, funesto, triste, lamentable, congojoso, tétrico, lúgubre, lutuoso.

LUCHA.—lid, combate, pelea, batalla, contienda, disputa, altercado, pugna, altercación, pugilato, discusión, rivalidad, controversia, polémica, pendencia, choque, refriega.

LUCHADOR.—contendiente, combatiente, batallador, lidiador, justador, púgil, guerrero, guerreador, combatidor.

LUCHAR.—batallar, combatir, pelear, contender, lidiar, bregar, justar, disputar, discutir, reñir, chocar.

LUDIBRIO.—burla, mofa, escarnio, desprecio, befa, sarcasmo, mofadura, zaherimiento.

LUDIMIENTO.—fregadura, estregadura, rozamiento, frotamiento, refregamiento, frotación, frote, rascamiento.

LUDIR.—rozar, restregar, frotar, luir, estregar, refregar, friccionar.

LUEGO.—después, inmediatamente, pronto, prontamente, incontinenti, posteriormente, ulteriormente.

LUGAR.—punto, sitio, puesto, paraje, espacio, ocasión, oportunidad, tiempo, causa, motivo, pueblo, aldea, emplazamiento, situación, colocación.

LUGAREÑO.—rústico, aldeano, campesino, pueblerino, paleto, isidro.

LÚGUBRE.—funesto, triste, tétrico, luctuoso, fúnebre, melancólico, congojoso, lamentable, funesto.

LUJO.—demasía, profusión, abundancia, boato, opulencia, esplendidez, rumbo, suntuosidad, riqueza, fausto, magnificencia, ostentación, manificencia, aparato, pompa.

LUJOSO.—espléndido, opulento, fastuoso, suntuoso, rico, magnífico, ostentoso, rumboso, fastuoso, aparatoso, pomposo.

LUJURIA.—lubricidad, obscenidad, lascivia, liviandad, rijosidad, cachondería, procacidad.

LUJURIANTE.—lozano, frondoso, galano.

LUJURIOSO.—lascivo, liviano, lúbrico, libidinoso, cachondo, lóbrigo, rijoso.

LUMBRE.—luz, fuego, esplendor, llama, claridad, luminiscencia, refulgencia.

LUMBRERA.—claraboya, tragaluz, lucernario, tronera, escotilla, abertura, genio, insigne, esclarecido, sabio, virtuoso, ínclito, ejemplar.

LUMINOSO.—resplandeciente, refulgente, brillante, esplendoroso, esplendente, rutilante, coruscante, lumínico, corusco, fulgurante, fulgente.

LUSTRE.—esplendor, fama, brillo, gloria, realce, honra, prez.

LUSTROSO.—brillante, reluciente, terso, rollizo, luciente, coruscante, radiante.

LUTO.—pena, duelo, aflicción, tristeza, desconsuelo.

LUZ.—fulgor, resplandor, brillo, llama, esplendor, luminaria, tronera, ventana, ilustración, cultura, noticia, aviso, conocimiento, albor, claror, brillo.

LUPANAR.—burdel, mancebía, prostíbulo.

LL

LLAMADA.—llamamiento, señal, ademán, signo, apelación, invocación, cita.

LLAMADOR.—aldaba, timbre, campanilla, aldabón, avisador, campana, tirador.

LLAMAR.—convocar, nombrar, citar, denominar, designar, apellidar, titular, intitular, convidar, invitar, atraer, chistar, invocar, tocar, muñir.

LLAMATIVO.—excéntrico, excitativo, extravagante, presuntuoso, exagerado, atrayente, chocante, curioso.

LLANADA.—llanura, llano, llana, planicie, raso, plana, planada, explanada.

LLANAMENTE.—campechanamente, lisamente, francamente, naturalmente, abiertamente, sencillamente.

LLANEZA.—familiaridad, franqueza, confianza, sencillez, moderación, modestia, campechanía, espontaneidad, abertura.

LLANO.—llana, llanada, llanura, planicie, igual, plano, liso, accesible, sencillo, franco, afable, tratable, evidente, fácil, claro, explanada, campechano, inafectado.

LLANTO.—lloro, lloriqueo, llorera, gimoteo, planto, perra, gemiqueo.

LLAR.—fogón, hogar, lar, hogaril.

LLEGADA.—arribada, arribo, venida, advenimiento, aparición, presencia, acceso.

LLEGAR.—venir, alcanzar, arribar, tocar, acercar, arrimar, frisar, presentarse, aparecer, comparecer, ascender, importar, subir, allegar, advenir.

LLENAMENTE.—plenamente, copiosamente, enteramente, plenariamente, abundantemente, atestadamente, pletóricamente.

LLENAR.—colmar, henchir, cumplir, preñar, satisfacer, ocupar, gustar, agradar, cargar, enllenar, abarrotar, atestar.

LLENARSE.—henchirse, hartarse, saciarse, atufarse, irritarse, inflarse, cuajarse.

LLENO.—colmado, henchido, impregnado, pletórico, repleto, saturado, ocupado, abarrotado, atiborrado, preñado, relleno, cuajado.

LLENURA.—abundancia, plenitud, copia, exceso, repleción, hartura, lleneza, llenez, atestamiento.

LLEVADERO.—soportable, sufrible, tolerable, comportable, aguantable, sufridero, pasadero.

LLEVAR.—transportar, acarrear, trasladar, conducir, guiar, dirigir, cobrar, exigir, percibir, soportar, sufrir, tolerar, suportar, resistir, acarrear.

LLORAR.—lloriquear, gemir, sollozar, gimotear, plañir, sentir, deplorar, lamentar, lagrimar, lagrimacer, verraquear.

LLORO.—llorera, llanto, lloriqueo, lloramico, lloradera, perra.

LL

M

MACA.—fraude, engaño, disimulación, defecto, deterioro, hamaca.

MACABRO.—fúnebre, macábrico, luctuoso, letal, mortal.

MACANA.—garrote, broma, chufa, cuchufleta, mentira, trola, bola, embuste.

MACARELO.—camorrista, pendenciero, zaragatero, buscarruidos, bochinchero.

MACARENO.—majo, guapo, bravucón, baladrón, perdonavidas, fanfarrón, chulo, matón.

MACELO.—desolladero, matadero, degolladero, tablada, camal.

MACERAR.—estrujar, exprimir, ablandar, mortificar, ablandecer, emblandecer, enmollecer, manir.

MACICEZ.—densidad, consistencia, solidez, cuerpo, espesor, compacidad.

MACILENTO.—descolorido, triste, mustio, flaco, pálido, débil, desmedrado, escuálido.

MACIZO.—sólido, firme, relleno, fuerte, compacto, fundado, espeso, tupido.

MÁCULA.—tacha, mancha, engaño, trampa, labe, tilde, taca, maca, lámpara.

MACHACAR.—triturar, desmenuzar, quebrantar, machar, majar, porfiar, insistir, mallar, machucar, mazar, pistar.

MACHACÓN.—importuno, pesado, insistente, porfiado, majadero, cargante, latoso, jaquecoso, chinchoso.

MACHADA.—necedad, sandez, imbecilidad, mentecatería, mentecatez, estupidez, idiotez, memez, tontería.

MACHAQUERÍA.—porfía, importunidad, pesadez, molestia, machaqueo, chinchorrería, amoladura, mosconeo.

MACHO.—mazo, yunque, padrote, semental, mulo, vigoroso, fuerte, robusto, varonil, forzudo, animoso.

MACHUCAR.—herir, golpear, magullar, majar, mazar, machar, machacar.

MACHUCHO.—juicioso, maduro, sosegado, sensato, reflexivo, prudente, sesudo, adulto, anciano, experimentado.

MADRE.—origen, raíz, causa, cauce, lecho, álveo, calce, badén, matriz.

MADRIGADO.—experimentado, práctico, ducho, versado, baqueteado.

MADRIGUERA.—cueva, cubil, guarida, refugio, albergue, manida, nido, cubilar.

MADRUGADA.—aurora, alba, amanecer, alborada, albor.

MADUREZ.—sazón, prudencia, juicio, sensatez, reflexión, seso, sosiego, experiencia, seriedad, formalidad, tacto.

MADURO.—juicioso, prudente, machucho, reflexivo, sensato, sesudo, sosegado, discreto, serio, formal, mesurado.

MAESTRÍA.—destreza, arte, maña, habilidad, pericia, ingenio.

MAESTRO.—preceptor, profesor, pedagogo, dómine, catedrático, ayo, director, consejero, compositor, adiestrado, avezado, práctico, hábil, ducho, perito, experto, principal, mañoso.

MAGANCEAR.—holgazanear, remolonear, haraganear, gandulear, bartolear, roncear.

MAGANCERÍA.—engaño, fraude, astucia, falacia, magancia, trampa.

MAGANCÉS.—maganciero, traidor, judas, fementido, perverso.

MAGANTO.—enfermizo, macilento, triste, pálido, débil, escuálido, desmedrado.

MAGIA.—hechizo, atractivo, encanto, fascinación, seducción, hechicería, encantamiento, brujería, mágica.

MÁGICO.—encantador, fascinador, asombroso, hechicero, maravilloso, seductor, extraordinario, estupendo, atrayente, mago, brujo.

MAGÍN.—caletre, entendimiento, imaginación, mente, mollera, inventiva, miente, mientes.

MAGNANIMIDAD.—longanimidad, generosidad, nobleza, esplendidez, filantropía.

MAGNATE.—ilustre, poderoso, principal, prócer, grande, eximio, ínclito.

MAGNIFICAR.—aumentar, agrandar, engrandecer, ensalzar, alabar, elevar, incensar.

MAGNIFICENCIA.—generosidad, esplendidez, liberalidad, esplendor, grandeza, ostentación, pompa, excelsitud, suntuosidad, fausto, fasto, manificencia.

MAGNÍFICO.—espléndido, excelente, admirable, grandioso, magistral, ostentoso, notable, regio, suntuoso, soberbio, valioso, excelso, pomposo, fastuoso, retumbante.

MAGNITUD.—extensión, dimensión, tamaño, grandor, grandeza, excelencia, importancia, grandiosidad, altura.

MAGNO.—extraordinario, extenso, grande, excelso, extremado, soberano.

MAGRO.—seco, enjuto, flaco, delgado, cetrino, huesudo, cenceño, carniseco.

MAJADERAMENTE.—tontamente, neciamente, sandiamente, importunamente, bobamente, estúpidamente, estultamente.

MAJADERÍA.—pesadez, necedad, sandez, tontería, indiscreción, imprudencia, memez, estolidez, mentecatez.

MAJADERO.—sandio, mentecato, necio, porfiado, molesto, pesado, fastidioso, majagranzas, memo, estulto, porro, tocho.

MAJAR.—machacar, cansar, molestar, fastidiar, importunar, mazar, machar, machucar, mallar.

MAJESTAD.—magnificencia, majestuosidad, gravedad, grandeza, pompa, esplendor, ostentación.

MAJESTUOSO.—augusto, majestoso, imponente, solemne, mayestático, majestático, faustoso, fastuoso, pomposo.

MAJO.—adornado, compuesto, ataviado, lindo, hermoso, guapo, vistoso, curro, matón, bravucón, perdonavidas.

MAL.—padecimiento, enfermedad, dolencia, dolor, desgracia, calamidad, daño, ofensa, perjuicio, incorrectamente, insuficientemente, imperfectamente, desacertadamente, malamente, difícilmente, adversidad, desventura.

MALACOSTUMBRADO. — viciado, mimado, regalado, consentido, malcriado, inmoral, licencioso, disoluto.

MALANDANTE.—desventurado, desafortunado, infeliz, infortunado, malhadado, malaventurado, desdichado, cuitado.

MALANDANZA.—desdicha, desventura, infortunio, desgracia, malaventura, malaventuranza, desaventura.

MALANDRÍN.—perverso, malvado, maligno, pillo, bellaco, vil, indino, endino, abyecto, bajo.

MALAVENTURA.—infelicidad, desgracia, desventura, desdicha, infortunio, malaventuranza, malandanza, desaventura, cuita.

MALAVENTURADO.—desventurado, infeliz, desdichado, desgraciado, infortunado, cuitado, infelice, malandante.

MALBARATAR.—despilfarrar, disipar, derrochar, malvender, malgastar, dilapidar, malrotar, malmeter, destrozar, desbaratar.

MALCONTENTO. — disgustado, descontento, quejoso, perturbador, revoltoso, revolucionario, inquieto, desconforme, disconforme, desconveniente, disconveniente.

MALCRIADO.—descortés, descomedido, incivil, grosero, desatento, consentido, mimado, garbancero, cerril, soez, inurbano, descarado.

MALDAD.—malignidad, malevolencia, protervia, malicia, pravedad, nequicia, perversidad, falsedad, vileza, crueldad, perversión.

MALDECIR.—detractar, murmurar, denigrar, anatematizar, imprecar, execrar, detestar, pesiar, renegar.

MALDICIÓN.—imprecación, anatema, execración, detestación, taco, venablo, palabrota.

MALDITO.—malvado, perverso, endemoniado, marrano, execrado, execrable, detestable, condenado, malintencionado, ruin.

MALEANTE.—burlador, maligno, maleador, perverso, inmoral, licencioso, disoluto, crapuloso.

MALEAR.—estropear, dañar, corromper, viciar, pervertir, inficionar, enviciar, envilecer, maliciar, enmalecer, damnificar.

MALEDICENCIA.—murmuración, denigración, detracción, ladrido, chismorreo, habladuría.

MALEFICIO.—encanto, sortilegio, hechizo, imbunche, aojadura, aojamiento, aojo.

MALESTAR.—incomodidad, desasosiego, desazón, ansiedad, inquietud, molestia, indisposición, pesadumbre, embarazo, descomodidad.

MALGASTAR.—malbaratar, disipar, malrotar, derrochar, despilfarrar, dilapidar, malmeter, desbaratar, malvender.

MALHABLADO.—desvergonzado, descocado, lenguaraz, deslenguado, descarado, procaz, desbocado.

MALHADADO. — desdichado, desventurado, desgraciado, infeliz, infortunado, malandante, malaventurado, desafortunado, cuitado.

MALHECHOR.—criminal, salteador, delincuente, bandolero, forajido, facineroso.

MALICIA.—perversidad, maldad, bellaquería, astucia, solapa, penetración, disimulo, sutileza, sagacidad, sospecha, recelo, tergiversación, talento, cacumen.

MALICIAR.—presumir, recelar, conjeturar, sospechar, dañar, inficionar, malear, celar, pensar, temer, dudar, remusgar.

MALICIOSO.—bellaco, zorro, astuto, receloso, solapado, taimado, sagaz, ladino, disimulado, zamacuco, zorrocloco.

MALIGNAR.—inficionar, malear, viciar, corromper, pervertir, enviciar.

MALIGNO.—perverso, vicioso, malicioso, pernicioso, dañino, malino, pravo, proclive, inmoral, malintencionado.

MALMANDADO.—desobediente, indócil, indisciplinado, díscolo, insumiso, inobediente, insubordinado.

MALMETER.—malquistar, malbaratar, desconceptuar, malgastar, desavenir, enemistar.

MALMIRADO. — desconceptuado, malquisto, desacreditado, descortés, grosero, inconsiderado, incivil, malcriado, inurbano.

MALO.—doliente, paciente, enfermo, postrado, depravado, malvado, perverso, pravo, protervo, ruin, peligroso, nocivo, dañino, bellaco, diabólico, infernal, furris, dañoso, perjudicial, pernicioso, trabajoso, penoso, difícil, dificultoso, fastidioso, desagradable, repelente, molesto, usado, estropeado, deteriorado, viejo, deslucido, pésimo, fementido, precario, aciago, infausto, funesto, nefasto, travieso, inquieto, rematado, revoltoso, enredador.

MALOGRAR.—desaprovechar, perder, desperdiciar, frustrar, defraudar, chasquear.

MALÓN.—felonía, traición, engaño, alevosía, infidencia, deslealtad.

MALPARADO.—maltratado, deteriorado, maltrecho, estropeado, derrengado, descalabrado, deslomado, herido.

MALQUERENCIA.—ojeriza, enemistad, antipatía, enemiga, odio, tirria, aborrecimiento, aversión, fila, hincha.

MALQUERER.—aborrecer, enterriar, derrenegar, odiar, desamar, abominar, execrar.

MALQUISTAR.—enemistar, indisponer, desavenir, descompadrar, cizañar, encizañar, enzurizar.

MALQUISTO. — indispuesto, desacreditado, enemistado, desconceptuado, malmirado, discorde, discordante, dividente, desavenido.

MALROTADOR.—derrochador, gastador, malmalbaratador, disipador, dilapidador, manirroto, pródigo, perdigón, despilfarrador.

MALROTAR.—derrochar, disipar, malbaratar, malgastar, despilfarrar, prodigar, dilapidar, tirar

MALSANO.—insano, nocivo, insalubre, dañino, enfermizo, macanche, escolimado, delicado, enclenque.

MALSÍN.—chismoso, soplón, murmurador, cotilla, correvedile.

MALTRABAJA.—holgazán, haragán, perezoso, indolente, vago, gandul, gandumbas, apático, maula, maulón, molondro, zanguango.

MALTRATAR.—lastimar, estropear, dañar, menoscabar, injuriar, insultar, ofender, pegar, maltraer, zaherir, ultrajar, deteriorar.

MALTRATO.—maltratamiento, ofensa, injuria, insulto, menoscabo, desconsideración, sevicia, vejación, atropello.

MALTRECHO.—malparado, maltratado, estropeado, derrengado, descalabrado, deslomado.

MALVADO.—injusto, inicuo, perverso, infame, malo, depravado, ignominioso, vil, ruin, bajo, protervo, réprobo, malandrín, miserable.

MAMACALLOS.—simple, necio, tonto, pusilánime, apocado, memo, tocho, zopenco.

MAMARRACHO. — moharracho, zascandil, malqueda, ridículo, grotesco, espantajo, extravagante, espantapájaros, pelele, informal, despreciable, mequetrefe.

MANADA.—torada, hato, rebaño, cuadrilla, grey, vacada, boyada, yeguada.

MANANTIAL.—origen, germen, manadero, principio, fuente, naciente, fluencia, venero, venera, nacimiento, emanadero.

MANANTÍO.—manadero, manante, remanso, dimanante, fontal, brotador, surgidor.

MANAR.—brotar, surgir, surtir, dimanar, fluir, saltar, salir, abundar.

MANCEBA.—concubina, barragana, manfla, querida, favorita, amiga, prostituta, hetaira, amante, puta.

MANCEBÍA.—lupanar, burdel, prostíbulo, ramería.

MANCILLA.—desdoro, deshonor, afrenta, deshonra, mancha, mácula, tilde, sambenito, baldón, lunar.

MANCILLAR.—manchar, afrentar, amancillar, deshonrar, desdorar, empañar, baldonar, desprestigiar, sambenitar, oprobiar, infamar.

MANCIPAR.—sojuzgar, esclavizar, sujetar, apresar, plagiar.

MANCO.—mutilado, lisiado, incompleto, defectuoso, falto, defectivo, imperfeto, imperfecto.

MANCOMUNAR.—aunar, unir, confederar, federar, coligar, sindicar, asociar.

MANCHA.—tacha, mácula, tilde, lunar, mota, churrete, mancilla, estigma, deshonra, desdoro, lamparón, labe.

MANCHADO.—maculado, pintojo, pintado, salpicado, churretoso, pringado, tiznado.

MANCHAR.—ensuciar, emporcar, afrentar, deshonrar, deslustrar, macular, estigmatizar, motear, salpicar, pringar.

MANDA.—promesa, donación, oferta, legado, testamento, ofrecimiento, propuesta, prometimiento.

MANDADO.—precepto, orden, recado, comisión, mandato, mandamiento, prescripción.

MANDAMIENTO.—precepto, orden, despacho, mandado, prescripción, ordenación, ordenamiento, disposición.

MANDAR.—ordenar, establecer, decretar, preceptuar, prescribir, enviar, conminar, intimar, remitir, dirigir, gobernar, regir, legar, ofrecer, prometer, disponer, estatuir, encargar, encomendar, señorear.

MANDATO.—orden, precepto, disposición, prescripción, mandado, mandamiento.

MANDILÓN.—apocado, pusilánime, irresoluto, medroso, cobardón, blanco, temeroso, acollonado, acoquinado.

MANDO.—poder, gobierno, autoridad, dominio, dirección, imperio, señorío, caudillaje, mangoneo.

MANDRIA.—inútil, pusilánime, apocado, simple, tonto, egoísta, holgazán, vago, gandul, perezoso, pigre.

MANDUCAR.—yantar, comer, gaudir, jalar, jamar, mamullar, papar.

MANDUCATORIA.—mantenimiento, comida, sustento, pitanza, puchero, pan, subsistencia.

MANEJABLE.—transportable, portátil, ligero, manuable, manual, fácil.

MANEJAR.—utilizar, manipular, usar, dirigir, conducir, guiar, gobernar, maniobrar, administrar, operar, traer, tratar.

MANEJO.—administración, gobierno, uso, dirección, empleo, desenvoltura, artería, intriga, ardid, maquinación, enredo, pastel, tejemaneje, trapicheo.

MANERA.—forma, modo, guisa, sistema, procedimiento, suerte, estilo, práctica, fórmula, modal, ademán, educación, exterior, presencia, porte, apostura.

MANEZUELA.—manija, abrazadera, manecilla, mano, broche, mango.

MANFLA. — querida, manceba, concubina, prostituta, amasia, hetaira, gamberra.

MANGA.—red, colador.

MANGANILLA.—ardid, treta, tejemaneje, trapicheo, pastel, enredo, engaño.

MANGANTE.—mendigo, mendigante, mendicante, pobre, pordiosero, gorrón, guitón, gallofero, sopista, soplón.

MANGONEAR.—viltrotear, pindonguear, callejear, gallofear, guitonear, vagabundear.

MANÍA.—delirio, capricho, tema, extravagancia, locura, prurito, rareza, antojo, tirria, ojeriza, antipatía, fila, hincha, deseo.

MANIÁTICO.—antojadizo, caprichoso, raro, maniaco, extravagante, enajenado, mochales, chalado, barrenado.

MANICORTO.—mezquino, ruin, escatimoso, agarrado, cicatero, apretado, escasero, parco, estrecho, cochino, tacaño, cutre, roñoso.

MANIDO.—ajado, manoseado, usado, vulgar, trivial, escondido, oculto, sobado, raído, rozado, lacio.

MANIFESTACIÓN.—expresión, demostración, declaración, exposición, exteriorización, ostentación, ostensión.

MANIFESTANTE.—mostrador, expositor, exponente, exhibicionista, presentador, ostentador, presentante.

MANIFESTAR.—decir, afirmar, declarar, demostrar, exponer, expresar, descubrir, notificar, patentizar, opinar, mostrar, presentar, exhibir, revelar, ostentar, evidenciar, exteriorizar.

MANIFIESTO.—patente, descubierto, claro, visible, palpable, notorio, ostensible, cierto, escrito, declaración, palmar, palmario, público, sabido, exotérico.

MANIOBRA.—artificio, operación, manejo, faena, tejemaneje, trapicheo, manipuleo, manipulación.

MANIRROTO.—despilfarrador, derrochador, pródigo, disipador, malrotador, malbaratador, malgastador, gastador, gastoso, desprendido, liberal, dadivoso, generoso.

MANOSEAR.—sobar, chafar, sobajar, rabosear, apañuscar. tentar, tocar.

MANSEDUMBRE.—benignidad, suavidad, dulzura, apacibilidad, domesticidad, domestiquez, afabilidad, tranquilidad.

MANSIÓN.—morada, albergue, residencia, parada, detención, habitación, cuarto.

MANSO.—benigno, apacible, dócil, amaestrado, dulce, sosegado, suave, tranquilo, mansejón, cabestro, morroncho, tambero.

MANTA.—frazada, cobertor, zurra, paliza, tollina, tamba, gualdrapa.

MANTENER.—nutrir, alimentar, sustentar, amparar, manutener, sostener, apoyar, defender, conservar, proseguir, afirmar, asegurar, perseverar.

MANTENERSE. — alimentarse, fomentarse, sustentarse, conservarse, obstinarse, emperrarse.

MANUAL.—compendio, manuable, manejable, dócil, manso, mangonero, portátil, fácil.

MANUFACTURA.—fábrica, manifactura, empresa, industria, fabricación.

MANUMISIÓN. — emancipación, liberación, exoneración, licenciamiento, redención.

MANUMITIR.—emancipar, liberar, exonerar, desoprimir, librar.

MANUTENCIÓN.—amparo, conservación, sustento, sostenimiento, alimento, mantenimiento, protección, mantención, muquición, subsistencia.

MANUTENER.—amparar, mantener, proteger, sostener, sustentar.

MAÑA.—destreza, habilidad, industria, arte, costumbre, maestría, hábito, astucia, sagacidad, artificio, pericia, solercia, ingenio, apaño.

MAÑERO.—sagaz, astuto, hábil, diestro, habilidoso, mañoso, ingenioso.

MAÑOSAMENTE.—diestramente, hábilmente, habilidosamente, industriosamente, magistralmente, maestramente, amaestradamente, astutamente, cautamente, maliciosamente.

MAÑOSO.—hábil, diestro, industrioso, mañero, apañado, habilidoso, astuto.

MAQUINACIÓN.—intriga, asechanza, proyecto, tejemaneje, trapicheo, conjuración, trama, conspiración, conjura, complot.

MAQUINAR.—urdir, tramar, conspirar, intrigar, conjurar, trapichear, cabildear, trapisondear.

MARAÑA.—lío, enredo, embrollo, embuste, chisme, coscoja, complicación, maleza.

MARAÑERO.—enredador, chismoso, cotilla, chinchorrero, comadrero, infundioso, marañoso, cuentista, correvedile.

MARASMO.—suspensión, paralización, inmovilidad, atonía, apatía, detención, quietud.

MARAVILLA.—admiración, asombro, estupefacción, pasmo, portento, prodigio, excelencia, fenómeno.

MARAVILLAR.—asombrar, admirar, pasmar, sorprender, extasiar, suspender, subyugar, embobar, embobalicar.

MARAVILLOSO.—excelente, mirífico, admirable, asombroso, extraordinario, estupendo, mágico, fantástico, milagroso, pasmoso, portentoso, prodigioso, sobrenatural, sorprendente, preternatural, quimérico, milagroso.

MARBETE.—orilla, etiqueta, filete, cédula, rótulo, perfil, borde.

MARCA.—distrito, provincia, señal, huella, distintivo, traza, estigma, contraseña, tésera, tarja, signatura.

MARCAR.—señalar, bordar, aplicar, destinar, estigmatizar, estampillar, caracterizar, escandallar, tarjar, traseñalar.

MARCIAL.—militar, guerrero, llano, franco, bizarro, varonil, gallardo.

MARCIALIDAD.—bizarría, airosidad, galanura, donosura, garbo, garrideza, esbeltez, apostura.

MARCHANTE.—traficante, mercantil, comerciante, negociante, cliente, parroquiano.

MARCHAR.—caminar, ir, partir, viajar, andar, funcionar, salir, evacuar, huir.

MARCHARSE.—largarse, irse, ausentarse, mudarse, guillarse, rajarse, pirarse, alarse.

MARCHITAR.—agostar, ajar, deslucir, secar, enflaquecer, debilitar, desvigorizar, sobar, manosear.

MARCHITO.—deslucido, ajado, mustio, sobado, agostado, manoseado, lacio.

MARCHOSO.—garboso, airoso, gentil, marcial, garrido, galán, gallardo.

MAREAR.—enfadar, molestar, fastidiar, aburrir, encocorar, aletargar, atontar, desmayar.

MAREO.—fastidio, molestia, enfado, incomodidad, vértigo, vahído, vaguido, taranta.

MARFUZ.—repudiado, desechado, despreciado, falaz, engañoso, embustero, mentiroso, falso, trolero.

MARGEN.—orilla, ribera, borde, arcén, nota, apostilla, motivo, ocasión, pretexto, oportunidad.

MARICA.—afeminado, sodomita, amadamado, invertido, mariquita, maricón, homosexual.

MARIDAJE.—unión, enlace, armonía, consorcio, conformidad, semejanza, paralelismo.

MARIDAR.—unir, casar, enlazar, matrimoniar, desposar, armonizar.

MARIMACHO.—virago, machota, sargentona, amazona, marota, valquiria, varona, maritornes.

MARIMORENA. — contienda, cisco, jaleo, bronca, follón, zaragata, batiburrillo, batahola, pelea, pendencia, riña, reyerta.

MARITORNES.—criada, fámula, sirvienta, marimacho, varona, virago.

MARQUESINA.—cobertizo, pabellón, porche, alpende, cubierta.

MARRAJO.—cauto, astuto, taimado, ladino, candongo, artero, socarrón.

MARRANO.—sucio, puerco, desaseado, cerdo, guarro, verraco, cochino, desaliñado, gorrino, chancho, churretoso.

MARRAR.—faltar, errar, fallar, carecer, equivocar, fallir, incidir.

MARRO.—yerro, falta, ausencia, vacío, marra, regate, esguince, ladeo, juego.

MARRULLERÍA.—halago, astucia, zalamería, falacia, socarronería, solercia, taimería, marrajería, matrería, camándula.

MARRULLERO.—astuto, martagón, taimado, truchimán, trujimán, ladino.

MARTIRIO.—tortura, sufrimiento, tormento, suplicio, sacrificio.

MARTIRIZAR.—atormentar, torturar, afligir, sacrificar, suplicar.

MASA.—conjunto, volumen, reunión, totalidad, cuerpo, todo, mole, mezcla, pella, plasta, pellada, zurullo.

MASCAR.—mascullar, masticar, mascujar, triturar, roznar, ronchar, ronzar, roer.

MÁSCARA.—careta, disfraz, carátula, antifaz, mascarón, mascarilla, velo, pretexto, excusa, carantoña, cambuj, gambux, gambujo, gambuj.

MASCULILLO.—golpe, porrazo, trastazo, golpazo, porrada, zumbido.

MASCULINO.—enérgico, varonil, hombre, macho, hombruno, viril, fuerte.

MASTICAR.—meditar, mascar, rumiar, pensar, cogitar, ronzar, triturar, mascujar.

MASTUERZO.—torpe, necio, majadero, cernícalo, berro, tonto, tolete, rozno, cerril.

MATACHÍN.—perdonavidas, pendenciero, camorrista, matón, jifero, bravucón, fanfarrón, farfantón, jaque.

MATANZA.—destrozo, carnicería, sarracina, degollina, matacía, hecatombe, mortandad, instancia, empeño, porfía.

MATAR.—destruir, aniquilar, extinguir, despenar, apagar, apiolar, finiquitar, escabechar, asesinar, inmolar, sacrificar, ejecutar, exterminar, suprimir, estrechar, violentar, rebajar, molestar, desazonar, atenuar, acorar, sacrificar, desnucar, fusilar.

MATASIETE.—bravucón, espadachín, valentón, fanfarrón, farfantón, perdonavidas, matachín, matón, jaquetón, chulo, majo, jaque.

MATERIA.—asunto, tema, motivo, cosa, elemento, fomento, pasto, alimento, esencia, causa, ocasión, substancia.

MATERIAL. — esencial, tangible, sensible, substancial, basto, grosero, corpóreo, ponderable.

MATÓN.—rajabroqueles, guapetón, espadachín, perdonavidas, jaque, pendenciero, bravucón, chulo, matasiete, majo.

MATORRAL.—matas, malezas, médanos, algaba, mato, matojo, matorralejo.

MATRACA.—burla, carraca, chasco, zumba, vaya, burlería, zaherimiento, reprensión, importunación.

MATRAQUEAR.—chasquear, burlar, zumbar, zaherir, reprender, importunar.

MATRERÍA.—astucia, sagacidad, picardía, taimería, cuquería, zorrería, cazurría.

MATRERO.—diestro, astuto, experimentado, ducho, conchudo, asocarronado, guachinango, tretero, socarra, zorro, zorrón.

MATRIMONIAR.—maridar, casar, desposar, unir, enlazar.

MATRIMONIO.—boda, casamiento, unión, enlace, casorio.

MATRONA.—partera, comadre, comadrona.

MATUTE.—contrabando, fraude, garito, tasca, chirlata, timba, boliche.

MAULA.—moroso, tramposo, perezoso, remolón, maulón, maulero, engaño, dolo, artificio, futesa, vago, gandul, pigre.

MÁXIMA.—regla, pensamiento, símbolo, aforismo, sentencia, apotegma, precepto, axioma, proverbio, refrán.

MAYOR.—superior, grande, magno, considerable, sumo, jefe, primogénito.

MAYORAL.—pastor, capataz, mampostero, conductor, alguacil, corregidor.

MAYORÍA.—generalidad, mayoridad, grandor, grandeza, vastedad.

MAYORMENTE. — principalmente, especialmente, precipuamente, máximamente, máxime.

MAZORRAL.—rudo, grosero, tosco, tocho, burdo, brizno, bronco, basto.

MAZORRALMENTE.—toscamente, rudamente, bastamente, groseramente, zafiamente, burdamente, broznamente.

MECER.—agitar, mover, revolver, balancear, cunear, menear, cunar, brizar, columpiar, tabalear, acunar.

MECHA.—torcida, pabilo, mechón, matula.

MEDIACIÓN.—intervención, injerencia, intercesión, entrometimiento, recomendación.

MEDIADOR.—intermediario, medianero, intercesor, comisionista, tercero, recomendante, muñidor, avenidor.

MEDIANAMENTE.—regularmente, pasaderamente.

MEDIANÍA.—medianidad, vulgaridad, mediocridad.

MEDIANO.—regular, mediocre, razonable, intermedio, adocenado, pasadero, trivial, vulgar, talcualillo.

MEDIAR.—interceder, intervenir, interponer, transcurrir, sobrevenir, terciar, promediar, tercerear, actuar, abogar.

MEDIDA.—providencia, prevención, disposición, prudencia, moderación, regla, tasa, mesura, circunspección, cordura, unidad, proporción, cantidad, módulo.

MEDIO.—procedimiento, mitad, modo, método, camino, forma, manera, recurso, arbitrio, expediente, diligencia, médium, mellizo, gemelo.

MEDIOCRE.—gris, vulgar, mediano, regular, medianejo, trivial, adocenado, pasadero, intermedio.

MEDIR.—conmensurar, mensurar, calcular, evaluar, estimar, valuar, comparar, igualar, graduar, compasar, escantillar, tantear, arquear, tasar.

MEDITABUNDO.—absorto, pensativo, meditativo, caviloso, cogitativo, cabizcaído.

MEDITAR.—reflexionar, pensar, discurrir, considerar, excogitar, cogitar, recapacitar, rumiar.

MEDRA.—crecimiento, medro, desarrollo, aumento, mejora, progreso, adelanto, ascenso, mejoramiento, engrandecimiento, cremento.

MEDRAR.—progresar, mejorar, adelantar, aumentar, crecer, prosperar, ascender, convalecer, subir, florecer, acrecentar, acrecer.

MEDROSAMENTE. — temerosamente, tímidamente, pusilánimemente, recelosamente, apocadamente, miedosamente, cobardemente.

MEDROSO.—cobarde, temeroso, pusilánime, irresoluto, miedoso, tímido, temiente, receloso, temedor.

MEDULA.—tuétano, centro, esencia, substancia, meollo, cogollo, caña, caracú.

MEGO.—apacible, manso, suave, tranquilo, sosegado, reposado, tratable.

MEJORA.—aumento, adelanto, mejoramiento, perfeccionamiento, mejoría, progreso, puja, medra, adelantamiento, medro, ascenso, enaltecimiento.

MEJORADO.—curado, restablecido, renovado, restaurado, reformado, reparado, rehecho, corregido, enmendado, embellecido, perfeccionado, regenerado, rejuvenecido, aliviado.

MEJORAR.—restablecer, aliviar, robustecer, progresar, aumentar, acrecentar, prosperar, adelantar, perfeccionar, embonar, bonificar, abonanzar, pujar, licitar, sanar, hermosear, embellecer, regenerar, rejuvenecer, exornar, adornar.

MEJORÍA.—adelantamiento, alivio, mejora, mejoramiento, perfección, medra, creces.

MELANCOLÍA.—tristeza, exantropía, cacona, hipocondría, morriña, engurrio, murria, zanganiana.

MELANCÓLICO.—apesarado, triste, afligido, mohíno, mustio, melancólico, tristón, murrio, hipocondríaco.

MELIFLUAMENTE.—tiernamente, dulcemente, suavemente, delicadamente, melosamente, finamente, quietamente, sosegadamente.

MELIFLUIDAD.—dulzura, suavidad, ternura, delicadeza, melosidad, finura, melifluencia, hazañería, ñoñez.

MELIFLUO.—delicado, meloso, dulce, suave, tierno, fileno, pamplinoso, denguero, superferolítico, mimoso.

MELILOTO.—tonto, abobado, insensato, necio, tontaina, bobo, tolondro.

MELINDRE.—remilgo, dengue, afectación, escorrozo, mitote, fililí.

MELINDROSO.—remilgado, melindrero, dengoso, afectado, pamplinoso, pamplinero, menino, denguero, fuñique.

MELODIOSO.—suave, dulce, grato, agradable, armonioso, armónico, acorde.

MELOSO.—dulzón, almibarado, empalagoso, suave, dulce, dulzarrón, dengoso, mimoso, denguero, fuñique, melifluo.

MELLAR.—mancillar, menoscabar, disminuir, menguar, amenguar, reducir, restar, escatimar.

MELLIZO.—hermanado, gemelo, mielgo, melgo, medio, coate, coate.

MEMBRETE.—anotación, memoria, apuntación, invitación, apunte, minuta, aviso, nota, recordatorio.

MEMBRUDO.—forzudo, fornido, fuerte, corpulento, recio, robusto, vigoroso, nervudo, forcejudo, estrenuo.

MEMEZ.—necedad, estupidez, idiotez, estulticia, botez, mentecatería, mentecatez, sandez.

MEMO.—bobo, babieca, mentecato, simple, tonto, sandio, necio, idiota, estólido, estulto, zonzo, estúpido.

MEMORABLE.—famoso, célebre, glorioso, importante, notable, memorando, recordable, evocable, inolvidable.

MEMORIA.—retinencia, retentiva, recuerdo, recordación, reminiscencia, remembranza, mención, rememoración, fama, gloria, exposición, relación, escrito.

MENCIÓN.—memoria, recuerdo, referencia, cita, remembranza, acuerdo, rememoración, evocación.

MENCIONAR.—contar, citar, nombrar, recordar, referir, relatar, nominar, mentar, aludir.

MENDAZ.—embustero, mentiroso, trolero, bolero, cuentista.

MENDICIDAD.—pordioseo, mendiguez, mendicación, pordiosería.

MENDIGAR.—mendiguear, pordiosear, pedir, limosnear, bordonear, gallofear.

MENDIGO.—pordiosero, mendicante, mendigante, mendigueante, mengante, sopón, zampalimosnas, sopista, menesteroso, indigente, pobre, desvalido, mísero.

MENDOSO.—errado, equivocado, mentiroso, embustero, trolero, bolero.

MENEAR.—agitar, mover, dirigir, manejar, gobernar, bullir, rebullir, cernear.

MENEARSE.—moverse, concomerse, desgoznarse, agitarse, manejarse, levarse, gobernarse.

MENESTER.—ejercicio, necesidad, profesión, empleo, ministerio, precisión, tarea, trabajo, asunto, ocupación.

MENESTEROSO.—necesitado, falto, indigente, miserable, pobre, pelado, desbragado, pordiosero, descamisado.

MENGUA.—daño, menguamiento, deshonra, descrédito, desdoro, afrenta, menoscabo, perjuicio, defecto, falta, pobreza, indigencia, estrechez, inopia, penuria, escasez, carencia, disminución, merma.

MENGUADO.—apocado, cobarde, mezquino, miserable, tacaño, ruin, insensato, necio, mentecato, simple, tonto, desgraciado, fatal, funesto, infausto, infeliz, avaro, agarrado, ruin.

MENGUAR.—decrecer, disminuir, mermar, faltar, amenguar, gastar, decaer, enflaquecer, debilitar.

MENOR.—menudo, mínimo, minúsculo, pequeño, parvo, chico, corto, exiguo, reducido.

MENOSCABAR.—deteriorar, dañar, damnificar, amancillar, empequeñecer, perjudicar, disminuir, acortar, reducir, deslustrar, mancillar, ajar, desacreditar, desprestigiar, quebrantar, deshonrar, envilecer.

MENOSCABO.—deterioro, disminución, daño, detrimento, perjuicio, quebranto, descrédito, desdoro, mengua, deslustre, mancilla, deshonra.

MENOSPRECIAR.—desdeñar, desairar, desestimar, despreciar, popar, rebajar, relegar, vilipendiar, encorozar, difamar.

MENOSPRECIO.—desdén, desprecio, desaire, desestima, depreciación, esguince, disfavor, popamiento.

MENSAJE.—embajada, misión, encargo, envío, recado, misiva.

MENSAJERO.—enviado, recadero, cosario, propio, mandadero, nuncio, faraute, emisario, misionario, correo.

MENTAR.—mencionar, nombrar, citar, recordar, nominar, referir, apellidar, intitular, aludir.

MENTE.—pensamiento, entendimiento, inteligencia, caletre, magín, intención, designio, sentimiento, dictamen, sentido, espíritu, propósito, voluntad, cacumen, chirumen.

MENTECATERÍA.—mentecatada, imbecilidad, mentecatez, idiotez, insensatez, majadería, tontería, necedad, fatuidad, sandez, memez, estolidez, estupidez, estulticia.

MENTECATO.—fatuo, tonto, necio, menguado, imbécil, idiota, insensato, majadero, simple, sandio, bobo, memo, abobado, estólido.

MENTIR.—embustear, engañar, embustir, trapalear, inventar, bolear, zurcir.

MENTIRA.—falsedad, engaño, embuste, patraña, farsa, ficción, enredo, invención, filfa, bola, bulo, trola, infundio, faramalla, guadramaña, mentirilla, mentirón, mentiruca, arana, bunga, macana, paparrucha, camelo, cuento, trufa.

MENTIROSO.—engañador, embustero, bolero, embustidor, trolero, embarrador, engañoso, infundioso, falso, farsante, mintroso, marfuz, pataratero, aranero, fulero.

MENTOR.—consejero, preceptor, maestro, guía, ayo, instructor, monitor, aconsejador, asesor.

MENUDAMENTE.—detalladamente, circunstanciadamente, prolijamente, pequeñamente, diminutivamente.

MENUDENCIA.—minucia, bagatela, nadería, pequeñez, nonada, exactitud, cuidado, insignificancia, poquedad.

MENUDO.—chico, pequeño, despreciable, plebeyo, vulgar, minuto, tamanisquito, monis, exiguo.

MEOLLO.—medula, seso, substancia, juicio, cordura, entendimiento, fondo, sensatez, miga, caletre, magín, chirumen, cacumen.

MEQUETREFE. — chafandín, entremetido, chisgarabís, tarambana, títere, trasto, muñeco, danzante, bullicioso, chiquilicuatro, cocinilla, camasquince, entrometido, cominero, enredador.

MERAMENTE.—puramente, solamente, simplemente, únicamente, escuetamente, estrictamente.

MERCADER.—comerciante, negociante, traficante, mercante, mercadante, tratante, tendero, mercachifle, buhonero, abarrotero, trajinante, negociador.

MERCADERÍA.—mercaduría, mercancía, género, efecto, abarrote, existencia.

MERCAR.—adquirir, comprar, negociar, comerciar, traficar, feriar.

MERCED.—galardón, dádiva, premio, gracia, recompensa, beneficio, don, servicio, favor, regalo, remuneración, voluntad, arbitrio.

MERCENARIO.—jornalero, mercedario, asalariado, criado, servidor.

MERECEDOR.—acreedor, digno, mereciente, benemérito, meritorio.

MERECIDAMENTE.—justamente, dignamente, méritamente, meritoriamente, condignamente.

MERECIMIENTO.—mérito, virtud, bondad, estimación, servicio.

MERETRIZ.—cortesana, prostituta, ramera, pelandusca, buscona, mozcorra, zorra, perdida, mondaria, mesalina, hetaira, amasia, gamberra, puta.

MERITORIAMENTE.—merecidamente, méritamente, meritísimamente, condignamente, plausiblemente, laudablemente, loablemente.

MERITORIO. — alabable, condigno, digno, acreedor, laudable, loable, plausible, empleado.

MERMA.—pérdida, disminución, desgaste, consumimiento, consunción.

MERMAR.—menguar, minorar, disminuir, reducir, bajar, desgastar, amenguar, consumir, quitar.

MERO.—simple, solo, puro, elemental, neto, pelado, desnudo.

MESINGO.—débil, delicado, enteco, canijo, encanijado, entelerido, flaco, alfeñique, consumido, magro.

MESNADA.—congregación, junta, compañía, asamblea, asociación, consorcio, colectividad.

MESÓN.—hostería, hostal, posada, venta, parador, merendero, ventorro, albergue.

MESONERO.—huésped, hostelero, ventero, posadero, patrón, dueño.

MESTIZO. — híbrido, cruzado, atravesado, mixto.

MESURA.—moderación, gravedad, comedimiento, compostura, circunspección, prudencia, cortesía, seriedad, morigeración, ponderación, sobriedad, continencia, reverencia, respeto, medida, regla.

MESURADO.—comedido, parco, moderado, templado, reglado, circunspecto, mirado, prudente, ponderado, morigerado, eutrapélico, modoso, sobrio.

MESURAR.—moderar, ponderar, morigerar, amortiguar, temperar, dulcificar, apaciguar, calmar, ablandar, reprimir.

MESURARSE.—moderarse, comedirse, reprimirse, contenerse, comprimirse, refrenarse, temperarse, reportarse, templarse.

META.—fin, término, final.

METÁFORA.—imagen, tropo, figura, alegoría.

METAMORFOSEAR.—transmutar, convertir, transformar, cambiar, transmudar, transfigurar, trastrocar.

METAMORFOSIS.—metamorfosi, transmutación, cambio, transformación, mudanza, conversión, transmudación, transmudamiento.

METEDOR.—introductor, importador, matutero, engeridor, coladizo, penetrante, penetrativo.

METER.—encajar, introducir, encerrar, incluir, promover, ocasionar, producir, embutir, empotrar, alojar, plantar, fijar, colocar.

METERSE.—introducirse, mezclarse, encerrarse, inmiscuirse, lanzarse, zambullirse, internarse, adentrarse.

METICULOSO.—miedoso, pusilánime, medroso, temeroso, cobarde, gallina.

METIDO.—golpe, puñada, puñetazo, sopapo, achuchón.

METÓDICO.—cuidadoso, ordenado, mirado, arreglado, sistemático, modal.

METODIZAR.—ordenar, regularizar, normalizar, disponer, concertar, aviar, ajustar.

MÉTODO.—orden, regla, norma, procedimiento, sistema, régimen.

MEZCLA.—mezcolanza, mezclamiento, mezcladura, mezclilla, promiscuidad, baturrillo, revoltillo, batiburrillo, mixtura, mixtión, conmixtión, miscelánea, amalgama, liga, aleación, ligación, mistura, combinación, promiscuación, entrevero.

MEZCLAR.—unir, agregar, incorporar, barajar, juntar, amalgamar, mixturar, inmiscuir, interponer, coadunar, alear, emulsionar, entreverar, diluir, emburrijar.

MEZCLARSE.—introducirse, meterse, enlazarse, agregarse, juntarse, incorporarse, inmiscuirse, unirse, interponerse.

MEZCOLANZA.—mezcla, mezcladura, promiscuidad, amalgama, heterogeneidad, baturrillo, revoltillo, revoltijo, fárrago, amasijo.

MEZQUINAMENTE.—miserablemente, pobremente, avariciosamente, tacañamente, ruinmente, sórdidamente, avaramente, roñosamente.

MEZQUINDAD.—tacañería, ruindad, cicatería, avaricia, escasez, miseria, pobreza, necesidad, roñería, roña, sordidez, piojería.

MEZQUINO.—miserable, necesitado, pobre, indigente, tacaño, roñoso, avaro, sórdido, cicatero, ruin, cutre, raquítico, exiguo, escaso, corto, pequeño, menguado, diminuto, agarrado, prieto, roña, pijotero.

MICO.—mono, lujurioso, calavera, rijoso, libidinoso, lascivo, cachondo.

MIEDO.—aprensión, cuidado, recelo, temor, terror, pavor, pánico, jindama, canguelo, cerote, canguis, julepe, medrana, mieditis, intimidación, timidez, cobardía.

MIEDOSO.—cobarde, tímido, temeroso, pusilánime, medroso, apocado, receloso, aprensivo, espavorido, timorato, espantadizo, formidoloso, asustadizo.

MIEMBRO.—extremidad, pene, falo, verga.

MIGA.—migaja, meollo, substancia, enjundia, miaja, meaja, migajón, meajuela.

MIGAJAS.—restos, sobras, partículas, desperdicios, miajas, meajas, migajas.

MILAGRO.—miraglo, prodigio, portento, maravilla, fenómeno.

MILAGROSO. — estupendo, extraordinario, asombroso, maravilloso, pasmoso, portentoso, prodigioso, sobrenatural, sobrehumano, mágico.

MILITAR.—concurrir, existir, servir, actuar, soldado, combatiente, guerrero, mílite, mesnadero, miliciano.

MIMADO.—malcriado, consentido, malacostumbrado, mimoso.

MIMADOR.—halagador, bribiador, lagotero, zalamero, caroquero, cocador, acariciador, carantoñero.

MIMAR.—halagar, regalar, acariciar, roncear, consentir, barbear, cocar.

MIMO.—cariño, halago, caricia, condescendencia, bufón, farsante, fiesta, zalama, zalamería, garatusa, arrumaco, lagotería.

MIMOSO.—regalón, delicado, melindroso, consentido, lagotero, zalamero.

MINA.—excavación, yacimiento, criadero, pozo, filón, venero, almadén, panizo.

MINAR.—socavar, consumir, destruir, excavar, debilitar, dragar, ahoyar, cavar, zapar.

MINISTERIO.—Gobierno, cargo, gabinete, empleo, ocupación, oficio, sacerdocio, profesión, uso, destino, menester, acomodo, negocio.

MINORAR.—aminorar, amortiguar, acortar, atenuar, disminuir, mitigar, reducir, menguar, amenguar, empequeñecer, paliar, reducir.

MINORÍA.—minoridad, menoría.

MINUCIA.—nimiedad, bagatela, menudencia, miseria, insignificancia, nonada, pequeñez, tontería.

MINUCIOSIDAD. — escrupulosidad, meticulosidad, curiosidad, puntualidad, cominería, nimiedad, primor.

MINUCIOSO.—escrupuloso, exacto, nimio, meticuloso, concienzudo, curioso, prolijo, esmerado, extremado.

MINUTA.—apunte, anotación, apuntación, borrador, lista, cuenta, nómina, catálogo, extracto, nota, elenco, tabla.

MIRA.—idea, intención, designio, propósito, finalidad, norma.

MIRADO.—atento, cauto, cuidadoso, circunspecto, reflexivo, prudente, respetuoso, mesurado, morigerado, curioso.

MIRADOR.—terrado, tribuna, galería, torreón, azotea, terraza, mirante, mirón, veedor, oteador.

MIRAMIENTO.—cautela, circunspección, atención, cuidado, respeto, recato, consideración, precaución, moderación.

MIRAR.—ojear, avizorar, observar, considerar, reflexionar, apreciar, pensar, estimar, atender, velar, proteger, cuidar, amparar, defender, concernir, atañer, inquirir, buscar, indagar.

MIRÍFICO.—maravilloso, portentoso, admirable, asombroso.

MISERABLE.—tacaño, avaro, estreñido, cicatero, ruin, avariento, cutre, mezquino, pobre, infeliz, desgraciado, desventurado, desdichado, infortunado, abatido, acobardado, indigente, mísero, necesitado, menesteroso, corto, exiguo, escaso, raquítico, canalla, granuja, infame, tímido, pusilánime, agarrado, perverso, abyecto, despreciable, vil.

MISERABLEMENTE.—desgraciadamente, lastimosamente, desventuradamente, escasamente, mezquinamente, pobremente, paupérrimamente, misérrimamente.

MISERIA.—infortunio, desdicha, desgracia, desventura, estrechez, escasez, desnudez, mezquindad, indigencia, ruindad, tacañería, avaricia, pobreza, penuria, malaventura, malandanza, cicatería, piojería, roñería.

MISERICORDIA.—lástima, piedad, compasión, conmiseración, clemencia, miseración.

MISERICORDIOSAMENTE.—compasivamente, filantrópicamente, piadosamente, generosamente, humanitariamente, caritativamente, clementemente, tiernamente, enternecidamente, sentimentalmente.

MISERICORDIOSO. — compasivo, humano, piadoso, caritativo, altruista, filántropo, compasible, filantrópico, apiadador, clemente, pío.

MÍSERO.—desgraciado, desventurado, miserable, infortunado, desdichado, infeliz, apocado, tímido, pusilánime, malandante, malaventurado, roñoso, ruin, indigente, necesitado, pobre, menesteroso.

MISIÓN.—encargo, gestión, comisión, cometido, envío, recado, embajada.

MISIONARIO.—misionero, comisionado, enviado, encargado, embajador, recadero.

MISIVA.—esquela, billete, aviso, carta, nota, epístola.

MISMAMENTE.—ídem, idénticamente, id, exactamente, análogamente, igualmente, propiamente.

MISMO.—igual, idéntico, propio, exacto, semejante, uno, análogo, homogéneo, congénere.

MISTERIO.—arcano, reserva, secreto, sigilo, incógnito.

MISTERIOSAMENTE.—calladamente, reservadamente, ocultamente, secretamente, sigilosamente, incógnitamente, escondidamente, arcanamente, subrepticiamente, celadamente, invisiblemente, furtivamente.

MISTERIOSO.—oculto, secreto, recóndito, obscuro, reservado, impenetrable, inexplicable, incomprensible, indescifrable, hermético, esotérico, ininteligible, incógnito, arcano, subrepticio, insondable, sibilino.

MITIGACIÓN.—amaine, amortiguamiento, sedación, remisión, atenuación, alivio, placación, aplacamiento.

MITIGAR.—consolar, templar, disminuir, moderar, desenconar, dulcificar, minorar, aminorar, aplacar, suavizar, calmar, atenuar, amitigar, amortiguar, sosegar.

MIXTO.—compuesto, mezclado, heterogéneo híbrido, misto, vario, promiscuo, mestizo, fósforo, cerilla.

MIXTURA.—mezcolanza, mezcla, mistura, mistión, promiscuación, mixtión, amalgama.

MIXTURAR.—mezclar, amalgamar, incorporar, emulsionar, champurrar, emburujar.

MOBLE.—móvil, movible, variable, inconstante, inestable, inseguro.

MOCEDAD.—juventud, adolescencia, muchachez, travesura, desenfreno, mancebez, mancebía, verdor.

MOCERO.—lascivo, mujeriego, faldero, rijoso, libidinoso, calavera.

MOCETÓN.—mozancón, hombretón, mozarrón, pollancón, zagalón.

MOCIÓN.—movimiento, proposición, impulso, inclinación, monición, meneo, movedura.

MOCITO.—mozalbete, mozalbillo, mocete, mozuelo, muchacho, chiquillo, garzón, pollito, jovenzuelo.

MOCHILA.—zurrón, saco, morral, macuto, talega, cutama.

MODA.—costumbre, uso, modo, boga, hábito, estilo, usanza.

MODALES.—maneras, ademanes, principios, educación, crianza, apostura, continente.

MODELO.—muestra, pauta, medida, regla, dechado, ejemplar, ejemplo, arquetipo, prototipo, tipo, paradigma, módulo.

MODERACIÓN.—mesura, modicidad, comedimiento, modestia, morigeración, sobriedad, templanza, sensatez, cordura, eutrapelia, circunspección, temperancia.

MODERADAMENTE. —razonadamente, razonablemente, prudencialmente, modestamente, sobriamente, comedidamente, mesuradamente, templadamente, temperadamente, morigeradamente, frugalmente.

MODERADO.—comedido, eutrapélico, eutropélico, modoso, parco, frugal, mesurado, morigerado, sobrio, modesto, templado, módico.

MODERAR.—atemperar, mitigar, aplacar, ablandar, suavizar, refrenar, templar, atenuar, ajustar, arreglar, contener, mesurar, morigerar, temperar.

MODERNAMENTE. — actualmente, recientemente, nuevamente, contemporáneamente.

MODERNIZACIÓN.—innovación, innovamiento, modernismo, renovación.

MODERNIZAR.—innovar, renovar, remozar, restaurar, reponer.

MODERNO.—flamante, actual, nuevo, reciente, original, neotérico, fresco.

MODESTIA.—honestidad, recato, decencia, moderación, decoro, insignificancia, humildad, moralidad.

MODESTO.—honesto, recatado, humilde, decente, insignificante, moderado, templado, morigerado, apocado, respetuoso, seráfico.

MÓDICAMENTE.—limitadamente, moderadamente, económicamente, modestamente, morigeradamente, parsimoniosamente.

MÓDICO.—limitado, escaso, moderado, reducido, morigerado, temperado.

MODIFICAR.—reformar, rectificar, cambiar, corregir, enmendar, restringir, caracterizar, diferenciar.

MODO.—manera, forma, cortesanía, urbanidad, circunspección, decencia, moderación, templanza, prudencia, guisa, género, estilo, suerte.

MODORRA.—pesadez, letargo, somnolencia, soñolencia, soñera, flojera, aturdimiento, amodorramiento, zorrera, azorramiento.

MODORRO.—inadvertido, ignorante, torpe, burro, zote, amodorrido.

MOFA.—burla, befa, escarnio, ludibrio, chacota, chufla, camama, bufa, inri.

MOFANTE.—mofador, burlón, burlador, escarnecedor, zumbón, chancero, chifletero, chacotero, guasón.

MOFARSE.—reírse, chunguearse, burlarse, chungarse, chancearse, chuflarse, chotearse, alfonsearse, cachondearse.
MOFLETE.—carrillo, mollete, cachete, buchete.
MOFLETUDO.—carirredondo, carilleno, carrilludo, cachetudo, molletudo.
MOGROLLO.—gorrón, gorrista, tosco, descortés, garbancero, tocho, incivil, inurbano.
MOHÍN.—gesto, mueca, alcocarra, visaje.
MOHÍNO.—melancóilco, disgustado, triste, cariacontecido, cabizbajo, cabizcaído, meditabundo, enojado, airado, mulo, ave.
MOHO.—orín, herrumbre, verdete, cardenillo, hongo, desidia, pereza, vagancia, pigricia, gandulería.
MOHOSO.—mohiento, herrumbroso, columbriento, oriniento, oxidado, roñoso, ruginoso, eruginoso.
MOJAR.—calar, regar, bañar, humedecer, empapar, remojar, asperjar, sumergir, embeber, inundar, apuñalar, humectar, untar, rociar, salpicar, empapar, ensopar.
MOJARRILLA.—chancero, dicharachero, alegre, mofante, chacotero, chufletero.
MOJICÓN.—bollo, bizcocho, cachete, cachetada, bojicón, puñetazo, sopapo.
MOJIGANGA.—farsa, mascarada, bojiganga, burlería.
MOJIGATERÍA. — santurronería, mojigatez, gazmoñería, beatería, hipocresía, farisaísmo, fingimiento.
MOJIGATO.—beato, disimulado, misticón, tragasantos, beatuco, hazareño, hipócrita, santurrón, gazmoño.
MOJÓN.—poste, moto, muga, señal, hito, zarullo, catavinos, chito, montón, amontonamiento.
MOLDE.—matriz, modelo, horma, regla, ejemplo, prototipo, cuño, troquel.
MOLDEAR.—amoldar, moldar, ahormar, estampar, fundir, vaciar.
MOLE.—muelle, blando, suave, mullido, fláccido, mórbido, fofo, delicado, masa.
MOLEDOR.—pesado, molesto, necio, cargante, molendero, aceñero, molero.
MOLER.— machacar, pulverizar, quebrantar, mascar, cargar, molestar, cansar, fastidiar, maltratar, fatigar, destruir, molturar, triturar, aciberar, desmenuzar.
MOLESTAR.—enfadar, enojar, estorbar, desagradar, embarazar, fatigar, fastidiar, incomodar, mortificar, encocorar, cansar, impacientar, jorobar.
MOLESTIA.—enfado, embarazo, estorbo, desagrado, extorsión, incomodidad, mortificación, pesadez, perjuicio, desazón, fatiga, dificultad, impedimento, obstáculo, perturbación, tequio, cansera, tabarra, lata, pejiguera.
MOLESTO.—enojoso, enfadoso, desagradable, embarazoso, fastidioso, incómodo, pesado, molestoso, chinche, oneroso, empalagoso.
MOLICIE.—blandura, afeminamiento, afeminación, amadamiento, flaccidez, suavidad.
MOLIENDA.—molfura, moledura, molturación, molimiento, trituración, empergue, machacamiento, molestia, cansancio, fatiga.
MOLONDRO.—poltrón, perezoso, molondrón, torpe, ignorante, pigre, haragán, vago, gandul.
MOLLEJÓN.—blando, bonachón, gordiflón, flojo, apacible, sosegado, tranquilo.
MOLLERA.—caletre, seso, cráneo, sesera, cacumen, chirumen, talento.
MOLLETUDO.—carrilludo, mofletudo, carilleno, carirredondo.
MOMENTÁNEO.—pasajero, breve, transitorio, rápido, fugaz, instantáneo, súbito, subitáneo, repentino.
MOMENTO.—instante, soplo, punto, segundo, importancia, entidad.
MOMIO.—magro, prima, ganga, propina, provecho, entelerido, cetrino, enjuto, flaco.
MONA.—borrachera, borracho, pítima, papalina, turca, cogorza, tablón, trompa, mordaguera, merluza, jumera.
MONADA.—monería, zalamería, halago, mohín, arrumaco, carantoña.
MONAGUILLO.—monacillo, escolano, monago, acólito, monecillo.
MONDAR.—limpiar, podar, pelar, purificar, escamondar, quitar, privar.
MONDO.—pelado, limpio, mondón, pelón, mondado, puro, sencillo.
MONEDEAR.—monedar, acuñar, amonedar.
MONERÍA.—gracia, zalamería, monada, lagotería, dengue, carantoña, arrumaco.
MONIATO.—boniato, buniato.
MONIGOTE.—muñeco, pelele, fantoche, ignorante, despreciable, lego, rudo, torpe, esperpento, tosco, tocho.
MONO.—simio, mico, macaco, antropoide, cuadrumano, pulido, delicado, primoroso, gracioso, bonito, hermoso, fino, lindo, bello.
MONOPOLIO.—exclusiva, privilegio, concesión, estanco, centralización, acaparamiento.
MONOPOLIZAR.—acaparar, estancar, centralizar, abarcar, acopiar, atravesar.
MONOTONÍA.—igualdad, regularidad, uniformidad, sinonimia, isocronismo.
MONÓTONO.—regular, igual, uniforme, invariable, isócrono.
MONSTRUO.—fenómeno, quimera, monstro, aborto, anormal.
MONSTRUOSO.—fenomenal, enorme, colosal, prodigioso, desproporcionado, extraordinario, horroroso, feo, inhumano, cruel, perverso, antinatural, contranatural, anómalo, anormal.
MONTANTADA. — multitud, muchedumbre, vanidad, presunción, jactancia, fanfarronada, chulería.
MONTARAZ.—arisco, agreste, intratable, cerrero, bravío, montés, selvático, salvaje, rústico, grosero, fiero, cerril, indómito, indócil.
MONTÓN.—pila, multitud, infinidad, cúmulo, porción, sinnúmero, rimero, hacinamiento, amontonamiento, sima, mojón.
MONUMENTAL.—fenomenal, enorme, morrocotudo, piramidal, grandioso, grande, magnífico, descomunal, excelente, gigantesco, señalado, excesivo, giganteo.
MOÑA.—muñeca, adorno, lazo.
MOÑO.—rodete, lazo, penacho, castaña, copete, moña, moñajo.
MOQUETE.—puñetazo, guantada, sopapo, cachetada, cachete, revés, bofetada, torta, tortazo.
MORADA.—casa, residencia, domicilio, habitación, cuarto, estancia, permanencia.
MORADOR.—inquilino, vecino, habitante, residente, habitador, ciudadano.
MORALIDAD.—bondad, probidad, austeridad, rectitud, honradez, justicia, integridad, honor, pulcritud.
MORAR.—vivir, residir, habitar, anidar, parar, estar.
MÓRBIDO.—morboso, malsano, enfermizo, blando, muelle, delicado, suave, mullido, tierno.
MORDAZ.—picante, punzante, cáustico, satírico, sarcástico, corrosivo, áspero, zaheridor, acre, dicaz, incisivo.
MORDER.—mordiscar, mordisquear, dentellear, adentellar, mordicar, tarascar, desgastar,

corroer, gastar, murmurar, criticar, satirizar, punzar, picar, chismorrear.

MORDICANTE.—mordiente, criticón, satírico, mordaz, acre, corrosivo, virulento, dicaz, áspero, sarcástico.

MORDIDO.—desgastado, gastado, menoscabado, desfalcado.

MORIBUNDO.—expirante, agonizante, falleciente, mortecino, agónico, semidifunto.

MORIGERADO.—mesurado, moderado, comedido, sobrio, templado, temperado, parco.

MORIR.—fallecer, perecer, expirar, fenecer, sucumbir, acabar, caer, espichar, despichar, finar, palmar.

MOROSIDAD.—demora, lentitud, dilación, pereza, tardanza, ocio, pigricia, vagancia, gandulería.

MOROSO.—lento, tardo, negligente, inactivo, pigre, vago, perezoso.

MORRAL.—bolsa, talego, macuto, cutama, talega, mochila, zote, grosero.

MORRIÑA.—melancolía, añoranza, tristeza, cacorra, murria, melancolía.

MORRO.—hocico, jeta, bezo, buz.

MORROCOTUDO.—dificilísimo, endiablado, peliagudo, climatérico, fenomenal, importantísimo, gravísimo, monumental, pistonudo.

MORRUDO.—hocicudo, bezudo, bembón, jetudo.

MORTAL.—mortífero, fatal, enético, letal, cierto, seguro, concluyente, decisivo, capital, deletéreo.

MORTANDAD.—destrozo, matanza, carnicería, mortalidad, sarracina, degollina, matacía, hecatombe, letalidad.

MORTECINO.—apagado, bajo, débil, moribundo, exangüe, exinanido, exánime.

MORTIFICAR.—apesadumbrar, molestar, afligir, lastimar, desazonar, humillar, castigar, macerar, encocorar, chinchar, fastidiar.

MOSQUEAR.—responder, replicar, azotar, zurrar, pegar, golpear, zumbar, vapulear, rechazar, apartar.

MOSTRADO.—avezado, habituado, acostumbrado, hecho, baqueteado, fogueado.

MOSTRAR.—exponer, presentar, exhibir, enseñar, desplegar, indicar, explicar, señalar, demostrar, manifestar, patentizar, ostentar, exteriorizar, probar, revelar, descubrir.

MOSTRENCO.—rudo, ignorante, zopenco, cebollino, tolete, torpe, zote, bruto, imbécil, gordo, pesado.

MOTA.—nudillo, hilacha, ribazo, defecto, prominencia, montículo.

MOTE.—alias, apodo, sobrenombre, divisa, lema, empresa, emblema, nombrete, seudónimo, sobrehusa.

MOTEJAR.—criticar, calificar, censurar, notar, bautizar, intitular, apodar, señalar.

MOTÍN.—sedición, rebelión, asonada, tumulto, alboroto, desorden, bullanga, monote, revuelta, pronunciamiento.

MOTIVO.—fundamento, causa, móvil, razón, asunto, tema, porqué, finalidad, pábulo.

MOTOLITO.—bobo, bobalicón, necio, imbécil, abobado, babieca, estúpido.

MOVEDIZO.—movible, inseguro, inconstante, tornadizo, versátil, voluble, móvil, inestable, veleta.

MOVER.—menear, remover, agitar, cernear, bullir, rebullir, mudar, guiar, trasladar, incitar, llevar, inducir, persuadir, alterar, conmover, ocasionar, causar, excitar.

MÓVIL.—movible, moble, movedizo, inestable, impulso, causa, razón, motivo, fundamento, porqué, pábulo.

MOVILIDAD.—inestabilidad, agilidad, locomotividad.

MOVIMIENTO.—pronunciamiento, alzamiento, levantamiento, alteración, conmoción, movición, movedura, meneo.

MOYANA.—mentira, engaño, ficción, falsedad, fantasía, quimera, trola, bola, embuste.

MOZA.—criada, fregona, maritornes, concubina, manceba, querida, amante, amasia, lío.

MOZO.—joven, zagal, muchacho, mancebo, recluta, mozallón, mozuelo, pollo, mozalbete, mozalbillo, mocito, soltero, célibe, ganapán, esportillero, costalero, cuelgacapas, criado, gato, sirviente, servidor, fámulo, tentemozo.

MUCHACHADA.—niñada, niñería, chiquillería, chiquillada, muchachería.

MUCHACHO.—mozo, joven, niño, mancebo, zagal, chico, chiquillo, zagalillo, zagalejo, chicuelo, rapaz.

MUCHEDUMBRE.—infinidad, multitud, legión, chusma, turba, abundancia, copia, porción, sinnúmero.

MUCHO.—sobremanera, sumamente, exagerado, extremado, abundante, numeroso, sí, ciertamente, cúmulo, saciedad, cantidad, montón, abundoso, ubérrimo, cuantioso, pingüe, profusión, copia, exceso.

MUDAMENTE.—silenciosamente, calladamente, quedamente, sigilosamente.

MUDANZA.—traslado, variación, cambio, alteración, mutación, mudamiento, inconstancia, traslación, veleidad.

MUDAR.—cambiar, variar, alterar, trocar, transformar, trastrocar, transportar, transmudar.

MUDO. callado, silente, taciturno, silencioso, reservado, insonoro.

MUECA.—visaje, gesto, mohín.

MUELLE.—resorte, delicado, blando, suave, voluptuoso, regalón, elástico, mullido, esponjado, mórbido.

MUELLEMENTE.—suavemente, blandamente, delicadamente, regalonamente, voluptuosamente, regaladamente.

MUERTE.—fallecimiento, defunción, fin, baja, aniquilamiento, destrucción, ruina, asesinato, homicidio, acabamiento.

MUERTO.—difunto, cadáver, finado, interfecto, exánime, inanimado, apagado, bajo, mortecino, marchito, extinto, exangüe.

MUESTRA.—modelo, prueba, señal, indicio, rótulo, porte, ademán, apostura, modales, continente.

MUGA.—mojón, límite, hito, linde, término, majano.

MUGRE.—porquería, pringue, suciedad, grasa, inmundicia, churre, roña.

MUGRIENTO.—mugroso, pringoso, asqueroso, churretoso, puerco, adán, cochino, sucio, mohoso, roñoso, gorrino, marrano, churriento, pringón, merdoso, emporcado, guarro, cochambroso, inmundo, poluto.

MUJERIEGO.—mocero, mujerío, rijoso, lascivo, libidinoso, lujurioso, calaverón.

MUJERZUELA.—mujercilla, comadre, meretriz, puta, ramera, hetaira.

MULADAR.—basurero, albañal, pocilga, zahurda, jamerdana.

MULTIPLICAR.—reproducir, procrear, aumentar, acrecer, acrecentar, propagar.

MULTIPLICIDAD.—muchedumbre, multitud, abundancia, copia, infinidad, sinnúmero, acrecimiento.

MULTITUD.—pueblo, gentío, muchedumbre, sinnúmero, infinidad, porción, legión, vulgo, chusma, turba, concurrencia.

MULLIR.—esponjar, ablandar, ahuecar, enternecer, emblandecer, suavizar.

MUNDANAL.—terrenal, terreno, mundano, universal, cosmopolita, internacional, mundial, cósmico.

MUNIFICENCIA. — esplendidez, liberalidad, generosidad, magnificencia, dadivosidad, desprendimiento, rumbo, garbo, largueza.

MUNÍFICO.—generoso, espléndido, liberal, munificiente, rumboso, rumbático, manilargo.

MURAR.—cercar, amurallar, guarnecer, fortificar.

MURMULLO.—rumor, murmurio, bisbiseo, susurro, mormullo, susurrido, runrún, rute.

MURMURAR.—refunfuñar, rezongar, susurrar, murmujear, murmullar, criticar, chismorrear.

MURO.—paredón, tapia, tabique, pared, muralla, murallón, dique, broquel, escudo.

MURRIA.—tedio, melancolía, tristeza. cacorra, fastidio, nostalgia, pena, morriña.

MUSIRSE.—enmohecerse, oxidarse, aherrumbrarse, florecerse, enrobinarse, escalfecerse.

MUSTIAMENTE.—melancólicamente, tristemente, lánguidamente, desmayadamente, desalentadamente.

MUSTIO.—ajado, lacio, marchito, lánguido, melancólico, triste, mohíno, desalentado, apenado, desmayado.

MUTACIÓN.—mudanza, cambio, variación, destemple.

MUTILADO.—inválido, imposibilitado, incompleto, mútilo, descabalado, quebrado, cortado, corto, imperfecto, lisiado, estropeado, cercenado.

MUTISMO. — mudez, silencio, enmudecimiento.

MUTUAMENTE.—recíprocamente.

MUTUO.—mutual, recíproco, sinalagmático, correspondiente.

N

NACER.—salir, brotar, despuntar, prorrumpir, germinar, proceder, aparecer, emanar, sobrevenir, descender, resultar, rebrotar, tallecer, retoñar.

NACIMIENTO.—principio, origen, manantial, nacencia, natalicio, natío, natividad.

NACIÓN.—Estado, pueblo, país, patria, tierra, territorialidad, territorio, dominios.

NADAR.—flotar, bracear, sobrenadar, bucear, somorgujar.

NADERÍA.—bicoca, fruslería, nonada, bagatela, insignificancia, friolera, futesa, pamplina, tiritaina, menudencia.

NALGAS.—asentaderas, posaderas, nalgatorio, asiento, tafanario, tabalario, rabel, bullarengue, posas, antífona.

NALGADA.—pernil, azote, azotazo.

NARIGÓN.—narizotas, narigudo, narizón.

NARRACIÓN.—cuento, relato, exposición, narrativa, relación, recontamiento.

NARRAR.—referir, relatar, contar, reseñar, mencionar, relacionar.

NASTUERZO.—mastuerzo, necio, estúpido, simple, babieca, bobalias, obtuso, tontiloco, panoli, bambarria.

NATÍO.—nativo, natural, naturaleza, nacimiento, aborigen, natal, nacido.

NATIVO.—innato, nacido, natural, oriundo, propio, aborigen, originario, indígena, natío, autóctono, terrígeno.

NATURAL.—aborigen, originario, indígena, oriundo, nativo, nacido, autóctono, natío, terrígeno, carácter, condición, índole, genio, inclinación, franco, temperamento, ingenuo, corriente, llano, sencillo, sincero, común, acostumbrado, lógico, regular, habitual, normal, real, propio, icástico, ínsito, cencido.

NATURALEZA.—carácter, natural, natura, índole, complexión, genio, temperamento, género, especie, sexo, clase, origen, conciencia, razón, juicio, instinto, propensión, señorío.

NATURALIDAD.—ingenuidad, franqueza, llaneza, sencillez, sinceridad, abertura, campechanía, esparcimiento.

NATURALIZAR.—aclimatar, nacionalizar.

NATURALMENTE.—consecuentemente, probablemente, llanamente, caseramente, abiertamente.

NAUFRAGAR.—zozobrar, fracasar.

NAUSEABUNDO.—asqueroso, repugnante, inmundo, nauseativo, nauseoso, vomitorio.

NÁUSEAS.—ansias, bascas, arcadas, nausiosis, disgusto, fastidio, asco, repugnancia, aversión.

NAVAJADA.—navajazo, navajonazo, puñalada, cuchillada, facazo.

NAVE.—navío, barco, buque, embarcación, bajel, nao, bastimento, barcarrón, navícula.

NAVÍO.—buque, barco, nave, bajel, nao, bastimento, barcarrón, navícula.

NEBLINA.—niebla, cendal, bruma, celaje, dorondón, borrina, vaharina.

NEBULÓN.—hipócrita, guatimaña, fingidor, hazañero, santurrón, camandulero, gazmoñero, farsante, misticón.

NEBULOSO.—sombrío, confuso, tétrico, incomprensible, brumoso, obscuro, neblinoso, abromado, brumal, caluroso.

NECEDAD.—mentecatez, ignorancia, estulticia, estupidez, simpleza, imbecilidad, sandez, vaciedad, mentecatada, desatino, disparate, tontería, porrería, tontedad, alpabarda.

NECESARIO.—indispensable, inexcusable, forzoso, imprescindible, preciso, obligatorio, inevitable, fatal, irrefragable, vital.

NECESIDAD.—escasez, penuria, pobreza, indigencia, miseria, hambre, ahogo, aprieto, apuro, obligación, precisión, menester, indefectibilidad, involuntariedad.

NECESITADO.—escaso, falto, pobre, indigente, menesteroso, miserable, paupérrimo, lacerioso, inope, pelón, aporreado.

NECESITAR.—precisar, urgir, requerir.

NECIO.—sandio, mentecato, estúpido, tonto, simple, disparatado, imbécil, ignorante, desatinado, imprudente, porfiado, terco, bodoque, bobarrón, meliloto, cantimpla, panoli.

NEFANDO.—indigno, abominable, repugnante, ignominioso, execrable, infame, indecible, vil, torpe.

NEFARIO.—perverso, malignante, pervertido, vil, bajo.

NEFASTO.—funesto, aciago, triste, desgraciado, ominoso, infeliz, malhadado, malaventurado.

NEGADO.—inepto, torpe, incapaz, incapacitado, incompetente, inerme.

NEGAR.—vedar, impedir, prohibir, apostatar, desdeñar, esquivar, ocultar, disimular, denegar, rechazar, esconder.

NEGARSE.—excusarse, excluirse.

NEGATIVA.—denegación, repulsa, negación, nones, impugnación, nugación.

NEGLIGENCIA.—desidia, omisión, olvido, descuido, abandono, dejadez, incuria, desatención, dejamiento, pigricia.

NEGLIGENTE. — desaplicado, abandonado, descuidado, dejado, desidioso, incurioso, pigre, omiso, pigro, abandonado.

NEGOCIACIÓN.—convenio, concierto, negocio, trato, operación.

NEGOCIANTE.—tratante, traficante, comerciante, mercader, negociador, especulador, mercadante, trafagante, mercante, hebreo.

NEGOCIAR.—traficar, comerciar, tratar, traspasar, endosar, ceder, descontar, ventilar, trapichear, trafagar, trujamanear.

NEGOCIO.—empleo, trabajo, ocupación, dependencia, tratado, pretensión, negociación, trato, asunto, convenio, utilidad, provecho, interés, trajín, transacción.

NEGOCIOSO.—cuidadoso, activo, diligente, emprendedor, avisado, actuoso, prolijo, cuidante.

NEGRO.—obscurecido, obscuro, atezado, bruno, ennegrecido, negruzco, renegrido, negruno, nigrescente, retinto, sable, endrino, atramento, negrura, negror, triste, sombrío, melancólico, aciago, infausto, infeliz, apurado, comprometido, angustiado, hosco, peciento, negral, azabachado, negrestino.

NEQUICIA.—perversidad, maldad, pervertimiento, perversión.

NERVIOSO.—impresionable, irritable, excitable, enérgico, fuerte, vigoroso, nervoso, acérrimo, nervudo, fortachón.

NERVOSIDAD.—nervosismo, nerviosidad, excitación, flexibilidad.

NESCIENCIA.—ignorancia, necedad, estulticia, estupidez, estolidez.

NETAMENTE.—limpiamente, claramente, pulcramente, aseadamente, inmaculadamente.

NETO.—puro, limpio, límpido, nítido, pedestal.

NEVADO.—blanco, níveo, nevoso, albo.

NEVASCA.—nevada, nevazo, nevuca, ventisca.

NICHO.—oquedad, hueco, concavidad, hornacina, sepultura.

NIDAL.—guarida, escondrijo, escondite, amagatorio, nido, causa, origen.

NIDO.—nidal, patria, hogar, casa, domicilio, habitación, alcoba, guarida.

NIEBLA.—nube, neblina, añublo, confusión, obscuridad, galimatías, lío.

NIMIEDAD.—poquedad, prolijidad, puerilidad, cortedad, pequeñez, escasez, parvedad.

NIMIO.—pueril, pequeño, prolijo, tacaño, cicatero, mezquino, miserable, agarrado.

NINGUNO.—nadie, ningún.

NIÑADA.—chiquillada, muchachada, niñería, necedad, puerilidad, trivialidad.

NIÑERÍA.—chiquillada, muchachada, niñada, bicoca, bagatela, nadería, nonada, pequeñez, insignificancia, futilidad, papanduja, tiritaina.

NIÑO.—chico, chiquillo, criatura, muchacho, inexperto, soltero, párvulo, churumbel.

NÍTIDO.—claro, puro, transparente, limpio, resplandeciente, terso, brillante, neto, límpido, impoluto, inmaculado.

NIVELAR.—igualar, equilibrar, enrasar, rasar, apaisar, explanar.

NO.—quia, ¡ca!, nequáquam.

NOBLE.—principal, ilustre, hidalgo, generoso, leal, caballeroso, honroso, preclaro, estimable, digno, excelente, linajudo, granado, aseñorado.

NOCION.—idea, noticia, conocimiento, elemento, rudimento, principio.

NOCIONES.—elementos, rudimentos, instituciones, epítome.

NOCIVO.—dañino, malo, dañoso, perjudicial, pernicioso, ofensivo, nocente, lesivo, dañador, nuciente.

NOCTÁMBULO.—nocherniego, trasnochador, noctívago, anochecedor, nocharniego.

NÓMADA.—trashumante, errante, nómade, errático, andadero, bohemio, erradizo.

NOMBRADÍA.—crédito, fama, celebridad, nombre, renombre, nota, reputación, realce, excelencia, gloria.

NOMBRAR.—apellidar, designar, apodar, motejar, llamar, nominar, elegir, mencionar, señalar, denominar, titular, intitular, mentar.

NOMBRE.—apelativo, calificativo, apellido, apodo, seudónimo, patronímico, denominación, título, prenombre, gracia, alias, apodamiento, epígrafe, dictado, reputación, fama, poder, autoridad, facultad.

NÓMINA.—lista, catálogo, relación, nomenclatura, reliquia, amuleto.

NONADA.—bicoca, friolera, bagatela, insignificancia, menudencia, miseria, pequeñez, trivialidad, futilidad, niñería, puerilidad.

NORMA.—regla, sistema, conducta, procedimiento, pauta, guía, precepto, criterio, canon.

NORMAL.—común, acostumbrado, corriente, habitual, regular, natural, usual.

NOSTALGIA.—añoranza, morriña, pena, tristeza, pesar, melancolía.

NOTA.—reputación, nombradía, fama, renombre, crédito, concepto, prestigio, advertencia, observación, censura, anotación, notación, minuta, reparo, apunte, apuntación, informe, dato, aviso, noticia, asunto, estudio, cuestión, comentario, apostilla, escolio, acotación, postila, postilla, llamada.

NOTABLE.—grande, extraordinario, importante, considerable, primordial, valioso, autorizado, capital, trascendente, trascendental, principal, esencial, substancial, vital, culminante, fundamental, cardinal, excelente, excesivo.

NOTAR.—advertir, conocer, caer, observar, reparar, ver, sentir, marcar, señalar, dictar, apuntar, censurar, reprender, infamar, vilipendiar, desacreditar.

NOTARIO.—amanuense, escribano.

NOTICIA.—idea, noción, conocimiento, novedad, nueva, anuncio, aviso, bando, edicto, pregón, indicio, indicación, notición, comunicación, declaración.

NOTICIOSO.—instruido, sabedor, docto, versado, técnico, perito, erudito, conocedor, enterado.

NOTIFICAR. — comunicar, informar, avisar, manifestar, participar, noticiar, anunciar, denunciar, advertir, prevenir.

NOTO.—ilegítimo, bastardo, sabido, conocido, público, notorio, austro.

NOTORIEDAD.—fama, nombradía, prestigio, predicamento, reputación, renombre, divulgación.

NOTORIO.—evidente, claro, manifiesto, palmario, palpable, patente, sabido, público, conocido, visible, noto, sonado.

NOVADOR. — inventor, novator, innovador, inventador, invencionero.

NOVATO.—novicio, novel, nuevo, principiante, bisoño, inexperto, imperito, pipiolo, mocoso, aprendiz.

NOVEDAD.—suceso, nueva, noticia, mudanza, cambio, alteración, variación, mutación, extrañeza, admiración, sorpresa.

NOVELA.—mentira, cuento, patraña, ficción, novelón, folletín, fantasía, fábula, romance.

NOVELERO.—caprichoso, inconstante, antojadizo, versátil, voluble, casquiveleta, veleidoso.

NOVELESCO.—exaltado, inventado, fingido, irreal, fabuloso, sentimental, soñador, romántico, singular, romancesco, romanesco.

NUBE.—nubecilla, nubarrón, celaje, nublado, barda, nublo.

NUBLADO.—nubloso, nublo, nuboso, ñubloso, anubarrado, anubado, nubífero, acelajado.

NUBLOSO. — nuboso, ñubloso, anubarrado, anubado, nubífero, empedrado, acelajado, nublo, nublado, encapotado, desgraciado, adverso, contrario.

NUDO.—ñudo, vínculo, nexo, trabazón, lazada, lazo, unión, atadura, cabo, desnudo.

NUEVO.—novato, principiante, novicio, novel, neófito, reciente, moderno, flamante, fresco, original, neotérico, actual.

NUGATORIO.—engañoso, frustráneo, falso, fingido, impertinente, frívolo, insubstancial.

NULIDAD.—inutilidad, incapacidad, ignorancia, ineptitud, torpeza, invalidación, anulación, inepto.

NULO.—incapaz, inútil, inepto, torpe, ignorante, ninguno, inválido, írrito.

NUMEN.—inspiración, ingenio, genio, talento, estímulo, caletre, magín, chirumen, cacumen.

NÚMERO.—guarismo, signo, cifra, cantidad.

NUMEROSO.—sinnúmero, nutrido, innumerable, copioso, abundante, compacto, armonioso, proporcionado, multitudinario.

NUNCIO. — enviado, mensajero, embajador, faraute, legado, emisario, anuncio, augurio, señal, predicación.

NUTRICIO.—nutritivo, alimenticio, nutrimental, substancioso, alimentoso.

NUTRIMENTO.—alimentación, nutrición, sustentación.

NUTRIR.—alimentar, robustecer, fortalecer, vigorizar, aumentar, llenar, cargar, sustentar, mantener, cebar, colmar.

NUTRITIVO.—alimentoso, alimenticio, reconfortante, vigorizante, nutricio, substancioso.

NUTRIZ.—nodriza, criandera, nana, aña, pasiega, ama

ÑAGAZA.—añagaza, trapacería, trapaza, engañifa, treta, celada.

ÑIQUIÑAQUE. — despreciable, insignificante, ridículo.

ÑOÑERÍA.—ñoñez, simpleza, timidez, apocamiento, pusilanimidad, cortedad, poquedad.

ÑOÑO.—delicado, apocado, quejumbroso, asustadizo, pusilánime, encogido, corito, poquito, corto, timorato.

OASIS.—descanso, tregua, reposo, asueto, respiro.

OBCECACIÓN.—ceguera, ceguedad, ofuscación, ofuscamiento, obsesión, obstinación, manía.

OBCECARSE.—cegarse, empeñarse, ofuscarse, obstinarse, emperrarse, obsesionarse, chiflarse.

OBEDECER.—acatar, cumplir, observar, ceder, obtemperar, respetar.

OBEDIENCIA.—sumisión, conformidad, sujeción, respeto, docilidad, disciplina, obediencia, acatamiento, dependencia.

OBEDIENTE.—sumiso, manejable, dócil, bienmandado, obsecuente, obedecedor, rendido, subordinado, disciplinado.

ÓBICE.—embarazo, estorbo, obstáculo, dificultad, impedimento, inconveniente, valla, valladar, traba, tropiezo, barrera.

ÓBITO.—defunción, fallecimiento, muerte, finamiento, expiración, perecimiento.

OBJECIÓN. — observación, reparo, impugnación, tacha, opugnación, réplica, confutación, contradicción.

OBJETAR. — contradecir, replicar, oponer, opugnar, impugnar, argüir, rechazar, rebatir.

OBJETO.—fin, finalidad, término, propósito, intento, intención, idea, materia, causa, motivo, móvil, por qué.

OBLACIÓN. — sacrificio, ofrenda, promesa, don, sufragio, roge, donación.

OBLICUO. — inclinado, sesgado, torcido, ladeado.

OBLIGACIÓN.—deuda, deber, exigencia, necesidad, vínculo, correspondencia, compromiso, cargo, novación, carga, peso, cruz.

OBLIGADO.—reconocido, agradecido, abastecedor, proveedor, provisor, abastero, veedor.

OBLIGAR.—forzar, compeler, constreñir, estrechar, impulsar, precisar, imponer, cargar, comprometerse, gravar.

OBLIGARSE.—sujetarse, comprometerse, imponerse, suscribirse.

OBLIGATORIO.—indispensable, forzoso, imprescindible, necesario, preciso, exigible, comisorio, debido.

OBRA.—realización, construcción, fábrica, reparación, medio, poder, influjo, trabajo, invención, creación, hechura, producción, producto, resultado, libro.

OBRAR.—edificar, fabricar, construir, proceder, portarse, comportarse, actuar, defecar, hacer, efectuar, ejecutar.

OBRERO.—jornalero, productor, trabajador, bracero, asalariado, proletario, peón, ganapán, operario, trabajante, laborante.

OBSCENIDAD.—torpeza, liviandad, lubricidad, impudicicia, pornografía, deshonestidad, inhonestidad, impudor, indecencia, descoco, impureza, descaro.

OBSCENO.—deshonesto, impúdico, lascivo, libidinoso, liviano, pornográfico, lúbrico, torpe, verde, inhonesto, impudente, libre, pornógrafo, descocado, sórdido.

OBSECUENTE.—obediente, dócil, sumiso, disciplinado, subordinado, rendido.

OBSEQUIAR.—festejar, agasajar, regalar, galantear, requebrar, cortejar, halagar, homenajear.

OBSEQUIO.—presente, regalo, agasajo, dádiva, catería, afabilidad, homenaje.

OBSEQUIOSO.—cortesano, atento, sumiso, rendido, galante, servicial, cortés, condescendiente, fino, delicado.

OBSERVACIÓN.—corrección, advertencia, rectificación, reflexión, reparo, atención, curiosidad.

OBSERVANCIA. — reverencia, cumplimiento, honor, acatamiento, respeto, atendencia, sumisión.

OBSERVAR.—reparar, reflexionar, advertir, atisbar, vigilar, espiar, mirar, obedecer, acatar, guardar, cumplir, examinar, respetar, contemplar, estudiar, atender, ver, avizorar, atalayar.

OBSTÁCULO. — impedimento, inconveniente, embarazo, dificultad, estorbo, óbice, traba, valla, valladar, tropiezo, barrera.

OBSTAR.—impedir, empecer, estorbar, oponer, embarazar.

OBSTINACIÓN.—resistencia, porfía, pertinacia, terquedad, tenacidad, testarudez, tesón, tesonería, obduración, terquería.

OBSTINADAMENTE. — porfiadamente, tercamente, testarudamente, contumazmente, insistentemente, pertinazmente.

OBSTINADO.—porfiado, recalcitrante, testarudo, pertinaz, terco, cabezudo, tozudo, empecinado.

OBSTINARSE.—empeñarse, negarse, emperrarse, entercarse, encerrizarse, empecinarse.

OBSTRUIR.—atorar, atascar, cegar, tapar, atrancar, dificultar, estorbar, embarazar, entorpecer, impedir, cerrar, obturar, ocluir, obliterar, cangar, tupir, entupir, azolvar, opilar.

OBTEMPERAR. — acatar, obedecer, asentir, aceptar, respetar.

OBTENCIÓN. — consecución, logro, alcance, conseguimiento, adquisición.

OBTENER.—lograr, conseguir, alcanzar, sacar, adquirir, tener, conservar, guardar, mantener, agenciar, pescar, atrapar, cazar.

OBTURAR.—cerrar, tapar, taponar, obstruir, ocluir, cegar, tupir, entupir, cangar.

OBTUSO.—romo, rudo, tardo, lerdo, torpe, necio, cerrado, cerril, burro, cebollino, ángulo.

OBVIAR.—prevenir, remover, apartar, estorbar, obstar, oponer, evitar, quitar.

OBVIO.—fácil, claro, manifiesto, notorio, patente, sencillo, visible, palpable, palmar, palmario, simple.

OCASIÓN.—coyuntura, circunstancia, oportunidad, sazón, causa, tiempo, lugar, motivo, peligro, riesgo, albur, exposición, contingencia.

OCASIONADO.—expuesto, propenso, provocativo, molesto, ocasional, pendenciero, desabrido, agrio, acre.

OCASIONAR.—motivar, causar, mover, excitar, provocar, promover, producir, originar, acuciar, comprometer, aventurar.

OCASO.—acabamiento, decadencia, declinación, postrimería, Oeste, puesta, poniente, Occidente, menoscabo, decaimiento, descaimiento.

OCIAR.—vagar, vacar, descansar, holgar, feriar, holgazanear, haraganear, poltronear.

OCIO.—holganza, descanso, inacción, reposo, bausa, desocupación.

OCIOSIDAD.—haraganería, holgazanería, gandulería, pereza, holganza, ocio, bausa, descanso.

OCIOSO.—inactivo, parado, inútil, desocupado, insubstancial, cesante, inocupado, holgazán, vago.

OCULTACIÓN.—escondimiento, desaparición, desaparecimiento, eclipse, encubrimiento, emboscada, clandestinidad, incógnito.

OCULTAMENTE. — secretamente, escondidamente, furtivamente, encubiertamente, cubiertamente, reservadamente, celadamente, recatadamnte, arcanamente, misteriosamente, subrepticiamente, invisiblemente, sordamente.

OCULTAR.—encubrir, esconder, recatar, tapar, disfrazar, callar, absconder, velar, celar, entapujar.

OCULTO.—encubierto, tapado, invisible, velado, escondido, furtivo, latente, recatado, reservado, disimulado, disfrazado, misterioso, secreto, esotérico, ignorado, incógnito, desconocido, anónimo, subrepticio, recóndito, arcano, inaveriguable, incomprensible.

OCUPACIÓN.—empleo, labor, faena, trabajo, tarea, quehacer, oficio, actividad, asunto, negocio, ejercicio, ejercitación, cargo, cuidado, toma, posesión.

OCUPADO.—empleado, atareado, anegociado, agobiado, abrumado.

OCUPAR.—emplear, destinar, habitar, vivir, tomar, poner, aplicar, dedicar, desempeñar, estorbar.

OCURRENCIA.—suceso, ocasión, encuentro, coyuntura, circunstancia, contingencia, chiste, agudeza, gracia, salida, dicho, ingeniosidad, chuscada, dicharacho.

OCURRENTE. — gracioso, chistoso, agudo, chusco, ingenioso, dicharachero.

OCURRIR.—suceder, pasar, acaecer, acontecer, sobrevenir, concurrir, acudir, recurrir, prevenir, anticipar.

ODIAR.—aborrecer, abominar, enterriar, desamar, derrenegar, detestar, execrar.

ODIO.—repugnancia, aborrecimiento, fobia, animadversión, enemistad, tirria, manía, malquerencia, prevención, execración, desamor, hostilidad, abominación, animosidad, antipatía, aversión, resentimiento, rencor, saña, hiel, enemiga, encono, ojeriza, fila, hincha, malquerer.

ODIOSAMENTE.—aborreciblemente, abominablemente, detestablemente, endiabladamente, execrablemente, horriblemente.

ODIOSO.—aborrecible, abominable, detestable, execrable, grimoso, aborrecedero, vitando, desamable.

ODORÍFERO.—fragante, aromático, oloroso, odorífico, perfumado, olorífero, odorante, aromado, bienoliente, aromoso, aromatizante.

ODRE.—cuero, pellejo, odrina, barquino, borracho, zaque, cacimba, cantimplora.

OFENDER.—maltratar, herir, afrentar, insultar, agraviar, injuriar, ultrajar, denostar, fastidiar, enfadar, baldonar, baldonear, zaherir, vilipendiar, lastimar.

OFENDERSE.—resentirse, enfadarse, picarse, amoscarse, enojarse, mosquearse, sentirse, irritarse.

OFENSA.—insulto, agravio, injuria, resentimiento, ultraje, tuerto, oprobio, denuesto, afrenta, ofensión.

OFENSIVO.—injurioso, afrentoso, insultante, ultrajante, ofensor, ofendente, ofendiente, ofendedor, contumelioso, vejatorio, sangriento, agravioso.

OFENSOR.—ofendedor, injuriador, injuriante, agraviador, contumelioso, baldonador, insultador, insultante, agraviante.

OFERTA.—ofrecimiento, promesa, don, donativo, dádiva, regalo, prometimiento, promisión, prometido.

OFICINA.—escritorio, despacho, laboratorio, bufete, estudio, establecimiento.

OFICIO.—empleo, profesión, cargo, función, ministerio, ocupación, comunicado, rezo, menestralería, industria, comercio, trabajo, quehacer.

OFICIOSIDAD.—laboriosidad, aplicación, cuidado, diligencia, entrometimiento, solicitud, indiscreción, importunidad, cumplimiento, entremetimiento, intromisión, intrusión.

OFICIOSO.—solícito, hacendoso, servicial, laborioso, diligente, hazareño, servil, entremetido, provechoso, chisgarabís, entrometido, cominero.

OFRECER.—brindar, prometer, manifestar, invitar, mostrar, convidar, dedicar, consagrar, ofrendar, asegurar, proponer, dar, acaecer, sobrevenir.

OFRECERSE.—presentarse, brindarse, darse, prometerse, comprometerse, consagrarse.

OFRENDA.—ofrecimiento, don, oblación, obsequio, dádiva, regalo, servicio, oblada, bodigo, donación, sacrificio.

OFUSCACIÓN.—turbación, ofuscamiento, trastorno, obcecación, ceguera, ceguedad, alucinamiento, confusión, alucinación, obnubilación, enajenamiento.

OFUSCAR.—cegar, alucinar, deslumbrar, perturbar, obscurecer, turbar, trastornar, confundir, obnubilar, encandilar.

OÍR.—encuchar, atender, sentir, percibir.

OJEADA.—vistazo, mirada, miradura, atisbo, visura.

OJEAR.—espantar, mirar, ahuyentar, guipar, aojar.

OJERIZA.—malquerencia, inquina, manía, enojo, tirria, rencor, animosidad, animadversión, hincha, fila, malquerer.

OLEAGINOSO.—aceitoso, grasiento, grasoso, graso, pringoso, oleoso, oleario.

OLER.—indagar, husmear, inquirir, olfatear,

olisquear, oliscar, presentir, respirar, espirar, olorizar, averiguar, sospechar.

OLISCAR.—oler, olisquear, olfatear, gulusmear, gazmiar, ventear, husmear, inquirir, averiguar, indagar, fisgar.

OLOR.—fragancia, aroma, perfume, husmo, efluvio, esperanza, emanación, promesa, oferta, fama, reputación.

OLOROSO. — fragante, aromático, aromado, aromoso, bienoliente, odorífero, olorífero, odorífico, perfumado, odorante.

OLVIDADIZO. — desagradecido, abandonado, distraído, dejado, desmemoriado, ingrato, descuidado, olvidado.

OLVIDAR.—desatender, abandonar, descuidar, omitir, preterir, desaprender, relegar, desenseñar.

OLVIDO.—inadvertencia, descuido, negligencia, preterición, omisión, distracción, desmemoria, desacuerdo, amnesia.

OMINOSO.—execrable, abominable, infausto, lamentable, fatídico, calamitoso, odioso, aciago, funesto, azaroso.

OMISIÓN.—negligencia, falta, descuido, olvido, laguna, supresión, inadvertencia, imprevisión, incuria, dejadez, desidia.

OMISO.—flojo, descuido, negligente, remiso, desidioso, dejado, incurioso, abandonado.

OMITIR.—olvidar, callar, prescindir, suprimir, excluir, dejar, silenciar.

OMNIPOTENTE. — todopoderoso, prepotente, potísimo.

OMNIPRESENCIA.—ubicuidad.

OMNISCIENTE.—omniscio, omnisapiente.

ONDEAR.—ondular, undular, mecer, columpiar, serpear, serpentear, fluctuar, flamear.

ONDULANTE.—undulante, undoso, undívago, serpentino, sinuoso, serpenteado, festoneado, flexuoso.

ONEROSO.—dispendioso, costoso, gravoso, molesto, pesado, engorroso, latoso, importuno, molestoso.

OPACO.—triste, sombrío, melancólico, obscuro, velado, lúgubre, instransparente, mate.

OPADO.—hinchado, inflado, abultado, vultuoso, tuberoso.

OPCIÓN.—elección, escogimiento.

OPERAR.—obrar, ejecutar, maniobrar, especular, actuar, trabajar, efectuar, verificar, producir.

OPERARIO.—obrero, trabajador, productor, trabajante, laborante.

OPILAR.—obstruir, atrancar, taponar, tupir, atascar, ocluir, entupir, embalumar, cangar, atorar, cegar.

ÓPIMO.—copioso, abundante, cuantioso, fértil, rico, feraz, fecundo, fructuoso, fructífero.

OPINAR. — dictaminar, discurrir, enjuiciar, juzgar, criticar, calificar, creer, estimar, considerar.

OPINIÓN.—juicio, dictamen, concepto, parecer, idea, criterio, convencimiento, consideración, conjetura, suposición, prejuicio.

OPÍPARO.—espléndido, abundante, copioso, abundoso, suculento, orgiástico.

OPITULACIÓN.—favor, ayuda, socorro, auxilio, amparo, protección, abrigo, apoyo.

OPONER.—encarar, enfrentar, impugnar, estorbar, contradecir, opugnar, afrontar.

OPORTUNIDAD.—lugar, coyuntura, ocasión, proporción, pertinencia, sazón, tiempo, congruencia, tempestividad, simultaneidad, procedencia.

OPORTUNO.—pertinente, tempestivo, ocurrente, congruente, conveniente, ocasional, correspondiente, puntual.

OPOSICIÓN.—desacuerdo, antagonismo, contradicción, obstrucción, traba, contraste, resistencia, negativa, contrariedad, impedimento, contra, antagonismo.

OPOSITOR.—pretendiente, aspirante, concursante, contrincante, contradictor, opugnador, contrastante, contraponedor.

OPRESIÓN.—yugo, dominación, apremio, tiranía, despotismo, abuso, dictadura, sofocación, ahogo, fatiga.

OPRESIVO.—tiránico, despótico, dictatorial, intolerante.

OPRESOR.—déspota, tirano, dictador, dominador, avasallador.

OPRIMIR.—apretujar, apretar, comprimir, agobiar, estrujar, esclavizar, tiranizar, vejar, molestar, avasallar, sojuzgar, despotizar.

OPROBIAR. — infamar, vilipendiar, afrentar, deshonrar, baldonar, mancillar, amancillar, difamar.

OPROBIO.—ignominia, afrenta, deshonor, deshonra, vergüenza, vilipendio, baldón, infamia, mancilla.

OPROBIOSO.—vilipendioso, afrentoso, infamante, ignominioso, deshonroso, infamatorio, denigrante, denigrativo, difamatorio.

OPTAR.—elegir, escoger, preferir, triar.

ÓPTIMAMENTE.—excelentemente, magníficamente, inmejorablemente, estupendamente, excelsamente, escogidamente, imponderablemente.

ÓPTIMO.—bueno, bonísimo, excelente, excelso, insuperable, inapreciable.

OPUESTO.—contrario, enemigo, adversario, refractario, reacio, rebelde, encontrado, diferente, adverso, antitético, antónimo, distinto, disímil, desigual, antagónico, contrapuesto, contradictorio.

OPUGNACIÓN.—oposición, antagonismo, contraste, contradicción, refutación.

OPUGNAR.—combatir, asaltar, contradecir, refutar, rechazar, oponer, enfrentar, contrastar, afrontar.

OPULENCIA. — abundancia, riqueza, sobreabundancia, superabundancia.

OPULENTO.—espléndido, abundante, adinerado, acaudalado, granido, ópimo, poderoso, rico.

OQUEDAD.—hueco, vacío, hoyo, seno.

ORACIÓN.—rezo, plegaria, jaculatoria, súplica, rogativa, deprecación, ruego, imploración, invocación, discurso, disertación, alocución, plática, peroración.

ORADOR.—disertador, predicador, discurrista, arengador, disertante, conferenciante, tribuno, declamador.

ORAR.—rogar, rezar, pedir, suplicar, deprecar, implorar, invocar, devotar.

ORATE.—demente, loco, alienado, enajenado, chiflado, ido, maniático, chalado, grillado, mochales.

ORBE.—universo, mundo, esfera, esfericidad, órbita, globo, círculo, redondez, creación.

ORCO.—infierno, huerco, averno, antenora, báratro, abismo, orca, gehena, tártaro, profundo.

ORDEN.—decreto, mandato, precepto, ordenanza, disposición, ucase, regla, sucesión, método, sistema, disciplina, equilibrio, proporción, ritmo, euritmia, concierto, armonía.

ORDENADAMENTE.—concertadamente, metódicamente, regularmente, compuestamente, coordinadamente, arregladamente, proporcionalmente.

ORDENANZA.—estatuto, reglamento, mandato, método, disposición, orden, organización, sistematización, metodización.

ORDENAR.—disponer, mandar, decretar, preceptuar, establecer, prescribir, arreglar, organizar, coordinar, aviar, ajustar, enquiciar, desembrollar, casar, metodizar, regularizar, dirigir, encaminar, enderezar.

ORDINARIAMENTE.—toscamente, vulgarmente, descortésmente, frecuentemente, generalmente, regularmente, comúnmente, groseramente.

ORDINARIO.—bajo, basto, vulgar, despreciable, tocho, rudo, cerril, descortes, garbancero, incivil, grosero, plebeyo, inculto, soez, común, corriente, regular, usual, habitual, frecuente, acostumbrado, recadero, mensajero, cosario, correo.

OREAR.—ventilar, secar, airear, ventear, desavahar.

ORFANDAD.—aislamiento, soledad, desabrigo, desasistencia, desamparo, pensión.

ORGANIZACIÓN. — arreglo, ordenamiento, constitución, disposición, estructura, orden, sistematización, metodo, coordinación.

ORGANIZAR.—ordenar, disponer, metodizar, sistematizar, coordinar, dirigir, constituir, arreglar, fundar, establecer, instituir, crear, reorganizar.

ORGÍA.—comilona, festín, desenfreno, bacanal, inmoralidad, crapula, libertinaje.

ORGULLO.—altivez, altanería, arrogancia, soberbia, engreimiento, elación, orgullo, vanistorio, tufos, postín, humos, hinchazón, infatuación, presunción, endiosamiento, fatuidad, ínfulas, vanidad, envanecimiento, vanagloria, jactancia, fachenda, ostentación, desdén.

ORGULLOSO. — vanidoso, altivo, soberbio, arrogante, engreído, altanero, fatuo, infatuado, presuntuoso, jactancioso, argulloso, empampirolado lomienhiesto, pechisacado, envirotado, cogotudo, copetudo, finchado, empingorotado.

ORIFICIO.—abertura, boca, agujero, ano, boquete, hoyo, horaco, hura, huraco, ojete.

ORIGEN.—procedencia, nacimiento, comienzo, germen, causa, motivo, principio, fundamento, estirpe, linaje, ascendencia, manantial, fuente, oriundez, arranque, extracción, cuna, cabeza, embrión, cimiento, raíz, semilla, simiente, cuna, patria, país.

ORIGINAL.—extraño, singular, insólito, inusitado, curioso, raro, nuevo, único, especial, peculiar, propio, personal, inédito, extravagante, excéntrico, extraordinario.

ORIGINAR. — engendrar, causar, producir, provocar, suscitar, ocasionar, motivar, introducir.

ORIGINARIO.—natural, vernáculo, proveniente, emanante, dimanante, oriundo, procedente.

ORILLA.—límite, extremo, término, remate, canto, borde, margen, orla, ribete, fin meta, filo, lado, acera, carel.

ORILLAR.—solventar, resolver, terminar, concluir, arreglar, orla, ordenar, solucionar, acabar, finiquitar.

ORÍN.—herrumbe, moho, orina, aguas, meados, pipí, óxido.

ORINAR.—mear, desbeber, jar.

ORLA.—borde, orilla, ribete, filete, adorno, ornamento, festón, fleco, entredós.

ORNAMENTAR. — adornar, ornar, decorar, exornar, revestir, cubrir, aplicar, aderezar.

ORNAR.—aderezar, ataviar, componer, emperifollar, adornar, ornamentar, exornar, engalanar, decorar, adobar, alindar.

ORNATO. — aparato, adorno, atavío, gala, pompa, galanura, galanía, afeite, quillotro.

ORONDO.—hinchado, esponjado, hueco, satisfecho, ufano, orgulloso, empingorotado, presumido.

OROPEL.—apariencia, relumbrón, imitación, quincalla, adorno, afeite, atavío.

OSADÍA.—atrevimiento, audacia, temeridad, intrepidez, arrojo, insolencia, descaro, descoco, desahogo, tupé, arrestos.

OSADO.—atrevido, audaz, arriesgado, resuelto, arrojado, temerario, emprendedor, insolente, resoluto, bragado, intrépido, temerario, arriscado.

OSAR.—emprender, intentar, afrontar.

OSCURECER.—sombrear, ensombrecer, ofuscar, anochecer, escurecer, entenebrecer, entenebrar, lobreguear, enlobreguecer.

OSCURIDAD.—sombra, tenebrosidad, confusión, ininteligibilidad, lobreguez, noche, tiniebla, cerrazón, opacidad.

OSCURO.—confuso, sombrío, tenebroso, caliginoso, ininteligible, humilde, bajo, fusco, fosco, negro, lóbrego, opaco.

OSTENSIBLE.—palpable, manifiesto, patente, visible, público, palmar, palmario, evidente, notorio, claro.

OSTENTACIÓN.—lujo, pompa, fausto, jactancia, tren, boato, vanagloria, afectación, presunción, alarde, exhibición, magnificencia, suntuosidad, petulancia, pedantería, pisto, postín, junciana.

OSTENTAR.—alardear, manifestar, mostrar, postinear, fantasear, blasonar, fachendear.

OSTENTOSO.—grandioso, espléndido, regio, suntuoso, ostentativo, espectacular, fachendoso.

OTEAR.—escudriñar, observar, mirar, registrar, ojear, fisgar, catar.

OTERO.—colina, cerro, alcor, altozano, loma, alcudia, collado, altillo, montículo.

OTORGAMIENTO.—licencia, permiso, consentimiento, autorización, permisión, anuencia.

OTORGAR.—dar, conceder, conferir, dispensar, consentir, acordar, condescender, disponer, establecer, estipular, permitir, licenciar, atorgar, facultar.

OVIL.—aprisco, redil, corral, brosquil, majada, establo.

OVILLO.—lío, bola, enredo, montón, aglomeración, confusión, tropel, hacina.

P

PABILO.—mecha, torcida, matula.

PÁBULO.—alimento, pasto, comida, subsistencia, manutención, muquición, mantenimiento, sustento, fomento, motivo.

PACATO.—apocado, tímido, simple, blando, suave, mego, timorato, corto, encogido, pacífico, moderado, manso, bonachón, apacible.

PACER.—comer, pastar, roer, consumir, ramonear, apacentar, desgastar, herbajar, pastorear, apastar.

PACIENCIA.—aguante, calma, flema, conformidad, mansedumbre, resignación, perseverancia, suportación, cabronada, correa, tragaderas.

PACIENTE.—tolerante, sufrido, resignado, doliente, enfermo, consentido, cornudo, cabrón, manso, consentidor.

PACIENZUDO.—cachazudo, calmoso, resignado, sufridor, conforme, sufriente.

PACIFICACIÓN.—tranquilidad, paz, calma, concordia, apacibilidad, sosiego.

PACIFICAR.—tranquilizar, aquietar, sosegar, calmar, apaciguar, despartir, serenar, reconciliar, desenzarzar.

PACÍFICO.—sosegado, quieto, tranquilo, benigno, manso, apacible, afable.

PACTAR.—convenir, concertar, ajustar, tratar, condicionar, negociar, contratar, estipular.

PACTO.—convenio, concierto, obligación, tratado, ajuste, estipulación, alianza, contrato, negociación, concordato, componenda.

PACHÓN.—cachazudo, flemático, pachorrudo, calmoso, flemudo, zorronglón, porrón, pando.

PACHORRA.—tardanza, flema, indolencia, cachaza, calma, lentitud, posma, roncería, cachorrería, asadura.

PACHORRUDO.—flemático, cachazudo, calmoso, lento, tardo, flemudo, porrón pando.

PADECER.—experimentar, sentir, pasar, penar, sufrir, soportar, tolerar, aceptar, penar, aguantar, lastar.

PADECIMIENTO.—dolor, enfermedad, dolencia, mal, daño, agravio, sufrimiento.

PADRE.—papá, progenitor, padrazo, cabecera, papa, papaíto, tata, taíta, cabeza, creador, inventor, autor, principal, religioso, sacerdote.

PADRINO.—amparador, bienhechor, ahijador, paraninfo, compadre, favorecedor, protector.

PAGA.—soldada, sueldo, salario, jornal, estipendio, honorarios, semanal, mesada, anualidad, remuneración, retribución, pago, alquil, correspondencia, agradecimiento, gratitud, bago.

PAGAR.—abonar, satisfacer, apoquinar, desembolsar, pitar, remunerar, recompensar, aprontar, liquidar, corresponder, saldar, amortizar, indemnizar, subvencionar.

PAGO.—satisfacción, paga, recompensa, premio, bago, pagamento, pagamiento, remuneración.

PAÍS.—comarca, región, nación, territorio, patria, reino, cuna, tierra, terruño, nido.

PAISANO.—coterráneo, conterráneo, connacional, compatriota, compatricio, conciudadano, campesino, aldeano.

PAJAREAR.—zanganear, pindonguear, pendonear, gallofear, cazcalear, bordonear, vagar.

PAJARERO.—festivo, chancero, bromista, burlón, burleta, burlero, chusco, gracioso.

PAJAROTA.—pajarotada, notición, mentira, trola, embuste, falsedad, bulo, infundio, patraña.

PALABRA.—vocablo, voz, término, voquible, verbo, dicho, dicción, promesa, oferta.

PALABRERÍA.—cháchara, charla, verbosidad, verborrea, vaniloquio, trápala, faramalla.

PALABRERO.—parlanchín, chacharero, gárrulo, garlador, boquirroto, faramallero, palabrista, charlatán, hablador, parolero.

PALABROTA.—terminacho, taco, venablo, reniego, picardía, procacidad, coprolalia, terminajo.

PALACIEGO.—palaciano, cortesano, palatino, áulico.

PALADAR.—sabor, gusto, sensibilidad, sapidez, dejo, condimento.

PALADEAR.—gustar, saborear, tastar, libar.

PALADIN.—defensor, campeón, defendedor, sostenedor, paladino.

PALADINAMENTE.—abiertamente, manifiestamente, claramente, públicamente, patentemente, notoriamente.

PALADINO.—público, paladín, manifiesto, patente, claro, notorio, noto, sabido, palmario, evidente.

PALANCA.—barra, pértiga, palanqueta, alzaprima, valimiento, influencia, protección, palanquín.

PALANQUÍN.—ganapán, faquín, andas, litera.

PALENQUE.—estacada, valla, cerca, cercado, liza, arena, palestra, coso, estadio, circo, espoliario.

PALESTRA.—lidia, palenque, lucha, circo, arena, liza, coso, estadio, espoliario.

PALETO.—aldeano, rústico, labriego, palurdo, zafio, tosco, cerril, isidro, tocho, cerrero, grosero.

PALIADAMENTE.—encubiertamente, disimuladamente, subrepticiamente, escondidamente, embozadamente, solapadamente.

PALIAR.—atenuar, aminorar, calmar, mitigar, suavizar, cohonestar, disculpar, disimular, encubrir, exculpar, enmascarar, solapar, apaliar.

PALIATIVO.—atenuante, calmante, sedante, paliatorio, lenitivo, subrepticio, solapado.

PALIDECER.—empalidecer, decolorar, descolorar, descolorir, despintar, perder.

PALIDEZ.—amarillez, palor, decoloración, descoloramiento.

PÁLIDO.—macilento, amarillo, descolorido, paliducho, desanimado, incoloro, exangüe, cadavérico, apagado.

PALIQUE.—palillo, cháchara, faramalla, charla, garrulería.

PALIZA.—tunda, zurra, felpa, vapuleo, tollina, solfa, zurribanda, capuana, soba, tolena, meneo, zamanca.

PALMAR.—espichar, despichar, finar, morir, fenecer, claro, patente, notorio, manifiesto, palmario, cierto, evidente.

PALMARIO.—claro, manifiesto, patente, notorio, palpable, visible, evidente, palmar, cierto, ostensible, exotérico, palpario.

PALO.—tranca, madera, barrote, bastón, báculo, cayado, vara, mango, palitroque, rama, garrota, varapalo, garrote, horca, mástil, poste, punta, antena, golpe, trancazo, bastonazo, garrotazo, alcándara.

PALOTEADO.—danza, paloteo, riña, trifulca, zaragata, zipizape, marimorena, disputa, contienda.

PALPABLE.—evidente, patente, visible, manifiesto, claro, palmario, ostensible, cierto, material, corpóreo, palpario.

PALPACIÓN.—palpamiento, tocamiento, tiento, toque, tangencia, palpadura, tentón.

PALPAR.—tocar, tentar, sobar, tactear, apalpar, toquetear, pulsar, manosear.

PALPITACIÓN.—pulsación, latido, pulso, tactac, estremecimiento.

PALPITAR.—latir.

PALURDO.—paleto, rústico, aldeano, labriego, tosco, zafio, cerril, rudo, isidro, tocho, cerrero, grosero.

PAMPIROLADA.—majadería, necedad, insulsez, tontería, memez, trivialidad, insubstancialidad.

PAMPOSADO.—poltrón, desidioso, flojo, pachorrudo, holgazán, vago, haragán.

PAMPRINGADA. — inoportunidad, insignificancia, necedad, despropósito, majadería, insubstancialidad.

PANARRA. — simple, cándido, candoroso, mentecato, necio, bobo, dejado, flojo, perezoso, desidioso, vago, poltrón, haragán.

PANDERADA. — despropósito, necedad, insubstancialidad, majadería, asnada, pampirolada, perogrullada.

PANDERO.—pandera, adufe, pandereta, necio, charlatán, birlocha, cometa, parlanchín, hablador, chacharero.

PANDILLA.—unión, liga, reunión, gavilla, cuadrilla, caterva, partida, confabulación, contubernio, aconchabamiento.

PANEGÍRICO.—encomio, loa, alabanza, epicedio, incienso, elogio, apología.

PÁNFILO.—cachazudo, pachorrudo, desidioso, flojo, pausado, tardo, parado, pesado, pazguato, bobo, alelado, calmoso, bondadoso, flemático, calmado, pando, abobado.

PANIAGUADO.—favorecido, protegido, allegado, servidor, criado, mercenario.

PANTANO.—paular, ciénaga, charcal, atolladero, dificultad, estorbo, obstáculo, tropiezo, óbice, atasco.

PANZA.—vientre, barriga, abdomen, tripa, andorga, panzón, pancha, timba, sorra.

PANZADA.—hartazgo, atracón, hartazón, empipada, tupitaina, tripada, tupa, hartura, hartada.

PAÑO.—tela, tapiz, colgadura, enlucido, pared, tabique, lienzo, papel, rubor.

PAPA.—puches, gachas, papilla, sopa, paparrucha, mentira, trola.

PAPALINA.—gorro, borrachera, cofia, embriaguez, trompa, trúpita, mordaguera, merluza, cogorza.

PAPANATAS.—bobo, bobalicón, mentecato, simple, pazguato, tontaina, gaznápiro, panoli, simplón, isidro, tonto, crédulo, cándido, papamoscas, papahuevos, papatoste.

PAPANDUJO.—flojo, blando, bagatela, futilidad, insignificancia, pocho, pansido.

PAPARRUCHA.—bola, trola, cuento, mentira.

PAQUETE.—envoltorio, lío, atado, cucuruchado, cartucho, bulto, paquebote, presumido, compuesto, petimetre, pisaverde, lindo.

PARABIÉN.—enhorabuena, felicitación, pláceme, congratulación, gratulación, norabuena.

PARABOLANO.—embustero, trolero, mentiroso, patrañero, invencionero, mintroso, marfuz, pataratero, petate, embaidor, embustidor.

PARADA.—término, fin, suspensión, alto, acaballadero, pausa, estación, estacionamiento, paralización, estada, parador, paradeta, quite, azud.

PARADERO.—final, fin, término, estación, escala, apeadero, etapa.

PARADIGMA.—ejemplo, modelo, ejemplar.

PARADISÍACO.—delicioso, celeste, feliz, perfecto, empíreo, olímpico, glorioso, divino.

PARADO.—pánfilo, pacato, pazguato, flojo, descuidado, remiso, desocupado, inactivo, ocioso, cachazudo, callado, inexpresivo, erguido, vertical, tieso.

PARAJE.—parte, lugar, punto, emplazamiento, recinto, situación, sitio, estancia.

PARALELISMO.—semejanza, correspondencia, comparación, equidistancia, similitud.

PARALELO.—correspondiente, cotejo, semejante, comparación, equidistante, símil, similar.

PARALÍTICO.—tullido, impedido, baldado, entelerido, perlático, parapléjico.

PARALIZAR.—impedir, detener, estorbar, entorpecer, inmovilizar, cortar, atajar, estancar, entumecer, envarar, atajar.

PARAMENTAR.—adornar, ataviar, decorar, exornar, engalanar, embellecer.

PARAMENTO.—revestimiento, atavío, adorno.

PÁRAMO.—desierto, yermo, raso, erial, estepa, calvero, paramera.

PARANGÓN.—semejanza, comparación, cotejo, similitud, confrontación, paragón, paralelo.

PARANGONAR.—comparar, cotejar, paragonar, confrontar, paralelar.

PARAPETARSE. — protegerse, resguardarse, prevenirse, precaverse, preservarse, cubrirse, abroquelarse, guardarse, precaucionarse.

PARAPOCO.—tímido, apocado, simple, simplón, corto, apagado, corito, pusilánime.

PARAR.—frenar, detener, paralizar, suspender, acabar, concluir, cesar, reposar, descansar, habitar, vivir, residir, impedir, prevenir, preparar, interrumpir.

PARÁSITO.—gorrón, insecto, gorrista, chupóptero, guagüero, mogrollo, sopista.

PARCAMENTE.—parsimoniosamente, parvamente escasamente, tasadamente, módicamente.

PARCIAL.—incompleto, partidario, secuaz, injusto, indebido, improcedente, ilegal.

PARCIALIDAD.—bando, bandería, partido, desigualdad, injusticia, prejuicio, favoritismo, improcedencia, arbitrariedad.

PARCIALMENTE.—apasionadamente, injustamente desigualmente, improcedentemente.

PARCO.—corto, parce, escaso, pobre, insuficiente, frugal, mesurado, moderado, austero, sobrio, abstemio, abstinente, parsimonioso, exiguo.

PARDAL.—pardillo, gorrión, aldeano, bellaco, astuto, rústico, paleto, solerte, socarrón, taimado, ladino.

PARDO.—obscuro, terroso, sombrío, mulato, leopardo.

PAREAR.—aparear, emparejar, hermanar, banderillear, casar.

PARECER.—juicio, dictamen, opinión, estimar, creer, juzgar, opinar, entender, pensar, comparecer, surgir, mostrarse, aparecer, lucir, representar, semejar.

PARECERSE.—semejarse, asemejarse.

PARECIDO.—análogo, semejante, símil, semejado, paralelo, aproximado, afín, similar, semejanza, analogía, similitud, sosia.

PAREJO.—liso, semejante, llano, parigual, igual, regular.

PAREJURA.—semejanza, igualdad, similitud, paridad.

PARÉNESIS.—exhortación, amonestación, reprensión, consejo, admonición, monición.

PARENTESCO.—lazo, vínculo, unión, relación, connación, alianza, conexión, agnación, connotación, consaguinidad, afinidad.

PARÉNTESIS.—suspensión, inciso, pausa, digresión, descanso, interrupción.

PARIDAD.—identidad, igualdad, similitud, comparación.

PARIENTE.—semejante, allegado, parecido, deudo, familiar, afín, agnado, cognado.

PARIR.—desocupar, librar, aovar, crear, producir, alumbrar, acostar.

PARLA.—verbosidad, charla, parleta, garla, verborrea, faramalla, garrulería.

PARLADOR.—parlanchín, hablador, verboso, charlatán, parlón, garlador, mámulo.

PARLADURÍA.—chismorreo, habladuría, chisme, enredo.

PARLAMENTAR.—conversar, hablar, conferenciar, discutir, tratar, charlar, platicar.

PARLANCHÍN.—hablador, charlatán, palabrero, gárrulo, palabrista, faramallero, parolero, chacharero, parlantín, parlaembalde.

PARLAR.—parlotear, charlar, garlar, pablar, rajar, picotear.

PARLERÍA.—garrulería, habladuría, verbosidad, enredo, faramalla, chisme, hablilla.

PARLOTEAR.—charlatanear, charlar, picotear, charlotear, pablar, chacharear, badajear.

PARNÉ.—dinero, guita, monises, mosca, cuartos, plata, gato, guelte.

PARO.—interrupción, suspensión, término, pausa, descanso, huelga, cesación, tregua, calma, intervalo.

PAROLA.—verbosidad, labia, verborrea, cháchara, faramalla, charla, garla, parolina.

PAROXISMO.—accidente, acceso, excitación, exasperación, enardecimiento, exacerbación, exaltación.

PARQUEDAD.—parcidad, parcedad, cachaza, lentitud, parsimonia, economía, sobriedad, frugalidad, moderación.

PARRANDA.—holgorio, fiesta, jaleo, jarana, juerga, diversión, jolgorio, farra, jollín, bullicio.

PARRANDISTA.—juerguista, fandanguero, parrandero, carabero, embullador, derramasolaces, mitotero.

PARROQUIA.—feligresía, iglesia, clientela.

PARROQUIANO.—cliente, feligrés, concurrente, consumidor, asiduo.

PARSIMONIA. — discreción, circunspección, prudencia, moderación, morigeración, templanza, mesura, economía, parcialidad, parquedad, parcidad, frugalidad, sobriedad.

PARTE.—trozo, porción, fragmento, fracción, pedazo, paraje, lugar, sitio, lado, punto, telegrama, telefonema, despacho, comunicado, pieza, cacho.

PARTICIÓN.—división, repartimiento, fraccionamiento, partimiento, partimento, separación,

PARTICIPACIÓN.—aviso, noticia, notificación, información, nueva, advertencia, comunicación, informe, referencia.

PARTICIPAR.—comunicar, noticiar, avisar, notificar, anunciar, informar, intervenir, enterar, denunciar, colaborar, contribuir, cooperar.

PARTICULAR.—raro, peculiar, singular, extraño, extraordinario, privado, especial, individual, personal, unipersonal, característico, portentoso, prodigioso, propio, privativo.

PARTIDA.—marcha, salida, partencia, ida, viaje, evacuación, cuadrilla, pandilla, banda, bando, agrupación, asiento, parcialidad, anotación, cantidad, porción.

PARTIDARIO.—secuaz, prosélito, adicto, simpatizante, adepto, afiliado, banderizo, correligionario, amigo, aficionado.

PARTIDO.—fraccionado, dividido, taifa, bando, banda, congregación, hueste, bandería, facción, parcialidad, secta, resolución, decisión, disposición, determinación, ventaja, provecho, utilidad, popularidad, simpatía, prestigio, convenio, trato, concierto, pacto, distrito, territorio.

PARTIR.—compartir, repartir, distribuir, separar, deslindar, cortar, hender, dividir, fraccionar, rajar, abrir, romper, quebrar, quebrantar, fracturar, cascar, truncar, tronchar, tajar, delimitar, salir, marchar, evacuar, huir, ir, desbaratar, desconcertar, anonadar.

PARTO.—alumbramiento, parición, puerperio, nacimiento.

PARVEDAD.—pequeñez, parvidad, tenuidad, cortedad, poquedad, escasez, exigüidad, pobretería, mezquindad.

PARVULEZ.—simplicidad, pequeñez, niñería, niñada, candidez, candor, ingenuidad.

PÁRVULO.—niño, pequeño, inocente, humilde, cuitado, sencillo, chico, cándido, simplón, simple.

PASADERAMENTE.—medianamente, pasablemente, aceptablemente, soportablemente, admirablemente.

PASADERO.—llevadero, mediano, tolerable, regular, pasable, soportable, admisible, aceptable, medianejo.

PASADIZO.—galería, corredor, pasillo, callejón, pasaje, paso.

PASADO.—podrido, gastado, antiguo, lejano, pocho, desertor.

PASAJERO.—efímero, breve, fugaz, temporal, frágil, deleznable, momentáneo, perecedero, transitorio, caminante, viajero, viandante.

PASAPORTE.—licencia, permisión, permiso, autorización, salvoconducto, pase.

PASAR.—penetrar, franquear, conducir, mudar, trasladar, cambiar, transportar, traspasar, llevar, introducir, transferir, ocurrir, acontecer, suceder, acaecer, transitar, circular, andar, cerner, colar, atravesar, cruzar, aventajar, vadear, superar, sobrepujar, sobrepasar, exceder, padecer, sufrir, soportar, disimular, dispensar, tolerar, perdonar, aguantar, resistir, enviar, remitir, transmitir, acabar, concluir, terminar, cesar, transcurrir, mediar, tragar, engullir, deglutir, filtrar, cernir, callar, omitir, disimular, morir, espichar, vivir, durar, rezumar.

PASARSE.—acabarse, envejecerse, pudrirse, ajarse, marchitarse, evadirse, avejentarse, corromperse, filtrarse, colarse.

PASATIEMPO. — diversión, entretenimiento, distracción, devaneo, solaz, charada, acertijo, rompecabezas, trástulo, retruécano, quisicosa, calambur, logogrifo, crucigrama, jeroglífico.

PASE.—pasaporte, salvoconducto, permiso, licencia, autorización, permisión, aceptación.

PASILLO.—corredor, galería, pasadizo, paso, pasaje.

PASIÓN.—vehemencia, ardor, entusiasmo, arrebato, fanatismo, delirio, gusanera, ceguera, excitación, efervescencia, apasionamiento, encendimiento.

PASIONAL.—vehemente, violento, ardiente, intenso, paroxístico, fanático, volcánico.

PASIVO.—inactivo, indiferente, súcubo, paciente, ocioso, pasible.

PASMADO.—atónito, estupefacto, absorto, patidifuso, suspenso, extático, patitieso, admirado, enajenado, embolicado.

PASMAR.—asombrar, admirar, maravillar, embelesar, aturdir, suspender, atontar, entontecer, enfriar, helar, embobalicar, sorprender, enajenar.

PASMO.—estupefacción, admiración, suspensión, enajenación, asombro, éxtasis, enajenamiento.

PASMOSAMENTE.—admirablemente, estupendamente, asombrosamente, maravillosamente, prodigiosamente, portentosamente, admirativamente, fascinadoramente.

PASMOSO.—asombroso, admirable, estupendo, portentoso, maravilloso, fascinador, asombrador, inaudito, prodigioso.

PASO.—pisada, huella, pasaje, pasamiento, tránsito, aventura, lance, suceso, trance, blandamente, quedo, bajo, quedito, abonico, pasillo, peldaño, diligencia, gestión, adelantamiento, progreso.

PASTAR.—apacentar, pacer, ramonear, rozar, rustrir, repacer, pastorear, pastear, herbajar, apastar.

PASTO.—comida, alimento, pastura, verde, forraje, hierba, pienso, heno, sustento, fomento, pábulo.

PASTORAL.—pastoricio, pastoril, gregal, pecuario, agropecuario.

PASTOSO.—blando, denso, cremoso, blandujo.

PATADA.—puntapié, coz, huella, estampa, pista, rastro, zancada, tranco, pisada.

PATALEAR.—patear, zanquear, pernear, zambear, anadear, espurrir.

PATALEO.—pateo.

PATALETA.—soponcio, convulsión, patatús, telele.

PATÁN.—paleto, aldeano, palurdo, campesino, pataco, rústico, zafio, grosero, ordinario, soez, ignorante, descortés, tosco, tocho, pardillo, gañán, palurdo, cateto, payo.

PATANERÍA.—grosería, patanismo, rustiquez, ordinariez, ignorancia, tochedad, rustiqueza, safiedad, selvatiquez, tosquedad.

PATARATA.—fruslería, futesa, futilidad, futileza, ridiculez, nadería, nonada, quisicosa, payasada, mamarrachada, albardanería.

PATATÚS.—accidente, desmayo, congoja, insulto, pataleta, ataque, telele.

PATEAR.—patalear, cocear, pernear, piafar, patullar, taconear, pisotear, atropellar, maltratar.

PATENTE.—perceptible, claro, visible, manifiesto, palpable, ostensible, notorio, palmar, palmario, concebible, título, cédula, despacho.

PATENTEMENTE.—visiblemente, notoriamente, evidentemente, ostensiblemente, claramente, palpablemente, manifiestamente, palmariamente.

PATENTIZAR.—demostrar, exponer, manifestar, evidenciar, aclarar, ostentar, mostrar, exhibir.

PATÉTICO.—emocionante, sentimental, enternecedor, conmovedor, elegíaco, lúgubre, tétrico, congojoso.

PATIBULARIO.—terrible, siniestro, feroz, avieso, perverso, monstruoso.

PATO.—ánsar, ánade, ansarón, ganso, carraco, oca.

PATOCHADA.—bobada, gansada, disparate, tontería, sandez, mentecatada, dislate, estupidez, bobería, mentecatez, majadería, necedad, despropósito.

PATOSO.—pesado, cargante, molesto, enfadoso, impertinente, soso, simplón, papamoscas.

PATRAÑA.—invención, embuste, mentira, cuento, farsa, chisme, bola, filfa, infundio, bulo, trola, patarata, macana, camelo.

PATRAÑERO.—mentiroso, bolero, infundioso, embustero, marfuz, pataratero, macanero, macaneador.

PATRIA.—tierra, nación, país, cuna, natío, territorio.

PATRIMONIO.—sucesión, propiedad, bienes, herencia, heredad.

PATROCINAR.—favorecer, defender, proteger, amparar, apoyar, auxiliar, salvaguardar, escudar, resguardar, ayudar.

PATROCINIO.—apoyo, amparo, favor, defensa, auxilio, advocación, protección, auspicio, ayuda, guarda, abrigo, tutela.

PATRÓN.—dueño, amo, patrono, jefe, principal, señor, pupilero, modelo, dechado, defensor, muestra, protector, defendedor.

PATRULLA.—ronda, cuadrilla, guardia, piquete, partida, grupo.

PATULEA.—caterva, turba, marranalla, morralla, hampa, granujería, plebe, soldadesca.

PAULATINAMENTE.—lentamente, despacio, pausadamente, espaciosamente, gradualmente, remisamente.

PAULATINO.—lento, tardo, pausado, espacioso, despacioso, pando, moroso, remiso, calmudo, premioso.

PAUPÉRRIMO.—pobrísimo, pelado, misérrimo, inope, pelón, mísero, miserable.

PAUSA.—flema, lentitud, calma, tardanza, alto, detención, intervalo, interrupción, parada, paréntesis, cachaza, pachorra, espacio.

PAUSADAMENTE. — flemáticamente, lentamente, calmosamente, paulatinamente, gradualmente, pausado.

PAUSADO.—paulatino, lento, calmoso, flemático, tardo, monótono, pando, despacioso, espacioso.

PAUTA.—falsilla, dechado, modelo, conducta, norma, ejemplo, molde, tipo, regla, guía, arquetipo, prototipo, paradigma.

PAVIDEZ.—pavor, pavura, terror, medrana, canguelo, canguis, jindama, espanto, pánico, miedo, mieditis, cerote.

PÁVIDO.—tímido, pusilánime, medroso, temeroso, cobarde, acollonado, timorato, formidoloso, entelerido.

PAVIMENTO.—suelo, piso, empedrado, asfaltado, adoquinado, afirmado, entarimado, enlosado, tierra, terreno, superficie.

PAVONADA.—pompa, boato, ostentación, fausto, fasto, alarde, pomposidad, bambolla.

PAVONEARSE.—jactarse, vanagloriarse, envanecerse, pompearse, abantarse, engreírse.

PAVOR.—pánico, pavura, espanto, temor, terror, pavidez, cerote, canguelo, canguis.

PAVOROSO.—espantoso, aterrador, terrorífico, despeluznante, tremebundo, terrífico.

PAYASO.—tonto, gracioso, titiritero, volatinero, chusco, histrión.

PAYO.—ignorante, aldeano, campesino, zafio, paleto, isidro, tocho, rústico, patán, rudo.

PAZ.—sosiego, serenidad, quietud, calma, armonía, tranquilidad, concordia, unión, apacibilidad, salutación, reposo.

PAZGUATO.—majadero, bobo, mentecato, bobalicón, papanatas, simple, simplón, bobalías, bobarrón, pasmón, pasmarote, papamoscas, memo.

PEA.—melopea, borrachera, trúpita, merluza, cogorza, mordaguera, embriaguez, papalina, pítima, trompa, curda, jumera, tablón.

PEANA.—base, fundamento, basa, tarima, pie, pedestal, apoyo, plataforma, peaña.

PEATÓN.—viandante, peón, andante, amblador, viante, caminante.

PECADO.—falta, yerro, culpa, infracción, inobservancia.

PECAR.—errar, faltar, maliciar, incumplir, sospechar, inobservar.

PECULIAR.—privativo, propio, característico, esencial, singular, particular, exclusivo, especial, individual, específico.

PECULIARMENTE. — propiamente, especialmente, particularmente, esencialmente, privativamente, singularmente, característicamente.

PECULIO.—hacienda, caudal, pegujal, bienes, pecunia, dinero, capital, moneda, guita, mosca, parné, parnés, monises, plata.

PECHO.—mama, seno, teta, pechuga, fortaleza, esfuerzo, valor, tributo, contribución, censo, busto, tórax.

PEDANTE.—presumido, empacado, petimetre, afectado, enfático, fatuo, jactancioso, vanidoso, fingido.

PEDANTERÍA.—pedantismo, afectación, empaque, fatuidad, coquetería, vanidad, jactancia, fingimiento, presunción.

PEDAZO.—parte, cacho, fragmento, pieza, división, pellizco, porción, trozo, fracción.

PEDESTAL.—basa, base, peana, peaña, plataforma, apoyo, cimiento, fundamento.

PEDESTRE.—llano, bajo, inculto, vulgar, común, adocenado, ramplón, chabacano.

PEDIGÜEÑO.—pedigón, pidón, pedidor, pidientero, pordiosero, sacacuartos, sablista, sacadineros.

PEDIR.—solicitar, recabar, demandar, requerir, rogar, suplicar, reclamar, exigir, querer, desear, anhelar, mendigar, pordiosear.

PEDO.—ventosidad, viento, cuesco, traque, zullón, bufa.

PEGA.—rémora, chasco, burla, broma, zurra, paliza, tollina, vapuleo, urraca.

PEGADIZO.—pegajoso, gorrón, peguntoso, pegante, pastoso, postizo, pelmazo, pelma, artificial, falso, agregado, fingido, imitado, sobrepuesto.

PEGADO.—bizma, parche, emplasto, adherido, unido, enganchado, arrimado, contagiado, contaminado, soldado, fijado, encolado, aglutinado.

PEGAJOSO.—pegadizo, gorrón, contagioso, glutinoso, viscoso, sobón, suave, atractivo, blando, meloso, afable, obsequioso.

PEGAR.—juntar, unir, adherir, fijar, enligar, apegostrar, emparchar, comunicar, contagiar, contaminar, castigar, golpear, maltratar, asir, dar, prender, asestar, arrimar, coser, aglutinar, soldar, encolar, engrudar, engomar.

PEGARSE.—introducirse, agregarse, insinuarse, aficionarse, inclinarse, quemarse, adherirse, fijarse, aglutinarse.

PEGATA.—estafa, burla, engaño, fraude, broma, burlería.

PEGOTE.—bizma, parche, emplasto, impertinente, gorrón, chupóptero, gorrero, gorrista, guagüero, animalejo.

PEGUJAL.—caudal, hacienda, peculio, monises, parné, guita, plata.

PEINE.—peinilla, peineta, escarpidor, lendrera, carmenador, carda, batidor, caspera, jaquero.

PEJE.—pez, astuto, listo, sagaz, lince, socarrón, pescado, industrioso.

PEJIGUERA.—dificultad, molestia, chinchorrería, impertinencia, incomodidad, lata, engorro, joroba, tabarra, cabronada.

PELADO.—liso, llano, mondo, lirondo, escueto, mocho, chamorro, pelón, calvo, pobre, pobreto, pobrete, pedigüeño.

PELAFUSTÁN.—perdido, miserable, holgazán, pobretón, cualquiera, nadie, vago, desidioso, perezoso, gandul.

PELAGATOS.—pobretón, pelgar, mísero, miserable, pobre, ruin, vaina, despreciable, insignificante, bajo, pelagallos, pelacañas, pinchaúvas, quídam, badulaque, guaja.

PELAJE.—calidad, disposición, naturaleza, aspecto, traza, facha, pinta, pergeño, vitola.

PELANDUSCA.—prostituta, buscona, ramera, meretriz, hetaira, puta, perdida, zorra, peliforra, pelleja, pelota, pendanga, pendejo, perendeca.

PELAR.—arrancar, desplumar, cortar, limpiar, mondar, arruinar, descascarar, rapar, depilar, descortezar, quitar, despojar, robar, saquear.

PELAZGA.—riña, disputa, pelaza, pendencia, pelea, reyerta, contienda, pelotera, peleona, pelamesa, broma, jaleo, cisco, zarabanda.

PELEA.—contienda, lucha, batalla, combate, reyerta, lid, pendencia, riña, disputa, pelotera, fatiga, afán, trabajo, diligencia, pelaza, pelazga, bronca.

PELEAR.—batallar, contender, combatir, lidiar, reñir, luchar, regañar, cuestionar, disputar, pendenciar, zamarrear, fuñar.

PELEARSE.—pegarse, disputarse, enemistarse, agarrarse, desavenirse, indisponerse, enzarzarse, zapatearse, trabarse.

PELELE.—títere, muñeco, polichinela, bobalicón, simple, inútil, cándido, simplón, bobalías.

PELEONA.—contienda, pendencia, disputa, cuestión, riña, pelazga, pelaza, zarabanda, zaragata.

PELIAGUDO.—difícil, complicado, enrevesado, intrincado, sutil, mañoso, hábil, arduo, endiablado, morrocotudo, climatérico.

PELIGRO.—exposición, riesgo, albur, contingencia, arisco.

PELIGROSO. — aventurado, comprometido, temible, arriesgado, expuesto, turbulento, levantisco, pendenciero, camorrista.

PELILLOSO.—delicado, cominero, quisquilloso, puntilloso, picajoso, susceptible, cosquilloso, irritable, puntuoso.

PELMA.—chinchoso, chinchorrero, cargante. fastidioso, importuno, molesto, pesado, pelmazo, cachazudo, posma, calmudo, pachorrudo.

PELMACERÍA.—pesadez, lentitud, tardanza, cachaza, parsimonia, indolencia, porrería, flema, pachorra, roncería.

PELO.—vello, pelusa, cabello, pelambre, pelaje, pelusilla.

PELONERÍA.—miseria, escasez, pobreza, indigencia, inopia, penuria, piojería.

PELOTA.—balón, bola, ramera, hetaira, meretriz.

PELOTEAR.—repasar, cotejar, comprobar, señalar, reñir, disputar, contender, controvertir, pelear, lanzar, arrojar.

PELOTERA.—contienda, revuelta, riña, pelazga, disputa, pendencia, pelamesa, pelaza, gresca, camorra, reyerta, cuestión, quimera, pelea, trifulca, querella, marimorena, zipizape, zaragata.

PELUCA.—cabellera, perico, peluquín, bisoñé, postizo, añadido, reprensión, reprimenda, filípica, admonición.

PELUDO.—velludo, piloso, lanoso, lanudo, cerdudo, melenudo, cerdoso, grenchudo, cernejudo, peloso, vellido.

PELLEJO.—cuero, piel, odre, sayo, ebrio, borracho, bebedor.

PENA.—correctivo, corrección, castigo, penitencia, condena, expiación, pesadumbre, dolor, aflicción, sentimiento, sufrimiento, cuidado, tristeza, duelo, pesar, congoja, trabajo, dificultad, quebranto, fatiga, cacorra, mesticia, cuita, afligimiento.

PENACHO.—cimera, airón, plumero, garzota, pompón, vanidad, presunción, soberbia, orgullo, altivez, altiveza, pedantería, engreimiento.

PENADO.—difícil, arduo, penoso, peliagudo, climatérico, trabajoso, condenado, delincuente, reo.

PENALIDAD.—trabajo, molestia, desazón, incomodidad, aflicción, sanción, castigo, multa, pena.

PENAR.—sufrir, padecer, tolerar, agonizar, lastar, expiar.

PENDENCIA.—cuestión, altercado, contienda, disputa, discusión, pelea, pelotera, reyerta, gresca, riña, querella, quimera, trifulca, camorra, marimorena, zipizape.

PENDENCIERO.—buscarruidos, reñidor, quimerista, camorrista, belicoso, peligroso, refertero, broquelero, rencilloso.

PENDER.—suspender, colgar, depender, flotar, pinjar.

PENDIENTE.—inclinación, cuesta, subida, bajada, rampa, repecho, declivio, declividad, declive, arete, zarcillo, arracada, suspendido, colgado, pinjante, colgante, suspenso, colgandero.

PENDÓN.—insignia, bandera, enseña, estandarte.

PENEQUE.—borracho, beodo, pellejo, ebrio, bebedor.

PENETRACIÓN.—perspicacia, pesquis, sutileza, agudeza, sutilidad, inteligencia, sagacidad, comprensión, talento, ingenio.

PENETRADOR.—ingenioso, agudo, perspicaz, sutil, sagaz, listo, lince, talentudo.

PENETRANTE.—hondo, agudo, profundo, alto, elevado, fuerte, subido, penetrativo, coladizo.

PENETRAR.—entrar, introducir, comprender, adentrar, alcanzar, meter.

PENITENCIA.—castigo, pena, corrección, mortificación, arrepentimiento, expiación, contrición.

PENITENCIAR.—sancionar, castigar, condenar, penar.

PENOSAMENTE.—trabajosamente, arduamente, cansadamente, molestosamente, difícilmente, laboriosamente, dificultosamente.

PENOSO.—laborioso, dificultoso, arduo, climatérico, congojoso, trabajoso, difícil, vanidoso, presumido.

PENSAMIENTO.—designio, idea, intención, proyecto, plan, mente, cacumen, chirumen, caletre, magín, juicio, reflexión, recelo, sospecha.

PENSAR.—cavilar, idear, meditar, cogitar, imaginar, reflexionar, discurrir, recapacitar, examinar, considerar, intentar, creer, suponer, proyectar, sospechar, recelar.

PENSATIVO.—meditabundo, cabizbajo, cabizcaído, absorto, reconcentrado, ensimismado, caviloso, reflexivo, preocupado, discursivo.

PENSIL.—colgado, pendiente, colgante, suspenso, suspendido, jardín.

PENSIÓN.—canon, renta, pupilaje, censo, subsidio, subvención.

PENURIA.—escasez, falta, carestía, miseria, necesidad, indigencia, carencia.

PEÑA.—risco, peñasco, roca, pedrusco, peñón, tolmo, reunión, círculo, grupo.

PEÑASCAZO.—pedrada, apedreamiento, cantazo, peñazo, chinazo.

PEÑASCOSO.—riscoso, enriscado, escabroso, pedregoso, petroso.

PEÓN.—caminero, peatón, jornalero, caminante, viandante, viante, andante, transeúnte, peonza.

PEORÍA.—detrimento, menoscabo, empeoramiento, recaída, agravación, desmejoramiento, degeneración.

PEQUEÑEZ.—fruslería, insignificancia, bagatela, miseria, mezquindad, vileza, ruindad, tacañería, nadería, nonada, futilidad, futileza, futesa, infancia.

PEQUEÑO.—niño, pequeñuelo, chico, enano, pigmeo, liliputiense, gnomo, limitado, minuto, párvulo, bajo, corto, exiguo, breve, menudo, mínimo, minúsculo, parvo, insignificante, humilde, mezquino, modesto, miserable, escaso, pobre.

PERCANCE.—accidente, gaje, chasco, peripecia, revés, contratiempo, desgracia, contrariedad, perjuicio, avería, daño.

PERCATAR.—considerar, pensar, conocer, saber, observar, advertir, cuidar.

PERCEPCIÓN.—sensación, impresión, conocimiento, sentimiento, idea, noción, apercepción.

PERCEPTIBLEMENTE.—visiblemente, sensiblemente, ostensiblemente, conocidamente, notoriamente.

PERCIBIR.—recibir, cobrar, avistar, descubrir, divisar, distinguir, notar, ver, sentir, oír, oler, gustar, tocar, comprender, conocer.

PERCUDIR.—marchitar, ajar, deslustrar, manosear, sobar, resobar, aporrear.

PERCUTIR.—golpear, chocar, herir, cutir, batir.

PERDER.—desperdiciar, malgastar, extraviar, dañar, deteriorar, naufragar, zozobrar, derrochar, malograr.

PERDERSE.—desorientarse, confundirse, extraviarse, corromperse, pervertirse, viciarse, conturbarse, arrebatarse, obcecarse, enviciarse, envilecerse.

PERDICIÓN.—pérdida, perdimiento, ruina, daño, condenación, desenfreno, inmoralidad, depravación, deshonestidad.

PÉRDIDA.—menoscabo, merma, daño, perjuicio, quebranto, extravío, detrimento, malogro, ruina, naufragio, perdimiento.

PERDIDAMENTE.—inconsideradamente, ineficazmente, inútilmente, apasionadamente, ciegamente, vehementemente.

PERDIDO.—despistado, desorientado, extraviado, fracasado, arrastrado, vicioso, depravado, envilecido.

PERDÓN.—indulto, gracia, indulgencia, absolución, remisión, amnistía, condonación, misericordia, clemencia, piedad, compasión, conmutación, dispensa, exculpación.

PERDONAR.—dispensar, absolver, exceptuar, indultar, remitir, eximir, condonar, amnistiar, exculpar.

PERDONAVIDAS.—fanfarrón, baladrón, matasiete, valentón, bravucón, jaque, majo, guapo, matón, chulo, farfantón, cheche, tragahombres, rompeesquinas, bigornio, curro, jaquetón.

PERDULARIO.—vicioso, perdis, abandonado, desaliñado, dejado, arrastrado, apático.

PERDURABLE.—perpetuo, perenal, perennal, perenne, imperecedero, inmortal, eterno, sempiterno.

PERDURABLEMENTE.—eternamente, perennemente, perenalmente, perpetuamente.

PERECEDERO.—corto, breve, efímero, fugaz, pasajero, caduco, marchitable.

PERECER.—sucumbir, fenecer, expirar, morir, caer, acabar, fallecer, finar, espichar, terminar, despichar, desear, anhelar, ansiar.

PERECERSE.—morirse, desvivirse, pirrarse, consumirse.

PEREGRINACIÓN.—peregrinaje, éxodo, romería, bordonería, viaje, cruzada, romeraje.

PEREGRINO.—caminante, romero, viajero, extraño, raro, singular, especial, insólito, extraordinario, infrecuente, inacostumbrado, primoroso, perfecto, excelente.

PERENDENGUE.—zarcillo, pendiente, perifollo, arete.

PERENNE.—incesante, continuo, perenal, eterno, vivaz, inacabable, incesable.

PERENNIDAD.—perpetuidad, perdurabilidad, eternidad, continuidad.

PERENTORIEDAD.—apremio, urgencia, premura, acuciamiento, aprieto.

PERENTORIO.—apremiante, urgente, preciso, terminante, apurado, decisivo, definitivo, concluyente, imperioso, inaplazable.

PEREZA.—descuido, apatía, desidia, gandulería, galbana, holgazanería, haraganería, ociosidad, negligencia, vagancia, cachaza, pachorra, poltronería, ignavia, dejadez, pigricia, flojera, flojedad.

PEREZOSO.—descuidado, tardo, negligente, dormilón, pesado, lento, flojo, apático, gandul, haragán, holgazán, ocioso, poltrón, desidioso, calmudo, vago, calmoso.

PERFECCIÓN.—excelencia, belleza, hermosura, gracia, perfeccionamiento, bondad.

PERFECCIONAR.—progresar, prosperar, mejorar, adelantar, pulir, acabar, refinar, afinar, idealizar, adornar, exornar.

PERFECTAMENTE.—bueno, bien, conforme, correctamente, cabalmente, intachablemente, primorosamente, hermosamente, preciosamente.

PERFECTO.—cabal, cumplido, acabado, excelente, magistral, inimitable, ideal, intachable, impecable.

PERFIDIA.—felonía, traición, deslealtad, infidelidad, alevosía, insidia, falsedad, infidencia, prodición, disimulo, fingimiento, insidia.

PÉRFIDO.—traidor, desleal, felón, alevoso, perjuro, falso, insidioso, infame, fementido, judas, infidente, infiel.

PERFILAR.—rematar, perfeccionar, afinar, hermosear, engalanar, embellecer.

PERFILARSE.—acicalarse, aderezarse, arreglarse, componerse, ladearse, embellecerse, afeitarse.

PERFORAR.—taladrar, horadar, agujerear, calar, barrenar, agujerar, trepar, ojetear.

PERFUMADO.—aromático, oloroso, fragante, aromatizado, sahumado, embalsamado, aromado, aromoso, odorante, bienoliente.

PERFUMAR.—embalsamar. sahumar, aromatizar, aromar, perfumear, almizclar, ambarar.

PERFUME.—esencia, aroma, fragancia, efluvio, olor, vaho, tufo.

PERGEÑO.—apariencia, aspecto, pergenio, traza, porte, vitola, facha, pelaje.

PERICIA.—habilidad, práctica, experiencia, conocimiento, destreza, maestría, competencia, disposición, idoneidad, sabiduría, maña.

PERÍFRASIS.—circunlocución, rodeo, circunloquio, perífrasi.

PERILLÁN.—bribón, pícaro, astuto, pillo, bellaco, truhán, truchimán, golfo.

PERÍMETRO.—contorno, ámbito, recinto, dintorno, perfil, silueta.

PERÍNCLITO.—heroico, insigne, grande, ilustre, glorioso, excelso, eminente, ínclito.

PERIÓDICO.—fijo, diario, regular, papel, boletín, revista, monitor, noticiero, gaceta, rotativo, semanario.

PERÍODO.—etapa, fase, grado, estado, división, intervalo, lapso, pausa, frase, párrafo, ciclo, menstruo, menstruación, regla, mes.

PERIPECIA.—accidente, incidencia, acaecimiento, lance, episodio, escena, aventura, suceso, mudanza.

PERIPUESTO.—atildado, acicalado, compuesto, ataviado, emperejilado, emperifollado, pinturero, enlechuguillado, lamido, enguedejado, endomingado.

PERITO.—avezado, apto, competente, conocedor, diestro, capaz, experimentado, experto, idóneo, hábil, inteligente, práctico, entendido, sabedor, sabio, ducho, versado, técnico, empírico, catador.

PERJUDICAR.—lesionar, dañar, menoscabar, arruinar, damnificar, atropellar, castigar, deteriorar, quebrantar, enmohecer, vulnerar, reventar, malear.

PERJUDICIAL.—dañoso, dañino, malo, nocivo, pernicioso, lesivo, nucente, perjudicante, dañador, insalubre.

PERJUICIO.—detrimento, menoscabo, quebranto, deterioro, lesión, daño, tuerto, malparanza, estrago, estropicio, mal.

PERJURIO.—deslealtad, apostasía, infidelidad, prevaricación, prevaricato, perjuro.

PERJURO.—renegado, apóstata, desleal, infiel, perjurador, perjurio.

PERMANECER.—seguir, persistir, continuar, residir, estar, quedar, durar, perdurar, mantener.

PERMANENCIA. — inmutabilidad, duración, estabilidad, continuación, subsistencia, insistencia, firmeza, invariabilidad, permansión, persistencia.

PERMANENTE.—fijo, firme, estable, inalterable, inmutable, invariable, permaneciente, durable, duradero, perdurable, perpetuo, inmudable.

PERMISO.—autorización, licencia, consentimiento, aquiescencia, venia, anuencia, sí, autorizamiento, beneplácito, complacencia, permisión, condescendencia, pase, tolerancia.

PERMITIDO.—legal, lícito, bueno, autorizado, consentido, tolerado, pasado.

PERMITIR.—autorizar, consentir, acceder, dejar, facultar, tolerar, pasar, desvedar, otorgar, conceder, condescender.

PERMUTA.—cambio, permutación, trueque, conmutación, trueco, trocamiento, canje.

PERMUTAR.—cambiar, trocar, conmutar, intercambiar, canjear.

PERNICIOSO.—dañino, dañoso, perjudicante, dañador, nuciente, malo, nocivo, perjudicial.

PERNIL.—jamón, anca, muslo, pernera.

PERPETUAMENTE. — perennemente, perennalmente, inmortalmente, continuamente, eternamente, eternalmente, sempiternamente, durablemente, duraderamente, imperecederament.

PERPETUAR.—eternizar, conmemorar, inmortalizar, prolongar, alargar, glorificar, exaltar.

PERPETUO.—inmortal, eterno, imperecedero, perdurable, sempiterno, eternal, perenne, perenal, perennal.

PERPLEJAMENTE.—confusamente, irresolutamente, vacilantemente, dudosamente, dubitativamente.

PERPLEJIDAD.—irresolución, duda, fluctuación, incertidumbre, indecisión, indeterminación, confusión, vacilación, titubeo.

PERPLEJO.—dudoso, vacilante, confuso, irresoluto, asombrado, indeciso, incierto, irresoluto, titubeante, irresoluble.

PERQUIRIR.—investigar, inquirir, escudriñar, inquerir, pesquisar, husmear, indagar, rebuscar, buscar, explorar, sondear.

PERSEGUIR.—molestar, importunar, fatigar, seguir, acosar, acosijar, apretar.

PERSEVERANCIA.—constancia, persistencia, tesón, firmeza, tenacidad, voluntad, insistencia, asiduidad, empeño.

PERSEVERAR.—persistir, continuar, insistir.

PERSISTENCIA. — constancia, permanencia, insistencia, tenacidad, fijeza, obstinación.

PERSISTIR.—permanecer, perdurar, perseverar, insistir, durar, continuar, seguir.

PERSONAL.—propio, individual, peculiar, privativo, particular.

PERSONARSE.—avistarse, ubicarse, comparecer, descolgarse, entrevistarse, presentarse, apersonarse.

PERSPICACIA.—agudeza, perspicacidad, penetración, sutilidad, sutileza, sagacidad, listeza, visión, pesquis.

PERSPICAZ.—penetrante, agudo, sagaz, listo, ingenioso, sutil.

PERSPICUAMENTE.—manifiestamente, claramente, notoriamente, evidentemente.

PERSPICUO.—transparente, claro, diáfano, pelúcido, terso, inteligible.

PERSUADIR.—mover, inducir, convencer, decidir, catequizar, inclinar, inculcar.

PERSUASIÓN.—convicción, convencimiento, juicio, captación, atracción, incitación.

PERSUASIVO. — determinante, convincente, persuasor, concluyente, contundente, suasorio.

PERTENECER.—incumbir, tocar, atañer, corresponder, concernir, caber, revestir.

PERTENECIENTE.—concerniente, correspondiente, referente, relativo, tocante, patrimonial, propio, proprio.

PERTENENCIA.—dominio, propiedad, posesión, acepción.

PERTINACIA.—tenacidad, obstinación, testarudez, terquedad, tesón, persistencia, cabezonería, contumacia.

PERTINAZ.—contumaz, obstinado, terco, recalcitrante, tenaz, testarudo, duradero, persistente, cabezudo, cabezota, tesonero, empeñoso.

PERTINENTE.—referente, perteneciente, relativo, conducente, concerniente, oportuno, adecuado, conveniente.

PERTRECHAR.—proveer, abastecer, aparejar, dotar, aprovisionar, preparar.

PERTURBACIÓN.—alteración, confusión, desorden, desconcierto, desarreglo, trastorno, inquietud, inmutación, desasosiego, belén, bochinche, turbación, alboroto.

PERTURBADO.—loco, conturbado, alienado, orate, chalado, azaroso, borrascoso, alborotado, revuelto.

PERTURBADOR.—conturbador, tumultuario, turbulento, revoltoso, bullanguero, levantisco, bullicioso, incendiario, alborotapueblos.

PERTURBAR.—desconcertar, turbar, alborotar, tumultuar, atumultuar, subvertir, revolver, desorganizar, alterar, desarreglar, desordenar, trastornar, inquietar, desasosegar, intranquilizar, inmutar, interrumpir.

PERVERSAMENTE.—protervamente, depravadamente, malvadamente, desalmadamente, nefariamente, malignamente, aviesamente.

PERVERSIDAD.—malignidad, maldad, corrupción, perversión, perfidia, zurra, nequicia, protervidad, protervia.

PERVERSIÓN.—adulteración, corrupción, pervertimiento, depravación, perversidad, falsedad, maldad, vicio, pravedad, desalmamiento, malevolencia, arlotería.

PERVERSO.—maligno, maldito, malvado, depravado, corrompido, vicioso, proclive, protervo, malandrín, réprobo.

PERVERTIR.—depravar, viciar, adulterar, corromper, falsear, trastornar, perturbar, malignar, enviciar, malvar, prostituir, bastardear.

PESADEZ.—pesantez, obesidad, terquedad, cargazón, molestia, impertinencia, fatiga, desazón, exceso, chinchorrería, obstinación, importunación.

PESADILLA.—opresión, angustia, congoja, preocupación, disgusto, desazón, inquietud.

PESADO.—impertinente, molesto, enojoso, fastidioso, enfadoso, chinchorrero, cargante, fatigante, insufrible, posma, terco, obeso, moledor, cachazudo, lento, duro, tardo, calmoso, áspero, violento, fuerte, intenso, pelma, acre, acedo, bochornoso, grávido.

PESADUMBRE.—pesantez, molestia, pesadez, desazón, disgusto, sentimiento, pesar, riña, contienda, trapatiesta, congoja, injuria, baldón.

PESAR.—arrepentimiento, aflicción, dolor, pena, pesadumbre, disgusto, sentimiento, tristeza, congoja, angustia, atrición, examinar, estudiar, considerar, sopesar, valer.

PESAROSO. — apesadumbrado, arrepentido, contrito, triste, entristecido, afligido, sentido, dolido, dolorido.

PESCAR.—coger, atrapar, alcanzar, agarrar, sorprender, lograr.

PESCUEZO.—cerviz, cogote, morrillo, cerviguillo, pestorejo, altanería, vanidad, soberbia, orgullo, altivez, altiveza.

PESEBRE.—pesebrejo, presepio, pesebrera, comedero, dornajo, pajuz.

PESQUIS.—agudeza, perspicacia, ingenio, talento, penetración, cacumen, chirumen, caletre, magín, listeza.

PESQUISA.—gestión, indagación, información, averiguación, investigación, husmeo, escudriñamiento, inquisición, perquisición, busca, búsqueda.

PESQUISAR.—husmear, indagar, escudriñar, oliscar, rebuscar, investigar, averiguar, inquirir, perquirir, gestionar, buscar.

PESTE.—fetor, fetidez, hedor, tufo, tafo, sentina, pestilencia, hediondez, vicio, corrupción, plaga, exceso, abundancia.

PESTÍFERO.—apestoso, fétido, hediondo, pestilencial, pestilente, hidiondo, mefítico, catingoso.

PESTILENCIA.—fetidez, hediondez, hedor, peste, fetor, tufo, empireuma.

PESTILLO.—cerrojo, pasador, cerraja, pechil.

PETAR.—complacer, agradar, gustar, deleitar, aplacer, placer, contentar.

PETARDISTA.—estafador, petardero, zascandil, trampista, timador, tramposo, sablista, petate.

PETARDO.—morterete, cohete, engaño, estafa, sablazo, fraude, trepa, timo.

PETATE.—equipaje, esterilla, embustero, estafador, sablista, despreciable, chisgarabís, badulaque, embustero, embaucador, tramposo.

PETERA.—terquedad, obstinación, rabieta, cólera, pelotera, pataleta, cabezonería, tesón.

PETERETEOS.—golosinas, laminerías, gollerías, chucherías, chirlomirlos, golmajerías.

PETICIÓN.—solicitud, demanda, ruego, pedimento, reclamación, súplica, instancia, imploración, deprecación, exigencia, requerimiento, petitoria, cuestación, sablazo, pedido, postulación, póstula.

PETIMETRE.—pisaverde, lechuguino, currutaco, elegante, gomoso, lindo, afectado, fifiriche.

PETRIFICAR.—endurecer, solidificar, fosilizar, lapidificar.

PETULANCIA.—engreimiento, presunción, fatuidad, vanidad, atrevimiento, osadía, descaro, insolencia, jactancia, pedantería, pisto.

PETULANTE.—vanidoso, vano, presuntuoso, fatuo, empampirolado, fachoso, vendehúmos.

PETULANTEMENTE.—presuntuosamente, ufanamente, jactanciosamente, jactabundantemente, ostentosamente, vanidosamente, vanamente, vanagloriosamente.

PIADOSO.—benigno, blando, misericordioso, caritativo, compasivo, humano, devoto, religioso, bondadoso, bueno.

PICA.—lanza, puya, garrocha, aguijada, rejón, chuzo.

PICADURA.—punzada, pinchazo, punzadura, alfilerazo, picotazo, pinchadura.

PICAJOSO.—puntilloso, quisquilloso, susceptible, irritable, pulguillas, tufillas.

PICANTE.—acre, cáustico, acerbo, mordaz, satírico, punzante, picaresco.

PICAR.—pinchar, punzar, estimular, excitar, incitar, mover, espolear, aguijonear, cortar, partir, desmenuzar, dividir, trinchar, herir, aguijar, picanear, pungir, irritar, moler, molturar.

PÍCARAMENTE.—infamemente, ruinmente, vilmente, picarescamente, truhanamente, indignamente.

PICARDEAR.—picarizar, tunear, pillear, bribiar, pendonear, tunantear, golfear, retozar, travesear, bellaquear, revolver, enredar.

PICARDÍA.—bribonada, astucia, disimulo, engaño, maldad, bellaquería, pillada, pillería, ruindad, vileza, tunantería, fraude, broma, chiquillada, mataperrada, tunantada, travesura, sagacidad, burla, chasco, picardihuela.

PÍCARO.—pillo, ruin, bellaco, bribón, vil, tunante, astuto, sagaz, taimado, disimulado, enredador, perillán, travieso, tuno, doloso, bufón, malicioso, desvergonzado, truhán.

PICARSE.—enfadarse, molestarse, agraviarse, ofenderse, resentirse, atufarse, agriarse, apuntarse, torcerse, apolillarse, carcomerse, alabarse, jactarse, vanagloriarse, preciarse, ensoberbecerse, pavonearse, envanecerse, irritarse.

PICAZÓN.—desazón, comezón, prurito, disgusto, enojo, resentimiento, picor, quemazón, reconcomio, atufamiento.

PICOTERO.—hablador, charlatán, parlanchín, chacharero, faramallero, garlador, conversador.

PIE.—pata, extremidad, peana, basa, base, fundamento, principio, ocasión, motivo, poso, sedimento, hez, estilo, uso, regla, membrete, costumbre, pretexto.

PIEDAD.—misericordia, compasión, lástima, conmiseración, caridad, veneración, devoción, religiosidad, condolencia, sensibilidad, sensiblería.

PIEDRA.—peña, risco, peñasco, roca, pedrusco, sílice, granito, pedernal, china, canto, guija, callao, laja, lasca, losa, lápida.

PIEL.—dermis, epidermis, tegumento, cutis, membrana, pellejo, cuero.

PIEZA.—sala, aposento, cuarto, alcoba, habitación, parte, trozo, fragmento, pedazo, porción, remiendo, moneda.

PIFIA. — desacierto, equivocación, descuido, error, torpeza, coladura, plancha, cagada, zarramplinada.

PIFIAR.—errar, fallar, desacertar, marrar, desatinar.

PIGNORAR.—hipotecar, empeñar.

PIGRE.—pigro, negligente, disidioso, descuidado, vago, calmudo, gandul, holgazán, perezoso, tardo, lento, flojo.

PIGRICIA.—galbana, flojera, pereza, descuido, ociosidad, haraganería, incuria, dejadez, desaliño, morosidad, indigencia, desaplicación, negligencia, desidia.

PIHUELA.—impedimento, atadura, estorbo, embarazo, obstáculo, traba, óbice, valladar.

PIJOTERO.—mezquino, miserable, nimio, cicatero, ridículo, pesado, agarrado, tacaño, judío, ruin.

PILA.—bañera, recipiente, rimero, montón, cúmulo, acervo, feligresía, parroquia, pira, tonga, rima, pilada, hacina.

PILAR.—pilón, pilastra, hito, mojón, columna, señal.

PILONGO.—macilento, extenuado, fisco, escuálido, entelerido, arrugado, enteco, magro.

PILTRAFA.—pellejo, residuo, despojo, piltraca, andrajo, harapo, colgajo, pingajo.

PILLADA.—bellaquería, picardía, pillería, tunantada, tunantería, truhanería, truhanada, jugarreta, perrería, trastada.

PILLAJE.—robo, rapiña, hurto, saqueo, despojo, ratería, pecorea, atraco.

PILLAR.—atrapar, agarrar, coger, aprehender, prender, rapiñar, hurtar, saquear, robar, tomar, garbear, cangallar, apandar, latrocinar.

PILLETE.—granuja, vago, golfo, vagabundo, pillo, pillín, pícaro, desvergonzado, granujilla, perillán.

PILLO.—ladino, sagaz, astuto, tunante, pícaro, taimado, listo, canalla, granuja, perillán, pillete, pillastre, pillastrón, pilluelo, pillín, tramposo, truhán, bribón, ficha, guaja, pendón, badulaque.

PINACOTECA.—sala, exposición, galería, museo, colección, salón.

PINÁCULO.—altura, cima, cúspide, vértice, cumbre, remate, sublimidad.

PINCHAR.—punzar, herir, picar, mover, excitar, enojar, provocar, irritar, aguijar, picanear, pungir.

PINGAJO.—guiñapo, harapo, andrajo, colgajo, pingo, gualdrapa, jirón.

PINGAR.—gotear, rezumar, enderezar, erguir, brincar, saltar, botar, triscar, retozar, chozpar.

PINGÜE.—gordo, grasiento, graso, mantecoso, abundante, fértil, copioso, cuantioso, considerable, fecundo, ubérrimo, exuberante, craso.

PINGÜEDINOSO.—graso, craso, grasiento, seboso, untuoso, mantecoso, aceitoso, gordo, adiposo, lardoso.

PINGUOSIDAD. — crasitud, gordura, grasa, untuosidad, obesidad, graseza, mantecosidad.

PINTA.—seña, lunar, mancha, ocela, gota, vitola, pelaje, traza, mota, peca, aspecto.

PINTAR.—teñir, colorir, colorar, pintarrajear, pintarrajar, pintorrear, dibujar, describir, engrandecer, fingir, ponderar, exagerar, importar, significar, valer, escribir, alabar, emboquillar.

PINTIPARADO.—parecido, semejante, parejo, igual, pintipuesto, parigual, idéntico, análogo, afín.

PINTURERO.—presumido, fachendoso, jactancioso, postinero, fachendón.

PÍO.—piadoso, religioso, devoto, bondadoso, bueno, benigno, caritativo, compasivo, misericordioso, anhelo.

PIOJOSO.—mezquino, tacaño, miserable, pobretón, cicatero, agarrado, ruin, judío.

PIPA.—candiota, barrica, tonel, tina, casco, cuba, bocoy, barril, simiente, semilla, pepita.

PIPIOLO.—novato, bisoño, principiante, inexperto, novicio, mocoso, novel.

PIQUE.—enojo, resentimiento, empeño, desazón, disgusto, enfado, desagrado, desplacer.

PIRA.—fogata, hoguera, alcandora, almenara.

PIRATA.—cruel, inhumano, pirático, sanguinario, despiadado, malvado, filibustero, corsario.

PIROPO.—requiebro, chicoleo, flor, lisonja, alabanza, adulación, arremuesco, galantería.

PIRRARSE.—perecerse, morirse, desvivirse, enamorarse, despepitarse, desalarse, desalmarse, perderse.

PISAR.—pisotear, apretar, hollar, taconear, apisonar, patullar, patear, estrujar, cubrir, infringir, conculcar, despreciar, humillar, maltratar, abatir.

PISAVERDE.—lechuguino, lindo, currutaco, petimetre, afeminado, presumido, adamado, amaricado.

PISO.—pavimento, solado, suelo, entarimado, adoquinado, embaldosado, superficie, tierra, terreno, tablado, asfaltado, empedrado, habitación, casa, cuarto, domicilio, vivienda, morada.

PISOTEAR.—pisar, atropellar, patullar, patear, hollar, conculcar, despreciar, escarnecer, humillar, abatir, ajar, maltratar, amancillar, baldonear.

PISTA.—rastro, indicio, huella, vestigio, signo, señal.

PITANZA.—alimento, ración, subsistencia, sustento, pan, manutención, comida, distribución, precio, estipendio, ganga.

PITAÑOSO.—lagañoso, magañoso, cegajoso, pitarroso, legañoso.

PITAR.—silbar, abuchear, chiflar, rechiflar, desaprobar.

PÍTIMA.—borrachera, chispa, turca, curda, mona, jumera, embriaguez, cogorza, pea, merluza, papalina, trompa.

PITO.—silbo, silbato, chiflato, chifladera.

PITONISA.—adivinadora, sacerdotisa, hechicera, encantadora, pitia, maga, mágica, jorguina, bruja.

PIZCA.—chispa, pellizco, migaja, pulgarada, miaja, meaja, parte.

PIZPIRETA.—viva, vivaracha, pronta, desenvuelta, aguda, pizpereta, lista, ingeniosa.

PIZPITA.—aguzanieves, caudatrémula, andarríos, pezpita, alpispa, pizpitilla.

PLÁCEME.—felicitación, enhorabuena, parabién, norabuena, congratulación.

PLACENTERAMENTE.—agradablemente, gozosamente, regocijadamente, risueñamente, alegremente, apaciblemente, gustosamente, entretenidamente, deleitosamente, amablemente.

PLACENTERO. — agradable, afable, ameno, regocijado, risueño, gozoso, deleitoso, complaciente, placible, deleitable.

PLACER.—deleite, delicia, agrado, satisfacción, gusto, goce, gozo, felicidad, alegría, dicha, regocijo, júbilo, diversión, contento, entretenimiento, recreo, agradar, contentar, gustar, voluntad, consentimiento, aquiescencia, beneplácito, aprobación, arbitrio.

PLACIDEZ.—quietud, calma, sosiego, bonanza, descanso, tranquilidad, mansedumbre, apacibilidad.

PLÁCIDO.—grato, apacible, placentero, sosegado, quieto, tranquilo, ameno, deleitoso, sereno, calmo, manso, calmoso.

PLAGA.—infortunio, azote, calamidad, peste, llaga, herida, desgracia, daño, copia, abundancia.

PLAGIO.—imitación, copia, calco, apropiación, robo, servidumbre, esclavitud.

PLAN.—plano, descripción, escrito, proyecto, programa, designio, pensamiento, idea, intención, intento, nivel, altitud, extracto, diseño, apunte, apuntación, elevación.

PLANA.—llana, llanura, cara, llano, planicie, planada, explanada, llanada.

PLANCHA.—desacierto, error, pifia, equivocación, coladura, chambonada, zarramplinada.

PLANEAR.—formar, disponer, trazar, proyectar, forjar, idear, concebir, inventar, imaginar, maquinar.

PLANICIE.—llanada, llanura, llana, sabana, estepa, mancha, meseta, llano, explanada, planada. plano.

PLANO.—liso, igual, llano, uniforme, plan, proyecto, descripción, programa.

PLANTAR.—plantear, golpear, zurrar, erguir, fijar, chasquear, burlar, aturdir.

PLANTEAR.—trazar, establecer, tantear, ejecutar, diseñar, proponer, esbozar, bocetar, abocetar, suscitar, proyectar, exponer, presentar.

PLANTEL.—vivero, criadero, invernadero, invernáculo, escuela.

PLANTILLA.—soleta, suela, patrón, fanfarronería, jactancia.

PLAÑIDERO.—llorón, lastimero, lloroso, triste, lúgubre, gemebundo, quejumbroso, suspirón, jeremías, bejín, berrín.

PLAÑIDO.—lloro, gemido, lamento, llanto, sollozo, queja, plañimiento, quejido, planto, peno, jeremiada, zollipo.

PLAÑIR.—gemir, llorar, sollozar, lamentarse, quejarse, verraquear, zollipar, lagrimacer.

PLÁTICA.—discurso, conferencia, sermón, coloquio, conversación, charla, palique, parola, cháchara, charla, disertación.

PLATICAR.—conversar, charlar, conferenciar, departir, hablar, disertar, discursear, parlotear.

PLATÓNICAMENTE.—decentemente, honestamente, desinteresadamente, castamente, puramente.

PLATÓNICO.—desinteresado, honesto, decente, puro, casto, moral.

PLAUSIBLE.—atendible, admisible, recomendable, alabable, laudable, aprobable, loable.

PLAZA.—fortificación, mercado, empleo, cargo, ministerio, puesto, oficio, espacio, lugar, sitio, población, glorieta, zoco, plazuela, plazoleta, plazoletilla.

PLAZO.—vencimiento, término, prórroga, moratoria, aplazamiento.

PLEBE.—populacho, chusma, vulgo, hampa, populazo, turba.

PLEBEYO.—villano, pechero, humilde, ordinario, llano, villanesco, populachero, proletario.

PLEBISCITO.—sufragio, votación.

PLEGADO.—doblado, fruncido, arrugado, escarolado, plisado, encogido.

PLEGAR.—doblar, plisar, ceder, arrugar, rizar, fruncir.

PLEGARIA.—ruego, rezo, súplica, oración, deprecación, jaculatoria, rogativa.

PLEGARSE.—doblarse, someterse, rendirse, entregarse, arrugarse, rizarse, doblegarse.

PLEITO.—contienda, lid, litigio, batalla, altercado, discusión, disputa, combate, pendencia, riña, naumaquia.

PLENAMENTE.—enteramente, íntegramente, integralmente, completamente, plenariamente, llenamente, copiosamente, abundantemente, totalmente.

PLENARIO.—lleno, entero, cabal, cumplido, pleno, integérrimo, íntegro, completo.

PLENITUD.—integridad, totalidad, colmo.

PLENO.—completo, lleno, entero, plenario, integérrimo, íntegro.

PLÉTORA.—exuberancia, abundancia, exceso, plenitud, demasía, extravasación, copiosidad, hartura, afluencia, profusión.

PLIEGUE.—repliegue, doblez, rugosidad, frunce, tabla, dobladillo, dobladura, arruga.

PLUMA.—péñola, péndola, estilo, cálamo.

PLUMERO.—plumaje, penacho.

PLURALIDAD.—variedad, multitud, innumerabilidad, multiplicidad, numerosidad.

PLUS. — gratificación, sobresueldo, propina, adehala, gaje, botifuera.

POBLACIÓN.—villa, lugar, ciudad, pueblo, poblado, vecindario, metrópoli, urbe.

POBLADO.—ciudad, población, pueblo, lugar, aldea, villa, aldehuela, burgo, pola.

POBRE.—menesteroso, necesitado, miserable, mendicante, pobrete, mendigo, pordiosero, indigente, desvalido, pobretón, pobreto, escaso, pelagatos, pidientero, inope, pelado, descamisado, pelón, corto, falto, mezquino, raquítico, infeliz, desdichado, desamparado, triste, desvalido, humilde, modesto, insignificante, pacífico, sencillo, bonachón.

POBREMENTE.—escasamente, mezquinamente, estrechamente, desacomodadamente, indigentemente, míseramente, miserablemente, paupérrinamente, misérrimamente.

POBRETERÍA.—pobrería, pobrismo, miseria, escasez, pobreza, indigencia, penuria, estrechez, pauperismo, inopia.

POBREZA.—escasez, necesidad, miseria, mezquindad, estrechez, desnudez, indigencia, penuria, carencia, privación, inopia, falta, carestía, piojería, pelonería, ahogo.

POCILGA.—cuadra, chiquero, zahúrda, establo, corral, porqueriza, muladar, jamerdana, basurero, albañal.

POCO.—limitado, insuficiente, escaso, corto, parco, moderado, templado, sobrio, parvo, breve, reducido, módico.

PODA.—monda, desmoche, corta, fada, escamondo, remolda, escamonda, expurgo.

PODAR.—suprimir, escamotear, expurgar, cortar, desmochar, chapodar, mochar.

PODER.—energía, capacidad, fortaleza, supremacía, potestad, dominio, actividad, imperio, ascendiente, autoridad, facultad, poderío, vigor, fuerza, pujanza, omnipotencia, potencia, soberanía, prepotencia, señorío, imperio.

PODERÍO. — imperio, dominio, prepotencia, preponderancia, empuje, autoridad, mando, poder, potestad, jurisdicción, señorío, hacienda, riquezas, bienes.

PODEROSAMENTE. — fuertemente, vigorosamente, potentemente, prepotentemente, eficazmente, valientemente, enérgicamente.

PODEROSO.—opulento, acaudalado, pudiente, rico, activo, enérgico, potente, vigoroso, eficaz, fuerte, pujante, excelente, grande, magnífico, prestigioso, influyente, potísimo.

PODREDUMBRE.—podredura, pudrición, podre, putrefacción, pudrimiento, corrupción, descomposición, corruptela, podrecimiento, impureza, infección, ulceración, carroña, gangrena, cáncer.

PODRIDO.—corrompido, putrefacto, pocho, pútrido, corrupto, gusarapiento, carroño, caronchoso, descompuesto, pasado.

POLÉMICA.—controversia, discusión, debate, cuestión, porfía, disputa.

PÓLEO.—presunción, jactancia, junciana, postín, pisto, farfalla, vanidad.

POLICÍA.—cortesía, urbanidad, fineza, civilidad, limpieza, aseo, curiosidad, mundicia.

POLÍTICO.—cortés, civil, considerado, ceremonioso, cortesano, atento, urbano, fino, cumplido.

POLTRÓN.—haragán, perezoso, flojo, molondro, holgazán, gandul, vago, tumbón, pigre, holgachón.

POLTRONERÍA. — holgazanería, haraganería, pereza, gandulería, flojedad, flojera, pigricia, haronía, gandalla, roncería.

POLUTO.—contaminado, maculado, sucio, inmundo, manchado, puerco, roñoso, cochino, churriento.

POLLO.—joven, adolescente, mocito, jovenzuelo, pollito, pollacón, pollastre, pollastro, astuto, sagaz, taimado, mozo, mozalbete.

POMA.—manzana, perfumador, bujeta.

POMO.—frasco, bote, bujeta, empuñadura, ramo, ramillete.

POMPA.—burbuja, ampolla, fausto, suntuosidad, magnificencia, solemnidad, pavonada, ostentación, boato, fasto, manificencia, tren, grandiosidad, bambolla, lujo, aparato, grandeza, rumbo, ahuecamiento, vanidad, pomposidad.

POMPEARSE.—pomponearse, envanecerse, pavonearse, lucirse. ensoberbecerse, ahuecarse.

POMPOSO.—suntuoso, aparatoso, magnífico, pompático, ostentoso, rumboso, hinchado, vano, hueco, inflado, presuntuoso, afectado, fastuoso, bambollero. faustuoso.

PONCHO.—capote, manso, perezoso, pigre, gandul, vago, haragán, negligente, flojo.

PONDERACIÓN.—cuidado, atención, engrandecimiento, peso, medida, exactitud, equilibrio, prudencia, reflexión, hipérbole, encarecimiento, exageración.

PONDERAR.—examinar, exagerar, pesar, abultar, encarecer, contrapesar, hiperbolizar, hinchar, aumentar, equilibrar, alabar, cacarear.

PONDEROSAMENTE.—pesadamente, cuidadosamente, atentamente, prudentemente, advertidamente, alertamente.

PONDEROSIDAD.—seriedad, circunspección, mesura, formalidad, gravedad, empaque, prudencia, reserva.

PONDEROSO.—grave, pesado, circunspecto, prudente, serio, formal, gravedoso, solemne, sentencioso.

PONER.—colocar, acomodar, situar, apostar, preparar, disponer, arreglar, parar, prevenir, contar, determinar, calcular, suponer, aplicar, exponer, adaptar, arriesgar, contribuir, escotar, añadir, agregar.

PONERSE.—plantarse, trasladarse, emboscarse, instalarse, meterse, vestirse, ataviarse, oponerse, mancharse, ensuciarse, pringarse.

PONZOÑA.—tósigo, veneno, bebedizo, filtro, bocado.

PONZOÑOSO.—dañino, nocivo, venenoso, perjudicial, tosigoso, mortífero, triacal, mefítico.

POPAR.—menospreciar, despreciar, desairar, acariciar, halagar, cuidar, engaitar, mimar, consentir.

POPULACHO.—plebe, vulgo, populazgo, turba, villanaje, chusma, gentuza.

POPULARIDAD.—aplauso, fama, favor, crédito, boga, auge, predicamento.

POQUEDAD.—pusilaminidad, cobardía, timidez, cortedad, apocamiento, escasez, miseria, exigüidad, temor, encogimiento.

PORCIÓN.—fracción, trozo, pedazo, parte, fragmento, cantidad, ración, cuota, infinidad, multitud, muchedumbre, sinnúmero, montón, cacho, apartijo, pieza.

PORCHE.—cobertizo, soportal, pórtico, zaguán, portal, atrio.

PORDIOSEAR.—mendicar, pedir, pobretear, mendigar, limosnear, gallofear, pedir, bordonear.

PORDIOSERÍA. — mendicación, mendiquez, pordiosero, mendicidad, pobreza.

PORDIOSERO.—mendigo, mendigante, pobre, mendicante, pedigüeño, mangante, zampalimosnas.

PORFÍA.—disputa, discusión, contienda, testarudez, terquedad, emperramiento, pertinacia, insistencia, contumacia, machaquería, tenacidad, obstinación, pesadez, importunidad, emulación, competencia.

PORFIADAMENTE.—obstinadamente, pertinazmente, tenazmente, tercamente, testarudamente, insistentemente, importunamente, machaconamente.

PORFIADO.—testarudo, pertinaz, tozudo, emperrado, inoportuno, terco, machacón, pesado, obstinado, discutidor, porfiador, contumaz, tenaz, insistente, empecinado.

PORFIAR.—insistir, disputar, machacar, discutir, instar, importunar, tenacear, tozar, macear, perseverar.

PORMENOR.—menudencia, detalle, nimiedad, pequeñez, circunstancia.

PORQUÉ.—razón, motivo, causa, móvil, fundamento, fin, finalidad.

PORQUERÍA.—suciedad, inmundicia, vileza, cochinería, guarrería, gorrinería, basura, indecencia, grosería, descortesía, desatención.

PORRA.—cachiporra, rompecabezas, clava, vanidad, jactancia, junciana, postín, pisto, farfolla, presunción, pesado, importuno.

PORRADA.—necedad, disparate, dislate, estupidez, bobería, mentecatez, porrazo, golpe, trastazo.

PORRAZO.—golpazo, costalada, porrada, batacazo, trastazo, trancazo, golpe, caída, zambombazo.

PORRERÍA.—sandez, necedad, tontería, pesadez, disparate, tardanza, lentitud, pelmacería.

PORRO.—necio, torpe, rudo, inepto, sandio, tonto, errado, puerro.

PORRÓN.—pelma, pachorrudo, calmudo, lento, calmoso, tardo, pesado, cachazudo.

PORTADA.—frontispicio, frente, frontis, cara, fachada, delantera, anverso, faz.

PORTAL.—vestíbulo, zaguán, atrio, soportal, cobertizo, portegado.

PORTAÑOLA.—tronera, cañonera, portaleña, portadilla.

PORTARSE.—comportarse, gobernarse, lucirse, conducirse, tratarse, distinguirse, manejarse.

PORTÁTIL.—transportable, movible, manejable, eferente, acarreadizo, conductible.

PORTE.—aspecto, apariencia, calidad, nobleza, grandeza, dimensión, capacidad, presencia, aire, conducción, traslado.

PORTENTO.—prodigio, milagro, maravilla, fenómeno, prodigiosidad, excelencia.

PORTENTOSO.—admirable, estupendo, extraordinario, pasmoso, prodigioso, milagroso, asombroso, singular, grandioso, maravilloso, deslumbrante, mirífico, estupendo, sobrenatural, emocionante, ciclópeo.

PÓRTICO.—atrio, porche, galería, portal, vestíbulo, portegado, cobertizo.

PORTILLO.—postigo, abertura, ventanuco, portezuela, puerta, pasaje, muesca.

PORVENIR.—futuro, mañana, destino.

POSADA.—mesón, hostería, parador, fondín, alberguería, aposento, hostal, hospedería, venta, figón, fonda, ventorro, ventorrillo, hospedaje, alojamiento, albergue, casa, hogar, domicilio, campamento.

POSADERAS.—nalgas, asentaderas, nalgatorio, posas, traspontín, culo, tafanario, trasero.

POSADERO.—mesonero, huésped, mesonista, patrón, hostelero, sieso, ano, culo.

POSAR.—alojarse, hospedarse, asentarse, descansar, parar, morar, habitar, reposar, sedimentar, pernoctar, sosegar.

POSEEDOR.—amo, dueño, posesor, poseyente, tenedor, teniente, habiente, propietario.

POSEER.—gozar, tener, disfrutar, dominar, haber, detentar, conservar.

POSESIÓN.—predio, finca, heredad, goce, propiedad, disfrute, dominio, tenencia, tención, detentación, poder.

POSIBILIDAD.—probabilidad, eventualidad, contingencia, aptitud, verosimilitud.

POSIBLE.—factible, acaecedero, probable, hacedero, realizable, dable, creíble, viable, verosímil, contingible, eventual, acaecedero.

POSIBLES.—bienes, rentas, medios, numerario, hacienda, capital, haber, caudal, fondos, peculio, posibilidades, fortuna.

POSICIÓN.—situación, estado, postura, categoría, disposición, actitud, ademán, suposición, supuesto, hipótesis.

POSITIVAMENTE.—ciertamente, indudablemente, indubitablemente, evidentemente, palpablemente, notoriamente, indubitadamente, indisputadamente.

POSITIVO.—efectivo, seguro, verdadero, cierto, auténtico, real, indudable, indubitable, axiomático, manifiesto, tangible.

POSMA.—cachaza, pachorra, flema, pesadez, cachazudo, calmoso, calmudo, imperturbable, impasible, flemático, pesado.

POSO.—heces, sedimento, descanso, reposo, quietud, sosiego, tranquilidad.

POSPONER.—diferir, preterir, aplazar, relegar, postergar, retrasar, atrasar, rezagar.

POSTEMA.—absceso, apostema, pesado, molesto, impertinente, posma, lata, latoso, jaquecoso, chinchorrero, chinchoso, chinche.

POSTERGACIÓN.—preterición, relegación.

POSTERGAR.—preterir, posponer, relegar.

POSTERIOR.—siguiente, subsiguiente, trasero, popel, ulterior, zaguero, postrero, rezagado.

POSTÍN.—importancia, pisto, junciana, fatuidad, ufanía, presunción, vanidad, pedantería, presuntuosidad, alardeo, porra.

POSTIZO.—añadido, fingido, artificial, parche, remiendo, pegote, agregado.

POSTOR.—ponedor, licitador, pujador, licitante.

POSTRACIÓN.—aflicción, humillación, abatimiento, desánimo, desaliento, desfallecimiento, languidez, extenuación, aplanamiento, debilidad, caimiento, decaimiento, anonadamiento, inacción.

POSTRAR.—abatir, derribar, humillar, debilitar, rendir, bajar, derrocar, aplanar, desanimar, desalentar.

POSTRERAMENTE.—últimamente, finalmente, postrimeramente.

POSTRERO.—último, postrimero, postremo, postrer, postrimer, postre, postrenco, final, póstumo.

POSTULACIÓN.—petición, solicitud, recaudación, póstula, colecta, cuestación, cuesta, mendicación.

POSTULAR.—pedir, pretender, solicitar, recaudar, limosnear, recolectar, recuestar.

POSTURA.—posición, actitud, situación, ajuste, trato, convenio, pacto, estipulación, tratado, apuesta.

POTABLE.—saludable, bebible, bebedero, bebedizo.

POTENCIA.—vigor, fuerza, poder, fortaleza, predominio, dominación, dominio, señorío, imperio, posibilidad.

POTENTADO.—poderoso, ricachón, millonario, acaudalado, opulento, hacendado.

POTENTE.—enérgico, poderoso, vigoroso, pujante, eficaz, fuerte, grande, desmesurado, enorme, gigantesco, giganteo.

POTENTEMENTE.—vigorosamente, enérgicamente, eficazmente, fuertemente, pujantemente.

POTESTAD.—jurisdicción, imperio, señoreaje, enseñoramiento, dominio, poder, facultad, autoridad, potentado, potencia.

POTÍSIMO.—especialísimo, poderosísimo, prepotente, preponderante, principalísimo.

POTREAR.—incomodar, molestar, incordiar, encocorar, mortificar, jeringar, engorrar, amolar, jorobar.

POTROSO.—herniado, hernioso, afortunado, dichoso, bienfortunado, chambón, chiripero.

POZA.—charca, ciénaga, charco, aguachar, charcal.

PRÁCTICA.—hábito, costumbre, experiencia, uso, destreza, pericia, maña, adiestramiento, conocimiento, habilidad, empirismo, modo, método, ejercicio.

PRACTICAR.—ejercer, ejercitar, cultivar, usar.

PRÁCTICO.—conocedor, experto, experimentado, avezado, perito, versado, diestro, habilidoso, practicón, empírico, hábil, mañoso, eficaz, útil.

PRADERA.—prado, pradal, pradería, braña, majada.

PRAVEDAD.—maldad, depravación, iniquidad, perversidad, crueldad, vileza, inmoralidad, deshonestidad, perfidia, nequicia.

PRAVO.—depravado, perverso, inmoral, inicuo, cruel, vil, proclive, nefario, malino.

PREÁMBULO.—proemio, exordio, principio, introducción, prólogo, prefacio, prefación, introito, rodeo, digresión, preludio, isagoge, galeato.

PRECARIO.—instable, inseguro, inestable, transitorio, fugaz, inconstante, vacilante, deleble.

PRECAUCIÓN.—reserva, cautela, prudencia, cuidado, prevención, caución, previsión, recato.

PRECAVER.—precautelar, prever, cautelar, soslayar, esquivar, rehuir, evitar, eludir.

PRECAVIDO.—sagaz, prudente, previsor, cauto, cauteloso, desconfiado, receloso.

PRECEDENCIA. — anterioridad, antelación, prioridad, anteposidad, prelación, superioridad, primacía, preeminencia, preferencia, eminencia, preponderancia, descollamiento, descuello.

PRECEDENTE.—antecedente, anterior, primero, previo, preliminar.

PRECEDER.—anteceder, antevenir, anteponer, anticipar.

PRECEPTO.—orden, regla, mandato, canon, disposición, principio, mandamiento, máxima, prescripción, ordenanza, ordenación, decreto, bando, edicto.

PRECEPTOR.—maestro, profesor, mentor, preceptista, instructor, educador, ayo.

PRECEPTUAR.—prescribir, mandar, disponer, ordenar, regular, regularizar, reglamentar.

PRECES.—ruegos, oraciones súplicas, plegarias, impetraciones, imploraciones, suplicaciones.

PRECIADO.—apreciado, precioso, estimado, presumido, jactancioso, pedante, vanidoso, ufano postinero, vano, fatuo, presuntuoso, valioso.

PRECIARSE.—alabarse, vanagloriarse, jactarse, gloriarse, envanecerse, chulearse.

PRECIO.—costo, valor, coste, valoración, estimación, importancia, fama, popularidad.

PRECIOSAMENTE. — primorosamente, ricamente, excelentemente, exquisitamente.

PRECIOSO.—valioso, preciado, estimado, primoroso, excelente, hermoso, costoso, bello, exquisito, gracioso, chusco, bonito, lindo, chistoso, festivo, decidor, agudo.

PRECIPICIO.—despeñadero, abismo, desgalgadero, derrumbo, derrumbe, tajo, derrumbadero, sima, barranco, precipitadero.

PRECIPITACIÓN.—atolondramiento, aturdimiento, temeridad, imprudencia, arrebato, inconsideración, prisa, irreflexión, atropellamiento, urgencia.

PRECIPITADAMENTE. — irreflexivamente, arrebatadamente, precipitosamente, atropelladamente, farfulladamente, atolondradamente, aturdidamente, temerariamente, imprudentemente, inconsideradamente.

PRECIPITADO.—desatinado, alocado, irreflexivo, atropellado, atolondrado, imprudente, aturdido, arrebatado, atronado, torbellino, precipitoso, desalado, impetuoso.

PRECIPITAR.—arrojar, derrumbar, despeñar, apresurar, acelerar, atropellar, embarullar, frangollar, embrollar.

PRECIPITARSE.—abalanzarse, lanzarse, arrojarse, tirarse, echarse, despeñarse, atropellarse, dispararse, apresurarse.

PRECIPITOSO. — resbaladizo, pendiente, arriesgado, precipitado, atropellado, desatinado, alocado, desalado, impetuoso, aturdido, atolondrado.

PRECISAMENTE.—necesariamente, determinadamente, indispensablemente, justamente, cabalmente, rotundamente, terminantemente, taxativamente.

PRECISAR.—fijar, determinar, formalizar, delimitar, señalar, establecer, concretar, necesitar, obligar, estrechar, forzar, constreñir.

PRECISIÓN.—necesidad, obligación, fuerza, concisión, regularidad, exactitud, puntualidad, determinación, limitación, delimitación, claridad.

PRECISO.—indispensable, forzoso, necesario,

inexcusable, imprescindible, obligatorio, exacto, fijo, claro, puntual, distinto, formal, conciso, justo, concluyente, categórico, determinado, estricto, definido, terminante, taxativo, rotundo.

PRECLARAMENTE. — fanosamente, ilustremente, honorablemente, egregiamente, esclarecidamente, gloriosamente, conspicuamente.

PRECLARO.—ilustre, famoso, esclarecido, afamado, insigne, célebre, ínclito, conspicuo, egregio.

PRECONIZACIÓN.—glorificación, loa, lauro, alabanza, alabamiento, enaltecimiento, alabamento, loor.

PRECONIZAR.—alabar, encomiar, ensalzar, ponderar, elogiar, loar, honrar.

PRECONOCER.—conjeturar, prever, presentir, prenotar, barruntar, predecir, pronosticar, agorar.

PRECOZ.—prematuro, prometedor, temprano, verde, tierno, inmaturo, crudo, adelantado.

PRECURSOR.—antecesor, predecesor, profeta, vidente, anticipador, preopinante, guía.

PREDECESOR.—mayor, antepasado, antecesor, padre, abuelo, precursor, guía, anticipador, preopinante.

PREDECIR.—pronosticar, anunciar, adivinar, presagiar, profetizar, augurar, vaticinar, antedecir, anticipar, agorar, antever, prever, precaver, ver, prenotar.

PREDESTINADO.—señalado, elegido, predeterminado, destinado, cornudo, consentido, cabrón.

PREDICAMENTO.—opinión, dignidad, estimación, fama, boga, auge.

PREDICAR.—reprender, encomiar, amonestar, exhortar, sermonear, incensar, loar, observar, publicar.

PREDICCIÓN.—profecía, presagio, pronóstico, vaticinio, adivinación, augurio, precognición, pronosticación, anuncio.

PREDILECCIÓN.—elección, preferencia, inclinación, distinción, favoritismo, confianza.

PREDILECTO.—favorito, privilegiado, elegido, preferido, privado, valido.

PREDIO.—hacienda, heredad, finca, posesión, tierra, solar, latifundio, estancia, cortijo.

PREDISPONER.—disponer, preparar, inclinar, propender, prevenir.

PREDISPOSICIÓN.—propensión, afición, querencia, vocación, debilidad.

PREDOMINAR.—prevalecer, preponderar, reinar, imperar, sobresalir, exceder.

PREDOMINIO.—imperio, poder, influjo, superioridad, ascendiente, autoridad, dominio, preeminencia, eminencia, descollamiento, auge.

PREEMINENCIA. — privilegio, preferencia, prerrogativa, ventaja, exención, descuello, primacía, preponderancia, superioridad.

PREEMINENTE.—honroso, alto, elevado, honorífico, sublime, superior, honorable, prócer, sobresaliente, primero, principal, excelso, preexcelso, eximio.

PREFACIO.—introducción, prefación, prólogo, introito, preludio, exordio, sinagoge.

PREFERENCIA.—prelación, predilección, primacía, ventaja, privilegio, superlación, eminencia, privanza.

PREFERIBLE.—superior, deseable, mejor, predilecto.

PREFERIDO.—elegido, privilegiado, predilecto, favorito, privado, valido, benjamín.

PREFULGENTE.—lúcido, refulgente, resplandeciente, deslumbrante, brillante, reluciente, esplendoroso, esplendente.

PREGÓN.—proclama, promulgación, amonestación, publicación, divulgación.

PREGONAR.—vocear, promulgar, publicar, revelar, descubrir, proscribir, anunciar, proclamar, alabar, elogiar.

PREGUNTA.—interrogación, consulta, interpelación, demanda, erotema.

PREGUNTAR.—interpelar, interrogar, demandar, consultar.

PREGUNTÓN.—preguntador, preguntante, curioso, interrogador, interrogante, indiscreto, impertinente.

PREJUICIO.—prejudicio, arbitrariedad, parcialidad.

PRELIMINAR.—preámbulo, proemio, introito, prefacio, prefación, antecedente.

PRELIMINARMENTE.—anticipadamente, preparatoriamente, previamente, adelantadamente.

PRELUDIO.—preparación, entrada, principio, introducción, comienzo, exordio, prefacio, prólogo, aventura, sinfonía, obertura.

PREMATURO.—inmaturo, precoz, verde, adelantado, crudo, tierno.

PREMIAR.—recompensar, galardonar, gratificar, remunerar, laurear, honrar, enaltecer, coronar, compensar.

PREMIO.—galardón, remuneración, recompensación, galardón, laurel, recompensa, gratificación, lauro, compensación, sobreprecio, prima, estímulo.

PREMIOSAMENTE.—dificultosamente, cachazudamente, despaciosamente, pausadamente.

PREMIOSO.—ajustado, apretado, lento, riguroso, tardo.

PREMIOSIDAD.—agobio, apuro, perentoriedad, acuciamiento, precipitación.

PRENDA.—fianza, alhaja, cualidad.

PRENDARSE.—encariñarse, aficionarse, enamorarse, gregarse, encapricharse.

PRENDER.—aprehender, detener, apresar, aprisionar, agarrar, asir, coger, arraigar, encepar, encarcelar, enredar, montar, adornar, engalanar.

PRENDIMIENTO.—detención, captura, arresto, asimiento, apresamiento, encarcelamiento.

PRENUNCIO.—anuncio, presagio, profecía, pronóstico, augurio.

PREÑEZ.—embarazo, preñado, confusión, dificultad, lío.

PREOCUPACIÓN.—ofuscación, prejuicio, desasosiego, cuidado, inquietud, desvelo, previsión.

PREOCUPADO.—meditabundo, pensativo, absorto, embebido, cabizbajo, desasosegado, inquieto, cabizcaído, taciturno.

PREPARACIÓN.—preparamento, preparamiento, preparativo, disposición, acondicionamiento, aparejamiento, previsión, negociación, elaboración, preparado, apresto.

PREPARAR.—disponer, arreglar, aderezar, aliñar, acondicionar, prevenir, aparejar, aprestar, alistar, proyectar, elaborar.

PREPONDERANCIA.—consideración, predominio, descollamiento, superlación, superioridad, autoridad, prestigio.

PREPONDERANTE.—sobresaliente, elevado, superior, prestigioso, aventajado, prevaleciente, predominante, dominante, decisivo, influyente, influente.

PREPONDERAR.—sobresalir, prevalecer, predominar, aventajar, influir, pesar, dominar, soberanear, imperar.

PREPONER.—anteponer, preferir, distinguir.

PREPÓSTERO.—invertido, trastrocado, trastornado, revuelto, cambiado, trabucado, inverso.

PRERROGATIVA.—gracia, privilegio, merced, exención, atributo, facultad, derecho, poder, libertad.

PRESA.—captura, acequia, dique, tajada, toma, colmillo, botín, muro.
PRESAGIAR.—pronosticar, anunciar, barruntar, predecir, profetizar, vaticinar, augurar, adivinar, prever, presagiar, conjeturar.
PRESAGIO.—vaticinio, pronóstico, anuncio, acierto, augurio, agüero, prefiguración.
PRESCINDIR.—abandonar, omitir, dejar, excluir, silenciar, pretermitir.
PRESCRIBIR.—determinar, señalar, mandar, recetar, preceptuar, decretar, estatuir, ordenar, disponer, caducar, extinguir, terminar.
PRESCRIPCIÓN.—mandato, precepto, orden, ley, regla, decreto, ordenanza, receta.
PRESENCIA.—traza, figura, apariencia, aspecto, facha, asistencia, fausto, representación, aparato, pelaje, continente, pompa.
PRESENCIAR.—concurrir, asistir, estar, figurar, ver.
PRESENTAR.—mostrar, exhibir, dar, comparecer, exponer, manifestar, regalar, introducir.
PRESENTARSE. — exhibirse, manifestarse, ofrecerse, mostrarse, introducirse, personarse, apersonarse.
PRESENTE.—actual, ahora, actualmente, don, regalo, ubicuo, circunstante, asistente, estante.
PRESENTIR.—prever, presagiar, prenotar, agorar, sospechar, barruntar, antever.
PRESERVAR.—proteger, amparar, salvaguardar, abrigar, blindar, defender, conservar, resguardar, guardar.
PRESERVATIVO.—preventivo, tuitivo, tutelar, favorable, potestorio.
PRESO.—prisionero, cautivo, encarcelado, presidiario, penado, detenido, recluso, presidario, apresado, corrigendo.
PRESTAR.—facilitar, suministrar, ayudar, contribuir, dar, comunicar, aprovechar, prestir, emprestar, anticipar, fiar, adelantar.
PRESTAMENTE.—rápidamente, apresuradamente, raudamente, vivamente, ágilmente, avivadamente.
PRÉSTAMO.—anticipo, empréstito, dita, mohatra, adelanto, prestimonio.
PRESTEZA.—ligereza, diligencia, actividad, prontitud, rapidez, viveza, celeridad, subitaneidad, agilidad, instantaneidad, brevedad.
PRESTIGIADOR. — embaucador, engañador, embelecador, taimado, fascinador.
PRESTIGIO.—influjo, crédito, valimiento, ascendiente, influencia, autoridad, renombre, reputación, fama, fascinación, engaño, ilusión, embaucamiento.
PRESTIGIOSO.—influyente, valido, acreditado, prestigiador, influente, renombrado, autorizado, reputado, famoso, célebre, conocido, preponderante.
PRESTO.—pronto, ligero, diligente, raudo, célere, vivo, ágil, expedito, rápido, listo, preparado, dispuesto, luego, excelente, preeminente, preclaro.
PRESUMIDO.—vanidoso, fatuo, presuntuoso, vano, jactancioso, engreído, petulante, fachendoso, postinero, farolero, ufano, pedante, envanecido, pinturero, entonado.
PRESUMIR.—sospechar, maliciar, suponer, barruntar, conjeturar, jactarse, vanagloriarse, engreírse, alardear, farolear, postinear, envanecerse.
PRESUNCIÓN.—presuntuosidad, junciana, faroleo, pedantería, engreimiento, fatuidad, petulancia, jactancia, vanagloria, vanidad, suposición, sospecha, conjetura, barrunto.
PRESUNTO.—supuesto, probable, presupuesto, sospechoso.
PRESUNTUOSIDAD.—presunción, junciana, jactancia, fatuidad, viento, postín, faroleo, arrogancia, vanagloria.
PRESUNTUOSO.—vanidoso, orgulloso, fatuo, jactancioso, vano, farolero, jactabundo, mañista, postinero.
PRESURA.—congoja, opresión, aflicción, ansia, prisa, aprieto, presteza, prontitud, ligereza, ahínco, tenacidad, porfía, dificultad, celeridad, diligencia.
PRESUROSAMENTE. — prontamente, velozmente, desaladamente, raudamente, apresuradamente, rápidamente, aceleradamente.
PRESUROSO.—desalado, acelerado, raudo, veloz, célere, rápido, ligero, pronto, apresurado.
PRETENDER.—intentar, aspirar, solicitar, ambicionar, procurar.
PRETENDIENTE.—aspirante, solicitante, pretensor, candidato, cortejador, instante, peticionario, demandador, reclamante.
PRETENSIÓN.—solicitación, petición, aspiración, demanda, pretenso.
PRETERICIÓN. — posposición, eliminación, omisión, silencio, pretermisión.
PRETERIR.—excluir, eliminar, exceptuar, omitir, relegar, desechar, separar, posponer, pretermitir.
PRETEXTO.—achaque, excusa, disculpa, motivo, subterfugio, salida, asidero, pie.
PREVALECER.—sobresalir, descollar, predominar, aventajar, preponderar, arraigar, conseguir, obtener, crecer, aumentar.
PREVENCIÓN.—medida, providencia, preparamiento, preparación, disposición, recelo, desconfianza, suspicacia, concepto, prejuicio, acondicionamiento.
PREVENIDAMENTE.—preventivamente, anticipadamente, previamente, adelantadamente, preliminarmente.
PREVENIDO.—dispuesto, preparado, provisto, advertido, cuidadoso, apercibido, precavido, lleno, avisado, próvido.
PREVENIR.—evitar, impedir, precaver, informar, avisar, advertir, disponer, preparar, sobrevenir, aparejar, aprestar, imbuir, impresionar, sorprender, acaecer.
PREVER.—adivinar, conjeturar, agorar, pronosticar, predecir, sospechar, barruntar, presentir.
PREVIAMENTE.—anticipadamente, preliminarmente, primeramente, preventivamente.
PREVIO.—adelantado, anticipado, anterior, preliminar, antecedente, proal.
PREVISIÓN.—presentimiento, prenoción, pronosticación, barrunto, barruntamiento, precognición, predicción, sospecha, creencia.
PREVISOR.—prudente, cauto, precavido, circunspecto, advertido, avisado, apercibido, sagaz, previsto.
PREZ.—honor, estima, fama, consideración.
PRIETO.—apretado, escaso, obscuro, mísero, avaro, codicioso, mezquino, cicatero, agarrado, tacaño.
PRIMACÍA.—excelencia, superioridad, predominio, descollamiento, descollo, ventaja.
PRIMERO. — inicial, principal, primordial, prístino, primógeno, excelente, antiguo, precedente, preferentemente, primitivo, primo, primado, primario, primeramente, antes, previamente.
PRIMITIVO.—primordial, primogénito, fontal, originario, primero, inicial, primario, antiguo, viejo.
PRIMO.—primero, primoroso, exquisito, selecto, refinado, precioso, excelente, simple, bobalicón, incauto, cándido.

PRIMOR.—cuidado, maestría, esmero, habilidad, destreza, perfección, artificio, maña, pulcritud, curiosidad, delicadez, finura.

PRIMORDIAL.—fundamental, primitivo, primero, primordio, principal, originario, necesario, precioso.

PRIMOROSO.—perfecto, excelente, esmerado, cuidadoso, fino, delicado, diestro, hábil, mañoso, refinado, pulido, pulcro.

PRINCIPAL.—noble, ilustre, esclarecido, distinguido, primordial, preferente, fundamental, capital, esencial, importante, substancial, primario, jefe.

PRINCIPALMENTE.—primordialmente, precípuamente, considerablemente, importantemente, mayormente, máximamente, máxime.

PRINCIPIANTE.—pipiolo, novato, inexperto, aprendiz, novicio, neófito, bisoño, educando, primerizo, aspirante.

PRINCIPIAR.—empezar, comenzar, iniciar, promover, preludiar, encabezar.

PRINCIPIO.—raíz, origen, causa, empiece, germen, nacimiento, inicio, comienzo, base, encabezamiento, basa, fundamento, precepto, regla, máxima, tesis.

PRINGAR.—manchar, untar, ensuciar, engrasar, infamar, herir, vilipendiar, denigrar, baldonar, mancillar, amancillar, deshonrar.

PRINGÓN.—puerco, sucio, marrano, chancho, cerdo, cochino, pringoso, asqueroso, mancha.

PRINGUE.—unto, grasa, manteca, sebo, mugre, suciedad, porquería.

PRISA.—escaramuza, rebato, marimorena, prontitud, aceleración, celeridad, premura, apresuramiento, aceleramiento, rapidez, presteza, aprisa.

PRISIÓN.—calabozo, cárcel, trena, ergástulo, chirona, gayola, penitenciaría, correccional, mazmorra, arresto, detención, aprehensión, encarcelamiento, apresamiento, aprisionamiento, cautiverio, cautividad, presidio.

PRISIONERO.—cautivo, preso, enchironado, encarcelado, detenido.

PRÍSTINO.—primitivo, primero, original, antiguo. originario, viejo, arcaico.

PRIVACIÓN.—carencia, falta, despojo, expoliación, usurpación, desposeimiento, expropiación.

PRIVADAMENTE.—particularmente, separadamente, familiarmente, íntimamente, individualmente, especialmente.

PRIVADO.—particular, personal, íntimo, peculiar, privativo, exclusivo, familiar, favorito, valido.

PRIVANZA.—gracia, poder, favor, valimiento, confianza, preferencia, predilección, distinción.

PRIVAR.—suspender, destituir, despojar, prohibir, quitar, vedar, impedir, usurpar, expoliar, desposeer.

PRIVARSE.—despojarse, abstenerse, vedarse, prohibirse.

PRIVATIVAMENTE.—singularmente, peculiarmente, exclusivamente, especialmente, específicamente, privadamente.

PRIVATIVO.—propio, particular, peculiar, personal, singular, exclusivo, privado, individual, característico.

PRIVILEGIADO.—predilecto, favorito, notable, preferido, extraordinario, excelente, elegido.

PRIVILEGIO.—gracia, prerrogativa, exclusiva, exención, ventaja, derecho, monopolio, poder, libertad, pase, concesión.

PROBABILIDAD.—posibilidad, apariencia, verosimilitud, credibilidad.

PROBABLE.—verosímil, posible, verisímil, factible, hacedero, aceptable, admisible, creíble.

PROBABLEMENTE.—verosímilmente, verisímilmente, creíblemente, posiblemente.

PROBADO. — experimentado, comprobado, acreditado, auténtico, fundado, evidente, notorio.

PROBAR.—demostrar, acreditar, razonar, verificar, compurgar, atestiguar, justificar, patentizar, evidenciar, confirmar, comprobar, experimentar, examinar, ensayar, procurar, tantear, intentar, gustar, catar.

PROBATORIO.—demostrativo, demostrador, probador, justificante, comprobante, justificativo.

PROBIDAD.—integridad, rectitud, honradez, bondad, delicadeza, ecuanimidad, moralidad, decencia, seriedad.

PROBLEMÁTICO.—incierto, dudoso, inseguro, cuestionable, ambiguo, discutible, dubitable, dudable, confuso, indeciso.

PROCACIDAD.—cinismo, atrevimiento, insolencia, desvergüenza, descaro, desahogo, imprudencia, desfachatez, tupé, descoco.

PROCAZ.—atrevido, desvergonzado, descocado, desfachatado, inverecundo, descarado, insolente, cínico, sinvergüenza.

PROCAZMENTE.—descaradamente, descocadamente, desvergonzadamente, impúdicamente, insolentemente, desfachatadamente, desahogadamente, cínicamente.

PROCEDENCIA.—origen, nacimiento, comienzo, fuente, oriundez, raíz, génesis.

PROCEDER.—emanar, originarse, promanar, arrancar, nacer, derivarse, dimanar, provenir, comportarse, conducirse, obrar, portarse, ejecutar, comportamiento, porte, comporte, conducta.

PROCEDIMIENTO.—forma, marcha, método, manera, actuación, sistema, modo, guisa, tenor, disposición.

PROCELA.—tempestad, tormenta, borrasca, temporal, inclemencia.

PROCELOSO.—borrascoso, tempestuoso, tormentoso, aborrascado, inclemente, riguroso.

PRÓCER.—eminente, elevado, magnate, noble, alto, caudillo, procero, prócero, ínclito, insigne.

PROCERIDAD.—elevación, altura, descollamiento, eminencia, vigor, lozanía, frescura, verdor.

PROCLAMAR.—publicar, pregonar, divulgar, promulgar, anunciar, declarar, aclamar, vitorear, ovacionar.

PROCLIVIDAD.—propensión, tendencia, inclinación.

PROCREAR.—engendrar, propagar, fecundar, encastar, reproducir, multiplicar.

PROCURACIÓN.—procura, procuraduría, cuidado, esmero, diligencia, atención, celo, escrupulosidad, administración.

PROCURAR.—pretender, intentar, tratar, probar, gestionar, negociar, cabildear.

PRODICIÓN.—alevosía, traición, deslealtad, perfidia, falsedad, engaño, felonía.

PRODIGALIDAD.—derroche, despilfarro, largueza, liberalidad, disipación, dilapidación, dispendio, barrumbada, generosidad, abundancia, copia, profusión, consumo, exuberancia, desperdicio.

PRODIGAR.—despilfarrar, derrochar, disipar, dilapidar, malbaratar, malgastar, malrotar, desbaratar, tirar.

PRODIGARSE.—excederse, sobrepasarse, pasarse, multiplicarse.

PRODIGIO.—milagro, portento, maravilla, primor, asombro, prodigiosidad, fenómeno, excelencia.

PRODIGIOSO.—milagroso, maravilloso, excelente, exquisito, portentoso, asombroso, admirable, primoroso, extraordinario, mirífico, estupendo, sobrenatural.

PRÓDIGO.—despilfarrador, dilapidador, dispendioso, malrotador, despilfarrador, derrochador, disipador, manirroto, malbaratador, gastoso, liberal, dadivoso, generoso.

PRODUCCIÓN.—producto, creación, obtención, elaboración, fabricación, rendimiento, manufactura, procreación, engendro.

PRODUCIR.—procrear, engendrar, crear, hacer, procurar, ocasionar, originar, fabricar, elaborar, causar, provocar, rendir, fructificar, redituar, rentar, exhibir, presentar, manifestar.

PRODUCIRSE.—explicarse, comportarse, engendrarse, hacerse, manifestarse.

PRODUCTIVO.—beneficioso, feraz, fértil, fructuoso, fructífero, producente, productor, lucrativo, produciente, provechoso.

PRODUCTO.—utilidad, beneficio, provecho, fruto, lucro, rédito, hechura, obra, rendimiento, renta, interés.

PRODUCTOR.—trabajador, fabricante, industrial, elaborador, obrero, producidor, produciente, producente.

PROEMIO.—introducción, prefacio, prólogo, preámbulo, introito, prefación, exordio.

PROEZA.—hazaña, heroicidad, valentía.

PROFANACIÓN.—profanamiento, mofa, sacrilegio, escarnio, profanidad, perjurio.

PROFANAR.—profanizar, deshonrar, prostituir, baldonar, mancillar, amancillar, violar, quebrantar, funestar, irreverenciar.

PROFANO.—irreverente, libertino, ignorante, seglar, secular, postinero, desvergonzado, inmodesto, deshonesto, mundano, mundanal.

PROFECÍA.—vaticinio, pronóstico, augurio, presagio, predicción, adivinación, pronosticación, precognición.

PROFERIR.—pronunciar, articular, hablar, expresar, prorrumpir, decir.

PROFESAR.—enseñar, ejercer, cultivar, desempeñar, ministrar, creer, confesar.

PROFESIÓN.—empleo, carrera, ocupación, actividad, tarea, facultad, oficio, ministerio, creencia, idea.

PROFESOR.—pedagogo, maestro, catedrático, ayo, preceptor, dómine, educador, instructor.

PROFETIZAR.—vaticinar, augurar, pronosticar, predecir, presagiar, conjeturar, presumir, indiciar, prever.

PROFUNDIDAD.—hondura, hondón, hoyo, hoya, pozo, hondonada, precipicio, sima, penetración.

PROFUNDIZAR.—cavar, ahondar, zahondar, excavar, hundir, profundar, calar, penetrar, analizar, examinar, discurrir.

PROFUNDO.—hondo, insondable, penetrante, vasto, extenso, mar, océano, averno, infierno, simado, abismal, deprimido.

PROFUSIÓN.—exuberancia, abundancia, prodigalidad, riqueza, copia, multitud, plétora, abundamiento, caudal, llenura, acopio, porrada.

PROFUSO.—copioso, abundante, pródigo, abundoso, ubérrimo, nutrido.

PROGRAMA.—bando, edicto, lista, exposición, aviso, plan, tema, declaración.

PROGRESAR.—prosperar, ascender, subir, adelantar, florecer, mejorar, medrar.

PROGRESIVO.—creciente, floreciente, adelantado, próspero, avanzado, provecho, antuviador.

PROGRESO.—desarrollo, adelanto, prosperidad, perfeccionamiento, adelantamiento, aumento, evolución, mejora, avance, acrecentamiento, medro, medra, civilización.

PROHIBICIÓN.—veto, negativa, interdicción, vedamiento, veda, coto.

PROHIBIR.—vedar, impedir, negar, proscribir, interdecir.

PROHIJAR.—adoptar, acoger, afiliar, afillar, ahijar.

PROLÍFICO.—prolífero, fecundo, fructífero, fructuoso.

PROLIJIDAD.—difusión, nimiedad, superfluidad, fárrago, follaje.

PROLIJO.—largo, difuso, dilatado, farragoso, ambagioso, extenso, extendido, esmeradc, cuidadoso, pesado, impertinente, importuno, molestoso, chinche, cargante, molesto.

PRÓLOGO.—prefacio, introducción, isagoge, preludio, exordio, prolegómeno, proemio, preámbulo, pórtico.

PROLONGACIÓN. — prolongamiento, estiramiento, alargamiento, extensión, cola, apéndice.

PROLONGADAMENTE. — dilatadamente, extensamente, largamente, alargadamente, longamente.

PROLONGADO.—largo, luengo, longo, alargado, longar, estirado, alongado, oblongo.

PROLONGAR.—dilatar, extender, alargar, retardar, estirar, alongar, estirajar, aluengar.

PROMESA. — ofrecimiento, prometimiento, oferta, promisión, voto, augurio, señal, indicio, policitación.

PROMETER.—aseverar, ofrecer, proponer, brindar, certificar, asegurar, afirmar, obligarse.

PROMETIDO.—novio, futuro, ofrecido, propuesto, brindado.

PROMINENCIA.—protuberancia, saliente, elevación, eminencia, bulto, joroba, hinchazón, turgencia.

PROMINENTE.—elevado, abultado, saliente, túrgido, papujado, turgente.

PROMISCUIDAD.—confusión, hacinamiento, mezcolanza, amontonamiento, mezcla, mistura, amalgama, mixtura, mistión, mixtión.

PROMOTOR.—iniciador, promovedor, principiador, organizador, animador, impulsor, fundador, autor, factor.

PROMOVER.—ascender, elevar, impulsar, levantar, iniciar, suscitar, comenzar, empezar, principiar.

PRONOSTICAR.—predecir, augurar, prever, preconocer, barruntar, presumir, prenotar, adivinar, profetizar, anunciar, vaticinar, presagiar.

PRONÓSTICO.—profecía, predicción, barrunto, adivinación, barruntamiento, presagio, vaticinio, augurio, conjetura, anuncio.

PRONTAMENTE. — prestamente, aceleradamente, rápidamente, velozmente, apresuradamente, diligentemente.

PRONTITUD.—actividad, diligencia, vivacidad, prisa, presura, priesa, presteza, ligereza, viveza, celeridad, rapidez.

PRONTO.—presto, veloz, rápido, raudo, activo, diligente, ligero, célebre, arrebato, arranque, dispuesto, listo, preparado, prontamente, aína, prestamente.

PRONTUARIO.—compendio, vademécum, vanimécum, sinopsis, resumen, epítome.

PRONUNCIAMIENTO.—levantamiento, rebelión, sublevación, alzamiento, insurrección, cuartelada, sublevamiento, amotinamiento, sedición.

PRONUNCIAR.—proferir, decir, articular, emitir, determinar, decidir.

PRONUNCIARSE.—sublevarse, alzarse, levantarse, rebelarse, insubordinarse, insurreccionarse, amotinarse, declararse.

PROPAGAR. — extender, difundir, dilatar, transfundir, divulgar, propalar, publicar, esparcir, expandir.

PROPASARSE.—excederse, pasarse, salirse, descomedirse, insolentarse, extralimitarse.

PROPENSIÓN.—tendencia, afición, inclinación, proclividad, inclín, preferencia, querencia.

PROPENSO.—inclinado, expuesto, aficionado, proclive, querencioso, pronto, tendente, tendencioso.

PROPICIAMENTE.—favorablemente, benévolamente, benignamente, bienintencionadamente.

PROPICIO.—dispuesto, favorable, inclinado, próspero, benigno, oportuno, próvido, bondadoso, amable, bienintencionado, servicial.

PROPIEDAD.—derecho, goce, disfrute, dominio, pertenencia, realidad, naturalidad, atributo, cualidad, finca, predio, tierra, posesión, heredad, latifundio, minifundio, mayorazgo.

PROPIETARIO.—amo, dueño, patrón, patrono, jefe, casero, terrateniente, latifundista, hacendado, minifundista.

PROPINA.—gratificación, dádiva, adehala, plus, regalo, agasajo, botifuera, sobresueldo, sobrepaga.

PROPIO.—característico, privativo, peculiar, exclusivo, adecuado, conveniente, oportuno, natural, real, manadero, enviado, mensajero, recadero.

PROPONER.—plantear, sentar, declarar, brindar, exponer, procurar, intentar.

PROPORCIÓN.—conformidad, armonía, relación, correspondencia, coyuntura, oportunidad, conveniencia, ponderación, tamaño, euritmia, ritmo.

PROPORCIONALMENTE. — proporcionadamente, simétricamente, ajustadamente, acompasadamente, armónicamente.

PROPORCIONAR.—proveer, facilitar, suministrar, ajustar, compasar, equilibrar.

PROPÓSITO.—intención, ánimo, fin, finalidad, móvil, designio, mira, objeto, pensamiento, idea, intento.

PROPUESTA.—proposición, idea, proyecto, negocio.

PROPUGNAR.—amparar, proteger, defender, salvaguardar, resguardar, escudar.

PROPULSA.—repulsa, repulsión, rechazamiento, repudiación, repudio.

PROPULSAR.—impeler, repulsar, empujar, mover, impulsar, repeler, rechazar, rehuir, repudiar.

PRÓRROGA.—continuación, consecución, prorrogación, aplazamiento, intervalo, espera, suspensión moratoria.

PRORROGAR.—proseguir, continuar, atreguar, adiar, emplazar, dilatar, aplazar, suspender, demorar.

PROSAICAMENTE.—vulgarmente, chabacanamente, trivialmente, insulsamente, ordinariamente, ramplonamente, pedestremente.

PROSAICO.—insulso, vulgar, pedestre, ordinario, vil, bajo, chabacano, ramplón, rocero, adocenado.

PROSAÍSMO.—trivialidad, insulsez, vulgaridad, chabacanería, ordinariez, ramplonería.

PROSAPIA.—linaje, alcurnia, ascendencia, casta, estirpe, cepa, ralea, cuna.

PROSCRIBIR.—desterrar, extrañar, expatriar, expulsar, prohibir, vedar, impedir.

PROSCRIPCIÓN.—destierro, exilio, extrañamiento, expatriación, ostracismo, prohibición, veto, interdicción, veda, vedamiento.

PROSECUCIÓN. — persecución, seguimiento, proseguimiento, continuación, prolongación, progresión, continuidad.

PROSEGUIR.—seguir, avanzar, continuar, durar, perdurar, subsistir, insistir.

PROSÉLITO.—secuaz, adepto, partidario, afiliado.

PROSOPOPEYA.—entono, presunción, empaque, afectación, miramiento.

PROSPERAR.—adelantar, mejorar, florecer, progresar, medrar, pelechar, enriquecerse.

PROSPERIDAD.—adelanto, progreso, bienestar, auge, boga, buenaventura, florecimiento, medro, medra, felicidad.

PRÓSPERO.—favorable, propicio, venturoso, feliz, rico, floreciente, afortunado, felice.

PROSTERNARSE. — arrodillarse, postrarse, humillarse, inclinarse.

PROSTÍBULO.—lupanar, mancebía, serrallo, ramería, burdel.

PROSTITUCIÓN.—corrupción, putaísmo, putanismo, ramería, meretricio, degradación, envilecimiento, deshonra, relajación.

PROSTITUIR.—corromper, envilecer, degradar, rebajar, deshonrar, mancillar, pervertir, amancillar.

PROSTITUTA.—meretriz, mundana, ramera, mantenida, entretenida, pingona, pindonga, churriana, buscona, lumia, hurgamandera, zorra, zurrupio, pelandusca, perendeca, horizontal, hetaira, hetera, tía, loba, periforra, mozcorra, gamberra, grofa, pelota, rodona, tusona, puta.

PROTECCIÓN.—favor, amparo, defensa, refugio, resguardo, coraza, escudo, salvaguardia, patronato, salvaguarda, defensión, ayuda, socorro, apoyo, sostén, refugio.

PROTECTOR.—amparador, bienhechor, favoreciente, tutor, defensor, padrino, preventivo, mecenas, favorecedor.

PROTEGER.—favorecer, amparar, patrocinar, auxiliar, socorrer, acorrer, defender, resguardar, acoger, preservar, cubrir, encubrir, apoyar, cobijar, ayudar, sostener, recomendar, tutelar, blindar, salvaguardar, guardar, resguardar.

PROTEGIDO.—ahijado, recomendado, favorito, paniaguado.

PROTERVAMENTE.—aviesamente, perversamente, malvadamente, nefariamente, desalmadamente, depravadamente, malignamente, inicuamente.

PROTERVIA.—protervidad, maldad, impenitencia, vileza, perfidia, pravedad, nequicia, perversidad, contumacia, pertinacia, rebeldía.

PROTERVO.—malvado, perverso, pertinaz, rebelde, contumaz, inicuo, proclive, réprobo, nefario.

PROTOTIPO.—ejemplar, arquetipo, ideal, espejo, molde, dechado, modelo, ejemplo.

PROTUBERANCIA.—prominencia, bollo, abolladura, turgencia, gibosidad, elevación, saliente, bulto.

PROVECTO.—antiguo, aprovechado, adelantado, maduro, calamocano, machucho, matusaleno, anciano, carcamal, cotorrón.

PROVECHO.—beneficio, ganancia, fruto, utilidad, lucro, producto, rendimiento, rendición, gaje.

PROVECHOSO.—lucrativo, útil, lucroso, redituable, beneficioso, fructuoso, fructífero, productivo.

PROVEER.—surtir, abastecer, aprovisionar, abastar, avituallar, vituallar, bastimentar, facilitar, suministrar, proporcionar, disponer, resolver, conferir, prevenir, preparar, dotar.

PROVENIR.—proceder, originarse, nacer, dimanar, emanar, arrancar, derivar.

PROVENTO.—producto, fruto, beneficio, renta, rendición, utilidad.

PROVERBIAL.—notorio, sabido, tradicional, habitual, acostumbrado, común, corriente, usual.

PROVERBIO.—refrán, sentencia, adagio, máxima, apotegma, aforismo, axioma, frase, dicho.

PRÓVIDAMENTE.—cuidadosamente, prevenidamente, prósperamente, afortunadamente, venturosamente, diligentemente, propiciamente, favorablemente, benévolamente.

PROVIDENTE.—prudente, circunspecto, mirado, remirado, avisado, prevenido, cauto, próvido.

PRÓVIDO.—diligente, prevenido, cuidadoso, providencial, feliz, felice, providente, benévolo, propicio, favorable.

PROVISIÓN.—reserva, acopio, víveres, depósito, existencias, almacenamiento, avituallamiento, suministro, abastamiento, abastecimiento.

PROVISIONAL.—provisorio, interino, temporáneo, temporal, momentáneo, accidental.

PROVOCACIÓN.—desafío, reto, incitación, instigación, incitamento.

PROVOCAR.—inducir, incitar, excitar, estimular, irritar, mover, hostigar, impacientar, enviscar, desafiar, retar, causar, promover, suscitar, arrojar, vomitar.

PROVOCATIVO.—provocador, incitador, instigador, hostigador, incitante, estimulante.

PROXENETA.—celestina, alcahueta, trotaconventos, correvedile, tercera.

PRÓXIMAMENTE.—recientemente, contiguamente, aproximadamente, cercanamente, inmediatamente.

PROXIMIDAD.—vecindad, inminencia, inmediación, propincuidad, cercanía, contigüidad.

PRÓXIMO.—allegado, cercano, rayano, inminente, mediato, propincuo, anejo, inmediato, contiguo, vecino, adyacente, junto.

PROYECTAR.—arrojar, lanzar, botar, precipitar, despeñar, despedir, tramar, forjar, urdir, idear, maquinar, concebir, preparar.

PROYECTO.—idea, designio, plan, intento, deseo, aspiración, propósito, intención, pensamiento, empresa.

PRUDENCIA.—cordura, mesura, moderación, templanza, reserva, discreción, sensatez, parsimonia, seriedad, pulso, formalidad, seso, circunspección, discernimiento, tacto, cautela, precaución, tiento, tino, previsión, ecuanimidad.

PRUDENTE.—cuerdo, moderado, juicioso, sentado, providente, mirado, circunspecto, mesurado, templado, discreto, previsor, reservado, ecuánime.

PRUEBA.—indicio, muestra, ensayo, intento, razón, evidencia, testimonio, demostración, señal, tanteo, experiencia, galerada.

PRURITO.—picazón, comezón, picor, anhelo.

PUBLICAR.—proclamar, revelar, pregonar, anunciar, manifestar, divulgar, patentizar, expandir, difundir, insertar, imprimir, estampar, editar, producir, desvelar.

PÚBLICO.—conocido, patente, visto, vulgar, común, popular, notorio, manifiesto, concurrencia, auditorio, asistentes, espectadores, oyentes, muchedumbre.

PÚDICAMENTE.—decentemente, recatadamente, honestamente, decorosamente, platónicamente, pudorosamente.

PUDICICIA.—pudibundez, recato, honestidad, decoro, decencia, pudor, vergüenza.

PÚDICO.—pudoroso, honesto, recatado, decoroso, casto, decente, pudibundo, platónico.

PUDIENTE.—rico, acomodado, poderoso, opulento, acaudalado, hacendado, adinerado, dineroso, caudaloso.

PUDOR.—recato, honestidad, castidad, decoro, modestia, decencia, vergüenza, pudicicia.

PUDOROSO.—honesto, pudibundo, recatado, casto, púdico, decoroso, decente.

PUDRIMIENTO.—putrefacción, podrición, podrimiento, podrecimiento, pudrición, corrupción, descomposición, desintegración.

PUDRIR.—descomponer, podrir, podrecer, empodrecer, inficionar, encarroñar, corromper, dañar, desintegrar, consumir, molestar.

PUEBLO.—población, lugar, poblado, aldea, nación, país, raza, vecindario, vecinos, habitantes, vulgo, público, plebe, chusma.

PUERCAMENTE. — suciamente, zafiamente, asquerosamente, desaseadamente, groseramente, cochinamente.

PUERCO.—cerdo, cochino, poluto, marrano, chancho, gorrino, guarro, lechón, verraco, desaliñado, desidioso, sucio, grosero, ruin, interesado, venal, jabalí.

PUERIL.—infantil, inocente, insubstancial, inane, baladí, anodino, candoroso, ingenuo, fútil, trivial, infundado.

PUERILIDAD.—ingenuidad, candor, inocencia, niñería, niñada, futilidad, trivialidad, futesa, futileza, nimiedad, bagatela, inanidad, gurrumina, nadería.

PUERTO.—fondeadero, atracadero, desembarcadero, dársena, apostadero, abrigo, asilo, amparo, refugio, presa, estacada, andén.

PUESTO.—sitio, paraje, lugar, punto, espacio, tiendecilla, cargo, oficio, ministerio, posición, campamento, empleo, dignidad, acaballadero.

PUGNA.—porfía, oposición, rivalidad, antagonismo, pique, esfuerzo, combate, batalla, pelea, contienda, desafío, pugilato.

PUGNANTE.—contrario, enemigo, contrincante, rival, antagonista, adversario, opuesto.

PUGNAR.—pelear, batallar, reñir, guerrear, justar, luchar, contender, porfiar, instar, solicitar, procurar.

PUJANTE.—poderoso, fuerte, brioso, ardoroso, vigoroso, potente.

PUJANZA.—poder, fuerza, fortaleza, vigor, robustez, ardimiento, impulso, energía, dinamismo, vigorosidad, ánimo, fibra.

PUJAR.—subir, ascender, empujar, forzar, forcejear compeler, violentar.

PULCRITUD.—limpieza, aseo, cuidado, esmero, delicadeza, atildamiento, finura, honradez.

PULCRO.—aseado, esmerado, curioso, pulido, limpio, cuidadoso, pulquérrimo, hermoso, bello, delicado, fino, honrado.

PULIDAMENTE.—delicadamente, curiosamente, pulcramente, limpiamente, atildadamente, afinadamente, esmeradamente.

PULIDO.—curioso, pulcro, acicalado, limpio, aseado, agraciado, primoroso, bello, hermoso, bonito, lindo.

PULIMENTAR.—alisar, abrillantar, bruñir, lustrar, pulir, suavizar, esmerilar, lenificar.

PULIR.—abrillantar, pulimentar, bruñir, lustrar, alisar, perfeccionar, componer, adornar, aderezar, desbastar, instruir, refinar, acepillar, esturgar.

PULSACIÓN.—pulsada, palpitación, latido, pulso, retoque.

PULSAR.—tañer, tocar, tantear, golpear, latir, palpitar, palpar.

PULSO.—latido, muñeca, prudencia, tacto, seguridad, firmeza, tiento, tino, acierto, cuidado.

PULVERIZAR.—polvificar, polvorizar, rallar, moler, machacar, molturar.

PULVERULENTO.—polvoroso, polvoriento.

PULLA.—chanza, indirecta, ironía, broma.

agudeza, chafaldita, dardo, zaherimiento, rehilete, espigüela.
PUNDONOR.—punto, puntillo, dignidad, decoro.
PUNDONOROSO.—puntilloso, puntuoso, caballeroso, digno, decoroso, respetable, susceptible.
PUNGIR.—pinchar, punzar, punchar, picar, espinar, clavar, aguijonear.
PUNTA.—arista, aguijón, pincho, punzón, púa, puncha, espina, asta, espolón, promontorio, eminencia, cresta, pico, ápice, cúspide, vértice, extremo, pitón.
PUNTAL.—base, basa, apoyo, fundamento, prominencia.
PUNTO.—localidad, puntada, paraje, sitio, lugar, parte, puesto, instante, segundo, momento, soplo, finalidad, objeto, pundonor, puntillo, puntada, honrilla.
PUNTOSO.—pundonoroso, puntilloso, susceptible.
PUNTUAL.—exacto, cumplidor, formal, diligente, palmar, palmario, axiomático, preciso, pronto, regular, cierto, indudable, indubitable, seguro, conforme, conveniente, adecuado.
PUNTUALIDAD. — diligencia, regularidad, exactitud, cuidado, conformidad, certidumbre, seguridad, formalidad, precisión, rigor.
PUNTUALIZAR.—detallar, concretar, pormenorizar, formalizar, delimitar, especificar, resumir, recalcar.
PUNZANTE.—picante, agudo, mordaz, incisivo, pungitivo, punzador.
PUNZAR.—picar, pungir, pinchar, latir, punchar, espinar, clavar, aguijonear, incitar.
PUNZÓN.—buril, estilo, lezna, estilete, pitón, púa, cuerno.
PUÑALADA.—navajazo, cuchillada.
PUÑETE.—puñetazo, puñada, trompada, moquete, soplamocos, sopapo, pulsera, manilla, brazalete.
PUPILA.—perspicacia, ingenio, vista, talento, chispa, agudeza, sutilidad, listeza.
PURAMENTE. — estrictamente, únicamente, meramente, escuetamente, sencillamente, simplemente, claramente.
PUREZA.—inocencia, castidad, doncellez, doncellería, honestidad, virginidad.
PURGAR.—purificar, limpiar, acrisolar, expiar, penar, evacuar, expeler, exonerar.
PURIFICAR.—depurar, purgar, limpiar, rehabilitar, acrisolar, refinar, mundificar, expurgar, acendrar, filtrar, desembarazar, exorcizar.
PURO.—castizo, depurado, recto, sano, correcto, exacto, límpido, casto, mondo, nítido, incólume, virginal, perfecto, mero.
PUS.—materia, humor, podre.
PUSILÁNIME.—miedoso, temeroso, tímido, cobarde, encogido, apocado, acollonado, acoquinado, cagueta, corto, mirmidón.
PUSILANIMIDAD. — apocamiento, cobardía, desánimo, poquedad, timidez, cortedad, acollonamiento, acoquinamiento.
PUTA.—ramera, meretriz, prostituta, gamberra, grofa, loba, horizontal, hurgamandera, mozcorra, pingona, pindonga, churriana, buscona, lumia, zorra, zurrupio, pelandusca, zurrona, cortesana, hetera, hetaira.
PUTERÍA.—putaísmo, puterío, ramería, meretricio.
PUTREFACCIÓN.—podredumbre, descomposición, corrupción, inmundicia, podrición, pudrición, podrecimiento, podredura.
PUTREFACTO.—corrompido, descompuesto, podrido, desintegrado, corrupto, caronchoso, gusarapiento, pútrido.

QUEBRADIZO.—frágil, delicado, feble, débil, elástico, rompible, rompedero, vidrioso, deleznable, endeble.

QUEBRADO.—desigual, abrupto, barrancoso, quebrada, escabrosidad, debilitado, quebrantado, débil, herniado.

QUEBRADURA.—hendidura, grieta, rompedura, cisura, desgarrón, hendedura, rotura, fractura, abertura, rendija, raja, hernia.

QUEBRANTAMIENTO.—infracción, quebramiento, quebrantadura, fractura, rompimiento, efracción, violación.

QUEBRANTAR.—triturar, quebrar, machacar, cascar, moler, romper, fracturar, desgajar, dividir, hender, separar, profanar, violar, vulnerar, incumplir, infringir, templar, debilitar, molestar, fatigar, persuadir, cansar, inducir, forzar, aplacar, incitar, hostigar, aguijonear.

QUEBRANTARSE.—rajarse, cascarse, resentirse, romperse, quebrarse, fracturarse.

QUEBRANTO.—pérdida, daño, quebrantamiento, detrimento, menoscabo, perjuicio, deterioro, desaliento, lástima, piedad, compasión, aflicción, dolor, pena, fractura, quiebra, desánimo, flojera, debilidad, lasitud, descaecimiento, laxitud.

QUEBRAR.—romper, quebrantar, flaquear, ceder, interrumpir, estorbar, ajar, marchitar, moderar, escachar, tronchar, desgajar, forzar, descerrajar.

QUEDAR.—permanecer, subsistir, restar, sobrar, convenir, acabar, seguir, cesar, terminar.

QUEDO.—bajo, suave, quieto, despacio, inactivo, abonico, extático, innato.

QUEHACER.—tarea, negocio, ocupación, faena, trabajo, actividad, empleo, oficio.

QUEJA.—gemido, lamento, quejido, gimoteo, lamentación, jeremiada, resentimiento, desazón, disgusto, descontento, enojo, enfado, plañido, guaya, cojijo, ululato.

QUEJARSE.—dolerse, lamentarse, gemir, querellarse, quillotarse, gazmiarse, condolerse.

QUEJIDO.—lamentación, lamento, gemido, queja, quejumbre, plañido, guaya, lloriqueo.

QUEJOSO.—disgustado, resentido, descontento, sensible, delicado, gemebundo, quejumbroso, quejicoso, quejilloso, quejica, gemidor, jeremías, cojijoso.

QUEMA.—fuego, incendio, ustión, combustión, ignición, candencia, flagrancia.

QUEMADO.—enfadado, enojado, irritado, picado, incinerado, chamuscado, achicharrado, tostado.

QUEMADOR.—incendiario, combuscente, flagrante.

QUEMAR.—arder, incinerar, abrasar, enfadar, enojar, irritar, malbaratar, malvender, impacientar, desazonar, sollamar, achicharrar, chamuscar.

QUEMARSE.—abrasarse, consumirse, irritarse, enojarse, alterarse, enfadarse, apasionarse, chamuscarse, escaldarse, carbonizarse.

QUERELLA.—discordia, cuestión, riña, pendencia, pelotera, discusión, reyerta, contienda, rencilla, disputa, pelea, marimorena, bronca, pleito, litigio, queja.

QUERELLOSO.—querellante, quejoso, querellador, quejumbroso, quejicoso, cojijoso, jeremías, gemidor, gemebundo.

QUERER.—amar, apreciar, adorar, estimar, desear, ambicionar, apetecer, pedir, requerir, exigir, pretender, decidir, intentar, resolver, procurar, determinar, intentar, amor, cariño, afecto, estimación.

QUERIDA.—amada, amante, amiga, amasia, coima, barragana, favorita, concubina, querindanga, manceba, quillotra.

QUERIDO.—amado, estimado, caro, apreciado, amante, amigo, amancebado.

QUERUBÍN.—querube, querub.

QUID.—razón, motivo, esencia, intríngulis, porqué, causa, busilis, toque.

QUÍDAM.—ente, uno, sujeto, quisque, cualquiera, quienquiera, alguien, cualesquiera.

QUIEBRA.—abertura, grieta, rotura, fractura, quebradura, quebrantamiento, hendidura.

QUIETO.—tranquilo, reposado, inmoto, estático, sosegado, pacífico, inmóvil, firme, inanimado, inactivo, fijo, quedo, inalterable.

QUIETUD.—sosiego, calma, reposo, tranquilidad, paz, descanso, inacción, estatismo, inacción, fijeza, inmovilidad, serenidad.

QUILLOTRA. — manceba, concubina, amiga, querida, amasia, coima, barragana.

QUILLOTRANZA. — tribulación, amargura, trance, conflicto, dificultad, obstáculo, desventura.

QUILLOTRAR.—excitar, avivar, incitar, hostigar, aguijonear, acicatear, estimular, enamorar, cautivar, estudiar, meditar, discurrir, engalanar, ataviar, componer, lamentarse, quejarse, pensar, adornar, hermosear, exornar, embellecer.

QUILLOTRO.—incentivo, estímulo, atractivo, indicio, señal, síntoma, amorío, enamoramiento, preocupación, devaneo, favorito, preferido, amancebado, amigo, amante, piropo, requiebro, galantería, arremuesco, atavío, gala, adorno.

QUIMERA.—ensueño, sueño, desvarío, delirio, ilusión, figuración, ficción, fábula, utopía, pendencia, riña, pelotera, cuestión, marimorena, contienda, zaragata, trifulca, gresca.

QUIMÉRICO.—imposible, irrealizable, fabuloso, fantástico, fingido, utópico, ficticio.

QUIMERISTA.—novelero, iluso, soñador, pendenciero, camorrista, matón, bochinchero, zaragatero.

QUINTERÍA.—alquería, cortijo, rancho, masía, granja.

QUISQUILLA.—melindre, delicadeza, reparo, dificultad, camarón.

QUISQUILLOSO.—pelilloso, melindroso, delicado, puntilloso, susceptible, pundonoroso.

QUITACIÓN.—sueldo, renta, salario, quita, mesada, jornal.

QUITAMOTAS. — quitapelos, quitapelillos, adulador, servil, obsequioso, tiralevitas, cepillo, lameculos, lisonjeador.

QUITAR.—robar, despojar, sacar, hurtar, desposeer, birlar, tomar, coger, limpiar, impedir, obstar, apartar, estorbar, retirar, suspender, privar, restar, manumitir, prohibir, vedar, derogar, anular.

R

RABANERA.—verdulera, rabisalsera, farota, farotona, soleta, sota, tarasca.
RABIA.—furor, furia, corajina, fiereza, escorrozo, ira, cólera, coraje, rabieta, enojo, hidrofobia.
RABIAR.—trinar, desesperar, enloquecer.
RABIETA.—coraje, enojo, enfado, berrinche, impaciencia, corajina, berrenchín, perra, perrera, petera.
RABIOSO.—hidrófobo, colérico, furioso, airado, enojado, vehemente, intenso, furiente, crespo, violento, excesivo, desmedido, fuerte.
RABO.—cola, rabillo, hopo.
RABOSEAR.—deslucir, ajar, chafar, marchitar, amancillar, apañuscar, rozar.
RACIOCINAR.—discurrir, pensar, cogitar, argumentar, razonar, inquirir, inferir, juzgar, filosofar.
RACIOCINIO.—argumento, razonamiento, raciocinación, discurso, lógica, reflexión, juicio, entendimiento, cordora.
RACIÓN.—medida, porción, prebenda, copa.
RACIONAL.—razonable, razonado, fundado, procedente, plausible, lógico, justo, ecuánime, equitativo, incuestionable.
RADA.—ensenada, fondeadero, bahía, abra, abrigo, anconada.
RADIANTE. — radioso, rutilante, refulgente, resplandeciente, brillante, luminoso, coruscante, centelleante, esplendente, esplendoroso, luciente, feliz, alegre, satisfecho, contento.
RADIAR.—brillar, centellear, rutilar, resplandecer, refulgir, coruscar, irradiar.
RADICAL.—extremado, excesivo, fundamental, soberano, completo, total, básico, elemental, primordial.
RADICAR.—arraigar, prevalecer, enraizar.
RAEDURA.—limadura, raspadura, legradura, rasura, rasadura.
RAER.—limar, rasar, raspar, legrar, rallar, escarpar.
RAÍDO.—usado, ajado, gastado, deslucido, rozado, tazado, descarado, desvergonzado, desfachatado, fresco, inverecundo, libre, descocado.
RAÍZ.—principio, origen, fundamento, causa, fuente, nacimiento, comienzo, cepa.
RAJA.—hendedura, hendidura, fenda, quebradura, quebraja, fisura, grieta, abertura, rebanada, rendija, resquebrajadura, tajada, racha.
RAJAR.—abrir, partir, hender, resquebrajar, cascar, agrietar, mentir, parlotear, charlar, chacharear, garlar.
RALEA.—linaje, alcurnia, casta. calidad, raza, estofa, especie, género, extracción, sangre, cepa, cuna, clase.
RALLAR.—desmenuzar, molestar, encocorar, incordiar, chinchar, importunar, fastidiar.
RAMAL.—ronzal, cabestro, cabo, brida, bifurcación.
RAMERA.—puta, gamberra, grofa, horizontal, hetera, hetaira, prostituta, meretriz, zorra, buscona, pelandusca, pindonga, pingo, zurrupio, lumia, capulina.
RAMERÍA.—lupanar, burdel, putaísmo, serrallo, manfla, prostíbulo, mancebía.
RAMO.—manojo, ramillete, rama, ristra.
RAMPA.—declive, declivio, declividad, repecho, cuesta, calambre, garrampa.
RAMPLÓN.—vulgar, tosco, inculto, charro, adocenado, plebeyo, grosero, desaliñado, basto, ordinario, pedestre.
RANCIO.—rancioso, anticuado, antiguo, arcaico, viejo, mugre, churre, pringue.
RANCHO.—albergue, choza, cabaña, chamizo, reunión.
RANURA.—surco, hendidura, hendedura, estría, raja, raya, canal, acanaladura, muesca, tarja.
RAPACIDAD.—rapiña, rapacería, rapazada, muchachada.
RAPAPOLVO.—regaño, reprensión, regañina, reprimenda, repasata, trepe, reñidura, sermón, admonición, bronca, filípica, peluca.
RAPAR.—raer, pelar, afeitar, hurtar, robar, rapiñar, mangar, despojar.
RÁPIDAMENTE.—prontamente, raudamente, prestamente, aceleradamente, impetuosamente, ligeramente, velozmente, pronto, presto, aína.
RAPIDEZ.—presteza, prontitud, presura, vivacidad, apresuramiento, aceleramiento, velocidad, celeridad, ligereza, impetuosidad.
RÁPIDO.—vertiginoso, ligero, veloz, raudo, pronto, presto, célere, impígero, expedito, suelto, presuroso, apresurado, precipitado, impetuoso, súbito, repentino, ágil, vivo, listo, fugaz, urgente.
RAPIÑA.—pillaje, saqueo, hurto, ladrocinio, latrocinio, garrama, robo.
RAPIÑAR.—robar, quitar, hurtar, mangar, despojar, apandar, cangallar, arrapar, sustraer.
RAPTO.—arrebato, arranque, impulso, éxta-

sis, arrobamiento, arrobo, robo, síncope, patatús, telele.

RAQUÍTICO.—mezquino, exiguo, endeble, enclenque, escaso, corto, pequeño, chico, débil, escuálido, escuchumizado, pobre, miserable.

RAREZA.—anomalía, singularidad, excentricidad, ridiculez, incongruencia, extravagancia, raridad.

RARO.—extraño, singular, extraordinario, excepcional, peregrino, sobresaliente, notorio, insigne, escaso, anómalo, extravagante, infrecuente, especial, esotérico, ralo, enrarecido, disperso.

RASAMENTE.—claramente, abiertamente, lisamente, desembozadamente, francamente, llanamente, manifiestamente.

RASCAR.—frotar, refregar, restregar, limpiar, arañar, arrascar, ludir, limar, lijar.

RASGAR.—romper, desgarrar, descalandrajar.

RASGO.—característica, cualidad, distinción, atributo, plumazo, gallardía, heroicidad.

RASGUÑAR.—rasgar, arañar, aruñar, rascuñar, gatuñar, carpir, escarbar.

RASGUÑO. — araño, arañamiento, arañazo, rasguñón, rasguñuelo, rasguñadura, aruñazo, aruño, rascuño, uñada, uñarada.

RASO.—libre, llano, desembarazado, descampado, despejado, liso, plano, limpio, chato, romo, pelado.

RASPA.—brizna, raspilla, arista, grumo, gajo, araño, picadura, mordacidad, raspadillo, fullería.

RASPADURA.—limadura, raedura, raspado, legradura, rasura, legración, raspamiento.

RASPAR.—raer, rasar, legrar, escarpar, hurtar, quitar, robar, despojar, mangar, rapiñar, limpiar.

RASTREAR.—ratear, rastrar, perquirir, seguir, inquirir, indagar.

RASTRERO.—bajo, vil, despreciable, indigno, ruin, servir, lacayil, lacayuno, abyecto.

RASTRO.—señal, vestigio, signo, marca, estampa, pasos, huella, pista, reliquia.

RATERÍA.—hurto, ruindad, vileza, garfiña, garsina, sisa, aletazo.

RATERO.—ladronzuelo, carterista, rapante, sisador, sisón, randa, cortabolsas, merodista, rata, descuidero, caco.

RATIFICACIÓN. — confirmación, corroboración, aprobación, revalidación.

RATIFICAR.—aprobar, revalidar, corroborar, roborar, convalidar, afirmar, confirmar.

RATO.—momento, instante, soplo, gusto, diversión, periquete, santiamén.

RAUDAMENTE.—rápidamente, aceleradamente, apresuradamente, velozmente, precipitadamente, impetuosamente.

RAUDO.—precipitado, violento, célebre, aligero, subitáneo, ágil, expedito, suelto, veloz, rápido, impetuoso.

RAUTA.—ruta, camino, trayecto, recorrido, sendero, trayectoria.

RAYA.—término, confín, límite, frontera, linde, línea, señal, cortafuego, estría, meta.

RAYANO.—limítrofe, confinante, fronterizo, lindante, inmediato, cercano, semejante.

RAYAR.—limitar, lindar, confinar, tachar, borrar, subrayar, señalar, marcar, amanecer, alborear, sobresalir, descollar, distinguirse.

RAZÓN.—causa, argumento, motivo, demostración, explicación, verdad, derecho, justicia, orden, método, equidad, relación, cuenta, cómputo, discreción, cordura, sensatez.

RAZONABLE.—mediano, moderado, sensato, positivo, lógico, fundado, plausible, regular, legítimo, justo, legal, asequible, arreglado.

RAZONABLEMENTE.—razonadamente, lógicamente, racionalmente, regularmente, arregladamente.

RAZONAMIENTO.—discurso, argumento, raciocinio, demostración, prueba, explicación, deducción, razón.

RAZONAR.—raciocinar, argumentar, discurrir, hablar, conversar, discutir, exponer, dilucidar, aducir, demostrar, inferir, argüir.

REACIO.—rebelde, indócil, renuente, remiso, terco, porfiado, opuesto, emperrado, testarudo.

REAL.—cierto, verídico, efectivo, auténtico, positivo, verdadero, regio, bueno, excelente, estupendo.

REALCE.—brillo, esplendor, lustre, fama, popularidad, grandeza, relieve, estimación.

REALIDAD.—verdad, sinceridad, ingenuidad, franqueza, campechanía, naturalidad, propiedad.

REALIZABLE.—posible, factible, agible, practicable, creable, hacedero.

REALMENTE. — positivamente, ciertamente, auténticamente, indudablemente, verdaderamente, efectivamente.

REALZAR.—levantar, elevar, empinar, encaramar, ennoblecer, glorificar, enaltecer, ensalzar, engrandecer, ilustrar, encumbrar, retocar.

REANIMAR.—reconfortar, confortar, restablecer, animar, reforzar, fortalecer, alentar, animar, vivificar, consolar.

REBAJA.—reducción, deducción, merma, reducimiento, rebajamiento, disminución, descuento.

REBAJAR.—descontar, deducir, reducir, disminuir, desfalcar, humillar, menguar, amenguar, descolmar, minorar, aminorar, abatir, envilecer.

REBASAR.—exceder, sobrepasar, pasar, ultrapasar.

REBATE.—reencuentro, combate, contienda, choque, contención, lid, disputa, pendencia, refutación, discusión.

REBATIR.—refutar, impugnar, rechazar, contrarrestar, resistir, redoblar, reforzar, confutar, opugnar.

REBELARSE. — sublevarse, insurreccionarse, indisciplinarse, levantarse, alzarse, insubordinarse, pronunciarse, amotinarse, indignarse, resistirse.

REBELDE.—indisciplinado, sublevado, insurgente, faccioso, insurrecto, desobediente, indócil, refractario, reacio, revoltoso, amotinado, sedicioso, insumiso.

REBELDÍA.—insubordinación, indisciplina, insurrección, solevación, solevamiento, desobediencia, rebelión, plante, indocilidad.

REBELIÓN.—insurrección, sublevación, levantamiento, alzamiento, cuartelada, motín, algarada, asonada, revuelta, solevación, solevamiento.

REBLANDECER.—ablandar, emblandecer, molificar, mollificar, enternecer.

REBLAR.—titubear, vacilar, retroceder, titubar, dudar, fluctuar, oscilar.

REBOTAR.—botar, repercutir, remachar, rechazar, conturbar, aturdir, atemorizar.

REBOZO.—rebociño, simulación, disculpa, excusa, socapa, disimulo, pretexto.

REBUJINA.—alboroto, rebujiña, bullicio, rebullicio, algazara, zalagarda, grita, barbulla, albórbola, jaleo, bolla, trapatiesta, zaragata.

REBUSCAR.—farabustear, registrar, explorar, espigar, inquirir, analizar, escudriñar.

RECADERO. — mensajero, propio, cosario, mandadero, demandadero, botones.

RECADO.—mensaje, misión, encargo, respuesta, regalo, presente, precaución.

RECALCAR.—repetir, subrayar, apretar, insistir, acentuar, machacar.

RECALCITRANTE.—terco, pertinaz, testarudo, emperrado, impenitente, cabezudo, cabezota, obstinado.

RECARGAR.—aumentar, sobrecargar, embalumar, abrumar, agobiar, abarrotar, agravar.

RECATADO.—circunspecto, cauto, juicioso, decente, púdico, pudoroso, pudibundo, prudente, honesto, modesto.

RECATAR.—esconder, encubrir, absconder, entapujar, ocultar, tapar, disimular.

RECATO.—decoro, pudor, recatamiento, pudicicia, pudibundez, decencia, honestidad, modestia, cautela, reserva.

RECAUDACIÓN.—recaudo, percibo, percepción, recaudamiento, colecta, cobro, cuestación, cobranza.

RECAUDAR.—percibir, cobrar, colectar, recibir, recolectar, asegurar, custodiar.

RECAUDO.—recaudación, precaución, cuidado, seguridad, fianza, prevención, recato, recado, caución.

RECELAR.—sospechar, temer, maliciar, remusgar, celar, dudar, desconfiar.

RECELO.—suspicacia, resquemor, sospecha, desconfianza, cuidado, temor, duda, escama, recelamiento, escrúpulo, miedo.

RECELOSO.—desconfiado, suspicaz, matrero, escamón, difidente, temeroso, escamado.

RECEPCIÓN.—admisión, recibimiento, percepción, admisibilidad, acogimiento, acogida, ingreso, fiesta.

RECEPTÁCULO.—recipiente, cavidad, acogida, asilo, refugio, acogimiento, admisión.

RECESO.—desvío, apartamiento, desviación, alejamiento, descamino, desavío, separación, descarrío.

RECIAMENTE.—fuertemente, enérgicamente, pujantemente, robustamente, vigorosamente, violentamente.

RECIBIMIENTO.—acogida, acogimiento, admisibilidad, recibo, recepción, antesala, sala.

RECIBIR.—percibir, aceptar, sustentar, sostener, cobrar, aprobar, embolsar, tomar, admitir, acoger.

RECIBO.—recibimiento, recepción, acogida, acogimiento, aceptación, resguardo.

RECIENTE.—moderno, nuevo, calentito, tierno, actual, flamante, fresco.

RECIENTEMENTE. — últimamente, modernamente, endenantes, frescamente, nuevamente.

RECIO.—robusto, grueso, fuerte, membrudo, potente, vigoroso, abultado, corpulento, gordo, grave, áspero, duro, impetuoso, veloz, célere, acelerado, acre, desabrido, quisquilloso.

RECLAMACIÓN.—solicitud, petición, requerimiento, pretensión, demanda, exigencia, pro testa.

RECLAMAR.—exigir, pedir, demandar, requerir, solicitar, protestar.

RECLUIR.—internar, encerrar, enceldar, encalabozar, encobar, enjaular, encarcelar, enclaustrar. enchiquerar.

RECLUSIÓN.—encerramiento, encerradura, encierro, clausura, enceldamiento, aislamiento.

RECOBRAR.—rescatar, readquirir, reivindicar, reconquistar, recuperar.

RECOBRARSE.—reponerse, aliviarse, mejorarse, restablecerse, repararse, resarcirse, reintegrarse, desquitarse.

RECOGER.—congregar, juntar, reunir, encerrar, guardar, acoger, asilar, recolectar, cosechar, acubilar, encoger, estrechar, ceñir, interrumpir.

RECOGERSE.—encerrarse, retirarse, abstraerse, acogerse, refugiarse, enclaustrarse, aislarse.

RECOGIMIENTO. — apartamiento, clausura, soledad, aislamiento, reconcentración, reflexión.

RECOLECCIÓN.—resumen, compendio, recopilación, cobranza, recaudación, cosecha, cogida, vendimia, agosto, agostillo.

RECOLECTAR. — recoger, cosechar, coger, vendimiar.

RECOMENDACIÓN.—encomienda, comisión, encargo, autoridad, representación, excelencia.

RECOMENDAR.—encomendar, encargar, elogiar, confiar, interceder, mediar.

RECOMPENSA. — recompensación, merced, distinción, laurel, pago, galardón, premio, condecoración, remuneración, retribución, prima, gratificación, propina, adehala, retorno.

RECOMPENSAR.—remunerar, distinguir, laurear, honrar, enaltecer, retribuir, galardonar, premiar, compensar, resarcir, indemnizar, pagar.

RECONCENTRAR.—juntar, reunir, internar, introducir, disimular.

RECONCENTRARSE. — abstraerse, aislarse, abismarse, recogerse, ensimismarse.

RECONCOMIO.—sospecha, recelo, escama, recelamiento, suspicacia, inquietud.

RECÓNDITO.—oculto, escondido, reservado, secreto, profundo, hondo, impenetrable, arcano.

RECONOCER.—registrar, examinar, inspeccionar, explorar, sondear, confesar, convenir, acatar, aceptar, recordar, considerar, distinguir, observar, atalayar, contemplar, advertir.

RECONOCIDO.—obligado, agradecido.

RECONOCIMIENTO.—examen, inspección, registro, agradecimiento, obligación, correspondencia, gratitud.

RECONSTITUIR. — reorganizar, restablecer, reponer, reintegrar, reconstruir, fortalecer.

RECONSTRUIR.—reedificar, rehacer, reconstituir, restaurar, restablecer, reponer.

RECONVENCIÓN.—recriminación, reproche, cargo, reprensión, admonición, regañina, regañamiento, regaño, reprimenda.

RECONVENIR.—recriminar, reprochar, reñir, regañar, sermonear, afear, bronquear, matraquear. amonestar.

RECOPILACIÓN. — compendio, compilación, resumen, colección, antología, florilegio, perioca.

RECOPILAR.—resumir, coleccionar, compilar, acopiar, allegar, compendiar, reunir.

RECORDACIÓN. — recuerdo, remembranza, acuerdo, memoria, evocación, rememoración.

RECORDAR. — rememorar, evocar, acordar, membrar, memorar.

RECORDATORIO.—recomendación, aviso, advertencia, comunicación, recordativo.

RECORRIDO.—viaje, trayecto, repasata, reprimenda, reprensión, regañina, filípica, regañamiento.

RECORTADURA.—retazo, retal, restante, remanente, recorte.

RECOVECO.—revuelta, vuelta, curva, ángulo, fingimiento, rodeo, artificio.

RECREACIÓN.—entretenimiento, expansión, divertimiento, distracción, diversión, recreo, solaz, esparcimiento, asueto, pasatiempo.

RECREAR.—deleitar, entretener, solazar, solacear, alegrar, divertir, distraer.

RECREATIVO.—distraído, recreable, esparcido, solazoso, entretenido, divertido.

RECRECER.—aumentar, acrecentar, añadir, ampliar, amplificar, engrosar, acrecer.

RECREO.—diversión, entretenimiento, recreación, pasatiempo, distracción, expansión, entretención, refocilo, deleite, ociosidad, regalo, solaz, esparcimiento, asueto.

RECRIMINACIÓN.—reprimenda, regaño, reprensión, reproche, sermón, filípica, admonición, amonestación, observación, queja, acusación, regañina, regañamiento, increpación.

RECTIFICAR.—enmendar, emendar, pulir, modificar, corregir, reformar.

RECTITUD.—integridad, justicia, probidad, honradez, moralidad, imparcialidad, equidad, severidad.

RECTO.—justo, imparcial, íntegro, probo, honrado, entero, equitativo, razonable, severo, justiciero, derecho.

RECUERDO.—mención, reminiscencia, rememoración, remembranza, recordación, memoria.

RECUESTA.—intimación, requerimiento.

RECUESTAR.—demandar, pedir, requerir.

RECULAR.—retroceder, ceder, cejar, transigir, ciar, retrogradar, retrechar.

RECUPERAR.—recobrar, rescatar, reconquistar, represar.

RECURRIR.—apelar, acudir, interponer.

RECURSO.—expediente, medio, procedimiento, memorial, escrito, petición, apelación, arbitrio, remedio, regreso, retorno, vuelta.

RECUSAR.—rehusar, rechazar, declinar, despreciar, excluir, despedir, alejar, expulsar, desalojar, recusar, impugnar, contradecir, refutar, desestimar.

RECHIFLA.—mofa, burla, befa, zumba, mofadura, coña, pitorreo, abucheo.

RECHIFLAR.—silbar, iludir, ridiculizar, mofar, befar, chiflar.

RED.—redecilla, albanega, malla, ardid, trampa, emboscada, celada, engaño, lazo.

REDARGÜIR.—contradecir, opugnar, rebatir, refutar, impugnar.

REDENCIÓN.—liberación, rescate, exoneración, emancipación, remedio, recurso, refugio.

REDIMIR.—liberar, rescatar, desoprimir, exonerar, emancipar, liberar, librar, sacar, desempeñar.

RÉDITO.—beneficio, utilidad, renta, rendimiento, interés, rendición, producto, provento.

REDITUAR.—rendir, producir, rentar.

REDOBLAR.—duplicar, remachar, doblar, bisar, binar, rebinar, repetir, reiterar.

REDOMADO.—astuto, cauteloso, taimado, socarrón, listo, sagaz, arredomado, ladino.

REDONDAMENTE.—claramente, rotundamente, concretamente, absolutamente, terminantemente, desnudamente, descansadamente.

REDONDO.—circular, esférico, claro, orondo, orbicular, esferoidal, claro.

REDRO.—detrás, atrás, tras, pos.

REDUCIDO.—limitado, pequeño, chico, escaso, corto, estrecho, circunscrito, angosto, parvo, exiguo.

REDUCIR.—acortar, aminorar, disminuir, minorar, amenguar, achicar, menguar, estrechar, condensar, resumir, someter, atraer, dominar, sujetar, persuadir, convencer, compendiar, sintetizar, desmenuzar.

REDUNDANCIA. — sobra, plétora, exceso, abundancia, repetición, sobreabundancia, superabundancia.

REDUPLICAR.—doblar, redoblar, duplicar, reiterar, repetir, bisar, binar, rebinar.

REEMPLAZAR.—sustituir, suplir, substituir, reponer, cambiar, relevar, permutar.

REEMPLAZO.—sustitución, cambio, reposición, substitución, suplencia, relevo.

REFALSADO.—engañoso, falso, engañador, mendaz, ful, fementido, falaz.

REFECCIÓN.—piscolabis, refacción, reparación, restauración, compostura, arreglo, muquición, tentempié, refresco.

REFERENCIA.—relación, narración, dependencia, semejanza, **remisión, correspondencia,** informe, noticia, relato.

REFERIR.—contar, **narrar, relatar,** reseñar, mentar, mencionar, **explicar, enlazar,** relacionar, encadenar, dirigir, guiar, **aludir.**

REFERTERO.—quimerista, **bravucón,** matasiete, perdonavidas, **pendenciero, camorrista,** duelista.

REFINADO.—**sobresaliente, excelente,** fino, distinguido, astuto, **pícaro, malicioso,** salerte, ladino.

REFINAMIENTO.—**esmero, perfeccionamiento,** afinamiento, pulcritud, **primor.**

REAFIRMAR.—confirmar, **estribar,** corroborar, roborar, certificar, **apoyar, aseverar,** ratificar.

REFITOLERO.—**entremetido, cocinilla,** camasquince, fodolí, cominero.

REFLEJAR.—reverberar, **reflectar,** reflexionar, manifestar, meditar, **cavilar, cogitar.**

REFLEJO.—**reverberación, reverbero,** brillo, advertencia, consejo, **representación,** imagen, muestra.

REFLEXIÓN.—**consideración, refleja,** cavilación, deliberación, **cogitación, meditación,** recapacitación, **abstracción, recogimiento,** reconcentración, advertencia, **consejo.**

REFLEXIONAR.—**meditar, cavilar,** discurrir, cogitar, recapacitar, **rumiar, pensar,** considerar.

REFOCILAR.—deleitar, **recrear,** solazar, entretener, alegrar, **divertir.**

REFORMAR.—arreglar, **reparar, restaurar,** corregir, enmendar, **modificar, rectificar,** rehacer, restablecer, ordenar, **destituir, disminuir,** rebajar.

REFORZAR.—vigorizar, **robustecer,** fortalecer, restaurar, reparar, **alentar, animar,** reanimar, aumentar, **acrecentar, avivar,** vivificar, vigorar.

REFRACTARIO.—**opuesto, reacio,** enemigo, contrario, rebelde, **insumiso, indócil.**

REFRÁN.—sentencia, **proverbio,** decir, apotegma, máxima, dicho, **axioma, adagio.**

REFREGAR.—estregar, **frotar, fricar,** restregar, friccionar, ludir, **rozar.**

REFREGÓN.—**refregadura, restregadura,** restregamiento, **refregamiento, roce,** rozamiento, **estregadura, estregamiento.**

REFRENAR.—reprimir, **sujetar, sofrenar,** frenar, comprimir, contener, **moderar,** corregir.

REFRENARSE.—**reprimirse, comprimirse,** contenerse, moderarse, **temperarse,** templarse, aguantarse, reglarse, **reportarse.**

REFRESCAR.—atemperar, **refrigerar,** beber, renovar, recordar.

REFRIEGA.—choque, **pelea, gresca,** morrote, zipizape, agarrada, **combate, encuentro,** contienda, alboroto, riña.

REFUERZO.—socorro, **ayuda,** reparo, apoyo, asistencia, cooperación, **auxilio.**

REFUGIAR.—amparar, **acoger,** cobijar, socorrer, guarecer, asilar, **asistir.**

REFUGIARSE.—acogerse, **guarecerse,** ampararse, cobijarse, resguardarse, **asilarse,** apañolarse, ocultarse, **esconderse.**

REFUGIO.—acogida, **asilo, amparo,** protección, cobijo, albergue, **abrigo, cobijamiento,** regazo, puerto, hospitalidad, **cotarro.**

REFULGENTE.—radiante, **resplandeciente,** luminoso, brillante, **rutilante, coruscante,** esplendente, fúlgido, fulgente, **fulgurante.**

REFUNFUÑAR.—rezongar, **rumbar,** rumiar, gruñir, murmurar, **mascullar.**

REFUTACIÓN.—**impugnación,** contradicción, confutación, objeción, **rebatimiento,** argumento.

REFUTAR.—impugnar, rebatir, objetar, contradecir, opugnar, redargüir, confutar.

REGALADO.—agradable, suave, delicado, sabroso, placentero, exquisito, fileno, gayo, deleitoso, amenoso, grato.

REGALAR. — acariciar, halagar, barbillear, agradar, complacer, recrear, agasajar, deleitar, obsequiar, dar, destilar, chorrear.

REGALO.—obsequio, agasajo, donación, dádiva, presente, don, bienestar, descanso, comodidad, conveniencia, gusto, placer, contentamiento, placimiento, placibilidad, complacencia.

REGAÑAR.—reprender, reñir, reconvenir, sermonear, amonestar, disputar, contender, reprehender, roñar, solfear.

REGAÑO.—reconvención, reprensión, regañina, sermoneo, rociada, bronca, reprimenda, amonestación, sermón, admonición, filípica.

REGAR.—asperjar, rociar, rujiar, abrevar, baldear, aspergear, aspergir, irrigar, bañar, mojar, humedecer.

REGATE.—quiebro, esguince, marro, escape, efugio, pretexto.

REGENERAR.—restablecer, mejorar, reconstruir.

REGIO.—mayestático, majestuoso, grandioso, magnífico, ostentoso, espléndido, suntuoso, soberbio.

REGIR.—mandar, gobernar, ordenar, encarrilar, encauzar, senderear, guiar, dirigir, conducir, administrar.

REGISTRAR.—examinar, reconocer, inspeccionar, escudriñar, percrutar, copiar, apuntar, notar, anotar, sentar, señalar, matricular, inscribir.

REGLA.—medida, tasa, norma, guía, principio, máxima, razón, pauta, precepto, ley, estatuto, constitución, sistema, templanza, moderación, menstruación, mes, luna.

REGLADO.—parco, templado, frugal, contenido, morigerado, mesurado, moderado, metódico, sobrio.

REGLARSE.—ajustarse, medirse, moderarse, templarse, contenerse, comedirse, mesurarse, temperarse, sujetarse, reducirse, acomodarse, adaptarse, templarse, limitarse.

REGOCIJADO.—satisfecho, gozoso, letífico, ristolero, jocundo, godible, contento, alegre, alborozado, placentero, jubiloso.

REGOCIJAR.—gozar, contentar, alborozar, alegrar, satisfacer, letificar, desmelancolizar, animar.

REGOCIJARSE.—divertirse, recrearse, alborozarse, alegrarse, deleitarse, holgarse, gozarse, reírse, gratularse.

REGOCIJO.—júbilo, alborozo, satisfacción, gozo, alegría, gusto, titiritaina, jocundidad, godeo, contento, placer, contentamiento, jolgorio, holgorio, regodeo.

REGODEARSE.—refocilarse, regocijarse, divertirse, alborozarse, deleitarse, complacerse, regalarse, recrearse, alegrarse.

REGODEO.—diversión, fiesta, solaz, escorrozo, refocilación, refocilo, júbilo, regocijo, alborozo, alegría, holgorio, jolgorio.

REGOLDAR.—eructar, repetir, erutar, rotar, rutar.

REGRESAR.—volver, retornar, venir, tornar.

REGRESO.—retorno, vuelta, venida, regresión, torna, tornadura, tornada.

REGÜELDO.—eructo, vapor, taco, eruto, eructación, erutación, jactancia.

REGULAR.—razonable, moderado, limitado, pasadero, pasable, mediocre, mediano, ordinario, común, corriente, medido, uniforme, intermedio, cadencioso, metódico, acompasar, ordenar, arreglar, ajustar, reglar.

REGULARIDAD. — periodicidad, disciplina, normalidad, regulación, uniformidad, método, orden.

REGULARIZAR.—ordenar, regular, reglar, reglamentar, pautar, normalizar, uniformar, metodizar, ajustar.

REGULARMENTE. — comúnmente, naturalmente, pasablemente, pasaderamente, medianamente, mediocremente.

REHABILITAR.—reivindicar, restablecer, reponer, reinstalar, restituir.

REHACER.—reponer, reparar, renovar, reconstruir, reedificar, restaurar, restablecer.

REHACERSE.—fortalecerse, reforzarse, reponerse, restablecerse, serenarse, aplacarse, sosegarse, calmarse, tranquilizarse.

REHILETE.—banderilla, palo, flechilla, volante, pulla, mordacidad, zaherimiento.

REHOYO.—rehoya, barranco, barranca, barranquera.

REHUIR.—esquivar, rehusar, evitar, repugnar, retirar, apartar, rechazar, excusar, eludir.

REHUSAR.—rehuir, excusar, repeler, rechinar, repudiar, rechazar.

REINAR.—imperar, dominar, prevalecer, predominar, regir, gobernar, sojuzgar.

REINTEGRAR.—devolver, restituir, restablecer, pagar, satisfacer.

REITERAR.—redoblar, repetir, reproducir, iterar, reincidir, redecir, instar, porfiar.

REIVINDICAR.—recuperar, reclamar, exigir, demandar.

REJO.—punta, púa, aguijón, fuerza, robustez.

REJUVENECER.—fortalecer, remozar, vigorizar, renovar, modernizar, actualizar.

RELACIÓN.—correspondencia, enlace, conexión, trabazón, vínculo, trato, lazo, nexo, comunicación, afinidad, parentesco, informe, relato, narración, descripción, índice, lista, catálogo, elenco.

RELACIONAR.—referir, relatar, narrar, contar, enlazar, encadenar, concernir, competer, respectar.

RELACIONARSE.—visitarse, tratarse, frecuentarse.

RELAJACIÓN.—relajamiento, laxitud, laxación, quebradura, hernia, depravación.

RELAJADO.—depravado, estragado, laxo, flojo, lacio, desmalazado, caído, trefe, vicioso, libertino, corrompido, quebrado, herniado.

RELAJAR.—debilitar, aflojar, laxar, suavizar, ablandar, desmadejar, mullir.

RELAJARSE.—estragarse, aflojarse, desmadejarse, corromperse, depravarse, viciarse, mullirse, ahuecarse, quebrarse, herniarse.

RELAMIDO.—recompuesto, afectado, repulido, lamido, almidonado, estirado, soplado.

RELANZAR.—rechazar, repeler, repudiar, desechar.

RELATAR.—referir, contar, relacionar, narrar, describir, reseñar, mencionar.

RELATIVO.—concerniente, relacionado, referente, tocante, respectivo, perteneciente, atañedero, correlativo, conexo, aferente.

RELATO.—relación, narración, descripción, cuento, historia, informe, fábula, reseña, anécdota, historieta.

RELEGAR.—extrañar, desterrar, arrinconar, despreciar, rechazar, desechar, apartar, posponer.

RELEVANTE.—eximio, excelente, sobresaliente, superior, óptimo, soberano, selecto, soberbio.

RELEVAR.—substituir, reemplazar, destituir, liberar, mudar, eximir, absolver, perdonar, dispensar, excusar, realzar, enaltecer, engrandecer, exaltar, remediar, ayudar, auxiliar, socorrer.

RELIGIOSIDAD.—piedad, devoción, fe, creencia, fervor, unción, puntualidad, exactitud, precisión, estrictez, rigor, escrupulosidad.

RELIGIOSO.—fiel, devoto, pío, profeso, piadoso, parco, moderado, mesurado, puntual, diligente, estricto, escrupuloso.

RELUCIENTE.—resplandeciente, brillante, coruscante, esplendente, esplendoroso, relumbrante, fulgurante, luciente, lucífero, centelleante, relumbroso.

RELUCIR.—resplandecer, relumbrar, lucir, brillar, coruscar, fulgurar, chispear, centellear, titilar, cintilar.

RELUMBRAR.—resplandecer, brillar, lucir, relucir, destellar, esplender, rutilar.

RELUMBRÓN.—relumbro, oropel, centelleo, destello.

RELLENO.—repleto, atiborrado, rebosante, saturado, harto, paja.

REMACHAR.—recalcar, machacar, insistir, confirmar, robustecer, aplastar.

REMANENTE.—resto, residuo, sobras, sobrante, restante, sedimento.

REMATADAMENTE.—absolutamente, enteramente, totalmente, íntegramente.

REMATAR.—acabar, concluir, terminar, finalizar, finiquitar, arrematar, finir.

REMATE.—término, rematamiento, terminación, acabo, consumación, fin, cabo, punta, extremidad, adorno.

REMEDADOR.—mímico, imitador, mona, mimo, parodista, imitante, contrahacedor.

REMEDAR.—parodiar, imitar, copiar, contrahacer, calcar, simular, reproducir.

REMEDIABLE.—corregible, reparable, curable, subsanable, evitable, reformable, restaurable.

REMEDIAR.—enmendar, reparar, corregir, subsanar, arreglar, aliviar, socorrer, componer, reconstruir, desagraviar.

REMEDIO.—cura, tratamiento, medicina, específico, corrección, enmienda, recurso, refugio, auxilio, satisfacción, compensación, desagravio.

REMEDO.—imitación, copia, parodia, caricatura, burla.

REMEMORAR.—memorar, recordar, conmemorar, remembrar, membrar, evocar, acordar.

REMENDAR.—reparar, componer, zurcir, recoser, enmendar, corregir, emendar, rectificar, repasar.

REMESA.—envío, remisión, misión, partida, expedición.

REMESAR.—expedir, remitir, inviar, imbiar, exportar, mandar, enviar, facturar.

REMIENDO.—reparación, compostura, enmienda, arreglo, composición, parche, pieza, culera, recosido, zurcido.

REMILGADO.—recompuesto, relamido, repulido, afectado, dengoso, melífluo, lamido, rebuscado, melindroso.

REMISAMENTE.—lentamente, perezosamente, tardíamente, flojamente, despaciosamente, lerdamente.

REMISO.—dejado, flojo, reacio, calmo, calmudo, pachorrudo, moroso, renuente, tardo.

REMITIR.—expedir, remesar, mandar, enviar, dejar, diferir, aplazar, suspender, dilatar, ceder, perdonar, liberar, eximir, disminuir, aflojar.

REMOCHO.—brote, retoño, vástago, vástiga, renuevo, brota, retallo, hijo, pimpollo, rebrote.

REMOLINO.—vórtice, tolvanera, gorga, gorfe, tumulto, efervescencia, vorágine, torbellino, confusión, desorden, amontonamiento, disturbio, alteración.

REMOLÓN.—flojo, perezoso, maula, haragán, pigre, gandul, vago, poltrón.

REMONTAR.—recomponer, renovar, enaltecer, ensalzar, alzar, elevar, exaltar, encumbrar, sublimar.

REMONTARSE.—alzarse, elevarse, cernerse, engallarse, encumbrarse.

REMOTAMENTE.—apartadamente, lejanamente, confusamente, vagamente, antiguamente, inmemorialmente, inmemorablemente.

REMOTO.—distante, apartado, mediato, lejano, retirado, antiguo, viejo, inmemorial, inmemorable.

REMOZAR.—robustecer, renovar, vivificar, vigorizar, rejuvenecer, reverdecer.

REMUNERACIÓN.—recompensa, salario, pago, paga, jornal, mesada, estipendio, asignación, sueldo, gratificación, premio, retribución.

REMUNERAR.—retribuir, premiar, recompensar, gratificar, galardonar, asalariar, estipendiar, pagar.

REMUSGAR.—sospechar, barruntar, conjeturar, recelar, presentir, celar, maliciar, desconfiar, temer.

RENCILLA.—riña, cuestión, contienda, cachetina, rifirrafe, gresca, pelotera, disputa, pelea, pique.

RENCOR.—aborrecimiento, odio, resentimiento, encono, hincha, enemiga, fila, ojeriza, tirria, enemistad.

RENCOROSAMENTE. — quisquillosamente, despechadamente, enojosamente, atufadamente, enfadosamente.

RENCOROSO.—resentido, vengativo, esquinado, torvo, esturado, cruel, duro, violento.

RENDICIÓN.—entrega, capitulación, acatamiento, sometimiento, sumisión, rendimiento, subyugación.

RENDIDO.—obsequioso, enamorado, sometido, jusmeso, acatante, cortés, obediente, dócil, sumiso, galante, cansado, fatigado.

RENDIJA.—hendidura, hendedura, raja, grieta, rafa, abertura, rehendija, hendija, fisura, intersticio, resquicio.

RENDIMIENTO.—fatiga, cansancio, agotamiento, debilidad, laxitud, aplanamiento, desmayo, rendición, subordinación, sumisión, humildad, ganancia, beneficio, rédito, utilidad, producto, renta.

RENDIR.—debelar, someter, vencer, cansar, fatigar, sujetar, producir, redituar, rentar, devolver, fructificar, vomitar.

RENDIRSE.—entregarse, someterse, fatigarse, cansarse, sujetarse, subyugarse, jusmeterse, doblegarse, humillarse.

RENEGADO.—maldiciente, apóstata, desabrido, murmurador, chismoso, desapacible.

RENEGAR.—blasfemar, jurar, maldecir, abominar, detestar, apostatar, pesiar, execrar.

RENGA.—chepa, joroba, corcova, gibosidad, giba, merienda.

RENIEGO.—juramento, blasfemia, taco, execración, voto, venablo, pésete, palabrota.

RENITENCIA.—repugnancia, asco, nolición, noluntad, repulsión, repelo, aversión.

RENOMBRADO.—conocido, afamado, sonado, memorable, caracterizado, acreditado, reputado, prestigioso, famoso, insigne, célebre, popular.

RENOMBRE.—crédito, reputación, popularidad, nombradía, prez, fama, honra, gloria, honor, celebridad.

RENOVAR.—restablecer, remudar, rejuvenecer, reformar, reconstruir, reemplazar, reiterar, trocar, restaurar.

RENOVERO.—logrero, usurero, mohatrero, judío.

RENTA.—rédito, rendimiento, utilidad, beneficio, producto, rendición, interés, rento, censo, fruto, rentabilidad.

RENTAR.—redituar, producir, fructificar, rendir.

RENTERO.—colono, tributario, locatario, casero, quintero, masadero, arrendatario.

RENUENTE.—indócil, reacio, remiso, desobediente.

RENUEVO.—retoño, brote, vástago, remocho, pimpollo, vástiga, renovación.

RENUNCIA.—renunciación, renuncio, dejamiento, dejo, cesión, resignación, renunciamiento, dimisión, dejación, abandono, desintimiento.

RENUNCIAR.—dimitir, abandonar, desistir, despreciar, abdicar, dejar, resignar, arrinconar, prescindir.

RENUNCIO.—falta, contradicción, trola, embuste, bola, cuento, mentira.

REÑIDO.—porfiado, sangriento, desavenido, desamigado, hostil, encarnizado, duro, disputado, enemistado, enojado, enfadado, peleado, inimicísimo, tirante, empeñado.

REÑIDURA.—reprensión, regaño, sermoneo, regañina, reprimenda, bronca, repasata, sermón,

REÑIR.—disputar, contender, pelear, luchar, altercar, sermonear, reprender, amonestar, regañar, pendenciar, pelotear, fuñar.

REO.—criminoso, culpable, delincuente, demandado, culpado, inculpado, incurso.

REPANTIGARSE.—arrellanarse, repanchigarse, acomodarse, retreparse.

REPARABLE.—remediable, subsanable, enmendable, rectificable.

REPARACIÓN.—compostura, arreglo, renovación, reforma, remedio, enmienda, reparo, reparamiento, restauración, desagravio, satisfacción, indemnización.

REPARADO.—proveído, reforzado, recompuesto, refecho, compuesto, remozado, remontado, arreglado, renovado, restaurado.

REPARAR.—enmendar, restablecer, remendar, corregir, componer, recomponer, apañar, subsanar, restaurar, arreglar, aderezar, remediar, mirar, observar, advertir, notar, percatarse, resarcir, indemnizar, desagraviar, expiar.

REPARO.—arreglo, reparación, remedio, compostura, defensa, resguardo, objeción, observación, advertencia, dificultad, vacilación, indecisión, duda, inconveniente, estorbo.

REPARÓN.—motejador, criticón, reparativo, remediador, restaurador, lañador, reparador.

REPARTICIÓN.—distribución, repartimiento, partija, lote, clasificación, prorrateo, reparto, partición, división.

REPARTIR.—distribuir, partir, dividir, impartir, prorratear, impertir, adjudicar, asignar, compartir.

REPARTO.—repartimiento. partición, división, distribución, repartición, partija, clasificación.

REPASAR.—examinar, recoser, corregir, arrepasar, reconocer, zurcir.

REPASATA.—reprensión, repaso, chillería, corrección, riña, reprimenda, sermón, repulsa, filípica, regaño, regañina, sermoneo, rapapolvo.

REPASO.—revisión, reconocimiento, repasata, reprensión, amonestación, sermoneo, sermón.

REPECHO.—subida, cuesta, costana, costanilla, declive, declivio, pendiente.

REPELAR.—disminuir, cercenar, cortar, aminorar, minorar.

REPELER.—repudiar, rechazar, contradecir, opugnar, repugnar, apartar, desechar, impugnar.

REPELOSO.—quisquilloso, irritable, puntilloso, picajoso, susceptible, rencilloso.

REPENSAR.—meditar, reflexionar, cavilar, cogitar, recapacitar, pensar, discurrir, rumiar.

REPENTINO.—inopinado, súbito, subitáneo, incogitado, súpito, impensado, imprevisto, pronto, inesperado, insospechado, momentáneo, supitaño.

REPETICIÓN.—reiteración, iteración, reincidencia, recidiva, vuelta, insistencia, frecuencia, estribillo, muletilla.

REPETIR.—reiterar, iterar, asegundar, insistir, bisar, duplicar, binar, menudear, doblar, reproducir, reincidir.

REPICAR.—triturar, desmenuzar, repiquetear, tañer, dividir.

REPIQUE.—repiquete, repiqueteo, campanilleo, rebato, tintineo, tañido.

REPISA.—ménsula, rinconera, vasar, palomilla, poyo, anaquel.

REPLETO.—harto, ahito, relleno, saciado, tifo, henchido, preñado, pleno, atiborrado, rebosante, desbordante, pletórico.

REPLICAR.—contestar, contradecir, instar, redargüir, objetar, responder, argumentar, argüir, rechazar, impugnar, oponer, opugnar.

REPLIEGUE.—pliegue, doblez, frunce, dobladillo, plisado, retirada.

REPOLLUDO.—gordiflón, apaisado, regordete, achaparrado, retaco, rebolludo, rechoncho.

REPONER.—substituir, reemplazar, completar, responder, replicar, oponer, reformar, restaurar, restablecer.

REPONERSE.—mejorarse, restablecerse, aliviarse, serenarse, tranquilizarse, sosegarse, calmarse, aquietarse, templarse.

REPORTACIÓN.—serenidad, sosiego, moderación, circunspección, mesura, tranquilidad, quietud, calma.

REPORTAR.—reprimir, refrenar, aquistar, adquirir, ganar, moderar, lograr, conseguir, alcanzar, obtener, traer, llevar.

REPORTARSE.—calmarse, sosegarse, contenerse, refrenarse, reprimirse, tranquilizarse, templarse, comprimirse.

REPORTE.—novedad, nueva, noticia, hablilla, chisme, cuento, enredo, habladuría, lío, patraña, comadrería, chismería.

REPOSADO.—quieto, tranquilo, pacífico, sosegado, descansado, calmo, calmado, sereno.

REPOSAR.—sosegar, parar, descansar, yacer, dormir, holgar, posar, sabatizar.

REPOSO.—sosiego, quietud, poso, sabatismo, respiro, asueto, tranquilidad, descanso, paz, calma.

REPRENDER.—censurar, amonestar, reprehender, solfear, increpar, reprochar, reprobar, criticar, desaprobar, vituperar, corregir, regañar, sermonear, reñir.

REPRENSIBLE. — reprobable, reprehendible, vituperioso, vituperoso, criticable, censurable, vituperable.

REPRENSIÓN.—reprimenda, regaño, sermoneo, solfa, andanada, reproche, reprobación, corrección, repasata, amonestación, sermón, repulsa, filípica. admonición. riña, chillería.

REPRENSOR. — reprendiente, reprochador, censurista, sermoneador, increpador, vituperador, regañón, roncero.

REPRESENTANTE.—delegado, representador, comediante, histrión, mimo, actor.

REPRESENTAR.—figurar, reproducir, encarnar, interpretar, crear, constituir, simbolizar, mostrar, trazar, enterar, informar, declarar, re-

ferir, substituir, participar, comunicar, noticiar.
REPRENSIÓN.—refrenamiento, freno, contención, cohibición, coerción, limitación, dique.
REPRIMENDA.—regaño, corrección, reprensión, sermón, amonestación, solfa, regañina, andanada, admonición, riña, repulsa, filípica, paulina, chillería, repasata.
REPRIMIR.—moderar, dominar, contener, sujetar, refrenar, coercer, comprimir, cohibir, aplacar.
REPRIMIRSE.—comprimirse, reportarse, contenerse, refrenarse, moderarse, dominarse, aplacarse, poseerse, vencerse, domeñarse.
REPROBABLE.—criticable, censurable, vituperable, reprensible, reprochable, repudiable, vituperoso, condenable, reconvenible.
REPROBACIÓN.—censura, condena, desaprobación, reproche, desalabanza, reparo, distingo, tilde, crítica, tacha.
RÉPROBO.—precito, condenado, prexito, dañado, maldito.
REPROCHAR.—censurar, reconvenir, reprobar, desechar, criticar, vituperar, reprender, tildar, afear.
REPRODUCCIÓN.—copia, facsímil, facsímile, repetición, propagación, difusión, multiplicación, proliferación.
REPRODUCIR.—reimprimir, copiar, repetir, representar, reeditar, multiplicar, propagar, imitar.
REPUDIAR.—rechazar, repeler, desechar, renunciar, repugnar, prescindir, repulsar.
REPUESTO.—substituido, renovado, restablecido, cambiado, retirado, apartado, escondido, oculto, encubierto, recóndito, provisión, prevención.
REPUGNANCIA.—asco, escrúpulo, repulsión, aversión, tedio, oposición, contradicción, aborrecimiento, nolición.
REPUGNANTE.—repulsivo, repelente, asqueroso, nauseabundo, aborrecible, nauseoso, nauseativo.
REPUGNAR.—repeler, rechazar, rehuir, roncear, asquear, rehusar, contradecir, negar.
REPULIDO.—engalanado, acicalado, emperifollado, repulgado, lamido, soplado, peripuesto, recompuesto, emperejilado, relamido.
REPULSAR.—despreciar, desechar, prescindir, desdeñar, rechazar, repeler, negar.
REPUTACIÓN.—prestigio, renombre, concepto, opinión, prez, celebridad, fama, crédito, boga, gloria, honra, honor, nombradía, popularidad, consideración.
REPUTAR.—estimar, considerar, preciar, valuar, evaluar, valorar, conceptuar, juzgar, apreciar.
REQUEBRAR.—piropear, galantear, halagar, incensar, camelar, festejar, lisonjear, cortejar, adular, alabar.
REQUERIMIENTO.—intimación, información, precisión, aviso, amonestación.
REQUERIR.—avisar, necesitar, intimar, solicitar, pretender, informar, noticiar, precisar, necesitar, inducir, convencer, persuadir, reconocer, examinar.
REQUIEBRO.—galantería, flor, arremuesco, martelo, cortejo, garzonería, chichisbeo, piropo, lisonja, alabanza.
RESABIO.—señal, muestra, maña, defecto, falta, vicio, rastro, sello.
RESALTAR.—descollar, culminar, destacar, resalir, despuntar, sobresalir, botar, rebotar.
RESALTE.—resalto, saliente, relieve, salida, salidizo, saledizo, moldura.
RESARCIR.—indemnizar, compensar, reparar, desagraviar, enmendar, subsanar.
RESBALADIZO.—escurridizo, deslizadizo, resbalador, resbalante, resbaloso.
RESBALAR.—escurrir, rodar, esbarar, esvarar.
RESBALARSE.—deslizarse, esmuciarse, escurrirse, correrse, descabullirse, escabullirse.
RESCATAR.—cambiar, recobrar, redimir, libertar, desempeñar, reconquistar.
RESCINDIR.—anular, invalidar, deshacer, revocar, derogar, cancelar.
RESCOLDO.—calibo, escozor, recelo, escrúpulo, reconcomio, escarabajo, melindre.
RESENTIMIENTO.—ofensa, agravio, queja, disgusto, enojo, animadversión, hincha, tirria, fila, inquina, ojeriza.
RESENTIRSE.—ofenderse, agraviarse, lastimarse, disgustarse, molestarse, mosquearse, amoscarse, picarse, sentirse.
RESERVA.—discreción, cautela, prudencia, comedimiento, circunspección, sigilo, secreto, provisión, reservación, excepción, precaución.
RESERVADO.—comedido, cauteloso, cauto, precavido, discreto, callado, circunspecto, disimulado, secreto.
RESERVAR.—economizar, ahorrar, almacenar, atesorar, mantener, guardar, aplazar, diferir, encubrir, ocultar, callar.
RESFRIADO.—enfriamiento, constipado, resfriadura, catarro, resfrío, constipación, coriza, resfriamiento, romadizo.
RESFRIAR.—enfriar, moderar, entibiar, arromadizar, acatarrar.
RESGUARDAR.—proteger, preservar, defender, amparar, abrigar, salvaguardar, valer, reparar.
RESGUARDARSE. — protegerse, guarecerse, ampararse, preservarse, defenderse, abrigarse, cautelarse, abroquelarse, aconcharse, prevenirse, precaverse.
RESGUARDO.—amparo, protección, defensa, reparo, abrigo, seguridad, vigilancia, garantía, recibo, broquel, coraza, socaire, abrigadero.
RESIDENCIA.—morada, domicilio, habitación, casa, hogar, piso, vivienda.
RESIDIR.—morar, vivir, parar, anidar, habitar, radicar.
RESIDUO.—sobras, sobrante, resto, remanente, hez, poso, sedimento, resultado, resta, diferencia, despojos, escurriduras, arrebañaduras, desperdicio.
RESIGNACIÓN.—resigna, soportación, estoicismo, perseverancia, tolerancia, conformidad, conformismo, paciencia, renunciación.
RESIGNARSE.—allanarse, avenirse, someterse, aguantarse, chincharse, jorobarse, conformarse, prestarse, fastidiarse, achantarse.
RESISTENCIA.—energía, fuerza, vigor, potencia, aguante, solidez, fortaleza, firmeza, oposición, obstrucción, defensa, renitencia, indocilidad, rebeldía, obstinación.
RESISTENTE.—fuerte, firme, sólido, robusto, vigoroso, sufrido, incansable, infatigable, duro, tenaz.
RESISTIR.—sufrir, aguantar, soportar, tolerar, rechazar, repeler, contrarrestar, bregar, pugnar, forcejar, cerdear, rebatir, afrontar, desafiar.
RESOLUCIÓN.—valor, audacia, bravura, temeridad, ánimo, osadía, atrevimiento, arrojo, viveza, prontitud, actividad, celeridad, agilidad, determinación, arresto, decisión.
RESOLUTO.—abreviado, resuelto, sintético, resumido, compendioso, versado, experto, diestro, expedito, mañoso, hábil, habilidoso, perito.
RESOLVER.—determinar, decidir, recapitular, resumir, solucionar, destruir, deshacer, aclarar, dilucidar, arrasar, analizar.

RESONANCIA.—eco, repercusión, divulgación, sonido, acústica, notoriedad, bombo, reclamo.

RESONANTE.—ruidoso, retumbante, sonado, rimbombante.

RESONAR.—repercutir, retumbar, rimbombar, rebombar, rebumbar.

RESPALDO.—revés, reverso, vuelta, dorso, espaldera, respaldar, espaldar, respaldón.

RESPECTAR.—tocar, atañer, relacionar, respetar, competer, concernir, pertenecer.

RESPECTIVAMENTE.—respective, comparativamente, correspondientemente.

RESPETABLE.—honorable, venerable, serio, importante, considerable, grande, caracterizado, acatable, autorizado, considerado, venerando.

RESPETAR.—acatar, venerar, honestar, reverenciar, deferir, honrar, obedecer, respectar.

RESPETO.—acatamiento, reverencia, consideración, miramiento, veneración, enaltecimiento, cortesía, acato, obediencia, sumisión, fidelidad, lealtad, humildad, fervor, devoción, homenaje, rendición, rendimiento, admiración, temor.

RESPETUOSO.—respetador, obsequioso, honrador, reverenciador, deferente, reverente.

RESPINGAR.—repugnar, gruñir, regruñir, retrucar, rechinar, rezongar, resistir.

RESPIRADERO.—abertura, lumbrera, tragaluz, tronera, atabe, respiro, descanso, alivio, desahogo, aplacamiento.

RESPIRAR.—aspirar, expirar, inspirar, inhalar, exhalar, alentar.

RESPIRO.—calma, sosiego, alivio, tranquilidad, aplacamiento, desahogo, aliento, descanso, prórroga, respiradero.

RESPLANDECER.—relumbrar, brillar, relucir, rielar, lucir, fulgurar, irradiar, relampaguear, centellar, centellear, esplender, refulgir, coruscar, sobresalir.

RESPLANDECIENTE.—relumbrante, luminoso, refulgente, brillante, reluciente, fulgurante, radiante, resplendente, relumbroso, fulgente, coruscante, esplendente.

RESPLANDINA.—reprensión, regaño, sermón, peluca, reprimenda, regañina, sermoneo, paulina, filípica, solfa, repasata.

RESPLANDOR.—fulgor, esplendor, fausto, fasto, pompa, lucimiento, brillo, centelleo, relumbro.

RESPONDER.—agradecer, contestar, corresponder, replicar, fiar, garantizar, avalar, cantar, recitar, retrucar, reponer.

RESPUESTA.—réplica, contestación, dúplica, réspice, refutación.

RESQUEBRAJADURA.—resquebrajo, resquebradura, hendedura, grieta, raja, abertura, hendidura, resquebraja, intersticio.

RESQUEBRAJAR.—hender, abrir, agrietar, rajar, cuartear, esquebrajar, hendir, quebrajar, cascar.

RESQUICIO.—grieta, hendidura, intersticio, coyuntura, ocasión, pretexto, oportunidad.

RESTA.—diferencia, residuo, sustracción, sobrante, sobras.

RESTABLECER.—restaurar, reavivar, reponer, resucitar, rehabilitar, reintegrar, reconstituir, reanudar.

RESTABLECERSE.—repararse, recobrarse, fortalecerse, recuperarse, mejorarse, renovarse, recontarse, curarse.

RESTALLAR.—chascar, chasquear, crujir, estallar, restañar, retrallar, latiguear.

RESTANTE.—resto, residuo, remanente, sobrante, demás, otro, excedente, residual.

RESTAR.—quitar, sustraer, mermar, disminuir, diminuir, minorar, aminorar, rebajar, sacar, faltar, sobrar, quedar.

RESTAURAR.—reparar, restablecer, arreglar, componer, reformar, rehacer, regenerar, renovar, reponer, recuperar, recobrar.

RESTITUIR.—reintegrar, devolver, reponer, restablecer, tomar, volver, reembolsar.

RESTO.—residuo, remanente, sobrante, señal, vestigio, rastro, indicio, exceso, diferencia.

RESTREGAR.—frotar, estregar, ludir, fricar, friccionar, refregar.

RESTRICCIÓN.—cortapisa, limitación, impedimento, tasa, barrera, acotación.

RESTRINGIR. — circunscribir, ceñir, tasar, circunferir, delimitar, acotar, limitar, reducir, restriñir, coartar.

RESUELTO.—audaz, osado, determinado, decidido, arrojado, temerario, atrevido, denodado, resoluto, activo, diligente, veloz, ágil, célebre, pronto, expedito.

RESULTADO.—consecuencia, efecto, resulta, secuela, desenlace, fruto, resultancia.

RESULTAR.—originar, nacer, resurtir, resaltar, consistir, trascender, repercutir, redundar.

RESUMEN.—compendio, síntesis, sinopsis, esquema, sumario, recapitulación, recopilación, epítome, manual, extracto.

RESUMIDAMENTE. — brevemente, sumariamente, sucintamente, sintéticamente, extractadamente, lacónicamente, abreviadamente, reducidamente, compendiosamente, epitomadamente, compendiariamente.

RESUMIR.—extractar, reducir, abreviar, compendiar, recopilar, sintetizar, concretar, cifrar, compendizar, recapitular.

RETAHÍLA.—conjunto, serie, letanía, ringla, ringlera, renglera, sarta, rosario.

RETALLO.—vástago, pimpollo, hijo, remocho, renuevo, brota, vástiga, brote, esqueje, gajo, tallo, resalto.

RETAR.—provocar, desafiar, reprender, reprochar.

RETARDAR.—demorar, retrasar, rezagar, emperezar, pausar, roncear, diferir, aplazar, dilatar, posponer, preferir, detener, atrasar, atreguar.

RETARDO.—demora, retardación, retraso, dilación, aplazamiento, posposición, tregua, tardanza, morosidad.

RETENER.—conservar, guardar, reservar, archivar, almacenar, tener.

RETIRADAMENTE.—escondidamente, reservadamente, celadamente, subrepticiamente, secretamente, ocultamente.

RETIRADO.—alejado, apartado, lejano, distante, separado, aislado, extremo, desviado, solitario.

RETIRAR.—separar, desviar, apartar, alejar, quitar, restar, privar, aislar, suprimir, esconder, ocultar, entapujar.

RETIRARSE.—apartarse, retroceder, desviarse, separarse, retraerse, aislarse, desaparecer, recogerse, arrinconarse, enconcharse, encerrarse, acostarse, guarecerse, jubilarse.

RETIRO.—abstracción, recogimiento, retiramiento, retraimiento, apartamiento, recolección, refugio, encierro, aislamiento, clausura, reclùsión, soledad, soledumbre, sueldo, haber.

RETO.—desafío, amenaza, intimidación, conminación, provocación.

RETOÑAR.—retoñecer, renovar, entallecer, retallecer, pimpollecer, rebrotar.

RETOÑO.—renuevo, brote, botón, remocho, vástiga, vema, retallo, tallo, vástago, pimpollo.

RETORNAR.—volver, regresar, devolver, restituir, retorcer, tornar, venir.

RETORNO.—regreso, vuelta, canje, trocamiento, trueque, permuta, cambio, paga, satisfacción, recompensa.

RETOZAR.—jugar, travesear, trebejar, zaragutear, zarabutear, triscar, juguetear, corretear, brincar, saltar.

RETOZÓN.—juguetón, travieso, retozador, saltarín, zarabutero, zaragutero, alegre.

RETRACTACIÓN.—retratación, contraorden, contraaviso, contramandato, desabono, rescisión, abjuración.

RETRACTARSE. — rectificarse, desdecirse, desnegarse, desabonarse, rajarse.

RETRAERSE.—alejarse, retirarse, apartarse, retroceder, guarecerse, acogerse, refugiarse, aislarse, enconcharse, enclaustrarse.

RETRAÍDO.—apartado, retirado, corto, tímido, apocado, solitario, refugiado, reservado.

RETRAIMIENTO. — apartamiento, clausura, retiramiento, recogimiento, alejamiento, aislamiento, retiro, refugio.

RETRASAR.—suspender, atrasar, preterir, posponer, rezagar, emperezar, retardar, diferir, demorar, dilatar, aplazar.

RETRASO.—demora, retardo, retardación, tardanza, morosidad, aplazamiento, dilatación, atraso.

RETRECHERÍA.—lagotería, zalamería, disimulo, engaño, tapujo, socarronería, malicia.

RETRECHERO.—lagotero, zalamero, atractivo, atrayente, taimado, disimulado, solapado, zorrocloco.

RETRETE.—común, excusado, letrina, privado, secreta, latrina, evacuatorio, wáter.

RETRIBUCIÓN.—pago, recompensa, premio, remuneración, paga, pagamiento.

RETRIBUIR.—premiar, recompensar, pagar, galardonar, remunerar, recudir.

RETROCEDER.—cejar, recular, retrogradar, retrechar, desandar, descorrer.

RETROCESO.—regresión, retrocesión, retrogradación, reculada, retirada, retracción, rebote.

RETUMBANTE.—resonante, campanudo, rimbombante, ruidoso, sonante, atronador, fragoroso.

RETUMBAR.—rimbombar, resonar, rebombar, rebumbar, rumbar, atronar.

REUNIR.—congregar, amontonar, juntar, acopiar, aglomerar, agrupar, aunar, apelotonar, arracimar, cayapear, compilar, apiñar, recoger, allegar, convocar.

REVALIDAR.—ratificar, confirmar, corroborar, roborar, sancionar.

REVELACIÓN. — manifestación, declaración, revelamiento, descubrimiento, confidencia, soplo, indicación.

REVELAR.—manifestar, descubrir, declarar, chivatar, cantar, vomitar, parlar, exteriorizar.

REVENIRSE.—acedarse, avinagrarse, acidularse, encogerse, consumirse, agriarse, emblandecerse.

REVENTAR.—estallar, molestar, fastidiar, cansar, enfadar, perjudicar, morir, brotar, deshacer, romper, triturar, aplastar, chinchar, encocorar, importunar.

REVERENCIA.—veneración, respeto, acatamiento, inclinación, saludo, tratamiento, respetuosidad, devoción, obediencia, rendibú.

REVERENCIAR.—respetar, venerar, acatar, honrar, adorar, honestar, considerar, obedecer.

REVERSO.—revés, envés, dorso, posterioridad.

REVÉS.—dorso, envés, reverso, adversidad, percance, contratiempo, desastre, desgracia, infortunio, fracaso, golpe, moquete, cachetada, bofetada, soplamocos.

REVESADO.—obscuro, intrincado, enrevesado, inextricable, difícil, travieso, revoltoso, indócil, insubordinado, inobediente, enredador.

REVESAR.—arrojar, vomitar, regurgitar, devolver, provocar, desembuchar, lanzar, volver.

REVEZAR.—reemplazar, sustituir, cambiar, reponer, suplantar, revelar.

REVOCACIÓN.—anulación, casación, invalidación, derogación.

REVOCAR.—desautorizar, anular, cancelar, derogar, abolir, rescindir, disuadir, retraer.

REVOLTIJO.—revoltillo, enredo, embrollo, embrolla, enmarañamiento, trampantojo, mezcolanza, confusión.

REVOLTOSO.—alborotador, sedicioso, revolucionario, insurrecto, turbulento, rebelde, amotinado, travieso, revesado, enredador, inquieto, perturbador, intrincado, intrincable.

REVOLUCIÓN.—sedición, sublevación, rebelión, insurrección, levantamiento, subversión, revuelta, alzamiento, sublevamiento, pronunciamiento, revolvimiento, algarada, conmoción, alboroto, perturbación, agitación.

REVOLUCIONARIO. — insurrecto, faccioso, insurgente, trabucaire, sedicioso, rebelde, turbulento, amotinado, revoltoso, alborotador.

REVOLVER.—mover, agitar, envolver, inquietar, enredar, meditar, desordenar, mudar, cambiar.

REVUELTA.—revolución, disturbio, sedición, insurrección, alboroto, motín, asonada, riña, disensión, pendencia, contienda, marimorena, vuelta, mudanza.

REVUELTO.—inquieto, enredador, revoltoso, travieso, intrincado, indócil, insubordinado, revesado, abstruso.

REYERTA.—altercación, bronca, zaragata, gresca, contienda, altercado, pendencia, disputa, cuestión, riña, trifulca.

REZAGAR.—diferir, suspender, aplazar, demorar, retrasar, atrasar.

REZAGO.—atraso, demora, aplazamiento, tardanza, sobra, resto, residuo.

REZAR.—orar, refunfuñar, gruñir, rezongar, murmurar, mascullar, rogar, implorar.

REZONGAR.—refunfuñar, gruñir, rumiar, bufar, verraquear, varraquear, mascullar, murmurar.

REZONGÓN.—rezongador, rezonglón, carrañón, rutón, gruñón, refunfuñador.

RIADA.—avenida, crecida, anegación, anegamiento, arriada, inundación, desbordamiento.

RIBALDO.—rufián, bribón, pícaro, chulo, cherinol, rufo, cabrón, bellaco.

RIBERA.—orilla, margen, ribero, ribacera, costera, borde, costa, litoral.

RIBETE.—orilla, asomo, indicio, detalle, digresión, barrunto, barrunte, síntoma.

RICAMENTE.—opulentamente, preciosamente, lindamente, cómodamente, estupendamente, abundantemente, óptimamente.

RICO.—adinerado, pudiente, opulento, dineroso, acaudalado, hacendado, lauto, ricacho, ricachón, ricote, cuantioso, grávido, pingüe, abundoso, sabroso, gustoso, agradable, apetitoso, excelente, exquisito, bueno, exuberante, fecundo, fértil, abundante, copioso, valioso.

RIDÍCULO.—risible, extravagante, grotesco, charro, chocarrero, irrisorio, irrisible, raro, extraño, irregular, escaso, pobre, tacaño, corto, mezquino.

RIESGO.—exposición, peligro, arrisco, contingencia, albur, ventura, aventura.

RIFA.—sorteo, contienda, enemistad, pelea, gresca, rija, riña, pendencia, reyerta, tómbola.

RIFAR.—sortear, reñir, contender, pendenciar, quimerar, pelotear, pelear.

RIGIDEZ.—rigor, severidad, inflexibilidad, austeridad, tiesura, reciura, rezura, tenacidad, endurecimiento.

RÍGIDO.—riguroso, rigente, severo, austero, tieso, inflexible, endurecido, yerto, agarrotado, envarado, inquebrantable, correoso, entumecido, anquilosado.

RIGOR.—rigurosidad, severidad, rigorismo, aspereza, dureza, desabrimiento, acritud, propiedad, precisión, intensión, vehemencia, exactitud, puntualidad.

RIGORISMO.—rigurosidad, inflexibilidad, rigor, inescoralidad, austeridad, estrictez, crudeza, intolerancia, intransigencia.

RIGUROSO.—severo, duro, rígido, áspero, acre, rudo, crudo, estricto, exacto, estrecho, preciso, ceñido, ajustado, extremado, inclemente, ríspido, inexorable, inflexible, austero.

RIJA.—riña, alboroto, pendencia, bronca, zaragata, gresca.

RIJOSO.—sensual, lujurioso, pendenciero, camorrista, rencilloso, rijador.

RIMBOMBANTE.—resonante, altisonante, retumbante, campanudo, hinchado, hueco, ostentoso, llamativo, aparatoso, ostentativo, espectacular.

RIMBOMBAR.—retumbar, rebombar, rebumbar, retronar, resonar, repercutir.

RIMBOMBO.—retumbo, resonancia, repercusión, eco, rimbombe, rimbombancia, resonación.

RIMERO.—montón, rima, cómulo, telera, hacina, tonga, pila.

RINGLERA.—ringle, ringla, fila, retahíla, renglera, rengle, hilera, hilada, riestra, ristra, sarta.

RIÑA.—altercado, bronca, quimera, contienda, camorra, trifulca, confusión, trapatiesta, gresca, alboroto, gazapera, cuestión, lucha, reyerta, zaragata, zipizape, bolina, arrancasiega, marimorena, pendencia, disputa, querella, encuentro, pelea, porfía, agarrada, zurribanda, chamusquina.

RIQUEZA.—abundancia, opulencia, copia, profusión, fertilidad, fortuna, abundamiento, caudal, holgura, bienes, hacienda, medios, posibles, dineral, gato, tesoro.

RISCOSO.—escabroso, peñascoso, arriscado, rocoso, roqueño, roquero, enriscado.

RISIBLE.—irrisorio, ridículo, cómico, grotesco, irrisible, chocarrero.

RISUEÑO.—alegre, placentero, reidor, carialegre, riente, festivo, próspero, agradable, favorable, deleitable, propicio, gozoso, satisfecho, óptimo, divertido, jocoso.

RIVAL.—enemigo, competidor, émulo, adversario, contrincante, antagonista, contrario, contendiente.

RIVALIDAD.—enemistad, lucha, antagonismo, contención, pugna, pique, competencia, oposición.

RIVALIZAR.—contender, competir, emular.

RIZAR.—ondular, ensortijar, encrespar, engrifar, ondear.

RIZOSO.—rizado, rizo, rufo, ensortijado, ondulado, crespo, enguedejado.

ROBAR.—rapiñar, pillar, quitar, saquear, tomar, sisar, limpiar, malversar, estafar, hurtar, timar, despojar, expoliar, desvalijar, sustraer, rapar, escamotear, bailar, garsinar, afanar, distraer, secuestrar.

ROBLIZO.—duro, recio, fuerte, vigoroso, forcejudo, estrenuo, terne, cereño.

ROBO.—saqueo, pillaje, rapiña, timo, latrocinio, hurto, fraude, ladrocinio, ladronicio, garfina, garsina, ratería, estafa, expoliación, sustracción, malversación, despojo, desfalco, distracción, escamoteo, concusión, ratería, sisa, rapto.

ROBUSTAMENTE.—reciamente, vigorosamente, fuertemente, membrudamente, nervosamente, forzudamente.

ROBUSTECER.—vigorizar, reforzar, fortalecer, fortificar, entesar, vigorar, reforzar.

ROBUSTEZ.—fuerza, fortaleza, vigor, resistencia, salud, robusteza, reciura, reciedumbre, estrenuidad, rejo.

ROBUSTO.—vigoroso, firme, fuerte, recio, membrudo, robusto, roblizo, nervudo, estrenuo, cereño, forcejudo.

ROCA.—peñasco, peña, peñón, islote, roquedo, cantil, escollo, tolmo.

ROCE.—comunicación, trato, fricción, rozadura, frote, rozamiento, ludimiento, fricazón.

ROCIADA.—rocío, rociadura, reprimenda, reprensión, sermoneo, paulina, filípica, sermón.

ROCIAR.—esparcir, asperjar, arrojar, regar, rujiar, hisopear, hisopar, espurrear.

ROCÍN.—rocinante, rocino, caballejo, jamelgo, matalón, penco, sotreta, gurrufero, cuatropeo, rudo, tosco, ignorante, grosero.

ROCÍO.—rociada, rosada, sereno, aljófar, relente, cencio.

RODADA.—releje, carril, carrilada, rodera, reguero, carrero.

RODAR.—girar, voltear, rotar, rutar, rolar, rular, vagar, merodear.

RODEAR.—circuir, cercar, circunvalar, ceñir, contornar, contornear, arrodear, remolinar, rondar, acordonar.

RODEO.—dilación, circunloquio, tardanza, disimulo, escape, efugio, contorneo, arrodeo, circunducción.

ROER.—carcomer, molestar, descantillar, punzar, atormentar, fizar, mordicar, ratonar, carroer, desgastar.

ROGAR.—instar, pedir, suplicar, implorar, obsecrar, invocar, rezar, deprecar, exorar, solicitar.

ROJO.—bermejo, colorado, encarnado, carmesí, escarlata, purpúreo, coccíneo, grana, encendido, carmín, bermellón, rubí, rubre, coralino, carminoso, rúbeo, granate, almagrado.

ROLLIZO.—fornido, robusto, grueso, gordo, cilíndrico, cilindroideo.

ROMO.—chato, porro, torpe, tosco, rudo, obtuso, embotado, boto, mocho, mellado, embolado.

ROMPER. — quebrantar, quebrar, fracturar, cascar, machacar, rasgar, destrozar, desgarrar, despedazar, prorrumpir, brotar, roturar, interrumpir, cortar, separar, escachar, tronchar, descalandrajar.

ROMPIMIENTO.—rotura, cuestión, rompedura, quebradura, estrapalucio, quebrantamiento, siete, quebrantadura.

RONCAMENTE.—bastamente, groseramente, toscamente, ásperamente, zafiamente, torpemente.

RONCERÍA.—tardanza, lentitud, haraganería, poltronería.

RONCERO.—perezoso, tardo, pigre, vago, haragán, poltrón, lento, regañón, adulador.

RONZAL.—ramal, brida, cabestro, camal, dogal, diestro.

ROÑA.—porquería, sarna, moho, pringue, suciedad, farsa, treta, astucia, sagacidad.

ROÑERÍA.—ruindad, cicatería, mezquindad, roña, tiñería, piojería, sordidez, tacañería, escasez, miseria, avaricia.

ROÑOSO.—sucio, cochino, puerco, cicatero, cutre, agarrado, escatimoso, apretado, tacaño, mezquino, avaro, miserable.

ROPAJE.—vestidura, vestido, indumento, veste, vestimenta, indumentaria.

ROQUEDAL.—roqueño, roqueda, riscoso, rupestre, peñascoso.

ROQUEDO.—roca, peñasco, peña, risco, castro, cantil, escollo, tolmo.

RORRO.—mamón, mamoncillo, mamoncete, llorón, nene, crío, chiquirritín, churumbel.

ROSTRO.—cara, faz, semblante, efigie, imagen, continente, hocico, jeta, fronstispicio, fisonomía.

RÓTULO.—cartel, aviso, letrero, título, tejuelo, inscripción, muestra, rétulo, rúbrica, epígrafe.

ROTUNDAMENTE.—claramente, redondamente, terminantemente, definitivamente, precisamente, concluyentemente, rematadamente.

ROTUNDO.—claro, preciso, redondo, decisivo, conclusivo, terminante, definitivo, concluyente.

ROTURA.—fractura, ruptura, contrarrotura, abertura, quiebra, quebradura, rompedura, estrapalucio.

ROZADURA.—frote, roce, fricación, estregamiento, refregadura, ludimiento, rozamiento.

ROZAGANTE.—brillante, vistoso, ufano, llamativo, satisfecho, contento, orgulloso, runflante.

RUBIO.—rubicundo, blondo, rubial, rubicán, bermejo, róseo, sonrosado.

RUBOR.—bochorno, sonrojo, empacho, timidez, vergüenza, erubescencia, soflama, abochornamiento, corrimiento, candor, empacho.

RUBORIZAR.—abochornar, confundir, sofocar, acholar, avergonzar, sonrojar.

RUBORIZARSE. — abochornarse, sonrojarse, avergonzarse, empacharse, sonrosearse, encenderse, embermejarse.

RUBOROSO.—vergonzoso, pudoroso, pudibundo, erubescente, verecundo.

RUDAMENTE. — broznamente, rústicamente, toscamente, burdamente, bárbaramente, groseramente, roncamente.

RUDEZA.—aspereza, brusquedad, rustiquez, basteza, bronquedad, descortesía, grosería, tosquedad, torpeza, rudez, rusticidad.

RUDIMENTARIO.—primitivo, elemental, rudimental, embrionario, primario.

DURIMENTO.—principio, embrión, germen, inclinación, noción, fundamento.

RUDO.—áspero, tosco, brusco, tocho, bronco, brozno, patán, basto, grosero, descortés, garbancero, desabrido, romo, torpe, porro, bruto.

RUEGO.—plegaria, oración, prez, súplica, petición, jaculatoria, instancia, solicitud, pido, rogación, imploración, suplicación.

RUFIÁN.—baratero, rufianazo, rufiancete, rufianejo, rufo, alcahuete, charinol, cabrón, rufezno, gancho.

RUFO.—rojo, bermejo, rubio, coralino, ensortijado, tieso, fuerte, rizado, agradable, gayo, purpúreo.

RUIDO.—sonido, alboroto, escándalo, litigio, pendencia, pleito, jaleo, gresca, griterío.

RUIN.—indigno, bajo, vil, despreciable, miserable, desmedrado, raquítico, enclenque, pequeño, escuchumizado, canijo, encanijado, humilde, avaro, avariento, avaricioso, mezquino, tacaño, cutre, cicatero, piojoso, roñoso.

RUINA.—perdición, devastación, destrucción, desolación, destrozo, menoscabo, deterioración, desmedro, decaimiento, decadencia, pérdida, quiebra.

RUINDAD.—indignidad, vileza, infamia, bajeza, tacañería, piojería, cicatería, roña, roñería, mezquindad, avaricia.

RUINOSO.—desmedrado, pequeño, escuchimizado, raquítico, enclenque.

RUMBO.—senda, dirección, camino, ruta, liberalidad, desprendimiento, generosidad, desinterés, garbo, ostentación, pompa, boato, gala, fasto, fastuosidad, esplendor, aparato, esplendidez.

RUMBOSO.—generoso, desprendido, rumbón, desinteresado, liberal, espléndido, dadivoso, pomposo, ostentoso, magnífico, aparatoso, lujoso, manirroto, manilargo, canario.

RUMOR.—murmullo, runrún, murmurio, zumbido, hablilla, tole-tole, faloria, chisme.

RUPTURA.—rotura, rompimiento, desavenencia, riña, quiebra, quebradura, quebramiento.

RURAL.—rústico, campestre, grosero, zafio, selvático, cerril, rustical, inculto, tosco.

RUSTICIDAD.—rustiqueza, rustiquez, grosería, tosquedad, rudeza, bastedad, bronquedad, zafiedad, ordinariez, selvatiquez.

RÚSTICO.—rudo, grosero, tosco, garbancero, tocho, selvático, basto, ordinario, zafio, descortés, aldeano, labriego, pueblerino, campesino, agreste, campestre, pastoril, rusticano.

RUTA.—itinerario, derrota, rota, derrotero, dirección, rumbo, camino, senda, sendero.

RUTILANTE.—resplandeciente, brillante, relumbrante, coruscante, esplendente, fulgente, esplendoroso, centelleante, fúlgido, fulgurante.

RUTILAR. — refulgir, brillar, resplandecer, centellear, fulgurar, relumbrar, destellar, coruscar, rielar, cabrillear, titilar, relucir, relampaguear.

RUTINA.—práctica, hábito, vezo, solia, costumbre.

S

SABEDOR.—noticioso, instruido, conocedor, sabiente, consciente, documentado, enterado.

SABER.—sabiduría, conocer, cognición, pericia, instrucción, ciencia, doctrina, erudición, conocimiento, lustración.

SABIAMENTE. — cuerdamente, sapientísimamente, eruditamente, escientemente, prudentemente, juiciosamente.

SABIDURÍA.—seso, prudencia, juicio, saber, ciencia, cordura, sabihondez, experiencia, instrucción, sapiencia, noticia, conocimiento.

SABIO.—erudito, sapiente, docto, sabiente, entendido, cuerdo, prudente, juicioso, sesudo, salomón, séneca, lumbrera.

SABOR.—sapidez, gusto, paladar, regosto.

SABOREAR.—degustar, gustar, paladear, probar, tastar, libar.

SABROSO.—gustoso, delicioso, agradable, apetitoso, rico, deleitable, sápido, saporífero, apetitivo, exquisito.

SACA.—costal, talega, talego, saco, exportación, retracto, tanteo.

SACAR.—extraer, deducir, inferir, colegir, conseguir, alcanzar, lograr, desocupar, obtener, aprender, averiguar, resolver, conocer, hallar, indicar, alargar, adelantar, quitar, citar, producir, nombrar, inventar, imitar, librar, exceptuar, excluir, sonsacar, desenterrar, exhumar, desempolvar, vaciar.

SACIAR.—satisfacer, hartar, ahitar, atestar, atarugar, empachar, empapujar.

SACIEDAD.—hartazgo, hartura, hartazón, repleción, hartada, panzada, empipada.

SACIO.—harto, satisfecho, saciado, repleto, tifo, ahíto.

SACO.—talega, talego, costal, fardel, macuto, cutama, bolso, saqueo, saque.

SACRIFICIO.—holocausto, oblación, ofrenda, litación, inmolación, propiciación, hecatombe, renunciamiento, abnegación, desinterés.

SACRILEGIO.—profanación, violación, profanamiento, profanidad.

SACRÍLEGO.—impío, profanador.

SACUDIDA.—zarandeo, sacudimiento, conmoción, temblor, convulsión, agitación, estremecimiento, golpe, sobresalto, terremoto.

SACUDIR.—mover, agitar, golpear, zarandear, menear, arrojar, rechazar, zalear, zangolotear.

SAGACIDAD.—sutileza, penetración, socarronería, cazurría, marrullería, matrería, solercia, perspicacia, astucia.

SAGAZ.—astuto, ladino, perspicaz, sutil, previsor, prudente, socarrón, conchudo, candongo, guachinango.

SAGAZMENTE. — astutamente, arteramente, socarronamente, matreramente, ladinamente, perspicazmente, prudentemente, previsoramente, sutilmente, taimadamente.

SAGRADO.—sacrosanto, sacro, santo, santificado, bendito, consagrado, sacratísimo, venerable, respetable, inviolable.

SAHUMAR.—ahumado, incensar, aromar, perfumar, aromatizar.

SAHUMERIO.—incensada, sahúmo, sahumadura.

SALEROSO.—gracioso, chistoso, chusco, simpático, jacarandoso, donoso, salado, agudo, ocurrente, sandunguero, garboso, donairoso.

SALIDA.—recurso, escapatoria, evasiva, excusa, rodeo, pretexto, subterfugio, venta, despacho, agudeza, chiste, ocurrencia, partida, escape, evasión, ausencia, marcha.

SALIENTE.—resalte, resalto, emergente, surgente.

SALIR.—brotar, aparecer, surgir, emerger, desembocar, prorrumpir, nacer, sobresalir, partir, marchar, brotar, ocurrir, acaecer, acontecer, suceder, cesar, abandonar, dejar.

SALPICAR.—asperjar, rociar, rujiar, hisopear, hisopar, rosar, aspergear, esparcir.

SALTADOR.—saltarín, saltor, saltante, capricante, brincador.

SALTAR.—botar, brincar, retozar, pingar, cabrear, chozpar, triscar.

SALTEAR.—acometer, asaltar, agredir, sobrecoger, sorprender, embestir, asustar, entrar.

SALTIMBANQUI. — saltimbanco, saltabanco, volatinero, histrión, informal, charlatán, titiritero.

SALTO.—bote, rebote, brinco, pedicoj, volatín, batuda, corcorvo, chozpo, tranco, corveta, gambeta, cabriola, pirueta, retozo, precipicio, despeñadero, derrumbadero, desgalgadero.

SALUDABLE. — salubre, sano, salubérrimo, robusto, terne, morocho, salutífero, higiénico, provechoso, conveniente, beneficioso.

SALUDO.—sombrerazo, sombrerada, gorretada, zalema, salutación, saludación, cabezada.

SALVAGUARDIA.—salvoconducto, garantía, pasaporte, custodia, defensa, guarda, protección, cuido, amparo.

SALVAJADA.—atrocidad, brutalidad, barbaridad, salvajería, salvajez, incivilidad, bruteza, bestialidad, irracionalidad.

SALVAJE.—silvestre, montés, montaraz, agreste, bravío, selvático, bárbaro, feroz, brutal, atroz, incivil, inculto, burral, irracional, abestiado, bestial, indoméstico.

SALVAR.—librar, tramontar, guarecer, proteger, defender, vencer, franquear, superar, evitar, exceptuar, excluir.

SALVEDAD.—descargo, excusa, disculpa, excuso, excusación.

SALVO.—ileso, libertado, indemne, cencido, sano, zafio, virgen, incólume, excepto, exceptuado, omitido, menos, seguro, libre.

SAMBENITAR. — infamar, desacreditar, ensambenitar, deshonrar, mancillar, amancillar.

SANCIÓN.—castigo, pena, ley, ordenanza, estatuto, autorización, permisión conformidad, asentimiento, aprobación.

SANDEZ.—majadería, necedad, tontería, despropósito, estupidez, vaciedad, bobería, bobada, idiotez, memez, simpleza.

SANDIO.—necio, bobo, majadero, tonto, simple, estúpido, pazguato, tolili, memo, imbécil, cretino, bobalicón.

SANDUNGA.—donaire, salero, sombra, jacosidad, gachonería, gracejo, gracia, garbo.

SANDUNGUERO.—gracioso, garboso, jacarandoso, salado, donoso, chusco, donairoso, saleroso, chistoso, ocurrente.

SANFRANCIA.—trifulca, contienda, pendencia, marimorena, zaragata, sarracina, querella, riña, gresca.

SANGRÍA.—sangradura, desangramiento.

SANGRIENTO. — sanguinolento, sangrante, cruento, sanguinario, sanguino, sanguinoso, sanguífero.

SANGUINARIO.—sanguinoso, ultrajante, baldonador, feroz, inhumano, vengativo, cruel.

SANO.—salubre, saludable, robusto, salubérrimo, terne, morocho, bondadoso, bueno, sincero, recto, íntegro, entero, virgen, indemne, ileso, incólume, sanote, moral, verdadero.

SANTAMENTE.—sencillamente, piadosamente, cristianamente, honradamente, honestamente, beatíficamente.

SANTURRÓN.—santucho, santulón, tragasantos, beatuco, beato, hipócrita, gazmoño, mojigato, tartufo.

SAÑA.—ira, cólera, furor, encono, crueldad, rabia, fiereza, vesania, carraña, furia.

SARCASMO.—mordacidad, ironía, causticidad, zaherimiento.

SARCÁSTICO.—satírico, burlón, epigramático, punzante, cáustico, irónico, mordaz.

SARRACINA.—pelea, pendencia, riña, trifulca, gresca, querella, sanfrancia, zafarrancho, bronca, camorra, pelotera.

SATÍRICO.—burlón, mordaz, punzante, cáustico, epigramático, sarcástico.

SATIRIZAR. — motejar, zaherir, ridiculizar, censurar, ironizar.

SATISFACCIÓN.—descargo, excusa, contento, disculpa, agrado, complacencia, placer, gusto, reparación, presunción, vanidad, orgullo, pedantería.

SATISFACER.—saciar, hartar, llenar, pagar, cumplir, remediar, aquietar, aplacar, apaciguar, premiar.

SATISFACTORIO.—lisonjero, agradable, próspero, favorable, grato, satisfaciente, halagador, apacible, ameno, jarifo, gustoso.

SATISFECHO.—contento, complacido, presumido, vanidoso, orgulloso, feliz.

SAZONAR. — aliñar, aderezar, salpimentar, cundir, condimentar, madurar.

SECADAL.—secano, sequedal.

SECAMENTE.—ásperamente, acremente, agriamente, desabridamente, despectivamente, rotundamente, redondamente.

SECAR.—enjugar, marchitar, agostar, fastidiar, aburrir, molestar.

SECO.—flaco, delgado, chupado, magro, entelerido, enjuto, sarmentoso, marchito, agostado, desabrido, áspero, estéril, árido, riguroso, estricto, inexpresivo.

SECRETAMENTE.—reservadamente, misteriosamente ocultamente, escondidamente, tácitamente, cubiertamente.

SECRETO.—oculto, recóndito, reservado, escondido, ignorado, callado, silencioso, reserva, misterio, sigilo, clave, cifra, escondrijo, arcano, chiticalla, incógnita.

SECUELA.—deducción, consecuencia, resulta, efecto, resultado.

SECUESTRAR.—embargar, retener, encerrar, aprehender, apresar, emparar, amparar.

SECUESTRO.—encierro, embargo, aprehensión, requisa, emparamento, emparamiento.

SECUNDAR.—ayudar, auxiliar, apoyar, favorecer, socorrer, coadyuvar, cooperar, conllevar.

SEDICIÓN.—sublevación, rebelión, motín, asonada, tumulto, insurrección, alzamiento, levantamiento, pronunciamiento, cuartelada.

SEDICIOSO.—amotinado, insurrecto, revoltoso, insurgente, sublevado, faccioso, rebelde.

SEDUCIR.—encantar, cautivar, ilusionar, fascinar, engañar, arrastrar, inducir, captar, camelar, quillotrar.

SEDUCTOR.—cautivador, seductivo, cautivante, engañador, sugestionador, engatusador, hechicero.

SEGREGAR.—separar, cortar, seccionar, dividir, apartar, gotear, rezumar, eyacular, secretar.

SEGUIDO.—consecutivo, sucesivo, continuado, recto, continuo, frecuente, incesante, derecho.

SEGUIR.—continuar, proseguir, subseguir, suceder, segundar, acompañar, escoltar, acosar, perseguir, copiar, imitar, practicar.

SEGURIDAD.—tranquilidad, calma, fieldad, inmunidad, indemnidad, certidumbre, certeza.

SEGURO.—indudable, cierto, sano, salvo, ileso, indubitable, infalible, firme, positivo, invariable, fijo, constante, inquebrantable, tranquilo, certero, sólido, confianza, seguridad, certeza, salvoconducto, contrato, leal, confiado, desprevenido.

SELECCIÓN.—distinción, preferencia, separación, apartado, escogimiento, elección, antología, tría, trío, florilegio.

SELECTO.—distinguido, escogido, atrayente, atractivo, excelente, extra, primoroso.

SELVATIQUEZ.—tosquedad, rustiquez, rustiqueza, tochedad, rusticidad, incivilidad, incultura.

SELLAR.—timbrar, estampar, imprimir, grabar, tapar, cubrir, cerrar, sigilar, concluir, acabar, finalizar, terminar, finir.

SEMBLANTE.—faz, cara, rostro, fisonomía, pelaje, pinta.

SEMBRAR.—sementar, resembrar, empanar, desparramar, esparcir, divulgar, predicar, publicar, granear, diseminar.

SEMEJANTE.—análogo, idéntico, parecido, parigual, similar, afín, semejado, similitudinario, parejo.

SEMEJANZA.—similitud, afinidad, maridaje, parecencia, aproximación, parecido, analogía, semeja.

SEMILLERO.—vivero, origen, causa, fuente, seminario, almáciga, almajara.
SEMPITERNO.—perpetuo, eterno, perenne, perenal, infinito, duradero, perdurable, interminable.
SENCILLEZ.—ingenuidad, simplicidad, naturalidad, inocencia, candidez, campechanía, simpleza, humildad, sinceridad, llaneza, franqueza, afabilidad.
SENCILLO.—incauto, natural, ingenuo, franco, llano, humilde, cándido, inocente, simple, campechano, llanote.
SENECTUD.—ancianidad, vejez, longevidad, senilidad, senilismo, decrepitud, vetustez, caduquez, agerasia, chochez.
SENSACIÓN.—emoción, impresión, percepción, excitación.
SENSATEZ.—discreción, prudencia, cordura, circunspección, juicio, moderación, cautela, reflexión, tino, madurez, formalidad, seso.
SENSATO.—circunspecto, discreto, formal, ajuiciado, prudente, juicioso, cuerdo, reflexivo, sentado, cauto, sesudo, moderado, serio, ponderoso, mesurado.
SENSIBLE.—lamentable, lastimoso, impresionable, doloroso, perceptible, apreciable, sensitivo, hiperestético, afectivo.
SENSUAL.—voluptuoso, sensualista, sibarita, sensitivo, lúbrico, libidinoso, lujurioso, lascivo, mujeriego, rijoso, cachondo.
SENTADO.—juicioso, sesudo, quieto, pacífico, tranquilo, sosegado, anotado, sensato, moderado, ponderoso, mesurado.
SENTAR.—anotar, inscribir, asentar, registrar, allanar, aplanar, igualar, cuadrar, agradar.
SENTENCIA.—juicio, laudo, dictamen, decisión, resolución, fallo, veredicto, decreto, parecer, sentención, sanción, sentenzuela, máxima, proverbio.
SENTENCIAR.—dictaminar, decidir, sancionar, enjuiciar, resolver, condenar, fallar, pronunciar, dictar.
SENTIDO.—significación, significado, entendimiento, discernimiento, conocimiento, expresión, acepción, finalidad, realce, hendido, rajado, caletre, pesquis, chirumen, cacumen.
SENTIMIENTO.—dolor, pena, pesar, congoja, atribulación, pesadumbre, tristeza, emoción, aflicción, impresión.
SENTIR.—percibir, experimentar, advertir, deplorar, lamentar, sufrir, padecer, barruntar, presentir, parecer, prever, juicio, juzgar, opinar.
SEÑAL.—hito, marca, mojón, imagen, representación, cicatriz, huella, rastro, vestigio, indicio, síntoma, signo, seña, nota, distintivo, garantía.
SEÑALADAMENTE.—especialmente, característicamente, singularmente, particularmente.
SEÑALADO.—ilustre, insigne, destacado, famoso, singular, ínclito, importante, afamado.
SEÑALAR.—designar, indicar, determinar, fijar, denotar, asignar, observar, aludir, apuntar, especificar, registrar, trazar, marcar, tarjar, amagar, marchamar, subrayar.
SEÑALARSE.—significarse, distinguirse, destacarse, singularizarse, caracterizarse, evidenciarse.
SEÑOREAR.—mandar, domeñar, soberanear, imperar, avasallar, disponer, dominar.
SEÑORÍO.—mando, dominio, potestad, imperio, gravedad, mesura, territorio, señoreaje, señoraje, enseñoramiento.
SEPARAR.—apartar, desunir, disgregar, alejar, destituir, dividir, desjuntar, distanciar, desagregar, despegar, desviar.
SEPULTAR.—inhumar, enterrar, esconder, ocultar, encubrir, sumergir, abismar.
SEPULTURA.—huesa, hoya, fosa, cárcava, yacija, enterramiento, tumbón, hoyo, nicho, tumba, sepulcro.
SEQUEDAD.—sequera, seca, sequía, secura, sed, aridez, enjutez, sequedal, sequeral, desabrimiento, aspereza, dureza, descortesía.
SER.—existir, estar, ente, persona, criatura, entidad, esencia, naturaleza, valer, suceder, acaecer, haber, servir, corresponder, convenir.
SERENAR.—escampar, aclarar, calmar, sosegar, despejar, tranquilizar, aplacar, encalmar, desenojar, apaciguar, aquietar, templar, moderar.
SERENARSE.—tranquilizarse, sosegarse, calmarse, aquietarse, apaciguarse, despejarse, abonanzar, aclararse, desencapotarse, aplacarse, encalmarse, desenojarse.
SERENIDAD.—sosiego, tranquilidad, calma, impavidez, imperturbabilidad, quietud, reposo, paz, placidez, valor, apacibilidad, dulzura.
SERENO.—tranquilo, valiente, templado, impávido, firme, impertérrito, sosegado, apacible, despejado, claro, aquietado, calmo, reposado, apaciguado, relente.
SERIEDAD.—formalidad, gravedad, circunspección, austeridad, solemnidad, fundamento, sensatez.
SERIO.—solemne, grave, majestuoso, importante, formal, considerable, ponderoso, gravedoso, sentencioso, mesurado, circunspecto, sentado, sensato, severo, austero, adusto.
SERMÓN.—amonestación, reprimenda, reprensión, regaño, admonición, regañina, rapapolvo, advertencia, filípica, catilinaria, discurso.
SERVICIAL.—complaciente, serviciable, atento, cumplido, ayuda, lavativa, irrigación, lavaje.
SERVICIO.—favor, gracia, beneficio, lavativa, ayuda, clister, cubierto, utilidad, provecho, vasija, orinal, perico.
SERVIDOR.—doméstico, sirviente, criado, fámulo, lacayo, ordenanza.
SERVIDUMBRE.—sujeción, obligación, gabela, carga, gravamen, servicio, esclavitud.
SERVIL.—humilde, vil, bajo, humillante, rastrero, adulador, vergonzoso, abyecto, suizo, lacayil, lacayuno.
SERVILISMO.—humillación, adulación, bajeza, envilecimiento, abyección, sumisión, vileza.
SERVILMENTE.—indecorosamente, ruinosamente, humildemente, bajamente, lacayunamente, abyectamente, vilmente, rastreramente.
SERVIR.—aprovechar, valer, asistir, utilizar, obsequiar, cortejar, enamorar.
SESGADAMENTE.—sesgamente, oblicuamente, apaciblemente, sosegadamente, tranquilamente, serenamente.
SESGADO.—apacible, tranquilo, sereno, sosegado.
SESGO.—torcido, inclinación, cortado, torcimiento, oblicuo, oblicuidad, grave, modo, serio, medio, circunspecto.
SESO.—juicio, cerebro, discreción, madurez, pesquis, cacumen, chirumen, caletre, magín, prudencia, cordura, reflexión, sensatez, circunspección, gravedad.
SESUDO.—discreto, cuerdo, juicioso, grave, reflexivo, prudente, maduro, ponderoso, sabio, circunspecto.
SETO.—cercado, vallado, valladar, valla, cercamiento, cerco, tapia, cerca.
SEVERIDAD.—rigor, aspereza, rigidez, seriedad, gravedad, exactitud, puntualidad, circunspección, desabrimiento, acritud.
SEVERO.—riguroso, inflexible, áspero, rígi-

do, serio, grave, duro, exacto, puntual, intransigente, cumplido, sesudo.

SIEMPRE.—invariablemente, perfectamente, eternamente, constantemente, perennemente, perenalmente.

SIERVO.—esclavo, cautivo, servidor, fámulo, criado, doméstico, suzarro, mercenario.

SIESTA.—canóniga.

SIGILAR.—ocultar, encubrir, callar, sellar, entapujar, esconder.

SIGILO.—secreto, sello, reserva, ocultación, silencio, tapujo.

SIGNIFICACIÓN.—significancia, significado, sentido, acepción, representación, importancia, valor, trascendencia, alcance, expresión, declaración.

SIGNIFICAR.—comunicar, notificar, representar, expresar, exponer, decir, enterar, denotar, simbolizar, figurar, declarar, manifestar.

SIGUIENTE.—subsecuente, correlativo, sucesor, subsiguiente, sucesivo, posterior, ulterior, popel.

SILENCIO.—mutismo, sigilo, pausa, insonoridad, mudez, conticinio, sigilación.

SILENCIOSO.—taciturno, silente, mudo, callado, sordo, reservado, insonoro.

SILVESTRE.—rústico, montaraz, campestre, agreste, selvático, salvaje, inculto, grosero, zafio.

SÍMBOLO.—alegoría, imagen, divisa, señal, emblema, sentencia, distintivo, lema, metáfora, mote, cifra.

SÍMIL.—parecido, análogo, semejante, similar, parejo, parigual, paralelo.

SIMILITUD.—semejanza, analogía, paralelismo, parecido.

SIMPATÍA.—atractivo, agrado, gracia, inclinación, afición.

SIMPLE.—solo, único, sencillo, incauto, cándido, mentecato, necio, bobo, tonto, pazguato, bobalicón, insípido, desabrido, lila, simplón.

SIMPLEMENTE.—absolutamente, sencillamente, únicamente, totalmente, enteramente.

SIMPLEZA.—rusticidad, necedad, bobería, tontería, vaciedad, mentecatez, mentecatería, mentecatada, estupidez, memez, bobada, tosquedad, zafiedad, descortesía.

SIMPLICIDAD.—inocencia, sencillez, candor, ingenuidad, candidez, engaño.

SIMULACIÓN.—doblez, hipocresía, fingimiento, falsedad, fraude, engaño.

SIMULADAMENTE.—fingidamente, falsamente engañosamente, engañadoramente, encubiertamente.

SIMULADO.—falso, fingido, imitado, postizo, ficto, artificial, apócrifo.

SIMULAR.—fingir, falsear, aparentar, desfigurar, disfrazar, figurar, suponer.

SINCERIDAD.—franqueza, veracidad, espontaneidad, candor, sencillez, ingenuidad, pureza.

SINCERO.—ingenuo, franco, sencillo, puro, cordial, abierto, veraz, claro, leal, formal, noble, recto, expansivo, espontáneo, llano.

SINGULAR.—solo, único, extraordinario, raro, extraño, particular, excelente, distinguido, especial, impar, particular, individuo.

SINGULARIDAD.—especialidad, particularidad, distinción, raridad, excelencia, rareza, extrañeza.

SINGULARIZAR.—particularizar, distinguir, diferenciar, caracterizar.

SINGULARIZARSE.—señalarse, particularizarse, distinguirse, destacarse, sobresalir, caracterizarse, diferenciarse.

SINGULARMENTE.—separadamente, especialmente, particularmente, independientemente, individualmente, peculiarmente.

SINIESTRO.—funesto, infeliz, aciago, perverso, avieso, viciado, desgraciado, izquierda, desgracia, catástrofe, desastre, hecatombe, ruina.

SINÓNIMO.—parecido, equivalente, igual, semejante, sinónomo, análogo, mismo.

SINOPSIS.—suma, resumen, compendio, epítome, síntesis, perioca.

SINSABOR.—disgusto, pesar, desazón, desabor, pena, pesadumbre.

SÍNTESIS.—compendio, suma, extracto, resumen, epítome, perioca.

SINTETIZAR.—resumir, abreviar, condensar, substanciar, epitomar, extractar.

SÍNTOMA.—indicio, señal, signo, indicación, barrunte, barrunto.

SINUOSO.—tortuoso, torcido, serpenteante, ondulado, sinusoide.

SIRVIENTE.—criado, doméstico, servidor, fámulo, suzarro, familiar, dependiente.

SISTEMA.—método, conjunto, plan, procedimiento, norma, modo, suerte, estilo.

SITIAR.—cercar, rodear, asediar, circundar, acorralar, bloquear, estrechar, circunvalar.

SITIO.—puesto, espacio, punto, paraje, lugar, parte, cerco, asedio, bloqueo, circunvalación.

SITUACIÓN.—posición, estado, constitución, postura, ubicación, emplazamiento, disposición, colocación.

SITUAR.—colocar, poner, emplazar, ubicar, instalar.

SOBAR.—manosear, palpar, sobajar, deslucir, ablandar, suavizar, castigar, ajar, golpear, molestar, fastidiar.

SOBERANÍA.—poderío, dominio, imperio, alteza, excelencia, dominación, superioridad.

SOBERANO.—rey, monarca, emperador, príncipe, radical, mayúsculo, grande, singular, eficacísimo, excelente, insuperable, extremado.

SOBERBIA.—presunción, altivez, altiveza, orgullo, suntuosidad, pompa, arrogancia, altanería, ira, cólera.

SOBERBIO.—altanero, soberbioso, cuellierguido, empampirolado, lomienhiesto, orgulloso, altivo, arrogante, espléndido, magnífico, suntuoso, regio, grandioso, admirable, fogoso, violento, arrebatado, fuerte, alto, excesivo, excelente.

SOBÓN.—fastidioso, tentón, empalagoso, taimado, pelma, holgazán, vago, gandul, poltrón.

SOBORNAR.—seducir, comprar, corromper, conquistar, cohechar, untar, dadivar.

SOBORNO.—compra, corrupción, cohecho, sobornación, raptación.

SOBRA.—demasía, exceso, superfluidad, agravio, injuria, ofensa, sobrante, excedente.

SOBRADO.—sobrante, demasiado, opulento, rico, sobrancero, insumable, exuberante, audaz, atrevido, desván.

SOBRANTE.—superfluo, innecesario, harto, sobreexcedente, superabundante, desperdicios, sobras, restos, sobrado.

SOBRAR.—restar, exceder, quedar, rebasar, superabundar, sobreabundar, sobrepujar, holgar.

SOBRE.—referente, relativo, en, a, hacia, so, encima, además, aproximadamente, sobrescrito, escondite.

SOBRECOGERSE.—asustarse, pasmarse, asombrarse, admirarse, intimidarse, acoquinarse, acollonarse, acobardarse, sorprenderse.

SOBRESALIR.—resaltar, descollar, exceder, aventajar, despuntar, distinguirse, destacarse, señalarse.

SOBRESALTAR.—atemorizar, turbar, acoquinar, achantar, acollonar, intranquilizar, intimidar, amedrentar, asustar.

SOBRESALTO. — intranquilidad, turbación, conturbación, miedo, temor, susto, sorpresa.

SOBREVENIR.—acaecer, ocurrir, acontecer, suceder, supervenir.

SOBRIEDAD.—mesura, moderación, continencia, temperancia, temperación, templanza, parquedad, abstinencia.

SOBRIO.—moderado, frugal, temperantísimo, arreglado, templado, mesurado, parco, sencillo, abstinente, abstemio.

SOCALIÑA.—ardid, artificio, maña, habilidad, gatada, embaimiento.

SOCALIÑAR.—embabucar, embaucar, engaritar, embaír, engatusar, enflautar, engorgoritar.

SOCARRENA.—espacio, hueco, oquedad, hoyo, concavidad.

SOCARRÓN.—solapado, disimulado, bellaco, astuto, taimado, burlón, colmiludo, tretero, guacho, conchudo.

SOCARRONERÍA.—disimulo, astucia, bellaquería, cautela, ficción, taimería, cazurría, cuquería, marrajería.

SOCAVAR.—excavar, minar.

SOCIABLE.—comunicativo, tratable, afable, civilizado, llano, franco.

SOCORRER.—auxiliar, acorrer, favorecer, ayudar, apoyar, amparar, asistir, defender, remediar, acoger, agonizar.

SOCORRO.—amparo, favor, auxilio, ayuda, apoyo, defensa, asistencia, áncora, limosna, donación.

SOEZ.—vil, grosero, indigno, bajo, indecente, descortés, maleducado.

SOFLAMA.—roncería, marrullería, arrumaco, bochorno, ardor, rubor, pavo, vergüenza, halago.

SOFLAMAR.—abochornar, afrentar, avergonzar, sofocar, socarrar, tostar, requemar, ruborizar, avergonzar.

SOFOCACIÓN.—opresión, sofoco, ahogo, bochorno, anhelo, agobio, asfixia.

SOFOCAR.—asfixiar, reprimir, ahogar, dominar, apagar, extinguir, avergonzar, abochornar, correr, soflamar, acosar, importunar, sufocar, encocorar, oprimir.

SOFOCÓN.—sofocación, sofoco, desazón, disgusto, desagrado, desplacer, cojijo.

SOJUZGAR.—someter, sujetar, dominar, avasallar, domeñar, oprimir.

SOLAMENTE.—únicamente, exclusivamente, sólo.

SOLAPADO.—malicioso, taimado, cauteloso, solerte, zorrocloco, maulero, disimulado, socarrón, astuto, falso, hipócrita.

SOLAZ.—esparcimiento, recreo, diversión, distracción, entretenimiento, refocilo, eutrapelia, recreación, gusto, expansión, placer, alivio, descanso, consuelo.

SOLEDAD.—aislamiento, retiro, soledumbre, desacompañamiento, abandono.

SOLEMNE.—grandioso, imponente, majestuoso, enfático, crítico, interesante, importante, grave, formal, serio, válido, magnífico, firme.

SOLERCIA.—astucia, sagacidad, maña, habilidad, mañosería, socarronería, taimería.

SOLERTE.—hábil, astuto, sagaz, taimado, socarrón, ladino.

SOLÍCITAMENTE.—diligentemente, cuidadosamente, curiosamente, celosamente, atentamente, afectuosamente, afablemente, esmeradamente.

SOLICITAR.—pedir, requerir, pretender, invitar, atraer, tentar, popar, procurar, buscar, gestionar.

SOLÍCITO.—cuidadoso, afectuoso, diligente, activo, velador, esmerado, curioso.

SOLICITUD.—cuidado, diligencia, atendencia, celo, mimo, extremo, atención, afección, memorial, instancia, solicitación, petición.

SOLIDEZ.—firmeza, resistencia, volumen, dureza, estabilidad, fortaleza, consistencia, cohesión.

SÓLIDO.—fuerte, firme, resistente, consistente, macizo, denso, estable, apretado, duro, fijo.

SOLITARIO.—solo, desamparado, abandonado, aislado, apartado, retirado, despoblado, deshabitado, desierto, eremita, ermitaño, anacoreta, desértico, desabrigado, desvalido, diamante.

SOLO.—único, solitario, desvalido, desamparado, huérfano, abandonado, aislado, desabrigado, derrelicto.

SÓLO. — únicamente, solamente, exclusivamente.

SOLTAR.—desceñir, desatar, liberar, sacar, libertar, desasir, desenganchar, desprender, desengarzar, desunir, desligar, romper, explicar, descifrar, resolver, solucionar, decir, aclarar.

SOLTURA.—desembarazo, prontitud, agilidad, presteza, gracia, desenvoltura, disolución, libertad, desarrollo, gallardía, inmoralidad, descaro, descoco.

SOLUCIÓN.—fin, terminación, desenlace, explicación, resolución, resultado, paga, satisfacción, arreglo, componenda, conclusión, clave.

SOLVENTAR.—resolver, solucionar, arreglar, saldar, liquidar, cancelar.

SOMBRA.—mancha, obscuridad, tiniebla, espectro, aparición, asilo, protección, favor, amparo, defensa, apariencia, aspecto, semejanza, mácula, defecto, potra, chorra, suerte, fortuna, gracia.

SOMBRÍO.—triste, melancólico, tétrico, umbroso, umbrío, hipocondríaco, obscuro, sombroso, tenebroso.

SOMERAMENTE. — superficialmente, ligeramente, sucintamente, livianamente, rudimentariamente.

SOMETER.—subyugar, subordinar, sojuzgar, humillar, sujetar, dominar, domeñar, avasallar.

SOMETERSE.—acatar, obedecer, sujetarse, humillarse, subordinarse, disciplinarse, subyugarse, supeditarse, jusmeterse.

SOMETIDO.—subyugado, sumiso, rendido, jusmero, subordinado.

SON.—sonido, suv, noticia, fama, rumor, pretexto, modo, manera, tenor.

SONADO.—célebre, famoso, renombrado, popular, conocido, divulgado, ruidoso.

SONAR.—tocar, tañer, asonar, resonar, zumbar.

SONDAR.—sondear, averiguar, inquirir, explorar, rastrear, fondear, escandallar, hondear.

SONIDO.—son, eco, ruido, tañido, suv, vibración, noticia, rumor, fama.

SONORO.—resonante, vibrante, ruidoso, sonoroso, sonador, sonante; sonable, resonante, resonador.

SONROJAR.—avergonzar, abochornar, ruborizar, acholar, correr, confundir, abrasar, enrojecer, sonrojear.

SONROJO.—rubor, bochorno, vergüenza, pavo, erubescencia, alfamarada.

SONSONETE.—retintín, estribillo, tonillo, soniquete, golpeteo, triquitraque.

SOPLAR.—bufar, insuflar, silbar, inspirar, insinuar, sugerir, apuntar, birlar, quitar, hurtar, inflar, hinchar, acusar, delatar.

SOPLO.—soplido, sopladura, aflato, avienta, denuncia, acusación, delación, momento, instante, punto, soplonería.

SOPLÓN.—delator, acusón, chivato, acusica.
SOPONCIO.—accidente, desmayo, telele, patatús, congoja, desvanecimiento, insulto.
SOPOR.—pesadez, modorra, adormecimiento, soñarrera, fastidio, azorramiento, soñolencia, somnolencia, aburrimiento.
SOPORÍFERO.—soporoso, soporífico, pesado, somnífero, estupefaciente, letargoso.
SOPORTABLE.—aguantable, llevadero, tolerable, pasadero, sufrible, sufridero, comportable.
SOPORTAR.—aguantar, tolerar, suportar, conllevar, trampear, sobrellevar, sufrir, pasar, resistir.
SOPORTE.—sustentáculo, sostén, apoyo, sustento, arrimo, base.
SORBER.—absorber, aspirar, chupar, chupetear, mamar, succionar, tragar.
SORDAMENTE.—ocultamente, secretamente, sigilosamente, calladamente, silenciosamente, escondidamente.
SORDERA. — sordez, sordedad, ensordecimiento.
SORDIDEZ.—tacañería, mezquindad, avaricia, ruindad, pobreza, cicatería, piojería, deshonestidad.
SÓRDIDO.—avariento, avaro, ruin, mezquino, tacaño, miserable, mísero, pobre, sucio, impuro, indecente, cicatero, deshonesto, escandaloso.
SORDO.—indiferente, insensible, silencioso, callado, amortiguado, opaco, obstinado, terco, testarudo, emperrado.
SORNA.—bellaquería, disimulo, socarronería, maulería, cachaza, roncería, pachorra, posma, flema.
SORPRENDENTE.—admirable, raro, peregrino, asombroso, maravilloso, extraordinario, pasmoso, insólito, sensacional, chocante, extraño.
SORPRENDER.—maravillar, asombrar, admirar, petrificar, desconcertar, turbar, pasmar, atrapar, coger, descubrir.
SORPRESA.—asombro, extrañeza, estupor, admiración, pasmo, maravilla.
SORTILEGIO.—adivinación, hechicería, hechizo, encantamiento, vaticinio, pronóstico, profecía, adivinamiento.
SORTÍLEGO.—augur, adivino, vaticinador, vaticinante, hechicero, adivinador, vate, vatídico, agorero, agorador.
SOSEGADO.—reposado, quieto, pacífico, tranquilo, sereno, calmado, calmo, sesgado, apacible, plácido.
SOSEGAR.—tranquilizar, apaciguar, aquietar, pacificar, serenar, calmar, aplacar, descansar, reposar, dormir, sedar, asosegar, desalterar.
SOSERÍA.—sosera, insulsez, insipidez, zoncería, desabrimiento, ñoñez, zoncera, asadura.
SOSO.—insípido, desabrido, insulso, zonzo, patoso, ñoño, desaborido, zonzorrión, sovaina.
SOSPECHA.—presunción, barrunto, desconfianza, recelo, malicia, indicio, conjetura, duda, aprensión, suposición, olor.
SOSPECHAR.—recelar, desconfiar, barruntar, conjeturar, presumir, maliciar, dudar, celar, remusgar, temer, oler.
SOSPECHOSO.—emponchado, matrero, difidente, escamón, receloso.
SOSTÉN.—soporte, apoyo, amparo, defensa, sustentáculo, sostenimiento, manutención, sustento, empenta, fundamento, sustentación.
SOSTENER.—mantener, sustentar, proteger, apoyar, alentar, auxiliar, defender, afirmar, tolerar, sufrir, tener, aguantar, sujetar, soportar.
SOSTENIMIENTO.—sostén, apoyo, sustentación, apuntalamiento, mantenimiento, manutención, sustento.
SOTABANCO.—buhardilla, desván, zaquizamí, sobrado, bohardilla, guardilla, tabanco.
SUAVE.—pulido, blando, liso, muelle, grato, dulce, agradable, quieto, manso, tranquilo, dócil, apacible, dúctil, manejable, terso, relso, terciopelado, leve.
SUAVIDAD.—apacibilidad, dulzura, delicadeza, blandura, serenidad, calma, tranquilidad, delicia, tersura, pulidez, finura.
SUAVIZAR.—pulimentar, alisar, pulir, calmar, templar, mitigar, lenificar, sentar, azemar.
SUBALTERNO. — subordinado, dependiente, inferior, secundario.
SUBIDA.—aumento, alza, cuesta, repecho, pendiente, ascensión, costanilla, costana, encarecimiento.
SUBIDO.—elevado, fuerte, alto, excesivo, excelente, caro, costoso.
SUBIR.—ascender, montar, trepar, cabalgar, aumentar, encarecer, crecer, remontar, elevar, importar, mejorar, enderezar.
SÚBITAMENTE.—subitáneamente, precipitadamente, improvisadamente, repentinamente, improvisamente, inesperadamente, impetuosamente, impensadamente, irreflexivamente, precipitosamente, disparadamente.
SÚBITO.—subitáneo, impensado, imprevisto, irreflexivo, desalado, precipitoso.
SUBLEVACIÓN. — sublevamiento, amotinamiento, solevación, solevamiento, solevantamiento, rebelión, insurrección, sedición, insurrección, pronunciamiento, alzamiento, motín, revolución, subversión, trastorno.
SUBLEVAR.—insurreccionar, solevar, rebelar, alzar, levantar, amotinar, subvertir, indignar, irritar, excitar.
SUBLEVARSE.—insurreccionarse, rebelarse, alzarse, levantarse, amotinarse, indignarse, encolerizarse, solevarse, insubordinarse.
SUBLIMAR.—enaltecer, ensalzar, exaltar, engrandecer, elevar, enoblecer, magnificar.
SUBLIME.—eminente, elevado, excelso, sobrehumano, grande, bello, excelente, barí, ideal, inapreciable.
SUBORDINACIÓN.—sumisión, dependencia, sujeción, acatamiento, dedición, acato, entrega, respeto, obediencia.
SUBORDINADO.—subalterno, inferior, dependiente, sometido, sumiso, jusmeso.
SUBORDINAR.—someter, sujetar, disciplinar, clasificar, jusmeter, doblegar, humillar, sojuzgar.
SUBREPTICIO.—oculto, escondido, secreto, encubridizo, sibilino, furtivo, ilícito.
SUBSANAR.—disculpar, excusar, corregir, enmendar, reparar, indemnizar, remediar, rectificar, resarcir.
SUBSIDIO.—auxilio, socorro, subvención, impuesto, contribución, ayuda, donación, gabela.
SUBSISTENCIA.—permanencia, mantenimiento, estabilidad, sostenimiento, conservación, criamiento.
SUBSISTIR.—permanecer, existir, vivir, durar, perdurar, persistir, bullir, rebullir, continuar.
SUBTERFUGIO.—pretexto, efugio, escapatoria, excusa, evasiva, escape, triquiñuela, recurso.
SUBVENCIÓN.—auxilio, subsidio, gratificación, socorro, amparo, ayuda.
SUBVENIR.—auxiliar, socorrer, acorrer, ayudar, favorecer, amparar, sufragar.
SUBVERSIÓN.—desorden, trastorno, revuelta,

revolución, insurrección, motín, solevación, solevamiento, destrucción.

SUBVERTIR.—trastornar, perturbar, desgobernar, disturbiar, tumultuar, revolver, trastrocar, desordenar, destruir.

SUBYUGAR.—sojuzgar, someter, dominar, avasallar, esclavizar, domeñar, jusmeter.

SUCEDER.—pasar, provenir, ocurrir, estallar, sobrevenir, supervenir, acaecer, acontecer, heredar, descender, proceder, substituir, reemplazar.

SUCEDIDO.—acaecimiento, ocurrencia, hecho, acontecimiento, suceso, evento, especie, incidencia, accidente, caso.

SUCESIÓN.—serie, descendencia, herencia, prole, linaje.

SUCESO.—acontecimiento, evento, lance, peripecia, acaecimiento, ocurrencia, incidente, sucedido, hecho, caso, trance, anécdota, eventualidad, coyuntura, circunstancia, accidente, catástrofe, percance.

SUCIEDAD.—basura, porquería, desaseo, roña, miseria, cochambre, guarrería, gorrinería, churre, suarda, pringue, inmundicia, mugre.

SUCINTAMENTE. — brevemente, resumidamente, lacónicamente, epitomadamente, someramente, compendiosamente, sintéticamente, concisamente.

SUCINTO.—ceñido, breve, recogido, compendioso, extractado, lacónico, lacón, restricto, sumisto, corto, somero, conciso, sintético.

SUCIO.—descuidado, desaseado, poluto, jifero, chamagoso, manchado, pringoso, mugriento, cochambroso, grasiento, adán, roñoso, bisunto, puerco, marrano, cerdo, cochino, gorrino, obsceno, asqueroso, licencioso, libidinoso, deshonesto.

SUCULENTO.—substancioso, jugoso, nutritivo, sabroso, excelente, exquisito.

SUCUMBIR.—fenecer, perecer, fallecer, expirar, morir, caer, ceder, espicnar, finar, palmar, someterse, entregarse, rendirse.

SUELO.—terreno, base, fondo, sedimento, territorio, país, piso, pavimento, superficie, solar, tierra, mundo, poso, término, fin.

SUELTO.—ligero, presto, veloz, alígero, alípede, hábil, mañoso, ágil, desembarazado, expedito, diestro, libre, atrevido, separado, aislado, único.

SUERTE.—fortuna, ventura, chorra, potra, estrella, casualidad, sino, hado, acaso, azar, modo, forma, manera.

SUFICIENCIA.—aptitud, pedantería, vanidad, envanecimiento, competencia, capacidad, idoneidad, habilidad.

SUFICIENTE.—apto, idóneo, capaz, competente, bastante, asaz, hábil, calificado, aparejado, conveniente.

SUFRAGAR.—satisfacer, pagar, costear, ayudar, subvenir, contribuir, socorrer, asistir, favorecer, auxiliar.

SUFRAGIO.—favor, protección, ayuda, socorro, dictamen, voto, parecer, ofrenda, asistencia.

SUFRIDO.—tolerante, resignado, paciente, cornudo, cabrón, astado.

SUFRIMIENTO.—padecimiento, dolor, tortura, martirio, tormento, paciencia, resignación, conformidad, tolerancia, suportación, estoicismo.

SUFRIR.—soportar, aguantar, tolerar, resistir, consentir, permitir, pasar, padecer, penar, sentir, experimentar, llevar, expiar, pagar, sostener.

SUGERIR.—aconsejar, insinuar, infiltrar, inspirar, soplar, apuntar, indicar, verter.

SUGESTIÓN.—fascinación, hechizo, sortilegio, sugerimiento, insinuación, indirecta.

SUJETAR.—contener, someter, dominar, sentar, sustentar, asentar, trabar, trincar, coger, apresar, agarrar.

SUJETO.—ente, individuo, quídam, cualquiera, desconocido, ciudadano, prójimo, materia, asunto, tema, fijo, seguro, inmóvil, firme, inconmovible, estable.

SULFURAR.—enojar, irritar, enfurecer, indignar, encolerizar, enchilar, encerrizar, exasperar.

SUMAR.—adicionar, añadir, agregar, aumentar, reunir, recopilar, recapitular, resumir, compendiar, epitomar, abreviar.

SUMARIAMENTE.—abreviadamente, epitomadamente, lacónicamente, resumidamente, someramente, brevemente, sucintamente.

SUMARIO.—sucinto, breve, compendiado, compendioso, epitomado, abreviado, resumen, extracto, índice, compendio, suma, epítome, reducido, conciso, lacónico, recopilación.

SUMERGIR.—hundir, sumir, abismar, meter, inmergir, somormujar, somorgujar.

SUMERGIRSE.—calumbarse, sumirse, meterse, hundirse, zambullirse.

SUMINISTRAR.—proporcionar, surtir, administrar, proveer, abastecer, aprovisionar, abastar, facilitar, prestar.

SUMIR.—abismar, hundir, sumergir, inmergir, somorgujar.

SUMISIÓN.—acatamiento, rendimiento, sometimiento, rendición, subyugación, dedición, vasallaje, obediencia, demisión, sujeción.

SUMISO.—obediente, dócil, sometido, jusmero, bienamado, manejable, humilde, subordinado, sujeto, subyugado, rendido, reverente.

SUMO.—altísimo, supremo, enorme, gigantesco, elevado.

SUNTUOSIDAD.—fausto, esplendidez, lujo, magnificencia, riqueza, pompa, boato, fastuosidad, manificencia.

SUNTUOSO.—regio, grande, magnífico, costoso, lujoso, espléndido, fastoso, pompático, majestuoso, babilónico, ostentoso, pomposo, fastuoso, faustoso, rico.

SUPEDITAR.—dominar, sujetar, esclavizar, sojuzgar, someter, avasallar, oprimir.

SUPERAR.—exceder, aventajar, pasar, sobrepasar, sobrepujar, vencer.

SUPERCHERÍA.—engaño, ficción, falsedad, injuria, violencia, mentira, impostura, fraude, dolo.

SUPERFICIAL.—insubstancial, frívolo, ligero, somero, aparente, elemental, rudimentario, infundado.

SUPERFLUO.—innecesario, inútil, sobrante, supervacáneo, farragoso, insignificante, historiado.

SUPERIOR.—excelente, preeminente, supremo, cimero, encimero, elevado, culminante, encumbrado, predominante, preponderante, sobresaliente, eminente, jefe, director, rector, prior, prelado.

SUPERIORIDAD.—preeminencia, ventaja, supremacía, excelencia, superlación, supereminencia, predominancia.

SUPLANTAR.—reemplazar, falsificar, suplir, substituir.

SUPLEMENTO. — complemento, agregado, apéndice, aditamento, añadidura, añadido.

SUPLENTE.—reemplazante, substituto, supletorio, esquirol.

SÚPLICA.—ruego, instancia, suplicación, petición, apelación, memorial, demanda, imploración, rogación.

SUPLICAR.—implorar, instar, rogar, pedir, apelar, impetrar, invocar, impartir.

SUPLIR.—substituir, reemplazar, completar, disimular, excusar.

SUPONER.—figurarse, presumir, pensar, representar, creer, imaginar, conjeturar, entender, sospechar, considerar, opinar, estimar, conceder, incluir, importar, fingir, admitir.

SUPOSICIÓN.—hipótesis, conjetura, presupuesto, supuesto, calandrajo, autoridad, representación, distinción, impostura, falsedad.

SUPOSITICIO.—inventado, fingido, imaginado, ficto, supuesto, supositivo, supósito.

SUPREMACÍA.—dominio, preeminencia, superioridad, excelencia, predominancia, descuello, descollamiento, auge.

SUPREMO.—soberano, sumo, supremo, superlativo, procero, prócer, superior, culminante, decisivo, último, altísimo.

SUPRIMIR.—abolir, anular, omitir, quitar, callar, cortar, cercenar, ahogar, extirpar, excluir, borrar.

SUPUESTO.—falso, fingido, apócrifo, hipotético, suposición, hipótesis, supositicio, supositivo.

SURGIR.—brotar, aparecer, surtir, manifestar, alzarse, fondear, anclar, ancorar.

SURTIR.—proveer, suministrar, dar, entregar, surgir, abastecer, abastar, aprovisionar.

SUSCEPTIBLE.—apto, capaz, dispuesto, puntilloso, quisquilloso, pelilloso, picajoso, susceptivo, modificable, irritable, escamón.

SUSCITAR.—promover, levantar, provocar, ocasionar, originar, causar, motivar, acarrear, introducir.

SUSCRIBIR.—subscribir, consentir, firmar, acceder, convenir, acordar.

SUSCRIBIRSE.—abonarse, subscribirse, obligarse, comprometerse, adherirse, acordarse.

SUSPENDER.—colgar, levantar, catear, guindar, detener, interrumpir, pasmar, admirar, asombrar, maravillar, embelesar, enajenar, embobalicar.

SUSPENSIÓN.—parada, tregua, cesación, pausa, detención, privación, alto, cese.

SUSPICACIA.—desconfianza, recelo, sospecha, malicia, escama, temor.

SUSPICAZ.—desconfiado, receloso, escamón, temeroso, malicioso, defidente, matrero.

SUSTANCIA.—substancia, ser, esencia, jugo, naturaleza, hacienda, caudal, bienes, juicio, seso, madurez, caldo, suco, zumo.

SUSTANCIOSO.—suculento, sabroso, excelente, nutritivo, jugoso, apetitoso, zumoso.

SUSTENTÁCULO.—sustentación, soporte, sostén, apoyo, base, peana, peaña, pie.

SUSTENTAR.—alimentar, mantener, sostener, soportar, apuntalar, tener, estantalar.

SUSTENTO.—manutención, alimento, mantenimiento, sostenimiento, subsistencia, sostén, apoyo, apoyadero, sustentáculo, base, basa.

SUSTITUCIÓN.—reemplazo, relevo, cambio, trueque, suplencia, supleción.

SUSTITUIR.—suplir, relevar, cambiar, reemplazar, reponer, mudar, remudar, suplir.

SUSTITUTO.—suplente, reemplazante, sustituidor, substituidor, suplidor.

SUSTRACCIÓN.—robo, hurto, filtración, distracción, resta, detracción, resto, descuento, disminución.

SUSURRAR.—murmullar, musitar, murmurar, murmujear, substraer, detraer, deducir, disminuir.

SUTIL.—delicado, delgado, tenue, fino, etéreo, indefinible, gaseoso, ingenioso, perspicaz, agudo, refinado, vaporoso, ligero, impalpable, alambicado.

SUTILEZA.—perspicacia, agudeza, ingenio, sutilidad, argucia, delgadez, tenuidad, flaqueza, flacura.

T

TABERNA.—bodega, tasca, tamborría, buchinche, mezquita, ermita, bayuca.

TABUCO.—zahúrda, tugurio, buchinche, zocucho, cochitril, caramanchel, chiribitil, zaquizamí, sotabanco, buhardilla, cuchitril, chamizo, chambucho.

TABURETE.—banquillo, alzapiés, tajuelo, tajuela, puf, sentadero, escabel.

TACAÑERÍA.—mezquindad, cicatería, miseria, avaricia, ruindad, roña, roñería, tiña, projería.

TACAÑO.—bellaco, astuto, trapacista, miserable, ruin, mezquino, avaro, cicatero, roñoso, avariento, agarrado, piojoso, tiñoso, estrecho, teniente.

TÁCITAMENTE. — secretamente, silenciosamente, sigilosamente, calladamente, mudamente, quedamente.

TÁCITO.—silencioso, callado, taciturno, secreto, sigiloso, reservado.

TACITURNO.—melancólico, triste, apesadumbrado, silencioso, callado, apenado, reservado, cogitabundo, apesarado, ensimismado, tácito.

TACO.—juramento, reniego, terno, palabrota, venablo, voto, blasfemia, embrollo, lío, baqueta, refrigerio, tarugo.

TACTO.—tino, tiento, acierto, destreza, habilidad, maña, mañosería, pericia, disposición, apaño, discreción.

TACHA.—tacho, falta, defecto, imperfección, censura, tilde, maca, mota, lunar, borrón, caca, mancha, mácula, mancilla, desdoro.

TACHAR.—borrar, suprimir, eliminar, censurar, culpar, tildar, notar, acusar, incusar, reprochar, acriminar, reprender.

TAIMADO.—astuto, bellaco, disimulado, sagaz, zorro, tuno, tunante, pícaro, desvergonzado, amorrado, terco, emperrado, obstinado, cabezota, testarudo, hipócrita.

TAIMERÍA.—bellaquería, picardía, astucia, malicia, sagacidad, solercia, cuquería, taima, cazurra.

TAJADA.—porción, trozo, tos, ronquera, pítima, tromba, curda, turea, papalina, embriaguez.

TALADRAR.—barrenar, agujerear, perforar, horadar, penetrar, desentrañar, entender, comprender, parahusar, calar.

TALANTE.—ánimo, semblante, disposición, voluntad, humor, deseo, gusto, estado, ganas.

TALAR.—arrasar, destruir, arruinar, devastar, cortar, podar, tajar, retajar, cercenar.

TALEGO.—saco, talega, bolsa, morral, caudal, dinero, repolludo.

TALENTO.—entendimiento, inteligencia, intelecto, genio, capacidad, ingenio, habilidad, pesquis, cacumen, chirumen.

TAMAÑO.—dimensión, medida, magnitud, volumen.

TAMIZ.—criba, cedazo, cribo, cándara, zaranda, zarandillo, harnero, manga, filtro.

TANDA.—turno, vez, alternativa, tarea, trabajo, labor, obra, capa, cantidad, tongada, conjunto.

TANTEAR.—ensayar, probar, medir, comparar, calcular, parangonar, explorar, examinar, considerar.

TANTEO.—ensayo, prueba, tentativa, examen, cálculo, probatura, medición, comparación.

TAÑER.—pulsar, tocar, puntear, rasguear, repicar, doblar, voltear, redoblar, tabalear, tamborear, flautear, pitar, alboguear, redoblar, atabalear.

TAPA.—cubierta, tapadera, compuerta, cobertera, tasajo, cecina.

TAPAR.—arropar, abrigar, cubrir, disimular, ocultar, encubrir, simular, cerrar, obturar, atascar, atorar, taponar, obstruir, callar, silenciar, acallar.

TAPARSE.—embozarse, arrebujarse, abrigarse, envolverse, arroparse, taperujarse, tapujarse, tapirujarse, aborujarse, enfoscarse, aforrarse, cubrirse.

TAPIA.—muro, pared, cerca, valla, valladar, muralla, tapial, paredón, vallado.

TAPIAR.—condenar, cerrar, emparedar, tapar, cercar, amurallar.

TAPUJO.—disimulo, embozo, reserva, disfraz, intríngulis, maca, fingimiento.

TARA.—embalaje, envase, dolencia, tacha, defecto, deficiencia, tarja, langostón.

TARAMBANA.—ligero, aturdido, irreflexivo, frívolo, alocado, tabardillo, bullicioso, indeliberado.

TARAZAR.—inquietar, atarazar, molestar, mortificar, importunar, encocorar, incordiar, fastidiar.

TARDANZA.—demora, retraso, dilación, lentitutd, detención, retardo, pelmacería, cachaza, flema, pachorra.

TARDÍO.—lento, pausado, perezoso, pesado,

tardo, torpe, tardón, cachazudo, calmudo, otoño, otoñada, estantío, pachorrudo.

TAREA.—trabajo, obra, faena, afán, cuidado, ocupación, quehacer, labor, laborío.

TARTAMUDEAR.—farfullar, tartajear, farfallear, balbucir.

TARTAMUDO.—tartajoso, tartaja, farfalloso, gago, estropajoso, balbuciente, dificultoso, tardo, vacilante.

TASA.—pauta, medida, regla, precio, estima, tope, valoración, valuación, tasación, ajuste.

TASAR.—apreciar, estimar, graduar, valuar, regular, ajustar, valorar, valorear, evaluar.

TECHO.—techado, techumbre, cubierta, cúpula, bóveda, casa, habitación, domicilio, hogar.

TEDIO.—aburrimiento, repugnancia, aborrecimiento, desgana, hastío, fastidio, molestia, cansancio, esplín.

TEDIOSO.—molesto, fastidioso, aburrido, amerengado, aborrecido, plomífero, estomagante, enfadoso, repugnante.

TEJER.—ordenar, componer, inventar, planear, combinar, discurrir, maquinar, entrelazar, urdir, tramar.

TELA.—lienzo, tejido, paño, membrana, enredo, telaraña, maraña, embuste, asunto, tarea, materia, mentira, trola, bola, trapo.

TEMA.—objeto, materia, asunto, cosa, hecho, propósito, argumento, manía, porfía, obstinación, contumacia, cuestión, motivo, idea, referencia.

TEMBLAR.—titilar, tiritar, retemblar, temblotear, temblequear, tembletear, oscilar, tremer, titiritar, rilar, trepidar.

TEMBLOROSO.—trémulo, tembloso, tremulento, tremulante, tremente, temblón, temblador.

TEMER.—dudar, recelar, sospechar, terrecer, aspaventar, despavorir.

TEMERARIO.—osado, atrevido, imprudente, inconsiderado, arrojado, irreflexivo, audaz, infundado, intrépido, arriesgado, arriscado.

TEMERIDAD. — atrevimiento, arriscamiento, bravura, audacia, osadía, imprudencia, inconsideración.

TEMEROSO.—cobarde, miedoso, temiente, pavorido, pávido, formidoloso, irresoluto, medroso, receloso, pusilánime, tímido, respetuoso, aterrador, temible, espantoso.

TEMOR.—pavor, espanto, miedo, pánico, sospecha, duda, recelo, presunción, timidez, canguis, canguelo, pavidez, pavura, jindama.

TEMOSO.—porfiado, tenaz, terco, obstinado, caprichoso, cabezudo, cabezota, emperrado, testarudo.

TEMPESTUOSO. — borrascoso, tormentoso, iracundo, proceloso, riguroso, inclemente.

TEMPLADO.—parco, moderado, sobrio, mesurado, sereno, valiente, impávido, tibio, medio, entero, eutrapélico, eutropélico.

TEMPLANZA. — moderación, temperancia, continencia, sobriedad, tiento, eutrapelia, eutropelia, templadura.

TEMPLAR.—moderar, atenuar, suavizar, aplacar, atemperar, sosegar, afinar, entibiar, temperar, amortiguar, mesurar.

TEMPLE.—temperatura, temperie, arrojo, valor, bravura, arriscamiento, valentía, entereza, osadía.

TEMPORAL.—borrasca, tempestad, tormenta, huracán, turbión, aguacero, chaparrón, argavieso, secular, profano, temporero, temporáneo, temporario, transitorio, fugaz, procela, galerna.

TENACIDAD.—porfía, firmeza, constancia, fuerza, obstinación, testarudez, pertinacia, terquería, roncería, cabezonería, tozudez.

TENAZ.—porfiado, obstinado, testarudo, terco, pertinaz, constante, firme, fuerte, emperrado, roncero, duro, resistente.

TENDENCIA.—inclinación, propensión, disposición, inclín, predisposición, vocación, querencia.

TENDER.—desdoblar, extender, desplegar, alargar, colgar, propender, esparcir, encamar, tumbar, acostar.

TENDERSE.—tumbarse, echarse, encamarse, enrobinarse, acostarse, estirarse, acomodarse, descuidarse.

TENDIDO.—acostado, echado, apaisado, horizontal, yacente.

TENEBROSO.—obscuro, lóbrego, lúgubre, fusco, fosco, confuso, ininteligible.

TENER.—poseer, gozar, disfrutar, contar, comprender, contener, detener, parar, asir, incluir, mantener, sostener, hospedar, dominar, sujetar, resistir, estimar, juzgar, reputar.

TENERSE.—sostenerse, mantenerse, asegurarse, aguantarse, sujetarse, dominarse, detenerse, pararse, atenerse, adherirse.

TENSO.—tirante, estirado, tieso, rígido, tiesto, subtenso, teso.

TENTACIÓN.—excitación, instigación, incitación, impulso, estímulo, instímulo, inducción, seducción, acuciamiento.

TENTAR.—palpar, tocar, tantear, probar, intentar, experimentar, ensayar, reconocer, incitar, procurar, examinar, inducir, instigar, estimular, provocar, aguijonear, acicatear, espolear, impeler, aguijar.

TENTATIVA.—ensayo, prueba, intento, intentona.

TENUE.—débil, delicado, sutil, delgado, feble, sencillo, natural, insignificante.

TENUIDAD.—debilidad, delicadeza, fragilidad, pequeñez, delicadez, insignificancia, escualidez.

TERCIAR.—intervenir, mediar.

TERCO.—obstinado, porfiado, tenaz, cabezón, emperrado, cabezota, testarudo, tozudo, cabezudo, pertinaz, contumaz, irreductible, persistente, atestado.

TERMINACIÓN.—final, conclusión, desenlace, acabamiento, acabo, extinción, consumación, fin.

TERMINANTE.—categórico, rotundo, irrebatible, concluyente, claro, preciso.

TERMINAR.—acabar, concluir, finalizar, finiquitar, rematar, cerrar, cesar, finir, fallir, caducar.

TÉRMINO.—fin, remate, final, límite, confín, frontera, mojón, meta, hito, palabra, expresión, vocablo, voz, terminación, acabo, extinción.

TERNEZA.—requiebro, ternura, arremuesco, galantería, flor, piropo.

TERNO.—reniego, juramento, voto, palabrota, venablo, taco, blasfemia, traje.

TERNURA.—delicadeza, sensibilidad, delicadez, afección, amor, dulzura, cariño, afecto, agrado, bondad.

TERQUEDAD.—obstinación, porfía, testarudez, tozudez, pertinacia, contumacia, tenacidad, terquería, cerrilidad, roncería, cabezonería, terqueza, terquez.

TERRENO.—suelo, tierra, terruño, campo, terrestre, gleba, terrenal, terrazgo, solar, teruzo.

TERRIBLE.—horroroso, horrible, espantoso, formidable, aterrador, terrorífico, atroz, desmesurado, gigantesco, áspero, violento, acre, agrio, acedo, giganteo, grande, excesivo.

TERRITORIO.—circunscripción, término, demarcación, distrito, cantón, comarca, región, país, nación, patria, paraje, tierra, lugar.

TERROR.—espanto, pánico, pavor, pavura, pavidez, canguelo.

TERRORÍFICO.—aterrador, pavoroso, espantoso, horrible, terrible, hórrido, horrífico, espeluznante, despeluznante, terrífico.

TERSO.—límpido, limpio, claro, puro, pulimentado, limado, brillante, fluido, puro, tirante.

TESO.—tieso, tirante, tenso, rígido, envarado, atiesado, estirado.

TESÓN.—perseverancia, firmeza, constancia, empeño, inflexibilidad, obstinación, entereza, pertinacia.

TESTARUDEZ.—porfía, obstinación, roncería, calgonería, terquedad, pertinancia, tozudez, obcecación, testarronería, tenacidad, tesón, emperramiento, empecinamiento, terqería, testarada.

TESTARUDO.—obstinado, pertinaz, terco, obcecado, tozudo, porfiado, testarrón, tenaz, temoso, emperrado, empecinado, cerril, roncero, cabezota.

TESTIFICAR.—atestiguar, testimoniar, garantizar, asegurar, afirmar, certificar, probar, declarar, deponer.

TESTIMONIERO.—hipócrita, calumniador, hazañero, testimoñero, baldoneador, injuriador, ofensor.

TESTIMONIO.—atestación, aseveración, prueba, afirmación, prenda, impostura, calumnia.

TÉTRICO.—fúnebre, triste, sombrío, melancólico, serio, cogitabundo.

TIBIO.—templado, atemperado, flojo, descuidado, abandonado, indiferente, suave, amoroso.

TIEMPO.—ocasión, oportunidad, sazón, coyuntura, lugar, época, era, período, estación, ciclo, ocio, vacación, clima, temporal, tempestad.

TIENTO.—tino, prudencia, cordura, miramiento, cuidado, circunspección, cautela, medida, tacto, pulso, seguridad, firmeza, golpe, tentáculo, palo, bastón, contrapeso.

TIERNO.—muelle, blando, suave, delicado, flexible, amable, dócil, afectuoso, cariñoso, reciente, moderno, actual, dulce.

TIERRA.—mundo, patria, comarca, territorio, región, suelo, terreno, terruño, piso, nación, país, distrito.

TIESAMENTE.—rígidamente, envaradamente, atiesadamente, tensamente, firmemente.

TIESO.—tenso, estirado, tirante, teso, rígido, firme, duro, sólido, esforzado, animoso, valiente, osado, terco, tenaz, tozudo, inflexible, grave, circunspecto, mesurado, yerto, robusto, envarado, atiesado, saludable.

TIESURA.—rigidez, dureza, tensión, gravedad, afectación, envaramiento, seriedad, circunspección, terquedad, obstinación.

TILDAR.—señalar, tachar, notar, baldonar, manchar, borrar, desacreditar, difamar, infamar.

TIMAR.—estafar, truhanear, birlar, petardear, quitar, hurtar, engañar.

TIMIDEZ.—poquedad, cortedad, temor, encogimiento, apocamiento, irresolución, pusilanimidad, miedo, acoquinamiento, embarazo, cuitamiento.

TÍMIDO.—apocado, encogido, temeroso, pusilánime, miedoso, medroso, timorato, vergonzoso, corto, irresoluto, acoquinado, apagado, corito, empachado.

TIPO.—ejemplar, modelo, arquetipo, símbolo, prototipo, pauta, ideal, mamarracho, ridículo, grotesco.

TIRANÍA.—arbitrariedad, despotismo, dominio, abuso, opresión, señoreaje, enseñoramiento, dictadura.

TIRÁNICAMENTE.—despóticamente, tiranamente, arbitrariamente, abusivamente, tiranizadamente, dictatorialmente, opresivamente.

TIRÁNICO.—arbitrario, despótico, injusto, abusivo, dictatorial, opresivo, opreso, intolerante.

TIRANIZAR.—oprimir, esclavizar, abusar, vejar, despotizar, sojuzgar, avasallar.

TIRANO.—autócrata, dictador, absolutista, déspota, opresor.

TIRANTE.—estirado, tenso, teso, atiesado, subtenso, tiesto, tieso.

TIRAR.—lanzar, disparar, arrojar. despedir, echar, derrochar, dilapidar, malgastar, disipar, malbaratar, malrotar, desperdiciar, estirar, trazar, extender, devengar, ganar, tener, durar, tender, extender, derribar, arrastrar, imprimir, esgrimir.

TIRO.—estallido, estampido, disparo, carga, tirante, escalón, tramo, broma, burla, indirecta, insinuación.

TIRÓN.—aprendiz, bisoño, novicio, novato, estirón.

TIRRIA.—manía, hincha, fila, ojeriza, repugnancia, tema.

TITÁNICO.—inmenso, desmesurado, excesivo, extraordinario, grandísimo, giganteo, colosal, gigantesco, enorme, titanio.

TITIRITERO.—titerista, titerero, saltabanco, saltibanco, volatinero, funámbulo, saltaembancos, montambancos, saltimbanqui.

TITUBEAR.—fluctuar, vacilar, dudar, zigzaguear, temblar.

TITULAR.—intitular, rotular, nombrar, denominar, bautizar, apodar, motejar.

TÍTULO.—nominación, denominación, epíteto, epígrafe, rótulo, letrero, inscripción, rubro, derecho, motivo, pretexto, razón, fundamento, diploma, nombre, nombramiento, renombre, distintivo, causa.

TIZNAR.—deslustrar, manchar, obscurecer, mancillar, desacreditar, amancillar, baldonar.

TOCAR.—tentar, sobajar, palpar, apalpar, tentalear, sobar, manosear, tañer, teclear, corresponder, pertenecer, atañer, concernir, arribar, alcanzar, estimular, persuadir, convencer.

TOCHEDAD.—tosquedad, tontería, estupidez, bobería, mentecatez, necedad.

TOCHO.—tonto, necio, tosco, inculto, mentecato, estúpido, cerril, rústico.

TOLDO.—entalamadura, toldura, pabellón, engreimiento, ensoberbecimiento, soberbia, fatuidad, pedantería, pompa, vanidad.

TOLE.—confusión, bulla, gritería, rifirrafe, rebujina, batiburrillo, batahola.

TOLERABLE.—soportable, llevadero, sufrible, permisible, sufridero. aguantable.

TOLERANCIA. — condescendencia, indulgencia, paciencia, aguante, respeto, consideración, tragaderas, suportación, cabronada, correa, flema.

TOLERANTE.—condescendiente, sufrido, indulgente, paciente, pacienzudo, conforme, sufridor, sufriente, probado.

TOLERAR.—aguantar, consentir, condescender, sufrir, soportar, resistir, sobrellevar, disimular, suportar, comportar, endurar.

TOLONDRO.—alocado, aturdido, irreflexivo, desatinado. tabardillo, torpe, indeliberado, tolondrón, chichón.

TOLLINA.—tunda, solfa, zurra, paliza, felpa, azotaina, sotana, capuana, escurribanda, trepa, tolena, zamanca, galopeado, solfeo, sopapina, somanta, meneo.

TOMA.—dosis, ocupación, conquista, data, cantidad, tomadura, adquisición.

TOMAR.—asir, coger, ocupar, expugnar, conquistar, adueñarse, apoderarse, posesionar, dirigirse, encaminarse, emplear, adoptar, recibir, aceptar, admitir, enmohecer, comer, beber, adquirir, quitar, hurtar, elegir, gafar, gargar, tarrascar, apandar, espigar, apañar.

TOMO.—libro, volumen, ejemplar, valor, importancia, estima, entidad, valía, grosor, enjundia.

TONO.—matiz, relieve, cambiante, inflexión, tonalidad, tonada, fuerza, modo, aptitud, vigor, energía.

TONTERÍA.—simpleza, bobada, necedad, tontera, tontada, tontedad, tontuna, mentecatada, mentecatez, memez, tochedad, estupidez, mentecatería, vaciedad, insensatez, absurdo, nadería.

TONTO.—bobo, necio, simple, estúpido, memo, guanajo, ciruelo, ceporro, badajo, camueso, mamacallos, bolonio, mastuerzo, cacaseno, insensato, absurdo, mentecato, tontón, tontucio, tontuelo, tontivano, tontiloco.

TOPAR.—tropezar, topetar, topetear, chocar, hallar, encontrar, encontrarse, tropezarse, trompezar, trompicar, trompillar, trastabillar.

TOPE.—parachoque, tropiezo, topetón, estorbo, impedimento, obstáculo, óbice, traba, valla, casualidad, encuentro, sorpresa, sobresalto, riña, reyerta, contienda, bronca.

TOPETÓN.—golpe, choque, encuentro, topetada, topetazo, trompicón, trompezón, trastabillón, cambalud.

TOQUE.—quid, busilis, ensayo, experiencia, prueba, examen, tañido, indicación, llamamiento, advertencia, golpe.

TORCER.—encorvar, doblar, inclinar, arquear, combar, pandear, sesgar, desviar, tergiversar, curvar, alabear.

TORCERSE. — agriarse, desviarse, picarse, apuntarse, cortarse, abarquillarse, encarrujarse, abangarse, enarcarse, frustrarse, alabearse.

TORCIDAMENTE.—oblicuamente, enroscadamente, tortuosamente, abarquilladamente, alabeadamente.

TORMENTA.—tempestad, temporal, borrasca, vendaval, aguacero, diluvio, huracán, galerna, desgracia, adversidad, procela, inclemencia.

TORMENTO.—martirio, suplicio, tortura, sufrimiento, angustia, congoja, dolor, pena, maltratamiento, aflicción, nana.

TORMENTOSO. — tempestuoso, huracanado, borrascoso, proceloso, inclemente, aborrascado.

TORNADIZO.—versátil, inconstante, veleidoso, voluble, tornátil, alcornoque, variable, voltizo, novelero.

TORNAR.—retornar, volver, regresar, devolver, restituir, revolver, recudir, venir, resurtir.

TORPE.—inhábil. obtuso, desmañado, cerrado, rudo, pesado, lento, tardo, obsceno, lascivo, indecoroso, deshonesto, ignominioso, deshonroso, impúdico, vil, feo, tosco, grosero, infame.

TORTUOSO.—laberíntico, cauteloso, astuto, disimulado, solapado, zorrocloco, torcido, enmarañado.

TORTURA.—martirio, tormento, suplicio, dolor, sufrimiento, angustia, aflicción, agonía, pesadumbre, atribulación, pena, congoja, tósigo.

TORTURAR.—martirizar, afligir, agarrotar, atormentar, supliciar, acongojar.

TORVO.—hosco, airado, fiero, iracundo, furiente, ardiondo, crespo, feróstico, terrible.

TOSCO.—basto, burdo, vulgar, rudo, ordinario, rústico, grosero, inculto, tolete, mazorral, mogrollo, charro, mazacote, chabanaco, ignorante.

TOZUDO.—porfiado, testarudo, emperrado, cervigudo, codorro, zamugo, tenace, terne, renuente, terco, obstinado, empecinado, tenaz, pertinaz.

TRABA.—estorbo, impedimento, dificultad, obstáculo, inconveniente, valladar, óbice, valla.

TRABACUENTA. — equivocación, disputa, controversia, disensión, divergencia, error, polémica, discusión, debate, litigio, altercado.

TRABADO.—nervudo, robusto, fuerte, vigororo, fornido.

TRABAJADO. — fatigado, cansado, molido, aplanado, gastado, baqueteado, cansino, cansio, atrabajado, despernado.

TRABAJADOR.—obrero, operario, jornalero, activo, laborioso, dinámico, productor, trabajante, laborante, laboroso.

TRABAJAR.—elaborar, laborar, atarearse, esforzarse, afanarse, laborear, bregar, aginar, obrar, hacer, ocuparse, estudiar, aplicarse, inquietar, molestar, perturbar.

TRABAJO.—tajo, faena, tarea, labor, ocupación, obra, operación, laboriosidad, molestia, dificultad, penalidad, pena, miseria, estrechez, tormento, estudio, investigación, examen, análisis, exposición, memoria, laborío, fagina, azana, cutio.

TRABAJOSO.—penoso, dificultoso, laborioso, costoso, operoso, defectuoso, imperfecto, enfermizo, maganto, laboroso, ímprobo, penado.

TRABAR.—unir, juntar, prender, sujetar, adensar, coger, agarrar, asir, espesar, enlazar, concordar, conformar, conciliar.

TRABAZÓN.—enlace, juntura, sujeción, densidad, consistencia, conexión, unión, relación.

TRABUCAR. — alterar, enredar, trastornar, trastrocar, desordenar, turbar, confundir, invertir, ofuscar, enrevesar, tergiversar.

TRADUCIR.—explicar, verter, glosar, interpretar, descifrar, aclarar, parafrasear, dilucidar, trocar, mudar, convertir.

TRAFICAR.—comerciar, negociar, mercadear, trapichear, trujamanear, comprar, vender, trafagar, viajar.

TRAGAR.—comer, deglutir, devorar, absorber, consumir, gastar, soportar, tolerar, disimular.

TRAGEDIA.—desgracia, catástrofe, infelicidad, desaventura, calvario, fatalidad.

TRÁGICO.—desgraciado, infausto, aciago, nefasto, ominoso, desastroso, calamitoso, terrorífico, funesto, fatal, triste.

TRAGO.—sorbo, infortunio, adversidad, revés, contratiempo, tártago, calamidad.

TRAICIÓN. — felonía, alevosía, infidelidad, perfidia, falsía, deslealtad, deserción, malcaso, infidencia, prodición, defección, aleve.

TRAICIONAR.—engañar, vender, apostatar, desertar, delatar, atraicionar.

TRAÍDO.—gastado, raído, usado, marchito, ajado.

TRAIDOR.—desleal, felón, infiel, alevoso, pérfido, perjuro, fementido, judas, zaino, magancés.

TRAJE.—vestido, indumento, terno, vestidura, vestimenta, uniforme, hábito, ropaje, veste, ropa, vestuario, indumentaria, flux.

TRAMA.—confabulación, dolo, intriga, artificio, maquinación, enredo, argumento.

TRAMAR.—maquinar, fraguar, planear, conspirar, complotar, tejer.

TRAMITAR.—activar.

TRAMOYA.—ficción, enredo, finta, embuchado, burlería, engañifa, engaño, trampa.

TRAMPA.—engaño, artificio, tramoya, ardid, cepo, lazo, trampantojo, portañuela, deuda, callejo, armadijo.

TRAMPAL.—cenagal, lodazal, barrizal, tremedal, atolladero, pantano, ciénaga.

TRAMPANTOJO.—artificio, trampa, ilusión, embolado, jonjaina, faramalla, enredo, celada, engaño, lazo.

TRAMPEAR.—sablear, petardear, estafar, pasar, tirar, defraudar.

TRAMPISTA.—embustero, estafador, petardista, tramposo, sablista, tahúr, carretero, fullero.

TRANCE.—lance, ocurrencia, suceso, inconveniente, hueso, aprieto, apuro, brete.

TRANQUILIDAD.—calma, sosiego, paz, serenidad, quietud, reposo, entimia, placidez, descanso, ataraxia.

TRANQUILIZAR.—pacificar, sosegar, apaciguar, aquietar, calmar, tranquilar, sedar, serenar, asosegar, aserenar.

TRANQUILO. — despreocupado, indiferente, asentado, sentado, juicioso, baquetudo, pachorrudo, tardo, pacífico, plácido, quieto, imperturbable, sereno, impertérrito, calmoso, cachazudo, cariparejo, frío, sesgo, sesgado, reposado, sosegado, calmado, apacible, silencioso.

TRANSACCIÓN.—convenio, trato, concierto, alianza, ajuste, arreglo, pacto, avenencia, negocio, transigencia.

TRANSCRIBIR.—trasladar, copiar, trasuntar, calcar.

TRANSCURRIR.—correr, pasar, andar, mediar, avanzar.

TRANSEÚNTE.—caminante, viandante, pasajero, peatón, viajero, pasante, trashumante.

TRANSFERIR.—transmitir, traspasar, trasegar, trasladar, diferir, aplazar, demorar, traducir.

TRANSFORMACIÓN. — variación, mudanza, cambio, modificación, metamorfosis, transformamiento, mutación, mudamiento.

TRANSFORMAR.—variar, alterar, modificar, cambiar, transmutar, mudar, metamorfosear, transmudar.

TRANSGREDIR.—infringir, violar, quebrantar, vulnerar, barrenar, contravenir, translimitar, traspasar.

TRANSGRESIÓN.—violación, infracción, contravención, vulneración, quebrantamiento.

TRANSICIÓN.—cambio, paso, mudanza, transformación, demudación, metamorfosis.

TRANSIDO.—acongojado, fatigado, angustiado, miserable, mezquino, agarrado, tacaño, cicatero, piojoso, ridículo.

TRANSITAR.—pasar, andar, deambular, zarcear, recorrer, caminar, circular, viajar.

TRÁNSITO.—fallecimiento, paso, pasadura, pasamiento, paseo.

TRANSITORIO.—provisional, pasajero, accidental, breve, corto, interino, temporáneo, transeúnte, fugaz, momentáneo, temporal, caduco, perecedero.

TRANSMITIR.—transferir, pasar, traspasar, ceder, endosar, trasladar, contagiar comunicar.

TRANSMUTACIÓN. — mudanza, conversión, transformación, transmudación, transmudamiento.

TRANSMUTAR.—transmudar, trocar, convertir, transformar, cambiar.

TRANSPARENCIA.—limpidez, limpieza, claridad, diafanidad, translucidez, deslumbramiento.

TRANSPARENTE.—diáfano, claro, pelúcido, cristalino, limpio, límpido, traslúcido.

TRANSPIRAR.—exhalar, sudar, brotar, rezumar, resudar, trasudar.

TRANSPONER.—atravesar, cruzar, traspasar, trasplantar, transportar, trastear.

TRANSPORTAR.—trasladar, conducir, llevar, acarrear, portear, transponer, trastear.

TRANSPORTE.—éxtasis, exaltación, entusiasmo, acarreo, conducción, traslado, arrastre, traslación, mudanza, cambio, traslación.

TRASCENDENCIA. — penetración, ingenio, agudeza, listeza, perspicacia, sagacidad, consecuencia, resultado.

TRASEGAR.—trastornar, revolver, desordenar, mudar, transportar, trasladar, transvasar.

TRASLADAR. — transportar, llevar, copiar, traducir, transponer, trastear.

TRASLÚCIDO.—esmerilado, opalino, pelúcido, translúcido, trasluciente.

TRASLUCIRSE.—conjeturarse, transparentarse, advertirse, adivinarse, translucirse, traspintarse.

TRASNOCHADO. — macilento, desmejorado, anticuado, extemporáneo, anacrónico, antiguo, débil, enclenque.

TRASPASAR. — cruzar, transponer, rebasar, repasar, transgredir, atravesar, transferir, ceder, transmitir, exceder, pasar, ultrapasar.

TRASPIÉ.—tropezón, tropiezo, resbalón, zancadilla, deslizamiento, topetón, topetazo.

TRASQUILAR.—esquilar, menoscabar, reducir, acortar, marcear, disminuir, descabalar.

TRASTABILLAR.—tambalear, tropezar, vacilar, titubear, dudar, trompezar, trompillar.

TRASTADA.—pillada, bribonada, tunantada, picardía, canallada, informalidad, vileza, diablura, barrabasada.

TRASTAZO.—costalada, golpazo, testarazo, calamorrazo, zurrido, porrazo.

TRASTO.—trebejo, inútil, informal, chisgarabís, danzante, espada, daga, utensilio, herramienta.

TRASTORNADO. — perturbado, trastrocado, invertido, revuelto, extraviado, chiflado, tocado, ido, confuso, desconcertado, desasosegado, apesadumbrado, dolido, pesaroso.

TRASTORNAR.—revolver, perturbar, desarreglar, enredar, trabucar, invertir, desordenar, trastrocar, inquietar, apenar, disgustar, trasegar, invertir, turbar, conturbar, disuadir, enloquecer.

TRASTORNO.—desorden, confusión, desarreglo, trasiego, trastrueque, inquietud, perturbación, pesar, dolor, pena, desazón, desasosiego, enloquecimiento, locura, turbación, inquietud.

TRASUNTO.—copia, traslado, imitación, representación, transcripción, facsímil, facsímile.

TRATABLE.—amable, afable, sociable, esparcido, atento, cortés, campechano.

TRATADO.—ajuste, pacto, trato, convenio, escrito, discurso, arreglo, alianza, negociación.

TRATAMIENTO.—trato, método, procedimiento, título, siglo, relación, roce.

TRATAR.—usar, cuidar, manejar, relacionarse, conducirse, portarse, proceder, intentar, pretender, gobernar, disponer, frecuentar, alternar, procurar, pensar, hablar, versar, escribir, comerciar, traficar, negociar, gestionar.

TRATARSE.—visitarse, comunicarse, codearse, rozarse, familiarizarse, relacionarse.

TRATO.—pacto, ajuste, convenio, relación, amistad, roce, contrato, tratamiento.

TRAVESEAR.—retozar, jugar, juguetear, resolver, treveiar, picardear, triscar.

TRAVESURA.—diablura, agudeza, sagacidad, mataperrada, barrabasada, muchachada, sutileza, ingenio, desenfado, viveza.

TRAVIESO.—bullicioso, revoltoso, vivaracho, inquieto, sutil, agudo, ingenioso, sagaz, listo, desenfadado, astuto, vicioso, retozón, zaragutero, zarabutero.

TRAYECTO.—trecho, recorrido, espacio, distancia, camino, travesía, tirada.

TRAZA.—aspecto, figura, cara, apariencia, maña, ingenio, proyecto, plan, diseño, invención, arbitrio.

TRAZAR.—diseñar, dibujar, delinear, bosquejar, esbozar, abocetar, discurrir, describir, disponer.

TRAZO.—delineación, línea, raya, pliegue, croquis, delineamiento, delineamento.

TREBEJO.—utensilio, útil, instrumento, herramienta, trasto, juguete.

TRECHO.—distancia, espacio, recorrido, tirada, travesía.

TREFE.—ligero, endeble, delgado, falso.

TREGUA.—descanso, intermisión, asueto, licencia, espera, pausa, suspensión, interrupción, armisticio, cesación, cese, intervalo.

TREMEBUNDO.—terrible, tremendo, horrendo, espantable, espantoso, horripilante, hórrido, formidable.

TREMENDO.—terrible, temible, tremebundo, espantable, espantoso, horripilante, giganteo, horrendo, formidable, enorme, colosal, gigantesco.

TREMOLINA.—alboroto, bulla, confusión, trifulca, gresca, zipizape, trapatiesta, rebujina, batahola, batiburrillo, escándalo, cisco.

TRÉMULO.—tremulento, tembloroso, tremulante, tembloso, tremente, trépido.

TREPAR.—gatear, subir, escalar, esquilar, repechar, encumbrar, ascender, agujerear, taladrar, horadar, perforar, adornar.

TREPIDACIÓN.—estremecimiento, estremezo, titilación, rehílo, temblor, conmoción, convulsión.

TREPIDAR.—temblar, temblequear, castañetear, retemblar, vacilar, estremecerse.

TRETA.—añagaza, artimaña, astucia, argucia, habilidad, engañifa, ardid, trampa, engaño, artificio.

TRIAR.—escoger, entresacar, separar, elegir, seleccionar.

TRIBULACIÓN.—pena, desgracia, adversidad, congoja, dolor, aflicción, disgusto, turbación, persecución, desventura, tormento.

TRIBUTO.—gravamen, carga, censo, subsidio, garrama, agarrama, garama, contribución, impuesto, gabela, pecho, arbitrio, alcabala, diezmo, pontazgo, pontaje, peaje, portazgo, anata, capitulación, media, derrama.

TRIFULCA.—alboroto, tremolina, pelotera, pendencia, escándalo, tiberio, trapatiesta, zipizape, camorra, bronca.

TRIGO.—ador, dula, adula.

TRILLAR.—abalear, emparvar, esparvar, aparvar, frecuentar, hollar, pisotear, humillar, deshacer.

TRIQUIÑUELA.—rodeo, evasiva, argucia, astucia, circunloquio, subterfugio, efugio, ardid, artería.

TRISCAR.—travesear, juguetear, mezclar, soltar, crujir, retozar, enredar.

TRISTE.—desconsolado, afligido, apenado, abatido, atribulado, descontento, malhumorado, apesarado, murrio, cogitabundo, pesaroso, insoportable, desagradable, escaso, inútil, superfluo, mohíno, mustio, melancólico, hipocondríaco, apesadumbrado, desgraciado, desventurado, infausto, funesto, enojoso, lamentable, doloroso, deplorable.

TRISTEZA. — congoja, desconsuelo, murria, cancamurria, cacorra, aflicción, pena, pesadumbre, melancolía, acedia, amargura, abatimiento.

TRITURAR.—quebrantar, molturar, desmenuzar, maltratar, molestar, encocorar, moler, machacar, machucar, magullar, majar, pulverizar, aplastar, mascar, masticar.

TRIUNFANTE.—vencedor, triunfador, victorioso, ganancioso, ovante, invicto.

TRIUNFAR.—ganar, vencer, debelar, superar, batir, derrotar, derrochar.

TRIUNFO.—victoria, éxito, ganancia, laurel, lauro, palma, corona.

TRIVIAL.—común, ligero, insubstancial, frívolo, vulgar, sabido, mediano, insignificante, trasnochado.

TROCAR.—canjear, cambiar, permutar, mudar, equivocar, vomitar, arrojar, tergiversar, trastrocar.

TROLA.—falsedad, engaño, paparrucha, filfa, mentira, embuste, bola.

TROMPAZO.—trompada, porrazo, puñetazo, golpazo, batacazo, costalada, golpe.

TRONZAR.—quebrantar, despedazar, dividir, quebrar, desmenuzar, destrozar, romper, trozar, tronchar.

TROPA.—turba, manada, recua, cáfila, muchedumbre.

TROPELÍA.—desafuero, atropello, arbitrariedad, vejación, ilegalidad, abuso, violencia, injusticia, aceleración, confusión, pasavolante, atropellamiento, apresuramiento.

TROPEZAR.—topar, encontrar, trompicar, hallar, errar, faltar, reñir, regañar, chocar, trastabillar.

TROPIEZO.—desliz, traspié, tropezón, tropezadura, trompicón, inconveniente, dificultad, embarazo, impedimento, estorbo, óbice, valladar, falta, culpa, pecado, obstáculo.

TROTACONVENTOS.—alcahueta, tercera, corredera, cobertura, celestina, proxeneta, encandiladora.

TROZAR.—tronzar, romper, tronchar, despedazar, desmenuzar, partir, destrozar, quebrar, destrozar, dividir.

TROZO.—parte, sección, pedazo, pieza, tramo, cacho, porción, fragmento, fracción.

TRUCO.—treta, engaño, ardid, argucia, jugada, trueque, changarro, cencerro.

TRUCULENTO.—cruel, atroz, tremendo, tremebundo, horripilante, terrible, espantoso.

TRUEQUE. — permuta, chanza, trocamiento, cambio, canje, trueco, cambalache.

TRUFA.—patraña, mentira, bola, filfa, paparrucha, embuste, cuento, fábula.

TRUFAR.—engañar, mentir, burlar, chasquear, estruchar.

TRUHÁN.—pícaro, pillo, tunante, perillán, bellaco, pillete, truchimán, trujimán, trujamán.

TUFO.—soberbia, orgullo, envanecimiento, altivez, altiveza, altanería, fatuidad, presunción.

TUGURIO.—cuchitril, socucho, cochitril, garigolo, mechinal, pastoforio, camaranchón, tabuco, zahúrda, zaquizamí, desván, chiribitil, cuartucho, silo, cueva.

TULLIDO.—paralítico, impedido, lisiado, contrecho, imposibilitado, inválido, baldado, anquilosado, atrofiado.

TUMBA.—sepultura, sepulcro, panteón, nicho, huesa, túmulo, mausoleo, voltereta, vaivén, tumbo, hoya, enterramiento, columbario.

TUMBAR.—segar, derribar, caer, rodar, marear.

TUMBARSE.—acostarse, tenderse, echarse, enrobinarse, alebrestarse, yacer.

TUMBÓN.—perezoso, holgazán, haragán, gandul, vago, socarrón, meridiana.

TUMULTO.—asonada, agitación, revuelta, desorden, motín, alboroto, ruido, bullanga, disturbio, turbulencia, confusión, batahola.

TUMULTUOSO.—alborotado, revuelto, escandaloso, turbulento, agitado, desordenado, tumultuario, ruidoso, amotinado.

TUNANTE.—taimado, pícaro, truchimán, trujimán, trujamán, bribón, pillo, truhán, astuto, sagaz, tuno.

TUNDA.—solfa, paliza, felpa, zurra, toñina, tollina, sotana, somanta, capuana, leña, friega, soba, solfeo, azotaina.

TUNO.—truhán, taimado, pícaro, truchimán, trujimán, pillo, bribón, tunante, perillán, astuto, sagaz.

TURBA.—tropel, muchedumbre, plebe, trulla, garulla, populacho, multitud, turbamulta.

TURBACIÓN.—atoramiento, desorden, confusión, conturbación, atarantamiento, desconcierto, turbamiento.

TURBADO.—confuso, avergonzado, conturbado, arrebolado, atarantado, desorientado, desconcertado.

TURBAR.—trastornar, alterar, conturbar, arrebolar, ruborizar, desordenar, desarreglar, desconcertar, perturbar, interrumpir, inquietar, sorprender, avergonzar, aturdir, atarantar, aturrullar, atortolar, enturbiar.

TURBIO.—confuso, túrbido, obscuro, borroso, vidrioso, opaco, dudoso, sospechoso, revuelto, alterado, azaroso, turbulento.

TURBULENCIA.—agitación, alboroto, turbieza, enturbiamiento, calina, revuelta, motín, perturbación, desorden, confusión, alteración.

TURBULENTO.—revoltoso, tumultuoso, alborotador, desordenado, confuso, escandaloso, túrbido, borroso, revuelto, perturbado, alborotado, turbio.

TURCA.—papalina, borrachera, melopea, trompa, mordaguera, mona, talanquera, merluza, moña, trúpita, trompa, tablón, jumera, embriaguez.

TURNO.—sucesión, correlación, vez, tanda, adra, tandeo, alternativa.

TURRAR.—asar, soasar, tostar, torrar, socarrar, rustrir, rustir.

TURULATO.—atónito, estupefacto, extasiado, abobado, embobalicado, alelado, sobrecogido, pasmado.

TUTELA.—protección, amparo, defensa, dirección, tutoría, guía, ayuda, guarda, cautela.

TUTELAR.—amparador, protector, salvaguargar, preservar, resguardar, defensor.

U

UFANARSE.—jactarse, engreírse, vanagloriarse, glorificarse, pomponearse, pompearse, envanecerse, gloriarse.

UFANO.—envanecido, arrogante, jactabundo, fachoso, vanidoso, desenvuelto, presuntuoso, jactancioso, engreído, satisfecho, contento, alegre, gozoso, rozagante.

ÚLTIMAMENTE.—finalmente, postreramente, postrimeramente, resueltamente.

ULTIMAR.—acabar, concluir, finir, liquidar, cumplir, extinguir, finalizar, terminar, rematar, finiquitar.

ÚLTIMO.—postrero, postrer, postrimero, remoto, lejano, postre, postremo, postremero, postrimer.

ULTRAJAR. — injuriar, insultar, maltratar, baldonar, baldonear, agraviar, afrentar, ofender, difamar, mancillar, deshonrar, ajar, vejar, despreciar.

ULTRAJE.—insulto, agravio, baldón, mancha, mancilla, maltratamiento, afrenta, injuria, ofensa, desprecio, ajamiento.

UNCIÓN.—ungimiento, devoción, recogimiento, fervor, extremaunción, untura, untamiento, ilutación.

ÚNICAMENTE.—sólo, individualmente, meramente, solamente, precisamente.

ÚNICO.—singular, solo, raro, extraordinario, excelente, impar, mero, individual, simple, unitario.

UNIDAD.—conformidad, unión, singularidad, cifra, cantidad, uno, individuo, cosa, as.

UNIFORME.—conforme, igual, semejante, monótono, acorde, exacto, parejo.

UNIÓN.—confederación, liga, alianza, coalición, compañía, conjunción, cohesión, conexión, encadenamiento, enlace, correspondencia, unidad, concordia, maridaje, fusión, conformidad, matrimonio, casamiento, boda, enlace.

UNIR.—enlazar, casar, ligar, juntar, atar, ensamblar, fundir, mezclar, aproximar, conciliar, consolidar, trabar, acercar, agregar, concordar, matrimoniar.

UNIRSE.—concertarse, confederarse, asociarse, ligarse, aliarse, confabularse, coligarse, convenirse, agregarse, casarse, amontonarse, juntarse, arrimarse, llegarse, binarse, fundirse, ayuntarse.

UNIVERSAL.—mundial, ecuménico, cósmico, cosmopolita, cosmogónico.

UNIVERSO.—orbe, mundo, cosmos, globo, caos, creación.

UNO.—único, solo, unidad, individuo, solitario, indeterminado, impar, singular, non, as.

UNTAR.—ungir, manchar, pringar, corromper, sobornar, rebozar, emboñigar, bañar, trullar.

UNTO.—grasa, ungüento, craso, gordura, grosura, graseza, capa, pringue, empegadura, afeite.

UNTUOSO.—mantecoso, grasiento, craso, graso, grasoso, pingüe, pegajoso, pringoso, seboso, aceitoso.

UÑARADA.—araño, arañazo, rasguño, arañada, arañamiento, uñada, aruño, aruñazo, rascuño.

URBANIDAD.—cortesanía, galantería, corrección, distinción, civilidad, cortesía, atención, finura, comedimiento, afabilidad, amabilidad, educación.

URBANO.—cortés, comedido, atento, cortesano, fino, afable, amable, galante, cumplido, obsequiso, tratable, ciudadano, civil, cívico.

URBE.—población, ciudad, capital, centro, emporio, metrópoli.

URDIR.—conspirar, maquinar, tramar, intrigar, planear, complotar. urdidura.

URENTE.—ardiente, abrasador, ardoroso, quemante, abrasante, flagrante.

URGENCIA.—premura, prisa, necesidad, apresuramiento, apremio, perentoriedad, aprieto, acucia.

URGENTE.—apremiante, perentorio, necesario, inaplazable, imperioso, ejecutivo.

URGIR.—precisar, instar, apremiar, acuciar, atosigar, necesitar.

USADO.—gastado, deslucido, desgastado, acabado, viejo, tazado, raído, manido, traído, andado, proverbial, ajado, estropeado, habituado, ejercitado, ducho, práctico.

USAR.—estilar, acostumbrar, soler, llevar, traer, aplicar, dedicar, practicar, emplear, manejar, gastar, utilizar, disfrutar, servirse.

USO.—hábito, costumbre, estilo, aplicación, menester, usucapión, práctica, usanza, modo, moda, manejo, gasto, disfrute, goce, empleo, destino, servicio.

USUAL.—corriente, frecuente, común, vulgar, proverbial, habitual.

USURA.—logro, logrería, mohatra, interés.

USURAR.—usurear, mohatrar, logrear.

USURPAR.—quitar, despojar, robar, arrebatar, arramblar, birlar, detentar.

UTENSILIO.—instrumento, herramienta, artefacto, útil, trebejo, chisme.

ÚTIL.—fructuoso, productivo, lucrativo, provechoso, beneficioso, conveniente, práctico, servible, utilizable, lucroso, profícuo, reditual, aprovechable, utensilio, trebejo.

UTILIDAD.—beneficio, provecho, cómodo pro, rendición, rendimiento, lucro, fruto, producto, interés, conveniencia, ganancia, ingreso

UTILIZABLE.—útil, disponible, explotable servidero, positivo, servible, aprovechable.

UTILIZAR.—usar, emplear, aprovechar, valerse, aprovecharse, lograr, disfrutar, beneficiar.

VACACIÓN.—ocio, ociosidad, inacción, recreo, asueto, holganza.

VACIAR.—verter, desaguar, evacuar, desvaír, desembarazar, desocupar, moldear, afilar.

VACIEDAD.—sandez, simpleza, memez, imbecilidad, estupidez, bobería, necedad, tontería.

VACILACIÓN. — incertidumbre, perplejidad, duda, irresolución, indecisión, fluctuación, titubeo, irresolución.

VACILANTE.—irresoluto, irresuelto, titubeante, titubante, indeciso, fluctuante.

VACILAR.—fluctuar, dudar, oscilar, titubear, titubar, flaquear, tambalearse, zozobrar.

VACÍO.—vacuo, hueco, desocupado, huero, vacante, laguna, vacuidad, vano, fatuo, presuntuoso, ijada, ijar.

VAGABUNDO.—vago, vagamundo, holgazán, ocioso, errabundo, gallofo, giróvago, andorrero, zoquetero, gollofero.

VAGANCIA.—gandulería, holgazanería, desocupación, ociosidad, vaguedad, poltronería, bordonería, haraganería, vagabundaje, vagabundeo.

VAGAR.—vaguear, errar, espacio, pausa, sosiego, vacación, asueto, pindonguear, cazcalear.

VAGO.—holgazán, vagabundo, ocioso, remolón, remiso, gandul, impreciso, indefinido, indeterminado, indeciso, vagaroso, vaporoso, ligero, poltrón, haragán.

VAGUEDAD.—imprecisión, indecisión, indeterminación, indistinción, ambigüedad.

VAHÍDO.—vértigo, desvanecimiento, turbación, desmayo, vaguido, síncope, patatús, telele.

VAHO.—niebla, vapor, vaharina, efluvio, hálito, vaharada.

VALEDOR.—amparador, protector, tutor, protectriz, bienhechor, defensor, favorecedor, padrino, patrocinador.

VALENTÍA.—bravura, valor, arrojo, arriscamiento, brío, heroicidad, gallardía, esfuerzo, aliento, vigor.

VALENTÓN.—perdonavidas, fanfarrón, baladrón, farfantón, fanfarria, trabucaire, cheche, jactancioso, jaque, matasiete, bravucón, arrogante.

VALENTONADA.—jactancia, fanfarronesca, farfantonada, bernardina, fanfarronada, baladronada, arrogancia, valentona.

VALER.—amparar, proteger, salvaguardar, redituar, rentar, defender, apoyar, montar, sumar, importar, equivaler, servir, patrocinar, apadrinar.

VALEROSO.—esforzado, valiente, bizarro, animoso, arrojado, alentado, arriscado, brioso, ahigadado, estrenuo, agalludo, resuelto, varonil, denodado, impávido, temerario.

VALETUDINARIO.—delicado, enfermizo, enclenque, entelerido, débil, canijo, encanijado.

VALÍA.—estimación, validez, aprecio, valoría, valor, mérito, privanza, influencia, favoritismo, valimiento, favor, poder, facción, bando, parcialidad.

VALIDO.—apreciado, recibido, aceptado, creído.

VÁLIDO.—útil, sano, robusto, vigoroso, fuerte, esforzado, firme, subsistente, legal.

VALIENTE.—esforzado, animoso, gallardo, bizarro, arrojado, valeroso, temerario, intrépido, alentado, bravo, impávido, sereno, denodado, brioso, resuelto, aguerrido, estrenuo, agalludo, ahigadado, osado, varonil, fuerte, robusto, eficaz, activo, excelente, primoroso, excesivo, grande, farfantón, valentón, bravucón, fanfarrón, perdonavidas, baladrón.

VALIMIENTO.—amparo, protección, salvaguarda, preferencia, amistad, defensa, ayuda, apoyo, valía, poder, favor, privanza, patrocinio.

VALIOSO.—meritorio, excelente, preciado, rico, adinerado, creso, poderoso, estimado, apreciado, opulento, acaudalado.

VALOR.—ánimo, denuedo, brío, bizarría, arrojo, gallardía, valentía, corazón, audacia, aliento, esfuerzo, estrenuidad, agallas, jijas, hígados, redaños, fuerza, coraje, resolución, bravura, fiereza, intrepidez, decisión, serenidad, impavidez, atrevimiento, osadía, desparpajo, descaro, desvergüenza, aprecio, estimación, valía, precio, cuantía, importancia, eficacia, equivalencia.

VALORAR.—apreciar, tasar, estimar, valuar, cuantiar, avaluar, valorear, evaluar.

VALLA.—cerca, cercado, cerco, bardiza, sebe, vallado, valladar, empalizada, seto, estacada, barrera, obstáculo, óbice, impedimento.

VANAGLORIA.—vanidad, engreimiento, presunción, jactancia, fatuidad, petulancia, pisto, arrogancia, altivez, soberbia, elación.

VANAGLORIARSE.—alabarse, preciarse, jactarse, engreírse, presumir, pompearse, pomponearse, abantarse.

VANAGLORIOSO.—vano, engreído, jactancioso, ufano, arrogante, presumido, presuntuoso, desvanecido, empampirolado, papelón, alabancioso.

VANAMENTE.—infundadamente, inútilmente, baldíamente, estérilmente, arrogantemente, jactanciosamente, jactabundantemente, ociosamente.

VANDALISMO.—destrucción, devastación, ruina, pillaje, demolición, asolamiento, asolación.

VANIDAD.—engreimiento, vanagloria, soberbia, presunción, fatuidad, envanecimiento, fausto, pompa, vacuidad, orgullo, altiveza, vanistorio.

VANIDOSO.—fatuo, presuntuoso, vano, presumido, engreído, soberbio, empampirolado, papelón, alabancioso.

VANO.—presuntuoso, fatuo, engreído, vanidoso, presumido, arrogante, soberbio, empapirolado, papelón, alabancioso, desvanecido, hueco, huero, vacío, infructuoso, orgulloso, fugaz, pasajero, infundado, inútil, ilusorio, insubsistente, inestable, irreal, aparente, insubstancial, inseguro.

VAPOR.—hálito, vaho, fluido, gas, vértigo, vahído, desmayo, buque, eructo, regüeldo, eruto, erutación, eructación.

VAPOROSO.—tenue, ligero, sutil, aéreo, etéreo, delgado, flaco.

VAPULEO.—zurra, paliza, azotaina, felpa, sotana, vapulación, vapulamiento, solfa, solfeo, tunda, tollina.

VARIABLE.—movible, mudable, voluble, tornadizo, inconstante, versátil, inestable, instable, veleidoso, casquiveleta, barcino, mudadizo, vario.

VARIACIÓN.—mudanza, alteración, transformación, cambio, renovación, modificación, reformación, transformamiento.

VARIAR.—transformar, alterar, diferir, mudar, cambiar, declinar, comodar, trastrocar, inmutar.

VARIEDAD.—cambio, diversidad, alteración, variación, promiscuidad, modificación, inestabilidad, diferenciación, inconstancia, instabilidad, mutabilidad, mudanza.

VARIO.—diverso, distinto, diferente, promiscuo, heterogéneo, variable, mudable, inconstante, versátil, voluble, instable, indiferente, indeterminado.

VARONIL.—valiente, esforzado, viril, masculino, hombruno, fuerte, valeroso, animoso, resuelto.

VASALLO.—feudatario, súbdito, collazo, bucelario, tributario.

VASIJA.—adecuja, zapita, zapito, colodra, recipiente.

VÁSTAGO.—brote, retoño, esqueje, vástiga, raíjo, gamonito, pimpollo, renuevo, hijo, descendiente.

VASTO.—extenso, amplio, grande, dilatado, anchuroso, capaz, espacioso, campuroso, difuso.

VATICINADOR.—adivino, vatídico, vaticinante, adivinador, augur, pronosticador, profeta.

VATICINAR.—predecir, profetizar, antedecir, presagiar, proferizar, pronosticar, adivinar, augurar. agorar.

VATICINIO.—predicción, pronóstico, profecía, adivinación, augurio, auguración, agüero, adivinamiento.

VECINDAD.—proximidad, cercanía, alrededor, contorno, inmediación, vecindario, vecinos.

VECINDARIO.—habitantes, vecinos, población, pueblo, vecindad.

VECINO.—contiguo, inmediato, cercano, próximo, limítrofe, habitante, morador, inquilino, domiciliado, semejante, parecido, análogo, coincidente, munícipe, domiciliario.

VEDAR.—prohibir, privar, impedir, estorbar, embarazar, acotar, obstaculizar, negar, proscribir, interdecir.

VEHEMENCIA.—impetuosidad, arrebato, virulencia, fogosidad, violencia, ímpetu, pasión, fuego, ardor, actividad.

VEHEMENTE.—fogoso, ardoroso, ardiente, intenso, impetuoso, violento, impulsivo, súbito, ahincado, hervoroso, virulento.

VEJAR.—molestar, maltratar, perseguir, avasallar, oprimir, humillar, escarnecer, zaherir.

VEJEZ.—senectud, ancianidad, decrepitud, caduquez, chochez, vetustez, ocaso, invierno.

VELA.—vigilia, velación, romería, centinela, toldo.

VELAR.—vigilar, cuidar, disimular, cubrir, ocultar, atenuar, obscurecer, tapar, sonochar, trasnochar, pernoctar.

VELEIDAD.—capricho, inconstancia, ligereza, antojo, versatilidad, voltariedad, inestabilidad, volubilidad.

VELEIDOSO.—tornadizo, variable, mudable, inconstante, caprichoso, ligero, versátil, voluble, antojadizo, casquiveleta, inestable, voltizo.

VELOCIDAD.—rapidez, ligereza, prontitud, presteza, prisa, celeridad, priesa, presura, resolución.

VELOZ.—presto, rápido, ligero, presuroso, pronto, ágil, acelerado, raudo, expedito, impígero, célere.

VELLUDO.—peludo, velloso, vellido, cerdudo, lanudo, lanoso, piloso.

VENCEDOR.—victorioso, triunfante, invicto, invito, triunfador.

VENCER.—batir, derrotar, destrozar, rendir, domeñar, someter, subyugar, causear, destronar, debelar, dominar, reprimir, contener, refrenar, violentar, triunfar, superar, sobrepujar, aventajar, allanar, zanjar.

VENDER.—despachar, expender, realizar, revender, liquidar, saldar, traspasar, ceder, malvender, malbaratar, traicionar, enajenar, almonedear, alienar, feriar.

VENERABLE.—honorable, reverenciable, venerando, reverendo, respetable, virtuoso.

VENERACIÓN.—acatamiento, respeto, reverencia, admiración, respetuosidad, homenaje, consideración, adoración.

VENERAR.—honrar, acatar, honestar, considerar, reverenciar, respetar.

VENGANZA.—vindicación, desquite, represalia, reparación, vindicta, despique, esquite, castigo, pena.

VENGATIVO.—rencoroso, vindicativo, vindicatorio, vengable.

VENIA.—perdón, permisión, beneplácito, permiso, autorización, licencia, anuencia, consentimiento, aquiescencia.

VENIDA.—vuelta, regreso, retorno, llegada, arribada, ímpetu, prontitud, arribo, avenida, inundación, acometimiento, indeliberación.

VENIR.—retornar, arribar, regresar, llegar, volver, comparecer, transigir, pasar, suceder, acaecer, acontecer. ocurrir.

VENTA.—posada, mesón, ventorro, hostal, hostería, ventorrillo, hospedería, parador, despacho, salida.

VENTAJA.—delantera, superioridad, ganga, utilidad, ganancia, breva.

VENTEAR.—airear, olfatear, indagar, ventosear, pesquisar, peer.

VENTERO.—mesonero, posadero, huésped, hostelero, figonero, tabernero, hotelero.

VENTILAR.—airear, orear discutir, controvertir, examinar, ventear, desavahar, reaventar.
VENTURA.—fortuna, dicha, felicidad, causualidad, suerte, acaso, contingencia, riesgo, peligro, auge, venturanza, bienandanza.
VENTUROSO.—feliz, afortunado, dichoso, alegre, contento, satisfecho, venturado, venturero, chambón, chiripero, risueño.
VER.—guipar, mirar, ojear, avistar, divisar, percibir, notar, columbrar, advertir, experimentar, vislumbrar, descubrir, distinguir, observar, examinar, reconocer, considerar, conocer, juzgar, meditar, reflexionar, prevenir, presentir.
VERAZ.—sincero, certero, verídico, auténtico, incontrastable, verdadero.
VERDAD.—veracidad, certeza, realidad, certidumbre, autenticidad.
VERDADERO.—efectivo, cierto, infalible, indiscutible, probado, serio, sincero, indudable, indubitable, verídico, real, auténtico, certero, veraz, positivo.
VERDOR.—vigor, lozanía, juventud, fortaleza, mocedad, energía, niñez, adolescencia.
VERDUGO.—ajusticiador, verdugón, roncha, hinchazón, cruel, sanguinario, brote, renuevo, vástago, vástiga, aro.
VEREDA.—sendero, senda, camino, trocha, atajo, acera, vía.
VERGEL.—pensil, jardín, huerto, huerta, ruzafa.
VERGONZOSO.—corto, tímido, encogido, turbado, apocado, confuso, pudibundo, erubescente, pudoroso, ruboroso, verecundo.
VERGÜENZA.—encogimiento, turbación, timidez, cortedad, confusión, erubescencia, corrimiento, abochornamiento, verecundia.
VERÍDICO.—verdadero, auténtico, real, cierto, positivo, serio, veraz, incontrastable, indubitable, axiomático.
VERIFICAR.—realizar, ejecutar, efectuar, comprobar, celebrar, examinar, contrastar.
VEROSÍMIL.—verisímil, probable, admisible, plausible, posible, creíble.
VERRUGO.—avaro, cicatero, tacaño, judío, piojoso, roña, roñoso, mezquino, miserable.
VERSADO.—entendido, conocedor, erudito, fogueado, experimentado, práctico, diestro, instruido, ejercitado, perito, técnico, idóneo, enterado, experto, ducho.
VERSÁTIL.—ligero, inconstante, voluble, tornadizo, veleidoso, antojadizo, casquiveleta, frívolo, mudable, caprichoso, variable.
VERSIÓN.—interpretación, traslación, explicación, traducción.
VERTER.—derramar, vaciar, escanciar, correr, trasladar, traducir, fluir.
VERTICAL.—erecto, enhiesto, inhiesto, híspido, hirsuto, pivotante, pingorotudo, tieso, erguido, eréctil, perpendicular, normal.
VESTIDO.—traje, indumento, vestimenta, vestidura, ropaje, ropa, terno, veste, vestuario, flux.
VESTIGIO.—señal, huella, rastro, indicio, resto, memoria, residuo.
VETERANO.—experimentado, experto, antiguo, baqueteado, ejercitado, fogueado.
VETO.—oposición, impedimento, prohibición, obstáculo, óbice, denegación.
VETUSTO.—añejo, viejo, antiguo, arcaico, añoso, anciano, ruinoso, arruinado, derruido, destartalado.
VEZ.—turno, orden, sucesión, alternación, tiempo, ocasión, vecero.
VÍA.—sendero, camino, senda, carril, conducto, medio, procedimiento.
VIAJE.—camino, jornada, trayecto, excursión, marcha, itinerario, recorrido, carga, peso.
VIANDANTE.—peatón, caminante, transeúnte, paseante, errabundo, andarín, pasajero, viajero, peregrino.
VICIAR.—pervertir, corromper, falsificar, dañar, tergiversar, falsear, malear, enviciar, anular, adulterar, mixtificar.
VICIARSE.—extraviarse, torcerse, pervertirse, dañarse, enviciarse, malearse, corromperse.
VICIO.—imperfección, perversión, falta, defecto, falsedad, yerro, engaño, daño, desviación, exceso, mimo, cariño, halago.
VICIOSO.—libidinoso, sensual, corrompido, pervertido, perdido, lujurioso, vigoroso, lozano, fuerte, fértil, malcriado, grosero, abundante, deleitoso, mimado.
VÍCTIMA.—sacrificado, mártir, hazacel, azacel, perjudicado, inmolado.
VICTORIA.—vencimiento, triunfo, dominio, superioridad, sujeción, ventaja, debelación, conquista, palma.
VICTORIOSO.—triunfante, ganador, vencedor, invicto, invito, ovante, campeón, decisivo, irrefutable.
VIDA.—duración, existencia, biografía, hechos, conducta, energía, vitalidad, savia, movimiento, actividad, empleo, ocupación, quehacer, bienaventuranza.
VIDENTE.—adivino, profeta, médium, sonámbulo, iluminado, augur, agorero, adivinador.
VIEJO.—vejestorio, anciano, abuelo, carcamal, proyecto, maduro, añoso, veterano, caduco, decrépito, rancioso, rancio, engolillado, valetudinario, senil, arcaico, remoto, añejo, vetusto, ruinoso, arruinado, derruido, secular, antiguo, anticuado, primitivo, pasado, lejano, estropeado, usado, acabado, deslucido.
VIENTO.—corriente, aire, atmósfera, éter, vendaval, huracán, galerna, cierzo, ventarrón, ventazo, ventisca, céfiro, brisa, rastro, vanidad, presunción, engreimiento, jactancia, ventosidad, rumbo, dirección.
VIENTRE.—panza, abdomen, barriga, baltra, zorra, tripa, andorga, mondongo, intestinos, bandullo, feto.
VIGILANCIA.—cuidado, atención, custodia, celo, vela, centinela, imaginaria, escucha, guardia, inspección.
VIGILANTE.—cuidadoso, atento, celador, guardián, sereno, atalayador, vigía, serviola.
VIGILAR.—cuidar, velar, atender, celar, custodiar, guardar, vigilar, atalayar, inspeccionar, alertar.
VIGILIA.—vela, víspera, insomnio, desvelo, agripnia, abstinencia, velación, velada.
VIGOR.—energía, fuerza, robustez, eficacia, actividad, viveza, ánimo, aliento, lozanía, validez, vigencia.
VIGORIZAR.—robustecer, vigorar, alentar, animar, esforzar, fortificar, reverdecer, remozar, rejuvenecer.
VIGOROSO.—robusto, enérgico, nervudo, terne, pujante, lacertoso, costilludo, rebolludo, fuerte, eficaz.
VIL.—bajo, abatido, humilde, despreciable, abyecto, indigno, infame, torpe, infiel, traidor, desleal, alevoso, zurriburri, churriburri, mondrego, sacapelotas, espantanublados, sollastre, pinchaúvas, lipendi.
VILEZA.—alevosía, villanía, infamia, bajeza, traición, indignidad, ruindad.
VILIPENDIAR.—desdeñar, vituperar, insultar, despreciar, menospreciar, denostar, deshonrar, difamar, mancillar, amancillar, baldonar, desprestigiar.

VILLANÍA.—bajeza, ruindad, infamia, vileza, alevosía, indignidad, bacinada, ribaldería, villanería.

VILLANO.—indigno, bajo, abyecto, vil, miserable, infame, ruin, zabulón, deshonrabuenos, cascaciruelas, tiracantos, guaja, vergonzoso, rústico, tosco, descortés, grosero, indecoroso.

VÍNCULO.—unión, ligadura, lazo, atadura, ligazón, ligamento, nudo.

VINDICAR.—vengar, desquitar.

VIOLACIÓN.—estupro, tarquinada, fuerza, abducción, profanación, atropello, quebrantamiento, infracción, conculcación.

VIOLAR.—quebrantar, vulnerar, infringir, profanar, forzar, violentar, ajar, deslucir, estropear, constuprar.

VIOLENTAR.—violar, estuprar, forzar, profanar, atropellar, vulnerar, quebrantar, transgredir, infringir, compeler, obligar.

VIOLENTARSE.—dominarse, vencerse, retenerse, contenerse, aguantarse, descomedirse, desencadenarse, desenfrenarse, comprimirse.

VIOLENTO.—vehemente, impetuoso, irascible, arrebatado, atropellado, agresivo, iracundo, penoso, forzado, duro, ardiondo, arrebatoso.

VIRGINAL.—incólume, intacto, puro, impoluto, pulcro, inmaculado, mariano, marial.

VIRTUD.—poder, eficacia, fuerza, valor, vigor, potestad, integridad, bondad.

VIRULENCIA.—malignidad, causticidad, dicacidad, acrimonia, encono, mordacidad.

VIRULENTO.—sañudo, ponzoñoso, mordaz, maligno, virulífero, mordedor, venenoso, dicaz, cáustico.

VISIBLE.—evidente, manifiesto, perceptible, vislumbrable, columbrable, cierto, palmario, indudable, palpable, claro, notorio, patente, conspicuo, notable, sobresaliente.

VISIÓN.—fantasía, espectro, miramiento, mirada, imaginación, quimera, ensueño.

VISLUMBRAR.—entrever, columbrar, divisar, sospechar, conjeturar, percibir, advertir, trasver.

VISLUMBRE.—apariencia, indicio, conjetura, sospecha, atisbo, semejanza, resplandor, reflejo.

VISTOSO.—lucido, brillante, airoso, agradable, faustuoso, gayo, hermoso, deleitable, llamativo, atrayente, sugestivo.

VITANDO.—excrable, odioso, aborrecible, grimoso, desamable, abominable.

VITOREAR.—aclamar, aplaudir, glorificar, ensalzar.

VITUPERABLE. — reprochable, reprobable, censurable, recriminable, afeable.

VITUPERAR.—reprobar, censurar, reprochar, recriminar, abaldonar, baldonar, desacreditar, mancillar, amancillar, motejar, criticar, afear, insultar, vilipendiar.

VITUPERIO.—insulto, reproche, censura, vilipendio, reprobación, baldón, ofensa, mancilla, mancha, deshonra, oprobio, afrenta, infamia.

VIVACIDAD.—energía, vigor, fuerza, brillantez, agudeza, viveza, desenvoltura, lustre, listeza, agudeza, eficacia.

VIVAZ.—enérgico, vívido, vigoroso, eficaz, perspicaz, agudo, listo, comprensivo, sagaz, ingenioso.

VIVEZA.—prontitud, celeridad, apresuramiento, vehemencia, rapidez, presteza, actividad, vivacidad, dinamismo, agudeza, perspicacia, sagacidad, penetración, brillantez, esplendor, brillo, lustre, energía, ardimiento, ingeniosidad, ardor.

VIVIENDA.—morada, casa, habitación, residencia, domicilio, hogar, piso, paradero, mansión.

VIVIFICAR.—confortar, alentar, animar, reanimar, avivar, refrigerar, fortalecer, robustecer.

VIVIR.—habitar, morar, residir, durar, estar, ser.

VIVO.—diligente, listo, pronto, presto, activo, enérgico, ágil, rápido, veloz, penetrante, intenso, impetuoso, fuerte, ardiente, impresionable, sutil, sagaz, agudo, vivaracho, perspicaz, precipitado, descomedido, irreflexivo, expresivo, persuasivo, ingenioso, borde, canto, orilla.

VOCABLO.—voz, palabra, término, dicción, expresión, voquible, locución.

VOCEAR.—pregonar, gritar, publicar, vociferar, llamar, aclamar, aplaudir.

VOCERÍO.—algarabía, vocería, algazara, gritería, escándalo, confusión, griterío, barbulla, bulla, albórbola, jaleo, jollín.

VOLUBLE. — tornadizo, variable, mudable, versátil, inconstante, antojadizo, caprichoso, voltario, inconsecuente, casquiveleto.

VOLUMEN.—magnitud, bulto, extensión, espesor, grueso, grosor, capacidad, tomo, libro.

VOLUMINOSO.—grueso, abultado, corpulento, corpudo, orondo, gordo, desarrollado.

VOLUNTAD.—intención, ánimo, cariño, afición, afecto, amor, benevolencia, disposición, mandato, orden, precepto, ansia, deseo, afán, gana, antojo, perseverancia, firmeza, resolución, consentimiento, asentimiento, anuencia.

VOLUNTARIOSO.—persistente, terco, caprichoso, testarudo, tenaz, obstinado, arbitrario, arbitrativo, volitivo.

VOLUPTUOSO. — concupiscente, libidinoso, sensual, licencioso, lujurioso.

VOLVER.—tornar, regresar, retornar, devolver, restituir, vomitar, regurgitar, traducir, corresponder, pagar, satisfacer, dirigir, encaminar, trasladar, restablecer, arrojar, repetir, reiterar, girar.

VOMITAR.—provocar, devolver, arrojar, regurgitar, basquear, trasbocar, desembuchar.

VORACIDAD.—glotonería, tragonería, tragonía, avidez.

VORAZ.—tragón, devorador, comilón, tragaldabas, vorace, zampón, hambrón, hambrío, hambriento, violento, activo.

VOTO.—blasfemia, reniego, palabrota, juramento, maldición, taco, terno, venablo, execración, prometimiento, promesa, ofrecimiento, parecer, dictamen, opinión, ruego, oración, deprecación, súplica, deseo, ansia, anhelo, afán.

VOZ.—palabra, término, vocablo, expresión, dicción, grito, voquible, locución.

VUELTA.—retorno, regreso, venida, devolución, recompensa, vez, repetición, tunda, zurra, tollina, revés, reverso, circunvolución, sobrante, repetición, retornelo, embozo, bocamanga, mudanza, cambio. virada, voltereta.

VULGAR.—corriente, común, adocenado, chabacano, charro, plebeyo, general, ordinario.

VULGARIZAR.—generalizar, divulgar, familiarizar, adocenar.

VULGARMENTE.—generalmente, comúnmente, llanamente, plebeyamente, chabacanamente, prosaicamente, ramplonamente.

VULGO.—gente, plebe, pueblo, profano, masa, vulgarmente, comúnmente, corrientemente.

VULNERAR.—perjudicar, dañar, lesionar, lastimar, menoscabar, quebrantar, incumplir, violar, desobedecer, contravenir, herir, lacerar, infringir.

Y

YACER.—descansar, reposar, acostarse, tenderse, echarse, tumbarse.

YACIJA.—fosa, huesa, sepultura, hoya, tumba, tálamo, cama, lecho, catre.

YACTURA.—pérdida, quiebra, daño, menoscabo, extorsión, perjuicio.

YEMA.—botón, renuevo, capullo, retoño.

YERMAR.—despoblar, asolar, devastar, arruinar.

YERMO. — desierto, inhabitado, desértico, erial, erío, despoblado, solitario, inculto, estéril, baldío.

YERRO.—error, falta, equivocación, descuido, torpeza, culpa, delito, errata, errada.

YERTO.—rígido, tieso, inflexible, atiesado, envarado, enhiesto, erguido, inhiesto, entelerido, helado, congelado, gélido, entumecido, arrecido.

YUGO.—ley, dominio, obligación, obediencia, disciplina, atadura, carga, prisión.

Z

ZAFAR.—desembarazar, libertar, adornar, hermosear, guarnecer, cubrir.

ZAFARRANCHO.—riña, pendencia, pelea, bronca, destrucción, trapatiesta, zacapela, chamusquina, riza, destrozo.

ZAFARSE.—salirse, escaparse, escabullirse, ocultarse, excusarse, librarse, evitar, largarse, evadirse, huir, soltarse, rehuir.

ZAFIO.—rudo, tosco, inculto, rústico, zote, grosero, incivil, palurdo, paleto, isidro.

ZAGAL.—muchacho, mozo, adolescente, joven, pastor, zagalejo, refajo.

ZAHAREÑO.—agrio, desdeñoso, desabrido, arisco, vispo, esquivo, huraño, intratable, irreductible.

ZAHERIR.—censurar, molestar, criticar, mortificar, ofender, vejar, pinchar, escarnecer, cancerar.

ZAHONDAR.—ahondar, cavar, excavar, sumergirse, hundirse.

ZAHÚRDA.—cuchitril, tugurio, tabuco, chiribitil, zaquizamí, pocilga, cochitril, leonera, huronera.

ZALAGARDA.—emboscada, lazo, trampa, contienda, celada, astucia, escaramuza, alboroto, pendencia.

ZALAMERÍA.—carantoña, halago, embeleco, caroca, lagotería, arrumaco, arremuesco, barbilleo, caricia, gatería, zalema, zalama, zalamelé, mimo, cariño.

ZALEMA.—saludo, reverencia, cortesanía, genuflexión, inclinación, cortesía, sumisión.

ZAMACUCO.—estúpido, torpe, tolete, tolondro, disimulado, astuto, abrutado, solapado, zambombo, borrachera, embriaguez, trompa, mordaguera, merluza, cogorza, turca, trúpita.

ZAMBOMBO.—tosco, grosero, necio, estúpido, imbécil, rústico, rudo, torpe, zamacuco.

ZAMBOROTUDO.—zamborondón, zamborrotudo, tosco, ordinario, basto, grueso, repolludo, achaparrado.

ZAMBRA.—bulla, algazara, gresca, jaleo, regocijo, bullicio, alboroto, holgorio, jolgorio, jollín.

ZÁNGANO.—vago, haragán, harón, pigre, agalbanado, candongo, vilordo, remolón, perezoso, gandul, zangandungo.

ZANGARRIANA.—tristeza, cancamurria, cacorra, pena, pesadumbre, melancolía, disgusto.

ZANGÓN.—zangarillón, zangolotino, zanguayo, desgarbado, vago, gandul, vilordo.

ZANJAR.—obviar, allanar, resolver, dirimir, orillar, vencer, terminar, arreglar, excavar, solucionar, acabar, concluir, finiquitar.

ZAQUIZAMÍ.—desván, guardilla, buharda, tabanco, sotabanco, buhardilla, sobrado, tugurio, chiribitil, leonera, tabuco, zahúrda.

ZARABANDA.—ruido, escándalo, jolgorio, holgorio, estrépito, bulla, algazara.

ZARAGATA.—gresca, trifulca, contienda, tumulto, batahola, pelea, albórtola, pendencia, riña, tremolina, reyerta, alboroto, trapatiesta.

ZARAGATERO.—bullicioso, bullanguero, alborotador, escandaloso.

ZARANDEAR.—ajetrear, sacudir, azacanar, zarandear, mover, agitar, traquetear.

ZARANDILLO.—ágil, inquieto, vivo, ligero, travieso, mataperros, vivaracho.

ZARCILLO.—pendiente, arracada, arete, criolla, escardillo, almocafre, cirro, tijerilla.

ZARRAPASTROSO.—desaseado, desharrapado, desaliñado, zaparrastroso, androjoso, sucio, roto, harapiento, adán, zarrapastrón, zarrapastro.

ZASCANDIL.—mequetrefe, estafador, astuto, informal, embelecador, trasto, chisgarabís, danzante, bullicioso, entrometido.

ZIPIZAPE.—bronca, riña, trifulca, contienda, zaragata, albórbola, pendencia, pelazga, trapatiesta, chamusquina, zalagarda.

ZORRERÍA.—astucia, cautela, ardid, embeleco, solercia, cazurría, disimulo.

ZORRO.—raposo, taimado, astuto, cazurro, ladino, guachinango.

ZORROCLOCO.—taimado, conchudo, camastrón, redomado, perillán, arrumaco.

ZOTE.—ignorante, zafio, rudo, tonto, necio, cebollino, cerrado, asno, burro, borrico, torpe, estulto.

ZOZOBRA.—congoja, ansiedad, angustia, sobresalto, desasosiego, inquietud, temor, ansia, torozón, intranquilidad, aflicción.

ZUMBA.—chanza, broma, chasco, burlería, vaya, changarra, cencerro, bramadera, moscarda, moscardón, tunda, zurra, paliza, tollina.

ZUMBÓN.—burlón, guasón, chusco, bromista, gracioso, jacarero, chufletero, chacotero, cencerro, changarro.

ZURCIR.—juntar, unir.
ZURRA.—felpa, paliza, tunda, solía, toñina, tollina, azotaina, solfeo, zurribanda.
ZURRAR.—curtir, adobar, apalear, pegar, censurar, recriminar.
ZURRIBANDA.—paliza, zurra, castigo, tollina, tunda, riña, pendencia, bronca, contienda.
ZURRIBURRI.—vil, ruin, despreciable, barullo, desorden, alboroto, confusión.
ZURRIDO.—palo, golpe, garrotazo, estacazo, trancazo.
ZURRONA.—ramera, prostituta, hetaira, horizontal, puta, meretriz, tramposa, estafadora.

DICCIONARIO DE LA RIMA

DICCIONARIO DE LA RIMA

A

Abacá
Acá
Acullá
¡Ah!
¡Ajá!
¡Ajajá!
Alá
Albalá
Allá
¡Bah!
Bajá
¡Ca!
Caná
Da
Está
Fa
¡Ja!
Jehová
Judá
Mamá
Maná
Ojalá
¡Quia!
Quizá
Rajá
Sofá
Va
Ya

Y la 3.ª persona del singular del futuro de indicativo de todos los verbos: vg., estará, volverá, amará, etc.

AB

Baobab
Nabab

ABA-AVA

Acaba
Agrava
Alaba
Aldaba
Almadraba
Aljaba
Baba
Brava
Calatrava
Cava
Clava
Conchaba
Enclava
Escandinava
Esclava
Eslava
Excava
Graba
Grava
Guayaba
Haba
Lava
Menoscaba
Octava

Y otros numerales acabados en "ava".

Pava
Rebaba
Recaba
Socava
Taba
Traba

Y la 1.ª y 3.ª personas del singular del pretérito imperfecto de indicativo de los verbos de la 1.ª conjugación: vg., caminaba, mataba, rezaba, etc.

ABE-AVE

Arquitrabe
Ave
Burgrave
Cabe
Clave
Conclave
Grave
Jarabe
Llave
Margrave
Nave
Sabe
Suave

Y la 1.ª y 3.ª persona del singular del presente de subjuntivo de los verbos en "abar" o "avar": vg., alabe, cave, lave, etc.

ABIA-AVIA

Agravia
Arabia
Babia
Enrabia
Gavia
Labia
Rabia
Sabia
Savia

ABIO-AVIO

Agravio
Astrolabio
Desagravio
Labio
Rabio
Resabio
Sabio

ABLA

Desentabla
Entabla
Habla
Tabla

ABLE

Abominable
Aceptable
Adaptable
Admirable
Adorable
Afable
Agitable
Agradable
Alterable
Amable
Amigable
Apelable
Aplicable
Apreciable
Atacable
Bailable
Cable
Canjeable
Cantable
Censurable
Comparable
Compensable
Condestable
Considerable
Creable
Culpable
Curable
Deleitable
Deleznable
Demostrable
Deplorable
Desagradable
Desdeñable

Despreciable
Detestable
Disculpable
Domable
Dudable
Durable
Entable
Envidiable
Espantable
Estable
Execrable
Favorable
Hable
Imaginable
Impecable
Impenetrable
Impermeable
Imperturbable
Implacable
Imponderable
Impracticable
Improbable
Impugnable
Inagotable
Inaguantable
Inalterable
Inapelable
Incansable
Incobrable
Incomparable
Inconmensurable
Inconsolable
Inculpable
Incunable
Incurable
Indescifrable
Indiscupable
Indispensable
Indisputable
Indomable
Indudable
Inefable
Inescrutable
Inestimable
Inevitable
Inexcusable
Inexorable
Inexplicable
Inexpugnable
Infatigable
Inflamable
Inimitable
Inmutable
Innavegable
Innegable
Innumerable
Insaciable
Inseparable
Insociable
Insondable
Insoportable
Insuperable
Intachable
Interminable
Intolerable
Intransitable
Intratable
Invariable
Inviolable
Invulnerable
Irrecusable
Irrefragable
Irremediable
Irreparable
Irrevocable
Laborable
Lamentable
Laudable
Loable
Maleable
Memorable
Miserable
Mudable
Mutable
Narrable
Navegable
Notable
Palpable
Perdonable
Perdurable
Plegable
Potable
Probable
Razonable
Recomendable
Respetable
Responsable
Sable
Saciable
Saludable
Sociable
Tolerable
Tratable
Trocable
Variable
Venerable
Viable
Vituperable

Y otros adjetivos calificativos de la misma terminación.

ABLO

Diablo
Entablo
Establo
Hablo
Retablo
Venablo
Vocablo

ABO-AVO

Bravo
Cabo
Centavo
Clavo
Escandinavo
Esclavo
Eslavo
Gallipavo
Guayabo
Lavabo
Lavo
Menoscabo
Nabo
Ochavo
Octavo

Y otros numerales.

Pavo
Rabo
Taparrabo
Zuavo

Y la 1.ª persona del singular del presente de indicativo de los verbos en 'abar'' o ''avar'': vg., acabo, grabo, etcétera.

ABRA

Abra
Abracadabra
Apalabra
Cabra
Descalabra
Entreabra
Labra
Palabra

ABRAS

Chotocabras
Guardacabras

ABRIA

Cabria
Calabria
Cantabria

ABRO

Abro
Apalabro
Candelabro
Descalabro
Entreabro
Labro

AC

Clac
Coñac
Crac
Frac
Isaac
Tac
Vivac

ACA

Achaca
Albahaca
Alharaca
Alpaca
Aplaca
Ataca
Atraca
Barraca
Bellaca
Cosaca
Destaca
Butaca
Carraca
Casaca
Cloaca
Entresaca
Espinaca
Estaca
Faca
Flaca
Hamaca
Jaca
Laca
Machaca
Malaca
Matraca
Morlaca
Opaca
Petaca
Placa
Polaca
Resaca
Saca

Sonsaca
Triaca
Urraca
Vaca

Y los femeninos de algunos vocablos acabados en "aco".

ACE

Abrace
Acorace
Adelgace
Amenace
Amordace
Amostace
Apelmace
Aplace
Cace
Complace
Desembarace
Desenlace
Deshace
Despedace
Disfrace
Embarace
Embrace
Emplace
Enlace
Enmordace
Hace
Nace
Pace
Place
Rechace
Reemplace
Rehace
Renace
Satisface
Solace
Trace
Yace

ACIA

Acacia
Agracia
Aristocracia
Audacia
Autocracia
Burocracia
Contumacia
Democracia
Desgracia
Diplomacia
Eficacia
Falacia
Farmacia
Gracia
Hacia
Ineficacia
Lacia
Mesocracia
Perspicacia
Pertinacia
Plutocracia
Rehacia
Sacia
Suspicacia
Teocracia
Verbigracia

ÁCEO

Acantáceo
Amentáceo
Arenáceo
Cetáceo
Crustáceo
Cucurbitáceo
Herbáceo
Rosáceo
Violáceo

ACIE

Agracie
Congracie
Desgracie
Espacie
Sacie

ACIO

Cartapacio
Congracio
Dacio
Despacio
Espacio
Gazofilacio
Lacio
Palacio
Prefacio
Reacio
Sacio
Topacio

ÁCIL

Fácil
Grácil

ACO

Aplaco
Arrumaco
Atraco
Baco
Bellaco
Caco
Cosaco
Currutaco
Flaco
Jaco
Libraco
Macaco
Monicaco
Morlaco
Opaco
Pajarraco
Polaco
Retaco
Saco
Sobaco
Tabaco
Taco
Verraco

Y la 1.ª persona del singular del presente de indicativo de los verbos en "acar": vg., ataco, sonsaco, etc.

ACRA

Demacra
Lacra
Polacra
Sacra

ACRE

Acre
Demacre
Lacre

ACRO

Demacro
Lacro
Sacro
Simulacro

ACTA

Abstracta
Acta
Compacta
Epacta
Estupefacta
Exacta
Extracta
Inexacta
Intacta
Jacta
Lacta
Pacta
Putrefacta
Redacta
Refracta
Retracta

ACTE

Extracte
Lacte
Jacte
Pacte
Redacte
Refracte
Retracte

ACTO

Abstracto
Acto
Artefacto
Contacto
Entreacto
Estupefacto
Exacto
Extracto
Impacto
Inexacto
Intacto
Jacto
Lacto
Pacto
Putrefacto
Redacto
Refracto
Retracto
Tacto
Tracto

ACUA

Evacua
Vacua

ACHA

Agacha
Borracha
Cacha
Chacha

Covacha
Cucaracha
Deshilacha
Despacha
Emborracha
Empacha
Estacha
Facha
Gabacha
Gacha
Garnacha
Hacha
Hilacha
Lacha
Muchacha
Racha
Remacha
Remolacha
Tacha
Vivaracha

ACHE

Agache
Azabache
Bache
Cachivache
Cambalache
Empache
Emborrache
Deshilache
Despache
Hache
Patache
Remache
Tache

ACHO

Agacho
Bombacho
Borracho
Cacho
Capacho
Cornigacho
Desempacho
Deshilacho
Despacho
Dicharacho
Emborracho
Empacho
Gabacho
Gacho
Gazpacho
Macho
Mamarracho
Marimacho
Mostacho
Muchacho
Penacho
Picacho
Populacho
Remacho
Tacho
Vivaracho

AD

Abad
Actividad
Actualidad
Acuosidad
Adversidad
Afabilidad
Afinidad
Agilidad
Alterabilidad
Amabilidad
Ambigüedad
Amenidad
Amistad
Ampulosidad
Ancianidad
Animosidad
Ansiedad
Anterioridad
Antigüedad
Anualidad
Apacibilidad
Asiduidad
Atrocidad
Austeridad
Autenticidad
Autoridad
Barbaridad
Beldad
Belicosidad
Benignidad
Bestialidad
Bondad
Brevedad
Brutalidad
Caducidad
Calamidad
Calidad
Callosidad
Cantidad
Capacidad
Caridad
Castidad
Casualidad
Causalidad
Causticidad
Cautividad
Cavidad
Ceguedad
Celebridad
Celeridad
Cerrilidad
Ciudad
Clandestinidad
Claridad
Comodidad
Complicidad
Comunidad
Concavidad
Conformidad
Consanguinidad
Contabilidad
Continuidad
Contrariedad
Cordialidad
Cortedad
Credulidad
Cristiandad
Crueldad
Cualidad
Culpabilidad
Curiosidad
Debilidad
Deformidad
Deidad
Densidad
Desigualdad
Deslealtad
Deshonestidad
Diafanidad
Dificultad
Dignidad
Disparidad
Disponibilidad
Diversidad
Divinidad
Divisibilidad
Docilidad
Domesticidad
Dualidad
Ductilidad
Duplicidad
Edad
Efectividad
Elasticidad
Electricidad
Enemistad
Enfermedad
Enormidad
Entidad
Equidad
Escabrosidad
Escrupulosidad
Especialidad
Espontaneidad
Estabilidad
Esterilidad
Eternidad
Eventualidad
Excentricidad
Extremidad
Facilidad
Facultad
Falsedad
Familiaridad
Fatalidad
Fatuidad
Fealdad
Fecundidad
Felicidad
Feracidad
Ferocidad
Fertilidad
Festividad
Fidelidad
Finalidad
Flojedad
Fogosidad
Formalidad
Fragilidad
Fraternidad
Frialdad
Frivolidad
Frondosidad
Frugalidad
Fugacidad
Futilidad
Generosidad
Genialidad
Gentilidad
Grandiosidad
Gravedad
Habilidad
Heredad
Hermandad
Heroicidad
Hilaridad
Homogeneidad
Honestidad
Hospitalidad
Hostilidad
Humanidad
Humedad
Humildad
Idealidad
Identidad
Idoneidad
Igualdad
Ilegalidad
Imbecilidad
Impetuosidad

Impiedad
Impunidad
Impuridad
Imputabilidad
Inamovilidad
Incapacidad
Incomodidad
Incredulidad
Indemnidad
Indignidad
Infalibilidad
Infelicidad
Inferioridad
Infidelidad
Infinidad
Inflexibilidad
Informalidad
Ingeniosidad
Ingenuidad
Iniquidad
Inmensidad
Inmortalidad
Inmovilidad
Inmunidad
Integridad
Intensidad
Intimidad
Inviolabilidad
Jovialidad
Laboriosidad
Lealtad
Legalidad
Lenidad
Liberalidad
Libertad
Liviandad
Localidad
Locuacidad
Longevidad
Majestad
Magnanimidad
Maldad
Malignidad
Marcialidad
Materialidad
Maternidad
Mediocridad
Mendicidad
Mensualidad
Mezquindad
Mitad
Mocedad
Monstruosidad
Moralidad
Mordacidad
Morosidad
Mortalidad
Mortandad
Movilidad
Nacionalidad
Natividad
Naturalidad
Navidad
Nebulosidad
Necedad
Necesidad
Neutralidad
Nimiedad
Notoriedad
Novedad
Nulidad
Obesidad
Oblicuidad
Obscenidad
Obscuridad
Ociosidad
Oficialidad
Oficiosidad
Oquedad
Orfandad
Parcialidad
Paridad
Parquedad
Paternidad
Penalidad
Perennidad
Perpetuidad
Perplejidad
Personalidad
Perversidad
Piedad
Plasticidad
Pluralidad
Popularidad
Poquedad
Porosidad
Posibilidad
Posteridad
Posterioridad
Potestad
Preciosidad
Prioridad
Probabilidad
Probidad
Prodigalidad
Procacidad
Profundidad
Prolijidad
Propiedad
Proporcionalidad
Prosperidad
Froximidad
Pubertad
Publicidad
Puerilidad
Puntualidad
Puridad
Pusilanimidad
Racionalidad
Rapacidad
Realidad
Reciprocidad
Regularidad
Responsabilidad
Rigurosidad
Rivalidad
Rugosidad
Ruindad
Rusticidad
Saciedad
Sagacidad
Salacidad
Salubridad
Salvedad
Sanidad
Santidad
Seguridad
Sensibilidad
Sensualidad
Sequedad
Serenidad
Seriedad
Severidad
Simplicidad
Simultaneidad
Sinceridad
Singularidad
Sinuosidad
Sobriedad
Sociabilidad
Sociedad
Soledad
Solemnidad
Solidaridad
Solubilidad
Sonoridad
Suavidad
Sublimidad
Suciedad
Suntuosidad
Superioridad
Susceptibilidad
Sutilidad
Temeridad
Tempestad
Temporalidad
Tenacidad
Tenebrosidad
Terquedad
Tonalidad
Tortuosidad
Tosquedad
Totalidad
Tranquilidad
Trinidad
Trivialidad
Ubicuidad
Unanimidad
Unidad
Uniformidad
Universalidad
Universidad
Untuosidad
Urbanidad
Utilidad
Vaciedad
Vaguedad
Vanidad
Variedad
Vecindad
Veleidad
Velocidad
Vellosidad
Venalidad
Veracidad
Verbosidad
Verdad
Viabilidad
Vigorosidad
Virginidad
Virilidad
Vitalidad
Viudedad
Volubilidad
Voluntad
Voluntariedad
Voluptuosidad
Vulgaridad

Y los demás derivados denotando calidad que terminen en "ad".

ADA

Alborada
Almohada
Andanada
Añada
Arada
Arcada
Armada
Asonada
Azada
Bajada

Balada
Baladronada
Balaustrada
Bandada
Barrabasada
Barriada
Barricada
Bocanada
Bofetada
Borricada
Bribonada
Brigada
Bufonada
Calaverada
Calificada
Calzada
Camada
Camarada
Campanada
Cañada
Carcajada
Cascada
Cebada
Celada
Cencerrada
Coartada
Colada
Colorada
Corazonada
Cornada
Costalada
Criada
Cruzada
Cucharada
Cuchillada
Charada
Dentellada
Encrucijada
Ensalada
Ensenada
Entrada
Espada
Fachada
Frazada
Fritada
Gallegada
Gitanada
Grada
Granada
Granizada
Granujada
Guantada
Hada
Hanegada
Hondonada
Hornada
Humorada
Inocentada
Jornada
Jugada
Lanzada
Limonada
Llamada
Llamarada
Llegada
Madrugada
Majada
Mesnada
Monada
Nada
Niñada
Nonada
Novillada
Ojeada
Otoñada
Papada
Perogrullada
Pincelada
Plomada
Pomada
Pulgada
Puntada
Punzada
Puñada
Puñalada
Quijada
Quijotada
Rada
Rebanada
Sobrasada
Soldada
Tajada
Temporada
Tijeretada
Tonelada
Tostada
Vacada
Yeguada
Yugada
Zancada

Y los femeninos de vocablos terminados en "ado".

ADE

Almohade
Archicofrade
Cofrade

Y la 3.ª persona del singular del presente de indicativo de los verbos en "air": vg., añade, invade, persuade, etcétera.

Y la 1.ª y 3.ª persona del singular del presente de subjuntivo de los verbos en "adar": vg., agrade, nade, traslade, etcétera.

ADIA

Arcadia
Irradia
Radia

ADIE

Irradie
Nadie
Radie

ADIO

Estadio
Irradio
Paladio
Radio

ADO

Abajado
Abanderado
Abigotado
Abogado
Acantilado
Afeminado
Aficionado
Agrado
Agregado
Ahorcado
Ajusticiado
Alcantarillado
Altercado
Alumbrado
Allegado
Anisado
Antepasado
Apaniaguado
Apartado
Apostolado
Arado
Arbolado
Artesonado
Artillado
Arzobispado
Asado
Atentado
Atestado
Beneficiado
Bienaventurado
Bocado
Bordado
Brocado
Calado
Calzado
Candado
Cayado
Cercado
Certificado
Collado
Comisionado
Comunicado
Concuñado
Condado
Constipado
Consulado
Cornado
Costado
Cotizado
Criado
Cruzado
Cuadrado
Cuidado
Cuñado
Dado
Dechado
Delegado
Deportado
Desagrado
Desaguisado
Desahogado
Desalmado
Desasosegado
Desbocado
Desbragado
Descamisado
Desenfado
Desgraciado
Despoblado
Desposado
Diaconado
Dictado
Diputado
Domiciliado
Donado
Ducado
Emigrado
Emparedado
Emparrado
Empedrado
Empleado
Encerado
Ensillado
Entarimado
Entorchado
Entripado
Enviado

Escudado
Esforzado
Esmerado
Estado
Estampado
Estofado
Estrado
Fiado
Finado
Forzado
Fregado
Ganado
Grabado
Grado
Granado
Guisado
Habilitado
Hacendado
Hado
Helado
Herrado
Hilado
Infantado
Jaleado
Jorobado
Jurado
Juzgado
Lado
Legado
Lenguado
Leonado
Letrado
Licenciado
Magistrado
Malvado
Mantecado
Marquesado
Mellado
Mercado
Nado
Negociado
Noviciado
Obispado
Osado
Palatinado
Paloteado
Paniaguado
Papado
Parado
Pasado
Pecado
Penado
Penitenciado
Pensionado
Pescado
Picado
Poblado
Pontificado
Porfiado
Postulado
Potentado
Prado
Prebendado
Precipitado
Predestinado
Predicado
Prelado
Preparado
Presbiterado
Prestado
Primado
Principado
Privado
Procesado
Proconsulado
Puñado
Purpurado
Quebrado
Recado
Recitado
Rectorado
Redoblado
Redomado
Reinado
Renegado
Reprobado
Reservado
Resfriado
Resultado
Retirado
Rezado
Sagrado
Salado
Salvado
Sembrado
Senado
Significado
Soldado
Subdelegado
Tablado
Tallado
Teclado
Techado
Tejado
Terrado
Tinado
Tinglado
Tocado
Togado
Tostado
Traslado
Tratado
Trenzado
Tribunado
Vado
Vallado
Varado
Vedado
Venado
Zapateado

Y demás participios de la 1.ª conjugación y adjetivos y substantivos derivados que acaben en "ado".

ADRA

Cuadra
Escuadra
Ladra
Taladra

ADRE

Comadre
Compadre
Cuadre
Ladre
Madre
Padre
Taladre

ADRO

Baladro
Becuadro
Cuadro
Ladro
Taladro

AE

Abstrae
Atrae
Cae
Contrae
Decae
Distrae
Extrae
Rae
Recae
Retrae
Retrotrae
Sustrae
Trae

AFA

Chafa
Estafa
Gafa
Garrafa
Jirafa
Piafa
Piltrafa
Zafa

AFE

Alifafe
Anafe
Chafe
Estafe
Piafe
Rifirrafe
Zafe

AFIO

Cenotafio
Epitafio
Zafio

AFO

Chafo
Estafo
Piafo
Safo
Zafo

AFRE

Almocafre
Cafre
Zafre

AGA

Aciaga
Aliaga
Amaga
Apaga
Biznaga
Braga
Caga
Daga
Deshaga
Divaga
Draga
Embriaga
Empalaga
Encenaga
Enjuaga
Estraga
Haga
Halaga

Indaga
Llaga
Maga
Naufraga
Paga
Plaga
Propaga
Rehaga
Rezaga
Satisfaga
Sufraga
Traga
Tumbaga
Vaga
Verdolaga
Verdulaga
Zaga
Zurriaga

AGIA

Contagia
Hemorragia
Magia
Plagia
Presagia

ÁGIL

Ágil
Frágil

AGIO

Adagio
Agio
Contagio
Naufragio
Plagio
Presagio
Sufragio
Trisagio

AGO

Aciago
Amago
Apago
Cartago
Cuartago
Deshago
Divago
Drago
Embriago
Empalago
Endriago
Enjuago
Estrago
Hago
Halago
Indago
Jaramago
Lago
Llago
Mago
Monago
Naufrago
Pago
Plago
Propago
Rezago
Satisfago
Sufrago
Trago
Vago
Zurriago

AGRA

Avinagra
Bisagra
Consagra
Flagra
Magra

AGRE

Almagre
Avinagre
Consagre
Vinagre

AGRO

Almagro
Avinagro
Consagro
Flagro
Magro
Milagro

AGUA

Agua
Desagua
Enagua
Fragua
Piragua

AGUAS

Enaguas
Paraguas

AGÜE

Agüe
Desagüe
Fragüe

AGUO

Aguo
Desaguo
Fraguo

AICA

Algebraica
Arcaica
Caldaica
Farisaica
Galaica
Hebraica
Judaica
Laica
Mosaica
Pirenaica
Prosaica
Tebaica

AIFA

Azufaifa
Taifa

AIGA

Abstraiga
Arraiga
Atraiga
Caiga
Contraiga
Decaiga
Desarraiga
Detraiga
Distraiga
Extraiga
Recaiga
Retraiga
Sustraiga
Traiga

AIGO

Las mismas palabras anteriores, pero en 1.ª persona.

AILE

Baile
Fraile

AINA

Amaina
Azotaina
Chanfaina
Desenvaina
Dulzaina
Envaina
Jofaina
Polaina
Tontaina
Vaina
Zaina

AINE

Amaine
Desenvaine
Envaine

AINO

Amaino
Desenvaino
Envaino
Zaino

AIRE

Aire
Desaire
Desgaire
Donaire
Pelaire
Socaire

AIRO

Desairo
Pairo

AITA

Chirigaita
Gaita

AJA

Abaja
Agasaja
Aja
Alhaja
Amortaja
Ataja
Aventaja
Baja

Baraja
Borraja
Cabizbaja
Caja
Cerraja
Cuaja
Descerraja
Desencaja
Desgaja
Desventaja
Encaja
Encoraja
Faja
Maja
Miaja
Migaja
Mortaja
Navaja
Paja
Pintarraja
Raja
Rebaja
Relaja
Resquebraja
Rodaja
Saja
Sonaja
Taja
Tinaja
Trabaja
Ultraja
Ventaja

AJE

Abencerraje
Abordaje
Abstraje
Agasaje
Agiotaje
Aje
Alhaje
Almacenaje
Almenaje
Alunizaje
Amortaje
Anclaje
Aprendizaje
Arbitraje
Ataje
Atasaje
Aterrizaje
Atraje
Aventaje
Bagaje
Baje
Balconaje
Baraje
Barcaje
Blindaje
Brebaje
Cabotaje
Carruaje
Caudillaje
Celaje
Contraje
Coraje
Cordaje
Correaje
Corretaje
Cortinaje
Cuaje
Descerraje
Desencaje
Desgaje
Distraje
Embalaje
Encaje
Engranaje
Equipaje
Espionaje
Extraje
Faje
Follaje
Forraje
Gaje
Garaje
Herbaje
Herraje
Homenaje
Hospedaje
Lenguaje
Libertinaje
Linaje
Maridaje
Masaje
Matalotaje
Menaje
Mensaje
Oleaje
Paisaje
Paisanaje
Paje
Paraje
Pasaje
Pelaje
Peregrinaje
Personaje
Pillaje
Plumaje
Potaje
Pupilaje
Raje
Ramaje
Rebaje
Relaje
Rendaje
Retraje
Rodaje
Ropaje
Saje
Salvaje
Sustraje
Taje
Trabaje
Traje
Ultraje
Vasallaje
Vendaje
Viaje
Visaje

AJO

Abajo
Abstrajo
Agasajo
Ajo
Alhajo
Altibajo
Atajo
Atrajo
Amortajo
Andrajo
Aventajo
Badajo
Bajo
Barajo
Cabizbajo
Cascajo
Cintajo
Colgajo
Comistrajo
Contrabajo
Contrajo
Cuajo
Debajo
Descerrajo
Descuajo
Desencajo
Desgajo
Desparpajo
Destajo
Detrajo
Distrajo
Dornajo
Encajo
Escarabajo
Espantajo
Espumarajo
Estropajo
Extrajo
Fajo
Gajo
Gargajo
Grajo
Latinajo
Legajo
Majo
Marrajo
Pingajo
Rajo
Refajo
Relajo
Renacuajo
Resquebrajo
Retrajo
Sajo
Sombrajo
Sustrajo
Tajo
Tasajo
Trabajo
Trajo
Vergajo
Viajo
Ultrajo

Y la 1.ª persona del singular del presente de indicativo de los verbos en "ajar".

Zancajo

AL

Accidental
Actual
Albañal
Almendral
Angelical
Animal
Antemural
Anual
Arenal
Arrabal
Arrozal
Arsenal
Artificial
Asnal
Atabal
Austral
Bacanal
Bardal
Barrancal
Barrizal
Bautismal
Belial

Berenjenal
Bestial
Boreal
Bozal
Breñal
Brocal
Brutal
Cabal
Cabañal
Cabezal
Cal
Campal
Canal
Candeal
Cañaveral
Cañizal
Capital
Carcamal
Carcañal
Cardenal
Cardinal
Carnal
Carnaval
Carrascal
Carrizal
Casual
Catedral
Caudal
Celestial
Cenagal
Cendal
Central
Cerval
Cirial
Claustral
Clerical
Colegial
Colosal
Comensal
Comercial
Concejal
Condal
Condicional
Confidencial
Comensal
Consistorial
Convencional
Conyugal
Coral
Cordial
Corporal
Corral
Corresponsal
Costal
Credencial
Criminal
Cristal

Cual
Curial
Chacal
Chal
Chaval
Decimal
Dedal
Descomunal
Desigual
Diagonal
Digital
Dineral
Divinal
Doctrinal
Dogal
Dominical
Dorsal
Dotal
Ducal
Elemental
Episcopal
Equinoccial
Erial
Escorial
Escultural
Esencial
Delantal
Especial
Espectral
Espiral
Espiritual
Estival
Estomacal
Eternal
Eventual
Excepcional
Facial
Fanal
Fatal
Festival
Feudal
Filial
Filosofal
Final
Fiscal
Forestal
Formal
Fraternal
Frescal
Frugal
Frutal
Fundamental
Funeral
Garbanzal
Garrafal
General
Genial

Glacial
Gradual
Gramatical
Gutural
Habitual
Herbazal
Hiemal
Horizontal
Hospital
Ideal
Igual
Ilegal
Imparcial
Imperial
Individual
Industrial
Infernal
Informal
Inicial
Inmaterial
Inmemorial
Inmoral
Inmortal
Instrumental
Insubstancial
Integral
Intelectual
Internacional
Invernal
Irracional
Jaral
Jornal
Jovial
Judicial
Lagrimal
Lateral
Leal
Letal
Liberal
Lineal
Literal
Litoral
Local
Lodazal
Madrigal
Magistral
Mal
Manantial
Manual
Maquinal
Marcial
Marginal
Mariscal
Marital
Maternal
Matorral
Matrimonial

Mayoral
Mazorral
Medicinal
Memorial
Menestral
Mensual
Mental
Mercurial
Meridional
Metal
Mineral
Misal
Monacal
Moral
Morral
Mortal
Mundanal
Mundial
Mural
Musical
Mutual
Nacional
Naranjal
Nasal
Natural
Naval
Nogal
Nominal
Nopal
Numeral
Nupcial
Occidental
Octogonal
Oficial
Ojal
Ojival
Opal
Oral
Ordinal
Oriental
Original
Otoñal
Oval
Panal
Pañal
Papal
Parcial
Pardal
Parietal
Parral
Parroquial
Pascual
Paternal
Patriarcal
Patrimonial
Pectoral
Pedernal

Pedestal
Pedregal
Penal
Penitencial
Peñascal
Peral
Perennal
Perjudicial
Personal
Pestilencial
Piramidal
Pizarral
Platanal
Plural
Pluvial
Pontifical
Portal
Potencial
Perjudicial
Pretal
Primordial
Principal
Procesal
Procesional
Proverbial
Providencial
Provincial
Provisional
Prudencial
Puntal
Puntual
Puñal
Quincenal
Quintal
Quirinal
Racional
Radical
Ramal
Raudal
Real
Rectoral
Regional
Retal
Retamal
Ritual
Rival
Robledal
Romeral
Ronzal
Rosal
Rural
Sacerdotal
Sal
Santoral
Saturnal
Sayal
Semanal
Semental
Senescal
Sensual
Sentimental
Señal
Señorial
Septentrional
Sepulcral
Servicial
Sexual
Sideral
Sinodal
Sitial
Sobrenatural
Social
Solsticial
Soportal
Substancial
Superficial
Tabacal
Tal
Teatral
Temporal
Teologal
Termal
Terminal
Terrenal
Territorial
Textual
Timbal
Torrencial
Total
Transversal
Trascendental
Tremedal
Tribunal
Triunfal
Trivial
Tropical
Umbral
Universal
Usual
Vecinal
Vegetal
Venal
Vendaval
Venial
Verbal
Vertebral
Vertical
Virginal
Visual
Vital
Vocal
Zagal
Zarzal
Zodiacal
Zorzal

ALA

Acaudala
Acicala
Acorrala
Ala
Alcabala
Antesala
Apuñala
Bala
Bengala
Cala
Colegiala
Chavala
Dala
Descabala
Desembala
Desiguala
Embala
Empala
Encala
Enhoramala
Escala
Exhala
Funerala
Gala
Generala
Iguala
Inhala
Instala
Intercala
Maestresala
Mala
Martingala
Menestrala
Noramala
Oficiala
Pala
Propala
Rala
Regala
Resbala
Sala
Señala

Y la 3.ª persona del singular del presente de indicativo de los verbos en "alar".

Tagala
Tala
Zagala

ALBA-ALVA

Alba
Calva
Malva
Salva

ALBO-ALVO

Albo
Calvo
Salvo

ALCA

Calca
Desfalca
Recalca

ALCE

Alce
Calce
Descalce
Ensalce
Realce

ALCO

Auricalco
Calco
Catafalco
Desfalco
Oricalco
Palco
Recalco
Talco

ALDA

Balda
Calda
Enguirnalda
Escalda
Esmeralda
Espalda
Falda
Giralda
Gualda
Guirnalda
Respalda
Salda

ALDE

Albayalde
Alcalde
Balde
Enguirnalde
Escalde

Jalde
Respalde
Salde

ALDO

Aguinaldo
Caldo
Enguirnaldo
Heraldo
Respaldo
Saldo

ALE

Dale
Vale

Y la 3.ª persona del singular del presente de indicativo de los verbos en "alar", "aler" o "alir".

ALFA

Alfa
Alfalfa

ALGA

Alga
Cabalga
Descabalga
Equivalga
Galga
Hidalga
Nalga
Prevalga
Salga
Sobresalga
Valga

ALGIA

Gastralgia
Neuralgia
Nostalgia

ALGO

Algo
Cabalgo
Descabalgo
Equivalgo
Galgo
Hidalgo
Hijodalgo
Prevalgo
Salgo
Valgo

ALIA

Algalia
Dalia
Palia
Represalia
Sandalia

ALIO

Galio
Palio

ALMA

Alma
Calma
Desalma
Empalma
Encalma
Palma

ALMO

Almo
Calmo
Empalmo
Ensalmo
Palmo
Salmo

ALO

Halo
Intervalo
Malo
Palo
Pasagonzalo
Ralo
Regalo
Tagalo
Varapalo

Y la 1.ª persona del singular del presente de indicativo de los verbos en "alar": vg., escalo, igualo, resbalo, etc.

ALQUE

Calque
Desfalque
Recalque

ALSA

Balsa
Falsa
Rebalsa
Salsa
Valsa

ALSO

Cadalso
Falso
Valso

ALTA

Alta
Asalta
Esmalta
Exalta
Falta
Resalta
Salta
Sobresalta

ALTE

Asalte
Asfalte
Esmalte
Exalte
Falte
Gerifalte
Peralte
Resalte
Salte
Sobresalte

ALTO

Alto
Asalto
Asfalto
Basalto
Cobalto
Esmalto
Exalto
Falto
Resalto
Salto
Sobresalto

ALZA

Alza
Calza
Descalza
Ensalza
Realza

ALLA

Acalla
Agalla
Antigualla
Avasalla
Batalla
Calla
Canalla
Detalla
Encaballa
Encalla
Entalla
Estalla
Falla
Faramalla
Halla
Malla
Medalla
Metralla
Morralla
Muralla
Pantalla
Quincalla
Rondalla
Talla
Toalla
Tralla
Valla
Vitualla

ALLE

Acalle
Bocacalle
Calle
Detalle
Encalle
Entalle
Falle
Gobernalle
Halle
Pasacalle
Talle
Valle
Ventalle

ALLO

Caballo
Callo
Fallo
Gallo
Perigallo

Rodaballo
Serrallo
Tallo
Vasallo

AMA

Aclama
Afama
Ama
Amalgama
Anagrama
Brama
Cama
Camama
Clama
Dama
Declama
Derrama
Desparrama
Difama
Diorama
Drama
Embalsama
Encarama
Epigrama
Escama
Exclama
Fama
Flama
Gama
Grama
Infama
Inflama
Jindama
Lama
Llama
Madama
Mama
Melodrama
Mojama
Monograma
Oriflama
Panorama
Proclama
Pentagrama
Poliorama
Programa
Rama
Recama
Reclama
Retama
Sobrecama
Soflama
Telegrama
Trama

AMBA

Chamba
Caramba
Gamba
Gutagamba
Jamba
Patizamba
Zamba

ÁMBAR

Ámbar
Liquidámbar

AMBIO

Cambio
Contracambio
Descambio

AMBLA

Arrambla
Ensambla
Rambla

AMBO

Ditirambo
Patizambo
Yambo
Zambo

AMBRA

Alhambra
Chambra
Zambra

AMBRE

Alambre
Calambre
Cochambre
Enjambre
Estambre
Fiambre
Hambre
Pelambre

AME

Infame
Lame

Y la 1.ª y 3.ª persona del singular del presente de subjuntivo de los verbos en "amar": vg., aclame, exclame, declame, etcétera.

AMEN

Certamen
Dictamen
Examen
Gravamen
Vejamen
Velamen

Y los plurales de la 3.ª persona de los verbos indicados anteriormente: vg., derramen, inflamen, reclamen, etc.

AMIA

Bigamia
Infamia
Monogamia
Poligamia

AMIO

Andamio
Epitalamio

AMO

Amo
Dinamo
Gamo
Gramo

Y otras unidades métricas: vg., hectogramo, kilogramo, etcétera.

Lamo
Marchamo
Ramo
Reclamo
Tamo
Tramo

Y la 1.ª persona del singular del presente de indicativo de los verbos en "amar": vg., bramo, difamo, proclamo, etcétera.

AMPA

Acampa
Campa
Entrampa
Escampa
Estampa
Hampa
Pampa
Rampa
Trampa
Zampa

Y en general la 3.ª persona del singular del presente de indicativo de los verbos en "ampar".

AMPO

Ampo
Campo
Lampo

Y la 1.ª persona del singular del presente de indicativo de los verbos en "ampar".

AN

Adán
Ademán
Afán
Alacrán
Alazán
Albarán
Alcorán
Alemán
Alquitrán
Arrayán
Azacán
Azafrán
Balandrán
Barbián
Batán
Boscán
Can
Can-cán
Caimán
Capellán
Capitán
Catalán
Cordobán
Cuan
Chalán
Chambelán
Charlatán
Charrán
Dan
Deán

Desmán
Desván
Diván
Edecán
Están
Faisán
Flan
Gabán
Galán
Ganapán
Gañán
Gavilán
Gran
Guardián
Han
Haragán
Hilván
Holgazán
Huracán
Imán
Islán
Jayán
Labán
Leviatán
Madapolán
Mazapán
Musulmán
Onán
Orangután
Pan
Patán
Pelafustán
Perillán
Plan
Rabadán
Ramadán
Refrán
Roldán
Rufián
Sacristán
San
Satán
Solimán
Sultán
Tafetán
Talismán
Tan
Titán
Truhán
Tulipán
Van
Volcán
Zaguán

Y la 3.ª persona del plural del futuro de indicativo: vg., matarán, reirán, volverán, etc.

ANA

Aduana
Almorrana
Americana
Andana
Atarazana
Avellana
Badana
Barbacana
Barragana
Campana
Cana
Canana
Caravana
Cerbatana
Cortesana
Cuartana
Chalana
Damajuana
Desgana
Diana
Dominicana
Empantana
Filigrana
Fontana
Galana
Galbana
Gana
Grana
Iguana
Indiana
Ipecacuana
Jarana
Lana
Macana
Mana
Manzana
Mañana
Mejorana
Membrana
Mesana
Montana
Octaviana
Otomana
Palangana
Pana
Pavana
Peana
Persiana
Plana
Porcelana
Rana
Romana
Semana
Solana
Sotana
Tarambana
Tartana
Terciana
Tramontana
Tisana
Valeriana
Ventana

Y los femeninos de los adjetivos terminados en "ano" y en "an": vg., cristiana, huertana, haragana, sultana, etc.
Y la 3.ª persona del singular del presente de indicativo de los verbos en "anar": vg., afana, agusana, explana, etcétera.

ANCA

Anca
Arranca
Atranca
Banca
Barranca
Blanca
Carlanca
Cojitranca
Desatranca
Desbanca
Embarranca
Estanca
Franca
Manca
Palanca
Potranca
Salamanca
Tranca
Zanca

ANCE

Abalance
Abonance
Afiance
Alcance
Avance
Balance
Dance
Esperance
Lance
Percance
Romance
Trance

ANCIA

Abundancia
Ambulancia
Arrogancia
Asonancia
Circunstancia
Comandancia
Concomitancia
Concordancia
Consonancia
Constancia
Discordancia
Discrepancia
Disonancia
Distancia
Elegancia
Escancia
Estancia
Extravagancia
Exorbitancia
Exuberancia
Fragancia
Ganancia
Ignorancia
Importancia
Inconstancia
Infancia
Instancia
Intemperancia
Intolerancia
Jactancia
Lactancia
Nigromancia
Observancia
Perseverancia
Petulancia
Preponderancia
Prestancia
Protuberancia
Quiromancia
Rancia
Redundancia
Repugnancia
Resonancia
Sustancia
Tolerancia
Vagancia
Vigilancia

Y demás derivados, denotando acción, terminados en "ancia".

ANCIO

Cansancio
Escancio

Rancio

ANCLO

Anclo
Chanclo
Desanclo

ANCO

Arranco
Atranco
Banco
Barranco
Blanco
Cojitranco
Desatranco
Desbanco
Embarranco
Estanco
Flanco
Franco
Manco
Potranco
Sotobanco

ANCHA

Ancha
Desengancha
Engancha
Ensancha
Lancha
Mancha
Plancha
Reengancha
Revancha

ANCHE

Desenganche
Enganche
Ensanche
Manche
Planche
Reenganche

ANCHO

Ancho
Carinancho
Desengancho
Engancho
Ensancho
Gancho
Mancho
Pancho
Plancho
Rancho
Reengancho
Sancho
Zafarrancho

ANDA

Ablanda
Agranda
Anda
Banda
Baranda
Blanda
Bufanda
Demanda
Desanda
Desbanda
Desmanda
Educanda
Escurribanda
Hopalanda
Manda
Nefanda
Normanda
Parranda
Propaganda
Randa
Tanda
Veneranda
Vianda
Vitanda
Zarabanda
Zurribanda

ANDE

Ablande
Agrande
Ande
Blande
Demande
Desande
Desbande
Desmande
Glande
Grande
Mande

ANDO

Ablando
Agrando
Ando
Bando
Comando
Contrabando
Considerando
Cuando
Chitacallando
Demando
Desando
Desbando
Desmando
Educando
Mando
Multiplicando
Nefando
Normando
Ordenando
Sumando
Venerando

Y los gerundios de todos los verbos de la 1.ª conjugación.

ANDRA

Balandra
Salamandra

ANDRIA

Calandria
Mandria

ANE

La 1.ª y 3.ª persona del singular del presente de subjuntivo de los verbos en "anar": vg., gane, devane, hilvane, etcétera.

ANGA

Arremanga
Bocamanga
Bullanga
Charanga
Enfanga
Ganga
Manga
Mojiganga
Remanga
Zanguanga

ANGE-ANJE

Alfange
Canje
Falange
Zanje

ÁNGEL

Ángel
Arcángel

ANGO

Arremango
Enfango
Fandango
Fango
Guachinango
Mango
Rango
Remango
Ringorrango
Tango
Zanguango

ANGRA

Desangra
Sangra

ANIA

Titania
Vesania

ANIO

Geranio
Uranio

ANJA

Franja
Granja
Naranja
Zanja

ANO

Africano
Alano
Alazano
Albano
Aldeano
Altozano
Ambrosiano
Americano
Anciano
Ano
Andorrano
Anglicano
Antillano
Antediluviano

Antemano
Antemeridiano
Araucano
Arcano
Arcediano
Arriano
Artesano
Artesiano
Avellano
Barbicano
Besalamano
Calomelano
Campechano
Cano
Casquivano
Cartesiano
Castellano
Cercano
Circasiano
Cirujano
Ciudadano
Comarcano
Conciudadano
Contertuliano
Cotidiano
Cortesano
Cristiano
Cuadrumano
Cubano
Chabacano
Daltoniano
Decano
Diocesano
Dominicano
Draconiano
Enano
Engalano
Entrecano
Escribano
Ecuatoriano
Espartano
Franciscano
Fulano
Gitano
Gaditano
Germano
Gordiano
Grano
Gregoriano
Guano
Guardamano
Gusano
Habano
Hermano
Hispano
Hortelano
Hospiciano
Hulano
Humano
Indiano
Inhumano
Insano
Italiano
Llano
Lozano
Liviano
Lejano
Luterano
Lusitano
Mahometano
Malsano
Mano
Manzano
Marrano
Mediano
Mejicano
Mengano
Meridiano
Metropolitano
Milano
Miliciano
Misacantano
Mundano
Murciano
Oceano
Otomano
Pagano
Paisano
Pantano
Parroquiano
Pasamano
Peruano
Piano
Plano
Pompeyano
Presbiteriano
Pretoriano
Prusiano
Profano
Publicano
Puritano
Rayano
Rellano
Republicano
Samaritano
Sano
Secano
Serrano
Sevillano
Soberano
Sobrehumano
Temprano
Tirano
Toledano
Trajano
Troyano
Ufano
Ultramontano
Urbano
Valenciano
Vano
Vaticano
Venezolano
Verano
Veterano
Victoriano
Vilano
Villano
Volteriano
Vulcano
Zutano

Y la 1.ª persona del singular del presente de indicativo de los verbos en "anar": vg., allano, subsano, etc.

ANOS

Aguamanos
Besamanos
Calomelanos
Lavamanos
Matasanos

ANQUE

Apalanque
Arranque
Atranque
Desatranque
Desbanque
Embarranque
Estanque
Tanque
Tranque

ANQUI

Saltimbanqui
Yanqui

ANSA

Amansa
Cansa
Descansa
Gansa
Mansa

ANSE

Amanse
Canse
Danse
Descanse
Estanse
Vanse

ANSO

Amanso
Canso
Descanso
Ganso
Manso
Remanso

ANTA

Abrillanta
Achanta
Adelanta
Aguanta
Amamanta
Atraganta
Canta
Carpanta
Cuanta
Decanta
Desencanta
Encanta
Espanta
Garganta
Levanta
Llanta
Manta
Planta
Quebranta
Sacrosanta
Santa
Solivianta
Somanta
Suplanta
Tanta
Trasplanta

Y los femeninos de muchos sustantivos terminados en "ante": vg., almiranta, comedianta, principianta, etc.

ANTE

Abrasante
Abrillante
Abundante

Aceptante
Acompañante
Actuante
Adelante
Afirmante
Aglutinante
Agonizante
Agravante
Aguante
Almirante
Altisonante
Altitonante
Amante
Ambulante
Amenazante
Andante
Anhelante
Ante
Apelante
Apremiante
Arrogante
Asonante
Aspirante
Atemperante
Atenuante
Atlante
Atragante
Avante
Ayudante
Bacante
Bastante
Beligerante
Bergante
Bogante
Boyante
Bramante
Brillante
Cabrestante
Calmante
Cambiante
Caminante
Campante
Cantante
Cante
Cargante
Causante
Cauterizante
Celebrante
Centelleante
Cesante
Cicatrizante
Circunstante
Claudicante
Coadyuvante
Coagulante
Colgante
Colindante
Colorante
Comandante
Comediante
Comerciante
Comprobante
Concertante
Concordante
Confortante
Congregante
Consonante
Constante
Contante
Contralmirante
Contratante
Contrincante
Corroborante
Cortante
Coruscante
Cuadrante
Cuadrupedante
Culminante
Chispeante
Chocante
Danzante
Debilitante
Declarante
Delante
Deliberante
Delineante
Delirante
Demandante
Deprecante
Desconcertante
Desencante
Desesperante
Desinfectante
Desplante
Determinante
Diamante
Dibujante
Diletante
Discordante
Discrepante
Disertante
Disonante
Distante
Dominante
Donante
Durante
Edificante
Ejecutante
Ejercitante
Elefante
Elegante
Emigrante
Encante
Endosante
Entrante
Equidistante
Errante
Espante
Espectante
Espeluznante
Estante
Estimulante
Estuante
Estudiante
Excitante
Exorbitante
Expirante
Extravagante
Exuberante
Fabricante
Farsante
Fascinante
Fecundante
Firmante
Flagrante
Flamante
Flotante
Fluctuante
Fortificante
Fragante
Fulgurante
Fulminante
Fumigante
Galante
Gigante
Gobernante
Guante
Guisante
Habitante
Hebraizante
Horripilante
Humeante
Humillante
Ignorante
Imperante
Impetrante
Importante
Incesante
Incitante
Inconstante
Indicante
Infamante
Infante
Informante
Insignificante
Insinuante
Instante
Insultante
Integrante
Intemperante
Interpelante
Interrogante
Interesante
Intolerante
Intrigante
Irritante
Jadeante
Judaizante
Justificante
Laxante
Levante
Licitante
Lindante
Litigante
Llameante
Maestrante
Maleante
Malsonante
Marchante
Mareante
Mediante
Mendigante
Menguante
Mercante
Militante
Mitigante
Montante
Mortificante
Murmurante
Navegante
Negociante
Nigromante
Obrante
Observante
Obstante
Ocupante
Ondeante
Ondulante
Oscilante
Otorgante
Palpitante
Parlante
Participante
Pasante
Paseante
Pedante
Penetrante
Perseverante
Pescante
Petulante
Picante
Plante
Poderdante
Portante
Postulante
Practicante
Predominante
Principiante

Protestante
Provocante
Punzante
Purgante
Quebrante
Querellante
Radiante
Rampante
Rasante
Recalcitrante
Recitante
Reclamante
Reconfortante
Rechinante
Redundante
Refrigerante
Reinante
Rebajante
Relampagueante
Relevante
Relumbrante
Renunciante
Representante
Repugnante
Resonante
Restante
Resultante
Retumbante
Rimbombante
Rocinante
Rozagante
Rumiante
Rutilante
Santificante
Secante
Semblante
Semejante
Sextante
Sibilante
Significante
Sobrante
Sobrestante
Sofocante
Solicitante
Sollozante
Sonante
Suplante
Suplicante
Supurante
Susurrante
Tajante
Talante
Temperante
Terminante
Tirante
Titubeante
Tocante
Tolerante
Tonante
Traficante
Trajinante
Trashumante
Trasplante
Tratante
Trinchante
Tripulante
Triunfante
Tunante
Turbante
Ultrajante
Vacante
Vacilante
Vagante
Variante
Vergonzante
Viajante
Vicealmirante
Viandante
Vibrante
Vigilante
Vivificante
Vociferante
Volante
Zozobrante

Y demás participios activos de los verbos de la 1.ª conjugación.

ANTO

Abanto
Acanto
Adelanto
Amaranto
Amianto
Calicanto
Canto
Cuanto
Encanto
Entretanto
Espanto
Esperanto
Lepanto
Llanto
Manto
Quebranto
Sacrosanto
Santo
Tanto

Y la 1.ª persona del singular del presente de indicativo de los verbos en "antar": vg., aguanto, levanto, etc.

ANTRE

Chantre
Diantre
Sochantre

ANZA

Adivinanza
Alabanza
Alianza
Asechanza
Balanza
Bienandanza
Bienaventuranza
Bonanza
Cobranza
Confianza
Contradanza
Crianza
Chanza
Danza
Desconfianza
Desemejanza
Destemplanza
Enseñanza
Esperanza
Fianza
Holganza
Labranza
Lanza
Libranza
Lontananza
Maestranza
Matanza
Mezcolanza
Mudanza
Ordenanza
Panza
Pitanza
Privanza
Pujanza
Remembranza
Romanza
Semblanza
Semejanza
Tardanza
Templanza
Usanza
Venganza

Y la 3.ª persona del singular del presente de indicativo de los verbos en "anzar": vg., alcanza, avanza, etc.

ANZO

Garbanzo

Y la 1.ª persona del singular del presente de indicativo de los verbos en "anzar": vg., lanzo, afianzo, etc.

AÑA

Alimaña
Apaña
Araña
Artimaña
Ataña
Cabaña
Calaña
Campaña
Caña
Castaña
Cizaña
Cucaña
Entraña
Espadaña
España
Extraña
Guadaña
Hazaña
Huraña
Laña
Legaña
Maña
Maraña
Maricastaña
Mediacaña
Montaña
Musaraña
Patraña
Pestaña
Saña
Tamaña
Taña
Telaraña
Verdemontaña

Y la 3.ª persona del singular del presente de indicativo de los verbos en "añar": vg., acompaña, baña, daña, regaña, etc.

AÑE

Tañe

Y la 1.ª y 3.ª persona del singular del

presente de subjuntivo de los verbos en "añar": vg., empañe, desengañe, rebañe, etc.

AÑO

Aledaño
Amaño
Antaño
Año
Apaño
Baño
Caño
Castaño
Daño
Desengaño
Engaño
Ermitaño
Escaño
Estaño
Extraño
Hogaño
Huraño
Maño
Paño
Peldaño
Rebaño
Redaño
Regaño
Tacaño
Tamaño
Taño
Travesaño

Y la 1.ª persona del singular del presente de indicativo de los verbos en "añar": vg., enmaraño, ensaño, etc.

AO

Bacalao
Cacao
Curazao
Grao
Nao
Sarao
Vaho

AOS

Todos los imperativos de la 1.ª conjugación, seguidos del pronombre "os": vg., amaos, mataos, etc.

APA

Agazapa
Antipapa
Atrapa
Capa
Chapa
Chulapa
Destapa
Empapa
Engualdrapa
Escapa
Etapa
Gualdrapa
Guapa
Jalapa
Lapa
Mapa
Papa
Rapa
Solapa
Tapa
Trapa
Zapa
Zurrapa

Y la 3.ª persona del singular del presente de indicativo de los verbos en "apar": vg., empapa, escapa, rapa, etcétera.

APE

Escape
Zape
Zipizape

Y la 1.ª y 3.ª persona del singular del presente de subjuntivo de los verbos en "apar": vg., atrape, destape, etc.

APIA

Hidroterapia
Prosapia
Tapia

APIO

Apio
Escolapio
Esculapio
Tapio

APO

Chulapo
Esparadrapo
Gazapo
Guapo
Guiñapo
Gusarapo
Harapo
Lapo
Sapo
Sopapo
Trapo

Y la 1.ª persona del singular del presente de indicativo de los verbos en "apar": vg., agazapo, tapo, etc.

APSO

Colapso
Lapso

APTA

Adapta
Apta
Capta

APTE

Adapte
Capte

APTO

Adapto
Apto
Capto
Rapto

AQUE

Achaque
Almanaque
Aplaque
Ataque
Atraque
Badulaque
Baque
Claque
Destaque
Empaque
Entresaque
Jaque
Machaque
Miriñaque
Saque
Sonsaque
Tabaque
Triquitraque
Vivaque
Zaque
Zumaque

Y la 1.ª y 3.ª persona del singular del presente de subjuntivo de los verbos en "acar": vg., aplaque, destaque, sonsaque, etc.

ÁQUEA

Terráquea
Tráquea

AQUIA

Gatomaquia
Tauromaquia

AR

Abalanzar
Abandonar
Abanicar
Abaratar
Abarcar
Abarrotar
Abdicar
Abejar
Abigarrar
Abismar
Abjurar
Ablandar
Abnegar
Abogar
Abollar
Abominar
Abonar
Abordar
Abortar
Abrasar
Abrazar
Abrevar
Abreviar
Abrigar
Abrochar
Abrogar
Abroncar
Abrumar
Abultar
Abundar

Abusar
Acabar
Acalorar
Acallar
Acampar
Acardenalar
Acariciar
Acarrear
Acatar
Acaudillar
Accionar
Acechar
Acelerar
Acentuar
Aceptar
Acerar
Acercar
Acertar
Acibarar
Aclamar
Aclarar
Acobardar
Acocear
Acogotar
Acolchar
Acomodar
Acompañar
Acongojar
Aconsejar
Aconsonantar
Acopiar
Acoplar
Acoquinar
Acordar
Acortar
Acosar
Acostar
Acostumbrar
Acotar
Acrecentar
Acreditar
Acribillar
Acrisolar
Activar
Actuar
Acuartelar
Acumular
Acuñar
Acusar
Achacar
Achatar
Achicar
Achicharrar
Achispar
Achuchar
Adaptar

Adecentar
Adelantar
Adelgazar
Aderezar
Adeudar
Adicionar
Adiestrar
Adivinar
Adjetivar
Adjudicar
Administrar
Admirar
Adobar
Adocenar
Adoptar
Adoquinar
Adorar
Adornar
Aduar
Adular
Adulterar
Adunar
Aechar
Afamar
Afanar
Afear
Afectar
Afeitar
Afeminar
Aferrar
Afianzar
Aficionar
Afilar
Afinar
Afirmar
Aflojar
Afrentar
Afrontar
Agarrar
Agarrotar
Agasajar
Agazapar
Agenciar
Agitar
Aglomerar
Aglutinar
Agobiar
Agonizar
Agostar
Agotar
Agraciar
Agradar
Agrandar
Agravar
Agraviar
Agregar
Agremiar

Agriar
Agrietar
Agrupar
Aguantar
Aguar
Aguardar
Aguijar
Aguijonear
Agujerear
Aguzar
Aherrojar
Ahijar
Ahilar
Ahincar
Ahitar
Ahogar
Ahondar
Ahorcar
Ahorrar
Ahuecar
Ahumar
Ahuyentar
Airear
Aislar
Ajar
Ajuar
Ajustar
Ajusticiar
Alabar
Aladar
Alamar
Alambicar
Alancear
Alardear
Alargar
Alarmar
Albergar
Alborear
Alborotar
Alborozar
Alcanzar
Alear
Aleccionar
Alegar
Alegrar
Alejar
Alentar
Aletear
Alienar
Alfombrar
Alhajar
Alhamar
Alienar
Aligerar
Alijar
Alimentar
Alinear

Aliñar
Aliquebrar
Alisar
Alistar
Aliviar
Almacenar
Almenar
Almibarar
Almidonar
Almorzar
Alojar
Alquilar
Altar
Alterar
Altercar
Alternar
Alucinar
Alunizar
Alumbrar
Alzar
Allanar
Allegar
Amaestrar
Amagar
Amainar
Amalgamar
Amamantar
Amansar
Amañar
Amar
Amargar
Amarillear
Amarrar
Amartillar
Amasar
Ambicionar
Amedrentar
Amenazar
Amenguar
Amilanar
Amillarar
Aminorar
Amohinar
Amojonar
Amolar
Amoldar
Amonestar
Amontonar
Amordazar
Amortajar
Amortiguar
Amortizar
Amoscar
Amostazar
Amotinar
Amparar
Ampliar

Amplificar
Amputar
Amueblar
Amurallar
Analizar
Anatematizar
Anclar
Andar
Anegar
Angostar
Angustiar
Anhelar
Anidar
Animar
Aniquilar
Anonadar
Anotar
Ansiar
Anticipar
Anticuar
Anublar
Anudar
Anular
Anunciar
Añascar
Apabullar
Apacentar
Apaciguar
Apadrinar
Apagar
Apalabrar
Apalear
Apañar
Aparear
Aparejar
Aparentar
Apartar
Apear
Apechugar
Apedrear
Apelar
Apelmazar
Apellidar
Apenar
Apesadumbrar
Apesarar
Apestar
Apiadar
Apilar
Apiñar
Apisonar
Aplacar
Aplanar
Aplastar
Aplazar
Aplicar
Aplomar

Apocar
Apocopar
Apodar
Apoderar
Apolillar
Aporrear
Aportar
Aposentar
Apostar
Apostatar
Apostrofar
Apoyar
Apreciar
Apremiar
Apresar
Aprestar
Apresurar
Apretar
Apretujar
Aprisionar
Aprobar
Aprontar
Apropiar
Aprovechar
Aproximar
Apuntalar
Apuntar
Apurar
Aquejar
Aquietar
Aquilatar
Arañar
Arar
Arbitrar
Arbolar
Arcabucear
Archivar
Arengar
Argentar
Argumentar
Armar
Aromatizar
Arquear
Arraigar
Arramblar
Arrancar
Arrasar
Arrastrar
Arrear
Arrebañar
Arrebatar
Arrebolar
Arrebujar
Arreciar
Arredrar
Arreglar
Arremangar

Arrendar
Arrestar
Arriar
Arribar
Arriesgar
Arrimar
Arrinconar
Arriscar
Arrobar
Arrodillar
Arrogar
Arrojar
Arrollar
Arropar
Arrostrar
Arroyar
Arrugar
Arruinar
Arrullar
Arrumbar
Arrunflar
Articular
Artillar
Asaetear
Asalariar
Asaltar
Asar
Asear
Asediar
Asegurar
Asenderear
Asentar
Asemejar
Aserrar
Asesinar
Asestar
Aseverar
Asfixiar
Asignar
Asociar
Asolar
Asomar
Asombrar
Aspar
Aspirar
Asquear
Astillar
Asustar
Atacar
Atajar
Atalayar
Atar
Atarear
Atascar
Ataviar
Atemorizar
Atemperar

Atenacear
Atenazar
Atentar
Atenuar
Aterrar
Aterrorizar
Atesorar
Atestar
Atestiguar
Atezar
Atiborrar
Atildar
Atinar
Atiplar
Atisbar
Atizar
Atizonar
Atolondrar
Atollar
Atontar
Atormentar
Atosigar
Atracar
Atrancar
Atrapar
Atrasar
Atravesar
Atrincherar
Atristar
Atronar
Atropellar
Atufar
Atusar
Augurar
Aullar
Aumentar
Aunar
Aupar
Auscultar
Autorizar
Auxiliar
Avalar
Avalorar
Avanzar
Avasallar
Avatar
Aventar
Aventurar
Avengonzar
Averiar
Averiguar
Avezar
Aviar
Avillanar
Avinagrar
Avisar
Avispar

Avistar
Avivar
Avizorar
Avocar
Ayudar
Ayunar
Azahar
Azar
Azogar
Azorar
Azotar
Azucarar
Azular
Azuzar
Babear
Babosear
Bailar
Bajamar
Bajar
Balancear
Balar
Baldar
Bandear
Banderizar
Banquetear
Bañar
Baquetear
Barajar
Barbarizar
Barbotar
Barnizar
Barrear
Barrenar
Barruntar
Basar
Bastar
Bastardear
Batallar
Batanar
Bautizar
Bazar
Beatificar
Befar
Beneficiar
Berrear
Besar
Besucar
Bienestar
Billar
Birlar
Blandear
Blanquear
Blasfemar
Blasonar
Blindar
Bobear
Bloquear

Bogar
Bombardear
Borbotar
Bordar
Bordear
Borrar
Bosquejar
Bostezar
Botar
Bracear
Bramar
Bravear
Brear
Bregar
Brillar
Brincar
Brindar
Bromear
Broncear
Brotar
Bucear
Bufar
Burilar
Burlar
Buscar
Cabalgar
Caballar
Cabecear
Cacarear
Caducar
Calamar
Calar
Calcar
Calcinar
Calcular
Caldear
Calentar
Calificar
Calmar
Calumniar
Calzar
Callar
Callejear
Cambiar
Camelar
Caminar
Campar
Campear
Cancelar
Canjear
Canonizar
Cansar
Cantar
Cañonear
Capear
Capilar
Capitanear

Capitular
Captar
Capturar
Caracolear
Caracterizar
Cardar
Carear
Carenar
Cargar
Cartear
Casar
Cascar
Castigar
Catar
Catequizar
Causar
Cauterizar
Cautivar
Cavar
Cavilar
Cazar
Cebar
Cecear
Cegar
Cejar
Celar
Celebrar
Cenar
Censurar
Centellear
Centenar
Cepillar
Cercar
Cercenar
Cerciorar
Cerrar
Certificar
Cesar
Cicatrizar
Cifrar
Cimbrar
Cimbrear
Cimentar
Cincelar
Cinchar
Circular
Cincuncidar
Cincundar
Circunvalar
Citar
Clamar
Clarear
Clasificar
Claudicar
Clavar
Coacervar
Coadunar

Coadyuvar
Coagular
Coartar
Cobijar
Cobrar
Cocinar
Codear
Codiciar
Cohabitar
Cohechar
Cohonestar
Cojear
Colar
Colear
Colectar
Colgar
Colmar
Colmenar
Colocar
Colorar
Colorear
Columbrar
Columpiar
Collar
Combar
Combinar
Comentar
Comenzar
Comerciar
Comisionar
Compaginar
Comparar
Compendiar
Compensar
Compilar
Completar
Complicar
Comportar
Comprar
Comprobar
Compulsar
Computar
Comulgar
Comunicar
Concatenar
Concentrar
Conceptuar
Concertar
Conciliar
Concitar
Concordar
Concretar
Conculcar
Concursar
Conchabar
Condecorar
Condenar

Condensar
Condimentar
Condonar
Conejar
Confabular
Confeccionar
Confederar
Confesar
Confiar
Configurar
Confinar
Confirmar
Confiscar
Conformar
Confortar
Confrontar
Confutar
Congelar
Congeniar
Conglobar
Conglutinar
Congraciar
Congratular
Congregar
Conjeturar
Conjugar
Conjurar
Conllevar
Conmemorar
Conminar
Conmutar
Conquistar
Consagrar
Conservar
Considerar
Consignar
Consolar
Consolidar
Consonar
Conspirar
Constar
Consternar
Constipar
Consular
Consultar
Consumar
Contagiar
Contaminar
Contar
Contemplar
Contemporizar
Contentar
Contestar
Continuar
Contrariar
Contrarrestar
Contrastar

Contratar
Contristar
Convidar
Convocar
Convoyar
Cooperar
Coordinar
Copar
Copiar
Copilar
Coplear
Corcovear
Corear
Coronar
Corretear
Corroborar
Cortar
Cortejar
Cosechar
Costar
Costear
Costillar
Cotejar
Cotizar
Crear
Crespar
Criar
Cribar
Crispar
Cristalizar
Cristianar
Criticar
Crucificar
Cruzar
Cuadrar
Cuajar
Cuartear
Cuchichear
Cuestionar
Cuidar
Culpar
Cultivar
Cumplimentar
Curar
Cursar
Custodiar
Chafar
Chalanear
Chamuscar
Chancear
Chapar
Chapurrar
Chapuzar
Charlar
Charolar
Chasquear
Chicolear

Chiflar
Chillar
Chirriar
Chismear
Chispear
Chisporrotear
Chistar
Chocar
Chochear
Chorrear
Chuchear
Chulear
Chupar
Danzar
Dañar
Dar
Datar
Debelar
Debilitar
Decantar
Declamar
Declarar
Declinar
Decorar
Decretar
Dedicar
Deformar
Defraudar
Degenerar
Degollar
Degradar
Deificar
Dejar
Delatar
Delegar
Deleitar
Deletrear
Deliberar
Delinear
Delirar
Demandar
Demarcar
Demorar
Demostrar
Demudar
Denegar
Denigrar
Denominar
Denostar
Denotar
Denunciar
Deparar
Deplorar
Deportar
Depositar
Depravar
Deprecar

Depurar
Derivar
Derogar
Derramar
Derrengar
Derribar
Derrocar
Derrochar
Derrotar
Derrumbar
Desabrigar
Desabrochar
Desacatar
Desaconsejar
Desafiar
Desafinar
Desagradar
Desagraviar
Desaguar
Desahogar
Desahuciar
Desairar
Desalentar
Desalojar
Desamarrar
Desamparar
Desandar
Desangrar
Desaprobar
Desarmar
Desarraigar
Desarreglar
Desarrollar
Desarropar
Desarrugar
Desasnar
Desatar
Desatascar
Desatinar
Desayunar
Desazonar
Desbancar
Desbaratar
Desbarrar
Desbastar
Desbocar
Desbordar
Desbravar
Desbrozar
Descabalgar
Descabellar
Descalzar
Descaminar
Descansar
Descargar
Descarnar
Descarriar

Descarrilar
Descartar
Descascarar
Descerrajar
Descifrar
Descinchar
Desclavar
Descolgar
Descollar
Desconchar
Desconfiar
Descontar
Descordar
Descornar
Descotar
Descoyuntar
Descuartizar
Descuidar
Desdeñar
Desdoblar
Desdorar
Desear
Desecar
Desechar
Desedificar
Desembarazar
Desembarcar
Desembocar
Desembolsar
Desembozar
Desembuchar
Desempedrar
Desempeñar
Desencadenar
Desencajar
Desenfadar
Desenfrenar
Desengancha
Desengañar
Desenojar
Desenredar
Desenterrar
Desentonar
Desenvainar
Desertar
Desesperar
Desfigurar
Desfilar
Desflorar
Desfogar
Desfundar
Desgajar
Desgarrar
Desgastar
Desgraciar
Desgranar
Desgreñar

Deshelar
Desheredar
Deshinchar
Deshojar
Deshonrar
Designar
Desliar
Desligar
Deslindar
Deslizar
Deslumbrar
Deslustrar
Desmandar
Desmantelar
Desmayar
Desmembrar
Desmenuzar
Desmochar
Desmontar
Desmoronar
Desnucar
Desnudar
Desocupar
Desojar
Desolar
Desollar
Desordenar
Desovar
Despabilar
Despachar
Despechar
Despedazar
Despegar
Despeinar
Despejar
Despellejar
Despenar
Despeñar
Desperdiciar
Despertar
Despilfarrar
Desplegar
Desplomar
Desplumar
Despoblar
Despojar
Desposar
Despotricar
Despreciar
Despuntar
Desquiciar
Desquitar
Destacar
Destapar
Destechar
Destemplar
Desterrar

Destetar
Destilar
Destinar
Destocar
Destornillar
Destrenzar
Destripar
Destronar
Destroncar
Destrozar
Desusar
Desvalijar
Desvariar
Desvelar
Desviar
Desvirtuar
Detallar
Detentar
Deteriorar
Determinar
Detestar
Detonar
Detractar
Devanar
Devastar
Devengar
Devorar
Dialogar
Dibujar
Dictar
Diezmar
Difamar
Dilapidar
Dilatar
Dilucidar
Diluviar
Dimanar
Diputar
Discordar
Discrepar
Disculpar
Disecar
Diseminar
Diseñar
Disertar
Disfamar
Disfrazar
Disgregar
Disgustar
Disimular
Disipar
Dislocar
Disonar
Disparar
Disparatar
Dispensar
Disputar

Distar
Divagar
Divinizar
Divisar
Divorciar
Divulgar
Doblar
Doblegar
Doctorar
Dogmatizar
Domar
Domeñar
Domesticar
Dominar
Donar
Dorar
Dormitar
Dotar
Dudar
Dulcificar
Duplicar
Durar
Eclipsar
Echar
Edificar
Educar
Efectuar
Ejecutar
Ejemplar
Ejercitar
Elaborar
Electrizar
Elevar
Elogiar
Emanar
Emancipar
Embadurnar
Embalar
Embaldosar
Embalsamar
Embarcar
Embargar
Embastar
Embaucar
Embelesar
Embobar
Embocar
Embolar
Embolsar
Emborrachar
Emboscar
Embotar
Embozar
Embrazar
Embriagar
Embridar
Embrollar

Embromar
Embrujar
Emigrar
Empachar
Empadronar
Empalagar
Empalar
Empañar
Empapar
Empapelar
Empaquetar
Emparedar
Emparejar
Emparentar
Emparrar
Empastar
Empavesar
Empedrar
Empeñar
Empeorar
Emperezar
Empezar
Empinar
Emplazar
Emplear
Emplomar
Emplumar
Empolvar
Empollar
Emponzoñar
Empotrar
Empujar
Empuñar
Emular
Enajenar
Enarbolar
Enarcar
Encabezar
Encadenar
Encajar
Encallar
Encaminar
Encandilar
Encanijar
Encantar
Encapotar
Encaramar
Encarar
Encarcelar
Encargar
Encariñar
Encarnar
Encarnizar
Encarrilar
Encartar
Encasquetar
Encauzar
Encelar
Encerar
Encerrar
Encinar
Enclavar
Encolar
Encolerizar
Encomendar
Encomiar
Enconar
Encontrar
Encordar
Encorvar
Encrespar
Encuadernar
Encumbrar
Encharcar
Enchufar
Enderezar
Endiablar
Endilgar
Endiosar
Endosar
Endulzar
Enemistar
Enervar
Enfadar
Enfangar
Enfardar
Enfermar
Enfervorizar
Enfilar
Enfrascar
Enfrenar
Enfriar
Enfundar
Engalanar
Enganchar
Engañar
Engarzar
Engastar
Engatusar
Engendrar
Engolfar
Engolosinar
Engomar
Engordar
Engrasar
Engrosar
Enhebrar
Enjaezar
Enjaular
Enjuagar
Enjugar
Enlazar
Enlodar
Enlosar
Enlutar
Enmarañar
Enmaridar
Enmascarar
Enmelar
Enmendar
Enojar
Enredar
Enrejar
Enristrar
Enroscar
Ensalzar
Ensamblar
Ensanchar
Ensangrentar
Ensañar
Ensartar
Ensayar
Enseñar
Enseñorear
Ensillar
Ensortijar
Ensuciar
Entablar
Entarimar
Enterar
Enterrar
Entibiar
Entoldar
Entonar
Entornar
Entrañar
Entrar
Entregar
Entresacar
Entroncar
Entronizar
Enturbiar
Enumerar
Enunciar
Envainar
Envalentonar
Envasar
Envenenar
Enviar
Enviciar
Envidar
Envidiar
Enviudar
Enzarzar
Epistolar
Equilibrar
Equipar
Equiparar
Equivocar
Erizar
Errar
Eructar
Esbozar
Escalar
Escaldar
Escamar
Escampar
Escanciar
Escandalizar
Escapar
Escarbar
Escarchar
Escardar
Escarmentar
Escasear
Escatimar
Esclavizar
Escolar
Escoltar
Escorzar
Escrutar
Escuadronar
Escuchar
Escudar
Escudriñar
Esforzar
Esfumar
Esmaltar
Esmerar
Esmerilar
Espaciar
Espaldar
Espantar
Especificar
Esperanzar
Esperar
Espesar
Espetar
Espiar
Espichar
Espigar
Espolear
Espolvorear
Esponjar
Espumar
Espumajear
Esquilar
Esquilmar
Esquivar
Estafar
Estallar
Estampar
Estancar
Estañar
Estar
Esterar
Estilar
Estimar

Estimular
Estirar
Estofar
Estorbar
Estornudar
Estragar
Estrechar
Estrellar
Estrenar
Estribar
Estropear
Estrujar
Estucar
Estudiar
Estufar
Estuprar
Eterizar
Eternizar
Evacuar
Evaluar
Evangelizar
Evaporar
Evidenciar
Evitar
Evocar
Exacerbar
Exagerar
Exaltar
Examinar
Exasperar
Excavar
Exceptuar
Excitar
Exclamar
Excomulgar
Excusar
Execrar
Exhalar
Exhortar
Exhumar
Exonerar
Expectorar
Experimentar
Expiar
Expirar
Explanar
Explayar
Explicar
Explorar
Explotar
Expoliar
Exportar
Expresar
Expugnar
Expulsar
Expurgar
Extenuar
Extractar
Extrañar
Extraviar
Extremar
Extirpar
Fabricar
Facilitar
Facturar
Facultar
Fachendear
Falsear
Fajar
Falsificar
Faltar
Fallar
Familiar
Familiarizar
Fanfarronear
Fantasear
Farfullar
Fascinar
Fastidiar
Fatigar
Fecundar
Fechar
Felicitar
Feriar
Fermentar
Fertilizar
Festejar
Festonear
Fiar
Figurar
Fijar
Filiar
Filosofar
Filtrar
Finar
Fincar
Firmar
Fiscalizar
Fisgar
Flagelar
Flamear
Flanquear
Flaquear
Flechar
Fletar
Flojear
Florear
Flotar
Fluctuar
Foguear
Foliar
Fomentar
Fondear
Forcejar
Forjar
Formalizar
Formar
Formular
Fornicar
Forrajear
Forrar
Fortificar
Forzar
Fracasar
Fraccionar
Fracturar
Fraguar
Franquear
Frecuentar
Fregar
Frisar
Frotar
Fructificar
Frustrar
Fugar
Fulgurar
Fulminar
Fumar
Fumigar
Funcionar
Fundamentar
Fundar
Fusilar
Fustigar
Galantear
Galardonar
Galopar
Galvanizar
Gallear
Ganar
Gastar
Gatear
Generar
Generalizar
Germinar
Gesticular
Gibar
Gimotear
Girar
Gitanear
Glaciar
Glorificar
Glosar
Glotonear
Gobernar
Golpear
Golosear
Gorjear
Gotear
Gozar
Grabar
Graduar
Granar
Granizar
Granjear
Gratificar
Gravar
Gravitar
Graznar
Gritar
Guardar
Guerrear
Guiar
Guillotinar
Guiñar
Guisar
Habilitar
Habitar
Habituar
Hablar
Hacendar
Hacinar
Halagar
Halar
Hallar
Hambrear
Haraganear
Hartar
Hastiar
Hechizar
Helar
Heredar
Hermanar
Hermosear
Herrar
Hidratar
Hilar
Hilvanar
Hinchar
Hipotecar
Historiar
Hogar
Hojear
Holgar
Holgazanear
Hollar
Hombrear
Honrar
Horadar
Horrorizar
Hospedar
Hospodar
Hostigar
Hostilizar
Humanar
Humear
Humillar
Hurgar

Hurtar
Husmear
Idear
Identificar
Idolatrar
Ignorar
Igualar
Ijar
Iluminar
Ilustrar
Imaginar
Imanar
Imitar
Impacientar
Imperar
Impetrar
Implicar
Implorar
Importar
Importunar
Imposibilitar
Impregnar
Impresionar
Improbar
Improvisar
Impugnar
Impulsar
Imputar
Inaugurar
Incendiar
Incensar
Incinerar
Incitar
Inclinar
Incoar
Incomodar
Incorporar
Increpar
Incrustar
Incubar
Inculcar
Inculpar
Indagar
Indemnizar
Independizar
Indicar
Indignar
Indultar
Industriar
Infamar
Infectar
Infestar
Inficionar
Inflamar
Inflar
Informar
Ingeniar
Ingresar
Inhabilitar
Injertar
Injuriar
Inmigrar
Inmolar
Inmortalizar
Inmutar
Innovar
Inocular
Inquietar
Insertar
Insinuar
Insolentar
Inspeccionar
Inspirar
Instalar
Instar
Instaurar
Instigar
Insular
Insultar
Integrar
Intentar
Intercalar
Interceptar
Interesar
Interestelar
Interinar
Intermediar
Internar
Interpelar
Interpolar
Interpretar
Interrogar
Intimar
Intimidar
Intitular
Intoxicar
Intrigar
Intrincar
Inundar
Inutilizar
Inventar
Inventariar
Invernar
Investigar
Invitar
Invocar
Inyectar
Irisar
Irradiar
Irregular
Irritar
Irrogar
Izar
Jadear
Jaguar
Jalear
Jaspear
Jorobar
Jubilar
Jugar
Juglar
Juguetear
Juntar
Juramentar
Jurar
Justificar
Juzgar
Labrar
Lacerar
Lacrar
Lactar
Ladear
Ladrar
Lagar
Lamentar
Lanar
Lancear
Lanzar
Lapidar
Lar
Largar
Lastimar
Lastrar
Latinizar
Laurear
Lavar
Legalizar
Legar
Legislar
Legitimar
Levantar
Levar
Liar
Libar
Liberar
Libertar
Librar
Licenciar
Licuar
Lidiar
Ligar
Limar
Limitar
Limonar
Limpiar
Lindar
Liquidar
Lisiar
Lisonjear
Litigar
Loar
Localizar
Lograr
Loquear
Lozanear
Luchar
Lucubrar
Lugar
Luminar
Lunar
Lupanar
Lustrar
Llagar
Llamar
Llamear
Llegar
Llenar
Llevar
Llorar
Lloriquear
Lloviznar
Macerar
Machacar
Machucar
Madrugar
Madurar
Magnetizar
Magnificar
Mangonear
Magullar
Majar
Malabar
Malandar
Malbaratar
Malear
Malgastar
Maliciar
Malograr
Malparar
Malquistar
Maltratar
Malversar
Mallar
Mamar
Manar
Mancillar
Mancomunar
Manchar
Mandar
Manducar
Manejar
Maniatar
Manglar
Mangonear
Manifestar
Maniobrar
Manipular
Manjar

Manosear
Mantear
Mar
Maravillar
Marcar
Marchar
Marchitar
Marear
Mariposear
Marrar
Martirizar
Mascar
Masticar
Matar
Matizar
Matraquear
Matricular
Matutear
Maullar
Mayar
Mear
Mechar
Mediar
Medicinar
Meditar
Medrar
Mejorar
Melonar
Mellar
Mencionar
Medicinar
Mendigar
Menear
Menguar
Menoscabar
Menospreciar
Mentar
Menudear
Mercar
Merendar
Mermar
Merodear
Mesar
Metodizar
Metrificar
Mezclar
Militar
Millar
Mimar
Minar
Mirar
Mirificar
Mitigar
Mocear
Modelar
Moderar
Modificar

Modular
Mofar
Mojar
Molar
Molestar
Mollar
Momificar
Mondar
Montar
Moralizar
Morar
Mordiscar
Morigerar
Mortificar
Mostrar
Motejar
Motivar
Movilizar
Muchachear
Mudar
Muladar
Mular
Multar
Multiplicar
Municionar
Murmurar
Muscular
Mutilar
Nadar
Narrar
Naufragar
Navegar
Necesitar
Negar
Negociar
Negrear
Nevar
Neutralizar
Niñear
Nivelar
Nombrar
Notar
Noticiar
Notificar
Nublar
Numerar
Objetar
Oblicuar
Obligar
Obrar
Obsequiar
Observar
Obstar
Obviar
Ocasionar
Ocular
Ocultar

Ocupar
Odiar
Oficiar
Ofuscar
Olear
Olfatear
Olivar
Olorar
Olvidar
Ondear
Operar
Opinar
Optar
Orar
Ordenar
Ordeñar
Orear
Organizar
Originar
Orillar
Ornamentar
Ornar
Osar
Ostentar
Otorgar
Oxigenar
Pacificar
Pactar
Pajar
Paladar
Paladear
Paliar
Palmar
Palmotear
Palomar
Palpar
Palpitar
Papar
Par
Parafrasear
Parangonar
Parar
Parlar
Participar
Particular
Particularizar
Pasar
Pasear
Pasmar
Pastar
Pastorear
Patalear
Patear
Patrocinar
Patrullar
Pecar
Peculiar

Pechar
Pegar
Peguntar
Peinar
Pajar
Pelar
Pelear
Peligrar
Pellizcar
Penar
Penetrar
Pensar
Pensionar
Percatar
Perdonar
Peregrinar
Perfeccionar
Perfilar
Perforar
Perfumar
Pergeñar
Perjudicar
Perjurar
Permutar
Pernoctar
Perorar
Perpendicular
Perpetrar
Perpetuar
Perseverar
Persignar
Pertrechar
Perturbar
Pesar
Pescar
Pesquisar
Pestañear
Petrificar
Piafar
Piar
Picar
Picotear
Pignorar
Pilar
Pillar
Pinar
Pinchar
Pintar
Pintiparar
Piratear
Pisar
Pisotear
Pitar
Plagar
Plagiar
Planchar
Plantar

Platear
Platicar
Pleamar
Plegar
Pleitear
Poblar
Podar
Poetizar
Polar
Ponderar
Popular
Pordiosear
Porfiar
Portar
Posar
Postergar
Postrar
Postular
Practicar
Preciar
Precipitar
Precisar
Predestinar
Predicar
Predominar
Prefijar
Pregonar
Preguntar
Prejuzgar
Preliminar
Preludiar
Premeditar
Premiar
Prendar
Prensar
Preocupar
Preparar
Presagiar
Presenciar
Presentar
Preservar
Prestar
Pretextar
Prevaricar
Principiar
Pringar
Privar
Privilegiar
Probar
Procesar
Proclamar
Procrear
Procurar
Prodigar
Profanar
Profesar
Profetizar

Profundizar
Progresar
Prohijar
Prolongar
Promediar
Promiscuar
Promulgar
Pronosticar
Pronunciar
Propagar
Propalar
Propasar
Propinar
Proporcionar
Prorrogar
Prosperar
Protestar
Provocar
Proyectar
Publicar
Pugnar
Pujar
Pulgar
Pulimentar
Pulsar
Pulverizar
Pulular
Puntear
Puntualizar
Puntuar
Punzar
Purgar
Purificar
Purpurear
Quebrajar
Quebrantar
Quebrar
Quedar
Quemar
Querellar
Quintar
Quntuplicar
Quitar
Rabiar
Raciocinar
Racionar
Radiar
Rajar
Rallar
Rapar
Rasar
Rascar
Rasgar
Rasguear
Raspar
Rastrear
Rasurar

Ratar
Ratear
Ratificar
Rayar
Razonar
Realizar
Realzar
Reanimar
Rebajar
Rebanar
Rebañar
Rebasar
Rebelar
Rebollar
Rebosar
Rebotar
Rebozar
Rebujar
Rebuscar
Rebuznar
Recalcitrar
Recalentar
Recolectar
Recamar
Recapacitar
Recargar
Recatar
Recaudar
Recelar
Recetar
Recitar
Reclamar
Reclinar
Reclutar
Recobrar
Recomendar
Recompensar
Reconcentrar
Reconciliar
Reconquistar
Recopilar
Recordar
Recortar
Recostar
Recrear
Recriminar
Rectificar
Recuperar
Rechazar
Rechiflar
Rechinar
Redactar
Redoblar
Redondear
Redundar
Reduplicar
Reedificar

Reembolsar
Reemplazar
Reenganchar
Reflejar
Reflexionar
Refocilar
Reformar
Reforzar
Refregar
Refrenar
Refrendar
Refrescar
Refrigerar
Refunfuñar
Refugiar
Refutar
Regalar
Regar
Regatear
Regenerar
Regentar
Registrar
Reglamentar
Regocijar
Regresar
Regular
Rehabilitar
Rehilar
Rehogar
Rehusar
Reinar
Reincorporar
Reintegrar
Reiterar
Reivindicar
Rejalgar
Rejonear
Relacionar
Relajar
Relampaguear
Relatar
Relegar
Relevar
Relinchar
Relumbrar
Rellenar
Remachar
Remar
Rematar
Remedar
Remediar
Rememorar
Remendar
Remirar
Remojar
Remolcar
Remozar

Remunerar
Renegar
Renombrar
Renovar
Renquear
Rentar
Renumerar
Renunciar
Reparar
Repasar
Repesar
Repicar
Repintar
Replegar
Replicar
Repoblar
Reportar
Reposar
Represar
Representar
Reprobar
Reprochar
Repudiar
Repugnar
Repulsar
Reputar
Requebrar
Requemar
Resabiar
Resaltar
Resbalar
Rescatar
Resecar
Reseñar
Reservar
Resfriar
Resguardar
Residenciar
Resignar
Resollar
Resonar
Resoplar
Respaldar
Respetar
Respingar
Respirar
Restallar
Restañar
Restar
Restaurar
Restregar
Resucitar
Resultar
Retar
Retardar
Retirar
Retocar
Retoñar
Retornar
Retozar
Retractar
Retrasar
Retratar
Retumbar
Revelar
Reventar
Reverberar
Reverenciar
Revisar
Revistar
Revocar
Revolcar
Revolear
Rezagar
Rezar
Rezongar
Ridiculizar
Rielar
Rifar
Rimar
Ripiar
Rizar
Rivalizar
Robar
Rociar
Rodar
Rodear
Rogar
Romancear
Roncar
Rondar
Roturar
Rozar
Rubricar
Rumiar
Rutilar
Saborear
Sacar
Saciar
Sacramentar
Sacrificar
Sahumar
Sajar
Salar
Saldar
Salmodiar
Salpicar
Saltar
Saltear
Saludar
Salvar
Sanar
Sancionar
Sancochar
Sanear
Sangrar
Santificar
Santiguar
Saquear
Satinar
Satirizar
Saturar
Sazonar
Secar
Secuestrar
Secular
Secundar
Secretar
Segar
Seglar
Segregar
Segundar
Sellar
Sembrar
Semejar
Semicircular
Sentar
Sentenciar
Señalar
Señorear
Separar
Sepultar
Serenar
Serpear
Serpentear
Serrar
Sesear
Sesgar
Sestear
Sigilar
Significar
Silbar
Sillar
Simbolizar
Similar
Simpar
Simpatizar
Simplificar
Simular
Sincerar
Sincopar
Singular
Sisar
Sisear
Sitiar
Situar
Sobar
Sobornar
Sobrar
Sobrellevar
Sobrenadar
Sobresaltar
Socavar
Sofocar
Sojuzgar
Solar
Solazar
Soldar
Solear
Solemnizar
Solfear
Solicitar
Soliviantar
Soltar
Solucionar
Solventar
Sollozar
Sombrear
Sonar
Sondar
Sondear
Sonrojar
Sonrosar
Sonsacar
Soñar
Sopesar
Soplar
Soportar
Sortear
Sosegar
Sospechar
Soterrar
Suavizar
Subastar
Subdelegar
Sublevar
Sublimar
Sublunar
Subordinar
Subrayar
Subrogar
Subsanar
Subyugar
Sudar
Sufragar
Sujetar
Sulfurar
Sumar
Suministrar
Supeditar
Superar
Suplantar
Suplicar
Supurar
Surcar
Suscitar
Suspirar
Sustantivar

Sustentar
Susurrar
Sutilizar
Taconear
Tachar
Tachonar
Tajamar
Tajar
Taladrar
Talar
Tallar
Tambalear
Tamborilear
Tamizar
Tantear
Tapar
Tapiar
Tapizar
Tararear
Tardar
Tartajear
Tartamudear
Tasar
Tascar
Teclear
Techar
Tejar
Telar
Temblar
Templar
Tentar
Terciar
Tergiversar
Terminar
Terraplenar
Testar
Testificar
Testimoniar
Tijeretear
Tildar
Timbrar
Titilar
Tiranizar
Tirar
Tiritar
Tirotear
Titubear
Titular
Tiznar
Tocar
Tolerar
Tomar
Tomillar
Tonsurar
Tontear
Topar
Torear

Tornar
Tornasolar
Tornear
Tostar
Trabajar
Trabar
Trabucar
Traficar
Tragar
Trajinar
Tramar
Trampear
Tranquilizar
Transbordar
Transformar
Transitar
Transmigrar
Transmutar
Transpirar
Transportar
Trapacear
Trapisondear
Trasegar
Trasladar
Trasnochar
Traspapelar
Traspasar
Trasplantar
Trasquilar
Trastear
Trastocar
Trastornar
Trastrocar
Trasudar
Tratar
Trazar
Tremolar
Trenzar
Trepar
Trepidar
Triangular
Tributar
Trillar
Trinar
Trinchar
Triplicar
Triscar
Triturar
Triunfar
Trocar
Trompetear
Trompicar
Tronar
Tronchar
Tronzar
Tropezar
Trotar

Trufar
Truncar
Tumbar
Turbar
Turnar
Tutear
Tutelar
Ulcerar
Ultimar
Ultrajar
Ultramar
Ulular
Uniformar
Untar
Usar
Usufructuar
Usurpar
Utilizar
Vacar
Vaciar
Vacilar
Vacunar
Vadear
Vagabundear
Vagar
Vaguear
Valorar
Valuar
Valladar
Vallar
Vaporizar
Vapular
Vapulear
Varar
Variar
Vasar
Vaticinar
Vedar
Vegetar
Veintenar
Vejar
Velar
Vendar
Vendimiar
Venerar
Vengar
Ventilar
Veranear
Verdear
Verdemar
Verificar
Versar
Versificar
Viajar
Vibrar
Viciar
Victorear

Vidriar
Vigilar
Vilipendiar
Vincular
Vindicar
Violar
Violentar
Virar
Visar
Visitar
Vislumbrar
Vitorear
Vituperar
Vivaquear
Vivificar
Vocear
Vociferar
Volar
Volatilizar
Volcar
Voltear
Vomitar
Votar
Vulgar
Vulgarizar
Vulnerar
Yugular
Zafar
Zamarrear
Zampar
Zancajear
Zanganear
Zapatear
Zar
Zarandear
Zarpar
Zizañar
Zozobrar
Zumbar
Zurrar

Y demás infinitivos de la 1.ª conjugación.

ARA

Acollara
Algazara
Almenara
Almibara
Alquitara
Amara
Ara
Avara
Cara
Clara
Cuchara

Ignara
Mampara
Para
Piara
Preclara
Rara
Tara
Tiara
Vara

Y la 3.ª persona del singular del presente de indicativo de los verbos en "arar": vg., ampara, compara, repara, separa, etc.

Y la 1.ª forma en el pretérito imperfecto de subjuntivo de la 1.ª y 3.ª persona del singular en los verbos regulares de la 1.ª conjugación: vg., acabara, mirara, saltara, etc.

ARBA-ARVA

Barba
Escarba
Larva
Parva

ARBE

Alarbe
Escarbe

ARBO-ARVO

Barbo
Escarbo
Garbo
Parvo
Ruibarbo

ARCA

Abarca
Albarca
Arca
Barca
Comarca
Charca
Demarca
Desembarca
Embarca
Enarca
Encharca
Heresiarca
Jerarca
Luarca
Marca
Monarca.
Parca
Patriarca
Petrarca
Tetrarca

ARCE

Desengarce
Engarce
Esparce
Resarce

ARCIA

Enjarcia
Jarcia

ARCO

Abarco
Arco
Aristarco
Barco
Charco
Desembarco
Encharco
Embarco
Marco
Parco
Plutarco
Zarco

ARCHA

Contramarcha
Emparcha
Escarcha
Marcha

ARCHE

Emparche
Escarche
Marche
Parche

ARCHO

Emparcho
Escarcho
Marcho

ARDA

Acobarda
Aguarda
Alabarda
Albarda
Arda
Avutarda
Bastarda
Bigarda
Bombarda
Carda
Enfarda
Escarda
Espingarda
Gallarda
Guarda
Lombarda
Parda
Resguarda
Retarda
Sarda
Tarda

ARDE

Acobarde
Alarde
Aguarde
Arde
Carde
Cobarde
Enfarde
Guarde
Resguarde
Retarde
Tarde

ARDIA

Guardia
Retaguardia
Salvaguardia
Vanguardia

ARDO

Acobardo
Aguardo
Ardo
Bardo
Bastardo
Bigardo
Cardo
Dardo
Enfardo
Fardo
Gallardo
Guardo
Leopardo
Lombardo
Longobardo
Nardo
Pardo
Petardo
Resguardo
Retardo
Sardo
Tardo

ARE

Curare

Y la 1.ª y 3.ª persona del singular del presente y pretérito imperfecto de subjuntivo (en su primer tiempo) de los verbos en "arar": vg., compare, comparare, dispare, disparare, etc.

ARGA

Adarga
Alarga
Amarga
Carga
Descarga
Embarga
Encarga
Larga
Recarga
Sarga

Y la 3.ª persona del singular del presente de indicativo de los verbos en "argar": vg., encarga, aletarga, etc.

ARGO

Amargo
Cargo
Carilargo
Embargo
Encargo
Largo
Letargo
Recargo
Sobrecargo

Y la 1.ª persona

del singular del presente de indicativo de los verbos en "argar": vg., alargo, desembargo, etc.

ARGUE

La 1.ª y 3.ª persona del singular del presente de subjuntivo de los verbos en "argar": vg., cargue, largue, recargue, etc.

ARIA

Aria
Candelaria
Funeraria
Imaginaria
Indumentaria
Luminaria
Maquinaria
Paria
Pasionaria
Pecuaria
Pituitaria
Plegaria
Plenaria
Samaria
Solitaria

Y los femeninos de la mayor parte de los vocablos terminados en "ario": vg., arbitraria, hipotecaria, propietaria, etc.

ARIE

Asalarie
Barbarie

ARIES

Aries
Caries

ARIO

Abecedario
Actuario
Acuario
Adversario
Agrario
Aniversario
Anticuario
Antifonario
Anuario
Arancelario
Arbitrario
Arbolario
Ario
Armario
Arrendatario
Atrabiliario
Autoritario
Balneario
Bancario
Bibliotecario
Binario
Boticario
Breviario
Brumario
Bulario
Calendario
Calvario
Campanario
Canario
Carbonario
Censatario
Centenario
Ceroferario
Cesionario
Comanditario
Comentario
Comisario
Comisionario
Complementario
Compromisario
Concubinario
Confesonario
Consignatario
Consiliario
Consuetudinario
Contrario
Copropietario
Corolario
Correligionario
Corsario
Cuestionario
Denario
Depositario
Devocionario
Diario
Diccionario
Dignatario
Disciplinario
Domiciliario
Donatario
Dromedario
Emisario
Empresario
Epistolario
Erario
Escapulario
Escenario
Estacionario
Estatuario
Estipendiario
Estrafalario
Expedicionario
Extraordinario
Faccionario
Falsario
Fedatario
Ferroviario
Feudatario
Fiduciario
Formulario
Fraccionario
Funcionario
Funerario
Glosario
Gregario
Hebdomadario
Herbario
Herbolario
Hereditario
Hipotecario
Honorario
Horario
Hospitalario
Humanitario
Imaginario
Incendiario
Incensario
Incinerario
Inhospitalario
Innecesario
Intermediario
Inventario
Involuntario
Itinerario
Lapidario
Legatario
Legendario
Legionario
Literario
Mandatario
Mercenario
Millonario
Monetario
Mobiliario
Muestrario
Necesario
Nefario
Notario
Novenario
Numerario
Octogenario
Operario
Ordinario
Originario
Osario
Ostiario
Ovario
Palmario
Parlamentario
Partidario
Patibulario
Pecuario
Pecuniario
Penitenciario
Perdulario
Peticionario
Plagiario
Planetario
Plenario
Plenipotenciario
Precario
Presidiario
Primario
Proletario
Prontuario
Propietario
Protocolario
Protonotario
Reaccionario
Refractario
Reglamentario
Relicario
Religionario
Revolucionario
Rosario
Rutinario
Sagitario
Sagrario
Salario
Sanitario
Sanguinario
Santuario
Secretario
Sectario
Secundario
Sedentario
Semanario
Seminario
Senario
Septenario
Sermonario
Serpentario
Sexagenario
Sicario
Silabario
Solidario
Solitario
Subsidiario
Sudario
Sumario

Suntuario
Supernumerario
Suplementario
Tabernario
Talonario
Temerario
Templario
Terciario
Testamentario
Tributario
Turiferario
Unitario
Universitario
Urinario
Utilitario
Usuario
Usurario
Usufructuario
Valetudinario
Vario
Vecindario
Vendimiario
Vestuario
Veterinario
Vicario
Vicesecretario
Visionario
Vocabulario
Voluntario

Y demás substantivos y adjetivos terminados en "ario".

ARLA

Charla
Parla

Y todos los infinitivos de los verbos de la 1.ª conjugación, seguidos del pronombre "la": vg., llorarla, recordarla, soñarla, etc.

ARLO

Charlo

Y todos los infinitivos de los verbos de la 1.ª conjugación, seguidos del pronombre "lo": vg., amarlo, besarlo, mirarlo, etc.

ARMA

Alarma
Arma
Desarma

ARME

Adarme
Alarme
Arme
Desarme
Gendarme

Y todos los infinitivos de los verbos de la 1.ª conjugación, tras los cuales pueda ir el pronombre "me": vg., callarme, dejarme, matarme, etc.

ARMO

Alarmo
Armo
Desarmo

ARNA

Arna
Descarna
Encarna
Sarna

ARNE

Carne
Descarne
Encarne

ARNO

Arno
Descarno
Encarno

ARO

Amaro
Amparo
Aro
Avaro
Azaro
Caro
Claro
Desamparo
Descaro
Disparo
Faro
Paro
Pleclaro
Raro
Reparo

Y la 1.ª persona del singular del presente de indicativo de los verbos en "arar": vg., aclaro, deparo, enmascaro, etcétera.

ARPA

Arpa
Escarpa
Zarpa

ARPO

Carpo
Escarpo
Metacarpo
Zarpo

ARQUE

Abarque
Demarque
Desembarque
Embarque
Enarque
Encharque
Escarpe
Marque
Parque

ARRA

Abigarra
Acatarra
Achicharra
Agarra
Alcaparra
Alpujarra
Amarra
Barra
Bizarra
Butifarra
Cigarra
Cimitarra
Charra
Chicharra
Desbarra
Desgarra
Despilfarra
Donostiarra
Espatarra
Farra
Gabarra
Garra
Guarra
Guitarra
Jarra
Marra
Moharra
Narra
Parra
Pizarra
Socarra
Zamarra

ARRAS

Arras
Antiparras

ARRE

Arre
Abigarre
Acatarre
Achicharre
Agarre
Amarre
Aquelarre
Barre
Desbarre
Desgarre
Despilfarre
Marre
Narre

ARRO

Abigarro
Acatarro
Achicharro
Agarro
Amarro
Barro
Bizarro
Cacharro
Carro
Catarro
Cigarro
Cotarro
Chaparro
Charro
Desbarro
Desgarro
Despilfarro
Guarro

Guijarro
Guitarro
Jarro
Marro
Narro
Navarro
Sarro
Tarro

ARRIO

Arrio
Barrio

ARSA

Comparsa
Farsa

ARSE

Todos los infinitivos de los verbos de la 1.ª conjugación, seguidos del pronombre "se": vg., arrobarse, descararse, regodearse, etc.

ARSO

Metatarso
Tarso

ARTA

Aparta
Carta
Coarta
Comparta
Cuarta
Departa
Descarta
Encarta
Ensarta
Harta
Lagarta
Marta
Parta
Reparta
Sarta
Sobrecarta
Tarta

ARTE

Aparte
Arte
Baluarte
Coarte
Comparte
Darte
Descarte
Encarte
Estandarte
Harte
Marte
Parte
Portaestandarte
Reparte
Talabarte

Y todos los infinitivos de los verbos de la 1.ª conjugación tras los cuales pueda ir el pronombre "te": vg., colmarte, llevarte, sacarte, etc.

ÁRTIR

Mártir
Protomártir

ARTO

Aparto
Coarto
Comparto
Cuarto
Descarto
Encarto
Esparto
Harto
Lagarto
Parto
Reparto

ARZA

Engarza
Enzarza
Esparza
Garza
Resarza
Zarza

ARZO

Cuarzo
Engarzo
Enzarzo
Esparzo
Garzo
Marzo
Resarzo
Zarzo

AS

Además
Aguarrás
As
Atrás
Barrabás
Caifás
Compás
Das
Demás
Detrás
Estás
Gas
Has
Jamás
Jonás
Las
Más
Quizás
Ras
Satanás
Tras
Vas
Zas

Y la 2.ª persona del singular del futuro de todos los verbos: vg., acabarás, beberás, mentirás, etc.

ASA

Argamasa
Asa
Basa
Brasa
Casa
Crasa
Escasa
Gasa
Grasa
Guasa
Masa
Pasa
Potasa
Rasa
Tasa

Y la 3.ª persona del singular del presente de indicativo de los verbos en "asar": vg., abrasa, fracasa, retrasa, etc.

ASCA

Atasca
Basca
Borrasca
Carrasca
Casca
Desatasca
Enfrasca
Hojarasca
Masca
Nevasca
Rasca
Tarasca
Tasca
Vasca

ASCO

Asco
Atasco
Casco
Chasco
Chubasco
Damasco
Desatasco
Enfrasco
Fiasco
Frasco
Masco
Peñasco
Rasco
Tasco
Vasco

ASCUA

Ascua
Pascua

ASE

Base
Clase
Engrase
Envase
Fase
Frase
Pase
Ucase

Y la 1.ª y 3.ª persona del singular del presente de subjuntivo de los verbos en "asar": vg., ase, propase, rebase, etc.

ASGO

Rasgo
Trasgo

ASIA

Antonomasia
Asia
Casia
Gimnasia
Idiosincrasia
Paronomasia

ASIO

Gimnasio
Potasio

ASMA

Asma
Cataplasma
Entusiasma
Fantasma
Miasma
Pasma

ASME

Entusiasme
Pasme

Y la 2.ª persona del singular del futuro de indicativo de todos los verbos que puedan ir seguidos del pronombre "me": vg., darásme, oirásme, etc.

ASMO

Entusiasmo
Espasmo
Marasmo
Pasmo
Pleonasmo
Sarcasmo

ASNO

Asno
Besasno

ASO

Acaso
Atraso
Caso
Craso
Escaso
Fracaso
Graso
Ocaso
Parnaso
Paso
Payaso
Pegaso
Raso
Repaso
Retraso
Traspaso
Vaso

Y la 1.ª persona del singular del presente de indicativo de los verbos en "asar": vg., baso, propaso, rebaso, etc.

ASPA

Aspa
Caspa
Raspa

ASPE

Aspe
Jaspe
Raspe

ASQUE

Atasque
Casque
Desatasque
Enfrasque
Masque
Rasque
Tasque

ASTA

Aplasta
Asta
Banasta
Basta
Canasta
Casta
Catasta
Contrasta
Desgasta
Devasta
Embanasta
Embasta
Empasta
Encomiasta
Entusiasta
Engasta
Gasta
Gimnasta
Hasta
Iconoclasta
Malgasta
Nefasta
Pasta
Subasta
Vasta

ASTE

Aplaste
Baste
Contraste
Desgaste
Devaste
Embanaste
Embaste
Empaste
Engaste
Gaste
Malgaste
Paste
Subaste
Traste

Y la 2.ª persona del singular del pretérito perfecto de indicativo de los verbos de la 1.ª conjugación: vg., dejaste, lloraste, volaste, etc.

ASTO

Abasto
Aplasto
Basto
Canasto
Casto
Contrasto
Desgasto
Devasto
Embanasto
Embasto
Empasto
Engasto
Fasto
Gasto
Malgasto
Nefasto
Pasto
Subasto
Trasto
Vasto

ASTRA

Arrastra
Castra
Hermanastra
Hijastra
Lastra
Madrastra
Pilastra
Rastra
Sastra

ASTRE

Arrastre
Castre
Desastre
Lastre
Pillastre
Sastre

ASTRO

Alabastro
Arrastro
Astro
Camastro
Castro
Catastro
Hermanastro
Hijastro
Padrastro
Poetastro
Rastro

ATA

Abata
Alcayata
Alpargata
Azafata
Bata
Batata
Bravata
Cabalgata
Caminata
Cantata
Casamata
Catarata
Cegata
Colegiata

Columnata
Combata
Contrata
Corbata
Croata
Culata
Chivata
Data
Debata
Embata
Errata
Escalinata
Escarlata
Fogata
Fragata
Garrapata
Grata
Hojalata
Horchata
Lata
Mata
Mojigata
Nata
Oblata
Pata
Patarata
Patata
Perorata
Piñata
Pirata
Plata
Posdata
Prorrata
Rata
Reata
Rebata
Regata
Serenata
Sonata
Timorata
Tocata
Trata
Vulgata
Zaragata

Y la 3.ª persona del singular del presente de indicativo de los verbos en "atar": vg., acata, arrebata, etc.
Y los femeninos de muchos vocablos terminados en "ato": vg., beata, mulata, sensata, etc.

ATE

Abate
Acicate
Aguacate
Arriate
Bate
Botarate
Calafate
Combate
Chocolate
Debate
Dislate
Disparate
Embate
Empate
Escaparate
Gaznate
Granate
Late
Magnate
Mate
Orate
Petate
Quilate
Remate
Rescate
Tate
Tomate
Vate
Yate

Y la 1.ª y 3.ª persona del singular del presente de subjuntivo de los verbos en "atar": vg., dilate, maltrate, relate, etcétera.

ATES

Alicates
Penates

ÁTIL

Bursátil
Dátil
Portátil
Pulsátil
Versátil
Vibrátil
Volátil

ATO

Abintestato
Acetato
Alegato
Aparato
Arrebato
Arseniato
Asesinato
Bachillerato
Ballenato
Barato
Beato
Bicarbonato
Boato
Califato
Candidato
Canonicato
Carbonato
Cardenalato
Carromato
Cegato
Celibato
Cerato
Cervato
Citrato
Clorato
Comisariato
Conato
Concordato
Concubinato
Contrato
Curato
Chato
Chiflato
Chivato
Dato
Deanato
Decanato
Desacato
Duunvirato
Economato
Fielato
Flato
Fosfato
Galeato
Garabato
Gato
Generalato
Grato
Hato
Iliterato
Ingrato
Inmediato
Innato
Inquilinato
Insensato
Jabato
Lato
Literato
Maltrato
Mandato
Maragato
Mediato
Mentecato
Mojigato
Monacato
Moniato
Mulato
Nitrato
Novato
Olfato
Ornato
Pacato
Pato
Patronato
Pazguato
Plato
Priorato
Provincialato
Pugilato
Rato
Reato
Rebato
Recato
Relato
Retrato
Sensato
Silbato
Sindicato
Sulfato
Tartrato
Tato
Timorato
Trato
Triunvirato
Turulato
Vicariato
Virreinato
Zapato
Zocato

Y la 1.ª persona del singular del presente de indicativo de los verbos en "atar": vg., empato, percato, etc.

ATOS

Lameplatos
Pelagatos

ATRA

Cleopatra
Idolatra
Mohatra

ATRE

Catre

Idolatre

ATRIO

Atrio
Patrio

ATRO

Anfiteatro
Cuatro
Idolatro
Teatro

ATUA

Estatua
Fatua

ÁTUM

Desiderátum
Ultimátum

AUCE

Cauce
Encauce
Sauce

AUCHO

Caucho
Gaucho

AUDA

Aplauda
Defrauda
Rauda
Recauda

AUDE

Aplaude
Defraude
Fraude
Laude
Recaude

AUDO

Aplaudo
Defraudo
Raudo
Recaudo

AULA

Aula
Desenjaula
Enjaula
Jaula
Maula

AULE

Desenjaule
Enjaule

AULO

Desenjaulo
Enjaulo

AURA

Aura
Instaura
Restaura

AURE

Instaure
Restaure

AURO

Auro
Centauro
Instauro
Lauro
Minotauro
Restauro
Tauro

AUSA

Causa
Encausa
Pausa

AUSE

Cause
Encause

AUSO

Aplauso
Causo
Encauso

AUSTA

Exhausta
Fausta
Inexhausta
Infausta

AUSTO

Exhausto
Fausto
Holocausto
Inexhausto
Infausto

AUSTRO

Austro
Claustro
Plaustro

AUTA

Aeronauta
Argonauta
Cauta
Flauta
Incauta
Nauta
Pauta

AUTO

Auto
Cauto
Incauto

AXIS

Praxis
Profilaxis
Sintaxis
Taxis

AY

¡Ay!
Cambray
Fray
Guay
Guirigay
Hay
Paraguay

AYA

Atalaya
Aya
Azagaya
Baya
Desmaya
Ensaya
Explaya
Gaya
Haya
Malaya
Maya
Paraguaya
Playa
Raya
Saya
Subraya
Tocaya
Uruguaya
Vaya

AYE

Atalaye
Desmaye
Ensaye
Explaye
Maye
Raye
Subraye

AYO

Atalayo
Ayo
Bayo
Capisayo
Cipayo
Desmayo
Ensayo
Explayo
Gayo
Guacamayo
Lacayo
Malayo
Mayo
Papagayo
Paraguayo
Pararrayo
Payo
Rayo
Sayo
Soslayo
Tocayo
Uruguayo

AZ

Agraz

Albarraz
Antifaz
Asaz
Audaz
Capataz
Capaz
Contumaz
Deshaz
Disfraz
Eficaz
Falaz
Faz
Feraz
Fugaz
Haz
Incapaz
Ineficaz
Lenguaraz
Locuaz
Matraz
Montaraz
Mordaz
Paz
Perspicaz
Pertinaz
Procaz
Rapaz
Rehaz
Sagaz
Secuaz
Solaz
Suspicaz
Tenaz
Torcaz
Veraz
Voraz

AZA

Aguaza
Alcarraza
Almohaza
Amenaza
Añagaza
Babaza
Barcaza
Baza
Braza
Cachaza
Calabaza
Carnaza
Caza
Coraza
Estraza
Gallinaza
Hilaza
Hogaza
Linaza
Madraza
Maza
Melaza
Mordaza
Mostaza
Picaza
Pinaza
Plaza
Rapaza
Raza
Taza
Tenaza
Terraza
Traza
Zaraza

Y la 3.ª persona del singular del presente de indicativo de los verbos en "azar": vg., adelgaza, emplaza, solaza, etcétera.

AZCA

Complazca
Nazca
Pazca
Plazca
Renazca

AZCO

Complazco
Nazco
Pazco
Plazco
Renazco

AZGO

Albeceazgo
Almirantazgo
Arciprestazgo
Hallazgo
Hartazgo
Maestrazgo
Mayorazgo
Noviazgo
Portazgo
Yazgo

AZO

Abrazo
Aldabazo
Aldabonazo
Aletazo
Alfilerazo
Antebrazo
Arañazo
Arcabuzazo
Azadonazo
Baladronazo
Balazo
Bandazo
Bastonazo
Batacazo
Bayonetazo
Bazo
Botellazo
Brazo
Brochazo
Bromazo
Cambiazo
Campanillazo
Cañamazo
Cañonazo
Capazo
Cazo
Cedazo
Cintarazo
Codazo
Culatazo
Chispazo
Embarazo
Escobazo
Escopetazo
Espaldarazo
Espinazo
Esquinazo
Estacazo
Flechazo
Fogonazo
Garrotazo
Guantazo
Hachazo
Jicarazo
Ladrillazo
Lampazo
Latigazo
Lazo
Machetazo
Manotazo
Martillazo
Mazazo
Mazo
Navajazo
Padrazo
Palmetazo
Papirotazo
Pedazo
Pelotazo
Picotazo
Pinchazo
Pistoletazo
Plazo
Plumazo
Porrazo
Portazo
Puñetazo
Puyazo
Reemplazo
Regazo
Retazo
Ribazo
Sablazo
Tijeretazo
Trabucazo
Trazo
Zambombazo
Zarpazo
Zurriagazo

Y demás aumentativos en "azo".
Y la 1.ª persona del singular del presente de indicativo de los verbos en "azar": vg., enlazo, despedazo, rechazo, etc.

E

Abecé
Be
Buscapié
Cabriolé
Café
Canapé
Cané
Ce
Chimpancé
De
Esté
Corsé
Fe
Fue
Ge
He
Hincapié
Minué
Olé
Pagaré
Parné
Pe
Pie
Piqué
Porqué
Puntapié
Puré
Qué

Quinqué
Rapé
Re
Requeté
Sé
Te
Tirapié
Traspié
Tupé
Ve
Volapié

Y la 1.ª persona del singular del pretérito perfecto de indicativo de los verbos de la 1.ª conjugación: vg., amé, maté, robé, etc.
Y la 1.ª persona del singular del futuro de indicativo de todos los verbos: vg., bajaré, correré, moriré, etc.

EA

Albacea
Alborea
Aldea
Asamblea
Azotea
Batea
Bolea
Brea
Capea
Corchea
Correa
Chimenea
Diarrea
Disnea
Ea
Farmacopea
Fea
Galatea
Galilea
Grajea
Guinea
Hacanea
Idea
Jalea
Judea
Lamprea
Lea
Librea
Lisonjea
Marea
Medea
Oblea
Panacea
Patulea
Pedrea
Pelea
Platea
Polea
Presea
Ralea
Sea
Semicorchea
Taracea
Tarea
Tea
Tifoidea
Urea
Vea
Zalea

Y la 3.ª persona del singular del presente de indicativo de los verbos en "ear": vg., corretea, mangonea, sortea, etcétera.
Y algunos femeninos de vocablos terminados en "eo": vg., hebrea, fea, rea, etcétera.

EBA-EVA

Breva
Cueva
Eva
Falleba
Gleba
Greba
Hueva
Leva
Llueva
Nieva
Primeva
Prueba

(Véanse las terminaciones en "ebo-evo").

EBE-EVE

Aguanieve
Aleve
Breve
Leve
Nieve
Nueve
Parasceve
Percebe
Plebe
Relieve

(Véanse las terminaciones en "ebo-evo").

EBIA-EVIA

Abrevia
Previa

EBLA

Amuebla
Despuebla
Niebla
Indeleble
Puebla
Tiniebla

EBLE

Amueble
Despueble
Endeble
Indeleble
Inmueble
Mueble
Pueble

EBLO

Amueblo
Despueblo
Pueblo

EBO-EVO

Abrevo
Apruebo
Atrevo
Bebo
Cebo
Conmuevo
Debo
Desapruebo
Elevo
Embebo
Febo
Huevo
Levo
Longevo
Llevo
Mancebo
Muevo
Nuevo
Promuevo
Pruebo
Relevo
Remuevo
Renuevo
Repruebo
Sebo
Sobrellevo
Sublevo
Suevo

EBRA

Cebra
Celebra
Culebra
Enhebra
Ginebra
Hebra
Perniquiebra
Quiebra
Requiebra

EBRE

Celebre
Enhebre
Fiebre
Liebre
Perniquiebre
Pesebre
Quiebre
Requiebre

EBRO

Celebro
Cerebro
Ebro
Enebro
Enhebro
Perniquiebro
Quiebro
Requiebro

ECA

Anteca
Azteca
Babieca
Batueca
Beca
Biblioteca
Ceca
Clueca
Chueca
Enteca
¡Eureka!
Greca
Hemeroteca

Hipoteca
Hueca
Jaqueca
Llueca
Manteca
Meca
Mueca
Muñeca
Peca
Rueca

Y la 3.ª persona del singular del presente de indicativo de los verbos en "ecar": vg., ahueca, disueca, trueca, etc.

ECE

Empece
Trece

Y la 3.ª persona del singular del presente de indicativo de los verbos en "ecer" y "ocer": vg., desaparece, florece, escuece, etc.
Y la 1.ª y 3.ª persona del singular del presente de subjuntivo de los verbos en "ezar": vg., empiece, rece, tropiece, etc.

ECES

Creces
Heces

Y los plurales de todas las palabras terminadas en "ez": vg., peces, veces, vejeces, etc.
Y la 2.ª persona del singular del presente de indicativo de los verbos en "ecer" y "ocer": vg., apeteces, desfalleces, cueces, etc.

ECIA

Alopecia
Aprecia
Arrecia
Desprecia
Especia
Menosprecia
Necia
Peripecia
Precia
Recia

ECIE

Aprecie
Arrecie
Desprecie
Especie
Menosprecie
Precie

ECIO

Aprecio
Arrecio
Desprecio
Justiprecio
Menosprecio
Necio
Precio
Recio
Trapecio

ECO

Chaleco
Eco
Embeleco
Enteco
Fleco
Guatemalteco
Hueco
Morueco
Muñeco
Recoveco
Seco
Sueco
Zueco

Y la 1.ª persona del singular del presente de indicativo de los verbos en "ecar": vg., deseco, obceco, reseco, etc.

ECNIA

Mnemotecnia
Pirotecnia
Zootecnia

ECTA

Colecta
Secta

Y los femeninos de muchos vocablos terminados en "ecto".

ECTO

Abyecto
Afecto
Aspecto
Arquitecto
Circunspecto
Colecto
Correcto
Defecto
Desafecto
Desperfecto
Dialecto
Directo
Electo
Efecto
Imperfecto
Indirecto
Infecto
Insecto
Intelecto
Perfecto
Predilecto
Prefecto
Prospecto
Provecto
Proyecto
Recto
Respecto
Selecto
Trayecto

ECTRO

Electro
Espectro
Plectro

ECHA

Brecha
Cosecha
Endecha
Fecha
Mecha
Sospecha

Y la 3.ª persona del singular del presente de indicativo de los verbos en "echar": vg., acecha, deshecha, etc.
Y los femeninos de varios vocablos terminados en "echo".

ECHE

Campeche
Escabeche
Leche

Y la 1.ª y 3.ª persona del singular del presente de subjuntivo de los verbos en "echar": vg., feche, sospeche, etc.

ECHO

Acecho
Antepecho
Barbecho
Cohecho
Contrahecho
Derecho
Desecho
Despecho
Estrecho
Hecho
Helecho
Lecho
Maltrecho
Pecho
Pertrecho
Provecho
Repecho
Satisfecho
Techo
Trecho

Y la 1.ª persona del singular del presente de indicativo de los verbos en "echar": vg., cosecho, mecho, etc.

ED

Merced
Pared
Red
Sed
Usted

Y la 2.ª persona del plural del imperativo de los verbos de la 2.ª conjugación: vg., comed, ved, etc.

EDA

Aceda

Alameda
Almoneda
Arboleda
Greda
Leda
Moneda
Polvareda
Pueda
Queda
Rueda
Seda
Veda
Vereda

Y la 1.ª y 3.ª persona del singular del presente de subjuntivo de los verbos en "eder": vg., acceda, proceda, etc.
Y la 3.ª persona del singular del presente de indicativo de los verbos en "edar": vg., enreda, hereda, hospeda, etc.

EDE

Adrede
Puede
Sede

Y la 3.ª persona del singular del presente de indicativo de los verbos en "eder": vg., concede, procede, etc.
Y la 1.ª y 3.ª persona del singular del presente de subjuntivo de los verbos en "edar": vg., quede, enrede, etc.

EDIA

Asedia
Comedia
Enciclopedia
Inedia
Intermedia
Media
Ortopedia
Promedia
Remedia
Tragedia
Tragicomedia

EDIO

Asedio
Intermedio
Medio
Predio
Promedio
Remedio
Tedio

EDO

Bledo
Credo
Dedo
Denuedo
Enredo
Ledo
Medo
Miedo
Pedo
Quedo
Torpedo
Viñedo

Y la 3.ª persona del singular del presente de indicativo de los verbos en "edar" y "eder".

EDRA

Arredra
Desempiedra
Empiedra
Medra
Hiedra
Piedra

EDRE

Arredre
Desempiedre
Empiedre
Medre

EDRO

Arredro
Cedro
Desempiedro
Dodecaedro
Empiedro
Medro
Octaedro
Poliedro
Tetraedro

EE

La 3.ª persona del singular del presente de indicativo de los verbos en "eer": vg., cree, lee, etc.
Y la 1.ª y 3.ª persona del singular del presente de subjuntivo de los verbos en "ear": vg., emplee, cojee, etc.

EFA

Befa
Cenefa
Sinalefa

EFE

Befe
Efe
Jefe
Mequetrefe

EGA

Bodega
Brega
Colega
Fanega
Friega
Hanega
Omega
Pasiega
Refriega
Siega
Solariega
Vega

Y la 3.ª persona del singular del presente de indicativo de los verbos en "egar": vg., llega, riega, etc.
Y los femeninos de muchos vocablos terminados en "ego"

EGIA

Egregia
Estrategia
Hemiplegia
Regia

EGIO

Arpegio
Colegio
Egregio
Florilegio
Privilegio
Regio
Sacrilegio
Sortilegio

EGLA

Arregla
Desarregla
Regla

EGNO

Impregno
Interregno

EGO

Andariego
Apego
Borrego
Botafuego
Ciego
Despego
Dondiego
Espliego
Fuego
Griego
Juego
Labriego
Lanzafuego
Lego
Luego
Manchego
Mujeriego
Noruego
Palaciego
Pliego
Riego
Ruego
Sosiego
Talego
Veraniego

Y la 1.ª persona del singular del presente de indicativo de los verbos en "egar".

EGRA

Los femeninos de todas las palabras terminadas en "egro".

EGRO

Alegro
Barbinegro
Boquinegro
Carinegro
Consuegro
Integro
Negro
Ojinegro
Pelinegro
Reintegro
Suegro
Verdinegro

EGUA

Legua
Tregua
Yegua

EGUE

La 1.ª y 3.ª persona del singular del presente de subjuntivo de los verbos en "egar": vg., legue, riegue, etc.

EINA

Despeina
Peina
Reina
Virreina

EINE

Despeine
Empeine
Peine
Reine

EINO

Despeino
Peino
Reino

EITA

Afeita
Deleita
Pleita

ÉITAR

Albéitar
Protoalbéitar

EITE

Aceite
Afeite
Ajiaceite
Deleite

EJA

Abeja
Almeja
Bandeja
Candileja
Calleja
Cañaheja
Ceja
Comadreja
Conseja
Corneja
Guedeja
Lenteja
Madeja
Molleja
Moraleja
Oreja
Oveja
Pareja
Queja
Reja
Teja

Y la 3.ª persona del singular del presente de indicativo de los verbos en "ejar": vg., aconseja, despelleja, semeja, etc.
Y los femeninos de algunos vocablos terminados en "ejo".

EJE

Eje
Fleje
Hereje
Peje

Y la 1.ª y 3.ª persona del singular del presente de subjuntivo de los verbos en "ejar".

EJO

Abadejo
Alguacilejo
Anejo
Añalejo
Añejo
Aparejo
Artejo
Azulejo
Barboquejo
Bermejo
Bosquejo
Cangrejo
Catalejo
Circunflejo
Complejo
Concejo
Conejo
Consejo
Cortejo
Cotejo
Dejo
Despejo
Diablejo
Entrecejo
Espejo
Festejo
Gozquejo
Gracejo
Hollejo
Manejo
Pellejo
Perplejo
Pestorejo
Pulpejo
Realejo
Reflejo
Rejo
Tejo
Trebejo
Vencejo
Viejo
Zagalejo

Y la 1.ª persona del singular del presente de indicativo de los verbos en "ejar".

EJOS

Castillejos
Lejos

EL

Abel
Aguamiel
Alcacel
Alquicel
Anaquel
Aquel
Arancel
Babel
Bajel
Batel
Bedel
Bisel
Broquel
Burdel
Cairel
Cancel
Capitel
Cartel
Cascabel
Cincel
Clavel
Corcel
Cordel
Coronel
Cruel
Cuartel
Desnivel
Dintel
Doncel
Dosel
El
Escabel
Fiel
Furriel
Granel
Hiel
Infiel
Israel
Joyel
Laurel
Lebrel
Luzbel
Mantel
Miel
Moscatel
Nivel
Novel
Oropel
Papel
Pastel
Pichel
Piel
Pincel
Plantel
Rabel
Redondel
Riel
Timonel

Tonel
Tropel
Troquel
Vergel

ELA

Acuarela
Bagatela
Cancela
Candela
Canela
Cantinela
Carabela
Carretela
Cautela
Cazuela
Centinela
Ciruela
Ciudadela
Clientela
Copela
Coronela
Corruptela
Curatela
Charnela
Chinela
Choquezuela
Chozuela
Damisela
Entretela
Erisipela
Escarapela
Escarcela
Escuela
Espuela
Esquela
Estela
Francachela
Franela
Gabela
Gaceta
Habichuela
Hijuela
Lentejuela
Maestrescuela
Manivela
Mistela
Modela
Muela
Novela
Pajuela
Parcela
Parentela
Parihuela
Pastorela
Pihuela
Polichinela
Portezuela
Rodela
Sanguijuela
Secuela
Suela
Tachuela
Tarantela
Tela
Tutela
Varicela
Vela
Vihuela
Viruela
Vitela
Vuela
Zarzuela

Y la 3.ª persona del singular del presente de indicativo de los verbos en "elar": vg., congela, traspapela, nivela, etc.
Y los femeninos de muchos vocablos terminados en "elo".

ELCO

Revuelco
Vuelco

ELDA

Celda
Regüelda
Suelda

ELDE

Rebelde
Regüelde
Suelde

ELDO

Regüeldo
Sobresueldo
Sueldo

ELFA

Adelfa
Belfa
Güelfa

ELGA

Acelga
Belga
Cuelga
Descuelga
Huelga

ELGO

Cuelgo
Descuelgo
Huelgo
Jamelgo

ELIO

Afelio
Evangelio
Perihelio
Sepelio

ELMO

Santelmo
Yelmo

ELO

Abuelo
Anhelo
Anzuelo
Arroyuelo
Bisabuelo
Bribonzuelo
Buñuelo
Camelo
Canelo
Canguelo
Capelo
Caramelo
Carmelo
Celo
Cerebelo
Cielo
Ciruelo
Cojuelo
Consuelo
Contrapelo
Desconsuelo
Desvelo
Duelo
Entresuelo
Escalpelo
Ferreruelo
Gemelo
Hielo
Huelo
Lelo
Libelo
Majuelo
Mochuelo
Modelo
Mozuelo
Orzuelo
Pañuelo
Paralelo
Pelo
Pilluelo
Polluelo
Recelo
Repelo
Revuelo
Reyezuelo
Riachuelo
Señuelo
Sobresuelo
Suelo
Terciopelo
Velo
Vuelo

Y la 1.ª persona del singular del presente de indicativo de los verbos en "elar".

ELTA

Celta
Delta
Revuelta
Vuelta

(Véase "elto".)

ELTO

Absuelto
Desenvuelto
Devuelto
Disuelto
Envuelto
Esbelto
Resuelto
Revuelto
Suelto
Vuelto

ELVA

Madreselva
Selva

(Véase "elvo".)

ELVO

Absuelvo
Desenvuelvo

Devuelvo
Disuelvo
Envuelvo
Resuelvo
Revuelvo
Vuelvo

ELLA

Aquella
Atropella
Bella
Botella
Centella
Degüella
Dentella
Descabella
Descuella
Destella
Desuella
Doncella
Ella
Embotella
Estrella
Grosella
Huella
Mella
Pella
Querella
Resuella
Sella

ELLE

Atropelle
Degüelle
Descabelle
Desuelle
Elle
Estrelle
Fuelle
Melle
Muelle
Querelle
Resuelle
Selle

ELLO

Alzacuello
Aquello
Atropello
Bello
Cabello
Camello
Cuello
Degüello
Descabello
Descuello
Destello
Desuello
Ello
Estrello
Mello
Querello
Resuello
Sello
Vello

EMA

Anatema
Apostema
Blasfema
Crema
Diadema
Dilema
Emblema
Enema
Endema
Entimema
Epifonema
Epiquerema
Esquema
Estratagema
Extrema
Flema
Gema
Lema
Mema
Poema
Postema
Problema
Quema
Sistema
Suprema
Rema
Tema
Teorema
Yema
Zalema

EME

Birreme
Blasfeme
Eme
Extreme
Queme
Reme
Teme
Trirreme

EMBRA

Desmiembra
Hembra
Siembra

EMBRE

Desmiembre
Siembre

EMBRO

Desmiembro
Miembro
Siembro

EMIA

Academia
Agremia
Anemia
Apremia
Blasfemia
Bohemia
Epidemia
Premia

EMIE

Agremie
Apremie
Premie

EMIO

Abstemio
Agremio
Apremio
Bohemio
Gremio
Premio
Proemio

EMNE-ENNE

Indemne
Perenne
Solemne

EMO

Blasfemo
Extremo
Fiemo
Memo
Postremo
Quemo
Remo
Supremo
Temo

EMPLA

Contempla
Destempla
Templa

EMPLE

Contemple
Destemple
Temple

EMPLO

Antetemplo
Contemplo
Destemplo
Ejemplo
Templo

EMPO

Contratiempo
Destiempo
Entretiempo
Pasatiempo
Tiempo

EN

Almacén
Amén
Andén
Avantrén
Belén
Bien
Centén
Cien
Contén
Den
Desdén
Edén
Estén
Harén
Jerusalén
Palafrén
Parabién
Parisién
Quien
Recién
Rehén
Retén

Santiamén
Sartén
Sien
Somatén
Sostén
También
Ten
Terraplén
Tren
Vaivén
Ven

ENA

Alacena
Almena
Antena
Arena
Avena
Azucena
Ballena
Barrena
Berenjena
Cadena
Cantilena
Carena
Cena
Colmena
Condena
Cuarentena
Damascena
Decena
Docena
Enhorabuena
Escena
Faena
Galena
Gangrena
Hiena
Hierbabuena
Marimorena
Melena
Nena
Nochebuena
Norabuena
Novena
Patena
Pena
Quincena
Sirena
Veintena
Vena
Verbena

Y la 3.ª persona del singular del presente de indicativo de los verbos en "enar": vg., almacena, enajena, rellena, etc.

Y los femeninos de muchos vocablos en "eno".

ENCA

Cuenca
Flamenca
Mostrenca
Penca
Podenca
Tenca
Zopenca

ENCE

Avergüence
Comience
Convence
Desvergüence
Trence
Vascuence
Vence

ENCIA

Abstinencia
Adherencia
Adolescencia
Advertencia
Afluencia
Agencia
Anuencia
Apariencia
Apetencia
Aquiescencia
Ascendencia
Asistencia
Audiencia
Ausencia
Beneficencia
Benevolencia
Cadencia
Carencia
Ciencia
Circunferencia
Clemencia
Coexistencia
Coherencia
Coincidencia
Comparescencia
Competencia
Complacencia
Conciencia
Concupiscencia
Concurrencia
Condescendencia
Conferencia
Confidencia
Confluencia
Congruencia
Connivencia
Consecuencia
Consistencia
Continencia
Contingencia
Convalecencia
Conveniencia
Convergencia
Corpulencia
Correspondencia
Credencia
Creencia
Decadencia
Decencia
Deferencia
Deficiencia
Delincuencia
Demencia
Dependencia
Desavenencia
Descendencia
Desinencia
Desobediencia
Diferencia
Difidencia
Diligencia
Disidencia
Displicencia
Divergencia
Dolencia
Efervescencia
Eficiencia
Elocuencia
Emergencia
Eminencia
Equipolencia
Equivalencia
Esencia
Evidencia
Excedencia
Excelencia
Exigencia
Existencia
Experiencia
Fosforescencia
Frecuencia
Gerencia
Grandilocuencia
Herencia
Impaciencia
Impenitencia
Impertinencia
Impotencia
Improcedencia
Imprudencia
Inadvertencia
Inapetencia
Incandescencia
Incidencia
Inclemencia
Incoherencia
Incompetencia
Incongruencia
Inconsecuencia
Incontinencia
Incumbencia
Indecencia
Independencia
Indiferencia
Indigencia
Indolencia
Indulgencia
Inexperiencia
Influencia
Injerencia
Inherencia
Inocencia
Insistencia
Insolencia
Insolvencia
Insuficiencia
Inteligencia
Intendencia
Interferencia
Irreverencia
Jurisprudencia
Licencia
Magnificencia
Maledicencia
Malevolencia
Malquerencia
Menudencia
Munificencia
Negligencia
Obediencia
Ocurrencia
Omnipotencia
Opulencia
Paciencia
Pendencia
Penitencia
Permanencia
Persistencia
Pertenencia
Pertinencia
Pestilencia
Ponencia
Potencia
Preeminencia

Preexistencia
Preferencia
Presciencia
Presencia
Presidencia
Procedencia
Prominencia
Providencia
Prudencia
Querencia
Referencia
Refulgencia
Regencia
Reincidencia
Reminiscencia
Residencia
Resistencia
Reticencia
Reverencia
Sapiencia
Secuencia
Sentencia
Solvencia
Somnolencia
Subsistencia
Suficiencia
Sugerencia
Tendencia
Tenencia
Transferencia
Transparencia
Trascendencia
Turbulencia
Turgencia
Urgencia
Vehemencia
Violencia
Virulencia
Vuecencia

ENCIE

Agencie
Conferencie
Diferencie
Diligencie
Evidencie
Licencie
Providencie
Residencie
Reverencie
Sentencie

ENCIO

(Véase "encie".)

ENCO

Cuenco
Elenco
Flamenco
Mostrenco
Penco
Podenco
Zopenco

ENCHA

Cardencha
Crencha

ENDA

Agenda
Calenda
Casatienda
Componenda
Contienda
Encomienda
Enmienda
Fachenda
Hacienda
Leyenda
Merienda
Molienda
Ofrenda
Prebenda
Prenda
Reprimenda
Rienda
Senda
Tienda
Trastienda
Venda
Vivienda

Y la 3.ª persona del singular del presente de indicativo de los verbos en "endar": vg., arrienda, recomienda, etc.
Y la 1.ª y 3.ª personas del singular del presente de subjuntivo de los verbos en "ender": vg., dependa, entienda, etc.
Y los femeninos de muchos vocablos en "endo".

ENDE

Allende
Duende
Ende

Y la 3.ª persona del singular del presente de indicativo de los verbos en "ender".
Y la 1.ª y 3.ª personas del singular del presente de subjuntivo de los verbos en "endar".

ENDIA

Compendia
Dispendia
Estipendia
Incendia
Vilipendia

ENDIE

Compendie
Dispendie
Incendie
Vilipendie

ENDIO

Compendio
Dispendio
Estipendio
Incendio
Vilipendio

ENDO

Arriendo
Berrendo
Dividendo
Estruendo
Estupendo
Horrendo
Minuendo
Refrendo
Remiendo
Reverendo
Sustraendo
Tremendo

Y la 1.ª persona del singular del presente de indicativo de los verbos en "ender".
Y los gerundios de todos los verbos de la 2.ª y 3.ª conjugación: vg., bebiendo, riendo, etc.

ENDRA

Almendra
Cendra
Engendra
Escolopendra

ENE

Ene
Higiene
Nene
Suene
Truene

Y la 3.ª persona del singular del presente de indicativo de los verbos en "ener" y "enir".
Y la 1.ª y 3.ª persona del singular del presente de subjuntivo de los verbos en "anar": vg., desencadene, ordene, etcétera.

ENGA

Arenga
Devenga
Luenga
Venga

Y la 1.ª y 3.ª persona del singular del presente de subjuntivo de los verbos en "ener" y "enir": vg., contenga, prevenga, etc.

ENGO

Abolengo
Arengo
Camarlengo
Devengo
Frailengo
Luengo
Realengo
Rengo
Tengo
Vengo

Y la 1.ª persona del singular del presente de indicativo de los verbos en "ener" y "enir".

ENGUA

Amengua
Lengua
Mengua

ENGUE

Arengue
Dengue
Derrengue
Devengue
Merengue
Perendengue
Vengue

ENGÜE

Amengüe
Mengüe

ENIA

Congenia
Ingenia
Primogenia
Tenia
Venia

ENIE

Congenie
Ingenie
Progenie

ENIO

Armenio
Bienio
Convenio
Genio
Ingenio
Proscenio
Quinquenio
Trienio

ENO

Agareno
Ajeno
Ameno
Barreno
Bueno
Centeno
Cieno
Coseno
Chileno
Desenfreno
Duodeno
Epiceno
Escaleno
Estreno
Freno
Galeno
Heleno
Heno
Lleno
Macareno
Moreno
Nazareno
Niceno
Obsceno
Onceno
Pleno
Relleno
Reno
Sarraceno
Seno
Sereno
Sileno
Sueno
Terreno
Tirreno
Treno
Trueno
Veneno

Y la 1.ª persona del singular del presente de indicativo de los verbos en "enar": vg., apeno. encadeno, etc.

ENQUE

Arenque
Enclenque
Obenque
Palenque
Rebenque

ENSA

Defensa
Despensa
Dispensa
Ofensa
Prensa
Recompensa

Y la 3.ª persona del singular del presente de indicativo de los verbos en "ensar": vg., piensa, compensa, etc.
Y los femeninos de muchos vocablos en "enso".

ENSE

Albigense
Amanuense
Ateniense
Canadiense
Castrense
Circense
Cisterciense
Cretense
Filipense
Focense
Forense
Gerundense
Liliputiense
Londinense
Matritense
Ovetense
Tarraconense
Trapense

Y la 1.ª y 3.ª persona del singular del presente de indicativo de los verbos en "ensar".

ENSO

Ascenso
Asenso
Censo
Denso
Descenso
Disenso
Extenso
Incienso
Inmenso
Intenso
Pienso
Propenso
Suspenso
Tenso

Y la 1.ª persona del singular del presente de indicativo de los verbos en "ensar".

ENTA

Afrenta
Cenicienta
Compraventa
Cornamenta
Cuarenta
Y otros numerales.
Cuenta
Herramienta
Imprenta
Magenta
Menta
Osamenta
Parienta
Penitenta
Pimienta
Placenta
Renta
Retroventa
Reventa
Sirvienta
Tienta
Tormenta
Venta
Vestimenta

Y la 3.ª persona del singular del presente de indicativo de los verbos en "entar": vg., ahuyenta, desalienta, etcétera.
Y la 1.ª y 3.ª persona del singular del presente de subjuntivo de los verbos en "entir": vg., disienta, presienta, etcétera.
Y los femeninos de muchos vocablos en "ente" y "ento".

ENTE

Abiertamente
Absolutamente
Absorbente
Abstinente
Abundantemente
Accidentalmente
Accidente
Aceleradamente
Acerbamente
Acérrimamente
Acertadamente
Acordemente
Acremente
Activamente
Actualmente
Adecuadamente
Adherente
Admirablemente
Adolescente
Advertidamente
Adyacente
Afablemente

Afanosamente
Afectadamente
Afectuosamente
Afirmativamente
Afluente
Afrentosamente
Agente
Ágilmente
Agradablemente
Agriamente
Aguardiente
Agudamente
Airadamente
Airosamente
Ajustadamente
Alegremente
Alevosamente
Aliciente
Alocadamente
Altamente
Alternativamente
Altilocuente
Altivamente
Amablemente
Amaneciente
Amargamente
Ambiente
Ambiguamente
Amigablemente
Amistosamente
Amorosamente
Ampliamente
Ansiadamente
Ansiosamente
Antecedente
Anteriormente
Antiguamente
Anualmente
Anuente
Aparente
Aparentemente
Apasionadamente
Apresuradamente
Arborescente
Ardiente
Ardientemente
Ardorosamente
Arduamente
Arguyente
Armipotente
Armoniosamente
Arraigadamente
Arrogantemente
Arteramente
Artificialmente
Ascendente
Ascendiente
Aseadamente
Asistente
Asiduamente
Ásperamente
Astringente
Astutamente
Atentamente
Atinadamente
Atrayente
Atrevidamente
Atropelladamente
Atrozmente
Audazmente
Ausente
Austeramente
Autorizadamente
Ávidamente
Aviesamente
Balbuciente
Bárbaramente
Bastantemente
Batiente
Benignamente
Bestialmente
Bizarramente
Blandamente
Bobamente
Bravamente
Brevemente
Briosamente
Bruscamente
Brutalmente
Buenamente
Bulliciosamente
Burlescamente
Cabalmente
Caballerosamente
Caducamente
Caliente
Calurosamente
Calladamente
Candente
Cándidamente
Canónicamente
Capitalmente
Caprichosamente
Careciente
Cariñosamente
Castamente
Casualmente
Cautamente
Cautelosamente
Célebremente
Celestialmente
Certísimamente
Ciegamente
Científicamente
Ciertamente
Cínicamente
Circunstancial-
mente
Civilmente
Clandestinamente
Claramente
Clarísimamente
Clemente
Clementemente
Clericalmente
Cliente
Cobardemente
Cociente
Codiciosamente
Coeficiente
Coexistente
Coherente
Colectivamente
Colmadamente
Combatiente
Cómicamente
Comitente
Cómodamente
Comparativamente
Compareciente
Compendiosamente
Competente
Complaciente
Completamente
Componente
Comúnmente
Concerniente
Concluyente
Concretamente
Concurrente
Condignamente
Conducente
Confiadamente
Confidencialmente
Confidente
Confluente
Confusamente
Congruente
Conocidamente
Consciente
Conscientemente
Consecuente
Consecutivamente
Considerablemente
Consiguiente
Consistente
Constantemente
Constituyente
Consumadamente
Contendiente
Continente
Contingente
Continuamente
Contraproducente
Contrayente
Contribuyente
Contundente
Convaleciente
Convencional-
mente
Conveniente
Convenientemente
Convergente
Convincente
Conyugalmente
Copiosamente
Cordialmente
Corporalmente
Correctamente
Correlativamente
Correspondiente
Corriente
Corrientemente
Corroyente
Cortamente
Cortésmente
Crasamente
Creciente
Creyente
Cristianamente
Crudamente
Cruelmente
Cruentamente
Cuantiosamente
Cuerdamente
Cuidadosamente
Culpablemente
Cultamente
Cumplidamente
Curiosamente
Chistosamente
Debidamente
Débilmente
Decadente
Decente
Decentemente
Decididamente
Decisivamente
Decorosamente
Decreciente
Defectuosamente
Deferente
Deficiente
Definitivamente
Deliberadamente
Delicadamente

Deliciosamente
Delicuescente
Delincuente
Demente
Denodadamente
Dependiente
Deplorablemente
Deponente
Desahogadamente
Desapasionadamente
Descendente
Descendiente
Descuidadamente
Desdeñosamente
Desenfrenadamente
Desenvueltamente
Desfalleciente
Deslealmente
Desobediente
Despiadadamente
Despóticamente
Destruyente
Desvergonzadamente
Desusadamente
Determinadamente
Detestablemente
Devotamente
Diabólicamente
Diagonalmente
Diametralmente
Diariamente
Dichosamente
Diente
Diestramente
Diferente
Diferentemente
Difícilmente
Dificultosamente
Difidente
Difusamente
Dignamente
Diligente
Diligentemente
Directamente
Dirimente
Discerniente
Discretamente
Disidente
Disimuladamente
Disipadamente
Disolutamente
Disolvente
Disparatadamente
Displicente
Distintamente
Distraídamente
Disyuntivamente
Divergente
Diversamente
Divinalmente
Divinamente
Doblemente
Dócilmente
Doctamente
Doliente
Dolorosamente
Donosamente
Dudosamente
Dulcemente
Duramente
Eclesiásticamente
Económicamente
Efectivamente
Efervescente
Eficazmente
Eficiente
Egregiamente
Elegantemente
Elementalmente
Elevadamente
Elocuente
Elocuentemente
Emergente
Eminente
Eminentemente
Empeñadamente
Empíricamente
Enamoradamente
Encarecidamente
Encubiertamente
Endiabladamente
Enérgicamente
Enfáticamente
Enfrente
Engañosamente
Enigmáticamente
Enormemente
Ente
Enteramente
Entrañablemente
Equivalente
Equivocadamente
Erróneamente
Eruditamente
Escandalosamente
Escasamente
Escribiente
Esencialmente
Esforzadamente
Espantosamente
Especialmente
Esplendente
Espléndidamente
Espontáneamente
Estéticamente
Estrechamente
Estrictamente
Estridente
Estúpidamente
Estruendosamente
Eternamente
Eventualmente
Evidente
Evidentemente
Exactamente
Exageradamente
Excedente
Excelente
Excelentemente
Excéntricamente
Excesivamente
Excipiente
Exclusivamente
Exigente
Existente
Expediente
Expelente
Expertamente
Explícitamente
Exponente
Expresamente
Exquisitamente
Extemporáneamente
Extensamente
Extensivamente
Exteriormente
Extrajudicialmente
Extrañamente
Extrínsecamente
Fabulosamente
Fácilmente
Falsamente
Familiarmente
Fanáticamente
Fantásticamente
Fastuosamente
Fatalmente
Fatídicamente
Fatigosamente
Favorablemente
Feamente
Fehaciente
Felizmente
Fecundamente
Ferozmente
Ferviente
Fervorosamente
Festivamente
Fielmente
Fieramente
Figuradamente
Fijamente
Finalmente
Finamente
Fingidamente
Firmemente
Físicamente
Flojamente
Floreciente
Fomente
Formalmente
Forzosamente
Fosforescente
Frágilmente
Francamente
Fraternalmente
Fraudulentamente
Frecuente
Frecuentemente
Frenéticamente
Frente
Fríamente
Frívolamente
Fructuosamente
Frugalmente
Fuente
Fuertemente
Fugazmente
Fulgente
Fundadamente
Fúnebremente
Funestamente
Furiosamente
Furtivamente
Galanamente
Galantemente
Gallardamente
Garbosamente
Generalmente
Genéricamente
Generosamente
Genialmente
Gente
Gentilmente
Glacialmente
Gloriosamente
Graciosamente
Gradualmente
Gráficamente
Gramaticalmente
Grandemente
Grandilocuente
Grandiosamente

Gratamente
Gratuitamente
Grevemente
Groseramente
Grotescamente
Guapamente
Gustosamente
Guturalmente
Hábilmente
Habitualmente
Herméticamente
Hermosamente
Heroicamente
Hiperbólicamente
Hipócritamente
Hirviente
Históricamente
Holgadamente
Hondamente
Honestamente
Honorablemente
Honradamente
Honrosamente
Horizontalmente
Horrendamente
Horriblemente
Horrorosamente
Hostilmente
Humanamente
Humildemente
Idealmente
Idénticamente
Ignominiosamente
Ignorantemente
Igualmente
Ilegalmente
Ilustremente
Impaciente
Impacientemente
Imparcialmente
Impávidamente
Impediente
Impelente
Impenitente
Impensadamente
Imperativamente
Imperceptible-
mente
Imperfectamente
Imperiosamente
Impersonalmente
Impertinente
Impetuosamente
Implacablemente
Impíamente
Implícitamente
Imponente
Importunamente
Impotente
Improcedente
Impropiamente
Improvisadamente
Imprudente
Impúdicamente
Impunemente
Impuramente
Inadvertidamente
Inapetente
Incandescente
Incautamente
Incesantemente
Incidentalmente
Incidente
Inciertamente
Incipiente
Inclemente
Incoherente
Incomparable-
mente
Incompetente
Inconcusamente
Incondicional-
mente
Incongruente
Inconsciente
Inconsecuente
Incontinente
Inconveniente
Incultamente
Indebidamente
Indecente
Indeleblemente
Independiente
Indiferente
Indigente
Indignamente
Indirectamente
Indistintamente
Indoctamente
Indolente
Indubitadamente
Indulgente
Inefablemente
Ineficazmente
Inesperadamente
Inevitablemente
Inexactamente
Infaliblemente
Infamemente
Infaustamente
Infelizmente
Infielmente
Influyente
Informalmente
Infortunadamente
Ingeniosamente
Ingente
Ingenuamente
Ingratamente
Ingrediente
Inherente
Inhumanamente
Inicuamente
Injuriosamente
Injustamente
Inmanente
Inmediatamente
Inmensamente
Inmerecidamente
Inminente
Inmortalmente
Inobediente
Inocente
Inopinadamente
Inquietamente
Insidiosamente
Inseparablemente
Insignemente
Insipiente
Insistente
Insolente
Insolentemente
Insolvente
Instantáneamente
Insubsistente
Insuficiente
Insulsamente
Insurgente
Íntegramente
Intelectualmente
Inteligente
Inteligiblemente
Intempestivamente
Intencionadamente
Intencionalmente
Intendente
Intensamente
Interinamente
Interiormente
Intermitente
Internamente
Interrogativa-
mente
Íntimamente
Intransigente
Intrépidamente
Inusitadamente
Inveteradamente
Inútilmente
Invariablemente
Involuntariamente
Iridiscente
Irónicamente
Irrefragablemente
Irreverente
Irrisoriamente
Jactanciosamente
Jovialmente
Judicialmente
Juiciosamente
Jurídicamente
Juntamente
Justamente
Lánguidamente
Largamente
Lastimeramente
Lastimosamente
Latamente
Latente
Laudablemente
Lealmente
Legalmente
Legítimamente
Lentamente
Lente
Levemente
Liberalmente
Libremente
Licenciosamente
Lícitamente
Ligeramente
Limpiamente
Lindamente
Lisamente
Literalmente
Livianamente
Loablemente
Locamente
Lógicamente
Luciente
Lucidamente
Lugarteniente
Llanamente
Llorosamente
Macizamente
Maduramente
Magistralmente
Magnánimamente
Magníficamente
Majestuosamente
Malamente
Maldiciente
Malditamente
Maliciosamente
Malignamente
Malvadamente
Manifiestamente

Mansamente
Manualmente
Mañosamente
Maquinalmente
Maravillosamente
Materialmente
Maternalmente
Máximamente
Mayormente
Mecánicamente
Medianamente
Mediatamente
Medrosamente
Melifluamente
Menguadamente
Mensualmente
Mentalmente
Mente
Menudamente
Meramente
Mercantilmente
Mezquinamente
Milagrosamente
Militarmente
Miserablemente
Misericordiosa-
mente
Misteriosamente
Místicamente
Moderadamente
Modernamente
Modestamente
Moliente
Momentáneamente
Monásticamente
Mondadiente
Monstruosamente
Moralmente
Mordazmente
Mordiente
Mortalmente
Mudamente
Muellemente
Mustiamente
Mutuamente
Naciente
Naturalmente
Necesariamente
Neciamente
Nefandamente
Negligente
Negligentemente
Nimiamente
Noblemente
Nominalmente
Notablemente
Notoriamente

Nuevamente
Numéricamente
Obediente
Obcecadamente
Objetivamente
Oblicuamente
Obsequiosamente
Obscuramente
Obstinadamente
Ocasionalmente
Occidente
Ociosamente
Ocultamente
Ocurrente
Odiosamente
Oferente
Oficialmente
Oficiosamente
Omnipotente
Opacamente
Opíparamente
Óptimamente
Opuestamente
Ordenadamente
Ordinariamente
Orgullosamente
Oriente
Originalmente
Originariamente
Osadamente
Ostensiblemente
Oyente
Paciente
Pacientemente
Pacíficamente
Paliadamente
Palpablemente
Parcamente
Parcialmente
Pariente
Particularmente
Pasivamente
Pasmosamente
Pastoralmente
Pastorilmente
Patente
Patentemente
Paternalmente
Paulatinamente
Pausadamente
Peculiarmente
Pendiente
Penitente
Penosamente
Perceptiblemente
Perdidamente
Perdurablemente

Perennemente
Perfectamente
Pérfidamente
Pericialmente
Periódicamente
Permanente
Permanentemente
Perniciosamente
Perpendicular-
mente
Perpetuamente
Persistente
Personalmente
Perteneciente
Pertinazmente
Pertinente
Perversamente
Pesadamente
Pésimamente
Pestilente
Piadosamente
Píamente
Pícaramente
Plácidamente
Plausiblemente
Plenamente
Pobremente
Poderosamente
Poéticamente
Políticamente
Pomposamente
Poniente
Popularmente
Posteriormente
Potencialmente
Potente
Potentemente
Prácticamente
Precariamente
Precedente
Precipitadamente
Precisamente
Preeminente
Preexistente
Preferente
Prepotente
Presente
Presidente
Prestamente
Presuntuosamente
Presurosamente
Pretendiente
Prevaleciente
Previamente
Previniente
Primeramente
Primorosamente

Principalmente
Privadamente
Probablemente
Procedente
Pródigamente
Prodigiosamente
Producente
Profundamente
Profusamente
Prolijamente
Prolongadamente
Prominente
Prontamente
Propiciamente
Proponente
Proporcionalmente
Prosaicamente
Prósperamente
Proveniente
Proverbialmente
Providencialmente
Providente
Próximamente
Prudencialmente
Prudente
Prudentemente
Públicamente
Pudiente
Puente
Puerilmente
Pujantemente
Pulidamente
Puntualmente
Puramente
Rabiosamente
Racionalmente
Radicalmente
Rápidamente
Raramente
Rastreramente
Raudamente
Razonablemente
Realmente
Reciamente
Reciente
Recientemente
Recipiente
Rectamente
Recurrente
Redondamente
Referente
Reflexivamente
Refringente
Refulgente
Regaladamente
Regente
Regiamente

Regularmente
Reincidente
Reiteradamente
Relativamente
Relente
Religiosamente
Reluciente
Remanente
Rematadamente
Remisamente
Remitente
Remotamente
Rencorosamente
Rendidamente
Reñidamente
Repelente
Repente
Repentinamente
Repetidamente
Reposadamente
Repugnantemente
Reservadamente
Residente
Resignadamente
Resistente
Respectivamente
Respetuosamente
Resplandeciente
Resueltamente
Resumidamente
Retóricamente
Reverente
Ricamente
Ridículamente
Riente
Rígidamente
Rigurosamente
Risiblemente
Robustamente
Rompiente
Roncamente
Rotundamente
Ruborosamente
Rudamente
Rugiente
Ruidosamente
Ruinmente
Rumbosamente
Ruralmente
Rústicamente
Sabiamente
Sabrosamente
Sacrílegamente
Sagazmente
Saladamente
Saliente
Saludablemente
Sanamente
Sangrientamente
Sanguinariamente
Santamente
Sañudamente
Sapiente
Sarcásticamente
Satánicamente
Satíricamente
Satisfactoriamente
Sazonadamente
Secamente
Secretamente
Sediciosamente
Sediente
Seglarmente
Seguidamente
Seguramente
Semanalmente
Semejantemente
Semoviente
Sempiternamente
Sencillamente
Sensiblemente
Sensualmente
Sentenciosamente
Sentidamente
Sentimentalmente
Señaladamente
Señorilmente
Separadamente
Seriamente
Serpiente
Servicialmente
Servilmente
Sesudamente
Severamente
Sigilosamente
Siguiente
Silenciosamente
Simbólicamente
Simétricamente
Simiente
Simplemente
Simuladamente
Simultáneamente
Sinceramente
Singularmente
Siniestramente
Sintéticamente
Sirviente
Sistemáticamente
Soberanamente
Soberbiamente
Sobradamente
Sobrenaturalmente
Sobresaliente
Sobreviviente
Sobriamente
Solamente
Solapadamente
Solemnemente
Solícitamente
Sólidamente
Solvente
Someramente
Sordamente
Sórdidamente
Sorprendente
Sosegadamente
Suavemente
Súbitamente
Subrepticiamente
Subsidiariamente
Subsiguiente
Subsistente
Substancialmente
Sucesivamente
Sucintamente
Suficiente
Suficientemente
Sumamente
Sumariamente
Sumisamente
Suntuosamente
Superficialmente
Superintendente
Superfluamente
Superiormente
Superlativamente
Superviviente
Suplente
Suspicazmente
Sustancialmente
Sutilmente
Tácitamente
Tangente
Taquigráficamente
Tardíamente
Taxativamente
Técnicamente
Temerariamente
Temerosamente
Temporalmente
Tenazmente
Tenebrosamente
Teniente
Teóricamente
Terminantemente
Terriblemente
Textualmente
Tibiamente
Tiernamente
Tímidamente
Tipográficamente
Tolerablemente
Tontamente
Torcidamente
Torpemente
Torrente
Toscamente
Totalmente
Trabajosamente
Tradicionalmente
Trágicamente
Traidoramente
Tranquilamente
Transitoriamente
Traslaticiamente
Trasparente
Tridente
Trimestralmente
Tristemente
Triunfalmente
Tumultuosamente
Turbulentamente
Ufanamente
Ulteriormente
Últimamente
Unánimemente
Únicamente
Uniformemente
Universalmente
Urbanamente
Urgentemente
Usualmente
Útilmente
Vagamente
Valerosamente
Válidamente
Valiente
Valientemente
Vanamente
Variablemente
Varonilmente
Vehemente
Vehementemente
Velozmente
Venerablemente
Venialmente
Ventajosamente
Venturosamente
Verbalmente
Verdaderamente
Vergonzosamente
Verosímilmente
Verticalmente
Vertiente
Viciosamente
Victoriosamente
Vidente

Vigente
Vigorosamente
Vilmente
Villanamente
Violentamente
Virilmente
Virtualmente
Virtuosamente
Visiblemente
Vistosamente
Vivamente
Viviente
Voluntariamente
Voluptuosamente
Vorazmente
Vulgarmente
Yacente
Zafiamente

Y otros muchos adverbios terminados en "mente".

Y la 1.ª y 3.ª persona del singular del presente de subjuntivo de los verbos en "entar".

Y la 3.ª persona del singular del presente de indicativo de los verbos en "entir".

ENTO

Abastecimiento
Abatimiento
Ablandamiento
Aborrecimiento
Abundamiento
Aburrimiento
Acaecimiento
Acaloramiento
Acantonamiento
Acatamiento
Aceleramiento
Acento
Acicalamiento
Acompañamiento
Acontecimiento
Acuartelamiento
Achatamiento
Aditamento
Adormecimiento
Adviento
Advenimiento
Aflojamiento
Agolpamiento
Agotamiento
Agradecimiento
Aislamiento
Alambicamiento
Alargamiento
Alejamiento
Alharaquiento
Aliento
Alimento
Alistamiento
Alojamiento
Alucinamiento
Alumbramiento
Alzamiento
Allanamiento
Amillaramiento
Aniquilamiento
Anonadamiento
Apercibimiento
Aplazamiento
Apocamiento
Aposento
Aprovechamiento
Apuntamiento
Ardimiento
Argento
Argumento
Armamento
Arrendamiento
Arrepentimiento
Arrobamiento
Asentimiento
Asiento
Aspaviento
Atascamiento
Atento
Atolondramiento
Atontamiento
Atormento
Atosigamiento
Atrevimiento
Atrincheramiento
Atropellamiento
Aturdimiento
Aumento
Avariento
Avasallamiento
Ayuntamiento
Azoramiento
Barlovento
Basamento
Bastimento
Caimiento
Calenturiento
Campamento
Cargamento
Casamiento
Cataviento
Cemento
Cercenamiento
Ciento
Cimiento
Comedimiento
Comento
Compartimiento
Complemento
Comportamiento
Concento
Condimento
Confinamiento
Conocimiento
Consentimiento
Contentamiento
Contento
Convencimiento
Convento
Coronamiento
Corpulento
Corrimiento
Crecimiento
Cuento
Cumplimento
Cumplimiento
Decaimiento
Delectamiento
Departamento
Derramamiento
Derrumbamiento
Desaliento
Desatento
Desatiento
Desbordamiento
Descarrilamiento
Descendimiento
Descomedimiento
Desconocimiento
Descontento
Descoyuntamiento
Descubrimiento
Descuento
Desenvolvimiento
Desfallecimiento
Deslizamiento
Desmembramiento
Desmerecimiento
Desprendimiento
Desquiciamiento
Destacamento
Destronamiento
Desvanecimiento
Detenimiento
Detrimento
Discernimiento
Disentimiento
Documento
Elemento
Embalsamiento
Embaucamiento
Embelesamiento
Embotamiento
Embrutecimiento
Emolumento
Empadronamiento
Emparedamiento
Emplazamiento
Empobrecimiento
Enajenamiento
Enardecimiento
Encabezamiento
Encadenamiento
Encantamiento
Encarecimiento
Encarnizamiento
Encenagamiento
Encendimiento
Encogimiento
Encubrimiento
Encumbramiento
Endiosamiento
Endurecimiento
Enfriamiento
Engrandecimiento
Enloquecimiento
Ennoblecimiento
Ensañamiento
Entendimiento
Enternecimiento
Entontecimiento
Entorpecimiento
Entretenimiento
Entroncamiento
Envenenamiento
Envilecimiento
Escarmiento
Esclarecimiento
Esparcimiento
Establecimiento
Estremecimiento
Estamento
Evento
Excremento
Experimento
Extrañamiento
Fallecimiento
Feculento
Fermento
Filamento
Fingimiento
Firmamento
Florecimiento
Fomento
Fortalecimiento
Fragmento

Franqueamiento
Fraudulento
Frotamiento
Fruncimiento
Fundamento
Fusilamiento
Granujiento
Grasiento
Hacimiento
Hacinamiento
Hambriento
Harapiento
Heredamiento
Hundimiento
Impedimento
Incitamiento
Incremento
Instrumento
Intento
Invento
Jumento
Juramento
Lamento
Lanzamiento
Lento
Levantamiento
Libramiento
Licenciamiento
Ligamento
Lucimiento
Llamamiento
Maceramiento
Macilento
Machucamiento
Magullamiento
Mandamiento
Mantenimiento
Medicamento
Memento
Merecimiento
Miento
Miramiento
Momento
Monumento
Movimiento
Nacimiento
Nombramiento
Nutrimento
Obscurecimiento
Ofrecimiento
Ornamento
Padecimiento
Parlamento
Pavimento
Pensamiento
Perfeccionamiento
Pigmento
Pimiento
Planteamiento
Polvoriento
Portento
Predicamento
Prendimiento
Presentimiento
Prohijamiento
Prolongamiento
Pronunciamiento
Proseguimiento
Proveimiento
Pulimento
Purulento
Quebrantamiento
Razonamiento
Rebajamiento
Reblandecimiento
Recibimiento
Recogimiento
Reconcentra-
miento
Reconocimiento
Recuento
Refinamiento
Regimiento
Reglamento
Relajamiento
Remordimiento
Renacimiento
Rendimiento
Requerimiento
Resarcimiento
Resentimiento
Resfriamiento
Restablecimiento
Retraimiento
Revestimiento
Rompimiento
Rudimento
Sacramento
Sacudimiento
Salvamento
Saneamiento
Sangriento
Sanguinolento
Sargento
Sarmiento
Sediento
Sedimento
Segmento
Seguimiento
Sentimiento
Señalamiento
Sobreseimiento
Sometimiento
Soñoliento
Sotavento
Suculento
Sufrimiento
Suplemento
Sustento
Talento
Tegumento
Temperamento
Testamento
Tiento
Tocamiento
Torcimiento
Tormento
Tratamiento
Truculento
Turbulento
Ungüento
Valimiento
Vencimiento
Viento
Violento
Virulento

Y la 1.ª persona del singular del presente de indicativo de los verbos en "entar" y "entir".

ENTRA

Centra
Concentra
Encuentra
Entra
Reconcentra

ENTRE

Centre
Concentre
Encuentre
Entre
Reconcentre
Vientre

ENTRO

Adentro
Centro
Concentro
Dentro
Encuentro
Entro
Reconcentro

ENUA

Estenua
Ingenua

ENZA

Avergüenza
Comienza
Convenza
Desvergüenza
Entrenza
Trenza
Venza
Vergüenza

ENZO

Avergüenzo
Comienzo
Convenzo
Desvergüenzo
Lienzo
Trenzo
Venzo

EÑA

Aceña
Almadreña
Berroqueña
Breña
Cigüeña
Contraseña
Cureña
Enseña
Estameña
Greña
Leña
Peña
Reseña
Seña
Sueña

Y la 3.ª persona del singular del presente de indicativo de los verbos en "eñar": vg., despeña, pergeña, etc.
Y los femeninos de muchos vocablos en "eño".

EÑE

Eñe
Sueñe

Y la 1.ª y 3.ª persona del singular presente de subjuntivo de los verbos en "eñar".

EÑO

Aguileño
Almizcleño
Bargueño
Barreño
Beleño
Brasileño
Ceño
Cobreño
Condueño
Costeño
Diseño
Dueño
Empeño
Ensueño
Extremeño
Halagüeño
Isleño
Leño
Limeño
Lugareño
Madrileño
Marfileño
Mesteño
Pedigüeño
Pequeño
Puertorriqueño
Ribereño
Rifeño
Risueño
Roqueño
Sueño
Trigueño

Y la 1.ª persona del singular del presente de indicativo de los verbos en "eñar".

EO

Acarreo
Ajetreo
Aleteo
Apogeo
Arqueo
Arreo
Aseo
Ateneo
Ateo
Balanceo
Baldeo
Baleo
Blanqueo
Bloqueo
Bombardeo
Borneo
Bureo
Cabeceo
Caduceo
Camafeo
Cañoneo
Careo
Ceceo
Cirineo
Clamoreo
Coleo
Coliseo
Corifeo
Correo
Cuchicheo
Chapeo
Chicoleo
Deseo
Devaneo
Discreteo
Dispondeo
Empleo
Escarceo
Esquileo
Fariseo
Febeo
Feo
Filisteo
Floreo
Franqueo
Galanteo
Galileo
Gangueo
Gimoteo
Gineceo
Gorjeo
Guineo
Hebreo
Himeneo
Hormigueo
Jaleo
Jubileo
Leo
Liceo
Lloriqueo
Macabeo
Manoseo
Manteo
Mareo
Mausoleo
Meneo
Merodeo
Museo
Ojeo
Orfeo
Palmoteo
Paseo
Pataleo
Perigeo
Perseo
Pigmeo
Pirineo
Prometeo
Recreo
Reo
Repiqueteo
Rodeo
Sabeo
Saqueo
Seo
Sesteo
Siseo
Solfeo
Solideo
Sondeo
Sorteo
Tanteo
Tartamudeo
Tiroteo
Toreo
Torneo
Trineo
Trofeo
Tuteo
Veo
Veraneo
Voleo

Y la 1.ª persona del singular del presente de indicativo de los verbos en "ear": vg., aireo, falseo, etc.

EPA

Cepa
Discrepa
Estepa
Increpa
Quepa
Sepa
Trepa

EPE

Discrepe
Increpe
Julepe
Trepe

EPO

Cepo
Discrepo
Increpo
Quepo
Trepo

EPSIA

Asepsia
Catalepsia
Dispepsia
Epilepsia

EPSIS

Catalepsis
Prolepsis
Silepsis

EPTA

Acepta
Adepta
Inepta
Intercepta

EPTE

Acepte
Intercepte

EPTO

Acepto
Adepto
Concepto
Excepto
Inepto
Intercepto
Precepto

EQUE

Ahueque
Cheque
Defeque
Depreque
Deseque
Diseque
Hipoteque
Impreque
Jabeque
Jeque
Obceque
Penseque
Peque
Reseque
Seque
Tembleque

Trastrueque
Trueque

EQUIA

Acequia
Entelequia
Exequia
Obsequia

ER

Obastecer
Aborrecer
Absolver
Absorber
Abstener
Abstraer
Acaecer
Acceder
Acoger
Acometer
Acontecer
Acrecer
Adolecer
Adormecer
Agradecer
Alfiler
Alquiler
Amanecer
Amarillecer
Anochecer
Anteayer
Anteceder
Anteponer
Aparecer
Apetecer
Aprender
Arder
Arremeter
Ascender
Atardecer
Atañer
Atender
Atener
Atraer
Atrever
Ayer
Bachiller
Barrer
Beber
Brigadier
Caber
Caer
Canciller
Carcomer
Carecer
Ceder
Cerner
Cocer
Coger
Comer
Cometer
Compadecer
Comparecer
Compeler
Competer
Complacer
Componer
Comprender
Comprometer
Conceder
Condescender
Condoler
Conmover
Conocer
Contender
Contener
Contraer
Contrahacer
Contraponer
Convalecer
Convencer
Converger
Corresponder
Corroer
Corromper
Coser
Crecer
Creer
Deber
Decaer
Decrecer
Defender
Demoler
Depender
Deponer
Desagradecer
Desaparecer
Desatender
Descaecer
Descender
Descomponer
Desconocer
Descorrer
Descoser
Desencoger
Desenmohecer
Desentumecer
Desenvolver
Desfallecer
Desfavorecer
Desguarnecer
Deshacer
Desmerecer
Desobedecer
Desparecer
Desposeer
Desprender
Desproveer
Desvanecer
Detener
Devolver
Disolver
Disponer
Distraer
Doler
Doquier
Ejercer
Embeber
Embellecer
Embravecer
Embrutecer
Empecer
Empequeñecer
Empobrecer
Emprender
Enaltecer
Enardecer
Encallecer
Encanecer
Encarecer
Encender
Encrudecer
Encoger
Endurecer
Enflaquecer
Enfurecer
Engrandecer
Enloquecer
Enmohecer
Enmudecer
Ennegrecer
Ennoblecer
Ennudecer
Enorgullecer
Enrarecer
Enriquecer
Enrojecer
Enronquecer
Ensordecer
Ensoberbecer
Entender
Entenebrecer
Enternecer
Entontecer
Entorpecer
Entrecoger
Entremeter
Entretejer
Entretener
Entrever
Entristecer
Entrometer
Entumecer
Envejecer
Envilecer
Envolver
Equivaler
Escarnecer
Esclarecer
Escocer
Escoger
Esconder
Establecer
Estremecer
Exceder
Expeler
Expender
Exponer
Extender
Extraer
Fallecer
Favorecer
Fenecer
Florecer
Fortalecer
Fosforecer
Guarecer
Guarnecer
Haber
Hacer
Heder
Hender
Humedecer
Impeler
Imponer
Indisponer
Interceder
Interponer
Languidecer
Lamer
Leer
Lucifer
Llover
Maltraer
Mantener
Mecer
Menester
Mercader
Merecer
Meter
Moler
Morder
Mover
Mujer
Nacer
Neceser

Obedecer
Obscurecer
Obtener
Ofender
Ofrecer
Oler
Oponer
Pacer
Padecer
Palidecer
Parecer
Pender
Perder
Perecer
Permanecer
Pertenecer
Placer
Poder
Poner
Poseer
Posponer
Postrer
Precaver
Preceder
Predisponer
Prender
Presuponer
Pretender
Prevalecer
Prevaler
Prever
Primer
Proceder
Prometer
Promover
Proponer
Proteger
Proveer
Quehacer
Querer
Raer
Reblandecer
Recaer
Recoger
Recomponer
Reconocer
Recorrer
Recrudecer
Reflorecer
Rehacer
Rejuvenecer
Relamer
Remanecer
Remorder
Remover
Renacer
Repeler
Reponer
Reprender
Resolver
Resplandecer
Responder
Restablecer
Retener
Retorcer
Retraer
Retroceder
Revender
Reverdecer
Revolver
Robustecer
Roer
Romper
Rosicler
Saber
Satisfacer
Ser
Sobrecoger
Sobreponer
Sobreseer
Socorrer
Soler
Someter
Sorber
Sorprender
Sostener
Substraer
Suceder
Suponer
Suspender
Taller
Tañer
Tejer
Temer
Tender
Tener
Torcer
Toser
Traer
Transponer
Ujier
Valer
Vencer
Vender
Ver
Verdecer
Verter
Volver
Yacer
Yuxtaponer

Y los infinitivos de los demás verbos de la 2.ª conjugación.

ERA

Abrazadera
Aceitera
Acera
Adormidera
Adquiera
Afuera
Agorera
Aguadera
Alambrera
Albufera
Arpillera
Aspillera
Bandera
Bandolera
Barrera
Bigotera
Borrachera
Cabecera
Cabellera
Cadera
Cafetera
Calavera
Calcetera
Cantera
Cantinera
Carbonera
Carraspera
Carrera
Carretera
Carrillera
Cartera
Cartuchera
Ceguera
Cera
Cimera
Cojera
Compotera
Conejera
Contera
Contrabarrera
Cordillera
Corredera
Corsetera
Costurera
Cremallera
Cualquiera
Charretera
Chistera
Chocolatera
Chochera
Chorrera
Dentera
Devanadera
Doquiera
Encajera
Enredadera
Era
Escalera
Escollera
Escupidera
Esfera
Espumadera
Estera
Faldera
Faltriquera
Fiambrera
Fiera
Filoxera
Flojera
Fosforera
Fregadera
Friolera
Frontera
Fuera
Galera
Gatera
Gorguera
Gotera
Guerrera
Guindalera
Gusanera
Habanera
Higuera
Hilandera
Hilera
Hoguera
Hombrera
Hornera
Hortera
Huevera
Huronera
Jabonera
Jardinera
Ladera
Lanzadera
Lavandera
Lechera
Leñera
Leonera
Litera
Lobera
Lumbrera
Madera
Madriguera
Manera
Manguera
Mollera
Montera
Morera
Nevera
Niñera

Nuera
Ojera
Pajarera
Palmera
Pantera
Papelera
Papera
Paridera
Partera
Pasadera
Pechera
Pejiguera
Pelambrera
Pelotera
Pera
Perrera
Pistolera
Plegadera
Podadera
Pradera
Primavera
Pulsera
Puntera
Quesera
Quienquiera
Quimera
Rabanera
Ramera
Ramilletera
Ratonera
Regadera
Relojera
Ribera
Rinconera
Ringlera
Rodillera
Ronquera
Salmuera
Salsera
Salvadera
Santera
Sementera
Señera
Siquiera
Sobaquera
Sombrerera
Sopera
Sordera
Tabaquera
Tapadera
Tartera
Tembladera
Tetera
Tijera
Tontera
Trinchera
Tronera
Ventolera
Vera
Vidriera
Vinagrera
Vinajera
Visera

Y la 3.ª persona del singular del presente de indicativo de los verbos en "erar": vg., considera, lacera, etc.

Y la 1.ª y 3.ª persona del singular del presente de subjuntivo de los verbos en "erir": vg., hiera, injiera, etc.

Y las primeras terminaciones de la 1.ª y 3.ª persona del singular del pretérito imperfecto de subjuntivo de todos los verbos de la 2.ª y 3.ª conjugación: vg., comiera, durmiera, etcétera.

Y los femeninos de muchos vocablos en "ero".

ERBA-ERVA

Acerba
Caterva
Cierva
Conserva
Cuerva
Enerva
Exacerba
Hierba
Hierva
Minerva
Observa
Preserva
Proterva
Reserva
Sierva

ERBE-ERVE

Conserve
Enerve
Exacerbe
Hierve
Imberbe
Observe
Preserve
Reserve

ERBIA-ERVIA

Protervia
Servia
Soberbia

ERBIO-ERVIO

Adverbio
Nervio
Proverbio
Servio
Soberbio

ERBO-ERVO

Acerbo
Acervo
Ciervo
Conservo
Cuervo
Enervo
Exacerbo
Hiervo
Observo
Preservo
Protervo
Reservo
Siervo
Verbo

ERCA

Acerca
Alberca
Alterca
Cerca
Merca
Puerca
Terca
Tuerca

ERCE

Almuerce
Ejerce
Esfuerce
Fuerce
Refuerce
Retuerce
Tuerce

ERCIA

Comercia
Inercia
Solercia
Tercia

ERCIE

Comercie
Tercie

ERCIO

Comercio
Sestercio
Tercio

ERCO

Acerco
Cerco
Merco
Puerco
Terco

ERCHA

Cercha
Cicercha
Gutapercha
Percha

ERDA

Acuerda
Cerda
Concuerda
Cuerda
Discuerda
Encuerda
Izquierda
Lerda
Mierda
Muerda
Pierda
Recuerda
Remuerda
Trascuerda

ERDE

Acuerde
Concuerde
Encuerde
Ganapierde
Muerde
Pierde
Pisaverde
Recuerde
Remuerde

Trascuerde
Verde

ERDO

Acuerdo
Cerdo
Concuerdo
Cuerdo
Desacuerdo
Encuerdo
Lerdo
Muerdo
Pierdo
Recuerdo
Remuerdo
Trascuerdo

ERE

Adquiere
Miserere
Muere

Y la 3.ª persona del singular del presente de indicativo de los verbos en "erir": vg., infiere, adhiere, etc.
Y la 1.ª y 3.ª persona del singular del presente de subjuntivo de los verbos en "erar": vg., adultere, venere, etc.

ÉREA

Aérea
Cinérea
Deletérea
Etérea
Venérea
Vipérea

ÉREO

Aéreo
Cinéreo
Deletéreo
Etéreo
Venéreo
Vipéreo

ERGA

Alberga
Jerga
Monserga
Posterga
Verga
Yerga

ERGO

Albergo
Chambergo
Muergo
Postergo
Yergo

ERGE-ERJE

Conserje
Converge
Diverge
Sumerge

ERGUE

Albergue
Postergue
Yergue

ERIA

Arteria
Difteria
Feria
Materia
Miseria
Periferia
Seria

ERIE

Congerie
Intemperie
Serie

ERIO

Adulterio
Baptisterio
Cauterio
Cautiverio
Cementerio
Criterio
Dicterio
Hemisferio
Imperio
Improperio
Magisterio
Mesenterio
Ministerio
Misterio
Monasterio
Planisferio
Presbiterio
Puerperio
Refrigerio
Sahumerio
Salterio
Serio
Vituperio

ERJA

Converja
Diverja
Sumerja
Verja

ERJO

Converjo
Diverjo
Sumerjo

ERLA

Madreperla
Perla

Y todos los infinitivos en "er" que puedan ir seguidos del pronombre "la": vg., perderla, tenerla, etc.

ERLE

Los infinitivos en "er" que pueden ir seguidos del pronombre "le": vg., meterle, perderle, etc.

ERLO

Los infinitivos en "er" que pueden ir seguidos del pronombre "lo": vg., beberlo, valerlo, etc.

ERMA

Duerma
Enferma
Esperma
Merma
Yerma

ERME

Duerme
Enferme
Inerme
Merme

Y todos los infinitivos en "er" que puedan ir seguidos del reflexivo "me": vg., distraerme, volverme, etc.

ERMO

Duermo
Enfermo
Estafermo
Mermo
Muermo
Paquidermo
Yermo

ERNA

Caserna
Caverna
Cierna
Cisterna
Coeterna
Concierna
Cuaderna
Cuerna
Discierna
Linterna
Lucerna
Pierna
Poterna
Taberna
Terna

Y la 3.ª persona del singular del presente de indicativo de los verbos en "ernar".
Y los femeninos de muchos vocablos en "erno".

ERNE

Cierne
Concierne
Discierne

Y la 1.ª y 3.ª persona del singular del presente de indicativo de los verbos en "ernar".

ERNO

Averno
Cierno
Cuaderno
Cuerno
Discierno
Eterno
Externo
Fraterno
Galerno
Gobierno
Infierno
Interno
Invierno
Materno
Moderno
Paterno
Perno
Terno
Subalterno
Sempiterno
Tierno
Yerno

Y la 1.ª persona del singular del presente de indicativo de los verbos en "ernar".

ERO

Abaniquero
Abrevadero
Acemilero
Acequiero
Acero
Aduanero
Adquiero
Agarradero
Agorero
Agostadero
Aguacero
Agüero
Agujero
Alabardero
Alcabalero
Alero
Alfarero
Alfiletero
Algodonero
Almendrero
Almizclero
Alpargatero
Altanero
Altero
Amarradero
Aparcero
Apeadero
Apero
Apostadero
Arcabucero
Archivero
Armero
Arponero
Arquero
Arriero
Artero
Artillero
Asevero
Asidero
Astillero
Atolladero
Atracadero
Austero
Aventurero
Avispero
Azucarero
Babero
Ballenero
Banderillero
Bandolero
Banquero
Bañero
Barbero
Barquero
Barquillero
Barrendero
Bastero
Bastonero
Basurero
Batanero
Batelero
Bebedero
Bolero
Bombardero
Botero
Botillero
Boyero
Bracero
Braguero
Brasero
Bucanero
Buhonero
Buñolero
Burladero
Burrero
Caballero
Cabrero
Cacharrero
Cajero
Calderero
Caldero
Calesero
Callejero
Camarero
Camellero
Camillero
Caminero
Campanero
Canastero
Cancerbero
Cancionero
Candelero
Cantero
Cantinero
Cañonero
Carabinero
Carbonero
Carcelero
Cargadero
Carnero
Carnicero
Carpintero
Carretero
Cartero
Casero
Casillero
Cazadero
Cenicero
Cero
Cerrajero
Cetrero
Cigarrero
Cisquero
Clero
Cochero
Cocinero
Cocotero
Coheredero
Coladero
Colmenero
Comedero
Compañero
Comunero
Confitero
Consejero
Copero
Coplero
Coracero
Cordelero
Cordero
Cordonero
Cosechero
Costero
Costurero
Criadero
Crucero
Cuadrillero
Cuartelero
Cuatrero
Cuero
Cunero
Curandero
Chiquero
Chispero
Chocarrero
Choricero
Chufero
Degolladero
Delantero
Demandadero
Derrotero
Derrumbadero
Desafuero
Desembarcadero
Desfiladero
Despeñadero
Dinero
Droguero
Embarcadero
Embustero
Enero
Enfermero
Entero
Escudero
Esmero
Espadero
Espartero
Estafetero
Estanquero
Estercolero
Estero
Etiquetero
Extranjero
Faldero
Farolero
Febrero
Fiero
Florero
Fogonero
Fondeadero
Fontanero
Forastero
Frutero
Fuero
Fullero
Fumadero
Gaitero
Gallinero
Ganadero
Gananciero
Garguero
Gavillero
Gondolero
Granadero
Granero
Granjero

Guarnicionero
Guerrero
Hacedero
Harnero
Hechicero
Heredero
Herradero
Herrero
Hervidero
Hojalatero
Hondero
Hormiguero
Hornero
Hospedero
Hotelero
Huero
Huevero
Ibero
Impero
Inclusero
Ingeniero
Invernadero
Jabonero
Jardinero
Jilguero
Jornalero
Joyero
Justiciero
Laminero
Lancero
Lapicero
Lardero
Larguero
Lastimero
Lavadero
Lechero
Leonero
Letrero
Librero
Ligero
Limonero
Limosnero
Lindero
Lisonjero
Loquero
Lotero
Lucero
Llavero
Macero
Machetero
Madero
Majadero
Mandadero
Marinero
Mastelero
Matadero
Matutero

Mechero
Medianero
Melocotonero
Mensajero
Mentidero
Merendero
Mero
Meseguero
Mesonero
Minero
Minutero
Misionero
Molinero
Monedero
Moquero
Mortero
Mosquetero
Mosquitero
Mulero
Naranjero
Naviero
Negrero
Novelero
Novillero
Obrero
Otero
Palabrero
Palafrenero
Palillero
Palmero
Pampero
Panadero
Pandero
Papelero
Paradero
Parlero
Partero
Particionero
Pasadero
Pasajero
Pastelero
Pechero
Pedrero
Peletero
Peluquero
Pendenciero
Perdiguero
Pero
Persevero
Pertiguero
Picadero
Pistero
Placentero
Platero
Plomero
Plumero
Pocero

Pordiosero
Porquero
Portero
Postrero
Postrimero
Potrero
Pregonero
Prendero
Primero
Prisionero
Puchero
Pudridero
Puntero
Pupilero
Quebradero
Quemadero
Quesero
Racionero
Ranchero
Rasero
Ratero
Recadero
Refitolero
Reguero
Relojero
Remero
Rentero
Repostero
Resbaladero
Resistero
Respiradero
Retortero
Reverbero
Rimero
Romancero
Romero
Ropero
Saladero
Salero
Santero
Semillero
Sendero
Sepulturero
Sesteadero
Sestero
Severo
Sillero
Soltero
Sombrerero
Sombrero
Sonajero
Sopero
Sudadero
Suero
Sumidero
Tabaquero
Tabernero

Tablajero
Tablero
Tahonero
Tamborilero
Tapicero
Tarjetero
Temporero
Tendero
Tercero
Ternero
Terrero
Tesorero
Testero
Timbalero
Timonero
Tintero
Titiritero
Tocinero
Tonelero
Torero
Tornero
Torrero
Traicionero
Tragadero
Trapero
Trinchero
Uñero
Utrero
Usurero
Valedero
Vaquero
Varadero
Veguero
Velero
Velonero
Venero
Venidero
Ventero
Ventisquero
Verdadero
Vertedero
Viajero
Vidriero
Vinatero
Vivero
Volatinero
Yegüero
Yesero
Yuntero
Zaguero
Zalamero
Zapatero
Zizañero

Y la 1.ª persona del singular del presente de indicativo de los verbos en "erar" y "erir": vg., prospero, tolero, zahíero, etc.

ERPE

Euterpe
Herpe
Sierpe

ERQUE

Acerque
Alterque
Cerque
Merque

ERRA

Aferra
Asierra
Aterra
Becerra
Cierra
Desentierra
Destierra
Emperra
Encierra
Entierra
Guerra
Hierra
Perra
Sierra
Sotierra
Tierra
Yerra

ERRE

Aferre
Asierre
Aterre
Cierre
Desentierre
Destierre
Emperre
Encierre
Entierre
Erre
Hierre
Sierre
Yerre

ERRO

Aferro
Asierro
Aterro
Becerro
Berro
Cencerro
Cerro
Desentierro
Destierro
Emperro
Encierro
Entierro
Hierro
Perro
Puerro
Testaferro
Yerro

ERSA

Adversa
Conversa
Dispersa
Diversa
Inversa
Malversa
Persa
Perversa
Tergiversa
Tersa
Versa
Viceversa

ERSE

Converse
Disperse
Malverse
Tergiverse
Verse

Y todos los infinitivos en "er" que puedan ir seguidos del reflexivo "se": vg., abstenerse, condolerse, quererse, etc.

ERSO

Adverso
Anverso
Converso
Disperso
Diverso
Malverso
Perverso
Reverso
Tergiverso
Terso
Universo
Verso

ERTA

Alerta
Antepuerta
Compuerta
Cubierta
Descubierta
Espuerta
Huerta
Oferta
Puerta
Reyerta

Y la 3.ª persona del singular del presente de indicativo de los verbos en "ertar": vg., acierta, deserta, inserta, etcétera.

Y la 1.ª y 3.ª persona del singular del presente de subjuntivo de los verbos en "ertir": vg., advierta, convierta, divierta, etc.

Y los femeninos de muchos vocablos en "erto".

ERTE

Contrafuerte
Fuerte
Inerte
Muerte
Suerte

Y la 3.ª persona del singular del presente de indicativo de los verbos en "ertir".

Y la 1.ª y 3.ª persona del singular del presente de subjuntivo de los verbos en "ertar".

Y todos los infinitivos en "er" que puedan ir seguidos del reflexivo "te": vg., beberte, hacerte, etc.

ERTO

Abierto
Acierto
Aserto
Cierto
Concierto
Cubierto
Desacierto
Desconcierto
Descubierto
Desierto
Encubierto
Entuerto
Experto
Huerto
Incierto
Inexperto
Injerto
Liberto
Muerto
Puerto
Tuerto
Yerto

Y la 1.ª persona del singular del presente de indicativo de los verbos en "ertar" y "ertir".

ERZA

Almuerza
Berza
Ejerza
Esfuerza
Fuerza
Mastuerza
Refuerza
Retuerza
Tuerza

ERZO

Almuerzo
Bierzo
Cierzo
Ejerzo
Escuerzo
Esfuerzo
Fuerzo
Mastuerzo
Refuerzo
Retuerzo
Tuerzo

ES

Arnés
Bauprés
Burgués
Buscapiés
Calañés
Cartaginés
Ciempiés
Ciprés
Cortés

Danés
Des
Descortés
Desinterés
Después
Entremés
Envés
Escocés
Estés
Feligrés
Finés
Francés
Holandés
Inglés
Interés
Irlandés
Japonés
Marqués
Mes
Mies
Montañés
Montés
Pavés
Payés
Pies
Portugués
Pues
Res
Revés
Través
Tres
Ves

ESA

Abadesa
Alcaldesa
Archiduquesa
Artesa
Baronesa
Calesa
Compresa
Condesa
Dehesa
Duquesa
Empresa
Frambuesa
Fresa
Gruesa
Huesa
Lesa
Marquesa
Marsellesa
Mesa
Pavesa
Pesa
Presa
Princesa
Promesa
Remesa
Represa
Sobremesa
Sorpresa
Toesa
Traviesa
Turquesa
Vizcondesa
Vuesa

Y la 3.ª persona del singular del presente de indicativo de los verbos en "esar": vg., atraviesa, besa, regresa, etc.
Y los femeninos de muchas palabras en "es" y "eso".

ESCA

Gresca
Muesca
Pesca
Soldadesca
Yesca

Y los femeninos de muchos vocablos en "esco".

ESCO

Arabesco
Burlesco
Caballeresco
Cuesco
Chinesco
Dantesco
Fresco
Gigantesco
Grotesco
Parentesco
Pedantesco
Picaresco
Pintoresco
Plateresco
Quijotesco
Refresco
Rufianesco
Tudesco

ESE

Ese
Maese

Y la 1.ª y 3.ª persona del singular del presente de subjuntivo de los verbos en "esar".

ESGA

Arriesga
Sesga

ESGO

Arriesgo
Riesgo
Sesgo

ESGUE

Arriesgue
Sesgue

ESIA

Amnesia
Anestesia
Geodesia
Iglesia
Magnesia

ESIO

Adefesio
Efesio
Magnesio
Serventesio
Tartesio

ESMA

Cuaresma
Resma

ESO

Absceso
Acceso
Avieso
Beso
Camueso
Cantueso
Confeso
Congreso
Contrapeso
Divieso
Embeleso
Eso
Espeso
Exceso
Expreso
Ex profeso
Grueso
Hueso
Ileso
Impreso
Ingreso
Obeso
Obseso
Opreso
Patitieso
Peso
Poseso
Preso
Proceso
Profeso
Progreso
Queso
Receso
Regreso
Reimpreso
Retroceso
Sabueso
Seso
Suceso
Tieso
Travieso
Yeso

Y la 1.ª persona del singular del presente del indicativo de los verbos en "esar".

ESPA

Crespa
Desencrespa
Encrespa

ÉSPED

Césped
Huésped

ESPO

Crespo
Desencrespo
Encrespo

ESQUE

Engresque
Pesque
Refresque

ESTA

Apuesta
Ballesta
Cesta
Cresta
Cuesta
Esta
Fiesta
Floresta
Gesta
Mesta
Orquesta
Propuesta
Protesta
Recuesta
Respuesta
Resta
Siesta
Testa
Vesta

Y la 3.ª persona del singular del presente de indicativo de los verbos en "estar": vg., apesta, detesta, pretexta, etc.
Y los femeninos de muchos vocablos en "esto".

ESTE

Agreste
Arcipreste
Celeste
Este
Hueste
Oeste
Peste
Preste

Y la 1.ª y 3.ª persona del singular del presente de indicativo de los verbos en "estar".

ESTIA

Bestia
Inmodestia
Modestia
Molestia

ESTO

Anapesto
Arresto
Asbesto
Bisiesto
Cesto
Compuesto
Denuesto
Depuesto
Descompuesto
Deshonesto
Dispuesto
Digesto
Enhiesto
Esto
Expuesto
Funesto
Gesto
Honesto
Impuesto
Incesto
Indispuesto
Inmodesto
Manifiesto
Mesto
Opuesto
Pospuesto
Presto
Presupuesto
Pretexto
Protesto
Puesto
Repuesto
Resto
Supuesto
Texto
Traspuesto

Y la 3.ª persona del singular del presente de indicativo de los verbos en "estar".

ESTRA

Adiestra
Amaestra
Demuestra
Diestra
Encabestra
Extra
Maestra
Menestra
Muestra
Nuestra
Pelestra
Secuestra
Vuestra

ESTRE

Adiestre
Amaestre
Burgomaestre
Campestre
Demuestre
Ecuestre
Encabestre
Maestre
Muestre
Pedestre
Secuestre
Semestre
Silvestre
Terrestre

ESTRO

Adiestro
Amaestro
Cabestro
Demuestro
Diestro
Encabestro
Estro
Maestro
Muestro
Nuestro
Secuestro
Siniestro
Vuestro

ETA

Agujeta
Alcahueta
Aleta
Anacoreta
Asceta
Atleta
Banqueta
Baqueta
Bayeta
Bayoneta
Beta
Bragueta
Burleta
Cadeneta
Calceta
Camiseta
Careta
Carpeta
Carreta
Caseta
Cazoleta
Coleta
Cometa
Coqueta
Corbeta
Corcheta
Corneta
Corveta
Creta
Croqueta
Cuarteta
Cubeta
Cuchufleta
Cuneta
Chabeta
Chaqueta
Chuleta
Dieta
Escopeta
Espoleta
Estafeta
Eta
Etiqueta
Faceta
Gaceta
Galleta
Gaveta
Gineta
Glorieta
Goleta
Grieta
Historieta
Isleta
Jareta
Jeta
Jineta
Jugarreta
Lanceta
Lengüeta
Libreta
Luneta
Maceta
Maleta
Manteleta
Meseta
Meta
Morisqueta
Muceta
Muleta
Naveta
Palanqueta
Paleta
Palmeta
Pandereta
Papeleta
Pataleta
Pateta
Peineta
Peseta
Piqueta
Plancheta

Planeta
Poeta
Profeta
Rabieta
Receta
Retreta
Roseta
Ruleta
Saeta
Sardineta
Secreta
Servilleta
Seta
Soleta
Tableta
Tarjeta
Teta
Tijereta
Treta
Trompeta
Veleta
Veta
Viñeta
Violeta
Voltereta
Zapateta
Zeta

Y la 3.ª persona del singular del presente de indicativo de los verbos en "etar": vg., aprieta, sujeta, vegeta, etc.
Y la 1.ª y 3.ª persona del singular del presente de subjuntivo de los verbos en "eter": vg., arremeta, prometa, etc.
Y los femeninos de muchos vocablos en "eto".

ETE

Alcahuete
Almete
Ariete
Bacinete
Banquete
Barrilete
Billete
Birrete
Blanquete
Bonete
Boquete
Brazalete
Brete
Bufete
Caballete
Cabete
Cacahuete
Cachete
Cadete
Capacete
Carrete
Casquete
Clarete
Clarinete
Cohete
Cojinete
Colorete
Copete
Corchete
Coselete
Cubilete
Chupete
Escudete
Falconete
Falsete
Filete
Flete
Florete
Gabinete
Gallardete
Gollete
Grillete
Grumete
Guantelete
Jarrete
Jinete
Juanete
Juguete
Machete
Mantelete
Martinete
Matasiete
Membrete
Minarete
Moflete
Molinete
Mollete
Moquete
Mosquete
Motete
Mozalbete
Ojete
Paquete
Pebete
Periquete
Piquete
Pistolete
Ramillete
Rechupete
Remoquete
Retrete
Ribete
Rodete
Roquete
Sainete
Salmonete
Siete
Sonsonete
Soplete
Sorbete
Taburete
Tafilete
Tapete
Templete
Tenderete
Torete
Torniquete
Trinquete
Zaguanete
Zoquete

Y la 3.ª persona del singular del presente de indicativo de los verbos en "eter".
Y la 1.ª y 3.ª persona del singular del presente de subjuntivo de los verbos en "etar".

ETO

Abeto
Alfabeto
Amuleto
Analfabeto
Aprieto
Asueto
Bisnieto
Boceto
Boleto
Cateto
Coleto
Completo
Concreto
Cuarteto
Decreto
Discreto
Dueto
Entrometo
Escueto
Esqueleto
Feto
Folleto
Incompleto
Indiscreto
Inquieto
Lazareto
Libreto
Mamotreto
Muleto
Neto
Nieto
Objeto
Paleto
Parapeto
Peto
Prieto
Quieto
Quinteto
Recoleto
Repleto
Respeto
Reto
Secreto
Seto
Sexteto
Soneto
Sujeto
Tataranieto
Terceto
Vericueto
Veto

Y la 1.ª persona del singular del presente de indicativo de los verbos en "etar" y "eter".

ETRA

Impetra
Letra
Penetra
Perpetra
Uretra

ETRE

Caletre
Impetre
Penetre
Perpetre
Petimetre

ETRO

Cetro
Impetro
Metro
Penetro
Perpetro
Retro

EUCO

Faleuco

Pentateuco

EUDA

Adeuda
Deuda

EUDO

Adeudo
Deudo
Feudo

EUMA

Neuma
Reuma

EVIA

Abrevia
Previa

EXA

Anexa
Complexa
Conexa
Convexa
Inconexa

EXO

Amplexo
Anexo
Complexo
Conexo
Convexo
Inconexo
Nexo
Plexo
Sexo

EXTO

Contexto
Pretexto
Sexto
Texto

EY

Buey
Carey
Grey
Ley
Pejerrey
Rey
Virrey

EYA

Epiqueya
Epopeya
Etopeya
Onomatopeya
Plebeya
Prosopopeya

EYO

Leguleyo
Plebeyo

EZ

Acidez
Ajedrez
Ajimez
Almirez
Altivez
Amarillez
Aridez
Avidez
Avilantez
Candidez
Chochez
Dejadez
Desfachatez
Desnudez
Diez
Doblez
Embriaguez
Esbeltez
Escasez
Esplendidez
Estrechez
Estupidez
Hez
Honradez
Idiotez
Insensatez
Intrepidez
Jaez
Juez
Languidez
Madurez
Morbidez
Niñez
Nuez
Ñoñez
Ordinariez
Palidez
Pardiez
Pequeñez
Pesadez
Pez
Placidez
Preñez
Prez
Rapidez
Ridiculez
Rigidez
Robustez
Sandez
Sencillez
Sensatez
Soez
Solidez
Tez
Timidez
Tirantez
Validez
Vejez
Vez
Viudez

EZA

Agudeza
Alteza
Aspereza
Bajeza
Belleza
Cabeza
Cereza
Certeza
Cerveza
Corteza
Crudeza
Cueza
Delicadeza
Destreza
Dureza
Entereza
Escueza
Extrañeza
Fiereza
Fijeza
Fineza
Firmeza
Flaqueza
Fortaleza
Franqueza
Gentileza
Grandeza
Impureza
Largueza
Ligereza
Limpieza
Lindeza
Llaneza
Majeza
Maleza
Naturaleza
Nobleza
Pereza
Pieza
Pobreza
Presteza
Proeza
Pureza
Rareza
Realeza
Riqueza
Rudeza
Simpleza
Sutileza
Terneza
Tibieza
Torpeza
Tristeza
Vileza
Viveza

Y la 3.ª persona del singular del presente de indicativo de los verbos en "ezar": vg., adereza, encabeza, reza, etc.

EZCA

La 1.ª y 3.ª persona del singular del presente de subjuntivo, y la 1.ª del imperativo de los verbos en "ecer": vg., adolezca, crezca, merezca, etc.

EZCO

La 1.ª persona del presente de indicativo de los verbos en "ecer": vg., agradezco, enaltezco, padezco, etc.

EZNO

Lobezno
Osezno
Torrezno
Viborezno

EZO

Aderezo
Arrapiezo
Bostezo

Brezo
Cerezo
Pescuezo
Rezo
Tropiezo

Y la 1.ª persona del singular del presente de indicativo de los verbos en "ezar".

Í

Ahí
Ajonjolí
Alfaquí
Alhelí
Allí
Aquí
Así
Baladí
Benjuí
Berbiquí
Bisturí
Bombasí
Borceguí
Cadí
Carmesí
Cequí
Colibrí
Chacolí
Di
Frenesí
Hurí
I
Jabalí
Maniquí
Maravedí
Marroquí
Mi
Neblí
Ni
Otrosí
Pitiminí
Rabí
Rubí
Si
Sí
Tahalí
Ti
Tití
Turquí
Vi
Y
Zahorí
Zaquizamí

Y la 1.ª persona del singular del pretérito perfecto de indicativo de los verbos de la 2.ª y 3.ª conjugación: vg., temí, partí, etc.

ÍA

Abadía
Abogacía
Afonía
Acedía
Agonía
Agorería
Alcaldía
Alcancía
Alegoría
Alegría
Alevosía
Alfarería
Algarabía
Aljamía
Almadía
Almirantía
Alopatía
Alquería
Altanería
Ambrosía
Amnistía
Amplía
Analogía
Anaquelería
Anarquía
Anatomía
Anfibología
Anomalía
Antipatía
Antología
Antropofagía
Apatía
Apología
Apoplejía
Apostasía
Arcabucería
Archicofradía
Armería
Armonía
Arpía
Arqueología
Arría
Artería
Artillería
Asesoría
Astrología
Astronomía
Atavía
Atonía
Auditoría
Autonomía
Avefría
Avemaría
Avería
Avía
Bacía
Bachillería
Bahía
Baldía
Bandería
Barbería
Bastardía
Baronía
Batería
Batología
Beatería
Behetría
Bellaquería
Berbería
Bibliografía
Bizarría
Bobería
Botillería
Bravía
Brujería
Buhonería
Bujía
Burguesía
Caballería
Cabrería
Cacería
Cacofonía
Caligrafía
Caloría
Cancillería
Canonjía
Cantería
Cañería
Capellanía
Capitanía
Carbonería
Carestía
Carnicería
Carpintería
Cartería
Categoría
Celosía
Cercanía
Cerería
Cervecería
Cestería
Cetrería
Cicatería
Cirugía
Ciudadanía
Clerecía
Cobardía
Cofradía
Comisaría
Compañía
Confía
Confitería
Conserjería
Contaduría
Contraría
Coquetería
Cordelería
Coreografía
Correría
Cortesanía
Cortesía
Cosmogonía
Cosmografía
Cosmología
Cría
Crestomatía
Cronología
Crujía
Cuantía
Cuchillería
Curaduría
Chancillería
Chapucería
Chinchorrería
Chirimía
Chiribía
Chocarrería
Chuchería
Chulería
Demasía
Desafía
Descarría
Desconfía
Descortesía
Deslía
Depositaría
Desvaría
Desvía
Día
Diaconía
Dinastía
Disentería
Dosimetría
Droguería
Dulía
Economía
Elegía
Embustería
Encía
Energía
Enfermería
Enfría
Engría
Envía

Epifanía
Epigrafía
Escampanuría
Escenografía
Escribanía
Espadería
Espartería
Especiería
Espía
Estampería
Estantería
Estantía
Esterería
Estría
Etimología
Etnografía
Etnología
Eucaristía
Eufonía
Expía
Extranjería
Factoría
Falsía
Fantasía
Fechoría
Feligresía
Felonía
Fía
Filología
Filosofía
Fiscalía
Fisiología
Fisonomía
Fotografía
Franquía
Fría
Fruslería
Frutería
Fullería
Fusilería
Galantería
Galería
Gallardía
Ganadería
Garantía
Genealogía
Geografía
Geología
Geometría
Germanía
Gloría
Glotonería
Gollería
Granjería
Gritería
Grosería
Guantería
Guardería
Guía
Gumía
Habladuría
Haraganería
Hastía
Hechicería
Hegemonía
Herejía
Herrería
Hidalguía
Hidrografía
Hidropesía
Hiperdulía
Hipocondría
Hipocresía
Holgazanería
Homeopatía
Homilía
Hospedería
Hostería
Ideología
Idolatría
Impía
Infantería
Ingeniería
Ironía
Jardinería
Jauría
Jerarquía
Joyería
Judería
Judía
Latría
Lechería
Legacía
Lejanía
Lejía
Lencería
Letanía
Lía
Librería
Logrería
Lotería
Lozanía
Machaquería
Maestría
Majadería
Malvasía
Mancebía
Mampostería
Mantelería
Manía
Marinería
Marquetería
Masía
Masonería
Maulería
Mayordomía
Mayoría
Medianería
Medianía
Mediodía
Mejoría
Melancolía
Melodía
Mensajería
Mercadería
Mercancía
Mercería
Meteorología
Minería
Minoría
Miopía
Misantropía
Mitología
Mojigatería
Monarquía
Monería
Monografía
Monomanía
Monotonía
Montería
Morería
Mosquetería
Niñería
Nombradía
Notaría
Novelería
Ñoñería
Oligarquía
Ontología
Orfebrería
Orgía
Ortografía
Osadía
Pagaduría
Paganía
Palabrería
Paleografía
Panadería
Papelería
Pasamanería
Pastelería
Pedagogía
Pedrería
Peletería
Peluquería
Penitenciaría
Peonía
Perfumería
Perlesía
Perrería
Pescadería
Pesquería
Pía
Picardía
Pillería
Piratería
Platería
Pleitesía
Pleuresía
Poesía
Policía
Poligrafía
Poltronería
Pordiosería
Porfía
Porquería
Portería
Postrimería
Prelacía
Prendería
Primacía
Principalía
Profecía
Pulmonía
Puntería
Quesería
Quincallería
Ranchería
Ratería
Ratafía
Rebeldía
Rectoría
Regalía
Relojería
Repostería
Resfría
Ría
Rocía
Romería
Roñería
Ropería
Sabiduría
Sacristía
Sandía
Sangría
Sastrería
Secretaría
Sedería
Señoría
Sequía
Serranía
Sillería
Simetría
Simonía
Simpatía
Sinfonía
Soberanía
Sodomía

Sofistería
Soltería
Sombrerería
Sombría
Sonría
Sosería
Superchería
Tapicería
Taquigrafía
Tardía
Tejería
Tenería
Teogonía
Teología
Teoría
Tercería
Testamentaría
Tetrarquía
Tía
Tintorería
Tipografía
Tiranía
Todavía
Tontería
Topografía
Totovía
Trapacería
Travesía
Trigonometría
Tropelía
Truhanería
Truhanía
Tubería
Turquía
Tutoría
Ufanía
Umbría
Utopía
Usía
Vacía
Valentía
Valía
Vaquería
Varía
Vía
Vicaría
Vigía
Villanía
Vocería
Zalamería
Zapatería
Zoología
Zorrería

Y la 3.ª persona del singular del presente de indicativo de los verbos en "iar": vg., desconfía, desvaría.

Y la 1.ª y 3.ª persona del singular del del pretérito imperfecto de indicativo de los verbos de la 2.ª y 3.ª conjugación: vg., temía, partía.

Y la 1.ª y 3.ª persona del singular del condicional de todos los verbos.

IBA-IVA

Adscriba
Alternativa
Arriba
Circunscriba
Comitiva
Cooperativa
Copulativa
Criba
Cursiva
Deriva
Descriptiva
Diatriba
Directiva
Ejecutiva
Escriba
Evasiva
Exclusiva
Expectativa
Giba
Iniciativa
Invectiva
Inventiva
Lavativa
Misiva
Negativa
Ofensiva
Ojiva
Oliva
Perspectiva
Preceptiva
Prerrogativa
Retentiva
Rogativa
Saliva
Semiviva
Sensitiva
Siempreviva
Tentativa
Viva

Y la 3.ª persona del singular del presente de indicativo de los verbos en "ibar" o "ivar": vg., estriba, cultiva.

Y la 1.ª y 3.ª personas del singular del presente de subjuntivo de los verbos en "ibir" e "ivir": vg., reciba y reviva.

Y los femeninos de muchos vocablos en "ivo".

ÍBAR

Acíbar
Almíbar

IBE-IVE

Aljibe
Caribe
Declive
Detective
Exclusive
Inclusive
Jedive

Y la 3.ª persona del singular del presente de indicativo de los verbos en "ibir" e "ivir".

Y la 1.ª y 3.ª persona del singular del presente de subjuntivo de los verbos en "ibar" e "ivar".

IBIA-IVIA

Alivia
Anfibia
Entibia
Jibia
Lascivia
Libia
Tibia

IBIE-IVIE

Alivie
Entibie

IBIO-IVIO

Alivio
Anfibio
Entibio
Libio
Tibio

IBLE

Accesible
Apacible
Bonancible
Combustible
Comestible
Compatible
Concupiscible
Divisible
Factible
Flexible
Fusible
Horrible
Impasible
Imperdible
Imposible
Incompatible
Infalible
Inmarcesible
Invencible
Invisible
Irascible
Irremisible
Plausible
Posible
Sensible
Susceptible
Terrible

Y todos los adjetivos verbales terminados en "ible".

IBO-IVO

Ablativo
Abortivo
Abusivo
Activo
Afirmativo
Aflictivo
Altivo
Aperitivo
Archivo
Arribo
Atractivo
Caritativo
Cautivo
Coactivo
Colectivo
Comparativo
Compasivo
Comunicativo
Consecutivo
Consultivo
Correctivo
Correlativo
Corrosivo

Cultivo
Curativo
Chivo
Dativo
Decisivo
Defensivo
Definitivo
Demostrativo
Derribo
Descriptivo
Despectivo
Destructivo
Determinativo
Digestivo
Directivo
Dispositivo
Distintivo
Distributivo
Dominativo
Donativo
Efectivo
Ejecutivo
Electivo
Equitativo
Esquivo
Estribo
Excesivo
Exclusivo
Expansivo
Expectativo
Expiativo
Expositivo
Expresivo
Extensivo
Facultativo
Festivo
Fugitivo
Furtivo
Gubernativo
Imaginativo
Imperativo
Incisivo
Informativo
Instructivo
Intempestivo
Interpretativo
Interrogativo
Intransitivo
Intuitivo
Justificativo
Lascivo
Legislativo
Lenitivo
Llamativo
Motivo
Narrativo
Nativo
Nocivo
Objetivo
Olivo
Paliativo
Pasivo
Pensativo
Persuasivo
Posesivo
Potestativo
Preparativo
Preventivo
Primitivo
Privativo
Productivo
Progresivo
Provocativo
Putativo
Reactivo
Recibo
Recreativo
Reflexivo
Relativo
Respectivo
Revulsivo
Sucesivo
Superlativo
Transitivo
Unitivo
Vengativo
Vivo
Vindicativo
Vomitivo
Votivo

Y la 1.ª persona del singular del presente de indicativo de los verbos en "ibar", "ivar", "ibir" e "ivir".

IBRA

Calibra
Desequilibra
Equilibra
Fibra
Libra
Vibra

IBRE

Calibre
Desequilibro
Equilibro
Jengibre
Libre
Vibre

IBRO

Calibro
Desequilibro
Equilibro
Libro
Vibro

IBRIO

Desequilibrio
Equilibrio
Ludibrio

ICA

Barrica
Botica
Dominica
Marica
Mica
Pellica
Pica
Rebotica
Risica

Y la 3.ª persona del singular del presente de indicativo de los verbos en "icar": vg., abanica, santifica, versifica.
Y los femeninos de algunos vocablos en "ico".

ICE

Bendice
Berenice
Desdice
Deshice
Dice
Felice
Fenice
Hice
Ice
Infelice
Maldice
Preside
Rehice
Satisfice

Y la 1.ª y 3.ª persona del singular del presente de subjuntivo de los verbos en "izar": vg., cicatrice, legalice, ríce.

ICIA

Albricia
Avaricia
Caricia
Codicia
Delicia
Estulticia
Fenicia
Franquicia
Galicia
Ictericia
Impericia
Impudicicia
Injusticia
Inmundicia
Justicia
Leticia
Licia
Malicia
Milicia
Mundicia
Noticia
Pericia
Presticia
Primicia
Puericia
Sevicia

Y la 3.ª persona del singular del presente de indicativo de los verbos en "iciar": vg., acaricia, desperdicia, inicia.
Y los femeninos de algunos vocablos en "icio".

ICIE

Calvicie
Canicie
Molicie
Planicie
Superficie

Y la 1.ª y 3.ª persona del singular del presente de subjuntivo de los verbos en "iciar".

ICIO

Acaricio
Acomodaticio
Adventicio
Afabricio
Alimenticio
Armisticio

Arrepticio
Artificio
Auspicio
Beneficio
Bullicio
Cardenalicio
Cilicio
Comendaticio
Compatricio
Connovicio
Desperdicio
Deservicio
Edificio
Ejercicio
Esponsalicio
Estropicio
Facticio
Fenicio
Ficticio
Fornicio
Frontispicio
Gentilicio
Hospicio
Indicio
Intersticio
Juicio
Ladronicio
Maleficio
Natalicio
Novicio
Nutricio
Oficio
Orificio
Patricio
Perjuicio
Picio
Pontificio
Precipicio
Propicio
Quicio
Rebullicio
Resquicio
Sacrificio
Salicio
Servicio
Solsticio
Subrepticio
Suplicio
Ticio
Traslaticio
Tribunicio
Vicio
Vitalicio

Y la 1.ª persona del singular del presente de indicativo de los verbos en "iciar".

ICLO

Biciclo
Ciclo
Hemiciclo
Siclo
Triciclo

ICO

Abanico
Acerico
Alambico
Alarico
Borrico
Callandico
Chico
Dominico
Hocico
Mico
Pellico
Pico
Rico
Villancico
Zapapico
Zatico

Y la 1.ª persona del singular del presente de indicativo de los verbos en "icar".

ICTA

Adicta
Aflicta
Convicta
Dicta
Estricta
Invicta
Restricta
Vindicta

ICTO

Adicto
Aflicto
Conflicto
Convicto
Dicto
Edicto
Estricto
Interdicto
Invicto
Restricto
Veredicto

ICUA

Conspicua
Inicua
Licua
Oblicua
Perspicua
Proficua
Silicua

ICUE

Licue
Oblicue

ICUO

Conspicuo
Inicuo
Licuo
Oblicuo
Perspicuo
Proficuo

ICHA

Antedicha
Contradicha
Chicha
Desdicha
Dicha
Encapricha
Ficha
Redicha
Salchicha
Susodicha

ICHE

Boliche
Derviche
Encapriche
Fetiche
Trapiche

ICHO

Antedicho
Bicho
Capricho
Contradicho
Dicho
Encapricho
Entredicho
Nicho
Redicho
Susodicho

ID

Adalid
Ardid
Cid
David
Id
Lid
Quid
Vid

IDA

Acogida
Acometida
Arremetida
Avenida
Batida
Bebida
Bienvenida
Brida
Cabida
Caída
Cogida
Comida
Corrida
Crecida
Deicida
Deseguida
Despedida
Druida
Dormida
Egida
Embestida
Entretenida
Fratricida
Guarida
Herida
Homicida
Huida
Ida
Infanticida
Manida
Matricida
Medida
Mordida
Parricida
Partida
Patricida
Querida
Recaída
Recogida
Sacudida
Salida
Subida
Suicida
Tiranicida

Torcida
Venida
Vida
Zambullida

Y la 3.ª persona del singular del presente de indicativo de los verbos en "idar": vg., anida, liquida.
Y la 1.ª y 3.ª persona del singular del presente del subjuntivo de los verbos en "edir" e "idir": vg., divida, expida, etcétera.
Y los femeninos de los participios de todos los verbos de la 2.ª y 3.ª conjugación: vg., temida, vivida, etc.
Y los femeninos de algunos vocablos en "ido".

IDAS

Midas
Paracaídas
Perdonavidas
Salvavidas

Y los plurales de los vocablos en "ida".

IDE

Almoravide

Y la 3.ª persona del singular del presonas del singular del de los verbos en "edir" e "idir".
Y la 1.ª y 3.ª persona del singular del presente de subjuntivo de los verbos en "idar".

IDIA

Acidia
Desidia
Envidia
Fastidia
Insidia
Lidia
Perfidia

IDIE

Envidie
Fastidie
Lidie

IDIO

Deicidio
Envidio
Fastidio
Fratricidio
Homicidio
Infanticidio
Lidio
Matricidio
Ovidio
Parricidio
Presidio
Regicidio
Subsidio
Suicidio
Tiranicidio

IDO

Alarido
Añadido
Apellido
Aullido
Balido
Bandido
Barrido
Berrido
Bramido
Bufido
Cocido
Colorido
Cometido
Conocido
Cosido
Crujido
Cumplido
Cupido
Curtido
Chasquido
Chiflido
Chillido
Chirrido
Desconocido
Descreído
Dido
Ejido
Embutido
Estallido
Estampido
Fluido
Forajido
Gañido
Gemido
Graznido
Gruñido
Herido
Hipido
Ladrido
Latido
Leído
Marido
Maullido
Metido
Mordido
Mugido
Nacido
Nido
Oído
Olvido
Parecido
Partido
Pedido
Perdido
Plañido
Prendido
Prometido
Quejido
Querido
Remitido
Resoplido
Ronquido
Rugido
Ruido
Salpullido
Sentido
Silbido
Sonido
Soplido
Sostenido
Surtido
Tañido
Tejido
Tendido
Vahído
Valido
Vestido
Zumbido
Zurcido
Zurrido

Y la 1.ª persona del singular del presente de indicativo de los verbos en "edir", "idar" e "idir": vg., mido, envido y reincido.
Y los participios de todos los verbos de la 2.ª y 3.ª conjugación: vg., desfallecido, reído, etc.

IDRA

Cidra
Hidra
Sidra

IDUA

Asidua
Individua

IDUO

Individuo
Occiduo
Residuo
Triduo

IE

La 3.ª persona del singular del presente de indicativo de los verbos en "eir: vg., fríe, ríe, etc.
Y la 1.ª y 3.ª persona del singular del presente de subjuntivo de los verbos en "iar": vg., alíe, fíe, guíe, etc.

IFA

Alcatifa
Califa
Engañifa
Jarifa
Rifa
Tarifa

IFE

Alarife
Arrecife
Esquife
Jarife
Matarife
Rife

IFO

Grifo
Hipogrifo
Logogrifo
Rifo

Triglifo

IFLA

Chifla
Rechifla

IFLE

Chifle
Mercachifle
Rechifle
Rifle

IFLO

Chiflo
Rechiflo

IFRA

Cifra
Descifra

IFRE

Cifre
Descifre

IFRO

Cifro
Descifro

IGA

Amiga
Auriga
Barriga
Boñiga
Cantiga
Cuadriga
Enemiga
Espiga
Fatiga
Higa
Hormiga
Intriga
Liga
Loriga
Maldiga
Miga
Miga
Ortiga
Vejiga
Viga

Y la 3.ª persona del singular del presente de indicativo de los verbos en "igar": vg., abriga, atosiga, etc.

Y la 1.ª y 3.ª persona del singular del presente de subjuntivo de los verbos en "ecir" y "eguir": vg., diga, siga, etc.

IGEN

Aborigen
Origen

IGIA

Desprestigia
Estigia
Frigia
Prestigia

IGIE

Desprestigie
Efigie
Prestigie

IGIO

Desprestigio
Estigio
Frigio
Litigio
Prestigio
Prodigio
Vestigio

IGLO

Siglo
Vestiglo

IGMA

Enigma
Estigma
Paradigma
Sigma

IGNA

Asigna
Benigna
Condigna
Consigna
Designa
Digna
Fidedigna
Indigna
Maligna
Persigna
Resigna
Signa

IGNE

Asigne
Consigne
Designe
Digne
Indigne
Insigne
Persigne
Resigne
Signe

IGNO

Asigno
Benigno
Condigno
Consigno
Designo
Fidedigno
Indigno
Maligno
Persigno
Resigno
Signo

IGO

Abrigo
Amigo
Bendigo
Castigo
Conmigo
Consigo
Contigo
Desabrigo
Digo
Enemigo
Higo
Maldigo
Mendigo
Ombligo
Papahígo
Postigo
Quejigo
Testigo
Trigo

Y la 1.ª persona del singular del presente de indicativo de los verbos en "igar": vg., ligo, fatigo, etc.

IGRA

Denigra
Emigra
Inmigra
Peligra
Transmigra

IGRE

Denigre
Emigre
Inmigre
Peligre
Tigre
Transmigre

IGRO

Denigro
Emigro
Inmigro
Peligro
Transmigro

IGUA

Ambigua
Amortigua
Antigua
Apacigua
Atestigua
Averigua
Contigua
Estantigua
Exigua
Manigua
Nigua
Santiagua

IGUE

Persigue
Sigue

Y la 1.ª y 3.ª persona del singular del presente de subjuntivo de los verbos en "igar": vg., ligue, abrigue, litigue, etc.

IGÜE

Amortigüe
Apacigüe
Atestigüe
Averigüe
Santigüe

IGUO

Ambiguo
Amortiguo
Antiguo
Apaciguo
Atestiguo
Averiguo
Contiguo
Exiguo
Santiguo

IJA

Baratija
Botija
Clavija
Guija
Hija
Lagartija
Lija
Prolija
Rendija
Rija
Sabandija
Sortija
Torrija
Valija
Vasija
Vedija

Y la 3.ª persona del singular del presente de indicativo de los verbos en "ijar": vg., aguija, cobija, etc.

Y la 1.ª y 3.ª persona del singular del presente de subjuntivo de los verbos en "egir" e "igir": vg., colija, aflija, etc.

IJE-IGE

Dije

Y la 3.ª persona del singular del presente de indicativo de los verbos en "egir" e "igir".

Y la 1.ª y 3.ª persona del singular del presente de subjuntivo de los verbos en "ijar".

IJO

Acertijo
Afijo
Alijo
Amasijo
Bendijo
Botijo
Casquijo
Cortijo
Crucifijo
Dijo
Escondrijo
Fijo
Hijo
Maldijo
Mijo
Prefijo
Regocijo
Subfijo

Y la 1.ª persona del singular del presente de indicativo de los verbos en "ijar": vg., cobijo, exijo, etc.

IL

Abril
Aguamanil
Albañil
Alfil
Alguacil
Añafil
Añil
Atril
Barril
Buril
Candil
Carril
Cerril
Civil
Cubil
Cuchitril
Chiribitil
Dedil
Dril
Edil
Esmeril
Estudiantil
Fabril
Febril
Femenil
Ferrocarril
Fusil
Gentil
Hostil
Incivil
Infantil
Juvenil
Mandil
Marfil
Mercantil
Mil
Ministril
Monjil
Mujeril
Pastoril
Pensil
Perejil
Perfil
Pernil
Portafusil
Pretil
Proyectil
Pueril
Redil
Reptil
Senil
Señoril
Servil
Sutil
Tamboril
Toril
Toronjil
Varonil
Vil
Viril
Zascandil

ILA

Anguila
Badila
Fila
Gorila
Hila
Lila
Mochila
Pila
Pupila
Retahíla
Sibila
Tila

Y la 3.ª persona del singular del presente de indicativo de los verbos en "ilar": vg., afila, oscila, etc.

Y los femeninos de algunos vocablos en "ilo".

ILDA

Atilda
Tilda

ILDE

Atilde
Humilde
Matilde
Tilde

ILDO

Atildo
Cabildo
Tildo

ILGA

Endilga
Pocilga
Remilga

ILGO

Endilgo
Remilgo

ILGUE

Endilgue
Remilgue

ILE

Correvedile
Desfile

Y la 1.ª y 3.ª persona del singular del presente de subjuntivo de los verbos en "ilar".

ILIA

Afilia
Auxilia
Concilia
Domicilia
Familia
Filia
Homilia
Reconcilia
Vigilia

ILIE

Afilie
Auxilie
Concilie
Domicilie
Reconcilie

ILIO

Afilio
Auxilio
Concilio
Domicilio
Idilio
Reconcilio
Utensilio

ILIS

Bilis
Busilis

ILO

Asilo
Cocodrilo
Codicilo
Estilo
Filo
Hilo
Intranquilo
Kilo
Nilo
Pabilo
Peristilo
Pistilo
Pupilo
Quilo
Sigilo
Silo
Tilo
Tranquilo
Vacilo
Ventilo
Vilo

Y la 1.ª persona del singular del presente de indicativo de los verbos en "ilar": vg., afilo, vigilo, etc.

ILTRA

Filtra
Infiltra

ILTRE

Filtre
Infiltre

ILTRO

Filtro
Infiltro

ILLA

Abubilla
Albondiguilla
Alcantarilla
Almilla
Almohadilla
Anilla
Antilla
Arcilla
Ardilla
Armilla
Arquilla
Astilla
Bacinilla
Banderilla
Barandilla
Barbilla
Bastardilla
Billa
Bombilla
Boquilla
Buhardilla
Cabecilla
Cabritilla
Calderilla
Camarilla
Camilla
Campanilla
Canastilla
Canilla
Capilla
Carilla
Carretilla
Cartilla
Cascarilla
Casilla
Cerilla
Cochinilla
Colilla
Comidilla
Comilla
Cordilla
Coronilla
Costilla
Cuadrilla
Cuartilla
Cuchilla
Ensaladilla
Escobilla
Escotilla
Escudilla
Espinilla
Estampilla
Falsilla
Flotilla
Francesilla
Gacetilla
Gargantilla
Gavilla
Golilla
Guerrilla
Guindilla
Hablilla
Hebilla
Hornilla
Horquilla
Jeringuilla
Ladilla
Lamparilla
Letrilla
Mancilla
Manecilla
Manilla
Mantequilla
Mantilla
Manzanilla
Maravilla
Marisabidilla
Mascarilla
Masilla
Mejilla
Milla
Morcilla
Muletilla
Natilla
Orilla
Pacotilla
Paletilla
Palomilla
Pandilla
Pantorrilla
Papilla
Parrilla
Pastilla
Patilla
Peladilla
Perilla
Pesadilla
Pescadilla
Pilla
Plantilla
Plumilla
Polilla
Postilla
Presilla
Quilla
Quintilla
Quisquilla
Rabadilla
Redecilla
Redondilla
Rejilla
Rencilla
Rodilla
Rosquilla
Seguidilla
Semilla
Sencilla
Serranilla
Silla
Sombrilla
Tablilla
Taquilla
Tarabilla
Tetilla
Tirilla
Toldilla
Toquilla
Torrecilla
Tortilla
Trabilla
Traílla
Trencilla
Trilla
Vainilla
Vajilla
Varilla
Ventanilla
Villa
Zancadilla
Zapatilla
Zarzaparrilla

Y la 3.ª persona del singular del presente de indicativo de los verbos en "illar": vg., humilla, chilla, etc.
Y los diminutivos en "illa".

ILLAS

Cosquillas
Cuchillas
Escondidillas
Hurtadillas
Mantillas
Mentirijillas

ILLE

La 1.ª y 3.ª persona del singular del presente de subjuntivo de los verbos en "illar".

ILLO

Albillo
Altillo
Amarillo
Anillo
Azucarillo
Banquillo
Baratillo
Barquillo
Batiburrillo
Bolillo
Bolsillo
Brillo
Brinquillo
Cabestrillo
Cañutillo
Capillo
Caracolillo
Caramillo
Carboncillo
Cardenillo
Carrillo
Casquillo
Castillo
Caudillo
Cepillo
Cerquillo
Cigarillo
Codillo
Colmillo
Corrillo
Cortadillo
Cuadernillo
Cuartelillo
Cuartillo
Cuclillo
Cursillo
Chiquillo
Dedillo
Dobladillo
Dominguillo
Escardillo
Estribillo
Flequillo
Frenillo
Ganchillo
Garrotillo
Gatillo
Grillo
Gusanillo
Hatillo
Higadillo
Hornillo
Junquillo
Justillo
Ladrillo
Latiguillo
Lazarillo
Lebrillo
Librillo
Lobanillo
Martillo
Membrillo
Menudillo
Molinillo
Monaguillo
Moquillo
Morcillo
Morrillo
Novillo
Nudillo
Organillo
Orillo
Ovillo
Palillo
Panecillo
Pasillo
Pepinillo
Pestillo
Picadillo
Pillo
Pitillo
Platillo
Pocillo
Polvillo
Porrillo
Portillo
Rastrillo
Rodillo
Sencillo
Sequillo
Solomillo
Soplillo
Tabardillo
Tabladillo
Tapadillo
Tobillo
Tomillo
Tordillo
Tornillo
Trapillo
Tresillo
Trillo
Ventanillo
Ventorrillo
Veranillo
Visillo
Zarcillo

Y la 1.ª persona del singular del presente de indicativo de los verbos en "illar": vg., brillo, cepillo, etc.
Y los diminutivos en "illo".

ILLOS

Calzoncillos
Fondillos

IMA

Anima
Aproxima
Arrima
Cima
Clima
Comprima
Deprima
Desanima
Desestima
Dirima
Encima
Escatima
Esgrima
Estima
Exima
Exprima
Gima
Grima
Imprima
Lastima
Legitima
Lima
Mima
Oprima
Pantomima
Prima
Redima
Reprima
Rima
Sima
Sublima
Suprima
Tarima

IMBO

Limbo
Nimbo

IMBRA

Cimbra
Coimbra
Timbra

IMBRE

Cimbre
Mimbre
Timbre
Urdimbre

IMBRO

Cimbro
Timbro

IME

Dime
Fuime
Sublime
Vime

Y la 1.ª y 3.ª persona del singular del presente de subjuntivo de los verbos en "imar" e "imir": vg., intime, oprime, etcétera.

IMEN

Crimen
Himen
Limen

IMIA

Alquimia
Eximia
Homonimia
Metonimia
Nimia
Simia
Sinonimia
Vendimia

IMIO

Eximio
Nimio
Simio
Vendimio

ÍMIL

Inverosímil

Símil
Verosímil

IMO

Arrimo
Limo
Mimo
Primo
Racimo
Timo

Y la 1.ª persona del singular del presente de indicativo de los verbos en "imar" e "imir": vg., lastimo, oprimo, etcétera.

IN

Adoquín
Afín
Albardín
Andarín
Arlequín
Bacín
Bailarín
Balancín
Balín
Banderín
Becoquín
Bergantín
Boletín
Bolsín
Botín
Botiquín
Cachupín
Calabacín
Calcetín
Calesín
Camarín
Camisolín
Carmín
Celemín
Clarín
Cojín
Colorín
Confín
Corbatín
Cornetín
Crin
Chapín
Chiquitín
Danzarín
Delfín
Escarpín
Espadachín
Espadín
Esplín
Fajín
Festín
Figurín
Fin
Flautín
Florín
Folletín
Fortín
Galopín
Hollín
Jardín
Jazmín
Langostín
Latín
Magín
Malandrín
Maletín
Malsín
Mandarín
Mastín
Matachín
Mohín
Motín
Orín
Paladín
Palanquín
Parlanchín
Pasquín
Patín
Peluquín
Polvorín
Querubín
Retintín
Rocín
Rondín
Ruin
Saltarín
Sanedrín
Serafín
Serpentín
Serrín
Tilín
Trajín
Trampolín
Violín
Volantín
Volatín

Y otros diminutivos en "in".

INA

Aguamarina
Angina
Argentina
Azotina
Bailarina
Bambalina
Barretina
Bencina
Berlina
Bobına
Bocina
Bolina
Bronquina
Calamina
Cantina
Carabina
Cartulina
Cecina
Clavellina
Cocina
Colina
Concubina
Contramina
Coralina
Coramina
Cortina
Culebrina
Chalina
Chamusquina
China
Degollina
Dextrina
Disciplina
Doctrina
Encina
Endrina
Esclavina
Escofina
Espina
Esquina
Esterlina
Estricnina
Estudiantina
Fagina
Gallina
Gelatina
Glicerina
Golondrina
Golosina
Guillotina
Harina
Heroína
Hornacina
Inquina
Interina
Jabalina
Leontina
Letrina
Madrina
Marina
Medicina
Menina
Mina
Mohína
Morfina
Muselina
Neblina
Nicotina
Oficina
Ondina
Orina
Palestina
Pamplina
Papalina
Parafina
Pechina
Piscina
Platina
Pretina
Propina
Purpurina
Quina
Quinina
Resina
Retina
Ruina
Rutina
Salina
Sardina
Sarracina
Sentina
Sextina
Sixtina
Sordina
Tagarnina
Tina
Trementina
Tremolina
Turbina
Ursulina
Vagina
Zarina

Y la 3.ª persona del singular del presente de indicativo de los verbos en "inar": vg., calcina, declina, encamina, etc.
Y los femeninos de algunos vocablos en "in" y en "ino".

INCA

Afinca

Brinca
Cinca
Delinca
Finca
Hinca
Inca
Trinca

INCE

Esguince
Lince
Quince

INCO

Afinco
Ahínco
Brinco
Cinco
Delinco
Hinco
Trinco

INCUO

Apropincuo
Longincuo
Propincuo

INCHA

Cincha
Chincha
Deshincha
Hincha
Pincha
Relincha
Trincha

INCHE

Berrinche
Compinche
Chinche
Deshinche
Hinche
Pinche
Relinche
Trinche

INCHO

Cincho
Chincho
Deshincho
Hincho
Pincho
Relincho
Trincho

INDA

Blinda
Brinda
Deslinda
Escinda
Florinda
Guinda
Linda
Prescinda
Rescinda
Rinda

INDE

Blinde
Brinde
Deslinde
Escinde
Linde
Prescinde
Rescinde
Rinde

INDO

Barbilindo
Blindo
Brindo
Deslindo
Escindo
Guindo
Indo
Lindo
Prescindo
Rindo
Tamarindo

INE

La 3.ª persona del singular del presente de indicativo de los verbos en "inir": vg., define, etc.

Y la 1.ª persona del singular del pretérito perfecto de indicativo de los verbos en "enir": vg., convine, previne, etc.

Y la 1.ª y 3.ª persona del singular del presente de subjuntivo de los verbos en "inar".

INFA

Linfa
Ninfa

INGA

Berlinga
Carlinga
Extinga
Distinga
Jeringa
Pringa
Respinga
Restinga

INGE

Astringe
Esfinge
Faringe
Finge
Infringe
Laringe

INGO

Distingo
Domingo
Extingo
Gringo
Mingo
Respingo

INGLE

Ingle
Ringle
Tingle

INGUE

Distingue
Extingue
Jeringue
Potingue
Pringue

INGÜE

Bilingüe
Lapsus lingüe
Pingüe
Trilingüe

INIA

Abisinia
Ignominia
Virginia

INIO

Abisinio
Aluminio
Dominio
Escrutinio
Exterminio
Lacticinio
Latrocinio
Lenocinio
Minio
Patrocinio
Plinio
Predominio
Raciocinio
Vaticinio

INJA

Astrinja
Finja
Infrinja
Restrinja

INJO

Astrinjo
Finjo
Infrinjo
Restrinjo

INO

Adivino
Adulterino
Agustino
Alabastrino
Alcalino
Ambarino
Anodino
Asesino
Blanquecino
Camino
Campesino
Canino
Cantarino
Capuchino
Cebollino
Cedrino
Cetrino
Clandestino
Comino
Cristalino
Damasquino

Dañino
Desatino
Destino
Diamantino
Divino
Doctrino
Endrino
Espino
Felino
Femenino
Filipino
Fino
Genuino
Inquilino
Intestino
Ladino
Langostino
Latino
Leonino
Levantino
Libertino
Lino
Marino
Masculino
Matutino
Merino
Mezquino
Molino
Mortecino
Padrino
Palatino
Pepino
Palomino
Partiquino
Peregrino
Pergamino
Pino
Platino
Pollino
Purpurino
Rabino
Remolino
Repentino
Sino
Sobrino
Supino
Taurino
Teatino
Tino
Tocino
Trino
Ultramarino
Vecino
Vellocino
Vespertino
Vino
Viperino

INQUE

Afinque
Brinque
Delinque
Hinque
Trinque

INTA

Cinta
Distinta
Encinta
Extinta
Indistinta
Pinta
Precinta
Quinta
Retinta
Sucinta
Tinta

INTE

Pinte
Precinte
Quinte
Tinte

INTO

Cinto
Distinto
Extinto
Indistinto
Instinto
Jacinto
Laberinto
Pinto
Precinto
Quinto
Recinto
Requinto
Retinto
Sucinto
Terebinto
Tinto

IÑA

Aliña
Apiña
Arrebatiña
Basquiña
Campiña
Ciña
Constriña
Desaliña
Desciña
Destiña
Encariña
Escudriña
Garapiña
Guiña
Lampiña
Morriña
Niña
Piña
Rapiña
Rebatiña
Riña
Socaliña
Tiña
Viña

IÑE

Aliñe
Apiñe
Ciñe
Constriñe
Desaliñe
Desciñe
Destiñe
Encariñe
Escudriñe
Guiñe
Riñe
Tiñe

IÑO

Aliño
Apiño
Armiño
Barbilampiño
Cariño
Ciño
Corpiño
Desaliño
Encariño
Guiño
Lampiño
Niño
Pestiño

ÍO

Albedrío
Amorío
Atavío
Avío
Bailío
Bajío
Baldío
Bohío
Bravío
Brío
Cabrío
Caserío
Cortafrío
Chirrío
Desafío
Desvarío
Desvío
Envío
Escalofrío
Estío
Extravío
Frío
Gentío
Hastío
Impío
Judío
Lío
Mío
Mujerío
Navío
Pío
Plantío
Poderío
Regadío
Río
Rocío
Sembradío
Señorío
Sombrío
Sonrío
Tardío
Tío
Trío
Umbrío
Vacío

Y la 1.ª persona del singular del presente de indicativo de los verbos en "iar": vg., enfrío, amplio, etc.

IPA

Anticipa
Constipa
Chiripa
Destripa
Disipa
Emancipa
Equipa
Estereotipa
Hipa
Participa

Pipa
Tripa

IPE

Constipe
Anticipe
Destripe
Disipe
Emancipe
Equipe
Estereotipe
Hipe
Participe

IPIA

Celotipia
Estereotipia
Linotipia
Principia
Ripia

IPIO

Municipio
Participio
Principio
Ripio

IPLE

Atiple
Tiple
Triple

IPO

Anticipo
Arquetipo
Constipo
Disipo
Emancipo
Equipo
Hipo
Participo
Prototipo
Tipo
Zollipo

IPSE

Eclipse
Elipse

IPSIS

Apocalipsis
Elipsis

IPTA

Adscripta
Circunscripta
Cripta
Infrascripta
Inscripta
Proscripta
Transcripta

IPTO

Adscripto
Circunscripto
Eucalipto
Inscripto
Infrascripto
Proscripto
Rescripto
Transcripto

IQUE

Alambique
Alfeñique
Cacique
Dique
Espolique
Meñique
Mozambique
Palique
Pique
Repique
Tabique

Y la 1.ª y 3.ª persona del singular del presente de subjuntivo de los verbos en "icar": vg., critique, versifique, etc.

IQUIO

Deliquio
Hemistiquio
Pirriquio

IR

Abatir
Abolir
Abrir
Aburrir
Acudir
Adherir
Admitir
Adquirir
Adscribir
Aducir
Advertir
Afligir
Afluir
Agredir
Aguerrir
Aludir
Añadir
Apercibir
Aplaudir
Argüir
Asentir
Asir
Asistir
Asumir
Atribuir
Aturdir
Avenir
Balbucir
Batir
Bendecir
Blandir
Bruñir
Bullir
Casimir
Ceñir
Circunscribir
Coexistir
Cohibir
Coincidir
Colegir
Combatir
Comedir
Compartir
Competir
Comprimir
Compungir
Concebir
Concernir
Concluir
Concurrir
Conducir
Conferir
Confluir
Confundir
Conseguir
Consentir
Consistir
Constituir
Constreñir
Construir
Consumir
Contradecir
Contravenir
Controvertir
Contribuir
Convenir
Convertir
Corregir
Crujir
Cubrir
Cumplir
Cundir
Curtir
Debatir
Decidir
Decir
Deducir
Deferir
Deglutir
Definir
Delinquir
Departir
Deprimir
Derretir
Derruir
Desasir
Desavenir
Desceñir
Describir
Descubrir
Desdecir
Desistir
Desleír
Deslucir
Desmentir
Desoír
Despedir
Desteñir
Destituir
Destruir
Desunir
Diferir
Difundir
Digerir
Diluir
Dimitir
Dirigir
Dirimir
Discernir
Discurrir
Discutir
Disentir
Disminuir
Distinguir
Distribuir
Disuadir
Divertir
Dividir
Dormir
Elegir
Elixir
Eludir

Embestir
Embutir
Emir
Emitir
Encubrir
Encurtir
Engreír
Engullir
Entreabrir
Erguir
Erigir
Escindir
Escribir
Esculpir
Escupir
Escurrir
Esgrimir
Esparcir
Estatuir
Evadir
Excluir
Exhibir
Exigir
Eximir
Existir
Expedir
Exprimir
Extinguir
Faquir
Fingir
Fluir
Freír
Fruncir
Fundir
Garantir
Gemir
Gruñir
Hazmerreír
Henchir
Herir
Hervir
Huir
Hundir
Imbuir
Impartir
Impedir
Imprimir
Incluir
Incumbir
Incurrir
Inducir
Inferir
Infligir
Influir
Infundir
Injerir
Inmiscuir
Inquirir
Inscribir
Insistir
Intervenir
Instituir
Instruir
Interrumpir
Intervenir
Introducir
Invadir
Invertir
Investir
Ir
Latir
Lucir
Maldecir
Malherir
Medir
Mentir
Morir
Mugir
Mullir
Nadir
Nutrir
Obstruir
Ocurrir
Ofir
Oír
Omitir
Oprimir
Parir
Partir
Pedir
Percibir
Percutir
Permitir
Perseguir
Persistir
Persuadir
Pervertir
Podrir
Porvenir
Predecir
Preexistir
Preferir
Prescindir
Prescribir
Presentir
Presidir
Presumir
Preterir
Prevenir
Producir
Proferir
Prohibir
Prorrumpir
Proscribir
Proseguir
Prostituir
Provenir
Pulir
Reasumir
Rebatir
Rebullir
Recibir
Recluir
Reconstruir
Reconvenir
Recurrir
Redimir
Reducir
Reelegir
Referir
Refundir
Regir
Rehuir
Reimprimir
Reincidir
Reír
Relucir
Remitir
Rendir
Reñir
Repartir
Repercutir
Repetir
Reprimir
Reproducir
Repulir
Requerir
Resarcir
Rescindir
Residir
Resistir
Restituir
Resumir
Resurgir
Retiñir
Retribuir
Reunir
Revivir
Revestir
Rugir
Sacudir
Salir
Seducir
Seguir
Sentir
Servir
Sobresalir
Sobrevenir
Sobrevivir
Sofreír
Sonreír
Subir
Subsistir
Subvenir
Sucumbir
Sufrir
Sugerir
Sumergir
Sumir
Suplir
Suprimir
Surgir
Surtir
Suscribir
Sustituir
Teñir
Traducir
Transcribir
Transcurrir
Transferir
Transgredir
Transigir
Transmitir
Tundir
Uncir
Ungir
Unir
Urdir
Urgir
Venir
Vestir
Visir
Vivir
Zabullir
Zafir
Zaherir
Zambullir
Zurcir

Y el infinitivo de los demás verbos de la 3.ª conjugación.

IRA

Espira
Gira
Guajira
Ira
Lira
Mentira
Pira
Tararira

Y la 3.ª persona del singular del presente de indicativo de los verbos en "irar": vg., estira, respira, etc.

IRE

La 1.ª y 3.ª persona del singular del presente de subjuntivo de los verbos en "irar".

IRIO

Asirio
Cirio
Colirio
Delirio
Ilirio
Lirio
Martirio
Sirio
Tirio

IRLA

Birla
Esquirla

Y los infinitivos en "ir" que puedan ir seguidos del pronombre "la": vg., vivirla, etc.

IRLE

Aguachirle

Y los infinitivos en "ir" que puedan ir seguidos del pronombre "le": vg., sufrirle, teñirle, etc.

IRLO

Birlo
Chirlo
Mirlo

Y los infinitivos de la 3.ª conjugación seguidos del pronombre "lo": vg., decirlo, seguirlo, etc.

IRMA

Afirma
Antefirma
Confirma
Firma

IRME

Afirme
Confirme
Firme

Y los infinitivos en "ir" que puedan ir seguidos del pronombre "me": vg., aburrirme, salirme, etcétera.

IRMO

Afirmo
Confirmo
Firmo

IRO

Duunviro
Giro
Guajiro
Papiro
Respiro
Retiro
Suspiro
Tiro
Triunviro
Vampiro
Zafiro

Y la 1.ª persona del singular del presente de indicativo de los verbos en "irar": vg., miro, conspiro, etc.

IRPE

Estirpe
Extirpe

IRRA

Mirra
Pirra

IRRO

Cirro
Esbirro
Pirro

IRSE

Todos los infinitivos en "ir" que puedan ir seguidos del pronombre "se": vg., desvivirse, etc.

IRTE

Todos los infinitivos en "ir" que puedan ir seguidos del pronombre "te": vg., servirte, etc.

IS

Anís
Bis
Chisgarabís
Gris
Lis
Mentís
Mis
País
Tris

Y la 3.ª persona del plural del presente de indicativo de los verbos de la 3.ª conjugación: vg., vivís, partís, etc.

ISA

Aprisa
Artemisa
Brisa
Camisa
Clarisa
Concisa
Cornisa
Cortapisa
Divisa
Elisa
Incircuncisa
Incisa
Indecisa
Indivisa
Irisa
Lisa
Marialuisa
Melisa
Minutisa
Misa
Omisa
Papisa
Pesquisa
Pitonisa
Poetisa
Premisa
Prisa
Profetisa
Remisa
Repisa
Risa
Sacerdotisa
Sisa
Sonrisa
Sumisa

Y la 3.ª persona del singular del presente de indicativo de los verbos en "isar": vg., frisa, guisa, requisa, etc.

ISCA

Arenisca
Arisca
Brisca
Confisca
Francisca
Levantisca
Marisca
Mordisca
Morisca
Olisca
Pedrisca
Prisca
Trisca
Ventisca

ISCO

Aprisco
Arisco
Asterisco
Basilisco
Cisco
Confisco
Disco
Fisco
Francisco
Lentisco
Levantisco
Malvavisco
Marisco
Menisco
Mordisco
Nevisco
Obelisco
Olisco
Pedrisco
Prisco
Risco
Trisco
Ventisco

ISE

La 1.ª y 3.ª persona del singular del presente del subjuntivo de los verbos en "isar".

ISIS

Crisis
Hemoptisis
Isis
Tisis

ISLA

Aísla
Isla
Legisla

Y la 3.ª persona del plural del presente de indicativo de los verbos de la 3.ª conjugación seguidos del pronombre "la": vg., oísla, partisla, etc.

ISLE

Aísle
Legisle

ISMA

Abisma
Aneurisma
Carisma
Cisma
Crisma
Ensimisma
Marisma
Misma
Morisma
Neurisma
Prisma
Sofisma

ISME

Abisme
Chisme
Ensimisme

ISMO

Abismo
Aforismo
Anacronismo
Arrianismo
Asimismo
Ateísmo
Barbarismo
Bautismo
Cataclismo
Catecismo
Catolicismo
Cristianismo
Culteranismo
Deísmo
Despotismo
Egoísmo
Erotismo
Escepticismo
Estoicismo
Estrabismo
Estructuralismo
Existencialismo
Exorcismo
Fanatismo
Fatalismo
Galicismo
Guarismo
Helenismo
Heroísmo
Hispanismo
Idiotismo
Jansenismo
Judaísmo
Marxismo
Materialismo
Mecanismo
Mismo
Modismo
Molinismo
Ostracismo
Paganismo
Paralelismo
Parasismo
Paroxismo
Patriotismo
Reumatismo
Rigorismo
Silogismo
Sinapismo
Solecismo

Y demás derivados denotando sistema, doctrina o secta acabados en "ismo".

ISO

Aliso
Aviso
Circunciso
Comiso
Compromiso
Decomiso
Diviso
Fideicomiso
Friso
Guiso
Improviso
Inciso
Indiviso
Iriso
Liso
Narciso
Omiso
Paraíso
Permiso
Piso
Preciso
Quiso
Remiso
Reviso
Sumiso
Viso

ISPA

Achispa
Avispa
Crispa
Chispa

ISPE

Achispe
Avispe
Crispe

ISPO

Arzobispo
Avispo
Crispo
Chispo
Obispo

ISQUE

Confisque
Mordisque
Quisque
Trisque
Ventisque

ISTA

Accionista
Agiotista
Alquimista
Amatista
Anatomista
Antagonista
Apologista
Arbitrista
Arista
Arpista
Artista
Atomista
Bañista
Batista
Bienquista
Bromista
Cabalista
Cajista
Calvinista
Cambista
Camorrista
Canonista
Casuista
Catequista
Comisionista
Conquista
Contrabandista
Copista
Corista
Criminalista
Cronista
Cuestista
Decretista
Deísta
Dentista
Duelista
Ebanista
Economista
Egoísta
Entrevista
Estadista
Estructuralista
Evangelista
Existencialista
Exorcista
Fabulista
Fatalista
Fisonomista
Flautista
Florista
Fondista
Guitarrista
Helenista
Humanista
Imprevista
Jansenista
Legista
Lista
Malquista

Maquinista
Marmolista
Materialista
Marxista
Memorialista
Miniaturista
Modista
Moralista
Naturalista
Oculista
Oficinista
Organista
Panegirista
Pendolista
Pensionista
Petardista
Pista
Preceptista
Prestamista
Prevista
Prosista
Provista
Publicista
Purista
Realista
Repentista
Retratista
Revista
Salmista
Seminarista
Sofista
Tallista
Tramoyista
Turista
Violinista
Vista

Y la 1.ª persona del singular del presente de indicativo de los verbos en "istar": vg., alista, chista, etc.
Y la 1.ª y 3.ª persona del singular del presente de subjuntivo de los verbos en "istir": vg., asista, subsista, etc.
Y demás derivados de nombres, adjetivos y verbos denotando profesión, terminados en "ista".

ISTE

Alpiste
Chiste
Quiste
Triste

Y la 3.ª persona del singular del presente de indicativo de los verbos en "istir".
Y la 1.ª y 3.ª persona del singular del presente de subjuntivo de los verbos en "istar".

ISTO

Anticristo
Bienquisto
Desprovisto
Cristo
Imprevisto
Jesucristo
Listo
Malquisto
Mixto
Pisto
Provisto
Quisto
Visto

Y la 1.ª persona del singular del presente de indicativo de los verbos en "istar" e "istir": vg., despisto, chisto, existo, desisto, etc.

ISTRA

Administra
Enristra
Ministra
Registra
Ristra
Registre
Suministra

ISTRE

Administre
Enristre
Registre
Suministre

ISTRO

Administro
Enristro
Ministro
Registro
Suministro

IT

Cenit
Judit
Pitpit

ITA

Antracita
Areopagita
Carmelita
Cenobita
Cita
Comandita
Cosmopolita
Cuita
Descrita
Dinamita
Dita
Espita
Estagirita
Favorita
Garita
Grita
Hermafrodita
Ismaelita
Israelita
Jesuita
Levita
Mañanita
Margarita
Marmita
Masita
Mezquita
Moabita
Pajarita
Pita
Quita
Señorita
Semita
Sibarita
Sita
Sodomita
Subscrita
Troglodita
Vellorita
Visita

Y la 3.ª persona del singular del presente de indicativo de los verbos en "itar": vg., acredita, cohabita, etc.
Y la 1.ª y 3.ª persona del singular del presente de subjuntivo de los verbos "itir": vg., admita, remita, etc.
Y los femeninos de muchos vocablos en "ito".

ITE

Ardite
Confite
Convite
Desquite
Envite
Escondite
Quite

Y la 3.ª persona del singular del presente de indicativo de los verbos en "itir".
Y la 1.ª y 3.ª persona del singular del presente de subjuntivo de los verbos en "itar".

ITIS

Apendicitis
Bronquitis
Enteritis
Nefritis

Y otros derivados médicos acabados en "itis".

ITMO

Algoritmo
Logaritmo
Ritmo

ITO

Aerolito
Ahíto
Amito
Apetito
Bendito
Bonito
Cabrito
Circuito
Chito
Chorlito
Delito
Distrito
Erudito
Escrito
Finiquito
Frito
Garito
Garlito
Gorgorito
Grafito
Granito
Grito
Hito
Inaudito
Infinito

Infrascrito
Jurisperito
Maldito
Manguito
Manuscrito
Marchito
Mito
Monolito
Mosquito
Perito
Pinito
Pito
Plebiscito
Proscrito
Prurito
Refrito
Rito
Sambenito
Sobrescrito

Y la 1.ª persona del singular del presente de indicativo de los verbos en "itar": vg., felicito.
Y los diminutivos acabados en "ito".

ITRA

Arbitra
Mitra

ITRE

Arbitre
Belitre
Buitre
Pupitre
Salitre

ITRO

Arbitro
Litro
Nitro

IUDA

Enviuda
Viuda

IZ

Actriz
Aprendiz
Barniz
Beatriz
Cahíz
Cariz
Cerviz
Cicatriz
Codorniz
Directriz
Desliz
Diz
Emperatriz
Feliz
Fregatriz
Infeliz
Lombriz
Maíz
Matiz
Matriz
Meretriz
Motriz
Nariz
Perdiz
Raíz
Regaliz
Sobrepelliz
Tamiz
Tapiz

IZA

Caballeriza
Caliza
Cañiza
Ceniza
Coriza
Cotiza
Liza
Longaniza
Nodriza
Ojeriza
Pajiza
Paliza
Pelliza
Terriza
Tiza
Triza

Y la 3.ª persona del singular del presente de indicativo de los verbos en "izar": vg., ameniza, tiraniza, etc.
Y los femeninos de muchos vocablos en "izo".

IZCA

Bizca
Blanquizca
Pellizca
Pizca

IZCO

Bizco
Pellizco

IZNA

Brizna
Llovizna
Tizna

IZNE

Llovizne
Tizne

IZO

Advenedizo
Arrojadizo
Asombradizo
Asustadizo
Bautizo
Bebedizo
Cabrerizo
Caedizo
Cañizo
Carrizo
Castizo
Cenizo
Cobertizo
Cobrizo
Corredizo
Chamizo
Chorizo
Enamoradizo
Enfermizo
Enojadizo
Erizo
Fronterizo
Granizo
Hechizo
Hizo
Izo
Macizo
Mellizo
Mestizo
Movedizo
Olvidadizo
Panadizo
Panizo
Pasadizo
Plomizo
Porquerizo
Postizo
Resbaladizo
Rizo
Rollizo
Romadizo
Saledizo
Suizo

Y la 1.ª persona del singular del presente de indicativo de los verbos en "izar": vg., realizo, hostilizo, etc.
Y otros adjetivos derivados acabados en "izo".

O

Caló
Do
Dominó
Lo
No
Oh
Pro
Rondó
So
To
Yo

Y la 3.ª persona del singular del pretérito perfecto de indicativo de todos los verbos: vg., temió, partió, etc.

OA

Anchoa
Boa
Canoa
Corroa
Loa
Incoa
Proa
Roa

OBA-OVA

Aboba
Adoba
Alcoba
Algarroba
Anchova
Arroba
Boba
Caoba
Coba
Congloba
Corcova

Chova
Desova
Emboba
Escoba
Innova
Joroba
Loba
Ova
Proba
Roba
Soba
Trova

OBE-OVE

Abobe
Adobe
Arrobe
Desove
Embobe
Innove
Jorobe
Robe
Sobe
Trove

OBIA-OVIA

Agobia
Hidrofobia
Novia
Sinovia

OBIE

Agobie
Oprobie

OBIO-OVIO

Agobio
Microbio
Novio
Oprobio

OBLA

Desdobla
Dobla
Redobla
Robla

OBLE

Desdoble
Doble
Inmoble
Innoble
Mandoble
Noble
Roble
Redoble
Semidoble

OBLO

Desdoblo
Doblo
Redoblo

OBO-OVO

Adobo
Algarrobo
Arrobo
Bobo
Corcovo
Embobo
Globo
Innovo
Jorobo
Lobo
Probo
Robo
Sobo
Trovo

OBRA

Cobra
Maniobra
Obra
Recobra
Sobra
Zozobra

OBRE

Cobre
Maniobre
Obre
Pobre
Recobre
Salobre
Sobre
Zozobre

OBRO

Cobro
Maniobro
Obro
Recobro
Sobro
Zozobro

OCA

Bicoca
Boca
Coca
Foca
Loca
Oca
Poca
Roca
Tapaboca
Tapioca
Toca

Y la 3.ª persona del singular del presente de indicativo de los verbos en "ocar": vg., choca, disloca, invoca, etc.

OCE

Doce
Feroce
Goce
Roce
Veloce

Y la 1.ª y 3.ª persona del singular del presente de subjuntivo de los verbos en "ozar": vg., alboroce, destroce, solloce, etc.

OCIA

Asocia
Capadocia
Disocia
Escocia
Negocia
Socia

OCIE

Asocie
Disocie
Negocie

ÓCIL

Dócil
Indócil

OCIO

Asocio
Consocio
Disocio
Negocio
Ocio
Sacerdocio
Socio

OCO

Coco
Descoco
Foco
Loco
Moco
Poco
Siroco
Tampoco
Zoco

Y la 1.ª persona del singular del presente de indicativo de los verbos en "ocar".

OCRE

Mediocre
Ocre

OCTA

Docta
Indocta
Pernocta

OCTO

Docto
Indocto
Pernocto

OCHA

Abrocha
Brocha
Chocha
Derrocha
Desabrocha
Desmocha
Espiocha
Melcocha
Mocha
Panocha
Pinocha

Reprocha
Salcocha
Trasnocha
Trocha

OCHE

Abroche
Anoche
Anteanoche
Broche
Carricoche
Coche
Derroche
Desabroche
Desmoche
Fantoche
Noche
Reproche
Trasnoche
Troche
Trochimoche

OCHO

Abrocho
Birlocho
Bizcocho
Chocho
Derrocho
Desabrocho
Desmocho
Mocho
Ocho
Reprocho
Trasnocho

ODA

Acomoda
Apoda
Beoda
Boda
Desacomoda
Enloda
Incomoda
Moda
Oda
Pagoda
Poda
Soda
Toda
Tornaboda

ODE

Acomode
Apode
Desacomode
Enlode
Incomode
Pode

ODIA

Custodia
Palinodia
Parodia
Prosodia
Rapsodia
Salmodia
Odia

ODIE

Custodie
Odie
Parodie
Salmodie

ODIO

Custodio
Episodio
Monipodio
Odio
Parodio
Salmodio

ODO

Acomodo
Apodo
Beodo
Codo
Cuasimodo
Desacomodo
Electrodo
Enlodo
Godo
Incomodo
Lodo
Modo
Podo
Sobretodo
Todo
Visigodo
Yodo

ODRE

Odre
Podre

OE

Corroe
Incoe
Loe
Roe

OFA

Alcachofa
Apostrofa
Cofa
Estofa
Estrofa
Filosofa
Fofa
Gallofa
Garrofa
Mofa

OFAR

Aljofar
Alzofar

OFE

Apostrofe
Bofe
Estofe
Filosofe
Mofe

OFIA

Atrofia
Bazofia
Cofia
Hipertrofia

OFIE

Atrofie
Hipertrofie

OFO

Apostrofo
Estofo
Filosofo
Fofo
Mofo

OGA

Aboga
Abroga
Ahoga
Arroga
Azoga
Boga
Cataloga
Desahoga
Desfoga
Dialoga
Droga
Ensoga
Interroga
Irroga
Prorroga
Sinagoga
Soga
Subroga
Toga

OGE-OJE

Ajilimoje
Arroje
Deshoje
Despoje
Metagoge
Sobrecoge
Troje

OGIA

Demagogia
Elogia
Logia

OGIO

Elogio
Eucologio
Martirologio
Menologio

OGO

Abogo
Abrogo
Ahogo
Arrogo
Azogo
Bogo
Catalogo
Demagogo
Desahogo
Desfogo
Dialogo
Dogo
Ensogo
Interrogo

Pedagogo
Prorrogo
Subrogo

OGRA

Logra
Malogra

OGRE

Logre
Malogre

OGRO

Logro
Malogro
Ogro

OGUE

Abogue
Ahogue
Azogue
Derrogue
Desfogue
Dialogue
Irrogue
Prologue
Prorrogue

OICA

Estoica
Heroica
Paranoica

OICO

Estoico
Heroico

OIDE

Alcaloide
Asteroide
Celuloide
Esfenoide
Esferoide
Geoide
Hemorroide
Metaloide
Ovoide
Romboide
Trapezoide

OJ

Boj
Reloj
Troj

OJA

Barbarroja
Bisoja
Congoja
Coscoja
Foja
Hoja
Panoja
Paradoja

Y la 3.ª persona del singular del presente de indicativo de los verbos en "ojar": vg., afloja, arroja, despoja, etc.
Y la 1.ª y 3.ª persona del singular del presente de subjuntivo de los verbos en "oger": vg., acoja, coja, encoja, etc.

OJO

Abrojo
Anteojo
Antojo
Añojo
Arrojo
Cerrojo
Cojo
Congojo
Despojo
Enojo
Flojo
Gorgojo
Hinojo
Manojo
Ojo
Paticojo
Pelirrojo
Piojo
Rastrojo
Reojo
Remojo
Rojo
Sonrojo
Trampantojo

Y la 1.ª persona del singular del presente de indicativo de los verbos en "ojar" y "oger".

OL

Ababol
Alcohol
Arrebol
Bemol
Bol
Caracol
Col
Crisol
Charol
Español
Facistol
Farol
Girasol
Mogol
Pañol
Parasol
Perol
Quitasol
Resol
Rol
Sol
Tornasol

OLA

Acerola
Amapola
Aureola
Banderola
Batahola
Baticola
Bola
Cabriola
Cacerola
Camisola
Carambola
Cola
Consola
Chirinola
Chola
Escarola
Española
Estola
Farola
Gola
Gramola
Hola
Laureola
Mamola
Manola
Ola
Parola
Perinola
Pianola
Piola
Pistola
Sola
Tercerola
Viola

Y la 3.ª persona del singular del presente de indicativo de los verbos en "olar": vg., enarbola, desola, etc.
Y la 3.ª persona del singular del pretérito perfecto de todos los verbos seguidos del pronombre "la": vg., amóla, temióla, partióla, etcétera.

OLDA

Amolda
Desentolda
Entolda

OLDE

Amolde
Desentolde
Entolde
Molde
Rolde

OLDO

Amoldo
Desentoldo
Entoldo
Rescoldo
Toldo

OLE

Mole
Ole
Prole
Tole
Trole

Y la 1.ª y 3.ª persona del singular del presente de subjuntivo de los verbos en "olar".
Y la 3.ª persona del singular del pretérito perfecto de todos los verbos seguidos del pronombre "le".

OLFA

Engolfa
Golfa
Solfa

OLIA

Eolia
Folia
Magnolia
Mongolia

OLIO

Agrifolio
Capitolio
Eolio
Escolio
Espolio
Folio
Monopolic
Solio
Trifolio

OLMO

Colmo
Olmo

OLO

Acerolo
Bolo
Chirimbolo
Dolo
Manolo
Mauseolo
Pipiolo
Polo
Protocolo
Solo
Vitriolo

Y la 1.ª persona del singular del presente de indicativo de los verbos en "olar".
Y la 3.ª persona del singular del pretérito perfecto de todos los verbos seguidos del pronombre "la".

OLPE

Agolpe
Contragolpe
Golpe

OLSA

Bolsa
Desembolsa
Embolsa
Reembolsa

OLSO

Bolso
Desembolso
Embolso
Reembolso

OLVO

Empolvo
Guardapolvo
Polvo

OLLA

Ampolla
Argolla
Bambolla
Cebolla
Colla
Olla

Y la 3.ª persona del singular del presente de indicativo de los verbos en "ollar": vg., atolla, desarrolla, etc.
Y los femeninos de algunos vocablos en "ollo".

OLLO

Bollo
Cogollo
Criollo
Desarrollo
Embrollo
Escollo
Meollo
Perifollo
Pimpollo
Pollo
Rebollo
Repollo
Rollo
Sollo

Y la 1.ª persona del singular del presente de indicativo de los verbos en "ollar".

OMA

Aroma
Axioma
Broma
Carcoma
Coma
Diploma
Doma
Goma
Idioma
Loma
Maroma
Paloma
Poma
Redoma
Roma
Toma
Tracoma
Sarcoma

Y la 3.ª persona del singular del presente de indicativo de los verbos en "omar": vg., aploma, asoma, etc.

OMBA

Comba
Rimbomba
Tromba
Zambomba

OMBE

Hecatombe
Rimbombe

OMBO

Biombo
Bombo
Rimbombo
Rombo
Zambombo

OMBRA

Alfombra
Asombra
Desescombra
Nombra
Sombra

OMBRE

Asombre
Gentilhombre
Hombre
Nombre
Prohombre
Pronombre
Sobrenombre

OMBRO

Alfombro
Asombro
Cohombro
Escombro
Hombro
Nombro

OMIA

Antinomia
Carnemomia
Encomia
Momia

OMIO

Binomio
Encomio
Manicomio
Momio
Reconcomio
Trinomio

OMO

Aplomo
Asomo
Bromo
Cinamomo
Como
Cromo
Gnomo
Lomo
Mayordomo
Palomo
Plomo
Romo
Tomo

Y la 1.ª persona del singular del presente de indicativo de los verbos en "omar".

OMPA

Corrompa
Pompa
Rompa
Trompa

OMPO

Corrompo
Rompo
Trompo

ON

Abdicación
Abejón
Aberración
Abjuración
Ablución
Abnegación
Abolición
Abreviación
Absolución
Absorción
Abstención
Abstracción
Abyección
Acción
Acentuación
Acepción
Aceptación
Acitrón
Aclamación
Aclaración
Acordeón
Acotación
Actuación
Acusación
Adaptación
Adhesión
Adición
Adjudicación
Administración
Admiración
Admisión
Adopción
Adoración
Adquisición
Adscripción
Adulación
Adulteración
Advocación
Afección
Afectación
Afición
Afinación
Afirmación
Aflicción
Agitación
Agregación
Agresión
Agrupación
Aguijón
Albardón
Aldabón
Aleación
Alegación
Alegrón
Algodón
Aligación
Alimentación
Alineación
Almidón
Almohadón
Alocución
Alón
Alteración
Alucinación
Alusión
Aluvión
Ambición
Amonestación
Amortización
Ampliación
Amplificación
Amputación
Anexión
Anfitrión
Animación
Animadversión
Anotación
Antelación
Anticipación
Anulación
Aparición
Apelación
Aplicación
Apreciación
Aprehensión
Aprensión
Apretón
Apretujón
Aprobación
Aproximación
Apuntación
Aquilón
Arcón
Argumentación
Armazón
Armón
Arpón
Artesón
Articulación
Arzón
Ascensión
Aseveración
Asignación
Asociación
Asolación
Aspersión
Aspiración
Asunción
Atención
Atenuación
Atracción
Atracón
Atribución
Atribulación
Atrición
Audición
Autorización
Averiguación
Aversión
Avión
Azadón
Bajón
Balcón
Baldón
Balón
Ballestón
Barón
Barracón
Barrigón
Bastión
Bastón
Batallón
Beatificación
Bendición
Bermellón
Biberón
Bidón
Bifurcación
Billón
Blandón
Blasón
Bobalicón
Bodegón
Bofetón
Bombón
Bonachón
Boquerón
Borbotón
Bordón
Borgoñón
Borrón
Botón
Bravucón
Bretón
Bribón
Bridón
Bufón
Burlón
Buscón
Buzón
Cabezón
Cabrón
Cajón
Calcinación
Calderón
Calefacción
Calentón
Calenturón
Calificación
Calzón
Callejón
Camaleón
Camaranchón
Camarón
Camastrón
Camión
Camisón
Campeón
Canalización
Cancelación
Canción
Cangilón
Canonización
Cantón
Caparazón
Capitalización
Capitulación
Capón
Capotón
Capuchón
Carbón
Carbonización
Carretón
Cartabón
Cartelón
Cartón
Casación
Casacón
Cascarón
Caserón
Cauterización
Cavilación
Cebón
Celebración
Cencerrón
Centralización
Centurión
Cerrazón
Certificación
Cesación
Cesión
Cicatrización
Ciclón

Cimarrón
Cincuentón
Cinturón
Circulación
Circuncisión
Circunscripción
Circunspección
Circunvalación
Citación
Civilización
Clarión
Clasificación
Coacción
Coagulación
Coalición
Cocción
Cohesión
Cohibición
Colaboración
Colación
Colchón
Colección
Colisión
Colocación
Colonización
Comadrón
Combinación
Combustión
Comezón
Comilón
Comisión
Compaginación
Comparación
Compasión
Compensación
Complexión
Compilación
Complicación
Composición
Comprensión
Compresión
Comprobación
Compunción
Computación
Comunicación
Comunión
Concatenación
Concentración
Concepción
Concesión
Conciliación
Concisión
Conclusión
Concreción
Concusión
Condecoración
Condenación
Condensación
Condición
Condonación
Conducción
Conexión
Confabulación
Confección
Confederación
Confesión
Configuración
Confirmación
Confiscación
Conflagración
Conformación
Confrontación
Confusión
Confutación
Congelación
Congestión
Congratulación
Congregación
Conjugación
Conjunción
Conjuración
Conmemoración
Conminación
Conmiseración
Conmoción
Conmutación
Consagración
Consecución
Conservación
Consideración
Consignación
Conspiración
Constelación
Consternación
Constitución
Construcción
Consumación
Consunción
Contaminación
Contemplación
Contemporización
Contención
Contestación
Continuación
Contorsión
Contracción
Contradicción
Contraposición
Contravención
Contribución
Contrición
Confusión
Convención
Conversación
Conversión
Convicción
Convocación
Convulsión
Cooperación
Coordinación
Copón
Coquetón
Corazón
Cordón
Coronación
Corporación
Corvejón
Corrección
Correlación
Corroboración
Corrupción
Coscorrón
Costurón
Cotillón
Cotización
Creación
Cremación
Crepitación
Crespón
Cristalización
Criticón
Cronicón
Crucifixión
Cuajarón
Cuarterón
Cubicación
Cucharón
Cuestión
Culebrón
Cupón
Curación
Chafarrinón
Chambón
Chaparrón
Chaquetón
Chicharrón
Chichón
Chillón
Chitón
Chupón
Decapitación
Decepción
Decisión
Declamación
Declaración
Declinación
Decoración
Decurión
Deducción
Defección
Definición
Deformación
Defunción
Degeneración
Degollación
Degradación
Deificación
Delación
Delectación
Delegación
Deliberación
Demarcación
Demolición
Demostración
Denegación
Denominación
Depresión
Depuración
Derogación
Desamortización
Desaprobación
Desazón
Descensión
Descentralización
Descomposición
Descripción
Desecación
Deserción
Desesperación
Designación
Desmembración
Desmoralización
Desocupación
Desolación
Desorganización
Desproporción
Destitución
Destrozón
Destrucción
Desvalorización
Detención
Detentación
Determinación
Detonación
Detracción
Devastación
Devoción
Devolución
Diapasón
Dicción
Difamación
Difusión
Digestión
Digresión
Dilación
Dilapidación
Dilatación
Dilucidación

Dimensión
Dimisión
Diputación
Dirección
Discreción
Discusión
Disección
Disensión
Disertación
Disipación
Disminución
Dislocación
Disociación
Disolución
Dispersión
Disposición
Disquisición
Distinción
Distracción
Distribución
Disuasión
Disyunción
Divagación
Diversión
División
Divulgación
Doblón
Dominación
Don
Donación
Dormilón
Dotación
Dragón
Duplicación
Duración
Ebullición
Ecuación
Edición
Edificación
Educación
Efusión
Ejecución
Elaboración
Elección
Electrificación
Elevación
Elocución
Emanación
Emancipación
Embarcación
Embrión
Emigración
Emisión
Emoción
Emulación
Empellón
Empujón

Emulsión
Enajenación
Encarnación
Encuadernación
Enredón
Entonación
Entronización
Enumeración
Enunciación
Equiparación
Equitación
Equivocación
Erección
Erudición
Erupción
Escalafón
Escalón
Escisión
Escobillón
Escorpión
Escuadrón
Eslabón
Espadón
Especulación
Espigón
Espolón
Esquilón
Estación
Esternón
Estimación
Estipulación
Estirón
Estrujón
Estupefacción
Evaporación
Evasión
Evocación
Evolución
Exacción
Exacerbación
Exageración
Exaltación
Exasperación
Excavación
Excepción
Excitación
Exclamación
Exclusión
Excomunión
Excoriación
Excreción
Excursión
Execración
Exención
Exhalación
Exhibición
Exhortación

Exhumación
Exoneración
Expansión
Expatriación
Expedición
Expendición
Expiación
Explanación
Explicación
Exploración
Explosión
Explotación
Expoliación
Exportación
Exposición
Expresión
Expropiación
Expulsión
Extensión
Extenuación
Extinción
Extirpación
Extorsión
Extracción
Extradición
Extremaunción
Exudación
Fabricación
Facción
Faetón
Faldón
Falsificación
Fanfarrón
Fantasmón
Fascinación
Fecundación
Federación
Felicitación
Fermentación
Festón
Ficción
Figón
Figuración
Figurón
Filón
Filiación
Filtración
Flagelación
Flemón
Flexión
Floración
Florón
Flotación
Fluctuación
Fogón
Formación

Formón
Fornicación
Fortificación
Fracción
Francmasón
Fresón
Fricción
Frontón
Frotación
Fruición
Fulminación
Fumigación
Función
Fundación
Fundición
Furgón
Fusión
Galardón
Galeón
Galón
Garañón
Garzón
Generación
Generalización
Genuflexión
Germinación
Gestación
Gesticulación
Gestión
Girón
Glorificación
Glotón
Gobernación
Gordiflón
Gorrión
Gorrón
Gradación
Graduación
Grandullón
Gratificación
Gravitación
Guarnición
Guión
Habilitación
Habitación
Hachón
Halcón
Hinchazón
Histrión
Humillación
Hurón
Ignición
Ilación
Iluminación
Ilusión
Ilustración

Imaginación
Imitación
Imperfección
Importación
Imposición
Imprecisión
Impresión
Imprevisión
Impugnación
Impulsión
Imputación
Inacción
Inanición
Inaplicación
Inauguración
Incineración
Incisión
Incitación
Inclinación
Inclusión
Incomunicación
Inconsideración
Incorporación
Incorrección
Incorrupción
Increpación
Incrustación
Incubación
Inculpación
Incursión
Indagación
Indecisión
Indemnización
Indeterminación
Indicación
Indigestión
Indignación
Indiscreción
Indisposición
Inducción
Infamación
Infección
Infiltración
Inflamación
Inflexión
Información
Infracción
Infusión
Inhalación
Inhabilitación
Inhibición
Inhumación
Innovación
Inoculación
Inquisición
Insaculación
Inscripción
Inserción
Insinuación
Insolación
Inspección
Inspiración
Instalación
Instauración
Instigación
Institución
Instrucción
Insubordinación
Insurrección
Intención
Intercalación
Interceptación
Intercesión
Interlocución
Intermisión
Interpelación
Interpoliación
Interposición
Interpretación
Interrogación
Interrupción
Intervención
Intimación
Intoxicación
Introducción
Intuición
Inundación
Invalidación
Invasión
Invención
Inversión
Investigación
Invitación
Invocación
Inyección
Irradiación
Irreflexión
Irreligión
Irresolución
Irrisión
Irritación
Irrupción
Jabón
Jalón
Jamón
Jarrón
Jergón
Jubilación
Jubón
Juguetón
Jurisdicción
Justificación
Lactación
Ladrón
Lagrimón
Lamentación
Lamparón
Lapidación
Lapón
Latón
Lección
Lechón
Legación
Legalización
Legión
Legislación
Legitimación
León
Lesión
Levitón
Libación
Liberación
Licitación
Licuefacción
Ligazón
Limitación
Limón
Liquidación
Lirón
Listón
Localización
Loción
Locomoción
Locución
Lucubración
Luxación
Llorón
Maceración
Machacón
Maldición
Malversación
Manifestación
Manipulación
Mansión
Mantón
Manumisión
Manutención
Maquinación
Marginación
Marmitón
Marrón
Mascarón
Masón
Masticación
Matón
Mechón
Medallón
Mediación
Medicación
Medición
Meditación
Melocotón
Melón
Mención
Mentón
Menstruación
Mesón
Metrificación
Migajón
Millón
Minoración
Mirón
Misión
Mitón
Mocetón
Moderación
Modificación
Modulación
Mogollón
Mojicón
Montón
Monzón
Moralización
Morigeración
Morrión
Morrón
Mortificación
Moscardón
Mugrón
Multiplicación
Munición
Murmuración
Mutación
Mutilación
Nación
Narración
Natación
Naturalización
Navegación
Negación
Negociación
Neutralización
Noción
Notificación
Nubarrón
Numeración
Nutrición
Objeción
Oblación
Obligación
Observación
Obsesión
Obstinación
Obstrucción
Obtención
Obvención
Ocasión
Ocupación

Opción
Oposición
Omisión
Operación
Opinión
Oración
Opresión
Ordenación
Orejón
Orfeón
Organización
Oscilación
Ostentación
Ovación
Pacificación
Pabellón
Panificación
Padrón
Palpitación
Pantalón
Panteón
Parangón
Paredón
Partición
Participación
Pasión
Patrón
Peatón
Pelotón
Pelucón
Pendón
Penetración
Pensión
Peñón
Peón
Percepción
Percusión
Perdición
Peregrinación
Perdigón
Perdón
Peregrinación
Perfección
Perforación
Permutación
Peroración
Perpetración
Perpetuación
Persecución
Persuasión
Perturbación
Perversión
Pescozón
Petición
Petrificación
Pezón
Picazón
Pichón
Pignoración
Pilón
Pimentón
Pinzón
Piñón
Pisotón
Pistón
Pitón
Plantación
Plantón
Plumón
Población
Pobretón
Poción
Ponderación
Pontón
Porción
Porrón
Posesión
Posición
Postillón
Practicón
Precaución
Precipitación
Precisión
Predestinación
Predicación
Predicción
Predilección
Predisposición
Pregón
Prelación
Prelusión
Premeditación
Preocupación
Preparación
Preposición
Prescripción
Presentación
Preservación
Presión
Presunción
Pretensión
Preterición
Prevaricación
Prevención
Previsión
Prisión
Privación
Procesión
Proclamación
Procreación
Producción
Profanación
Profesión
Profusión
Progresión
Prohibición
Prolongación
Promisión
Promoción
Promulgación
Pronunciación
Propagación
Propensión
Propiciación
Proporción
Proposición
Propulsión
Proscripción
Prosecución
Prostitución
Protección
Provisión
Provocación
Proyección
Publicación
Pulmón
Pulsación
Pulverización
Punción
Puntuación
Punzón
Purificación
Putrefacción
Quemazón
Rabón
Ración
Radiación
Raigón
Ramificación
Ramplón
Rarefacción
Ratificación
Ratón
Razón
Reacción
Rebelión
Recapitulación
Recaudación
Recepción
Recitación
Reclamación
Reclusión
Recolección
Recomendación
Reconcentración
Reconciliación
Reconvención
Recopilación
Recreación
Recriminación
Rectificación
Recuperación
Recusación
Redacción
Redención
Reducción
Reduplicación
Reelección
Reflexión
Reformación
Refracción
Refrigeración
Refundición
Refutación
Regañón
Regeneración
Región
Reglamentación
Regresión
Regulación
Rehabilitación
Reimpresión
Reiteración
Rejón
Relación
Religión
Relumbrón
Remisión
Remoción
Remuneración
Rendición
Renglón
Renovación
Reorganización
Reparación
Repartición
Repelón
Repercusión
Repetición
Reprensión
Representación
Represión
Reprobación
Reproducción
Repulsión
Reputación
Requesón
Resbalón
Rescisión
Resignación
Resolución
Respiración
Restauración
Retención
Restitución
Restricción
Resurrección
Retención

Retorsión
Retortijón
Retozón
Retracción
Retractación
Retribución
Reunión
Revelación
Reventón
Reverberación
Reversión
Revisión
Revocación
Revolcón
Revolución
Rigodón
Rincón
Riñón
Rodrigón
Ron
Rondón
Ropón
Roscón
Rosetón
Rotación
Sabañón
Sajón
Salazón
Salchichón
Salmón
Salón
Salpicón
Salutación
Salvación
Sanción
Santificación
Santón
Sarampión
Satisfacción
Saturación
Sayón
Sazón
Sección
Secreción
Sedición
Seducción
Segregación
Segundón
Selección
Sensación
Separación
Septentrión
Sermón
Serón
Serpentón
Sesión
Sifón
Significación
Sillón
Simón
Simulación
Sinrazón
Situación
Socarrón
Sofión
Sofocación
Sofocón
Solicitación
Solterón
Solución
Son
Sopetón
Succión
Sujeción
Subdivisión
Sublevación
Subordinación
Substitución
Subvención
Subversión
Soplón
Sucesión
Sugestión
Sujeción
Sumisión
Supeditación
Superposición
Superstición
Suplantación
Suposición
Supresión
Supuración
Suscripción
Suspensión
Sustentación
Sustitución
Sustracción
Tablón
Tacón
Talión
Talón
Tapón
Tasación
Tazón
Telón
Tendón
Tensión
Tentación
Tergiversación
Terminación
Terrón
Tesón
Teutón
Tiburón
Timón
Tirabuzón
Tirón
Tiznón
Tizón
Toisón
Torsión
Torreón
Tostón
Tozolón
Trabazón
Tracción
Tradición
Traducción
Tragón
Traición
Tramitación
Transacción
Transcripción
Transfiguración
Transformación
Transfusión
Transgresión
Transición
Transmigración
Transpiración
Trapalón
Trasformación
Trasgresión
Traslación
Trasquilón
Trepidación
Tribulación
Tributación
Tripulación
Tritón
Trituración
Trombón
Trompicón
Tropezón
Trotón
Tumefacción
Turbación
Turbión
Turrón
Unción
Undulación
Unificación
Unión
Usurpación
Vacación
Vacilación
Vacunación
Vagón
Variación
Varón
Vegetación
Vejación
Velación
Velón
Vellón
Veneración
Ventarrón
Ventilación
Verderón
Verdugón
Verificación
Versión
Vibración
Vinculación
Vindicación
Vinificación
Violación
Violón
Visión
Visitación
Vivificación
Vocación
Vociferación
Volantón
Volición
Votación
Vozarrón
Vulneración
Yuxtaposición
Zagalón
Zancarrón
Zumbón
Zurrón

Y, en general, todos los derivados despectivos o que indican porfía u obstinación, acción brusca, instrumento, o bien aumentativos terminados en "on".

ONA

Amazona
Borona
Corona
Chirona
Dormilona
Encerrona
Fregona
Intentona
Lona
Matrona
Mona
Nona
Persona
Poltrona

Tizona
Valona
Zona

Y la 3.ª persona del singular del presente de indicativo de los verbos en "onar": vg., desazona, menciona, perfecciona, etc.
Y los femeninos de muchos vocablos en "on".

ONCA

Abronca
Bronca
Destronca
Entronca
Ronca

ONCE

Bronce
Desgonce
Gonce
Once

ONCO

Abronco
Bronco
Destronco
Entronco
Ronco
Trónco

ONCHA

Concha
Desconcha
Loncha
Rechoncha
Roncha
Troncha

ONCHE

Destronche
Ponche
Tronche

ONCHO

Desconcho
Poncho
Rechoncho
Troncho

ONDA

Blonda
Corresponda
Esconda
Fonda
Fronda
Responda
Onda
Ronda
Rotonda
Sonda
Trapisonda

Y la 3.ª persona del singular del presente de indicativo de los verbos en "ondar": vg., ahonda, monda, etc.
Y los femeninos de algunos vocablos en "ondo".

ONDE

Adonde
Conde
Corresponde
Donde
Esconde
Responde
Vizconde

Y la 1.ª y 3.ª persona del singular del presente de subjuntivo de los verbos en "ondar"

ONDO

Fondo
Hediondo
Hondo
Lirondo
Mondo
Orondo
Redondo
Sabihondo

Y la 1.ª persona del singular del presente de indicativo de los verbos en "ondar".

ONDRA

Alondra
Atolondra

ONGA

Cuadrilonga
Oblonga
Pilonga
Pindonga
Prolonga

Y la 1.ª y 3.ª persona del singular del presente de subjuntivo de los verbos en "oner": vg., exponga, oponga, suponga, etc.

ONGO

Congo
Diptongo
Hongo
Mondongo
Monicongo
Morrongo
Oblongo
Pilongo

Y la 1.ª persona del singular del presente de indicativo de los verbos en "oner".

ONIA

Acrimonia
Babilonia
Begonia
Ceremonia
Colonia
Parsimonia
Testimonia

ONIO

Adonio
Antimonio
Armonio
Bolonio
Demonio
Favonio
Jonio
Matrimonio
Patrimonio
Testimonio

ONJA

Esponja
Lisonja
Lonja
Monja
Toronja

ONJE

Canonje
Esponje
Monje

ONO

Abandono
Abono
Bono
Carbono
Colono
Compatrono
Cono
Desentono
Encono
Entono
Mono
Patrono
Semitono
Tono
Trono

Y la 1.ª persona del singular del presente de indicativo de los verbos en "onar".

ONQUE

Abronque
Conque
Entronque
Ronque

ONRA

Deshonra
Honra

ONRE

Deshonre
Honre

ONRO

Deshonro
Honro

ONSO

Intonso
Responso

ONTA

Afronta
Apronta
Atonta
Confronta
Desmonta
Monta
Pronta
Remonta
Tonta
Transmonta

ONTE

Afronte
Apronte
Arconte
Atonte
Bifronte
Bisonte
Clerizonte
Confronte
Desmonte
Guardamonte
Horizonte
Mastodonte
Monte
Polizonte
Remonte
Somonte

ONTO

Afronto
Apronto
Atonto
Confronto
Desmonto
Monto
Ponto
Pronto
Remonto
Tonto

ONZA

Jerigonza
Onza
Peonza

OÑA

Bisoña
Carantoña
Carroña
Doña
Emponzoña
Gazmoña
Moña
Ñoña
Ponzoña
Retoña
Roña
Zampoña

OÑO

Bisoño
Emponzoño
Gazmoño
Madroño
Noño
Moño
Otoño
Retoño

OO

Corroo
Incoo
Loo
Moho
Roo

OPA

Arropa
Copa
Estopa
Europa
Galopa
Garlopa
Guardarropa
Hopa
Metopa
Popa
Ropa
Sopa
Topa
Tropa

OPE

Arrope
Ciclope
Galope
Jarope
Miope
Tope

OPIA

Acopia
Apropia
Copia
Cornucopia
Impropia
Inopia
Miopia
Propia
Utupia

OPIO

Acopio
Apropio
Calidoscopio
Copio
Impropio
Microscopio
Opio
Propio
Telescopio

OPLA

Constantinopla
Copla
Manopla
Resopla
Sopla

OPLO

Escoplo
Resoplo
Soplo

OPO

Arropo
Copo
Chopo
Galopo
Heliotropo
Hisopo
Hopo
Piropo
Topo
Tropo

OPTA

Adopta
Copta
Opta

OQUE

Albaricoque
Alcornoque
Bloque
Birlibirloque
Bodoque
Choque
Disloque
Estoque
Foque
Palitroque
Retoque
Roque
Toque

Y la 1.ª y 3.ª persona del singular del presente de subjuntivo de los verbos en "ocar": vg., aloque, evoque, sofoque, etc.

OQUIO

Circunloquio
Coloquio
Soliloquio

OR

Abrasador
Abrochador
Abrumador
Acarreador
Acomodador
Acreedor
Actor
Acumulador
Acusador
Administrador
Admirador
Adorador
Adquisidor
Adulador
Afilador
Afinador
Agitador
Agresor
Agricultor
Agrimensor
Aguador
Aislador
Albor
Alcanfor
Alfajor
Alquilador
Alrededor
Alterador
Amador
Amargor

Amasador
Amenazador
Amor
Amolador
Amortiguador
Andador
Amplificador
Antecesor
Anterior
Anunciador
Apagador
Aparador
Aperador
Aposentador
Apreciador
Apresador
Apuntador
Arador
Arboricultor
Ardor
Armador
Arrebatador
Arrendador
Asador
Asediador
Asegurador
Aserrador
Asesor
Asolador
Atambor
Atizador
Atormentador
Atracador
Atronador
Auditor
Autor
Auxiliador
Avasallador
Aviador
Avisador
Avizor
Azor
Babor
Bailador
Bastidor
Batallador
Batidor
Bebedor
Benefactor
Bienhechor
Bordador
Borrador
Bruñidor
Burlador
Buscador
Calculador
Calor

Calumniador
Calzador
Campeador
Candor
Cantador
Cantor
Cardador
Cargador
Catador
Castor
Cauterizador
Cavador
Cazador
Celador
Cenador
Censor
Ceñidor
Cincelador
Civilizador
Clamor
Coadjutor
Coautor
Cobertor
Cobrador
Codiciador
Cogedor
Colaborador
Colador
Colector
Coliflor
Color
Comedor
Comendador
Comentador
Compendiador
Compensador
Competidor
Compilador
Compositor
Comprador
Condor
Conductor
Confabulador
Confesor
Confortador
Conjurador
Conocedor
Conquistador
Conservador
Consolador
Conspirador
Constructor
Consultor
Consumidor
Contador
Contemplador
Continuador

Contradictor
Contraventor
Convencedor
Convocador
Copiador
Copilador
Corrector
Corredor
Corregidor
Corruptor
Cortador
Cortejador
Creador
Criador
Cultivador
Curtidor
Chirriador
Dador
Decidor
Decorador
Defensor
Definidor
Defraudador
Delator
Demoledor
Demostrador
Denominador
Denunciador
Derredor
Derrochador
Desamor
Descargador
Descriptor
Descubridor
Desengañador
Desertor
Desgarrador
Deshonor
Deshonrador
Desolador
Despertador
Destilador
Destornillador
Destrozador
Destructor
Detentador
Detractor
Deudor
Devastador
Devorador
Dictador
Difamador
Dilapidador
Director
Disector
Disfavor
Disipador

Disparador
Distribuidor
Divagador
Divisor
Divulgador
Doctor
Dolor
Domador
Dominador
Dorador
Dulzor
Ecuador
Editor
Educador
Ejecutor
Elector
Elogiador
Embajador
Embalador
Embalsamador
Embaucador
Embrollador
Emperador
Emprendedor
Emulador
Enajenador
Encantador
Encomiador
Encuadernador
Encubridor
Engañador
Engendrador
Enredador
Ensalzador
Entendedor
Enterrador
Envenenador
Error
Esclarecedor
Escozor
Escritor
Escrutador
Escultor
Esgrimidor
Espectador
Espesor
Esplendor
Esquilador
Estafador
Estampador
Estertor
Estoqueador
Estrangulador
Estribor
Estridor
Estupor
Estuprador

Exactor
Exagerador
Examinador
Execrador
Exhortador
Expedidor
Expendedor
Explorador
Expoliador
Exportador
Expositor
Expugnador
Exterior
Exterminador
Extirpador
Extractor
Factor
Falsificador
Fascinador
Fautor
Favor
Favorecedor
Fervor
Fiscalizador
Fletador
Flor
Floricultor
Flotador
Fomentador
Forjador
Forzador
Fragor
Frescor
Frotador
Fulgor
Fumigador
Fundador
Fundidor
Furor
Galanteador
Galardonador
Gastador
Gestor
Gladiador
Glorificador
Glosador
Gobernador
Grabador
Grosor
Guardador
Guerreador
Hablador
Hacedor
Halagador
Hedor
Herrador
Hervor
Historiador
Honor
Horror
Hostigador
Humor
Igualador
Ilustrador
Imitador
Impostor
Impresor
Improvisador
Impugnador
Impulsor
Incitador
Increpador
Inculcador
Indagador
Indicador
Inducidor
Infamador
Inferior
Infractor
Injuriador
Inmolador
Innovador
Inquiridor
Inquisidor
Inspector
Inspirador
Instigador
Instructor
Intercesor
Interior
Interlocutor
Interventor
Introductor
Invasor
Inventor
Investigador
Jugador
Labor
Labrador
Lector
Legislador
Leñador
Libertador
Licitador
Licor
Lidiador
Loor
Luchador
Llamador
Madrugador
Magnetizador
Malgastador
Malhechor
Malversador
Mantenedor
Maquinador
Marcador
Martirizador
Matador
Mayor
Mediador
Mejor
Menor
Menospreciador
Merecedor
Merodeador
Mirador
Mitigador
Moderador
Monitor
Monseñor
Morador
Mostrador
Motor
Murmurador
Nadador
Narrador
Numerador
Obrador
Observador
Obturador
Ofensor
Oidor
Ojeador
Operador
Opositor
Opresor
Orador
Ordenador
Pacificador
Pagador
Pastor
Patinador
Pavor
Pecador
Peinador
Pensador
Peor
Percusor
Perdonador
Perjurador
Perpetrador
Perseguidor
Persuasor
Perturbador
Pervertidor
Pescador
Picador
Picor
Pintor
Poblador
Podador
Pormenor
Portador
Poseedor
Posesor
Posterior
Postor
Preceptor
Preconizador
Precursor
Predecesor
Predicador
Prendedor
Prestidigitador
Pretor
Prevaricador
Previsor
Primor
Prior
Procurador
Productor
Profanador
Profesor
Progenitor
Prolongador
Promovedor
Propagador
Propulsor
Protector
Proveedor
Provisor
Provocador
Pudor
Pundonor
Purificador
Quebrantador
Raedor
Raptor
Raspador
Razonador
Recaudador
Receptor
Recibidor
Recitador
Recogedor
Recolector
Reconciliador
Rector
Redactor
Redentor
Reformador
Regenerador
Regidor
Registrador
Regulador
Rejoneador
Relajador

Relator
Remunerador
Rencor
Renovador
Reparador
Repartidor
Resplandor
Reproductor
Restaurador
Retador
Revelador
Revendedor
Revisor
Revocador
Rigor
Roedor
Rondador
Rubor
Ruiseñor
Rumor
Sabedor
Sabor
Sacrificador
Saltador
Salteador
Salvador
Sangrador
Saqueador
Sector
Secuestrador
Seductor
Segador
Seguidor
Sembrador
Senador
Señor
Separador
Servidor
Similor
Sinsabor
Sitiador
Soldador
Solicitador
Soñador
Sopor
Sosegador
Sostenedor
Suavizador
Subyugador
Sucesor
Sudor
Suministrador
Superior
Suplantador
Surtidor
Suscriptor
Sustentador
Tambor
Tasador
Tejedor
Temblor
Temor
Tenedor
Tenor
Tentador
Terror
Timador
Tirador
Tocador
Tomador
Tostador
Trabajador
Traductor
Traidor
Transformador
Transgresor
Trasnochador
Trasquilador
Trastornador
Tricolor
Trillador
Trinchador
Triunfador
Trovador
Tumor
Tutor
Ulterior
Ultrajador
Usurpador
Vaciador
Valedor
Valor
Vapor
Vaticinador
Velador
Vencedor
Vendedor
Vendimiador
Vengador
Ventilador
Verdor
Versificador
Vigor
Violador
Visitador
Vividor
Voceador
Vociferador
Volador
Volteador
Zaheridor
Zapador
Zurcidor

Y demás nombres abstractos, derivados casi todos de adjetivos.

ORA

Ahora
Aurora
Eslora
Hora
Mora
Señora

Y la 3.ª persona del singular del presente de indicativo de los verbos en "orar": vg., avizora, perora, valora, etc.

Y los femeninos de muchos vocablos en "or".

ORBA-ORVA

Absorba
Corva
Encorva
Estorba
Sorba
Torva

ORBE-ORVE

Absorbe
Estorve
Estorbe
Orbe
Sorbe

ORBO-ORVO

Absorbo
Corvo
Estorbo
Morbo
Sorbo
Torvo

ORCA

Ahorca
Horca
Mazorca

ORCE

Catorce
Escorce
Orce

ORCIO

Consorcio
Divorcio

ORCO

Horco
Orco

ORCHA

Antorcha
Descorcha

ORCHE

Entorche
Descorche
Porche

ORCHO

Corcho
Encorcho

ORDA

Aborda
Asorda
Borda
Desborda
Engorda
Gorda
Horda
Sorda
Torda
Transborda

ORDE

Aborde
Acorde
Borde
Concorde
Desacorde
Discorde
Engorde
Transborde

ORDEN

Borden
Contraorden
Desorden
Engorden
Orden

ORDIA

Concordia
Discordia
Misericordia

ORDIO

Clavicordio
Exordio
Incordio
Tetracordio

ORDO

Abordo
Bordo
Desbordo
Gordo
Sordo
Tordo
Transbordo

ORE

Adore
Llore
More

Y demás formas de la 1.ª y 3.ª personas del singular del presente de subjuntivo de los verbos en "orar".

ORFA

Amorfa
Polimorfa

ORFO

Amorfo
Polimorfo

ORIA

Achicoria
Chicoria
Declamatoria
Dedicatoria
Desmemoria
Divisoria
Ejecutoria
Escapatoria
Escoria
Gloria
Historia
Jaculatoria
Memoria
Moratoria
Noria
Oratoria
Palmatoria
Pepitoria
Trayectoria
Vanagloria
Victoria
Zanahoria

Y los femeninos de algunos vocablos en "orio".

ORIO

Abalorio
Abolorio
Absolutorio
Accesorio
Acusatorio
Amatorio
Auditorio
Casorio
Comulgatorio
Conminatorio
Conservatorio
Consistorio
Contradictorio
Convictorio
Depilatorio
Derogatorio
Desposorio
Directorio
Dormitorio
Emporio
Envoltorio
Escritorio
Expiatorio
Fumigatorio
Glorio
Holgorio
Ilusorio
Interrogatorio
Irrisorio
Laboratorio
Lavatorio
Locutorio
Meritorio
Mortuorio
Notorio
Obligatorio
Observatorio
Ofertorio
Oratorio
Perentorio
Pretorio
Promontorio
Propiciatorio
Purgatorio
Reclinatorio
Refectorio
Repertorio
Requilorio
Satisfactorio
Tenorio
Territorio
Vanaglorio
Vejestorio

Y otros derivados acabados en "orio".

ORJA

Alforja
Forja
Gorja

ORLA

Borla
Orla

ORMA

Conforma
Corma
Deforma
Forma
Horma
Informa
Norma
Plataforma
Reforma
Transforma
Uniforma

ORME

Aeriforme
Biforme
Conforme
Cuneiforme
Deforme
Disforme
Enorme
Forme
Informe
Multiforme
Reforme
Transforme
Uniforme

ORMO

Cloroformo
Conformo
Deformo
Formo
Informo
Tormo
Uniformo

ORNA

Abochorna
Adorna
Contorna
Entorna
Exorna
Orna
Retorna
Soborna
Sorna
Torna
Trastorna

ORNE

Abochorne
Adorne
Bicorne
Entorne
Exorne
Orne
Retorne
Tricorne
Soborne
Torne
Trastorne

ORNIO

Capricornio
Tricornio
Unicornio

ORNO

Adorno
Bochorno
Contorno
Entorno
Exorno
Horno
Orno
Retorno
Soborno
Torno
Trastorno

ORO

Aforo
Antecoro
Canoro
Comodoro
Coro
Decoro
Desdoro
Deterioro
Foro
Inodoro
Loro
Lloro
Meteoro
Moro
Oro
Poro
Sicomoro
Sonoro
Tesoro
Toro
Trascoro

Y la 1.ª persona del singular del presente de indicativo de los verbos en "orar": vg., doro, deploro, etc.

ORQUE

Ahorque
Porque

ORRA

Ahorra
Amodorra
Atiborra
Borra
Cachiporra
Cachorra
Camorra
Corra
Cotorra
Forra
Gorra
Horra
Mazmorra
Modorra
Morra
Pachorra
Porra
Recorra
Socorra
Zorra

ORRE

Acorre
Ahorre
Atiborre
Borre
Corre
Forre
Recorre
Socorre

ORRIO

Aldeorrio
Cimborrio
Villorrio

ORRO

Abejorro
Ahorro
Borro
Cabezorro
Cachorro
Ceporro
Corro
Chorro
Engorro
Forro
Gorro
Horro
Morro
Piporro
Porro
Recorro
Rorro
Socorro
Ventorro
Zorro

ORSO

Corso
Dorso
Endorso
Torso

ORTA

Aborta
Absorta
Acorta
Aorta
Aporta
Comporta
Conforta
Corta
Deporta
Exhorta
Exporta
Importa
Porta
Reporta
Retorta
Soporta
Torta
Transporta

ORTE

Aborte
Acorte
Aporte
Cohorte
Comporte
Conforte
Consorte
Corte
Deporte
Exhorte
Exporte
Importe
Norte
Pasaporte
Picaporte
Porte
Recorte
Reporte
Resorte
Soporte
Transporte

ORTO

Aborto
Absorto
Comporto
Conforto
Corto
Exhorto
Importo
Orto
Porto
Soporto
Transporto

ORZA

Alcorza
Alforza
Corza
Escorza
Orza

ORZO

Corzo
Escorzo
Orzo

OS

Adiós
Dios
Dos
Nos
Os
Pos (En)
Ros
Semidiós
Tos
Vos

OSA

Babosa
Baldosa
Cosa
Diosa
Fosa
Glosa
Losa
Mimosa
Prosa
Rosa

Y la 3.ª persona del singular del presente de indicativo de los verbos en "osar": vg., endosa, reposa, rebosa, etc.
Y los femeninos de muchos vocablos en "oso".

OSCA

Amosca
Embosca
Enrosca
Fosca
Hosca
Mosca
Rosca
Tosca

OSCO

Amosco
Hosco
Osco
Quiosco

Rosco
Tosco

OSIS

Apoteosis
Dosis
Metamorfosis
Neurosis

Y otros derivados, muchos de ellos médicos, acabados en "osis".

OSMA

Onosma
Posma

OSNA

Alosna
Limosna

OSO

Amargoso
Celoso
Coloso
Contrafoso
Coso
Chismoso
Endoso
Esposo
Faccioso
Foso
Leproso
Menesteroso
Mentiroso
Mocoso
Orgulloso
Oso
Poso
Tiñoso
Todopoderoso
Vicioso
Virtuoso

Y la 1.ª persona del singular del presente de indicativo de los verbos en "osar".
Y derivados, denotando generalmente abundancia, acabados en "oso": vg., aceitoso, sudoroso, etc.

OSQUE

Amosque
Bosque
Embosque
Enrosque
Guardabosque

OSTA

Agosta
Angosta
Aposta
Arregosta (Se)
Costa
Guardacosta
Langosta
Posta

OSTE

Agoste
Armatoste
Coste
Moste
Oste
Picatoste
Poste
Preboste
Prioste

OSTO

Agosto
Angosto
Costo
Mosto

OSTRA

Arrostra
Costra
Ostra
Postra
Riostra

OSTRE

Arrostre
Postre

OSTRO

Arrostro
Calostro
Postro
Rostro

OT

Boicot
Complot
Fagot
Pailebot
Paquebot

OTA

Bancarrota
Bellota
Bergamota
Bota
Cabezota
Candiota
Capota
Compatriota
Compota
Cota
Creosota
Cuota
Chacota
Chota
Derrota
Escota
Flota
Gaviota
Gavota
Gota
Idiota
Ilota
Jota
Mariota
Marmota
Mota
Nota
Pasmarota
Patriota
Paviota
Pelota
Picota
Pijota
Poliglota
Sota

Y la 3.ª persona del singular del presente de indicativo de los verbos en "otar": vg., anota, brota, etc.
Y los femeninos de algunos vocablos acabados en "oto".

OTE

Azote
Barrote
Bigote
Bote
Brote
Cachalote
Camarote
Camelote
Camote
Capirote
Capote
Cascote
Cerote
Cogote
Chicote
Derrote
Dote
Escote
Estrambote
Estricote
Flote
Frote
Galeote
Gañote
Garrote
Guisote
Hotentote
Hugonote
Garrote
Islote
Jigote
Lingote
Lote
Monigote
Mote
Palote
Pegote
Pipote
Pote
Quijote
Rebote
Sacerdote
Trote
Virote
Zapote
Zote

Y la 1.ª y 3.ª persona del singular del presente de subjuntivo de los verbos en "otar": vg., anote, alborote, etc.
Y los aumentativos en "ote".

OTO

Alboroto
Baroto
Boquirroto
Boto
Coto
Choto
Devoto
Exvoto
Ignoto
Indevoto
Inmoto
Innoto
Manirroto
Piloto
Remoto
Roto
Soto
Terremoto
Voto

Y la 1.ª persona del singular del presente de indicativo de los verbos en "otar": vg., anoto, exploto, etc.

OTRA

Empotra
Esotra
Estotra
Otra
Potra

OTRO

Empotro
Esotro
Estotro
Otro
Potro

ÓVIL

Automóvil
Inmóvil
Móvil

OXA

Heterodoxa
Ortodoxa

OXO

Heterodoxo
Ortodoxo

OY

Convoy
Doy
Estoy
Hoy
Soy
Voy

OYA

Aboya
Apoya
Boya
Claraboya
Convoya
Chirimoya
Hoya
Joya
Tramoya
Troya

OYO

Apoyo
Arroyo
Hoyo
Poyo

OZ

Albornoz
Arroz
Atroz
Coz
Feroz
Hoz
Precoz
Veloz
Voz

OZA

Alboroza
Broza
Carroza
Coroza
Choza
Desbroza
Destroza
Emboza
Goza
Loza
Moza
Reboza
Remoza
Retoza
Roza
Solloza

OZCA

Conozca
Desconozca
Reconozca

OZCO

Conozco
Desconozco
Reconozco

OZO

Alborozo
Bozo
Calabozo
Desembozo
Destrozo
Embozo
Esbozo
Gozo
Mozo
Pozo
Rebozo
Remozo
Retozo
Sollozo
Trozo

Ú

Alajú
Ambigú
Bambú
Belcebú
Canesú
Cebú
Perú
Tú
Zulú

ÚA

Falúa
Ganzúa
Grúa
Púa
Rúa

Y la 3.ª persona del singular del presente de indicativo de los verbos en "uar": vg., actúa, continúa, etc.

UBA-UVA

Aljuba
Buba
Coadyuva
Cuba
Encuba
Incuba
Matalahúva
Suba
Uva

UBE-UVE

Abstuve
Anduve
Coadyuve
Detuve
Entretuve
Estuve
Hube
Nube
Incube
Querube
Sube
Tuve

UBIA-UVIA

Alubia
Diluvia
Lluvia
Rubia

UBIO-UVIO

Boquirrubio
Connubio
Diluvio
Efluvio
Pediluvio
Pelirrubio
Rubio

UBLA

Anubla
Nubla

UBLE

Anuble
Disoluble
Indisoluble
Nuble
Resoluble
Soluble
Voluble

UBLO

Anublo
Nublo
Rublo

UBO-UVO

Anduvo
Cubo
Estuvo
Hubo
Tubo
Tuvo

UBRA

Cubra
Elucubra
Encubra
Descubra
Lucubra

UBRE

Cubre
Descubre
Encubre
Insalubre
Octubre
Salubre
Ubre

UBRO

Cubro
Descubro
Encubro

UCA

Acurruca
Caduca
Cuca
Desnuca
Educa
Estuca
Machuca
Manduca
Nuca
Peluca
Trabuca
Yuca

Y los despectivos en "uca": vg., casuca, mujeruca, etc.

ÚCAR

Azúcar
Fúcar
Júcar

UCE

Aduce
Aguce
Azuce
Conduce
Cruce
Chapuce
Deduce
Desluce
Desmenuce
Induce
Introduce
Luce
Produce
Reduce
Reproduce
Seduce
Traduce
Trasluce

UCIA

Argucia
Astucia
Ensucia
Fiducia
Minucia
Rucia
Sucia

UCIO

Astucio
Barbilucio
Lucio
Occipucio
Rucio
Sucio

UCO

Abejaruco
Almendruco
Bejuco
Caduco
Cuco
Desnuco
Educo
Estuco
Eunuco
Farruco
Machuco
Mameluco
Manduco
Saúco
Tabuco
Trabuco
Truco

UCHA

Achucha
Bucha
Cachucha
Capucha
Casucha
Chucha
Ducha
Embucha
Escucha
Garrucha
Hucha
Lucha
Mucha
Trucha

Y demás diminutivos y despectivos en "ucha".

UCHE

Acebuche
Achuche
Buche
Escuche
Desembuche
Estuche
Luche
Sacabuche

UCHO

Aguaducho
Aguilucho
Arrechucho
Avechucho
Cartucho
Cucurucho
Chucho
Ducho
Escucho
Falucho
Lucho
Machucho
Mucho
Papelucho
Serrucho

UCRA

Involucra
Lucra

UCRE

Involucre
Lucre

UCRO

Involucro
Lucro

UCTO

Acueducto
Conducto
Eructo
Producto
Reducto
Salvoconducto
Usufructo
Viaducto

UD

Actitud
Almud
Alud
Ataúd
Beatitud
Esclavitud
Exactitud
Gratitud
Ineptitud
Ingratitud
Inquietud
Juventud
Latitud
Laúd
Lentitud
Longitud
Magnitud
Multitud
Plenitud
Pulcritud
Quietud
Rectitud
Salud
Senectud
Solicitud
Sud
Talmud
Virtud

Y otros derivados

abstractos acabados en "etud" o "itud".

UDA

Ayuda
Duda
Muda
Ruda
Saluda
Viuda

Y la 3.ª persona del singular del presente de indicativo de los verbos en "udar": vg., ayuda, saluda, etc.
Y los femeninos de algunos vocablos en "udo".

UDIA

Estudia
Preludia
Repudia

UDIE

Estudie
Preludie
Repudie

UDIO

Estudio
Ludio
Preludio
Repudio

UDO

Acudo
Agudo
Barbudo
Cabelludo
Cabezudo
Cenudo
Cornudo
Crudo
Desnudo
Dudo
Embudo
Engrudo
Escudo
Estornudo
Felpudo
Forzudo
Greñudo
Lanudo
Linajudo
Membrudo
Menudo
Mudo
Narigudo
Nervudo
Nudo
Osudo
Peliagudo
Peludo
Pescozudo
Picudo
Pudo
Puntiagudo
Rudo
Sacudo
Saludo
Sañudo
Sesudo
Sudo
Talludo
Tartamudo
Testarudo
Tozudo
Trasudo
Viudo
Velludo
Zancudo

UDRE

Pudre
Repudre

UFA

Afufa
Atufa
Bufa
Cotufa
Chufa
Enchufa
Estufa
Trufa
Tufa

UFE

Afufe
Atufe
Bufe
Enchufe

UFO

Afufo
Bufo
Enchufo
Rebufo
Rufo
Tufo

UFRA

Azufra
Sufra

UFRO

Azufro
Sufro

UGA

Apechuga
Arruga
Conjuga
Despechuga
Enjuga
Fuga
Lechuga
Madruga
Matalahúga
Oruga
Pechuga
Subyuga
Tortuga
Verruga

UGE-UJE

Aduje
Arreduje
Conduje
Cruje
Embruje
Empuje
Deduje
Dibuje
Muge
Produje
Reduje
Seduje
Traduje

UGIO

Artilugio
Refugio
Subterfugio

UGO

Apechugo
Arrugo
Besugo
Enjugo
Fugo
Jaramugo
Jugo
Madrugo
Mendrugo
Plugo
Tarugo
Verdugo
Yugo

UGNA

Expugna
Impugna
Opugna
Pugna
Repugna

UIDA

Cuida
Descuida
Druida

UIDO

Cuido
Descuido
Ruido

UINA

Ruina

UITA

Cuita
Fortuita

UITO

Circuito

UIZO

Suizo

UJA

Aguja
Arrebuja
Bruja
Burbuja
Cartuja

Cruja
Cuja
Dibuja
Embruja
Empuja
Estruja
Granuja
Guardaguja
Puja
Rebuja
Rempuja
Ruja
Sobrepuja

UJO

Brujo
Cartujo
Crujo
Dedujo
Dibujo
Embrujo
Escaramujo
Flujo
Influjo
Lujo
Orujo
Produjo
Pujo
Rebujo
Reflujo
Rujo
Sedujo
Tapujo

UL

Abedul
Azul
Baúl
Gandul
Tul

ULA

Acumula
Adula
Anula
Articula
Atribula
Azula
Bula
Calcula
Capitula
Circula
Coagula
Confabula
Congratula
Chula
Disimula
Dula
Embaúla
Emula
Especula
Estimula
Estrangula
Formula
Gesticula
Gratula
Gula
Inocula
Manipula
Matricula
Medula
Modula
Mula
Nula
Ondula
Postula
Pula
Pulula
Recapitula
Recula
Rotula
Simula
Titula
Tripula
Ulula
Vincula

ULE

Adule
Anule
Hule

Y la 1.ª y 3.ª persona del singular del presente de subjuntivo de los verbos en "ular": vg., formule, module, etc.

ULCA

Conculca
Inculca
Trifulca

ULCE

Agridulce
Dulce
Endulce

ULCO

Conculco
Inculco

ULCRO

Pulcro
Sepulcro

ULGA

Comulga
Descomulga
Divulga
Espulga
Excomulga
Promulga
Pulga

ULGO

Comulgo
Descomulgo
Divulgo
Espulgo
Promulgo
Vulgo

ULIA

Abulia
Contertulia
Dulia
Julia
Obdulia
Tertulia

ULIO

Contertulio
Julio
Peculio
Tertulio

ULPE

Culpe
Disculpe
Esculpe
Inculpe

ULQUE

Conculque
Inculque
Pulque

ULO

Cachirulo
Culo
Chulo
Disimulo
Mulo
Nulo

Y la 1.ª persona del singular del presente de indicativo de los verbos en "ular": vg., circulo, estipulo, etc.

ULPA

Culpa
Esculpa
Disculpa
Inculpa
Pulpa

ULPO

Culpo
Disculpo
Enculpo
Inculpo
Pulpo

ULQUE

Conculque
Inculque

ULSA

Compulsa
Convulsa
Expulsa
Impulsa
Insulsa
Propulsa
Pulsa
Repulsa

ULSO

Compulso
Convulso
Expulso
Impulso
Propulso
Pulso
Repulso

ULTA

Abulta
Adulta
Catapulta
Consulta
Culta
Dificulta
Estulta
Faculta
Inculta
Insepulta
Insulta
Multa
Oculta
Resulta
Sepulta
Turbamulta

ULTO

Adulto
Bulto
Culto
Estulto
Indulto
Insepulto
Insulto
Jurisconsulto
Oculto
Sepulto
Tumulto

Y la 1.ª persona del singular del presente de indicativo de los verbos en "ultar": vg., consulto, multo, etc.

ULLA

Arrulla
Aturrulla
Aúlla
Bulla
Casulla
Cogulla
Embarulla
Engulla
Escabulla
Farfulla
Grulla
Hulla
Magulla
Masculla
Maúlla
Patrull
Pulla
Rebulla
Zabulla

ULLO

Arrullo
Bandullo
Capullo
Chanchullo
Murmullo
Orgullo

Y la 1.ª persona del singular del presente de indicativo de los verbos en "ullar" y "ullir": vg., mascullo, magullo, zambullo, escabullo, etc.

UMA

Abruma
Ahúma
Asuma
Bruma
Consuma
Despluma
Empluma
Esfuma
Espuma
Exhuma
Fuma
Inhúma
Perfuma
Pluma
Presuma
Puma
Reasuma
Resuma
Rezuma
Sahúma
Suma

UMBA

Arrumba
Balumba
Cátacumba
Derrumba
Incumba
Retumba
Rumba
Sucumba
Tarumba
Tumba
Ultratumba
Zumba

UMBE

Arrumbe
Derrumbe
Incumbe
Retumbe
Sucumbe
Tumbe

UMBO

Rumbo
Tumbo

UMBRA

Acostumbra
Alumbra
Apesadumbra
Columbra
Deslumbra
Encumbra
Penumbra
Relumbra
Umbra
Vislumbra

UMBRE

Acostumbre
Alumbre
Azumbre
Certidumbre
Columbre
Costumbre
Cumbre
Deslumbre
Dulcedumbre
Encumbre
Herrumbre
Incertidumbre
Legumbre
Lumbre
Mansedumbre
Muchedumbre
Pesadumbre
Podredumbre
Quejumbre
Relumbre
Salsedumbre
Servidumbre
Techumbre
Vislumbre

UME

Perfume

Y la 1.ª y 3.ª persona del singular del presente de subjuntivo de los verbos en "umir": vg., asume, presume, consume, etcétera.

UMEN

Cacumen
Cerumen
Numen
Resumen
Volumen

UMNA

Alumna
Columna

UMNIO

Calumnio
Intercolumnio

UMO

Consumo
Grumo
Humo
Sumo
Zumo

Y la 1.ª persona del singular del presente de indicativo de los verbos en "umar" y "umir": vg., esfumo, exhúmo, presumo, resumo, etc.

UMPA

Interrumpa
Prorrumpa

UMPO

Interrumpo
Prorrumpo

UN

Algún
Atún
Aún
Betún
Común
Ningún
Mancomún

Según
Un

UNA

Aceituna
Aduna
Alguna
Aúna
Ayuna
Bruna
Coluna
Cuna
Fortuna
Gatuna
Hombruna
Importuna
Infortuna
Lacayuna
Laguna
Luna
Mancomuna
Moruna
Ninguna
Oportuna
Perruna
Reúna
Tribuna
Tuna
Una
Vacuna
Veintiuna

UNCA

Espelunca
Nunca
Trunca

UNCE

Frunce
Punce
Unce

UNCIA

Anuncia
Denuncia
Enuncia
Juncia
Pronuncia
Renuncia

UNCIO

Abrenuncio
Anuncio
Denuncio
Enuncio
Nuncio
Pronuncio
Renuncio

UNCO

Carbunco
Junco
Trunco

UNDA

Baraúnda
Carcunda
Coyunda
Funda
Tunda

Y la 1.ª y 3.ª persona del singular del presente de subjuntivo de los verbos en "undar" y "undir": vg., funda, inunda, cunda, difunda, etc.

Y los femeninos de algunos vocablos en "undo".

UNDIA

Enjundia
Facundia
Iracundia
Verecundia

UNDO

Errabundo
Facundo
Fecundo
Furibundo
Inmundo
Moribundo
Mundo
Oriundo
Profundo
Segundo
Vagabundo
Vagamundo

UNE

Aúne
Ayune
Desune
Impune
Inmune
Reúne
Vacune
Une

UNGA

Chunga
Sandunga

UNIO

Infortunio
Junio
Novilunio
Plenilunio

UNQUE

Trunque
Yunque

UNJA

Compunja
Unja

UNO

Alguno
Ayuno
Consumo
Desayuno
Neptuno
Ninguno
Oportuno
Reúno
Tribuno
Tuno
Uno

UNTA

Adjunta
Apunta
Ayunta
Barrunta
Cejijunta
Conjunta
Descoyunta
Despunta
Difunta
Junta
Pregunta
Punta
Unta
Yunta

UNTE

Apunte
Barrunte
Despunte
Junte
Pespunte
Pregunte
Traspunte
Unte

UNTO

Asunto
Ayunto
Barrunto
Cejijunto
Conjunto
Contrapunto
Despunto
Difunto
Junto
Punto
Pregunto
Presunto
Trasunto
Unto

UNZA

Desunza
Frunza
Punza
Unza

UNZO

Desunzo
Frunzo
Punzo
Unzo

UÑA

Acuña
Bruña
Cataluña
Cuña
Empuña
Enfurruña
Garduña
Gruña
Muña
Pezuña
Rasguña
Refunfuña

Uña
Vicuña

UÑO

Acuño
Bruño
Cuño
Gruño
Puño
Rasguño
Refunfuño
Terruño

UO

Acentúo
Actúo
Avalúo
Búho
Conceptúo
Continúo
Desvirtúo
Dúo
Efectúo
Evalúo
Gradúo
Fluctúo
Habitúo
Insinúo
Perpetúo
Puntúo
Valúo

UPA

Agrupa
Aúpa
Chalupa
Chupa
Desocupa
Escupa
Grupa
Ocupa
Preocupa
Pupa
Upa

UPE

Agrupe
Cupe
Chupe
Ocupe
Preocupe
Supe

UPLA

Dupla
Supla

UPLO

Duplo
Suplo

UPO

Agrupo
Aúpo
Cupo
Chupo
Escupo
Estrupo
Grupo
Ocupo
Preocupo

UPTA

Abrupta
Corrupta
Incorrupta

UPTO

Abrupto
Corrupto
Erupto
Exabrupto
Incorrupto

UQUE

Acurruque
Archiduque
Balduque
Buque
Caduque
Desnuque
Duque
Eduque
Estuque
Machuque
Retruque
Truque

UR

Abur
Astur
Augur
Ligur
Segur
Sur
Tahúr

URA

Agricultura
Altura
Armadura
Arquitectura
Asadura
Basura
Cabalgadura
Cintura
Cisura
Cura
Dura
Jura
Obscura
Perjura
Pura
Usura
Ventura

Y la 3.ª persona del singular del presente de indicativo de los verbos en "urar": vg., abjura, dura, perdura, etc.
Y abstractos, derivados de adjetivos, terminados en "ura": vg., bravura, finura, etcétera.

URBA-URVA

Conturba
Curva
Disturba
Perturba
Turba

URBE

Conturbe
Disturbe
Perturbe
Urbe
Turbe

URBIA

Enturbia
Turbia

URBIO

Disturbio
Enturbio
Suburbio
Turbio

URBO-URVO

Conturbo
Curvo
Disturbo
Perturbo
Turbo

URCA

Bifurca
Mazurca
Surca
Turca
Urca

URCO

Bifurco
Entresurco
Surco
Turco

URDA

Absurda
Aturda
Burda
Palurda
Urda
Zahúrda
Zurda

URDO

Absurdo
Aturdo
Burdo
Palurdo
Urdo
Zurdo

URGA

Expurga
Hurga
Murga
Purga

URGE-URJE

Menjurge
Surge
Urge

URGIA

Dramaturgia
Liturgia
Metalurgia
Siderurgia

URGO

Burgo
Dramaturgo
Expurgo
Hurgo
Purgo
Taumaturgo

URGUE

Expurgue
Hurgue
Purgue

URIA

Centuria
Curia
Decuria
Espuria
Furia
Incuria
Injuria
Lujuria
Penuria

URIO

Augurio
Espurio
Injurio
Mercurio
Murmurio
Perjurio
Tugurio

URJA

Resurja
Surja
Urja

URNA

Diurna
Diuturna
Embadurna
Nocturna
Taciturna
Turna
Urna

URNO

Coturno
Diurno
Disturno
Embadurno
Nocturno
Saturno
Taciturno
Turno
Volturno

URO

Antemuro
Apuro
Bromuro
Cianuro
Claroscuro
Cloruro
Conjuro
Contramuro
Duro
Futuro
Muro
Obscuro
Perjuro
Puro
Siluro

Y la 1.ª persona del singular del presente de indicativo de los verbos en "urar": vg., aseguro, fulguro, etc.

URPA

Deturpa
Usurpa

URQUE

Bifurque
Surque

URRA

Aburra
Burra
Cazurra
Concurra
Curra
Chapurra
Despachurra
Despanzurra
Discurra
Escurra
Hurra
Incurra
Ocurra
Recurra
Susurra
Transcurra
Zurra

URRIA

Bandurria
Murria

URRO

Burro
Cazurro
Ceburro
Churro
Susurro

Y la 1.ª persona del singular del presente de indicativo de los verbos en "urrar" y "urrir": vg., despanzurro, zurro, aburro, recurro, etcétera.

URSA

Concursa
Cursa
Incursa
Ursa

URSO

Concurso
Curso
Decurso
Discurso
Incurso
Recurso
Transcurso

URTA

Curta
Hurta
Murta
Surta

URTE

Curte
Encurte
Hurte
Surte

URTO

Curto
Hurto
Surto

US

Jesús
Obús
Patatús
Plus
Sus

USA

Abstrusa
Abusa
Acusa
Aretusa
Atusa
Blusa
Confusa
Contusa
Cornamusa
Difusa
Engatusa
Esclusa
Exclusa
Excusa
Fusa
Ilusa
Inclusa
Inconcusa
Infusa
Intrusa
Medusa
Musa
Obtusa
Pelusa
Profusa
Reclusa
Recusa
Rehúsa
Rusa
Semifusa
Usa

USO

Abstruso

Abuso
Confuso
Contuso
Difuso
Huso
Iluso
Intruso
Obtuso
Profuso
Recluso
Ruso
Uso

Y la 1.ª persona del singular del presente de indicativo de los verbos en "usar": vg., abuso, acuso, etc.

USCA

Brusca
Busca
Corusca
Chamusca
Chusca
Etrusca
Ofusca
Pardusca
Pelandusca
Rebusca
Verdusca

USCO

Brusco
Busco
Corrusco
Chamusco
Chusco
Molusco
Ofusco
Pardusco
Rebusco

USGO

Musgo
Remusgo
Usgo

USMA

Chusma
Husma

USQUE

Busque
Chamusque
Ofusque
Rebusque

USTE

Ajuste
Asuste
Embuste
Desbarajuste
Disguste
Fuste
Guste

USTIA

Angustia
Mustia

USTIO

Angustio
Mustio

USTO

Adusto
Ajusto
Asusto
Augusto
Busto
Desajusto
Desbarajusto
Disgusto
Gusto
Incrusto
Injusto
Justo
Robusto
Vetusto

USTRA

Deslustra
Frustra
Ilustra
Lustra

USTRE

Deslustre
Frustre
Ilustre
Lacustre
Lustre
Palustre

USTRO

Deslustro
Frustro
Ilustro
Lustro

UTA

Astuta
Batuta
Bruta
Cicuta
Diminuta
Disoluta
Disputa
Fruta
Gruta
Hirsuta
Impoluta
Irresoluta
Minuta
Permuta
Prostituta
Recluta
Resoluta
Ruta
Substituta
Transmuta
Viruta

UTE

Disfrute
Matute
Tute
Yute

Y la 1.ª y 3.ª persona del singular del presente de subjuntivo de los verbos en "utar": vg., dispute, reclute, etc.

ÚTIL

Fútil
Inconsútil
Inútil
Útil

UTIS

Cutis
Mutis

UTO

Absoluto
Astuto
Atributo
Bismuto
Bruto
Canuto
Computo
Confuto
Conmuto
Diminuto
Disfruto
Disoluto
Disputo
Ejecuto
Enjuto
Enluto
Escorbuto
Esputo
Estatuto
Fruto
Hirsuto
Impoluto
Imputo
Inmuto
Instituto
Luto
Minuto
Permuto
Recluto
Refuto
Resoluto
Substituto
Tributo

UYA

Aleluya
Cuya
Puya
Suya
Tuya

UYO

Afluyo
Arguyo
Atribuyo
Circuyo
Concluyo
Confluyo
Constituyo
Construyo
Contribuyo
Cuyo
Destituyo
Destruyo
Diluyo

Disminuyo
Distribuyo
Excluyo
Huyo
Imbuyo
Incluyo
Influyo
Inmiscuyo
Instituyo
Instruyo
Obstruyo
Recluyo
Redarguyo
Refluyo
Rehúyo
Restituyo
Retribuyo
Substituyo
Suyo
Tuyo

UZ

Alcuzcuz
Andaluz
Arcabuz
Arcaduz
Avestruz
Capuz
Cruz
Chapuz
Luz
Testuz
Tragaluz
Trasluz

UZA

Aguza
Alcuza
Andaluza
Azuza
Caperuza
Capuza
Cruza
Chapuza
Desmenuza
Despeluza
Encapuza
Escaramuza
Gamuza
Gazuza
Gentuza
Lechuza
Merluza
Zampuza

UZCO

Aduzco
Conduzco
Deduzco
Desluzco
Induzco
Introduzco
Luzco
Negruzco
Produzco
Reduzco
Reluzco
Reproduzco
Seduzco
Traduzco
Trasluzco

UZGA

Juzga
Prejuzga
Sojuzga

UZGO

Juzgo
Prejuzgo
Sojuzgo

UZGUE

Juzgue
Projuzgue
Sojuzgue

UZNA

Espeluzna
Rebuzna

UZNO

Espeluzno
Rebuzno

UZO

Aguzo
Azuzo
Buzo
Cruzo
Chapuzo
Chuzo
Desmenuzo
Lechuzo

RIMAS ESDRUJULAS

Á-A-A

Ágata
Alcántara
Antecámara
Árgana
Bárbara
Cábala
Cámara
Cántara
Cáscara
Cháchara
Dálmata
Diáfana
Gárgara
Jácara
Lámpara
Máscara
Náufraga
Prángana
Ráfaga
Recámara
Sábana
Santabárbara
Sármata
Sátrapa
Trápala
Vándala

Á-A-E

Ánade
Árabe
Árcade
Mozárabe
Náyade

Á-A-I

Álcali
Paráfrasis

Á-A-O

Ábaco
Álamo
Archipámpano
Bálago
Bálsamo
Báratro
Bárbaro
Cálamo
Cántabro
Cátaro
Cáñamo
Cárabo
Carámbano
Diáfano
Escándalo
Espárrago
Fárrago
Fármaco
Galápago
Heliogábalo
Lábaro
Láudano
Lázaro
Náufrago
Pájaro
Pámpano
Parágrafo
Páramo
Párpado
Párrafo
Plátano
Rábano
Relámpago
Sábado
Sándalo
Tábano
Tálamo
Tántalo
Tártaro
Tráfago
Vándalo
Vástago
Zángano

Á-E-A

Álgebra
Área
Áspera
Áurea
Cárdena
Cátedra
Cesárea
Cetácea
Coetánea
Contemporánea
Crustácea
Cuadrilátera
Cutánea
Dársena
Equilátera
Espontánea
Extemporánea
Herbácea
Instantánea
Jábega
Láurea
Mediterránea
Miscelánea
Momentánea
Simultánea
Subterránea
Tartárea
Villácea
Violácea

Á-E-E

Adlátere
Pláceme

Á-E-I

Metátesis
Támesis

Á-E-O

Ábrego
Áspero
Cárdeno
Cuadrilátero
Cuáquero
Decámetro
Diámetro
Equilátero
Hexámetro
Pentámetro

Á-I-A

África
Águila
Almáciga
Ánima
Árnica
Ática
Botánica
Cábila
Ciática
Cáspita
Dádiva
Dalmática
Dinámica
Diplomática
Dogmática
Dramática
Escolástica
Fábrica
Heráldica
Hidráulica
Hipostática
Itálica
Lágrima
Lámina
Lápida
Lástima
Máquina

Matemática
Máxima
Mecánica
Náutica
Neumática
Nigromántica
Numismática
Onomástica
Página
Pátina
Plática
Práctica
Pragmática
Rábida
Rápida
Sátira
Táctica

Y los femeninos de algunos vocablos en "á-i-o".

Á-I-E

Ábside
Ápice
Cariátide
Clámide
Exánime
Hábiles
Inánime
Máxime
Pirámide
Pusilánime
Trámite
Unánime
Vorágine

Á-I-I

Análisis
Parálisis

Á-I-O

Ábrigo
Ácido
Ácimo
Acromático
Acuático
Adriático
Aerostático
Áfrico
Álgido
Almácigo
Ámbito
Anárquico
Ánimo
Antártico
Antipático
Apático
Arábigo
Arácnido
Árbitro
Árido
Aristocrático
Aromático
Ártico
Asiático
Asmático
Ático
Atlántico
Áulico
Ávido
Baleárico
Balsámico
Báltico
Báquico
Beneplácito
Bibliográfico
Biográfico
Botánico
Británico
Burocrático
Cálido
Cándido
Cantábrico
Cántico
Catedrático
Cáustico
Cefálico
Cismático
Clásico
Cosmográfico
Coriámbico
Cromático
Chápiro
Dáctilo
Democrático
Didáctico
Didascálico
Dinárico
Dinástico
Diplomático
Ditirámbico
Dogmático
Dramático
Eclesiástico
Elástico
Encomiástico
Enfático
Enigmático
Epigramático
Epitalámico
Errático
Escenográfico
Escolástico
Escuálido
Esporádico
Estenográfico
Estereográfico
Extático
Fanático
Fantástico
Flemático
Gálico
Gástrico
Gaznápiro
Geográfico
Germánico
Gimnástico
Gráfico
Gramático
Granático
Grávido
Hábito
Hálito
Hepático
Heráldico
Hidráulico
Hipostático
Hispánico
Idiomático
Impávido
Inorgánico
Inválido
Itálico
Jerárquico
Lánguido
Látigo
Letárgico
Linfático
Litográfico
Longánimo
Lunático
Mágico
Magnánimo
Maniático
Matemático
Máximo
Mecánico
Metálico
Monárquico
Monástico
Morganático
Náutico
Neumático
Nigromántico
Nostálgico
Numismático
Orgánico
Ortográfico
Pábilo
Paleográfico
Pálido
Pánfilo
Pánico
Paráclito
Parásito
Perlático
Pindárico
Pirático
Pironáutico
Plácido
Plástico
Pleonástico
Poligámico
Pornográfico
Práctico
Pragmático
Prismático
Probático
Problemático
Profiláctico
Quiromántico
Rábido
Rápido
Reumático
Romántico
Sáfico
Sálico
Sánscrito
Satánico
Sátiro
Selvático
Seráfico
Silábico
Simpático
Sintáctico
Sistemático
Socrático
Tácito
Táctico
Taquigráfico
Telegráfico
Teocrático
Tipográfico
Tiránico
Titánico
Tráfico
Trágico
Tránsito
Traumático
Válido
Vandálico
Viático

Volcánico
Yámbico

Á-O-A

Análoga
Áncora
Ánfora
Ágora
Átona
Bitácora
Mandrágora
Metáfora
Parábola
Vánova

Á-O-E

Áloe
Catástrofe
Cánones
Diástole

Á-O-O

Áfono
Análogo
Átomo
Átono
Catálogo
Decágono
Decálogo
Diácono
Diálogo
Heptágono
Hexágono
Filántropo
Misántropo
Párroco
Semáforo
Subdiácono

Á-U-A

Báscula
Camándula
Cánula
Cápsula
Carátula
Cláusula
Crápula
Espátula
Fábula
Farándula
Fámula
Flámula
Glándula
Mácula
Párvula
Somnámbula
Tarántula
Tránsfuga
Válvula

Á-U-O

Acutángulo
Ángulo
Ánulo
Báculo
Bártulos
Cálculo
Cenáculo
Coágulo
Conciliábulo
Cuadrángulo
Cuádruplo
Espectáculo
Fámulo
Gárrulo
Gránulo
Habitáculo
Invernáculo
Obstáculo
Oráculo
Pábulo
Párvulo
Pináculo
Preámbulo
Receptángulo
Rectángulo
Somnámbulo
Sustentáculo
Tabernáculo
Tentáculo
Tránsfugo
Triángulo
Umbráculo

É-A-A

Acéfala
Apétala
Bicéfala
Braquicéfala
Ciénaga
Década
Huérfana
Luciérnaga
Monopétala
Pléyade
Polipétala
Présaga

É-A-E

Péname
Pésame
Pléyades

É-A-I

Énfasis
Éxtasis

É-A-O

Acéfalo
Almuédano
Archipiélago
Bicéfalo
Bucéfalo
Céfalo
Ciénago
Cuévano
Dédalo
Ébano
Encéfalo
Hipérbaton
Huérfano
Légamo
Microcéfalo
Monopétalo
Muérdago
Murciélago
Nuégado
Océano
Orégano
Pétalo
Piélago
Piruétano
Polipétalo
Présago
Préstamo
Retruécano
Sésamo
Sépalo
Telégrafo
Telémaco
Témpano
Tétano
Tuétano

É-E-A

Aérea
Cinérea
Etcétera
Etérea
Exégeta
Férrea
Heterogénea
Homogénea
Huéspeda
Sidérea
Térrea
Tésera
Venérea
Vértebra
Vipérea

É-E-E

Congénere
Célebre
Intérprete
Trébedes

É-E-I

Diéresis
Epéntesis
Génesis
Peréntesis
Sindéresis

É-E-O

Féretro
Género
Héspero
Muévedo
Telémetro
Véspero
Vipéreo

É-I-A

Acémila
América
Aritmética
Asafétida
Bélgica
Benemérita
Bética
Centésima
Cinegética
Contrarréplica
Dialéctica
Doméstica
Égida
Égira
Épica
Estética
Ética
Eutrapélica
Fonética

Hégira
Médica
Métrica
Milésima
Pérdida
Pértiga
Poética
Polémica
Politécnica
Prédica
Présbita
Quincuagésima
Réplica
Terapéutica

Y los femeninos de algunos vocablos en "é-i-o".

É-I-E

Apéndice
Célibe
Efemérides
Équite
Hélice
Hespéride
Présbite
Régimen
Réspice
Satélite
Vértice

É-I-O

Académico
Acérrimo
Albérchigo
Alfabético
Anacorético
Angélico
Antiséptico
Antitético
Apologético
Apoplético
Aristotélico
Aritmético
Arsénico
Ascético
Aspérrimo
Atlético
Atmosférico
Auténtico
Barométrico
Bélico
Benéfico
Benemérito
Cadavérico
Cataléctico
Cataléptico
Céfiro
Celebérrimo
Célico
Celtibérico
Céltico
Céntimo
Céntrico
Cinegético
Clérigo
Climatérico
Colérico
Concéntrico
Congénito
Cosmético
Crédito
Débito
Décimo
Decrépito
Délfico
Demérito
Descrédito
Diabético
Dialéctico
Doméstico
Ecuménico
Ejército
Eléctrico
Empréstito
Enciclopédico
Endémico
Enérgico
Épico
Epidémico
Epiléptico
Escénico
Escéptico
Esférico
Espléndido
Esplénico
Estético
Estrépito
Étnico
Eufémico
Eutrapélico
Evangélico
Excéntrico
Exegético
Éxito
Famélico
Farmacéutico
Férvido
Fétido
Fonético
Frenético
Gélido
Genérico
Génito
Geométrico
Helénico
Hélico
Helvético
Herético
Hermético
Herpérico
Herpético
Hespérico
Hipotético
Histérico
Homérico
Ibérico
Idéntico
Impertérrito
Inédito
Ingénito
Inmérito
Integérrimo
Intrépido
Léxico
Libérrimo
Magnético
Mahomético
Maléfico
Médico
Méjico
Mérito
Métrico
Misérrimo
Mnemotécnico
Numérico
Onomatopeico
Patético
Paupérrimo
Pérfido
Peripatético
Pérsico
Pésimo
Pirotécnico
Poético
Polémico
Politécnico
Pretérito
Primogénito
Profético
Proscénico
Prosélito
Pulquérrimo
Quimérico
Rédito
Salubérrimo
Selénico
Séquito
Sérico
Simétrico
Sintético
Somético
Técnico
Terapéutico
Término
Tétrico
Ubérrimo
Unigénito
Vértigo

É-O-A

Anécdota
Anémona
Auréola
Benévola
Déspota
Égloga
Época
Hipérbola
Malévola
Oropéndola
Pécora
Péndola
Péñola
Plétora
Rémora
Réproba
Témpora
Sémola

É-O-E

Hipérbole
Miércoles
Sinecdoque

É-O-O

Alvéolo
Benévolo
Éforo
Eléboro
Émbolo
Éxodo
Malévolo
Método
Teléfono
Réprobo

É-U-A

Cédula
Crédula
Émula

Fécula
Férula
Incrédula
Libélula
Médula
Ménsula
Molécula
Trémula

É-U-O

Céntuplo
Crédulo
Émulo
Incrédulo
Péndulo
Régulo
Séxtuplo
Trémulo
Tubérculo

Í-A-A

Amígdala
Bisílaba
Cíclada
Címgara
Cítara
Deípara
Dríada
Hamadríada
Ítala
Jícara
Noctívaga
Olimpíada
Opípara
Ovípara
Pícara
Polígama
Sílaba
Vivípara

Í-A-E

Dríade
Epígrafe
Hamadríade

Í-A-I

Perífrasis

Í-A-O

Afrodisíaco
Amoníaco
Anfíbraco
Bígamo
Bisílabo
Calígrafo
Cardíaco
Centígrado
Cernícalo
Címbalo
Díctamo
Dionisíaco
Elegíaco
Endecasílabo
Erídano
Esguízaro
Genízaro
Hígado
Ilíaco
Ítalo
Líbano
Noctívago
Olimpíaco
Opíparo
Paradisíaco
Pelícano
Pícaro
Pífano
Píndaro
Polígamo
Simoníaco
Taquígrafo
Tímalo
Tímpano
Vivíparo
Zodíaco

Í-E-A

Alienígena
Alígera
Antevíspera
Armígera
Aurífera
Bípeda
Belígera
Calorífera
Celtíbera
Centrípeta
Consanguínea
Crucífera
Curvilínea
Efímera
Estelífera
Extrínseca
Flamígera
Florífera
Florígera
Fructífera
Ignífera
Ignígena
Indígena
Íntegra
Intrínseca
Lanífera
Línea
Lucífera
Melífera
Metalífera
Mísera
Odorífera
Olivífera
Palmífera
Pestífera
Pomífera
Rectilínea
Sacrílega
Salutífera
Sanguífera
Sanguínea
Signífera
Solípeda
Somnífera
Soporífera
Sortílega
Terrígena
Virgínea
Víscera
Víspera
Vitífera

Í-E-E

Aborígenes
Alípedes
Bípede
Caprípede
Orígenes
Títere
Unípede

Í-E-I

Antítesis
Ínterin
Síntesis

Í-E-O

Alígero
Armígero
Asíndeton
Aurífero
Belígero
Bípedo
Calorífero
Calorímetro
Celtíbero
Centímetro
Centrípeto
Cornígero
Crucífero
Díptero
Efímero
Epíteto
Estilífero
Extrínseco
Flamígero
Florífero
Florígero
Fructífero
Ignífero
Ignígeno
Ínfero
Íntegro
Intrínseco
Lanífero
Líbero
Lucífero
Mamífero
Melífero
Metalífero
Milímetro
Mísero
Mortífero
Níspero
Odorífero
Olivífero
Oxígeno
Palmífero
Paralelepípedo
Penígero
Perímetro
Pestífero
Plumífero
Polisíndeton
Pomífero
Presbítero
Sacrílego
Salutífero
Sanguífero
Signífero
Somnífero
Soporífero
Sudorífero
Terrígeno
Velocípedo
Vitífero
Umbelífero

Í-I-A

Atomística
Balística

Basílica
Bíblica
Característica
Casuística
Clínica
Crítica
Domínica
Eclíptica
Elíptica
Encíclica
Enclítica
Filípica
Física
Legítima
Lingüística
Lírica
Magníficat
Metafísica
Mímica
Pantomímica
Patronímica
Química
Rítmica
Víctima

Y los femeninos de algunos vocablos en "í-i-o".

Í-I-E

Artífice
Benedícite
Calígene
Copartícipe
Índice
Límite
Mílite
Multíplice
Munícipe
Nínive
Partícipe
Pontífice
Príncipe
Sílfide
Sílice
Tríplice

Í-I-O

Agílibus
Analítico
Artístico
Atomístico
Beatífico
Bíblico
Cabalístico
Característico
Casuístico
Científico
Cilíndrico
Címbrico
Cínico
Cívico
Clínico
Crítico
Dactílico
Davídico
Deífico
Dentífrico
Dificilísimo
Dístico
Druídico
Empírico
Eremítico
Específico
Eucarístico
Fatídico
Físico
Frígido
Hípico
Híspido
Honorífico
Horrífico
Ilegítimo
Ilícito
Ilírico
Implícito
Impolítico
Ínclito
Índigo
Ínfimo
Insípido
Íntimo
Jeroglífico
Jesuítico
Jurídico
Legítimo
Letífico
Levítico
Líbico
Lícito
Límpido
Lingüístico
Líquido
Lírico
Lívido
Logarítmico
Lumínico
Magnífico
Marítimo
Melífico
Metafísico
Mímico
Mínimo
Mirífico
Místico
Munífico
Nítido
Olímpico
Pacífico
Panegírico
Paralítico
Pírrico
Político
Prolífico
Químico
Rabínico
Raquítico
Rentístico
Rígido
Rítmico
Satírico
Semítico
Sibarítico
Sifilítico
Silogístico
Síndico
Sodomítico
Sofístico
Solícito
Sudorífico
Terrífico
Terrorífico
Tímido
Típico
Tísico
Verídico
Vívido
Vivífico

Y todos los superlativos acabados en "ísimo".

Í-I-U

Espíritu

Í-O-A

Agrícola
Alícuota
Altísona
Antífona
Antípoda
Carnívora
Celícola
Cítola
Díscola
Dísona
Dulcísona
Epístola
Equívoca
Horrísona
Ignívoma
Ignívora
Íncola
Ímproba
Omnímoda
Píldora
Políglota
Quínola
Regnícola
Recíproca
Síntoma
Terrícola
Undísona
Unísona
Unívoca
Víbora
Vitícola

Í-O-E

Antílope
Cíclope
Epítome
Etíope
Índole
Ínope
Limítrofe
Síncope
Sístole
Trípode

Í-O-O

Altísono
Antídoto
Barítono
Carnívoro
Díscolo
Dísono
Dulcísono
Epílogo
Equívoco
Frívolo
Herbívoro
Horrísono
Ídolo
Ignívomo
Ignívoro
Ímprobo
Inequívoco
Omnímodo
Período
Píloro
Polígono
Recíproco
Símbolo

Sínodo
Undísono
Unísono
Unívoco
Ventrílocuo

Í-U-A

Aurícula
Canícula
Clavícula
Condiscípula
Cuadrícula
Discípula
Febrífuga
Fístula
Ínfula
Ínsula
Mandíbula
Matrícula
Partícula
Película
Península
Quíntupla
Ridícula
Sícula
Vermífuga
Vírgula

Í-U-O

Admíniculo
Artículo
Capítulo
Cíngulo
Círculo
Condiscípulo
Conventículo
Cubículo
Discípulo
Estímulo
Febrífugo
Latíbulo
Manípulo
Montículo
Nubífugo
Patíbulo
Quíntuplo
Ridículo
Semicírculo
Síc ulo
Título
Vehículo
Ventrículo
Versículo
Vestíbulo
Vínculo

Ó-A-A

Acróbata
Aeróstata
Anómala
Apóstata
Aristócrata
Autócrata
Autómata
Cóncava
Criptógama
Demócrata
Homeópata
Idólatra
Mónada
Nómada
Próstata
Retrógrada

Ó-A-I

Hipóstasis
Prótasis

Ó-A-O

Abrótano
Anómalo
Antropófago
Autógrafo
Areópago
Bibliógrafo
Biógrafo
Cóncavo
Coreógrafo
Cosmógrafo
Cristalógrafo
Crótalo
Dactilógrafo
Escenógrafo
Esófago
Estenógrafo
Estómago
Fotógrafo
Geógrafo
Hipopótamo
Lexicógrafo
Litógrafo
Lotófago
Monógamo
Ópalo
Órdago
Órgano
Óvalo
Paleógrafo
Piróscopo
Retrógrado
Sarcófago
Sótano
Tipógrafo
Zócalo

Ó-E-A

Arbórea
Atmósfera
Bóveda
Cócedra
Cólera
Corpórea
Ecuórea
Errónea
Geómetra
Gómena
Idónea
Incorpórea
Lepidóptera
Lóbrega
Marmórea
Ópera
Ósea
Próspera
Rósea

Ó-E-E

Isósceles
Melpómene
Órdenes

Ó-E-I

Diócesis
Hipótesis

Ó-E-O

Barómetro
Cronómetro
Chupóptero
Fenómeno
Gasómetro
Hectómetro
Heliómetro
Hidrógeno
Hidrómetro
Higrómetro
Kilómetro
Lepidóptero
Lóbrego
Manómetro
Micrómetro
Óleo
Paralipómeno
Petróleo
Pluviómetro
Prolegómeno
Próspero
Termómetro

Ó-I-A

Albóndiga
Anacreóntica
Armónica
Bubónica
Bucólica
Carótida
Cólica
Crónica
Filarmónica
Hipócrita
Lógica
Mónita
Nómina
Óptica
Órbita
Pócima
Póliza
Retórica
Teórica
Tónica
Verónica

Y los femeninos de algunos vocablos en "ó-i-o".

Ó-I-E

Códice
Cómitre
Cómplice
Dómine
Óbice
Sardónice

Ó-I-I

Ajilimójili
Bóbilis

Ó-I-O

Acólito
Acróstico
Adónico
Afónico
Alcohólico
Alegórico
Alfóncigo
Anacreóntico

Analógico
Anatómico
Andrógino
Anfibológico
Apócrifo
Apológico
Apósito
Argólico
Apostólico
Armónico
Arquitectónico
Astrológico
Astronómico
Atómico
Atónito
Babilónico
Bibliófilo
Bólido
Biológico
Bucólico
Califórnico
Canónico
Carbónico
Categórico
Católico
Código
Cólico
Cómico
Cónico
Cosmológico
Crónico
Cronológico
Demagógico
Depósito
Despótico
Despropósito
Diabólico
Diagnóstico
Dórico
Económico
Eólico
Episódico
Epónimo
Erótico
Estólido
Espasmódico
Estrambótico
Etimológico
Etiópico
Eufónico
Exótico
Expósito
Fantasmagórico
Filantrópico
Filarmónico
Filológico
Filosófico
Fisiológico
Fisonómico
Fosfórico
Geológico
Gnómico
Gótico
Hidrópico
Hiperbólico
Histórico
Heteróclito
Hórrido
Ideológico
Ilógico
Impróvido
Incógnito
Indómito
Insólito
Irônico
Jónico
Lacónico
Lógico
Macarrónico
Melancólico
Metafórico
Meteórico
Meteorológico
Metódico
Microscópico
Mitológico
Módico
Mórbido
Narcótico
Necrológico
Neófito
Neológico
Óbito
Ontológico
Opósito
Óptico
Óptimo
Óxido
Parabólico
Paradójico
Paródico
Patológico
Patriótico
Pedagógico
Periódico
Pictórico
Pitagórico
Pirrónico
Platónico
Pletórico
Pólipo
Pórfido
Pórtico
Pósito
Prepósito
Pródigo
Prójimo
Pronóstico
Próvido
Próximo
Recóndito
Retórico
Salomónico
Sardónico
Seudónimo
Simbólico
Sinónimo
Sinóptico
Sólido
Sólito
Sufísito
Sórdido
Taurófilo
Teológico
Teórico
Teutónico
Tónico
Tópico
Tórrido
Tósigo
Tóxico
Tragicómico
Trópico
Utópico
Zoológico

Ó-I-U

Ómnibus

Ó-O-A

Albórbola
Autóctona
Autónoma
Cómoda
Gólgota
Góndola
Incómoda
Isógona
Pólvora
Prórroga
Tórtola

Ó-O-E

Apócope
Apóstrofe

Ó-O-I

Apódosis
Metrópoli
Necrópolis

Ó-O-O

Agrónomo
Apólogo
Apóstrofo
Arqueólogo
Astrólogo
Astrónomo
Autóctono
Autónomo
Bósforo
Cómodo
Cosmólogo
Crisógono
Ecónomo
Etnólogo
Filólogo
Filósofo
Fisiólogo
Fisónomo
Fósforo
Gastrónomo
Hidróscopo
Hipódromo
Homólogo
Horóscopo
Incómodo
Isócrono
Isógono
Micrófono
Monólogo
Monótono
Óbolo
Piróforo
Piróscopo
Prólogo
Psicólogo
Teólogo
Tórtolo

Ó-U-A

Cópula
Escrófula
Fórmula
Mórula
Póstuma
Prófuga
Rótula

Ó-U-E

Cónyuge
Incólume

Ó-U-O

Cómputo
Glóbulo
Lóbulo
Módulo
Monóculo
Nódulo
Ósculo
Óvulo
Pómulo
Póstumo
Prófugo
Rótulo

Ú-A-O

Búcaro
Búfalo
Búlgaro
Húngaro

Ú-E-A

Adúltera
Búsqueda
Catecúmena
Cerúlea
Epicúrea
Gúmena
Hercúlea
Húmeda
Innúmera
Purpúrea
Sulfúrea
Úlcera

Ú-E-E

Cuadrúpede
Fúnebre

Ú-E-O

Adúltero
Catecúmeno
Cornúpeto
Cuadrúpedo
Energúmeno
Húmedo
Húmero
Innúmero
Número
Sinnúmero
Útero

Ú-I-A

Acústica
Antepenúltima
Cúbica
Cucúrbita
Estúpida
Fúlgida
Impúdica
Litúrgica
Lúbrica
Lúcida
Metalúrgica
Música
Númida
Palúdica
Penúltima
Pública
Púdica
Púnica
Pútrida
Quirúrgica
República
Rúbrica
Rúnica
Rústica
Súbdita
Súplica
Telúrica
Túmida
Túnica
Túrbida
Túrgida
Última
Única

Ú-I-E

Aurúspice
Cúspide
Múltiple
Múrice

Ú-I-O

Acústico
Antepenúltimo
Cúbico
Cúprico
Decúbito
Estúpido
Fúlgido
Impúdico
Júbilo
Litúrgico
Lúbrico
Lúcido
Múltiplo
Músico
Palúdico
Penúltimo
Público
Púdico
Púlpito
Pútrido
Quirúrgico
Rúnico
Rústico
Súbdito
Súbito
Telúrico
Túmido
Túrbido
Túrgido
Último
Único

Ú-U-A

Brújula
Cúpula
Esdrújula
Mayúscula
Minúscula
Lúnula
Porciúncula
Púrpura
Pústula

Ú-U-E

Lúgubre

Ú-U-O

Carbúnculo
Corpúsculo
Crepúsculo
Cúmulo
Escrúpulo
Esdrújulo
Lúpulo
Mayúsculo
Minúsculo
Músculo
Opúsculo
Súculo
Túmulo

OTROS DICCIONARIOS SOBRE TEMAS DIVERSOS

PUBLICADOS POR 

DICCIONARIO DE METRICA ESPAÑOLA. *Domínguez Caparrós.* 200 páginas.

Un exhaustivo trabajo que permite resolver cualquier duda que se presente sobre el sentido en que se emplea un término referido a la métrica castellana.

Señala el uso generalizado de algunos términos de la métrica clásica incidiendo en el significado específico de su aplicación al verso castellano.

De gran utilidad para los estudiosos de la Literatura, a quienes resolverá sus dudas cuando encuentran un término métrico. Incluye su definición con ejemplos y comentarios de carácter estilístico.

DICCIONARIO DE INCORRECCIONES, PARTICULARIDADES Y CURIOSIDADES DEL LENGUAJE. *Santamaría, Cuartas, Mangada y Martínez de Sousa.* 472 páginas.

15.000 voces y locuciones incorrectas que debemos conocer y palabras que no deben ser utilizadas.

Un diccionario imprescindible para escritores, periodistas, profesores y alumnos universitarios, de bachillerato y de formación profesional.

Incluye interesantes apéndices sobre dudas ortográficas, nombres históricos de difícil escritura, siglas, locuciones populares, curiosidades lingüísticas, nombres geográficos, etc.

DICCIONARIO MULTIPLE. *Onieva.* 540 páginas.

Abarca nueve diccionarios en un solo volumen, ya que incluye sinónimos y antónimos, palabras homófonas, isónomas, parónimas, rimas poco comunes, ceceo y seseo, refranes, dichos y sentencias, frases latinas y numerosas curiosidades.

Libro básico de consulta para escritores, periodistas, estudiantes, profesores y, en general, para todo tipo de lectores que quieran enriquecer su vocabulario.

Es el instrumento imprescindible para entender y cotejar significaciones e, incluso, para versificar.

De gran ayuda para adaptaciones literarias y traducciones.

DICCIONARIO DE LA COMUNICACION. DOS TOMOS. *De la Mota.* Tomo 1: 376 páginas. Tomo 2: 368 páginas.

Incluye más de 20.000 vocablos explicados de una forma clara y sencilla. Los vocablos no se limitan solamente a palabras usadas tradicionalmente en los Medios de información (Prensa, Radio, Cine y Televisión), sino que se han llegado a integrar en esta obra numerosos vocablos de otros campos: Música, Pintura, Decoración, Interpretación, Caracterización, Gramática, etc.

De extraordinario interés para profesionales de la Comunicación, así como para estudiantes de Ciencias de la Información.

DICCIONARIOS DE LA INFORMACION, COMUNICACION Y PERIODISMO. *Martínez de Sousa.* 596 páginas.

De gran interés para los profesionales del periodismo, agencias de prensa, artes gráficas, publicidad y emisoras de radio y televisión. Imprescindible para los estudiantes de Ciencias de la Información.

De gran rigor científico, contiene más de 6.000 entradas, 10.000 definiciones, 50 cuadros sinópticos y una abundante referencia bibliográfica.

Adoptado en numerosos centros como valioso auxiliar de estudio.

DICCIONARIO DE GENTILICIOS Y TOPONIMOS. *Santano.* 488 páginas

De gran utilidad práctica para estudiantes, profesores y profesionales de Ciencias de la Información, así como para redactores de periódicos, revistas y agencias de prensa.

Estructurado en dos grandes apartados, dedica el primero a los gentilicios, con los lugares a que corresponden, y el segundo a los topónimos, con su correspondiente gentilicio.

Comprende:

14.000 gentilicios.
12.000 topónimos.

DICCIONARIO INGLES-ESPAÑOL. ESPAÑOL-INGLES POR TEMAS. *Merino.* 600 páginas.

10.000 palabras con su correspondiente transcripción fonética internacional y 100 temas de lenguaje habitual y técnico, además de vocabularios clasificados en inglés y español.

Enriquece el vocabulario del estudiante del inglés siempre de acuerdo con los distintos aspectos de su vida diaria.

Es también de utilidad para estudiantes de procedencia inglesa, ya un tanto familiarizados con el español, para quienes incluye una serie de normas fonéticas del castellano para aquellas palabras que puedan ofrecerles dificultades.

DICCIONARIO DE DUDAS. INGLES-ESPAÑOL. *Merino.* 332 páginas.

Unica obra capaz de analizar y resolver las dudas con que suelen encontrarse los estudiantes del inglés.

Incluye vocabulario de referencia, con relación completa de todas las palabras españolas que se emplean en la obra para que sea fácil su localización partiendo del castellano.

Empleo de preposiciones, explicación de sinónimos, palabras de fácil confusión entre los dos idiomas, reglas prácticas y concisas sobre el uso de vocablos que ofrecen dificultad.

COLECCION FILOLOGICA

EL ESPAÑOL. Orígenes de su diversidad. *Diego Catalán.* 408 páginas.

Recopilación de todos los estudios realizados durante muchos años sobre lingüística hispana y los orígenes del español y su diversidad. Enriquece notablemente las aportaciones históricas del actual español.

EL RIMADO DE PALACIO. Traducción manuscrita y texto original. *J.L. Coy.* 160 páginas.

Un estudio profundo de los problemas básicos textuales de la famosa obra ''El Rimado de Palacio'' que, hasta ahora, han sido totalmente incomprendidos por una gran parte de sus lectores.

ESTUDIOS DE GEOGRAFIA LINGÜISTICA. *M. Alvar.*

Agrupación en una sola obra de los numerosos estudios realizados a través de su larga experiencia por tan ilustre académico.

ESTUDIOS DE HISTORIA LINGÜISTICA ESPAÑOLA. *Rafael Lapesa.* 306 páginas.

Constituye un espléndido ejemplo de investigación filológica, rigurosa y penetrante.

Con esta obra se pone al alcance de investigadores y estudiosos de nuestra historia lingüística una extraordinaria documentación y un excelente material de información

ESTUDIOS DE LEXICOGRAFIA ESPAÑOLA. *Manuel Seco.* 260 páginas.

El autor combina en estas páginas su constante experiencia de un cuarto de siglo en el quehacer lexicográfico, su intenso trato cotidiano con los diccionarios del español y de otras lenguas, y su buen conocimiento de la bibliografía relativa a este campo.

ESTUDIOS DIALECTOLOGICOS. *Gregorio Salvador.* 248 páginas.

Aportación a los planteamientos teóricos y metodológicos de la dialectología y sus determinados procesos históricos.

HISTORIA LINGÜISTICA VASCO-ROMANICA. *María Teresa Echenique Elizondo.* 144 páginas.

Estudia de forma conjunta la historia lingüística de vasco y románico.

LA NUEVA GRAMATICA ACADEMICA. El camino hacia el "esbozo" (1973). *Salvador Fernández Ramírez.* 128 páginas.

Trabajo de conjunto que ayuda a captar su marco histográfico y que actúa al mismo tiempo como clave para una recta interpretación de sus aspectos descriptivos, teóricos y metodológicos.

LAS LENGUAS CIRCUNVECINAS DEL CASTELLANO. *Diego Catalán.* 328 páginas.

Nuevos datos y estudios aportados a los orígenes del español que vienen a reforzar las concepciones lingüísticas de investigaciones anteriores.

LAS ORACIONES CAUSALES EN LA EDAD MEDIA. *J.A. Bartol Hernández.* 232 páginas.

Es un estudio de Sintaxis histórica del español, que llena el vacío existente en la lingüística histórica de nuestra lengua. Se analizan los distintos nexos útiles para la expresión de la causalidad en la Edad Media.

LENGUA E HISTORIA. *Luis Michelena.* 252 páginas.

Recoge los trabajos más significativos del Profesor Michelena sobre la lingüística teórica, sobre problemas y métodos de la reconstrucción, sobre gramática castellana y sobre lenguas prerromanas.

De gran rigor metodológico, es sumamente original en sus planteamientos y soluciones

LITERATURA Y PUBLICO. *Ricardo Sanabre.* 128 páginas.

Instrumento necesario para las personas interesadas en la dimensión social de la literatura como diálogo con el público.

SEMANTICA Y LEXICOGRAFIA DEL ESPAÑOL. Estudios y lecciones. *Gregorio Salvador.* 226 páginas.

Recoge una variada serie de estudios y lecciones sobre cuestiones léxicas y léxico-semánticas referidas al español.

Una gran parte son trabajos inéditos a los que hasta ahora no había sido fácil el acceso.